La ruptura de España es posible

LUIGI CAMPOS CHALCO

LA RUPTURA DE ESPAÑA ES POSIBLE

- ORIGEN, EVOLUCIÓN Y CONSECUENCIAS -

Edición Luigi Campos Chalco

La ruptura de España es posible
© Luigi Campos Chalco
© Edición: Luigi Campos Chalco
luigicamposchalco@gmail.com
www.doctrinaypraxis.org
https://twitter.com/RupturaDeEspana
http://larupturadeespanaesposible.blogspot.com.es/

ISBN-13: 978-8460834502
ISBN-10: 8460834506
Propiedad Intelectual: M-003341/2105

Primera edición, 2015

ÍNDICE

PRÓLOGO

Elaborar este libro y afirmar que sí es posible la ruptura de España era exigible implicarse con el tiempo y con la consabida ardua espera por respuestas requeridas. De ahí que resultaba necesario recabar la mayor fuente de información histórica y presente posible. La necesidad de asociarlas con las circunstancias que se presentaban: cambios de gobierno, condiciones ideológicas y políticas, comportamiento de los Ejes definidores y las respuestas que podríamos encontrar de los nacionalistas y separatistas. Y es así, que ante tales circunstancias y consideraciones, este libro haya llevado más de siete años en construirse.

La idea de escribir este libro surge en Barcelona en el 2008, lugar donde empiezan mis primeras experiencias políticas sobre el nacionalismo y separatismo. Lugar donde dio sentido a mi forma de pensar de España, y salir de la oscuridad ante el concepto tradicional que tenía de ella.

Y fue allí donde pude comprender el peligro que corría España hacia su ruptura. En donde estaba presente el desafío de la sociedad civil, de funcionarios, de políticos catalanes y hasta de religiosos. Y que, aún sigo sustentando con mis afirmaciones cuando estos desafíos continúan activos, en crecimiento y victoriosos en el presente año 2015, siendo una muestra más cuando los separatistas catalanes prevén declarar la secesión en 2017, si ganan las elecciones, o cuando Navarra es conquistada por EH Bildu, o cuando el presidente de la Generalitat, Artur Mas, aún (septiembre 2015) no ha sido juzgado ante la querella presentada por la Fiscalía General del Estado, el 21.11.2014, por la supuesta comisión de delitos de desobediencia grave, prevaricación, malversación y usurpación de funciones en el proceso participativo del 9 de noviembre de 2014, a favor de la independencia de Cataluña. Y así podríamos señalar muchos otros ejemplos de las acciones de los nacionalistas y separatistas que desafían al Estado y a la nación española, mientras el Gobierno central y el propio Estado se siguen mostrando tan esquivos como siempre, se desentienden realmente del problema, abandonando así a los pueblos a su suerte.

A continuación cito tan sólo tres experiencias que contribuyeron de manera decisiva a tomar la decisión de escribir este libro.

Mi primera experiencia la viví cuando supe por primera vez que existía la lengua catalán. Y lo recuerdo cuando conducía en coche por la autovía del Nordeste o A-2, en dirección a Cataluña. Tocando, creo yo, la frontera del territorio de la provincia de Barcelona, al sintonizar la primera cadena de radio, me doy con la sorpresa que la escucho no en castellano sino en una lengua parecida a ella. Al intentar escuchar otras emisoras, me encontraba con lo mismo. Seguí mi trayecto, así de confuso e inquieto, por saber qué lengua escuchaba, y más aún, no fue sino pensar que iba a pasar a otro país, cuando veo los peajes de las autopistas de Pina de Ebro (Zaragoza) y Martorell (Barcelona). Peajes que por cierto no las había vistos en otras autopistas en mi visita a otras Comunidades de España. Y ya estando en Martorrell, y ver en sus calles los nombres Plaça Padró, Carrer Sant Lluis, Avinguda Pau Claris, Passeig Catalunya, Torrent de Llops, etc., me forzó el acudir a mi diccionario, y es en ese momento cuando supe que aquella lengua desconocida para mí – y aquí reconozco mi ignorancia-, era el catalán. Una lengua que viene hacer una acreditación de la identidad catalana.

Mi segunda experiencia fue en un intercambio de puntos de vista que tuve con una nacionalista. Ya con la residencia y el trabajo en la ciudad de Barcelona, (2008), me había decidido formar parte de un sindicato, con el propósito, en especial, de proteger mis derechos como trabajador, y si era posible convertirme en un delegado sindical. Para afiliarme, elijo al azar, entre varios sindicatos, a Comisiones Obreras (CC.OO) ubicada en la Via Laietana 16. Me dirijo a la 2a planta, Serveis Privats. No estando aún la secretaria-recepcionista, para ser atendido, veo sobre una mesa unos volantes informativos que estaban escritos en lengua catalana y no en castellano. Pregunto entonces a la secretaria si podría proporcionarme un críptico en castellano, indicándole, sobre mi observación, que no los había sino en catalán. Pues su respuesta fue inmediata, interrogativa, inquisitiva y áspera, diría yo como de enfado. Atrapada de un orgullo nacionalista, me responde: ¿"Si estuvieras en Inglaterra qué idioma hablarías"? Y yo le respondí: en inglés. "Entonces –dijo- ¿y si estás en Cataluña que idioma hablarías"? Al instante advertí la intencionalidad nacionalista de ésta, que reacciono con decisión y diría yo con desafío, para precisarle lo siguiente: "Un momento, usted no puede comparar a Inglaterra con Cataluña, puesto que el primero es un país y ésta es una Comunidad Autónoma, que se encuentra en el territorio español. Y por otro lado, sepa usted que la Constitución española establece que el castellano es la lengua española del Estado, y que tiene que estar presente en toda Comunidad, lo mismo que el catalán es una lengua española. Aquí se produce un momento de silencio, y con un desplante, me dice: "¡no tenemos, y esto es lo que hay!" A modo de protesta me dirigí a la planta baja, donde presenté mi queja verbal, y la respuesta que recibí fue que los volantes en castellano se habían agotado. Aquélla actitud de la secretaria hacia mi persona me sirvió para observar que es un ejemplo similar que toma el nacionalismo soberanista y el separatismo, de beligerante, frente al Gobierno y al Estado español.

Y como tercera y última experiencia se produjo cuando tuve un encuentro con un nacionalista que fue todo lo contrario de la anterior nacionalista beligerante y hostil al de un nacionalista educado, sutil y engañoso. Veamos, en una charla que tuve durante mí encuentro con mi Jefe de Servicios, estando en Cornellà de Llobregat, Barcelona, pues a éste le escuché hablar sobre la historia de Cataluña, lo cual creí oportuno tocarle el tema sobre Cataluña y su relación con España. Y con inquietud por la espera de su respuesta le pregunté lo siguiente: "¿Por qué Cataluña se quiere separar de España?" Y sin ninguna dilación de tiempo y con suma naturalidad y serenidad recibí la respuesta: "Luigi, si entendieras que la separación de Cataluña de España sería el principio de la unión y el entendimiento de ambas. Y que cuanto más separados estemos más unidos estaremos".

Desde luego, su respuesta me dejó perplejo. O era demasiado inteligente, de una alta filosofía que no estaba en mi comprensión, o demasiada absurda e inverosímil para pensar que la separación traería la unión. O era una forma sutil de evadirse a mi pregunta, como un subterfugio para cubrir la verdad. Pero, lo cierto es que su respuesta me sorprendió. Se dice aquí que el catalán utiliza la palabra como ciencia, en el arte creativo y es muy hábil en el convencimiento y en el engaño. ¿Fue una respuesta perfectamente política? Sabemos que la política es el arte de lo posible. Pues, indudablemente, lo que luego comprendí fue que esa unión estaría referida en que ambos ya como Estado-nación, se unirían hacia el propósito de crean un entorno saludable y de fortalecimiento de ambos. Aquí comprendí que para saber qué es lo que piensa un catalán nacionalista y separatista tendría que pensar como él piensa para obtener respuesta. Puesto que si en principio partimos sobre lo que piensa uno como español no alcanzaríamos a comprender la magnitud del pensamiento de aquellos.

Bueno, en aquél tiempo que estuve viviendo en Barcelona, pude observar que no existía un protagonismo o de imposición de lo público y privado en los ciudadanos catalanes, por hacer del catalanismo un estado mayor. No pude observar un desencuentro si uno habla en castellano o en catalán. Del mismo modo, me resultó claro observar y escuchar, en especial, a la juventud catalana, oírles hablar en castellano, frente a personas ya adultas y de avanzada edad expresarse en catalán. No obstante, debo decir que al cabo de ese tiempo no tuve la oportunidad de frecuentar los centros escolares y universitarios, para saber si se sitúa allí una posición ideológica contra España. Aunque sí recibí la información de un compañero de trabajo inmigrante, que a su niño y como a otros, en clase, les hacían cantar un canto que decía aquello de: "si los españoles vienen a Cataluña, les cortamos la cabeza". A lo mejor era el himno oficial de Cataluña, Els Segadors (en español Los segadores), pero tergiversado. Y, sin embargo, al prestar mi atención en las administraciones públicas, bien sea ministerios, ayuntamientos, centros de salud, comisarías, y fuera de ellas hasta en los sindicatos, asociaciones y empresas, en estos lugares, era muy habitual el escucharles hablar y el escribir en catalán. Y creo yo que es aquí en donde el catalán se impone frente al castellano.

A partir de estas experiencias, no tardé en darme cuenta que Barcelona no era un lugar apropiado para mí. No hacía falta pensar demasiado que había allí una fuerza viva antagónica a lo español. Y me dije a mí mismo: "Luigi, vivir de la apariencia, de los temores o formar parte de las filas de los separatistas, o de lo que pudiera suceder luego de que esto estalle, no favorece en nada tu estabilidad". A fuerza de pensar en todo esto, y a mi pesar, por renunciar a mi sueño de vivir a lado de la costa, aquello que viví estando en mi país de origen el Perú, pues fue inevitable sino retornar a Madrid, el cual hasta hoy sigue siendo mi residencia.

Quisiera añadir para concluir este prólogo, que mis experiencias personales sí fueron en principio lo que me motivaron para escribir esta obra. Pero lo que me dio continuidad a ello fue cuando empiezo a estudiar e investigar sobre España y su relación con el nacionalismo y el separatismo, en donde percibo que en sí existe un propósito organizado o no para destruir a España, y que surge desde la Transición española. Por un lado, sobre el propósito organizado sólo basta ver las evidencias durante el tiempo cuál ha sido el comportamiento del Estado y del Gobierno central, irresponsables y entreguistas, irremisibles y abyectos; cobardes e inmovilistas. ¿Qué más pruebas se pueden dar si vemos día a día el avance y el ascenso, del poder y la agresividad de los nacionalistas y separatistas en España? Y por otro lado, sobre un propósito no organizado, sólo basta ver cuál es el comportamiento de la sociedad española, que a la vista de los hechos no reacciona, cayendo así en el inmovilismo. Claro está que existe un propósito venido del propio Estado y del Gobierno central para destruir la personalidad de la sociedad española. Desvertebrarlas, disgregarlas y destruirla, y no construir una estructura socio-política en ella, es el propósito.

Debemos de afirmar, por los hechos y las evidencias, que el nacionalismo como el separatismo, nunca antes tuvieron tanta facilidad de acción y obtener tanto avance y crecimiento sino no fuera posible con la llegada de la Transición y de la democracia legal. Como para pensar que España está retornando a su pasado, de aquellos tiempos convulsos de la I y la II República. Es esto una realidad inobjetable y determinante para establecer el criterio que la Transición hizo posible la vulnerabilidad de España. De ahí que podamos pensar que España esté viviendo las últimas páginas de su historia.

Así pues, no encuentro un título más apropiado para entender esta obra como aquel que *LA RUPTURA DE ESPAÑA ES POSIBLE.*

Luigi Campos Chalco

PRESENTACIÓN

Actualmente, España vive una grave crisis interna geopolítica y social, en lo que respecta a su soberanía, debido a los siguientes factores que lo contribuyen:

Primero, podemos afirmar, que, basados en la evidencia sobre el pasado y presente del Estado y del Gobierno central, ya desde la Transición, éstos han sido contrarios de su carácter institucional, para intervenir contra aquellos, los nacionalistas periféricos y separatistas, que pretenden romper la integridad de España. Convirtiéndose así, de alguna manera, en "socios, amigos y aliados" con los separatistas, sobre cayendo sobre ellos la figura de separadores de España.

Segundo, podemos afirmar, que, basados en la evidencia sobre el pasado y presente del nacionalismo periférico y separatismo, éstos han instaurado un proyecto ideológico de liberación desde un plano político, económico, social, institucional, cultural y educacional que se desarrolla y se encuentra en expansión, bajo una hoja de ruta establecida.

Sabemos que el triunfo más significativo del nacionalismo periférico y el separatismo, en el presente, es haber logrado el poder, principalmente en ciertas comunidades autonómicas, como en Cataluña y el País Vasco. Tan sólo como movimiento, el nacionalismo periférico y separatismo reciben un importante apoyo de sectores, tanto, social, económico, institucional y hasta religioso, como la Conferencia Episcopal vasca y la catalana y el Opus Dei.[1]

Por último, podemos afirmar que se ha establecido una estructura de poder: social-institucional-cultural, en las comunidades nacionalistas, a partir de lo establecido por la propia Constitución de 1978, como que la estructura territorial de España se compone entre otras de comunidades autónomas. Así establecido, los Gobiernos autonómicos conquistan sus comunidades y las gobiernan. Y pasan a la acción, y hasta modifican o retoman sus posiciones del pasado como los nacionalismos periféricos, que pasan a controlar y promover la cultura del nacionalismo, del divisionismo, y el no a la dualidad en cuanto a que no persiguen el mismo objetivo del nacionalismo español.

Presente así toda una estructura y que emana desde la propia Ley, y que se desarrolla a partir de la sumisión y de la carencia de personalidad tanto del Estado como del Gobierno central, pues, prácticamente, la Comunidad española -la nación española- cae en una descomposición como unidad socio-política, y se fracciona su identidad, y se vulnera su defensa, situación idónea para el nacionalismo periférico y el separatismo quienes siguen adelante con su proceso soberanista.

Ahora bien, de todo esto resulta que la idea que tenemos de pueblo español, como aquella que *"la soberanía nacional reside en el pueblo español"* sólo está acondicionada y se limita en el ámbito electoral y de la propaganda política; pero al ser un modelo social dividido por nacionalismos autonómicos, sin ninguna y clara interpretación, pues demasiado lejos está para ser considerado como pueblo español, ya que la dualidad identitaria de nacionalidad está desnaturalizada, no siendo aceptada como un hecho normal por los nacionalistas periféricos ni por los separatistas. De ahí que decir pueblo español es una falacia y una demagogia.

El día que las Comunidades autónomas nacionalistas reconozcan que España es parte suya, y lleven la creencia, a la vez, que es compatible ser español y catalán, vasco, andaluz, etc., pues, entonces, la concepción que tengamos de pueblo español será completa.

Estamos ante una manifiesta crisis interna, tanto geopolítica, social y territorial; sin seguridad interna y sin defensa, debido a una falta grave de gobernabilidad, que en un futuro inmediato de lo que entendemos por España dejará de serlo, para convertirse en un viejo concepto.

Luigi Campos Chalco

INTRODUCCIÓN

"No hay grandeza donde no hay verdad" (Gotthold E. Lessing).

España vive una realidad largamente arraigada y que preocupa por su gravedad, y es el constante desafío que sufre de los separatistas y nacionalistas para desestabilizarla, socavarla y destruirla como país. Verdaderamente, ante los hechos presentes y pasados no es difícil determinar que su ruptura es posible.

Los viejos ideales separatistas del siglo XIX, pasan a convertirse en principios ideológicos y de acción política en los siglos XX y XXI. A tal extremo, que, hoy en día, trascienden en ciertas Comunidades Autónomas como la catalana y la vasca, a tal extremo que forman parte y se construyen desde el propio Estado autonómico al que pertenecen, eh aquí su gravedad y la magnitud del problema.

Es evidente que España aún vive de su pasado. Y no se puede ignorar que vive claramente enfrentada entre dos fuerzas antagónicas, por un lado por los abanderados del nacionalismo periférico y el separatismo y, por otro lado, por las fuerzas oficiales del Estado y del Gobiernos central, que actúan como fuerza de contención -que actúan para contener el avance precipitado del separatismo- que, por cierto, en realidad es simplemente una fuerza artificial, puntual, inútil y no democrática ni popular, que no hace sino hacer más daño al país. Como de fuerza artificial, puntual e inútil es saber que se está trabajando en el anteproyecto de la Ley de Seguridad Nacional que se pretende aprobar (20.07.2015), y que conocido es que ya existe la Ley de Defensa Nacional según Ley Orgánica 5/2005, de 17 de noviembre, de la Defensa Nacional. ¿Es que acaso no existen garantías jurídicas suficientes, ni constitucionales, ni poder coactivo para defender el Estado de derecho y la soberanía nacional? Desde luego, es un motivo más de vergüenza para la sociedad española.

Aunque cabe considerar que ante el avance y el ascenso del nacionalismo y el separatismo, podríamos estar llegando ya a su fin esta condena y martirio histórico. Lo que surgiría como respuesta: o que nazcan los nuevos Estados-naciones en el territorio español, o que el Estado español empiece a construir los ideales del nacionalismo español tras un proceso estructural y que sea capaz de someter a la parte desafiante. No quedará concluida esta larga historia de los siglos, hasta que no se consiga una respuesta como aquí en este libro lo estamos buscando.

España hoy vive su trascendencia y el soberano demanda al Estado y a su Gobierno central respuestas claras e inmediatas; reclama un fuerte compromiso político, respuestas importantes y convincentes; el antídoto que convierta la acción política no a través del diálogo, de las concesiones, de las negociaciones o del "entendimiento", de las fatuas advertencias, de las innumerables impugnaciones, de los gestos amistosos, sino aquél del sentido más justo y comprometido del enfrentamiento al enemigo -ante esta realidad no es aplicable el término de adversario- y la conquista.

Este libro ha tenido reiteradas interrupciones para su edición. Y la razón de ello era el interés que prestaban los acontecimientos de la actualidad política interna. Una en especial era aquella ocurrida con el nuevo cambio de gobierno, de aquel gobierno socialdemócrata, presidido por el líder del Partido Socialista Obrero Español (PSOE), José Luis Rodríguez Zapatero, segundo periodo (09.03.2008 - 20.11.2011) y, como segundo acontecimiento, lo esperado por el actual gobierno de centroderecha, del Partido Popular (PP), liderado por Mariano Rajoy Brey, desde diciembre de 2011, que se esperaba el cambio político en relación al conflicto territorial interno. Y, por último, las respuestas esperadas tras los resultados de las Elecciones Autonómicas y Municipales del 24 de mayo de 2015, a vísperas de las elecciones generales, diciembre, 2015 y final de la X Legislatura de España, tras las elecciones generales de 2011.

Para todos, el primer gobierno de Zapatero fue aquél del nada hacer por la construcción de la identidad nacional española al todo hacer de llevar a España a la ruina económica y al límite del entreguismo de su Gobierno hacia los intereses de los nacionalistas y de los separatistas, presentes en los gobiernos autonómicos con los llamados pactos y acuerdos de Estado y de Gobierno.

Mientras que con el nuevo gobierno del PP se despertaba las expectativas que abriera la oportunidad de un cambio de acción política interna frente a los gobiernos nacionalistas y de los movimientos separatistas, teniendo en cuenta que obtuvo la victoria de su partido por mayoría absoluta en las elecciones generales del 20 de noviembre de 2011, y ahora, que han transcurrido más de tres años de gobierno, y tocando ya fin a su mandato en 2015, pues este Gobierno ha resultado ser aún peor que el anterior. Y a la vista de los resultados de las últimas elecciones autonómicas y municipales del 24 de junio de 2015, visto está que el partido del PP que nos gobierna, ha perdido gran parte de su inmenso poder territorial. Pues es el principio del fin de Mariano Rajoy como presidente del Gobierno y es ya el principio de la decadencia del PP, que nos hace recordar el auge y la caída de la Unión de Centro Democrático, UCD, de los años ochenta, y del centrismo político y del bipartidismo con los catorce años felipistas y ocho años aznaristas, siete años zapateristas y ya el final del desastre de rajoyana.

Y esta situación política del PP preocupa, ya que de este partido se contaba como la única fuerza política con una ideología clara de unidad nacional.

Pero a la vista está su antítesis ya que este Gobierno no hace nada por detener el avance y el ascenso del nacionalismo y separatismo. Destacándose por favorecer a Cataluña -la Comunidad rebelde- con gestos de buena voluntad, que a otras Comunidades Autónomas, en cuanto a financiación y condonación de deudas, -dinero público del Estado que es utilizado en parte hacia el proyecto separatista-, desde luego, bajo presión y chantaje de los nacionalistas y de los separatistas catalanas que gobiernan en Cataluña, y que el Gobierno cede. (El Gobierno cede al chantaje y ya anuncia que mejorará la financiación. Libertaddigital.com, 21.09.2012). (Rajoy elevará la capacidad fiscal de Cataluña si Mas retira el referéndum. Eleconomista.es, 16.09.2014). (Rajoy hará "gestos" a Cataluña para desarmar a Mas. Larazon.es, 19.07.2015). O bien refuerza aún más las Autonomía, dándole más poder, por consiguiente más libertad y consecución de interpretar hacia su libre soberanía como Estado-nación. (La Cámara Alta, cuya supresión ha sido planteada por políticos y expertos, se convertiría en un órgano con mayor poder para las autonomías. El PP estudia reformar la Constitución para dar más poder al Senado. Libertaddigital.com, 02.08.2015).

Un gobierno de Cataluña que es capaz a la vista de todos el ir creando una estructura de Estado-nación, a tal extremo que su desafío de una consulta soberanista para el 9 de noviembre de 2014 se llevó a cabo, y que aún siguen con su desafío cuando prevén la secesión en 2017, etc. Mientras este Gobierno se desentiende de aquél proceso secesionista; y aún más, continúa en la inacción por una acción estrictamente política, que permita el cambio estructural del Estado para hacer frente, realmente, ante la situación de emergencia interna que vive el país. Puesto, que si no es tenida en cuenta un cambio estructural, los nacionalistas y los separatistas seguirán impulsando su proyecto de secesión una y otra vez, y no renunciarán a ello, convirtiéndolos en sucesivos plazos hasta la conquista final. Y esto es posible, si una gran mayoría de una sociedad autonómica es conquistada. Y no existirá ningún precepto positivo que se imponga ante el derecho natural, ante la razón natural que se ha creado. Y es así que se impuso por la razón natural la Revolución Rusa que condujo al derrocamiento del régimen zarista y la instauración de otro, o la Primera Revolución China de 1911, cuando fue derrocado el Emperador y se estableció la República en 1912, etc. Y ante esta ley natural, ¿quién es dueño de la verdad?

En concreto, este Gobierno de Rajoy prosigue con la nefasta política de Zapatero. Y más aún, es más perversa y ruin que el anterior, puesto que está llena de hipocresía y de falsedad; de cobardía e inmovilismo. Y bien se le conoce: "Yo conozco tus obras, que ni eres frío o caliente. ¡Ojalá fueses frío o caliente! Pero por cuanto eres tibio, y no frío ni caliente, te vomitaré de mi boca." (La Biblia, El Apocalipsis 3:15-16).

Hemos visto las acciones y el comportamiento del Gobierno de Zapatero, de la socialdemocracia, y hoy, ya conocemos, por el tiempo transcurrido, cuál es la acción y el comportamiento del Gobierno de Rajoy, de centroderecha. Y lo que representa hoy en día como novedad la presencia de una organización política como Podemos, que surge como un enemigo y el más peligroso de España, debido a su posición política de la indiferencia y la neutralidad en cuenta a la soberanía e identidad nacional española y peor aún que despierta la simpatía de la sociedad española. Por todo ello, y poseído la suficiente información presente y pasada sobre el tema, pues he creído conveniente dar por terminado este libro.

Presentamos una información que parte desde el siglo XIX hasta la actualidad. Precedida de aquella Transición Española, que parte desde el año 1977,² fecha de las elecciones generales primera, y para otros desde el juramento del rey Juan Carlos I, el 22 de diciembre de 1975, seguida de la consolidación democrática en diciembre 1978-febrero 1981; continuando, con la subida al poder de la Unión de Centro Democrático (UCD), según elecciones generales: 1977 y 1979; seguidos de los socialdemócratas y centroizquierdista del Partido Socialista Obrero Español (PSOE), en las elecciones: 1982, 1986, 1989, 1993, 2004 y 2008; como de la llegada al poder del partido considerado conservador, liberal y centroderechista el Partido Popular (PP): 1996, 2000 y 2011.

Este libro está expuesto por secciones, seguidos de sus respectivos capítulos. Y en principio hablamos de España identificándola como país y saber de su situación política, económica, social, cultural y territorial. Esto nos servirá de base para tener una idea global de lo que es España y para así valorar y ubicar su posición frente al nacionalismo y al separatismo.

A continuación, pasaremos a exponer aquello que claramente nos llama la atención, tanto, de aquellos movimientos ideológicos nacionalistas soberanista, localizados en ciertas Comunidades Autónomas, que cimientan con principios y fundamentos el camino hacia el separatismo, que conduce hacia la ruptura de España, como aquella, de cuál es la posición del Gobierno y del Estado español para enfrentar y resolver el problema frente al nacionalismo y al separatismo, que en ciertos casos ya ocupan posición en los propios Gobiernos autonómicos, siendo ya de por sí un grave conflicto de identidad del propio Estado español y de su estructura jurídica, socio-económica, política y cultural del país.

Por otro lado, resulta necesario saber sobre la base de qué fundamentos se sostienen los movimientos separatistas y qué encierra sus acciones y decisión de estos para así enfrentarse al Estado español. Habría que saber también, cuándo surge el pensamiento separatista en España, y como se muestran, en sus condiciones actuales: ¿Contraída o activa? ¿En avanzada o en retroceso? Ante su evolución, adquiere también importancia saber cómo se forman y se organizan, en concreto en cada Comunidad Autónoma en la que están presentes.

A esta realidad reivindicativa y soberanista de los nacionalismos y separatismos, resulta necesario saber sobre la actuación del Gobierno, del Estado y de la Monarquía española, presentes ya desde el siglo XIX, XX y el actual. Que por lo visto por las evidencias y que daremos a conocer en esta obra ya descubrimos que no hay una inexplicable actitud de permitir que esto suceda sino una clara intencionalidad política –por sus cobardías- de parte del Gobierno de destruir al Estado y por ende a España.

La obra, por su contenido, nos abre la oportunidad de expresar nuestras opiniones. Llegaremos a pensar si ya es inminente la ruptura de España; si esto se conduce a una pronta guerra civil, o nos dirigimos hacia la reforma del Estado camino al federalismo, como lo propone el Partido Socialista Obrero Español (PSOE), según su Resolución Política aprobada por el Comité Federal del 12 de enero de 2013, o hacia la III República, o estamos ante un hecho irreversible e irremediable, sin conclusión, sino la continuidad por los siglos de enfrentamiento, entre aquellos que manifiestan la ruptura y de los que se oponen a ello.

¿Separatismo o independentismo?

Antes de iniciar con el desarrollo de esta obra, necesitamos primeramente explicar por qué utilizo el término de separatismo y no independentismo en el desarrollo de esta obra.

A lo largo del tiempo, los medios de comunicación como de la opinión pública en general han calificado el acontecimiento que vive España ante el separatismo como una situación histórica separatista, mientras que para otros como un hecho independentista.

Véase a continuación algunos ejemplos, del concepto que se tiene de esta realidad y del modo que se llega a conocer, por los hechos, utilizando los términos por unos de separatismo y por otros de independentismo.

- La prensa internacional destaca el avance del independentismo pese a la pérdida de votos de Mas. Así se lee en 20Minutos.es / AGENCIAS. 26.11.2012:

 - "Los separatistas catalanes no alcanzan la mayoría en las elecciones", destacaba el británico The Guardian pasada la medianoche.

 - Desde Francia, Le Monde subrayaba el avance de ERC en detrimento de CiU: "Los nacionalistas retroceden frente a la izquierda independentista".

 - The New York Times por su parte destaca la victoria de los partidos independentistas y dice que ahora es probable que se celebre el referéndum sobre la independencia que veta Madrid.

- El Frankfurther Allgemeine Zeitung también informa sobre la pérdida de votos de Mas, pero subraya el fortalecimiento de los partidos separatistas.

La misma idea subraya el Süddeutsche.de, que titula: "Los separatistas ganan apoyo". Luego de haber recogido los términos que señala la prensa internacional, esto es, separatismo e independentismo, ¿podríamos suponer y afirmar a nuestro juicio que ambos guardan el mismo significado? ¿O supone conceptos de realidades distintas? ¿O supone acaso la utilización de los términos, según conveniencia e intenciones políticas, de un manifiesto propósito tendencioso de ciertos sectores? Que si esto último fuera así, entonces afirmaríamos la existencia de una pretendida deformación y una mentira antihistórica. Ante tales circunstancias, ¿cómo podemos determinar y establecer como correcto si los movimientos políticos que guardan una posición rupturista-soberanista son separatistas o independentistas en España?

¿Qué entendemos por separatismo e independentismo? A continuación, nos vamos a servir de las grandes enciclopedias para encontrar su definición más acertada de sus definiciones.

A) Por separatismo

1) "Ligado a los conceptos de regionalismo y nacionalismo, puede considerarse el separatismo como el deseo de un grupo humano con suficiente personalidad geográfica, histórica y cultural de separarse del estado del que forma parte para constituir un nuevo estado independiente y plenamente soberano, amparado en el ejercicio del derecho de los pueblos a la autodeterminación. Según esta definición, el separatismo es también sinónimo de secesionismo o independentismo. El Gran Larousse Universal/1998.

2) "Movimiento político tendente a sustraer de la soberanía de un estado unitario un determinado territorio, para constituir en él un nuevo estado independiente y soberano, o bien para ponerlo bajo la soberanía de otro". Gran Enciclopedia Larousse/1990.

3) "Acción y efecto de promover la secesión, con carácter más o menos declaradamente nacionalista, de un país o una región natural o histórica, o histórica natural a la vez, respecto de una unidad política anteriormente constituida, incluso en forma nacional. En otros términos, y según Bernaldo de Quirós, separatismo es la descomposición regional de las antiguas nacionalidades, demasiado amplias, superficiales y prematuras, en nuevas nacionalidades más íntimas, con o sin la recomposición del antiguo conjunto de forma política, superior y más libre, de la federación de Estados, aunque con manifiesta tendencia a ella".

"Desde el punto de vista de la biología del Estado, constituye una interesante investigación la de si, en relación con la evolución de las formas políticas, el separatismo, dentro de las nacionalidades constituidas, representa una fuerza, un movimiento regresivo, de generativo y hasta patológico, como verdadero proceso de descomposición; o, por el contrario, a pesar de las apariencias, es, en el fondo, un proceso de reconstitución que confirma, con una nueva aplicación de tanta importancia, la llamada "ley de regresión aparente". Enciclopedia Universal Ilustrada Europeo-Americana/1996.

4) "Tendencia que propugna la separación, el aislamiento. Se manifiesta en aspiraciones de las minorías nacionales de Estados burgueses multinacionales a crear Estados propios o regiones autónomas. A diferencia del movimiento de liberación de masas, el separatismo generalmente expresa los intereses egoístas de ciertos círculos de la burguesía local (nacional) o extranjera".

"Doctrina política que propugna la separación de algún territorio para alcanzar su independencia o anexionarse a otro país".

"La tendencia de un territorio bajo régimen colonial a independizarse y formar un nuevo Estado no puede calificarse de separatismo, dado que el territorio colonial no forma parte del territorio estatal de la metrópoli, ni la población tampoco es parte de la población metropolitana. En estos casos se debe de hablar de independentismo". Diccionario de Ciencia Política – Andrés Serra Rojas/1997.

B) Por independentismo

1) "En un país que no tiene independencia política, movimiento que la propugna o reclama". Enciclopedia ESPASA/1996.

2) "Movimiento que propugna o reclama la independencia de un país" Gran Enciclopedia Larousse/1988.

3) "Tendencia que se manifiesta en un término dependiente, o en la fracción de un Estado, que aspira a convertirse en nuevo Estado de pleno derecho en Estado soberano".
Independentista. "Persona que apoya la tendencia a formar un nuevo Estado en un territorio bajo régimen colonial". Diccionario de Ciencia Política – Andrés Serra Rojas/1998.

En conclusión

Ante estas definiciones, podemos localizar y llegar a la conclusión que, en relación a los acontecimientos históricos, del citado conflicto en España hasta nuestros días, es invariable, por su estructura, que resulte ser un hecho prácticamente independentista. Consecuentemente, aplicar el término independentismo no es propio con la realidad histórica de España. En tanto que España se convierte en España por la consecución de la unión y mistura de varias culturas a través de su historia. Por lo tanto, lo existente de un todo, que una parte del territorio, que corresponde a una nacionalidad, pretendan o decida separarse de éste, de lo históricamente construido por los siglos, como es el caso de España, supone no ignorar que se constituye en sí por un hecho separatista.

En otras palabras, la tesis de establecer el independentismo, con la realidad histórica de España, no es posible, puesto que no se exhibe un país que haya sido ocupado, dentro del actual territorio de España. Por lo tanto, si reconocemos el término de independentismo, entonces, sí podríamos pensar que en un determinado momento histórico, España, conquistó y colonizó un territorio que está dentro de España y que se afirme sin especulación, oscuridad o ambigüedad, que era un país. Por lo tanto, independizarse de España es una lógica procedente de ser aplicado. Por su puesto, confrontando los documentos históricos de sus propios cronistas e historiadores, prácticamente sería imposible determinar que hubo una conquista y colonización; y más aún determinar a España como colonialista, o presentarla como una potencia dominante que somete, es simplemente una afirmación absurda. Desde luego, siempre hay una posibilidad, de que la historia se haya escrito ocultando la verdad, pues de ello escapa a mi conocimiento.

Veamos un ejemplo práctico de lo que entendemos por independentismo a diferencia de separatismo. Cuando nos referimos a un acontecimiento muy importante de la historia española y peruana. Y es la invasión española, siendo monarcas de España los habidos en la Casa de Habsburgo (o de "Austria") y de otra parte de monarcas de la Casa de Borbón, producido en el año 1532 a 1572, siglo XVI, sobre el Imperio incaico, denominado el Tahuantinsuyo. Territorio peruano, ubicado en América del sur. Territorio que por cierto existió como un país, un Estado, el monárquico (para diferenciarlo del republicano). El historiador peruano José Antonio del Busto (1932-2006) escribe a lo sucedido en la isla del Gallo (en 1526) y la acción épica de Pizarro, cuando éste traza una raya sobre la arena de la isla, y dijo: "Por este lado se va a Panamá a ser pobres, por este otro al Perú, a ser ricos; escoja el que fuere buen castellano lo que más bien le estuviere".

Tras la caída del Imperio Inca en manos del Imperio español, se produce su colonización. Y surge una entidad territorial, el llamado Virreinato del Perú, creada por la Corona española en 1542, por el rey Carlos I. Dicho Virreinato se mantuvo hasta

1824, entre los siglos XVI y XIX, cuando oficialmente se produce la capitulación del virrey José de la Serna e Hinojosa.

Y de ese colonialismo se producen los levantamientos, conflictos bélicos, manifestaciones indígenas y hasta admirables rebeliones anticoloniales, como aquella revolución que se dio durante el siglo XVIII, la Revolución del cacique Túpac Amaru II (José Gabriel Condorcanqui Noguera), descendiente del último inca Túpac Amaru I , un 4 de noviembre de 1780. Quien por desgracia, fue ejecutado el 18 de mayo de 1781, en la Plaza de Armas de Qosco (Cuzco), conjuntamente con su familia y seguidores. Primero se intenta descuartizarlo, para luego decapitarlo y despedazarlo.

A Túpac Amaru II, se le señala como aquél quien marcó la etapa Emancipadora de la Historia del Perú. Y tras aquellos levantamientos revolucionarios, hacia la emancipación, propició la "independencia" política de la monarquía española, surgiendo así un Estado independiente, la República Peruana.

> *"El testimonio de los funcionarios que, llegados para defender los intereses de la corona, hacían públicas las exterminaciones que sus compatriotas perpetraban entre sí, lo mismo que entre los indígenas, convirtió a los peruanos en víctimas por excelencia. Sus sufrimientos impulsaron a Montesquieu a juzgar la colonización de América como "una de las grandes plagas que el género humano haya sufrido",* del libro El Espíritu de las leyes, lib IV, cap. VI".* (Historia Universal Siglo XXI, Volumen 21, América Latina, 1.- Antiguas culturas precolombinas de Laurette Séjourné, p. 192, Ediciones Casilla S.A.).

Véase con esto, que primero se produce una acción de invasión, - véase que no utilizo el término primero de conquista-, puesto que se entró al territorio peruano, siendo éste ya un país: desde una entidad geopolítica, el Imperio español sobre un territorio con una entidad geopolítica, el Imperio inca. Entonces diríamos por invasión utilizando la siguiente afirmación: "Las fuerzas militares del imperio español ocuparon el Perú". Por otro lado, ya como segunda acción utilizamos el término de conquista, lo cual entiéndase como un término independiente al de invasión-, ya que por conquista se entiende, en este caso que se produce por un hecho militar. Entonces, diríamos por conquista: "el ejército español obtiene el domino y el control de la población y el territorio peruano, como consecuencia de una guerra".

Y de esa invasión se produce la colonización durante casi 280 años (entre 1544 y 1824), Y ante las consecuencias desastrosas que trajo la colonización, se producen las manifestaciones y levantamientos, primero, de las montoneras (guerrillas `indias´) y hasta el final con la participación directa de los indígenas, como fuerzas regulares, que por cierto, fueron utilizados por los caudillos militares y los criollos, éstos que fueron ajenos a las causas populares e indígenas, que sólo estuvieron interesados en independizarse del poder central de la Corona española, no así los indígenas que lucharon por su liberación nacional. De aquellas posesiones españolas a principios del siglo XIX se producen los enfrentamientos entre los "independentistas" contra las autoridades virreinales y los fieles a la Corona española. El Perú se "independiza" del imperio español el 22 de enero de 1826, tras la capitulación de los españoles en la Fortaleza del Real Felipe del puerto del Callao, Perú. Sin olvidar el último enfrentamiento en la batalla de Ayacucho el 9 de diciembre de 1824, que por cierto fue el fin del dominio colonial español en América del sur. Sépase que la situación del indígena y del mestizo ya en la República en nada cambio respecto de la Colonia; continuó ese vergonzoso colonialismo, continuaron subyugados por los criollos.

Vemos, pues, con este ejemplo, la presencia del término independentismo en la realidad peruana con la creación de la República Peruana, que empieza el 28 de julio de 1821 – día que se proclama la independencia- o cuando se instala el Primer Congreso Constituyente del Perú, el 20 de septiembre de 1822. Y si se sabe que la independencia no fue una gesta del pueblo indígena y popular sino de los criollos, de un movimiento de la élite con sus caudillos militares, en donde la población andina fue excluida y lo es hasta hoy del proyecto nacional, nos hace pensar que la independencia es aún una deuda pendiente para el Perú. Y serán los pueblos andinos que rescatarán su pasado histórico, como en parte dice el proindigenista peruano Luis Eduardo Valcárcel Vizcarra (1891-1987) en su obra Tempestad en los Andes de 1927, que "La cultura bajará otra vez de los Andes".

En consecuencia, a partir de las explicaciones ofrecidas, alcanzamos a comprender entonces que a la noción de independentismo va ligado estrechamente tanto a los términos de invasión, conquista y colonización. Y es ahí la diferencia y como difiere del separatismo que podemos distinguir claramente con la pretendida escisión y ruptura de ciertos territorios históricos contenidos en la propia España. Por lo tanto, considero oportuno y adecuado utilizar el término de separatismo y no independentismo en la presente obra.

Es para mí una gran oportunidad y un privilegio escribir este libro. Y estar presente ante un hecho histórico y trascendental que vive España, que en verdad me conmueve. Aquí expresaré mi punto de vista ante la problemática socio-política, de gobierno e institucional que padece España, en cuanto a su crisis territorial interna. Que desde luego será expresada con la máxima objetividad, imparcialidad y honestidad, en beneficio de la verdad. Y en donde mi complicidad estará sólo con el derecho, la ciencia política, la historia y el sentido común. Y más aun comprendiendo que no me mueve ningún interés político, social o económico ni estoy sujeto ni pertenezco a ninguna casta política ni soy político ni forme parte en actividades políticas, libertad suficiente para escribir este libro.

El poder vivir este acontecimiento con sentimiento es como aquél sentimiento que de seguro habría sentido mi compatriota peruano César Vallejo (1892-1938) –el más grande poeta del siglo XX-, que viviera en España al escribir su magistral obra poética "España, aparta de mí este cáliz", drama que él vivió durante la Guerra Civil Española.

Es evidente que al cierre de esta edición se irán produciendo ciertos acontecimientos identificables con nuestro tema -como el marcado plebiscito del 27 de septiembre en Cataluña y las continuas retóricas del Estado y del Gobierno central-, pero creemos tener ya la suficiente información como base, desde el año 2008 hasta la actualidad de 2015, para editar este libro.

Luigi Campos Chalco

SECCIÓN I - LA ESPAÑA ACTUAL

CAPÍTULO I - LA ESPAÑA ACTUAL

Fuente: mapamundi.com.es

Antes de abordar el tema sobre el desafío separatista en España, habría que decir primeramente cuál es la realidad actual de España, en el sentido de cómo se presenta jurídicamente y cómo se muestra públicamente sobre su realidad política.

Quiero llamar vuestra atención sobre este punto, puesto que nos puede servir como un dato útil que nos permita identificar o explicar cuáles son las condiciones actuales del Estado español frente al nacionalismo y al separatismo. Para ello, creo por conveniente situarlo en seis puntos de interés, a saber:

1. La España constitucional
2. La España territorial geográfica
3. La España territorial del Estado

4. La España en conflicto de su soberanía, sobre las aguas y sobre el territorio
5. La España de las lenguas
6. La España en lo político, social, económico e institucional

1. La España constitucional

España se constituye en un Estado social y democrático de Derecho. Y cuya forma política del Estado español es la Monarquía parlamentaria.

El Rey es el Jefe del Estado, S.M. Don Felipe VI, legítimo heredero de la dinastía histórica, quien reina desde el 19 de junio de 2014. Predecesor de su padre Don Juan Carlos I de Borbón, (Roma, Italia, 5 de enero de 1938), quien reinó desde el 22 de noviembre de 1975, siendo predecesor de Francisco Franco (Jefe de Estado).

Actualmente, quien dirige la acción del Gobierno es el presidente Mariano Rajoy Brey (Santiago de Compostela, 27 de marzo de 1955), es también presidente del Partido Popular (PP). Según el artículo 2 (Ideología), de los estatutos del Partido Popular se define como una formación política de centro reformista; siendo por sus críticos un partido político conservador, liberal y centroderechista. Presidente del Gobierno de España desde el 21 de diciembre de 2011 hasta el 2015 (el 13 de diciembre de 2015 se celebrarán las próximas elecciones generales, aunque hay opinión del presidente de Gobierno que se celebren en enero de 2016). Y es predecesor de José Luis Rodríguez Zapatero del Partido Socialista Obrero Español (PSOE), en sus mandatos 2004-2008 y 2008-2011.

Algo más:

HISTORIA CONSTITUCIONAL ESPAÑOLA

El Senado en la historia constitucional española

1812

El Parlamento moderno nació en España a principios del siglo XIX con la convocatoria de las Cortes que aprobarían en Cádiz, en 1812, la primera Constitución española. Tanto en ese primer precedente como en las Cortes reguladas en esa Constitución el Parlamento consistía en una sola Cámara. Estas Cortes estuvieron vigentes hasta 1814, año en que Fernando VII restableció la monarquía absoluta, y renacieron de 1820 a 1823, durante el trienio constitucional.

Curiosamente esas Cortes unicamerales se reunieron, en las sesiones que celebraron en Madrid, en la iglesia del convento que posteriormente sería sede del Senado.
1834

El Estatuto Real de 1834 estableció unas Cortes bicamerales, con una Cámara Alta llamada Estamento de Próceres y una Cámara Baja llamada Estamento de Procuradores.

1837, 1845, 1873, 1876

Con la Constitución de 1837 la Cámara Alta adoptó el nombre de Senado y la Baja el de Congreso de los Diputados, denominaciones que se mantuvieron en las restantes constituciones del siglo XIX (1845, 1869, 1873 y 1876).

El Senado decimonónico tuvo una composición diversa según las Constituciones vigentes. En general, respondía al modelo aristocrático, sin apenas raíz electiva. Sus miembros eran unas veces natos (en función del cargo que ocupaban), otras veces designados por el Rey, otras veces cooptados dentro de ciertas corporaciones o clases y, finalmente, en pocos casos, elegidos indirectamente entre ciertas personas.

Sus funciones eran legislativas, de control y presupuestarias, con las mismas facultades que el Congreso de los Diputados, salvo en el caso de las leyes sobre contribuciones o crédito público, en las que el Congreso tenía una cierta preeminencia.

La Constitución de 1876 y las Cortes bicamerales estuvieron vigentes hasta 1923, año en que se instauró la Dictadura del General Primo de Rivera.

1931

La Segunda República, proclamada en 1931, volvió al modelo de Parlamento unicameral, por tanto, sin Senado.

1978

Con la Ley para la reforma política de 1977 - ley que posibilitó la transición del franquismo al nuevo sistema democrático- reapareció el Parlamento bicameral, con dos Cámaras que recibieron la denominación tradicional de Senado y Congreso de los Diputados.

El nuevo Senado se componía de 248 Senadores, de los cuales 207 Senadores lo fueron de elección directa: cuatro elegidos directamente por la población de cada provincia, salvo en el caso de las provincias insulares en que se elegían cinco y dos en Ceuta y dos en Melilla. A los anteriores se añadieron 41 Senadores de designación real.

1978

Las nuevas Cámaras elegidas el 15 de junio de 1977 se encargaron de debatir y aprobar la nueva Constitución de 27 de diciembre de 1978. Antes de su promulgación fue sometida a referéndum el 6 de diciembre de 1978, en el que obtuvo una amplísima aprobación del pueblo español.

El Parlamento español establecido en dicha Constitución recibe el nombre (artículo 66.1) de Cortes Generales. Se mantiene el modelo bicameral pues, según ese mismo artículo, "las Cortes Generales... están formadas por el Congreso de los Diputados y por el Senado".

Congreso y Senado son de elección popular, lo que sitúa a nuestro bicameralismo en el tipo democrático, lejos del aristocrático del siglo XIX, lo cual concuerda con la mención que hace el artículo 66.1 de la Constitución de que "las Cortes Generales representan al pueblo español".

La composición del nuevo Senado se parece bastante a la de la Ley para la reforma política: 208 Senadores son elegidos directamente por la población, normalmente en circunscripciones provinciales. Pero también aparecen novedades importantes. Por un lado, el Senado es definido por el artículo 69.1 como "Cámara de representación territorial" y se crea un segundo grupo de Senadores, elegidos por los Parlamentos autonómicos, a razón de un Senador fijo y otro más por cada millón de habitantes de la población de la respectiva Comunidad Autónoma. Por otro lado, desaparecen los Senadores de designación real. (El Senado en la historia constitucional española. Senado de España).

Algo más:

Congreso de los Diputados
Elecciones generales de 20 de noviembre de 2011

Composición de los grupos parlamentarios (X Legislatura (2011-Actualidad) y distribución de escaños en el Congreso de los Diputados.

Miembros 350

A) Grupos representados:

(Constituidos los 7 grupos parlamentarios de la X Legislatura – Congreso.es)

Fecha 20/12/2011

La Mesa del Congreso de los Diputados acordó el jueves, 15 de diciembre, la formación de 6 grupos parlamentarios: Grupo Popular; Grupo Socialista; Grupo Catalán (CiU); Grupo de IU, ICV-EUiA, Cha: La izquierda Plural; Grupo de Unión Progreso y Democracia; y Grupo Vasco (EAJ-PNV).

La decisión adoptada por el órgano de gobierno de la Cámara Baja, en aplicación del artículo 24 del Reglamento del Congreso de los Diputados, fue ratificada el lunes, día 19, por la Mesa de la Cámara, oída la Junta de Portavoces. Una vez adoptada la decisión definitiva, se formó el Grupo Mixto, integrado por diputados de las formaciones que no pudieron constituir grupo propio.

La composición de los grupos parlamentarios de la X Legislatura, a día 20 de diciembre de 2011, quedaría como sigue:

- Grupo Parlamentario Popular en el Congreso: 185 miembros
- Grupo Parlamentario Socialista: 110 miembros
- Grupo Parlamentario Catalán (Convergència i Unió): 16 miembros
- Grupo Parlamentario de IU, ICV-EUiA, CHA: La Izquierda Plural: 14 miembros
- Grupo Parlamentario de Unión, Progreso y Democracia (UPyD): 6 miembros
- Grupo Parlamentario Vasco (EAJ-PNV): 5 miembros
- Grupo Parlamentario Mixto: 14 miembros

B) Distribución de escaños:

(Distribución de escaños en el Congreso de los Diputados – Congreso.es)

Candidaturas / escaños

Partido Popular (PP) / 170
Partido Socialista Obrero Español (PSOE) / 96
Convergéncia i Unió / 16
Partit dels Socialistes de Catalunya (PSC-PSOE) / 14
Coalición " La Izquierda Plural" / 11
Coalición "Partido Popular en coalición con el Partido Aragonés" (PP-PAR) / 8
Coalición AMAIUR / 7
Coalición "Partido Popular-Extremadura Unida" (PP-EU) / 6
Unión Progreso y Democracia (UPyD) / 5
Eusko Alderdi Jeltzalea-Partido Nacionalista Vasco (EAJ-PNV) / 5
Coalición "Esquerra Republicana de Catalunya" (ERC/ESQUERRA) / 3
Bloque Nacionalista Galego (BNG) / 2
Coalición "Coalición Canaria-Nueva Canarias" (CC-NC-PNC) / 2
Coalición "Unión del Pueblo Navarro en coalición con el Partido Popular" (UPN-PP) / 2
Coalición "Bloc-Iniciativa-Verds-Equo-Coalició Compromís" (Compromís-Q) / 1
Foro de Ciudadanos (FORO) / 1
Geroa Bai (GBAI) / 1

Total 350 escaños

Los resultados de las elecciones generales del 20 de noviembre de 2011 fue publicado por el Boletín Oficial del Estado (BOE) de fecha: sábado 10 de diciembre de 2011.[3]

1.1. El posible final de la Monarquía española

No estamos lejos de enfrentarnos a una nueva historia de cambio en España. Sabemos que la forma política del Estado español es la Monarquía parlamentaria. (Título Preliminar. Artículo 1. 3.

Constitución Española: "La forma política del Estado español es la Monarquía parlamentaria."). Y después de treinta y siete años de democracia legal España vive actualmente una vida política que es posible a mediano plazo se produzca un nuevo cambio de sistema de gobierno hacia la III República. Del mismo modo es posible que a mediano plazo se llegue a establecer para España un nuevo modelo territorial hacia el federalismo.

Y llegamos a esta conclusión porque responde a la realidad política actual que vive España. Por un lado, existen dos fuerzas políticas, el Partido Popular (PP) y el Partido Socialista Obrero Español (PSOE), que dominan el sistema político español y que de una u otra forma mantienen el equilibrio y la existencia de la Monarquía española, hoy, tras las últimas elecciones autonómicas y municipales 2015, estos partidos han sufrido la peor derrota de su historia.

El PSOE ya deja de ser aquella fuerza política inclinada hacia aquella posición que favorecía a la Monarquía, ya que ha surgido una nueva generación interna que pide el cambio político e ideológico del partido hacia la república y al federalismo. Desde luego, principalmente, bajo presiones de la realidad política actual: por el avance del separatismo, y del surgir de los movimientos sociales de las Mareas, como del ascenso asombroso de Podemos y que surge de estos movimientos sociales.

Como se sabe, el PSOE hasta los últimos años de la dictadura franquista era republicano y federalista y de posición en el espectro de izquierda. Para luego ya desde la Transición paso a convertirse en monárquico y de centro izquierda. Dejemos claro que el PSOE nunca desde los últimos años de la dictadura franquista bien sea en sus manifiestos o campañas electorales o de su mismo fundamento político éste haya hablado de federalismo ni mucho menos hacia una república. "España va a ser federal. Vamos a reformar la Constitución", declaraciones del actual secretario general y candidato a la presidencia del Gobierno Pedro Sánchez, (19.07.2014 – Elconfidencial.com). He aquí una forma política oportunista de este partido.

Por otro lado, tenemos a los movimientos republicanos como Podemos que es la organización política protagonista hoy en día, siendo su líder el profesor catedrático de Ciencias Políticas en la Universidad Complutense de Madrid, Pablo Iglesias, quien recibe feroces críticas y calificaciones:

- "Más enemigo de la democracia, más enemigo de la libertad, más enemigo de la verdad,… tan poco cultos, y tan vanidosos y tan ambiciosos de poder… estos son gentuzas, intelectualmente no valen nada… habla como un verdadero analfabeto político…(Antonio García-Trevijano, 26.05.2014).

- "Mangante y chorizo" (Alfonso Rojo, 18.03.2014).

- "Frikis" (Pedro Arriola, 27.05.2014).

Esta agrupación surge en las plazas a lado de los indignados y del Movimiento 15-M (de la manifestación del 15 de mayo de 2011), lo cual una inmensa mayoría se identifica con esta agrupación, tanto es así que en las comunidades autónomas adquiere una notable notoriedad, hasta en el mismo parlamento autonómico de Cataluña. En donde guarda ciertas similitudes con el PSOE, afines hacia el federalismo y la república. Y en donde prácticamente IU estaría a punto de desaparecer para ser absorbida por esta organización política. (IU quiere que las próximas municipales acaben con la monarquía, como en 1931. (*Espacio de debate político 'La Marimorena' de 13TV* – 22.06.2014).

- Elecciones Europeas. Contra todo pronóstico, la abstención fue del 54,16% y la participación del 45,84%. Entre el PP y el PSOE pierden más de cinco millones de votos. Izquierda Plural gana casi uno. *Podemos irrumpe como cuarta fuerza política y deja el arco parlamentario muy fragmentado. (El 25-M hunde al bipardismo.*20minutos.es, 26.05.2014).

- 01.06.2014: Con un millón doscientos mil votos, Podemos se convirtió el 25-Mayo-2014 en la cuarta fuerza más votada en los comicios para el Parlamento Europeo. Se trata de una formación con apenas cuatro meses de vida y cuyo «número uno», Pablo Iglesias, apareció en un canal de televisión nacional por primera vez hace poco más de un año. Fue en Intereconomía. Su discurso izquierdista en una tertulia conservadora le hizo destacar y pronto dio el salto a las televisiones con más audiencia. Muy hábil en el «cuerpo a cuerpo», alcanzó tanta notoriedad que se puso al frente de un grupo de profesores de la Universidad Complutense para formar un partido que conectó con los movimientos sociales de la órbita del 15-M. Y, en un tiempo récord, Pablo Iglesias ha sabido capitalizar el descontento de la crisis en el mejor estreno electoral de la democracia. Lo que queda tras las europeas es una izquierda fragmentada, con un PSOE hundido y una IU atada de pies y manos por el modelo bolivariano que propone Podemos. (*El fenómeno izquierdista de Podemos, de la «a» a la «z» Jaime G. Mora*. Abc.es).

- 04.08.2014: El PP aumenta su ventaja con el PSOE hasta los 8,8 puntos en estimación de voto, al obtener un 30% de los sufragios frente al 21,2% del PSOE, según el último barómetro del CIS, que refleja que Podemos se sitúa ya como tercera fuerza política, con un 15,3% de los sufragios. El sondeo, realizado entre los pasos 1 y 9 de julio, avanza que tanto PP como PSOE pierden apoyos, ya que el PP pasa del 31,9 que obtuvo en abril, al 30 de julio, mientras que el PSOE cae más de cinco puntos, del 26,2 al 21,2%. (*Podemos es ya la tercera fuerza y el PP aumenta su ventaja con el PSOE, según el CIS*. Publico.es).

- 26.10.2014: *Una encuesta realizada por Sigma Dos sitúa a Podemos como segunda fuerza política.* Noticias.lainformacion.com.

- 02.11.2014: Según el resultado de la encuesta de Metroscopia para EL PAÍS. En unas elecciones generales que tuviesen lugar mañana, Podemos sacaría 1,5 puntos al PSOE y 7 al PP, que se hundiría hasta caer al 20,7% de resultado estimado sobre voto válido. (Lograda en sólo 8 meses de vida de Podemos). Mientras que UPyD e Izquierda Unida retroceden. (*Podemos supera a PSOE y PP y rompe el tablero electoral.* Politica.elpais.com).

- 14.12.2014: *Podemos arrasa como primera fuerza ante la desmovilización del centro-derecha.*Elconfidencial.com.

- Elecciones Europeas. Contra todo pronóstico, la abstención fue del 54,16% y la participación del 45,84%. Entre el PP y el PSOE pierden más de cinco millones de votos. Izquierda Plural gana casi uno. Podemos irrumpe como cuarta fuerza política y deja el arco parlamentario muy fragmentado. *El 25-M hunde al bipardismo.*20minutos.es, 26.05.2014).

Y otras organizaciones políticas también se inclinan por el modelo territorial federalista, como el partido de Unión Progreso y Democracia (UPyD) fundado en 2007, de ideología política progresista y federalista, y de posición en el espectro de centro, liderada por Susana Diez. ("Defendemos una España federal, dentro de una Europa federal", "Respecto a la Monarquía, no nos planteamos ninguna reforma del modelo del Estado" Rosa Diez (*Charla de los internautas con Rosa Díez, la candidata de UPYD para las elecciones generales del 20N.*03.11.2011 - Encuentrosdigitales.rtve.es/).

- La portavoz de UPyD ha defendido para España "el modelo federal, que parte de la base de la corresponsabilidad y el reparto de las competencias". "Lo defendemos para resolver un modelo de país que es inviable e insostenible", ha añadido. "En España convive un modelo federal, que llamamos de autonomías, con un modelo confederal, como el de los estatutos de Navarra y País Vasco, con un modelo centralista; y esto es insostenible". (*Rosa Díez asegura que el rescate de España "ya no es una opción, sino una necesidad".*Cadenaser.com - 11-12-2012).

Ahora bien, así visto y planteado, no cabe duda que el modelo bipartidista dejará de existir. El Partido Popular dejaría de tener mayoría en las Cortes (defensora de la Monarquía y del modelo de Estado actual). Y ante una nueva Legislatura y con la presencia de una fuerza política hacia el cambio (PSOE, IU, UPyD, Podemos y de movimientos cívicos y plataformas, como "Libres e Iguales") la reforma de la Constitución y por ende del sistema político al republicano y el modelo de territorial al federal, indudablemente se llevaría a cabo. Y sin lugar a dudas, esto sería el fin del PP. El presagio de su fin ya lo plantea el mismo Pedro Sánchez secretario general del PSOE, al decir que el Ejecutivo representa ya una generación de políticos "más del pasado, de los últimos 35 años, que del presente y del futuro" (23.07.2014).

Desde luego, este cambio de sistema político sería posible si se produjera un referéndum. Preguntamos, ¿el pueblo español estaría a favor o en contra de la Monarquía?

  - *Congreso votará por primera vez sobre un referéndum "monarquía o república".* 02/09/14 - Noticias.lainformacion.com/

- Barómetro del CIS de julio de 2014: Intensión de voto en porcentaje: PARTIDO POPULAR ((PP): Nov. 2011 = 40,63; Jul. 2014 = 30,0%; PARTIDO SOCIALISTA OBRERO ESPAÑOL (PSOE): Nov. 2011 = 28,76; Jul. 2014 = 21,2%; PODEMOS: Jul. 2014 = 15,3%; IZQUIERDA UNIDA (IU): Nov. 2011 = 6,92; Jul. 2014 = 8,2%; UNIÓN PROGRESO Y DEMOCRACIA (UPyD): Nov. 2011 = 4,7; Jul. 2014 = 5,9%; CONVERGENCIA Y UNIÓN (CiU): Nov. 2011 = 4,17; Jul. 2014 = 2,9%; ESQUERRA REPUBLICANA CATALANA (ERC): Nov. 2011 = 1,06; Jul. 2014 = 3,3%.

¿El fin de la Monarquía española?

Se sabe muy bien que la situación política actual está girando hacia el federalismo y por la república, lo cual hace peligrar también la existencia de la institución monárquica española.

1) La alcaldesa de Barcelona, Ada Colau, ha apelado a las "profundas convicciones republicanas del ayuntamiento", que

"todo el mundo conoce", para argumentar la decisión de retirar el busto del Rey Juan Carlos de la Sala de Plenos del consistorio. (*Colau apela a sus 'profundas convicciones republicanas' para avalar la retirada del busto del Rey*. Elmundo.es, 24.07.2015). [Retirada del busto fue una actuación unilateral, sorpresiva y sin consulta al pleno del Ayuntamiento].

2) El pleno de Montcada i Reixac (Barcelona) ha aprobado que el retrato del rey Felipe VI deje de presidir el salón de plenos de la localidad vallesana. (Montcada aprueba retirar el retrato de Felipe VIElmundo.es, 24.07.2015). [Durante la sesión ordinaria el texto considera: "la figura de Felipe VI representa una institución antidemocrática y anacrónica, ya que no ha sido elegida y, además, representa una institución ajena a todos los vecinos y vecinas del municipio"].

3) El alcalde de Valencia, Joan Ribó, ha asegurado que cambiará el nombre de más de cien calles de Valencia que están relacionados con el franquismo con el fin de "dignificar la ciudad para que no tenga nombres vinculados al franquismo y a la represión". (*Ribó cambiará el nombre de más de cien calles relacionadas con el franquismo en Valencia*. Lasprovincias.es, 10.07.2015). [Pero el plan no incluye la misma medida para calles dedicadas a personalidades del bando republicano].

4) El Ayuntamiento de Madrid cambiará los nombres de las calles que incumplan la Ley de Memoria Histórica [aprobado el día 28 de julio de 2006, durante el mandato de José Luis Rodríguez Zapatero del PSOE, y criticada por la ex alcaldesa de Madrid del PP, Esperanza Aguirre, quien pide a su Gobierno que la derogue, (10.04.2015)] y los sustituirá por otros que sí sean acordes con esa legislación. Así lo ha manifestado la portavoz del equipo de Gobierno municipal, Rita Maestre, en la rueda de prensa posterior a la Junta de Gobierno local y en referencia a los planes del Ayuntamiento para eliminar las referencias franquistas en el callejero de la ciudad. (*Carmena eliminará los nombres franquistas de las calles de Madrid*. Publico.es, 06.07.2015). [Rita Maestre, el 10 de marzo de 2011 participó en el asalto a la capilla de la Facultad de Psicología de la Universidad

Complutense de Madrid, y en donde se profirieron insultos contra la Iglesia católica, la Conferencia Episcopal y el Papa, y en donde a la salida de la capilla muestra el sujetador, sin ninguna camisa o jersey encima].

5) El alcalde de Zaragoza cambia el nombre del Pabellón Príncipe Felipe. *El Ayuntamiento, gobernado por la marca blanca de Podemos, ha decidido llamarlo José Luis Abós.* Libertaddigital.com, 24.07.2015). [Como se sabe PODEMOS se inclina por un modelo de Estado republicano. *Militantes de Podemos impulsan una manifestación republicana en el aniversario de la proclamación de Felipe VI.* Elconfidencialdigital.com, 10.06.2015].

Los tiempos cambian y con ello los pactos del PP y el PSOE (el bipartidismo) se está por romper, lo cual la forma de Gobierno actual del monárquico parlamentario puede llegar a su fin. De ahí que la Monarquía preocupado por esta situación que pueda ocurrir actúa. Y se produce el cambio. El rey Juan Carlos I deja la jefatura del Estado y el mando supremo de las Fuerzas Armadas, después de 39 años de reinado, recayendo la responsabilidad en su hijo Felipe Juan Pablo Alonso de Todos los Santos de Borbón y Grecia, con el título de Felipe VI de Borbón y Grecia, desde el 19 de junio de 2014. Y ya éste empieza a actuar políticamente. El rey sabe que su presencia y lo que haga es observada por el pueblo español. Y tendrá que comunicar que la presencia de la Monarquía es un factor de suma importancia para el consenso y la integración política. Y es así que en su primer discurso de su proclamación como Rey, se inicia dando mucha importancia a los valores que debe de reinar en la Monarquía –muy deteriorados ante los delitos acusatorios de alguno de sus miembros-, y su acercamiento con las Comunidades Autónomas.

Y como sabemos, la Corona Española no puede dictar leyes, ni reglamentos, ni actos administrativos, ni sentencias. La Monarquía Española es sólo simbólica y representativa, sin poderes políticos sustantivos sino poderes formales. ¿Será posible con sus limitaciones y sus actuaciones evitar su abolición?

- La institución monárquica se habría visto fortalecida con la proclamación de Felipe VI como nuevo Rey de España, el pasado jueves. Al menos así lo estiman el 62,5% de los encuestados, que valora como vigorizador para la Monarquía parlamentaria el relevo generacional acometido en la Casa Real. (La valoración de la Monarquía crece dos puntos en una semana. 23.06.2014. Larazon.es).

2. La España territorial geográfica

Ocupa las cuatro quintas partes de la península Ibérica y se encuentra bañado por el Mar Mediterráneo y por el océano Atlántico. A los 492 463 Km2 del territorio peninsular hay que añadirle 5 014 Km2 de las islas Baleares (en el Mediterráneo), 7 242 Km2 de las islas Canarias (en el Atlántico) y, por último, 32 km2 de los territorios del Norte de África (Ceuta, Melilla, islas Chafarinas, peñón de Alhucenas y peñón de Vélez de la Gomera). En total España cuenta con 504 750 Km2. [4]

3. La España territorial del Estado

A) Organización Territorial

Se organiza en municipios, en provincias y en las Comunidades Autónomas, que se constituyen en 17 comunidades y dos ciudades autónomas, siendo la capital de España la villa de Madrid.

La Constitución de 1978 establece la estructura de España en comunidades autónomas. Por lo tanto, el Estado español está integrado por las Comunidades Autónomas siguientes: Andalucía, Aragón, Canarias, Cantabria, Castilla-La Mancha, Castilla-León, Cataluña, Comunidad Balear, Comunidad

Valenciana, Extremadura, Galicia, La Rioja, Comunidad Autónoma de Madrid, Comunidad Foral de Navarra, País Vasco, Principado de Asturias y Región de Murcia, además de Ceuta y Melilla cuyos estatutos de autonomía les otorga el rango de ciudades autónomas.

Algo más:

Organización Territorial

"España es una nación organizada territorialmente en diecisiete comunidades autónomas y dos ciudades autónomas. El Título VIII de la constitución establece la organización territorial del Estado en municipios, provincias y comunidades autónomas, éstas con competencias para gestionar sus propios intereses con un amplio nivel de autonomía, poderes legislativos, presupuestarios, administrativos y ejecutivos en las competencias exclusivas que el Estado les garantiza a través de la Constitución y de cada Estatuto de autonomía. Aunque Navarra no se constituyó propiamente en Comunidad Autónoma, siendo una Comunidad Foral, y no habiendo desarrollado un Estatuto de Autonomía, sino articulando un amejoramiento de sus fueros tradicionales, es considerada comunidad autónoma a todos los efectos, según la interpretación del Tribunal Constitucional.

Cada comunidad autónoma está formada por una o varias provincias, haciendo un total de cincuenta.

Desde 2003 se ha adoptado la Nomenclatura de las Unidades Territoriales Estadísticas, o unidades NUTS, de tres niveles, con fines meramente estadísticos basados en las normativas europeas y fijados por el Eurostat. Las cincuenta provincias españolas y las dos ciudades autónomas se encuentran clasificadas en los niveles NUTS-3; las diecisiete comunidades autónomas se encuentran clasificadas en los niveles NUTS-2; y para los niveles NUTS-1 se han creado los grupos de comunidades autónomas".

(*Organización territoria*l - Embajadadeespana.org,
26.06.2014).

B) La España demográfica

La población residente en España se situó en 46.507.760 habitantes a 1 de enero de 2014, lo que supuso una reducción de 220.130 personas respecto a comienzos de 2013.

En términos relativos, la población se redujo un 0,47% durante 2013, frente al descenso del 0,19% registrado a lo largo de 2012. Se intensifica así el ritmo de descenso de la población.

Aunque durante el año 2013 la población residente en España descendió en 220.130 personas, la población de nacionalidad española aumentó en 176.529. Este crecimiento se debió, sobre todo, al proceso de adquisición de nacionalidad española, que afectó a 230.581 personas.

Población extranjera residente en España

Por su parte, la población extranjera se redujo en 396.658 personas (un 7,82%) hasta situarse en 4.676.022, debido al efecto combinado de la emigración y de la adquisición de nacionalidad española.

Por nacionalidades, el mayor descenso en términos absolutos se produjo entre la población ecuatoriana y la colombiana. Total extranjeros, año 2014: 4.676.022, año 2013: 5.072.680.

Rumanía 730.340; Marruecos 714.221; Reino Unido 311.774; Ecuador 212.970; Italia 182.249; Colombia 172.368; China 164.555; Alemania 149.522; Bulgaria 140.206; Bolivia 126.421; Portugal 109.568; Francia 100.448; Perú 83.583; Ucrania 81.625; Argentina 80.910.

Por Comunidades Autónomas – Población:

Andalucía 8.390.723; Aragón 1.331.943; Asturias, Principado de 1.058.976; Balears, Illes 1.115.374; Canarias 2.114.989; Cantabria 587.686; Castilla y León 2.495.765; Castilla - La Mancha 2.076.833; Cataluña 7.411.869; Comunitat Valenciana 4.963.027; Extremadura 1.096.951; Galicia 2.747.207; Madrid, Comunidad de 6.368.706; Murcia, Región de 1.461.876; Navarra, Comunidad Foral de 636.629; País Vasco 2.166.184; Rioja, La 314.829; Ceuta 84.524; Melilla 83.669.

Migraciones exteriores

El flujo migratorio hacia el exterior se intensificó a lo largo del año 2013. Así, un total de 291.041 personas procedentes del extranjero establecieron su residencia en nuestro país, mientras que 547.890 personas abandonaron España con destino al extranjero.

En términos relativos, entre 2013 y 2012 la inmigración descendió un 4,3%, mientras que la emigración experimentó un incremento del 22,7%. Referencia: Instituto Nacional de Estadística (INE), Enero 2014.[5]

4. La España en conflicto territorial internacional

Las conquistas territoriales del pasado son las disputas territoriales del presente.

A) España reclama Gibraltar

España mantiene una disputa territorial por Gibraltar desde hace tres siglos, ante el Reino Unido. En la actualidad el Gobierno español sigue reclamando la soberanía del territorio de Gibraltar, aunque esta reclamación siempre ha sido rechazada por el Gobierno británico.

Hechos que marcan el conflicto:

La Guerra de Sucesión Española (1704). El Tratado de Utrecht (1713). Intensas operaciones militares (siglo XVIII). En el gobierno de Francisco Franco se obtiene un importante avance para la reconquista de Gibraltar (14 de diciembre de 1960. Resolución 1.514 de Naciones Unidas). Y entre otros sucesos, lo ocurrido el 15 de junio de 2012, en donde España reclama ante la ONU la devolución de Gibraltar (*España reclama hoy ante la ONU la devolución de Gibraltar.* LARAZON.ES – 17.06.2012).

B) Marruecos reclama territorios en el norte de África

Marruecos no renuncia a sus pretensiones soberanistas del islote del Perejil, de las ciudades de Ceuta y Melilla y plazas Menores de soberanía (conjunto de los islotes y peñones españoles en la costa mediterránea del norte de África: Peñones de Alhucemas y Vélez de la Gomera e islas Chafarinas, Isla de Alborán y el islote Perejil.

Movimientos políticos en Marruecos reclaman las islas Canarias. Al Qaida del Magreb Islámico (AQMI) reclama ciudades españolas (Granada, Valencia, Sevilla y Córdoba) de la antigua Al-Ándalus. (Granada, Valencia, Sevilla y Córdoba, objetivos terroristas de los socios de Al Qaeda. El grupo yihadista Ansar Al Din llama en un comunicado interno a liberar estas ciudades "que fueron gobernadas por los musulmanes" y "restaurar Al-Ándalus". 20Minutos.es. 24.05.2012).

C) El expresidente de Libia, Gadafi, reclama Canarias y Al Ándalus

Éste aseguraba que son tierras árabes y pide su liberación. «Os lo advierto: cientos de libios se convertirán en mártires en Europa», amenaza. (Gadafi reclama Canarias y Al Ándalus. Larazon.es.10.06.2011).

D) Portugal reclama soberanía

Portugal reclama la soberanía de la comarca de pacense de Olivenza, incluido los municipios de Olivenza y Táliga. Mientras que España no reconoce las pretensiones de soberanía de Portugal sobre las islas Salvajes. Suceso importante, el tratado de Badajoz (1801). Y tratados para asegurar el cumplimiento de las resoluciones del Congreso de Viena, se inicia en octubre de 1814 y dura hasta junio de 1815. (Referencias: Historia de Olivenza – Ayuntamiento de Olivenza. Reclamaciones territoriales y territorios en disputa. Portal digital Embajada de España).

5. La España de las lenguas

Actualmente, en España se hablan diversas lenguas y dialectos. Sin embargo, existe un conflicto lingüístico en determinadas lenguas y/o dialectos bien sea por su origen, categoría y expansión en el territorio español, y en parte relacionados a intereses políticos nacionalistas y por su complejidad en determinarlos.

En cambio, tales controversias y dificultades lingüísticas no la encontramos con el castellano o español y con el gallego. En el caso del vasco o euskera está por determinar su origen.

A) El castellano

Es la lengua oficial de toda España, del Estado, y cooficial en las Comunidades Autónomas donde se hablan los otros idiomas o dialectos, reconocidos como tales, en sus Estatutos de Autonomía.

En la Constitución promulgada en 1978, en su artículo 3 dice:

1. El castellano es la lengua española oficial del Estado. Todos los españoles tienen el deber de conocerla y el derecho de usarla.

LUIGI CAMPOS CHALCO

2. Las demás lenguas españolas serán también oficiales en sus respectivas Comunidades Autónomas de acuerdo con sus Estatutos.

3. La riqueza de las distintas modalidades lingüísticas de España es un patrimonio cultural que será objeto de especial respeto y protección.

Las principales modalidades dialectales modernas del castellano o, para algunos, modalidades de habla, del castellano son el andaluz, el canario, el extremeño y el murciano. Como nos dice en la 2° E.S.O. Curso Lengua Castellana y Literatura – Ministerio de Educación, "Las lenguas de España presentan una rica diversidad dialectal. Así el murciano, el extremeño, el canario y el andaluz, dialectos del castellano." Así también se cita, en otros autores, como Francisco Gómez Gortín, el mismo que nos dice en su Preámbulo,[6] que las modalidades dialectales del castellano son mayormente de pronunciación, y escasas las que atañen al vocabulario, a la morfología y a la estructura sintáctica.

El castellano, nacido en la antigua Cantabria, se desarrolló aproximadamente desde las tierras situadas al este del curso del Sella hasta los límites junto al Ebro con los pueblos que conservaban la lengua antecesora del vascuence actual. (Ponencia El español de los territorios del noroeste de Josefina Martínez Álvarez, catedrática de Lengua española en la Universidad de Oviedo. Directora de la cátedra Emilio Alarcos Llorach. Las normas regionales y socioculturales. La variación lingüística – Congreso de Valladolid, España. Portal digital del Instituto Cervantes – Congresodelalengua.es).

"Yo no he inventado el origen cántabro del castellano, pero soy el primero que intenta comprobarlo de manera científica", explica el director del Departamento de Lenguas Modernas de la Universidad de Tennessee (EEUU), el filólogo Gregory Kaplan, sobre el origen del castellano. (¿Nació el castellano en Cantabria? Un estudio del filólogo Gregory Kaplan que sitúa la cuna de la lengua española en el valle cántabro de Valderredible, reabre el debate sobre los primeros hablantes. Publico.es - 25/09/2008. Actualizado: 26/09/2008).

B) El catalán

Se dice ser una lengua y así también se observa en el Estatuto de Autonomía de Cataluña 2006:

Artículo 6. La lengua propia y las lenguas oficiales.

1. La lengua propia de Cataluña es el catalán. Como tal, el catalán es la lengua de uso normal y preferente de las Administraciones públicas y de los medios de comunicación públicos de Cataluña, y es también la lengua normalmente utilizada como vehicular y de aprendizaje en la enseñanza.

2. El catalán es la lengua oficial de Cataluña. También lo es el castellano, que es la lengua oficial del Estado español. Todas las personas tienen derecho a utilizar las dos lenguas oficiales y los ciudadanos de Cataluña el derecho y el deber de conocerlas. Los poderes públicos de Cataluña deben establecer las medidas necesarias para facilitar el ejercicio de estos derechos y el cumplimiento de este deber. De acuerdo con lo dispuesto en el artículo 32, no puede haber discriminación por el uso de una u otra lengua.

El catalán según la Real Academia Española

La Real Academia Española, en su diccionario, también nos dice: "el catalán es una lengua romance vernácula que se habla en Cataluña y en otros dominios de la antigua Corona de Aragón".[7]

El catalán es un dialecto

Mientras que para otros no es una lengua sino un sub dialecto del Occitano, llamado el "llemosí",[8] al que en Barcelona llamaron el Barceloní, o del castellano,[9] o "El dialecto catalán es una mezcla de provenzal arcaico".[10]

En cuanto a su alcance en la geografía peninsular, en parte también es discutible, no siendo aún determinada. Veamos, en las Islas Baleares el catalán es lengua oficial, según su Estatuto de Autonomía. Y aunque se define en el Estatuto de la Comunidad valenciana que 1. La lengua propia de la Comunitat Valenciana es el valenciano; en cambio no es así a su entender como lo señalan ciertos textos educativos al decir, por ejemplo: "Las lenguas de España presentan una rica diversidad dialectal. Así el murciano, el extremeño, el canario y el andaluz, dialectos del castellano; o el valenciano y el balear respecto del catalán" o "En la actualidad se habla en Cataluña, Islas Baleares, Andorra, Comunidad Valenciana (con el nombre de valenciano),[11]; y así mismo, se dice: "y en algunas zonas de Aragón",[12]; en cambio sobre estas afirmaciones entre comillas no se reconoce su existencia como tal por ciertos movimientos políticos y culturales reivindicativos de sus propias lenguas en dichas Comunidades Baleares (el balear), Aragón (el aragonés) y en la Comunidad Valenciana (el valenciano). Torcuato Luca de Tena, miembro de la Real Academia Española de la Lengua quien declaró en septiembre de 1985: "La noción de catalanismo como la lengua madre de la valenciana y de la balear es falsa históricamente. Las manifestaciones culturales baleáricas y valencianas son muy anteriores a las del catalán". Documentos Sobre el reconocimiento de la lengua mallorquina-balear – Autor: Centro Cultural Mallorquí).

O de aquella afirmación de Mikèl Garàu Rosselló es vicepresidente de la Academia de la Lengua Balear al afirmar que el catalán no es más que un dialecto del castellano. "Y como antes fue el castellano el que tuvo gramática por encima de cualquier otra lengua romance de España, y viendo lo antedicho, no es nada descabellado ni mucho menos disparatado afirmar que el catalán no es más que un dialecto del castellano. (*Catalán dialecto del castellano*. La Razón, 12/01/05, publicado por portal digital Almedron.com).

Variantes dialectales del catalán:

En el bloque oriental: El catalán transicional y el catalán central. Y en el bloque occidental: El catalán noroccidental y el catalán tortosino.[13]

De acuerdo con los Estatutos de Autonomía de Cataluña, el Aranés es una lengua oficial que se habla en Arán.

> *Artículo 6. La lengua propia y las lenguas oficiales. 5. La lengua occitana, denominada aranés en Arán, es la lengua propia de este territorio y es oficial en Cataluña, de acuerdo con lo establecido por el presente Estatuto y las leyes de normalización lingüística.*

Se reconoce al filósofo, poeta, místico y misionero mallorquín beato Ramón Llull (1235-1316) como el principal gestor y propulsor de la literatura catalana y su relación a la lengua catalana, nos dice algo la Gran Larousse Universal/1988, recogido en el siguiente texto:

> *"Sin duda, el hombre que más hizo por lo que a fijación y uso de la lengua catalana se refiere fue Ramón Llull, que elevó esta lengua a la categoría de lengua literaria y la convirtió en instrumento apto para toda suerte de expresiones y de manifestaciones; la separó definitivamente del provenzal y, gracias al sentido lógico de la filosofía que propugnaba, creó un lenguaje de una rara precisión y exactitud en las lenguas romances incipientes. El rasgo que más interesa de su producción es el decidido empleo del catalán, sobre todo en obras de materia filosófica, campo vedado por aquel entonces a las lenguas vulgares."* Catalana (literatura), Volumen 7, pág. 2510.

C) El gallego (en gallego: galego)

Hablada principalmente en la comunidad española de Galicia.

"El idioma gallego es una lengua romance del subgrupo galaico-portugués hablada principalmente en la comunidad española de Galicia. Está estrechamente emparentado con el portugués, con el que formó unidad lingüística (galaicoportugués) durante la Edad Media. Diferentes entidades culturales defienden al gallego como variedad diatópica del diasistema lingüístico gallego-luso-africano-brasileño.

También se hablan diferentes variedades del gallego en la comarca del Eo-Navia, en el oeste de Asturias, y en la comarca de El Bierzo, al noroeste de Castilla y León. Algunos lingüistas también consideran como parte de la lengua gallega el habla del Valle de Jálama, al norte de Extremadura, llamada "a fala" o "xalimegu". (Idioma gallego, Wikipedia, 05/03/2014).

Es una lengua, así lo refiere el Estatuto de autonomía para Galicia: en el artículo 5° Uno. *"La lengua propia de Galicia es el gallego."* Y se dice, por los entendidos, en zonas limítrofes de Asturias, León y Zamora.[14]

Algo más:

El gallego es un idioma:

La Real Academia Galega es una institución científica que tiene como objetivo fundamental el estudio de la cultura gallega y especialmente la ilustración, defensa y promoción del idioma gallego.

La creación de la Academia Galega el día 4 de septiembre de 1905 en la Casa do Consulado de A Coruña fue el resultado del inteligente y generoso impulso procedente de la Asociación Iniciadora y Protectora de la Academia Gallega, creada en Cuba por un grupo de patriotas de la cultura entre los que destacan Xosé Fontenla Leal, por su entusiasmo y capacidad organizadora, y Manuel Curros Enríquez, por su auctoritas de poeta civil. Es bien posible que a Academia no llegase a nacer y consolidarse sin el empuje y ayuda económica permanente de los gallegos emigrados a Cuba.

El 25 de agosto de 1906 el Rey de España aprobaba los primeros estatutos y le concedía el título de Real. Es la segunda Academia de la Lengua más antigua de España y Manuel Murguía fue su primer Presidente.

Entre las funciones de la Real Academia Galega están las de establecer las normas referidas al uso correcto de la lengua gallega, conforme a lo dispuesto en la Ley 3/1983, de 15 de junio, de Normalización Lingüística, del Parlamento de Galicia, como la elaboración de la norma gramatical, ortográfica y fónica; el inventario del léxico y la propuesta de un diccionario de uso y la modernización y actualización del léxico.

También estudiar y proponer la restauración de la onomástica gallega, velar por los derechos del idioma gallego, defender y promover el idioma gallego y asesorar a los poderes públicos e instituciones sobre temas relacionados con el uso correcto de la lengua y con su promoción social.

Así mismo debe estudiar y dar a conocer el patrimonio literario y documental de la institución y decidir la personalidad literaria a la que cada año se le dedica el Día das Letras Galegas. (Instituciones - Real Academia Galega – Xunta de Galicia).

Algo más:

El gallego es un dialecto:

1) Las variedades del portugués son: portugués europeo, portugués africano, portugués brasileño, portugués são tomean y portugués gallego (considerado portugués por filólogos).

De hecho el gallego es un co-dialecto del portugués. Tiene muchas diferencias con el portugués debido a la influencia española. (*Dialectos del portugués*. Del portal digital Curso Portugues.org).

2) Noticias: El juez Grande-Marlaska tilda en una providencia de "dialecto" al gallego. Redacción/Pontevedra | 06.02.2008, diario digital elcorreogallego.es

Algo más:

Debate entre autonomistas y reintegracionistas

La lengua gallega se debate entre la postura reintegracionista ("el gallego es una covariedad del portugués") y la autonomista ("el gallego es una lengua autónoma del portugués"). Las tesis reintegracionistas tienen su origen tanto en bibliografía autóctona gallega como en la obra filológica portuguesa, como por ejemplo la clasificación dialectal del portugués realizada por el romanista portugués Luís Filipe Lindley Cintra. Los partidarios de la primera postura denominan a los segundos, en gallego, "isolacionistas", mientras que los partidarios de la segunda denominan a los primeros "lusistas" (a pesar de los distintos matices que esta palabra tiene para los reintegracionistas. (Idioma gallego, Wikipedia, 05/03/2014).

D) El vasco o euskera

El Estatuto de Autonomía para el País Vasco (Euskadi) nombra el vasco como una lengua. Artículo 6. 1. El euskera, lengua propia del Pueblo Vasco, tendrá, como el castellano, carácter de lengua oficial en Euskadi, y todos sus habitantes tienen el derecho a conocer y usar ambas lenguas. Hablándose en algunas zonas de Navarra. Y según lo refiere el Estatuto Autonomía de la Comunidad Autónoma de Navarra, Artículo 7, 2. El vascuence tendrá también carácter de lengua oficial en las zonas vascoparlantes de Navarra.

Sabemos que la lengua de los vascos es el euskara o vascuence, (dicho en forma coloquial: euskera, eskuera o üskera). Y Euskadi en euskera significaría algo así como "un conjunto de vascos" según se rescata en la web www.herrieliza.org o "un pueblo de raza vasca" (Una Euskadi, dos Euskadis, tres Euskadis, cuatro... LITERATURA | 'Breve Historia de Euskadi', por Álvaro Cortina. 20/02/2011, Diario digital Elmundo.es), para otros significaría "lugar donde hay vascos". Téngase en cuenta también que Euskadi es un neologismo creado por Sabino Arana formado por la raíz eusk, que significa "vasco" y el sufijo -di que indica abundancia de algo. Por lo tanto, carece de una etimología correcta.

Algo más:

Euzkadi

Se trata de un neologismo inventado por Sabino Arana en torno al año 1900. Se da la circunstancia de que se trata además de un término incorrectamente construido en vascuence, por lo que la Real Academia de la lengua Vasca lo corrigió adoptando el actual "Euskadi". El nacimiento de esta palabra de nuevo cuño se debe a la insatisfacción de Arana con el término Euskal Herria, un término pacíficamente aceptado en general como referencia a un espacio cultural difuso que no coincidía con una realidad política concreta. El Gobierno Vasco de la Segunda República se autodenominó como "Gobierno de Euzkadi". Una denominación que queda consagrada en 1979 a través del Estatuto de Autonomía del País Vasco, que llama Euskadi a la actual Comunidad Autónoma Vasca. (Euskal Herria, Euskadi y la ikurriña. Diario digital Navarraconfidencial.com, 02/07/2008).

Algo más:

"Sigue existiendo literatura histórica vasca militante. Apologética o denigratoria". Esto cuenta el historiador José Luis de la Granja, coautor con Santiago de Pablo y Coro Rubio Pobes de 'Breve Historia de Euskadi. De los fueros a la autonomía' (Debate). "Si algo tenemos claro los historiadores es la existencia de un pluralismo político social y cultural del

País Vasco". Llámese Vasconia. Llámese Provincias Vascongadas. Llámese Euzkadi (neologismo de Arana que significa: "pueblo de raza vasca"), o llámese Euskal Herria. Llámese Euskadi. "Hacía falta un libro sintético sobre este tema, sin un gran aparato erudito". (Una Euskadi, dos Euskadis, tres Euskadis, cuatro... / Álvaro Cortina /Diario Elmundo.es, 20/02/2011).

Variantes dialectales del euskera (denominada euskalkiak en euskera), son las siguientes:

El dialecto occidental o vizcaíno, El dialecto central o guipuzcoano, El dialecto navarro, El labortano-navarro y El suletino. (Euskera batúa. Wikipedia, 25/01/2014).

Dialectos del vasco

Los numerosos dialectos, subdialectos y variedades locales del vasco han sido objeto de varias tentativas de clasificación, lo que también ha propiciado diversas opiniones en cuanto a su número. La investigación llevada a cabo por Louis-Lucien Bonaparte tras cinco viajes a diversas partes de Euskal Herria entre 1856 y 1869 culminó con la elaboración del mapa dialectológico Cartes des Sept Provinces Basques montrant la délimitation actuelle de l'Euskara et sa division en dialectos, sous-dialectes et variétés (1863, publicado en 1866 en Londres).

Bonaparte establece tres grupos dialectales: el vizcaíno (grupo l); el guipuzcoano, labortano, alto-navarro septentrional, alto navarro meridional (grupo 2): suletino, bajo-navarro oriental, bajo-navarro occidental (grupo 3), además de 25 subdialectos y 50 variedades. Posteriores modificaciones y reevaluaciones han llevado a la catalogación de ciertas variedades como auténticos dialectos, así como a una nueva agrupación del resto.

Una posible clasificación de los dialectos sería la siguiente:

•Bizkaiera (vizcaíno).
•Gipuzkera (guipuzcoano).
•Nafarrera behera (bajonavarro).
•Erronkariera (roncalés).
•Lapurtera (laburdino).
•Nafarrera garaia (altonavarro).
•Zuberera (suletino).

El euskara batua, o simplemente batua (unificado), se basa en los dialectos centrales y la conjugación del verbo toma como base el guipuzcoano-navarro, muy parecido al antiguo verbo vasco común. Constituye un intento de racionalizar, entre otros, el complejo sistema verbal, así como expandir los parámetros de la lengua, con el fin de que pueda acomodar nuevas entradas léxicas y nuevos conceptos asociados a las esferas de las que el vasco estaba excluido antes de alcanzar el estatus de co-oficialidad. (Lengua Vascuence, Vasca o Euskera. Web Promotora Española de Lingüística. Proel.org).

E) El valenciano

El Estatuto de Autonomía de la Comunidad Valenciana nombra el valenciano como una lengua, Art. 6. 1. La lengua propia de la Comunitat Valenciana es el valenciano. 2. El idioma valenciano es el oficial en la Comunitat Valenciana, al igual que lo es el castellano, que es el idioma oficial del Estado. Todos tienen derecho a conocerlos y a usarlos y a recibir la enseñanza del, y en, idioma valenciano.

Contrario a la denominación como lengua del valenciano se observan otras posiciones: Como que el Tribunal Supremo (TS), reconoce la unidad de la lengua y la equivalencia entre las denominaciones de catalán y valenciano.[15] O cuando la Real Acadèmia de Cultura Valenciana (RACV) acusa a la Acadèmia Valenciana de la Llengua (AVL) de llevar el valenciano a un dialecto del catalán.[16] O cuando así lo hace saber el Curso Lengua Castellana y Literatura de 2º de E.S.O. Autor Cidead del 30/06/2011, pág.2, cuando nos dice, que el valenciano es un dialecto del catalán. Y la Real Academia Española en su diccionario, nos dice del valenciano que es una "variedad del catalán, que se usa en gran parte del antiguo reino de Valencia y se siente allí comúnmente como lengua propia".[17]

Por otro lado, también se afirma que "el valenciano cuenta con dialectos sensiblemente diferentes entre sí, el Valenciano de Transición, el Septentrional, el Apichat, el Meridional y el Alicantín".[18]

Algo más:

Conflicto lingüístico valenciano

Con el nombre de "Batalla de Valencia" o "Conflicto lingüístico valenciano" se ha bautizado al conflicto que viene enfrentando desde 1908, a dos concepciones radicalmente distintas de entender el origen y carácter de la lengua Valenciana (entre otros asuntos). Polémica generada por los pancatalanistas, en su fanatismo por crear los llamados "países catalanes".

Concepciones sobre el valenciano

Teoría valencianista

Por una parte, los valencianistas, que defienden que el idioma Valenciano es una lengua independiente, fruto de la evolución propia y particular a lo largo de siglos del latín vulgar hablado por los hispanorromanos que permanecieron en las tierras valencianas invadidas por los moros denominada mozárabe.

Evolución a la que debería añadirse además, la influencia que dicho romance valenciano recibió de las diferentes lenguas romances que trajeron durante la reconquista cristiana los repobladores. Aquí cabría señalar que muchos de los cristianos que llegaron como repobladores, eran hispanorromanos valencianos que anteriormente habrían huido a zonas del norte o noroeste peninsular y que, por tanto, hablaban la misma lengua que los hispanorromanos que habían permanecido en tierras valencianas ocupadas por los moros.

Como defensores de esta teoría se encuentran organizaciones culturales como "Lo Rat Penat", "Cardona i Vives", el "Grup Cultural Ilicità" entre otros, además de la Real Academia de Cultura Valenciana así como diversas coordinadoras culturales como "Accio Regne de Valéncia (ARV)" y "La Coordinadora Federacio Coordinadora de Entitats Culturals del Regne de Valéncia (FCECRV)".

Teoría pancatalanista

En el lado opuesto, los pancatalanistas, que consideran al idioma Valenciano una variante del Catalán, introducida en su totalidad por unos supuestos repobladores catalanes que vinieron a tierras valencianas durante la reconquista, ya que según sus defensores, en esas fechas no existían hispanorromanos valencianos que hablaran romance valenciano y porque, según ellos, la gran mayoría, por no decir la totalidad de repobladores que vinieron a Valencia eran catalanes. Además, afirma que la lengua Valenciana no debería llamarse así, sino que su verdadero nombre sería el de "Catalán". Igualmente, pretenden imponer al idioma Valenciano las reglas ortográficas y gramaticales del catalán, además de su léxico, palabras, giros y expresiones, en detrimento de las que son genuinamente valencianas.

Dentro de esta última opción se posicionan algunas instituciones catalanas, como el Instituto de Estudios Catalanes (IEC), que destina grandes cantidades de dinero en imponer el catalán en la Comunidad Valenciana. (Conflicto lingüístico valenciano. De la web Idiomavalenciano.com, 13/03/2014).

F) El balear

El balear no es una lengua reconocida en los Estatutos de autonomía de las Islas Baleares, pero sí la determina como lengua el catalán para las Islas Baleares. Artículo 4. La lengua propia 1. La lengua catalana, propia de las Illes Balears, tendrá, junto con la castellana, el carácter de idioma oficial.

Por otro lado, opuesto a este reconocimiento como lengua, del catalán, lo están aquellos que dicen que el balear es un dialecto del catalán. Véase: Curso Lengua Castellana y Literatura de 2º de la Educación Secundaria Obligatoria (E.S.O.) – Ministerio de Educación, Autor Cidead del 30/06/2011, pág.2, Ministerio de Educación. Pues en base a esta afirmación, sería un dialecto del catalán el menorquín (isla de Menorca), el ibicenco (Ibiza y Formentera) y el mallorquín (isla de Mallorca).

Contrarios a estas tesis está aquella que afirma que el balear tiene una identidad propia –y por lo tanto es una lengua- y no está ligado a ninguna otra lengua.[19][20]

G) El aragonés

Conocida también como Fabla aragonesa o simplemente fabla. En el Preámbulo, según texto de la LEY 10/2009, de 22 de diciembre, de uso, protección y promoción de las lenguas propias de Aragón, nos dice:

1. Aragón es una Comunidad Autónoma en la que junto al castellano, lengua mayoritaria y oficial en todo su territorio, se hablan en determinadas zonas otras lenguas, el aragonés y el catalán, las tres con sus modalidades lingüísticas propias de Aragón.

Por lo tanto, en Aragón tiene status de lengua propia y está regulado por la Academia de la Lengua Aragonesa (Academia d'a Luenga Aragonesa).

Dialectos del aragonés

En cuanto a sus dialectos o hablas existen propuestas, pero la más acertada por sus entendidos es la clasificación dialectal de Francho Nagore, (filólogo, profesor en la Universidad de

Zaragoza y autor en idioma aragonés) quien clasifica las hablas aragonesas en 4 grupos:[21] [22] Aragonés occidental, Aragonés central, Aragonés oriental y Aragonés meridional o somontanés.

H) El navarro-aragonés

Es la asimilación entre el idioma navarro y la lengua aragonesa, por lo cual los lingüistas la han denominado idioma navarroaragonés, Se dice que en algunos valles pirenaicos como los de Ansó, Hecho, La Fueva o Gistaín es posible encontrar nuevas generaciones que tengan aún a la antigua lengua navarroaragonesa como idioma materno y vehicular.[23]

I) El asturiano (o bable)

Es una lengua según el Diccionariu de la Llingua Asturiana (DALLA), asturianu, l': sust. Llingua d'Asturies.

El art. 1 de la Ley de Promoción y Uso del Asturiano dispone: "El bable/asturiano, como lengua tradicional de Asturias, gozará de protección. El Principado de Asturias promoverá su uso, difusión y enseñanza".

Véase que el gobierno de Asturias no la reconoce como oficial, pero sí su protección. El Estatuto de Autonomía del Principado de Asturias en su art 4 no precisa ni define el asturiano o el bable como una lengua o dialecto, *Artículo 4:*

1. El bable gozará de protección. Se promoverá su uso, su difusión en los medios de comunicación y su enseñanza, respetando, en todo caso, las variantes locales y voluntariedad en su aprendizaje.

2. Una ley del Principado regulará la protección, uso y promoción del bable.

Dialectos (o conjunto de bables)

Podemos encontrar en la lengua asturiana diferentes denominaciones (llamados términos glotónimos -el nombre con que una lengua denomina a otra-), lo cual los estudiosos coinciden que se trata de la misma lengua, sean estos asturiano-leones, asturleonés, leonés o mirandés, y localismos para esta lengua como el cabreirés, senabrés, pixueto, etc.

Como referencia podemos utilizar la obra de Ramón Menéndez Pidal y el Dialecto leonés. 1906. pág.129, Revista de Archivos, Bibliotecas y Museos, AÑO X.- Febrero-Marzo de 1906.- Núm. 2 y 3.

La lengua asturiana la podemos encontrar dividida en tres regiones, el asturiano occidental, el asturiano central y el asturiano oriental. Como referencia véase Ramón Menéndez Pidal y el Dialecto leonés. 1906. pág.140, REVISTA DE ARCHIVOS, BIBLIOTECAS Y MUSEOS AÑO X. — FEBRERO-MARZO DE 1906. —Núm. 2 y 3. "Sin embargo, las tres áreas del bable tampoco son unitarias. En cada una de ellas, otros fenómenos permiten establecer variedades bastante divergentes." (Ponencia El español de los territorios del noroeste. Josefina Martínez Álvarez, Catedrática de Lengua española en la Universidad de Oviedo. Directora de la cátedra Emilio Alarcos Llorach - Las normas regionales y socioculturales. La variación lingüística – Instituto Cervantes).

En la región histórica de León (región dicho así tras la división territorial de España de 1833) conformada por las actuales provincias de León, Salamanca y Zamora, de la Comunidad Autónoma de Castilla y León, pues en la actualidad se presentan particularidades lingüísticas del leonés, pero entendibles entre ellos. Esas particularidades lingüísticas de leonés se ven enmarcadas en tres regiones dialectales, Occidental, Central y Oriental. Como referencia véase Ramón Menéndez Pidal y el Dialecto leonés. 1906. pág.137, REVISTA DE ARCHIVOS, BIBLIOTECAS Y

MUSEOS AÑO X. —FEBRERO-MARZO DE 1906. —Núm. 2 y 3.

"Plurilingüismo: El asturiano es tan distinto del español como el gallego o el catalán. Aproximadamente un 80% de inteligibilidad con el español (R.A. Hall, Jr., 1989); lo suficiente como para provocar ruptura en la capacidad comunicativa (T. Erickson, SIL, 1992). Usan el español en ocasiones formales y con forasteros." Lengua Asturiana. Portal web Promotora Española de Lingüística.

J) El mallorquín

Transcribimos los siguientes párrafos para describir la existencia del mallorquín como lengua, hablado en la isla de Mallorca.

- La lengua mallorquina y balear, fue reconocida en 1840 por la Real Academia de las Buenas Letras de Barcelona. Por la Real Academia Española en 1928, al nombrar a Mn. Lorenzo Riber miembro de la misma en representación de la lengua mallorquina. Por la misma Real Academia Española, cuando en 1959 ratificó la categoría de lengua independiente con la misma categoría que la valenciana y la catalana (Boletín de la R.A.E número correspondiente a los meses de septiembre/diciembre de 1959)". (Sobre el reconocimiento de la lengua mallorquina-balear /Autor: Centro Cultural Mallorquí / Portal Idioma Valencià / idiomavalencia.com).

- El escritor inglés Robert Graves, dijo que "los mallorquines hablan una lengua que es tan antigua como el inglés y más pura que el catalán o el provenzal, sus parientes más cercanos". (Mallorquín. Es.wikipedia.org).

- La primera gramática del mallorquín salió en 1651, (Mikèl Garàu Rosselló, vicepresidente de la Academia de la Lengua Balear (Diario La Razón, 12/01/05).

Algo más:

REGULACIÓN DE LAS LENGUAS NATIVAS EN EL GOBIERNO DE FRANCO

Boletín Oficial del Estado
Madrid, 1 de julio de 1975 disposición 1975/13948
nº 156, páginas 14249-14250
Ministerio de Educación y Ciencia
Decreto 1433/1975, de 30 de mayo

Por el que se regula la incorporación de las lenguas nativas en los programas de los Centros de Educación Preescolar y General Básica.

La Ley General de Educación, al definir las áreas de actividad para la Educación Preescolar, en su artículo catorce, y, para la Educación General Básica, en su artículo diecisiete, incluye en ellas el cultivo, en su caso, de la lengua nativa como medio para lograr una efectiva incorporación de las peculiaridades regionales al patrimonio cultural español.

La introducción de las lenguas nativas en la Educación Preescolar y en la General Básica se justifica, atendiendo, por una parte, a la necesidad de favorecer la integración escolar del alumno que ha recibido como materna una lengua distinta de la nacional, y por otra, al indudable interés que tiene su cultivo desde los primeros niveles educativos como medio para hacer posible el acceso del alumno a las manifestaciones culturales de tales lenguas.

Es procedente, pues, determinar los cauces que hagan viable la efectiva inclusión en los programas de cualquier Centro docente de la enseñanza de las lenguas nativas españolas, atendiendo a las orientaciones pedagógicas aplicables a la Educación Preescolar y a la General Básica, aprobadas, respectivamente, por Órdenes ministeriales de veintisiete de julio de mil novecientos setenta y tres y dos de diciembre de mil novecientos setenta, cuyos criterios, resaltando la importancia trascendental del idioma castellano como lengua nacional, han de permitir una atención adecuada a las lenguas nativas en los Centros de ambos niveles.

La acción ha de ser acometida con carácter experimental, aunque el Estado cuidará de su efectiva práctica. Con especial celo procurará que, donde así se determine, las enseñanzas correspondientes a la Educación Preescolar y a la primera etapa de Educación General Básica se impartan siempre en forma que asegure el fácil acceso de los alumnos al perfecto conocimiento y empleo de la lengua nacional.

En su virtud, previo informe del Consejo Nacional de Educación, a propuesta del Ministro de Educación y Ciencia, y previa deliberación del Consejo de Ministros en su reunión del día nueve de mayo de mil novecientos setenta y cinco,

Dispongo:

Artículo primero. – Se autoriza a los Centros de Educación Preescolar y Educación General Básica, con carácter experimental, y a partir del curso mil novecientos setenta y cinco-setenta y seis, para incluir en sus programas de trabajo, como materia voluntaria para los alumnos, la enseñanza de las lenguas nativas españolas.

Artículo segundo. – Las enseñanzas en estos Centros tenderá a asegurar el fácil acceso al castellano, lengua nacional y oficial, de los alumnos que hayan recibido otra lengua española como materna, así como a hacer posible el conocimiento de esta última y el acceso a sus manifestaciones culturales a los alumnos que la soliciten.

Artículo tercero. – La inclusión de una lengua nativa en los programas de los Centros no excluye la obligación de introducir en el momento establecido el estudio de un idioma extranjero.

Artículo cuarto.– Se garantizará la idoneidad de los libros y el material didáctico destinados a la enseñanza de las lenguas nativas, que tendrá, a todos los efectos, la misma consideración que los dedicados a las demás materias, sometiéndose en su aprobación a lo dispuesto en el Decreto dos mil quinientos treinta y uno/mil novecientos setenta y cuatro, de veinte de junio, y en la Orden ministerial de dos de diciembre de mil novecientos setenta y cuatro sobre autorización de libros de texto y material didáctico.

Artículo quinto. – La titulación requerida para la enseñanza de las lenguas españolas distintas de la castellana deberá ser obtenida a través de cursos organizados por el Ministerio de Educación y Ciencia a estos efectos. No obstante, con el fin de no demorar la iniciación de aquella experiencia, el Ministerio de Educación y Ciencia podrá habilitar a profesorado que, estando en posesión de la titulación adecuada, acredite en la forma que se establezca la aptitud docente y el conocimiento de aquellas lenguas suficientes para impartir su enseñanza en los niveles citados.

Artículo sexto. – La solicitud para impartir experimentalmente las enseñanzas a que se refiere el presente Decreto se formalizará por la Dirección del Centro, o por el propietario de la Entidad patrocinadora, en el caso de los Centros no estatales, y se tramitará a través de la respectiva Delegación Provincial del Ministerio de Educación y Ciencia, correspondiendo a éste su resolución. La solicitud deberá acompañarse de:

a) Relación del profesorado que haya de impartir aquellas enseñanzas haciendo constar su titulación.

b) Cursos a los que afecten y número de alumnos que en cada curso hayan de matricularse a la vista de las solicitudes presentadas por los padres.

c) Horario de estas enseñanzas, que deberá establecerse de manera que permita el desarrollo normal de las actividades docentes de todos los alumnos.

Disposición final

Queda autorizado el Ministerio de Educación y Ciencia para dictar las disposiciones necesarias para la interpretación, desarrollo y ejecución del presente Decreto, que entrará en vigor al día siguiente de su publicación en el «Boletín Oficial del Estado».

Así lo dispongo por el presente Decreto, dado en Madrid a treinta de mayo de mil novecientos setenta y cinco.

Francisco Franco
El Ministro de Educación y Ciencia,
Cruz Martínez Esteruelas
[Se amplía por el Decreto 2929/1975, de 31 de octubre de 1975
Se desarrolla por la Orden 1976/3756, de 18 de febrero de 1976
Derogado en Cataluña por el Real Decreto 2092/1978, de 23 de junio de 1978
Derogado en el País Vasco por el Real Decreto 1049/1979, de 20 de abril de 1979
Derogado en Galicia por el Real Decreto 1981/1979, de 20 de julio de 1979
Derogado en el País Valenciano por el Real Decreto 2003/1979, de 3 de agosto de 1979
Derogado en las Islas Baleares por el Real Decreto 2193/1979, de 7 de septiembre de 1979]

6. La España en lo político, social, económico e institucional

España vive momentos muy difíciles de crisis generalizada en lo político, social, económico e institucional; a tal extremo que está afectando la legitimidad, confiabilidad y, al mismo tiempo, la honorabilidad de la clase política, social, económica y la dignidad de la sociedad española.

La evidencia es que la España actual ha retrocedido desde el régimen absolutista, pasando por el liberal y el parlamentario; es decir desde el siglo XIX, considerado el más convulso de la historia de España. En aquél entonces se produjo un pronunciamiento contra el Gobierno, la corrupción política y los tiranos, una realidad que se vive en el presente.

Transcribimos una exposición completa escrito en el año 1854 y pronunciado por el general Leopoldo O´Donell a la Reina de Isabel II, contra el Gobierno, la corrupción política y la tiranía. Conocida como la Revolución de 1854 o de Vicalvarada, enfrentamiento entre las tropas sublevadas al mando de O´Donell y las tropas gubernamentales, seguido de una insurrección popular. En donde vemos que la historia otra vez se repite en el siglo XXI, en donde existe el imperio de la corrupción de los gobiernos y estados, en donde los pueblos gimen de la barbarie, pero a la espera de que se levanten los militares para corregirla. ¿Dónde está aquel general Leopoldo O´Donell del siglo XXI?

SEÑORA:

Los generales. Brigadieres, coroneles y demás jefes que suscriben, fieles súbditos de V.M., llegan a los pies del Trono y con profunda veneración exponen: Que defendieron siempre el augusto Trono de V.M. a costa de su sangre, y ven hoy con dolor que vuestros ministros responsables, exentos de moralidad y de espíritu de justicia, buellan las leyes y aniquilan una Nación harto empobrecida, creando al propio tiempo con el ejemplo de sus actos una funesta escuela de corrupción para todas las clases del Estado.

Tiempo ha, Señora, que los pueblos gimen bajo la más dura administración, sin que se respete por los consejeros responsables de V. M. un solo artículo de la Constitución: lejos de esto se les ve persiguiendo con crueldad a los hombres que mayores servicios han prestado a la causa de V. M. y las leyes, sólo por haber emitido su voto con lealtad y franqueza en los cuerpos colegisladores.

La prensa, esa institución encargada de discutir los actos administrativos y de derramar luz en todas las clases, se halla encadenada, y sus más ilustres representantes ahogan su voz en el destierro los unos, y los otros, protegidos por alguna mano enemiga, viven ocultos y llenos de privaciones, para librarse de la bárbara persecución que esos hombres improvisados han resuelto contra todos.

Los gastos públicos, que tantas lágrimas y tanto sudor cuestan al infeliz contribuyente, se aumentan cada día y a cada hora, sin que nada baste para saciar la sed de oro que a esos hombres domina; así, mientras ellos aseguran su porvenir con tantas y tan repetidas exacciones, los contribuyentes ven desaparecer el resto de sus modestas fortunas.
Más no para aquí, Señora, la rapacidad y desbordamiento de los ministros responsables; llevan aún más allá la venalidad y ambición. No han concedido ninguna línea de ferro-carril algo importante sin que hayan percibido antes alguna crecida subvención: no han despachado ningún expediente, sea este de interés general o privado, sin que hayan tomado para sí alguna suma; y hasta los destinos públicos se han vendido de la manera más vergonzosa.

No ha sido tampoco el ejército el que menos humillaciones ha recibido; generales de otras graduaciones, hombres encanecidos en la honrosa carrera de las armas, que tantas veces han peleado a favor de su Reina, viven en destierros injustificables a los ojos de V. M. como enemigos de su Trono.

Tanto desmanes, Señora, tanta arbitrariedad, tan inauditos abusos, tanta dilapidación, era imposible que a leales españoles se hiciera soportable por más tiempo; y por eso hemos saltado a defender incólume el trono de V. M., a la Constitución de la Monarquía que hemos jurado guardar, y los intereses de la nación en fin.

Esa es nuestra bandera, por ella verteremos nuestra sangre, como otras veces lo hemos hecho, si el actual ministro se empeña en sostener una lucha en que toda la ilegalidad, todo el crimen y hasta toda la sangre que pueda verterse serán suyos y por causa de ellos; y de lo cual en su día el país les exigirá estrecha cuenta.

Por eso, Señora, acudimos al excelso trono de V. M. suplicándola se digne tomar en consideración cuanto dejamos respetuosamente expuesto, y que en su virtud se digne V. M. relevar a esos hombres del elevado cargo de consejeros de la corona, sustituyéndoles con otros que llenen las necesidades del país y abran las Cortes, a la par que suspendan la cobranza del anticipo forzoso que hoy se ejecuta. Tales son, Señora, los deseos de la nación, que no dudamos atenderá V. M. como reina y como madre, que tantas pruebas tiene dadas de su augusta bondad a favor de una patria y de un ejército que defendió a V. M. desde la cuna con las vidas de sus hijos y de sus compañeros de armas.

Guarde Dios dilatados años la importante vida de V. M.
Alcalá de Henares 28 de junio de 1854 – Leopoldo O'Donell – Domingo Dulce – Antonio Ros de Olano – Félix María de Messina – Rafael de Echagüe – Joaquín Fitor – Eugenio Muñoz – Antonio Garrigó – Ignacio Plana – Juan Gallardón – Ventura Fontan – Juan Moriarty – José Serrano – José María de Morcillo – Rufo de Rueda – Felipe Ginover de Espinar – Joaquín Marin – Ramón Figueroa, Vicente Serantes – José de Chinchilla – Antonio de Yesty – Enrique

Sanz – Juan Cuenca Diaz – manuel María Gomez – Domingo Verdugo y Massieu – Enrique del Pozo – Antonio Sagues – Francisco de Ustaris – Fernando María Ruano – Blas de Villate. (La revolución de Julio en Madrid, Antonio Ribot y Fontseré, Págs. 71, 72 y 73 Biblioteca Ilustrada de Gaspar y Roig, Imprenta de Gaspar y Roig, Editores, Año 1854).

A nivel internacional como nacional, España es vista con mucha preocupación, desde la miseria de su pueblo hasta la corrupción y tiranía de su clase gobernante, bien sea del Gobierno central y de los Autonómicos.

Según los alemanes, España sufre una corrupción estructural, como se puede leer en las noticias del año 2013 y continúan aún peor en todo el año 2014.

1) "En España, todos los sectores, incluyendo los partidos políticos, la Familia Real y las empresas, estaban implicados en casos de corrupción en un momento en el que el país está sufriendo", ha sostenido la directora para Europa y Asia Central de Transparencia Internacional, Anne Koch. (Índice sobre Percepciones de la Corrupción para 2013. Diario digital Expansion.com, 03-12-2013).

2) "El estallido del escándalo de los papeles de Bárcenas que reflejan la contabilidad del PP, los últimos episodios del caso Urdangarin, la sentencia del caso Malaya o el caso de los ERE, que pone bajo sospecha la gestión del sindicato UGT en Andalucía, entre otros muchos asuntos, tienen un gran impacto en la percepción de la corrupción en España. Según el ranking global que publica la ONG Transparencia Internacional, España ha caído 10 puestos (de la posición 30 a la 40 en tan solo un año), por detrás de Brunei y Polonia, y justo delante de Cabo Verde. En este indicador, realizado a partir de una macro encuesta realizada a expertos, España cede seis puntos con respecto al año pasado, de los 65 (sobre un máximo de 100) a los 59.

Se trata de la peor calificación en el Índice sobre Percepciones de la Corrupción en 15 años. Desde 1997, España no bajaba de los 60 puntos, y se convierte en el segundo país que pierde más puntos, junto a Gambia, Malí, Guinea y Libia. Solo Siria, envuelta desde hace más de dos años en una cruenta guerra civil, ha perdido más puntos". (*España es el segundo país donde más aumenta la percepción de corrupción.* Politica.elpais.com, 03-12-2013).

6.1. Crisis política y moral

España sufre una larga historia interminable y endémica de crisis política y de moralidad de la clase política española.

Una corrupción en todas sus formas se instala en nuestros gobernantes y en los políticos, (PP, PSOE, IU, etc.), y no escapan de ellos los políticos sindicales: en el tráfico de influencias, en el pucherazo, en el patrocinio, en los sobornos, en las extorsiones, en las influencias, en los fraudes, en la malversación, en la prevaricación, en el caciquismo, en el compadrazgo, en la cooptación, en el nepotismo y hasta en la impunidad. Y éste sigue siendo uno de los principales problemas para los españoles.

Según el barómetro del CIS del año 2014, sus indicadores dan a la situación política española, en cuanto a la confianza política, situación política actual y expectativas políticas, como a su vez en sus indicadores del sistema de gobierno y oposición, en lo que se refiere a la confianza del sistema de gobierno/oposición, labor del gobierno y la labor del primer partido de la oposición, y de las organizaciones sindicales como la UGT y CC.OO una posición muy deplorable. Lo cual no hay más que remarcar que la clase política española está en decadencia.

El deterioro político y moral se manifiesta en casi todas las Comunidades Autónomas. Y la impunidad que rodea a estas Comunidades Autónomas es del todo vergonzosa. Como aquello que se dice que "el Estado asumirá la deuda bancaria de las autonomías", (14.01.2015 – Expansion.com), que en buen cristiano quiere decir que el Pueblo asumirá la deuda bancaria de las autonomías. Preguntamos ¿si la deuda es de quien la genera, por qué la responsabilidad debe de recaer en el pueblo español? Y cuando se dice que Mas pedirá 6.260 millones a Rajoy (13.01.2015 – Expansion.com), preguntamos ¿cómo es posible, cuando el Gobierno catalán parte de ese dinero, y que iba recibiendo cada año y se les fueron concedidas y con creces, los utiliza en el proceso separatista y que consigue con sus actos la quiebra de la legalidad y quienes amenazan nuestro modelo de convivencia? O cuando se dice que las organizaciones que lideran el proceso separatista en Cataluña, CiU y ERC, reciben más de tres millones de euros de los Presupuestos Generales del Estado, (10.12.2014 – Abc.es), pues es impresionante que se les esté pagando a aquellos que quieren destruir a España, y mientras tanto al pueblo se les sube los impuestos y se les congelan los sueldo, en un país en donde hay más de 6 millones de parados y en donde familias enteras no tienen para comer. ¿Por qué el Estado (Pueblo) debe de subvencionar a los partidos políticos españoles?

Y el Rey pide a la prensa no caer en la desafección a las instituciones, (07.11.2014 - lne.es). Señores, mientras exista un Estado deshonesto. Mientras exista un Estado y Gobierno que siendo los primeros en estimular los comportamientos cívicos – como referentes-, no lo hagan, y mientras existan ejemplos de inmoralidad política que afecten directamente a los pueblos, pues la desafección –por coherencia- es justa y necesaria. Hoy en día la desafección es la única actitud para despertar la conciencia de la deshonestidad del Estado y del Gobierno.

Y si tuviéramos que responder sobre la crisis política y moral del presente y del pasado de España abría que buscar como respuesta simplemente en las palabras de Francisco Largo Caballero (II República Española y Guerra Civil Española), de La diputada de Coalición Canaria Ana Oramas y del miembro del partido VOX, Alejo Vidal-Quadras, que nos decían:

- Francisco Largo Caballero (1869-1946)

"El señor Negrín, sistemáticamente, se ha negado siempre a dar cuenta de su gestión, (…) de hecho, el Estado se ha convertido en monedero falso. ¿Será por esto y por otras cosas por lo que Negrín se niega a enterar a nadie de la situación económica (...) Desgraciado país, que se ve gobernado por quienes carecen de toda clase de escrúpulos. (...) con una política insensata y criminal han llevado al pueblo español al desastre más grande que conoce la Historia de España. Todo el odio y el deseo de imponer castigo ejemplar para los responsables de tan gran derrota serán poco."[(Fundación Pablo Iglesias, Archivo Francisco Largo Caballero, XXIII, p. 477).

- Ana Oramas

"Los últimos años que hemos vivido nos dejan un país en el que mucha gente no cree en las instituciones. Un país en el que los políticos somos considerados como una casta de irresponsables, privilegiados o simplemente incapaces. Un país donde se ha perdido la tolerancia. Donde se ha quebrado el entendimiento en asuntos de Estado. Donde se han consolidado el cortoplacismo y la especulación frente a la sensatez y la moderación. Estamos en la bancarrota democrática, que es más preocupante que la financiera". (*Ana Oramas ante el Congreso de los Diputados en el Debate sobre el Estado de la Nación*. 29.06.2011).

- Alejo Vidal-Quadras

"En España hay un sólo caso de corrupción: el sistema político entero está podrido. Hay que reformarlo de arriba a abajo". Además, decía: "Los que han construido este sistema corrupto son los viejos partidos, el PP, el PSOE y los nacionalistas" y "Han construido un Estado apto para el saqueo del presupuesto por sus cúpulas dirigentes." (*Vidal-Quadras advierte que "en España hay un solo caso de corrupción: el sistema político entero está podrido"*. Portal del partido VOX, Voxespaña.es, 11.05.2014).

El descrédito de la clase política española es tan preocupante y delicado, a tal extremo que el juez de la Audiencia Nacional Santiago Pedraz Gómez, entra en valoración más allá de lo propiamente jurídico, cuando archiva la causa contra ocho imputados, por promover las manifestaciones ocurridas el 25 de septiembre de 2012, alrededor del Congreso de los Diputados. Pues el juez aludió en su auto de archivo, diciendo: *"máxime ante la convenida decadencia de la denominada clase política"*.

No existe en España un código de ética y valores de los políticos que sancione jurídica ni políticamente ante un fraude político a los políticos y gobernantes del Estado. Y a éstos, un código que los deslegitime o los inhabilite en la política. ("Carecemos de jurisdicción para controlar actos atinentes a la acción política. ¿Cómo se puede suplir eso? Pues, evidentemente, si los ciudadanos nos dotamos de una ley que así lo exigiera, pero esa ley actualmente es inexistente." Jesús Gavilán, magistrado de la Audiencia provincial de Madrid. Programa La Sexta Columna – "Promesa electoral: vaya papeleta". La Sexta TV. 08.05.2015). Sólo existe el Código de Buen Gobierno (ORDEN APU/516/2005, de 3 de marzo, publicado en el Boletín Oficial del Estado, el 7 de marzo de 2005), que está dirigido a los miembros del Gobierno y de los altos cargos de la Administración General del Estado, bajo los principios éticos y conductas, pero que no contempla el fraude político. Y en cuanto a la Ley 50/1997, de 27 de noviembre, del Gobierno, y que según el Artículo 26 Del control de los actos del Gobierno, nos dice que la actuación política de sus miembros serían vistos por las Cortes Generales, pues nos preguntamos, ¿no es acaso cierto que los miembros de las Cortes que las gobiernan son en su mayoría o directa e indirectamente parte responsable de la corrupción y de la demagogia política? Por lo tanto, encontrar los votos mayoritarios que respalden la justicia y la verdad, cuando hay un respaldo favorable entre ellos, es una utopía.

Nos dice la historia que el emperador romano Calígula (Cayo Marco Germánico) tras su muerte, el Senado dictó una condena reservada sólo a los personajes que habían resultado nefastos para el Estado: la damnatio memoriae (recuerdo condenado), u edicto terrible por el que se borraba de cualquier registro oficial (anales, inscripciones, estelas, monumentos, estatuas, mosaicos, etc.) el nombre y la efigie del condenado al olvido. (Historias de la Historia, pág.11, El mensual, impreso de 20 Minutos, N° 9. Marzo de 2013).

- La banca ha condonado en tres años (1997-99) deudas a los partidos políticos por importe de 19,1 millones de euros y ha tolerado impago de créditos ya vencidos (26 millones de euros sólo en 1999). El Tribunal de Cuentas, con el retraso que le es propio denuncia en sus tres últimos informes este trato corruptor con las formaciones políticas. Pero lo más vergonzoso del asunto es que el creciente endeudamiento y morosidad de los partidos se produjo a pesar de recibir en esos tres años 448 millones de euros en subvenciones públicas. ¿En las próximas elecciones generales 2004 tendrán esta información los ciudadanos antes de votar? (*Corrupción Política: La financiación de los partidos políticos en España - Artículo 1245.* Solidaridad.net, 27.02.2004).

- "Lo que yo entiendo que es escandaloso, es que esta conducta de Pujol se conocía desde por lo menos 1985, que consta. Estoy diciendo algo que yo sé bien. Es decir, el entonces CESID [Centro Superior de Información de la Defensa, 1977-2002], y esto me lo ha contado alguien que estaba ahí, y quien fue él quien elaboró el informe. Hizo un informe que se le entregó a Felipe González sobre las actividades de Pujol, 1985, inmediatamente después de que Narcís Serra presentase una denuncia por el tema de Banca Catalana, de que este señor Pujol hiciese un montaje, una escandalera, diciendo que eso era un proceso político, y entonces las cosas se cayó y se tapó. Y se llega callando y tapando por todos los gobiernos desde 1985. ¿Por qué? Porque el Sr. Pujol daba mayoría para gobernar. Y entonces había un pacto tácito, que no sé si es explicito, pero desde luego tácito, es evidente. Un pacto tácito que consistía, en, bueno, yo no te denuncio y tú me apoyas. Yo no te denuncio y tú me apoyas. Ese pacto tácito ha estado vigente aquí desde

1985. Y ha estado vigente con el gobierno del Sr. Felipe González, el último, que le apoyó a Pujol, y el primero, de Aznar, naturalmente. (...) Tú te callas y yo te apoyo, eso era así, es duro decirlo así. (Palabras del Presidente y editor del 'Grupo Diariocrítico': Fernando Jáuregui, en el tiempo de análisis del programa La Mañana de 8 a 9 con Ángel Expósito – La Cope – 18.08.2014).

- Corrupción. La espiral sin fin. A día de hoy, en España hay abiertas más de 1.700 investigaciones judiciales relacionadas con casos de corrupción. Cerca de 500 personas están imputadas: políticos, empresarios, sindicalistas y famosos del mundo rosa, en casos como `Gürtel´, `Nos´, `Pokémon´, `los ERE´... la pasada semana se añadió la operación Púnica´, provocando un sentimiento de indignación nacional. La espiral de coprruición no cesa. (Diario impreso 20 Minutos, Corrupción. 03.11.2014. Año XV. Número 3361).

A) Un personaje nefasto para España: José Luis Rodríguez Zapatero

El programa electoral – Elecciones Generales 2008, del Partido Socialista Obrero Español (PSOE), llevaba el siguiente lema: "Motivos para creer". Y entre otras cosas se decía en su programa electoral:

1. HACIA EL PLENO EMPLEO: 1.1 mejorar la calidad del trabajo. 2 FORTALECER EL SISTEMA DE BIENESTAR: 2.1 Pensiones y Seguridad Social: un sistema solidario y sostenible. Sanidad y Consumo: un sistema de salud al servicio de la ciudadanía y de los pacientes. 2.5 Cohesión social: luchar contra la pobreza y la exclusión social. 3. DINAMIZAR NUESTRO MODELO SOCIAL. 3.2 Política de vivienda: mejor acceso, emancipación y urbanismo más sostenible. 3.3 Jóvenes: oportunidades de futuro para todos. 3.4 Mayores: envejecimiento activo en una sociedad inclusiva. III. LIBERTAD, CONVIVENCIA Y DERECHOS EN UN MUNDO GLOBALIZADO: 1. MÁS DEMOCRACIA, MÁS CIUDADANÍA. 1.6 Una cultura rica y diversa: crear riqueza con la cultura. 1.7 Un Estado moderno para la España plural. 1.7.2 La España plural: cohesionar España desde la diversidad. 2. UNA ESPAÑA MÁS FUERTE EN UN MUNDO MÁS JUSTO.

Pues este programa 2008 nunca tuvo éxito en el gobierno socialista de Zapatero. Presente sólo en el papel pero nunca llevado a cabo; fueron simples promesas incumplidas. No sólo incumplió lo prometido sino que más grave aún, ante la evidencia de sus fracasadas políticas afirmaba lo contrario. Fue sin duda alguna el gobierno socialista de Zapatero quien nos dejó una grave y compleja crisis económica que aún sufre España –en zona de riesgo de rescate- desde la Transición democrática. Desde luego, no podemos ignorar la complejidad de ciertos gobiernos y partidos políticos autonómicos nacionalistas con el Gobierno central, teniéndose en cuenta que tras la victoria relativa del PSOE en las Elecciones Generales de 2008 tuvo que pactar.

El programa electoral – Elecciones Generales 2011 del Partido Socialista Obrero Español (PSOE), llevaba por lema: "Un programa electoral para ganar el futuro" y entre otras cosas se decía en su programa electoral:

II. UNA ECONOMÍA SANA Y COMPETITIVA: 1. La recuperación del crecimiento y el empleo sobre bases sólidas. 2. Un sistema financiero al servicio de la sociedad. 4.1 Innovación y crecimiento económico. 5. Sostenibilidad: una prioridad y una oportunidad. 5.3 Desarrollo rural, agricultura y pesca. 7. Vivienda: un sector más equilibrado, unos ciudadanos más protegidos. 8.1 La cohesión territorial.
III. LO URGENTE, EL EMPLEO: 1. Desarrollar las reformas para recuperar el empleo. 2. Empleo y jóvenes: Nuestra apuesta de futuro. 5. Fomento de la Economía Social.

IV. LA IGUALDAD DEL SIGLO XXI ES LA IGUALDAD DE OPORTUNIDADES: 2.1 Una inversión social que genere crecimiento económico y empleo. 3. La educación de hoy, las oportunidades del mañana. 3.4 Éxito educativo de todo el alumnado.4.2 El futuro de la política de salud para los socialistas: nuevos retos, mejores soluciones.

V. DEMOCRACIA: 2. Mejorar la calidad de nuestra democracia. 2.1 Más Transparencia y más Gobierno Abierto. 2.8 Por una política limpia. 3.3. Una nueva visión de la seguridad.

Y una vez más, el PSOE, desprovisto de principios éticos y morales se presenta nuevamente con su programa electoral en las Elecciones Generales de 2011. Pero cada uno cosecha lo que siembra. Y el que siembra espinas que no espere cosechar flores. Los electores dieron respuesta y hunden al PSOE. Como resultado una aplastante derrota histórica del PSOE en las Elecciones, por debajo de 1977, (inicios de la Transición democrática), pierde tanto en escaños (110 frente a los 118 de 1977) como en votos (4,3 millones).

- "Señor Pérez Rubalcaba, ha sido usted tan cómplice del desaguisado que ahora mismo no sabría decir quién fue el chef y quién el ayudante cuando se fue cocinando la crisis política e institucional que ha precedido a la crisis económica que hoy padecemos, una crisis que empobrece nuestro presente y lastra nuestro futuro. ¿Qué puede usted ofrecer a España junto con Rodríguez Zapatero si junto con él ha impulsado la deconstrucción del Estado y ha sido el artífice de las políticas más antisociales de nuestra joven democracia?".

"Pues bien, usted debe asumir que es políticamente responsable de todo lo que ha ocurrido en España en los últimos siete años. Usted no hizo nada en la primera legislatura de gobierno, cuando Zapatero rompió todos los pactos de Estado, empezando por el de política antiterrorista. Usted no hizo nada cuando Zapatero rompió el espíritu de la transición y decidió enfrentar a los españoles territorial e ideológicamente. (Un señor diputado: ¡Qué bruta!) Usted y

su partido decidieron congelar las pensiones, reducir los recursos para la dependencia, rebajar los salarios de los profesores, de los policías, los médicos, las enfermeras, los guardias civiles. Usted y su partido rechazaron nuestra propuesta de limitar el gasto autonómico cuando era el momento adecuado, y ahora deben hacerlo por imperativo de Bruselas y del Fondo Monetario Internacional. Usted y su partido han rechazado todas nuestras propuestas para reformar un sistema electoral profundamente injusto, que perpetúa el bipartidismo y aleja a los ciudadanos de la política. Usted es responsable de las políticas económicas que han provocado 5 millones de parados. Usted es responsable de que el 45 por ciento de nuestros jóvenes esté en paro. Usted es responsable de que más de 9 millones de ciudadanos españoles vivan bajo el umbral de la pobreza. Y finalmente, para nuestra desgracia, usted y su partido son también responsables de que los testaferros de ETA estén hoy en las instituciones vascas". (Rosa María Diez González, del grupo parlamentario mixto - Congreso de los Diputados - 15.06.2011).

- Desde el punto de vista político, la cosa es aún peor. Usted ha seguido desmantelando el Estado para poder mantenerse unos meses más en La Moncloa. Le recuerdo sus dos últimas hazañas: ruptura de la caja común de la Seguridad Social y quiebra del marco nacional de relaciones laborales; todo eso en un año. Y lo que es más grave, gracias a unos magistrados del Tribunal Constitucional tutelados por ustedes, hoy tenemos a los testaferros de ETA en las instituciones. La consecuencia no puede ser más desoladora. Ya hay bajas democráticas; ya hay concejales que han dimitido ante la presión; ya desparecen los símbolos del orden constitucional de las instituciones vascas; ya se jalea a los terroristas en las calles; ya se empieza a escribir el relato perverso en el que los terroristas y las víctimas son iguales. Por eso hoy, en la Cámara en la que reside la soberanía nacional, me adhiero a la denuncia que le envió Rubén Múgica: Los responsables tienen nombre y apellidos. El principal responsable es usted, señor Rodríguez Zapatero". (Rosa Díez diputada de UPYD -

Congreso de los Diputados - Debate sobre el Estado de la Nación - 29.06.2011).

B) Un personaje nefasto para España: Mariano Rajoy

El gobierno socialista de Zapatero no cumple sus compromisos preelectorales, mintió y sembró expectativas falsas, desestabilizando a España. Y como resultado, servido sólo de un bipartidismo como elección de voto, el pueblo español tuvo que recurrir a su última opción, -no podía ser de otra manera, ante el desastre de Zapatero-: el Partido Popular (PP), en Mariano Rajoy. Y así se mostró como resultado en las Elecciones Generales de 2011: absoluta, histórica y aplastante triunfo del PP. El pueblo español dio todo el poder al partido de centro derecha del PP para sacarlo de la crisis. Gana en todas las Comunidades Autónomas, salvo en Cataluña y el País Vasco, superando la mayoría absoluta de Aznar.

Mariano Rajoy asume su mandato con promesas dichas en los meses anteriores a las elecciones generales del 20 de noviembre de 2011, las cuales se han convertido en engaños y mentiras.

Frases textuales de declaraciones públicas de Rajoy y miembros de su gabinete:

- Subida del IVA. Mariano Rajoy: "La subida del IVA es el sablazo que el mal gobernante le pega a sus compatriotas" - 14/03/2010.

- Copago sanitario y tasas universitarias. Mariano Rajoy: "Le voy a meter la tijera a todo salvo a las pensiones públicas, a la sanidad y a la educación". 04/11/2011.

- Reforma labor. Mariano Rajoy: "El PP no pretende abaratar el despido, sino promover que el contrato indefinido sea la regla general". Sept.2011.

- IRPF, ahorro e IBI. "Quiero dejarlo muy claro para que nadie se llame a engaño. Nos vamos a oponer a cualquier subida de impuestos. Subir los impuestos hoy significa más paro y más recesión y darle un vuelta de tuerca más a la maltrecha economía de las familias y las empresas". Sept.2011.

- Eufemismos de Rajoy para maquillar la realidad: "Decir siempre la verdad, aunque duela, sin adornos y sin excusas: llamar al pan, pan, y al vino, vino". Dic.2011. Amnistía fiscal por "una ley de regularización"; a la reforma laboral por una "flexibilización de las condiciones para evitar el despido"; a los recortes sanitarios por la de "copago progresivo de los medicamentos"; al aumento del IRPF por el de "recargo temporal de solidaridad" y al del IVA lo llama "subida de impuestos indirectos en términos hacendísticos". ¿Lenguaje claro, señor Presidente?

Más mentiras e infamias de Rajoy:

"Lo que no llevo en el programa no lo hago"; "nunca se ha salido de una crisis subiendo impuestos"; "subir impuestos es darle una puñalada por la espalda a la clase media"; "no daremos un euro a la banca y jamás crearemos un banco malo"; " yo no voy a hacer el copago"; "El copago no está sobre la mesa, así de simple y así de claro"; "Yo no soy partidario del copago en la sanidad"; "nunca abarataré el despido"; "cerraré la mitad de las empresas públicas"; "ilegalizaremos Bildu"; "Cuando yo gobierne bajará el paro"; "Yo lo que no llevo en mi programa no lo hago"; "Subir los impuestos significa más paro, más recesión y pagar las gracietas de Zapatero"; "Aquí hay un presidente del gobierno que va a dar la cara y que no se va a esconder"; "Aquí no hablamos de brotes verdes, sino de raíces vigorosas".

Dolores de Cospedal, presidenta de la Junta de Comunidades de Castilla-La Mancha desde 2011, y secretaria general y número 2 del Partido Popular: "nunca se ha salido de una crisis subiendo los impuestos"; Soraya Sáenz de Santamaría, vicepresidenta, ministra de la Presidencia y portavoz del Gobierno de España:

"es sencillamente vergonzoso pedirles más esfuerzo a los españoles".

Veamos una perla más de la inmoralidad de nuestros gobernantes, sobre la "doctrina Parot".

Como sabemos el 21 de octubre de 2013 el Tribunal Europeo de Derechos Humanos (TEDH) de Estrasburgo anula la "doctrina Parot". Con ello, ordena la puesta en libertad a los presos de ETA afectados por la "doctrina Parot". Y el Gobierno acata la sentencia del Tribunal. (El Partido Popular afirmó a través de su cuenta de Twitter que el Gobierno español "debe acatar" las normas y sentencias del tribunal europeo). Mientras que la opinión pública y asociaciones como la Asociación de Víctimas del Terrorismo lamentan la debilidad del Gobierno en acatar dicha sentencia y que una vez más ven el desamparo y las traiciones del Gobierno central.

- Un Ex magistrado español del TEDH dice que hay mecanismos para retrasar o no aplicar las sentencias de ese tribunal. (Noticiasjurídicas.com, 29.10.2013).

- La Defensora del Pueblo cree que el Gobierno sólo debió aplicar la sentencia de Estrasburgo a Inés del Río. La Defensora del Pueblo, Soledad Becerril, considera que el Gobierno sólo debió permitir que se aplicase la sentencia del Tribunal de Estrasburgo sobre la doctrina Parot a la etarra Inés del Río, y no al resto de terroristas y condenados por delitos graves que han sido excarcelados. Por ello, opina que las excarcelaciones de otros terroristas o de otros condenados por delitos graves, como violadores y asesinos múltiples "no había lugar" y que ha sido "un error" aplicarla de manera mimética. (*La Defensora del Pueblo cree que el Gobierno sólo debió aplicar la sentencia de Estrasburgo a Inés del Río* - Elmundo.es - 09.01.2014).

- La asociación Dignidad y Justicia cree que la sentencia no es vinculante para España y sólo es de cumplimiento para una única persona, la terrorista Inés del Río, que recurrió al tribunal europeo. (*Reacciones a favor y en contra del fallo de Estrasburgo* - lne.es – 21.10.2013).

- Las víctimas del terrorismo pidieron ayer al Gobierno y a los jueces que demuestren "coraje" y que "no se arruguen" ni se pongan "de perfil" ante el fin de la doctrina Parot, y les instaron a que hagan lo posible para que lo terroristas paguen proporcionalmente por sus crímenes. La presidenta de la AVT, Ángeles Pedraza, fue la encargada de cerrar un acto en el que dirigentes del PP fueron increpados por la actitud de este partido y del Gobierno ante la resolución del Tribunal Europeo de Derechos Humanos (TEDH) que anuló la doctrina Parot. (Diario digital Deferrol.com, 28.10.2013).

Rescatemos la opinión del periodista español Luis del Pino sobre dicha sentencia:

"Continúa adelante, como ustedes ya saben, la amnistía encubierta a los más sanguinarios etarras: esta semana han abandonado la cárcel 16 terroristas. Entre ellos se encuentra un asesino etarra como Juan José Zubieta, autor de la matanza de la casa cuartel de Vic, en la que murieron nueve personas, cinco de ellas niños. Cuando en el juicio se le preguntó por esa circunstancia, su respuesta fue "no es nuestro problema que los guardias civiles utilicen a los niños como escudos humanos". También ha salido de prisión el etarra Jesús María Zabarte, que ya fue amnistiado en 1977 y que, después de esa amnistía, cometió 17 asesinatos, por los que había sido condenado a 620 años."

(...)

"Ante el escándalo generado por esta liberación masiva de todo tipo de criminales, el Gobierno (por boca de sus ministros o a través de sus terminales mediáticas) ha tratado de justificarse recurriendo a tres argumentos distintos:

1) Que no hay más remedio que liberar a estos criminales, porque Estrasburgo nos obliga.

2) Que la liberación de etarras es, en realidad, un indicio de la derrota de ETA, porque los etarras se ven metidos en el mismo paquete que los criminales comunes.

3) Que Rajoy cede ante ETA para que la banda terrorista no ponga otro muerto encima de la mesa.

Los tres argumentos son falsos y cada uno es más escandaloso que el anterior. Pero antes de entrar en por qué son falsos esos argumentos, fíjense ustedes en que además son contradictorios entre sí.

¿En qué quedamos? ¿Liberamos a los etarras a regañadientes, porque Estrasburgo nos obliga; los liberamos chantajeados, porque existe la posibilidad de que ETA mate; o los liberamos muy gustosos, porque eso indica la derrota de ETA? Cuando un gobierno empieza a recurrir a explicaciones contradictorias, es signo inequívoco de que está intentando justificar lo injustificable.

Pero veamos por qué son falsos los tres argumentos.

1) En primer lugar, no es verdad que estuviéramos obligados a obedecer a Estrasburgo de manera automática e inmediata. ¿Sabían Vds. que Alemania, Francia, Italia o la muy democrática Suiza tienen sentencias de Estrasburgo sin ejecutar desde hace más de 5 años?

En total, entre todos los países del Consejo de Europa, hay 977 sentencias de Estrasburgo que llevan sin ejecutarse más de dos años; de ellas, 399 sentencias llevan más de 5 años esperando ser ejecutadas. En la propia España, según los datos del Consejo de Europa, hay 8 sentencias de Estrasburgo que no se han ejecutado desde hace más de 2 años. Inglaterra, país sobre cuya democracia no creo que nadie dude, lleva desde 2005 sin ejecutar la sentencia de Estrasburgo que le ordena dar derecho a voto a los presos. Y no pasa nada, porque los países son soberanos a la hora de aplicar las sentencias de Estrasburgo y tienen derecho a hacerlo como mejor les parezca.

Javier Borrego, ex-magistrado español del Tribunal de Estrasburgo, lo dijo claramente en una entrevista de ABC que ha pasado bastante desapercibida. Decía este magistrado que la de la doctrina Parot ha sido "la primera sentencia de Estrasburgo que se ejecuta en menos de 24 horas".

2) Con respecto al argumento de que las excarcelaciones son un indicio de la derrota de ETA, tal como se atrevió a decir el ministro de Interior, cabría hacerle al señor ministro dos preguntas. Primera: si las excarcelaciones marcan la derrota de ETA, ¿por qué han tenido ustedes que esperar a un dictamen de Estrasburgo? ¡Haber liberado a todos los etarras hace un año, hombre, y así derrotábamos antes a ETA! Y la segunda pregunta: si las excarcelaciones marcan la derrota de ETA, ¿por qué cree usted que los proetarras celebran con fiestas, cohetes y fuegos artificiales la liberación de cada asesino? ¿Será que los muy tontos no se han enterado de que les hemos derrotado?

3) Finalmente, con respecto al argumento del chantaje (es decir, al argumento de que Rajoy no se atreve a parar la hoja de ruta de negociación con ETA para que no haya ningún muerto), les invito a fijarse en lo siguiente: aceptemos que ETA no va a matar a nadie más; bastaría, para evitarlo, con conceder a ETA todo lo que pida. Pero al lado de los etarras, estamos aceptando la liberación de todo tipo de psicópatas. ¿Me puede decir Rajoy cómo va a evitar que el "violador del ascensor", el "violador del portal" o ese sádico llamado el "loco del chándal" pongan una muerta encima de la mesa? ¿O es que esas potenciales muertas a manos de delincuentes sexuales no le preocupan a Rajoy?

Evidentemente, estamos ante un gobierno que ha mentido, y sigue mintiendo, a la opinión pública, y muy en especial a sus votantes.

Si estamos liberando etarras asesinos es, pura y simplemente, porque así lo quieren PP y PSOE, no porque nadie nos obligue. Hay una hoja de ruta, negociada por Zapatero y aceptada por Rajoy, que obliga al estado español a dar una serie de pasos que conduzcan a un final sin vencedores ni vencidos. Lo que equivale a dejar que ETA se apodere de la política del País Vasco, sin renunciar a ninguno de sus objetivos, a cambio de la mera promesa de dejar de matar.

Y si estamos liberando psicópatas sexuales es porque Rajoy ni siquiera ha tenido la decencia de hablar con claridad a los españoles, más que nada porque corría el riesgo de que los españoles no aceptáramos sus cambalaches con el PSOE y con ETA. Y por ello ha habido que buscar algo en lo que escudarse (el Tribunal de Estrasburgo) y camuflar la suelta de etarras con una suelta generalizada de presos comunes.

Y eso es lo que hay, queridos lectores: un gobierno enfangado en la mentira. Una mentira que no ha creado él, pero que Rajoy ha asumido sin pestañear.

Y lo peor es que no hay nada que se pueda hacer para evitarlo, porque Rajoy está prisionero de sus pactos inconfesables y va a continuar adelante, pase lo que pase. Aunque eso signifique llevarse por delante el Partido Popular." (Un gobierno enfangado en la mentira. Luis del Pino. Blogs de Luis del Pino. Los enigmas del 11M, blogs.libertaddigital.com, 23.11.2013).

Contradicciones en el tiempo del Tribunal Supremo:

A continuación vamos a extraer un artículo íntegro sobre la dualidad del Tribunal Supremo, en donde ignora su propia doctrina con la doctrina Parot. Veamos los hechos.

En un mes, desde la derogación por el Tribunal Europeo de Derechos Humanos (TEDH) de Estrasburgo de la doctrina Parot, han sido excarcelados 41 terroristas: 36 miembros de ETA y 5 de los GRAPO. En ese tiempo, el Tribunal Supremo ha respaldado a los magistrados de la Audiencia Nacional, dando por finiquitada la doctrina que contemplaba la retroactividad del cumplimento de las penas y que el propio Supremo instauró hace siete años. La Sala de lo Penal acataba así la sentencia de Estrasburgo, aunque con tres votos discordantes, y otorgaba plena libertad a los tribunales sentenciadores para que dejaran en libertad a los etarras encarcelados.

De esa manera, el Alto Tribunal hacía suyos sin paliativos los argumentos del TEDH, al que vinculaba sus decisiones, y dejaba abiertas las puertas de las cárceles a cerca de 90 terroristas. Además, autorizaba en su aplicación el procedimiento de urgencia, obviando las protestas de las asociaciones de víctimas.

Pero la decisión del Tribunal Supremo de aplicar de manera directa y urgente una sentencia del Tribunal Europeo de Derechos Humanos (TEDH) de Estrasburgo como ha sucedido con la doctrina Parot choca frontal y abiertamente con su propia y no tan lejana doctrina. En 2002, el Alto Tribunal se opuso a la ejecución de una sentencia del TEDH que daba la razón al coronel Juan Alberto Perote, exjefe de la Agrupación Operativa de Misiones Especiales (AOME) del CESID, por la vulneración de un juicio justo y la falta de imparcialidad de los integrantes del Tribunal Central Militar.

En aquel caso, la Sala de lo Militar del Tribunal Supremo, integrada por los magistrados José María Ruiz-Jarabo (presidente), Fernando Pérez Esteban (ponente), Javier Aparicio, José Antonio Jiménez-Alfaro y Ángel Calderón, dictó la siguiente sentencia: "El Convenio (de Roma) no obliga a dar efecto interno a las sentencias del TEDH ni a introducir reformas legales a ese fin porque no es el TEDH un órgano judicial supranacional, sino sólo de naturaleza internacional".

El Supremo daba por sentado que las sentencias del TEDH tenían "sólo naturaleza declarativa y carecían de efecto ejecutivo directo en el derecho español". Y abundaba en otro argumento de peso: "No existe esa posibilidad anulatoria de las sentencias firmes por los Órganos de la jurisdicción ordinaria". Al mismo tiempo, acordaba desestimar las "pretensiones de nulidad de la sentencia del Tribunal Central del 9 de julio de 1997" contra el militar español, que durante años había sido el número dos del general Alonso Manglano en los servicios de información del CESID.

El Tribunal Militar Central, con esa sentencia "injusta", había condenado al coronel Perote a una pena de siete años de prisión por revelación de secretos. Se daba la circunstancia de que el órgano sentenciador estaba compuesto, entre otros, por el general togado José Luis Rodríguez Villasante (presidente) y por el general auditor Diego Ramos Gancedo (vocal), que ya habían participado durante el proceso en otras decisiones judiciales desfavorables al encausado.

Por todo ello, en julio de 2002, los magistrados europeos de la Sección Cuarta del TEDH dieron la razón a Perote con el argumento de que "dos de los jueces de la sala sentenciadora, a saber el presidente y el ponente, formaban parte, asimismo, del mismo tribunal que confirmó en apelación el procesamiento". Además, esos dos jueces habían formado parte también del tribunal que "decidió la prórroga de la prisión provisional del demandante y del que desestimó el recurso de súplica contra esta resolución".

Según Estrasburgo, una situación así podía suscitar dudas sobre la imparcialidad de los jueces: "Su presidente como su juez-ponente había intervenido en numerosos actos de instrucción entre ellos, en particular, la inadmisión de la apelación contra el auto de procesamiento y las resoluciones que prorrogaban su prisión provisional firme", afirmaba el TEDH. El tribunal sentenciaba que los temores de Perote podían pasar "por objetivamente justificados" y se remitía a la sentencia española "Castillo Algar" sobre los tribunales contaminados.

Finalmente, el TEDH resolvió el pleito con una sentencia inapelable: "Ha habido violación del artículo 6.1 del Convenio". ¿Y cuál era el contenido de dicho apartado del Convenio Europeo?: "Toda persona tiene derecho a que su causa sea oída equitativa, públicamente y dentro de un plazo razonable por un tribunal independiente e imparcial, establecido por la ley".

Sin embargo, la Sala de lo Militar del Tribunal Supremo se opuso a su aplicación alegando que las sentencias del TEDH sólo tenían "naturaleza declarativa" y carecían de "efecto ejecutivo", sin que temblaran entonces los cimientos del sistema legal español, un argumento que ahora se esgrime desde el propio Gobierno y la judicatura para 'explicar' la imposibilidad de no aplicar la sentencia de Estrasburgo.

Pero un año después, la misma sentencia que daba la razón al coronel Perote y que había sido rechazada por el Tribunal Supremo fue incorporada en la redacción de la Ley Orgánica 9/2003, de 15 de julio, por la que se modificaba la Ley de Competencia y Organización de la Jurisdicción Militar. En la exposición de motivos se recogía la sentencia de Estrasburgo: "Así se apreció por el Tribunal Europeo de Derechos Humanos, precisamente en procedimientos ante la Jurisdicción Militar, en sentencia de fecha 28 de octubre de 1998 y 25 de julio de 2002".

La ley no aportaba más datos sobre esas dos sentencias, pero la segunda, la de 25 de julio de 2002, era la que daba la razón al exjefe de la AOME del CESID en contra del Tribunal Central Militar español y que el Supremo se había negado a ejecutar. (*El Supremo (2002): los fallos de Estrasburgo, "declarativos" y sin "efecto"* – Elconfidencial.com - de Manuel Cerdán - 25.11.2013).

6.2. Crisis social

Aquí nos vamos a referir sobre crisis social al cambio de valores que se está viviendo en España, en donde se amenaza la calidad de la vida humana o de la dignidad. Por lo que es notorio el incremento de la ignorancia sobre la educación y de la realidad del país, asociada con su degradación.

Se dice que la juventud no es otra cosa que el futuro de los pueblos. Y si en una cultura de la vida responde a lo contrario a la cultura de la muerte, pues esa juventud no será capaz de desarrollarse ni de subir y se inclinará acondicionado por esa cultura de la muerte hacia la mediocridad y sin anhelos. Y es ahí en donde se percibe el camino que está tomando gran parte de la sociedad española.

Aquí lo que más se destaca como noticia no es otra cosa sino la corrupción de los políticos. De una sociedad llevada al tráfico de drogas, al lavado de dinero, a la prostitución, a los crímenes organizados, a la violencia de género, etc. Y se desplaza el saber cómo noticia sino hacia la diversión, la farándula, la crueldad, la guerra, el sexismo, el mundo rosa, etc.

Y a todo esto, ¿Quién fomenta la ignorancia? Los gobiernos estatales y autonómicos, asimismo, el Estado, los medios de comunicación estatales, autonómicos y privados, a través de los "poderes fácticos", que supone la presencia de intereses, que supone darles solidez y estabilidad acosta de los pueblos, y que supone controlar a las instituciones de gobierno y del estado, etc.

Y, ¿qué se pretende con ello? Enajenar e idiotizar a la sociedad española, para mantenerla en la ignorancia y la mediocridad; se la aliena y se la deshumaniza, para que no actúe y pueda luchar, y para evitar que podamos conocer la realidad que pueda servirnos para así actuar, y así ser sujetos pensantes y con dignidad. Y no hay más que ver qué es lo que se difunde, se promueve y se incrementa sino aquellas acciones de baja moral, evidenciándose con ello la presencia de la cultura de la muerte.

- *Sólo un 16% de españoles está dispuesto a participar en la defensa del país* – Elmundo.es – 03.09.2014.

- El botellón en España (…ruido, alcohol, drogas, etc.). "Una vieja costumbre que continúa de plena actualidad. El consumo de alcohol entre los escolares españoles de entre 14 y 18 años ha aumentado en los últimos dos años.

Según esta encuesta, el alcohol y el tabaco, seguidos del cannabis siguen siendo las drogas más consumidas por los estudiantes españoles. Le siguen, por este orden, hipnosedantes (con y sin receta), cocaína, éxtasis, alucinógenos, anfetaminas, inhalables volátiles y heroína, que se sitúa en último lugar. (Crece el consumo de alcohol entre los adolescentes españoles - Elmundo.es - 05.03.2014).

- Los datos de la delincuencia juvenil en España. El elevado número de menores condenados en España por atentar contra la ley es un problema que preocupa mucho a nuestra sociedad. La edad media de iniciación en la delincuencia se sitúa en los 14 años y se agrava con el paso del tiempo.

Dentro del territorio nacional, la mayor parte de los menores condenados por delitos son de nacionalidad española, americana o africana. Este dato no varía entre hombres y mujeres; lo que sí es cierto es que las mujeres africanas cometen menos delitos que los hombres de esta misma raza.

Las lesiones y los robos, los delitos más frecuentes entre menores. (Los datos de la delincuencia juvenil en España - Cuv3.com - 12.01.2014).

- El Informe Pisa es pesimista respecto a España, ya que advierte que las puntuaciones de nuestros alumnos están por debajo de la media de la OCDE en matemáticas, lectura y ciencias a pesar de que se ha incrementado el gasto en educación en un 35% desde 2003 y se han realizado diversas reformas. Concluye que España sigue al mismo nivel que hace diez años y subraya que existen grandes diferencias entre las comunidades autónomas. Navarra, Castilla-León, País Vasco y Madrid son las mejores y las peores son Andalucía, Extremadura, Murcia y Baleares. (*España sigue a la cola en educación* - Elmundo.es - 03.12.2013).

- *Las ONG alertan del aumento de la prostitución en España como salida a la crisis* - Lavozdegalicia.es - 20.08.2012.

- "La ignorancia de muchos jóvenes es aterradora". Palabras pronunciadas por el director de la Real Academia de la Historia, Gonzalo Anes. (*"La ignorancia de muchos jóvenes es aterradora"* - Elpais.com - 04.06.2000).

6.3. Crisis económica

Uno de los principales problemas para los españoles, según el Centro de Investigaciones Sociológicas (CIS) es la economía. Más del 70% ve el panorama económico como "malo o muy malo". (Véase el barómetro del CIS de junio de 2015).

La dramática situación económica que se vivió durante el gobierno del Partido Socialista Obrero Español PSOE), Rodríguez Zapatero, como Presidente del Gobierno en la IX legislatura (2008-2011), sigue siendo hoy en día para los españoles como principal problema y la continuidad con su sucesor en el Gobierno, Mariano Rajoy, del Partido Popular (PP), Presidente del Gobierno en la X legislatura (2011-2015).

Y, sin embargo, para el Gobierno, es todo lo contrario. Nos habla de crecimiento, que hay una trayectoria de recuperación, que la ciudadanía "empieza ya a ver la luz al final del túnel" y, en cuanto al empleo, crece también con "intensidad". (Afirmaciones del Ministerio de Economía, Luis de Guindos, 30.07.2015). Y son las mismas afirmaciones cuando se decía en 2014 que la economía está creciendo y que se está creando empleo.

Este Gobierno nos habla de crecimiento, cuando los sueldos están congelados y por debajo del salario mínimo. (4,5 millones de asalariados cobran una nómina mensual que no llega a los 950 euros brutos al mes. 26.03.2015). Este Gobierno nos habla que está creciendo el empleo, del incremento de la población activa, cuando los contratos son temporales y a tiempo parcial, y no indefinidos. (Más de 3,7 millones de parados no reciben ningún tipo de prestación del Ministerio de Empleo. 27.07.2015). Nos dice que la demanda interna es el motor del crecimiento, cuando hay miles de empresas que están cerrando. (La hostelería acomete el mayor ajuste de la crisis y cierra 5.000 bares el último año. 20.01.2015). ¿De qué demanda interna se refiere, si las familias no tienen ni ahorros, puesto que no hay ingresos y todo se va en gastos por consumo (pagos de luz, agua, alquiler, alimentos, deudas, impuestos...)? ¿Demanda interna, cuando España sufre de precariedad, temporalidad y mala calidad de empleo? ¿Crecimiento, cuando hay una devaluación de los salarios y una temporalidad creciente?

¿Y qué hay sobre las "encerronas" que hacen miles de empresas a sus trabajadores? Cuando una empresa no te da de alta en la Seguridad Social, lo cual no tengas contrato de trabajo, y por ello recibes dinero en negro. Y si vas a denunciar a la Inspección de Trabajo temes perder el empleo y lo mismo ser sancionado y multado por el Estado. O de los miles de caso en donde te llaman para una entrevista de trabajo en el cual pasas la prueba, para que luego en tres días te digan que no has superado el periodo de prueba, y sin más explicaciones te echan a la calle.

¿Y qué hay de aquellos cientos de miles de ciudadanos que no tienen derecho ni para el paro, y que viven año tras año sin trabajo, no recibiendo ningún tipo de beneficio, tan sólo que acuden a instituciones benéficas para recoger un plato de comida, y que los que acuden no son sólo indigentes ni personas de la calle, sino aquellos que sufren de precariedad salarial?

Veamos como reflejos de la realidad de España algunos ejemplos de la injustica, de la penuria, de la incertidumbre que cada día padecen los ciudadanos "pringados" (porque siempre tiene que pagar las culpas por las faltas o delitos que cometen los gobiernos y los poderosos) de España, mientras los gobernantes miran para otro lado.

1) Veamos un ejemplo de injusticia, ante la creciente presencia de muchos desplazados, mendigos e indigentes que diariamente están en la vía pública, en los trenes y metros para pedir bien sea dinero o alimentos, a la espera de la buena voluntad de los pasajeros.

a) "...Y que últimamente y desgraciadamente somos muchos los que nos tenemos que subir al vagón.

Yo, señores, me subo diariamente al vagón. Porque tengo tres hijos, que tienen una costumbre muy fea, feísima: quieren comer todos los días. Y aunque se los explique no lo entienden, o no lo quieren entender. Ellos quieren comer.

Lo que sí les puedo asegurar, que es que lo que menos me apetece a mí es estar aquí subida, molestarles, contarles mi vida y esperar de su buena voluntad para poder e ir saliendo a adelante.

Así que, les voy a suplicar, que por favor me regalen esos minutos de su tiempo, y que por lo menos me escuchen. Porque necesito que alguien me escuche. Necesito ayuda.

Verán, señores, son una simple maestra de educación infantil de niños de 3 y 4 años y de 4 a 6 hasta que pasan a primaria. Diplomada por la universidad Complutense de Madrid. Soy una maestra interina, que actualmente me encuentro en situación de desempleo y calle. Desempleo, evidentemente no tengo trabajo. Quizás a lo mejor como alguno de ustedes, porque, somos muchos. Y calle, porque un señor Juez ha tomado la decisión de desahuciarme de mi vivienda por un... [Lágrimas]. No se pueden hacer ninguna idea a la de puertas que he llamado. Puertas, que no se me ha abierto ninguna.

Así que, señores, ante la imposibilidad de poder pagar una habitación. Y sobre todo la rabia, la impotencia... (Interviene la fuerza de seguridad, que tuvo que ser desalojada del vagón a esta mujer española). Estos hechos ocurrieron el día 20 de julio de 2015, estando yo presente en dicho vagón.

b) Hola, buenos días, perdona por las molestias. ¡Ayer salí del hospital y perdí mi empleo, y ahora estoy en la calle, porque no puedo pagar habitación, no tengo ninguna ayuda económica!

¡Soy extranjera! ¡Todos trabajos que yo tenía han sido sin contrato! ¡Y yo siempre estaba trabajando, y siempre tenía mis ahorros, mi habitación, mis amigos, pero ahora se terminaron! ¡Ahora soy minusválida, tengo artritis y necesito operar tobillo! ¡Llevo trece días durmiendo en la calle, pero han venido dos hombres para robarme, violar y hacer cualquier guarrería! ¡Uno de ellos me violó, pero como no tengo domicilio él está suelto y busca su próxima víctima! ¡Y yo tengo orden de alejamiento! ¡Para qué me sirve no lo sé! ¡Llevo dos noches sin dormir y dos días sin comer, los codos tengo en llagas, porque no puedo andar más, tengo hambre, me estoy cayendo!

¡Por favor, podéis ayudarme! ¡Poco a poco yo podría salir de esta pequeña vida, con su ayuda! ¡Por favor, pequeña ayuda y Dios lo bendiga! ¡Voy a rezar por vuestra salud! ¡Salud es más importante que hay en esta vida! ¡No tienes salud no tienes nada! ¡Necesito comer algo caliente, llevo dos noches sin dormir, dos días sin comer!

Muchísimas gracias, que Dios lo bendiga. Que Dios los ayude, mucha salud y mucho amor... Por favor, pequeña ayuda. Gracias, muchas gracias, que Dios lo bendiga. [Mujer de Europa del Este, entre 40 a 50 años de edad. Con muletas y tobillo dañado. Espero que aquellos ricos, guapos y tristes como Cristiano Ronaldo, alcen la mirada y despierten ante la pobreza y la exclusión social que les rodean]. Estos hechos ocurrieron el día 21 de julio de 2015, estando yo presente en dicho vagón.

Y soy testigo de estos dramas en Madrid. Y soy testigo de cómo el Gobierno Municipal arremete a la fuerza contra ellos, persiguiéndolos y capturándolos, para luego ser desalojados del recinto o la vía pública. Y todo ello por la barbarie de nuestros gobernantes municipales que apuntan a que estos hechos dan mala imagen a la ciudad y son un obstáculo que impide impulsar el turismo.

2) Veamos un ejemplo más de injusticia. Alrededor de 80 mil personas optan por una plaza de las cinco mil trescientas plazas para profesores no universitarios. Las pruebas se han convocado en todas las comunidades autónomas, excepto en Cataluña, Baleares y Navarra. La mayoría de las plazas convocadas son para Primaria, 3,277, para Secundaria 1553 y 235 para Formación Profesional. 20.06.2015. 12.398 aspirantes pelearán por las 441 plazas de las oposiciones de Educación del 20 de junio. 12.06.2015. Unas 90.000 personas irán a las oposiciones de sanidad para 2.741 plazas. 17.12.2014. Trabaja para la Policía Nacional. Prepara las Oposiciones al CNP ¡Supera las Pruebas! Comienza Ahora.

¿Expliquémonos, cómo que sólo 5.300 postulantes serán considerados como aprobados en las plazas respectivas? ¿Acaso se decide por sorteo, o están reservadas, o se favorece a los interinos, a los funcionarios, a los sindicatos, etc.? ¿Y qué hay de los suspendidos? ¿Creen ustedes que los 74.700 postulantes, se equivocarán en el examen de admisión, o lo harán peor que los 5,300 que aprueben? ¿Qué la plaza me lo he ganado con esfuerzo o por ser afortunado? ¿Alguien sabe si es posible obtener las pruebas examinadas? Está claro que aquí el Gobierno y las empresas de oposiciones juegan con el dinero y las ilusiones de los aspirantes. Menudo engaño, menuda hipocresía. ¿Cuánto dinero se embolsillan los gobiernos y las empresas, de quienes albergan esperanza, por derecho de examen, por matriculas? ¿Creen ustedes que hay igualdad en el acceso a la función pública y cargos públicos, como lo señala la Constitución, artículo 23 2)? ¿Esta es la forma de ayudar y promocionar el empleo? ¿Qué son las ofertas públicas de empleo sino menudos fraudes y estafas? Es un insulto a la inteligencia, es una hipocresía, es un engaño.

3) Veamos un ejemplo más de injusticia. Si uno quisiera montar cualquier tipo de negocio, sea físico u online, el organismo público de la Seguridad Social no dice que nos debemos de dar de alta en el régimen de trabajadores autónomos. Entonces la Seguridad Social por Ley nos obliga a cotizar en régimen de autónomos, tengamos o no ganancias, aunque no vayamos a vender nada o nuestras ventas sean insignificantes, siendo esa cotización obligatoria el coste mensual mínimo de 254 euros, salvo que se disfrute de alguna bonificación. Por otro lado, tengamos en cuenta que también estamos obligados a declarar el IVA y el IRP de nuestra actividad económica en Hacienda, que es otro organismo público conocido también por Administración Estatal de la Agencia Tributaria.

Y si uno es un asalariado que trabaja por cuenta ajena, entonces la empresa ya cotiza por uno a la Seguridad Social, ¿Y si es así, por qué tendría uno estar obligado a darse de alta en la Seguridad Social? ¿Por qué el Estado me obliga a cotizar como autónomo si mi nivel de ingresos es nulo o bajo a la cantidad por cotizar? ¡Es absurdo! ¿Bonificación por pluriactividad? ¿Dónde está la ayuda que nos da este Gobierno?

4) Veamos un ejemplo más de injusticia. ¿Sabías que quienes hayan arrendado una vivienda desde enero de 2015, la reforma del IRPF, dejará sin posibilidad de deducir en Hacienda? Por lo tanto, los que hayan firmado después de dicha fecha no podrán deducir lo que pagan de alquiler en su declaración de la renta.

En cambio, aquellos que han firmado antes de dicha fecha, del 31 de diciembre de 2014, si podrán gozar de ese beneficio, conservando este derecho.

Ante la precariedad laboral de muchos ciudadanos, ¿por qué esta reforma tan injusta que perjudica a unos y favorece a otros del mismo colectivo?

Así como estos hechos que son innumerables procede la Justicia en España, que no favorecen en nada a los más necesitados, pero que pasan por desapercibidos porque se piensa en la macroeconomía, en especial los Gobiernos de turno que sus objetivos se centran en lo macroeconómico, no importándoles la vida de los miserables, porque se sabe muy bien que alcanzar los resultados macroeconómicos lleva mayor repercusión de ser visto que los hechos o acontecimientos microeconómicos, ya que afecta al conjunto de la población española.

Esta omisión del Gobierno contra la microeconomía, los microsectores productivos y de los sectores cuasi improductivos, los irregulares, se aúne a las omisiones de sus compromisos electorales. En donde los Gobiernos de turno nos propusieron promesas de cambio que ante los hechos estas fueron incumplidas.

"Me propongo, pues, dedicar toda la capacidad del Gobierno y todas las fuerzas de la Nación a detener la sangría del paro, estimular el crecimiento y acelerar el regreso de la creación de empleo". Me propongo: "Estimular el crecimiento y potenciar la creación de empleo", etc. Estas promesas incumplidas de José Luis Zapatero enunciadas en su discurso de investidura el 19.04.2011, siguen vigentes ya en otras promesas incumplidas por el actual presidente Mariano Rajoy, a vísperas de concluir la X Legislatura que comenzó el 21 de diciembre de 2011.

Y volver a mirar las omisiones, las negligencias y las falsedades del pasado cometidos por el ex presidente Rodríguez Zapatero es mirar el presente de las omisiones, las negligencias y las falsedades que está cometiendo este Gobierno de Mariano Rajoy. Y quien mira el pasado de Zapatero y lo condena y lo tacha de inmoral es Rajoy, pero, que una vez llegado al poder, éste es igual o peor aún al anterior.

Véase cómo Mariano Rajoy el 04 de abril de 2011, antes de ser presidente de España, condenaba a Zapatero por su nefasta política de gobierno:

- "Y ese diagnóstico no puede empezar por otro lugar que por la cifra más dramática de las que definen hoy nuestra situación económica y social. Me refiero, Señorías, al paro. A día de hoy, tras los últimos datos conocidos tanto de la Oficina de estadística de la UE como del Servicio Público de Empleo Estatal, el número de personas que en nuestro país buscan un empleo sin encontrarlo ronda ya los 5.400.000. Una tasa que roza el 23% de la población activa y que nos sitúa, por desgracia, a la cabeza de la Unión Europea, más que doblando la tasa media de la Comunidad. Si a esto añadimos que el índice de paro juvenil, se eleva más allá del 46%, podremos hacernos una idea bastante ajustada del dramatismo de esta situación".

- "El número de desempleados en los últimos cuatro años se ha visto incrementado en más de 3.400.000 personas. Piensen, Señorías, que hace cuatro años nuestro índice de paro era inferior a la media europea y recuerden que, mientras en España se producía ese incremento del desempleo, en Alemania, por ejemplo, la tasa se reducía desde el 7,9% al 5,2%".

- "Este incremento del paro en España se debe, fundamentalmente, a un profundísimo proceso de destrucción de empleo y de desaparición de empresas y trabajos autónomos. Más de 2.300.000 empleos destruidos y 250.000 empresas cerradas". (Mariano Rajoy 19.04.2011).

Y, ahora, véase a Mariano Rajoy, ya en el poder, celebra con triunfalismo, con argumentos falaces, sobre la economía, pronunciadas el 26 de diciembre de 2014:

> "Estas son las primeras Navidades de la recuperación", "La crisis ya es historia", "Nunca hemos engañado a los españoles sobre la situación de la economía". Que, "si el año 2012 fue el año del ajuste y el 2013 el de las reformas, 2014 ha sido el año de la recuperación y el 2015 el del despegue definitivo de nuestra economía".

Cuando vista la realidad, tales afirmaciones favorables no son ni creíbles ni fiables. Que fue capaz de criticar en el año 2011 a Zapatero, pero que acaba siendo peor aún o igual que éste.

- 30.06.2015: *Faes alerta de que la crisis ha aumentado la desigualdad.* Elmundo.es.

- 27.12.2014: El presidente presume de 550.000 empleos en lo que va de año, pero oculta que hay 650.000 ocupados menos y 140.000 parados más que cuando llegó al Gobierno. (*Las mentiras de Rajoy para apuntalar su discurso de la recuperación* – Elplural.com).

- 25.06.2014: *Más de dos millones de niños españoles viven bajo el umbral de la pobreza.* Dato del informe: La infancia en España 2014, presentado por UNICEF. (Diario impreso 20 Minutos, pág. 6, Año XV, Núm. 3289).

- 27.03.2014: España es el segundo país de la Unión Europea (UE) con el mayor índice de pobreza infantil, superada solo por Rumanía, según revela el informe de Cáritas Europa, presentado este jueves en Atenas, sobre el impacto social de las medidas de austeridad aplicadas en los países más golpeados por la crisis. "Las medidas de austeridad han fallado a la hora de solucionar los problemas y generar crecimiento", afirmó el secretario general de Cáritas Europa, el español Jorge Nuño.

El responsable de Cáritas Europa recordó que en España hay más de 6 millones de personas sin trabajo y se refirió a los jóvenes que no podrán recibir una pensión adecuada por no haber trabajado el tiempo suficiente como la "generación pérdida", cuya actual situación tendrá un "impacto enorme" en su futuro.

Cáritas menciona también una investigación de la revista médica British Medical Journal sobre los recortes en el sistema sanitario español, que a pesar de tener uno de los gastos sanitarios más bajos de la UE, ha visto disminuida su inversión, con el efecto que esto puede ocasionar en la salud de los ciudadanos.

Asimismo, Cáritas critica la disminución de las prestaciones sociales por parte del Estado, lo que ha llevado a las organizaciones no gubernamentales a redoblar sus esfuerzos para intentar paliarla.

La organización denuncia que España es una de las sociedades más desiguales de Europa, a lo que contribuye el aumento de los impuestos indirectos, que no discriminan en función de la renta, y que ha provocado, al igual que en otros países como Grecia, un mayor empobrecimiento de los hogares con menos ingresos.

Esta situación ha comportado un aumento de los trastornos depresivos, de los problemas con el alcohol y los suicidios en España y Grecia, que se han disparado desde el comienzo de la crisis. (*España, sólo superada por Rumanía como país de la UE con mayor pobreza infantil* - Vozpopuli.com).

- 27.03.2014: *La crisis lleva al 65% de jóvenes a buscar empleo fuera de España y sitúa la movilidad geográfica en máximos* - Eleconomista.es.

- 30.11.2012: Las promesas electorales rotas durante el gobierno de Rajoy, 2012: El IVA, bajada del IRPF, No aprobar nunca una amnistía fiscal, No recortar en educación. Prestaciones sociales. No abaratar el despido, etc. (*El PP dice que el Gobierno cumple "a rajatabla" su programa electoral* - Huffingtonpost.es).

Frente al triunfalismo de nuestros gobernantes, la sociedad responde:

Miles de personas piden en Madrid "pan, trabajo y techo" en las Marchas de la Dignidad. La movilización ha sido convocada por 300 organizaciones sociales y sindicales, con un llamamiento especial a quienes más sufren la crisis, como los jóvenes. Los convocantes han tomado este 21-M como un paso más hasta la "huelga general de trabajo y consumo" del 22 de octubre. Formaciones políticas como IU, Podemos, Equo o el SAT han llamado a "tomar la calle" con motivo de esta manifestación. "Estamos en una situación de emergencia y eso no se puede combatir gimiendo y llorando, hay que tomar Madrid", ha dicho el histórico dirigente de IU Julio Anguita. (*Miles de personas piden en Madrid "pan, trabajo y techo" en las Marchas de la Dignidad.*20minutos.es. 21.03.2015).

https://marchasdeladignidadmadrid.wordpress.com/
https://www.facebook.com/democraciarealya
http://movimientored.com/
http://www.votoenblanco.com/
http://podemos.info/
http://www.csi-f.es/
http://tomalosbarrios.net/
http://tomalaplaza.net/
https://soypublica.wordpress.com/
http://indignado.org/
http://www.stopdesahucios.es/
https://www.facebook.com/ContralaInjusticia

6.4. Crisis institucional

Si la honorabilidad de la clase política está cuestionada, ¿qué podríamos decir de las instituciones públicas estatales, autonómicas y locales que están ocupadas por esta clase política?

2013
- *Más de 300 políticos españoles están imputados en presuntos casos de corrupción. España* - Larazon.es - 01.01.2013.

- *Aznar insta a Rajoy a 'reaccionar frente a una crisis institucional que se agrava'* - Elmundo.es - 20-03.2013.

- *CCOO ve graves consecuencias de la crisis institucional en España* - Lainformacion.com - 05.04.2013.

- En opinión de los firmantes del documento, existe una "clara" conexión entre la crisis económica y la crisis institucional que sufre el país, por lo que la situación de la economía española no mejorará sin una regeneración democrática que comienza por una reforma de la ley de partidos para regular la actividad de las formaciones, asegurar su democracia interna, la transparencia y el control de su financiación. (*Cien intelectuales piden en un manifiesto la reforma institucional de España para superar la crisis.* - Expansion.com - 28.05.2013).

2014

- ¿Cuáles son los principales problemas de los españoles?

Si durante los últimos cinco meses la preocupación por el desempleo se había estabilizado en el 77%, este mes de febrero vuelve a superar la barrera del 80% para llegar al 81,1%. El segundo problema del país es la corrupción y el fraude, que crece cinco puntos (44,2%) respecto a febrero y se acerca al máximo histórico (44,5%) de marzo del 2013. El trabajo de campo de la encuesta coincidió con la declaración de la Infanta Cristina ante el juez José Castro por el "caso Nóos".

En tercer lugar siguen apareciendo los problemas de índole económica, señalados por el 28,3% de los encuestados. No obstante, la cifra es la más baja desde octubre del 2007. Durante los meses más duros de la crisis el porcentaje estuvo cerca del 60%. El 48,7% sigue creyendo que la situación económica general del país es muy mala y el 38,8% que mala.

Preguntados por las perspectivas de futuro, el 42% de los encuestados estiman que la situación seguirá igual dentro de un año, el 19,5% mejor y el 28,6% peor. En cuanto a la opinión que tienen de la situación política, sólo un 1,8% de los encuestados cree que es «buena o muy buena» frente al 13,1% que piensa que es regular y el 82,2 que la califica de "mala o muy mala", porcentajes muy similares a los del anterior sondeo.

El cuarto mayor problema más citado (24,2%) apunta a los políticos y los partidos. Esta cifra es también una de las más bajas de los últimos meses. La sanidad (10,8%) es la quinta preocupación, seguida de la educación (8,6%), los problemas de índole social (8,4%), los recortes (4,1%), el Gobierno y partidos (3,2%) y la administración de justicia (3%). La subida de tarifas energéticas, citada por el 0,5%, aparece por primera vez en el barómetro del CIS. La ley del aborto, que fue la novedad en enero, preocupa al 0,3%. (*España / barómetro de febrero del CIS. La preocupación por la corrupción se acerca a su máximo histórico.* Por Jaime G. Moraja. 05/03/2014. Diario digital abc.es).

- Los lazos de parentesco en el Tribunal de Cuentas alcanzan a 100 empleados - Política.elpais.com - 23.06.2014.

SECCIÓN II - EL DESAFÍO SEPARATISTA

CAPÍTULO I - EL PENSAMIENTO SEPARATISTA EN ESPAÑA

"Y le diré más: en tres años ha triplicado el número de independentistas en Cataluña, señor Rajoy". Pedro Sánchez, ante el pleno del Congreso, (26.11.2014).

El pensamiento separatista en España se construye en base a ciertos principios esenciales del nacionalismo.[24] Y se sitúan y predominan en importancia de mayor a menor medida en ciertas Comunidades Autónomas, como son: País Vasco (Euskadi), Cataluña, Andalucía, Galicia, Valencia, etc.

El pensamiento separatista en España no tiene fronteras ni se limita en su actuación. Utiliza varios frentes y medios, bien sea en el campo político, institucional, cultural, educativo, deportivo y empresarial, y hasta el religioso. Los frentes están presentes en sus referéndums por la soberanía, de la inmersión lingüística, etc. Y se sirven de las instituciones y organismos del sector público y privado para lograr sus metas y objetivos.

Y en base al nacionalismo, que se construye sobre una realidad natural propia por origen, del sentimiento de pertenencia, el separatismo en España va más allá, puesto que considera que el nacionalismo en una comunidad nunca alcanzaría su desarrollo e integración si esta comunidad está bajo las estructuras políticas y económicas estatales, es decir del Estado español. De ahí que construye una realidad ideológica política de identidad a favor de la causa soberanista, y que se enfoca a través de ciertos movimientos y de organizaciones políticas, sociales y culturales separatistas dentro del territorio español, en especial se destacan las Comunidades Autónomas de Cataluña y el País Vasco (Euskadi), seguidas de Galicia y Andalucía, etc.

De los conceptos señalados en nuestra Introducción, podemos añadir otros más que nos permitan entender con mayor claridad lo que se entiende por separatismo.

Veamos a continuación algunos conceptos por separatismo:

1) "Ligado a los conceptos de regionalismo y nacionalismo, puede considerarse el separatismo como el deseo de un grupo humano con suficiente personalidad geográfica, histórica y cultural de separarse del estado del que forma parte para constituir un nuevo estado independiente y plenamente soberano, amparado en el ejercicio del derecho de los pueblos a la autodeterminación". (Gran Larousse Universal).

2) "Separatismo quiere decir "doctrina política que propugna la separación de algún territorio para alcanzar apoyo independencia o anexionarse a otro país". Diccionario de la RAE.

3) "Movimiento, tendencia, de "los habitantes de un territorio que desean separarlo del Estado del que forma parte". Diccionario Larousse.

En la realidad concreta con España, el separatismo es la doctrina que busca la separación, la libertad del Estado español, para construir su propio Estado-nación.

El pensamiento separatista niega ser parte del pluralismo cultural de naciones con España, de lo que consideran un invento del Estado español, con la finalidad de someterlas y aniquilarlas del pensamiento soberano y de la identidad de las naciones culturales propias, por ejemplo, en Euskadi, Cataluña, Galicia, Andalucía, Valencia, etc.

1. El pensamiento separatista se nutre principalmente del nacionalismo

El pensamiento separatista en España considera al nacionalismo como un proyecto inacabado; pero útil de ser instrumentalizada hacia su avance. El separatismo se siente favorecido por el nacionalismo, porque recurrirá de éste para su motivación y adecuación de pensamientos que considere útiles hacia sus fines y objetivos. Por lo tanto, el separatismo considera al nacionalismo su mejor aliado.

El separatismo al desarrollarse, logra que el nacionalismo pase a considerar que el soberanismo es un derecho justo, y así lograr que se convierta en separatista. Pues, también es posible, que el nacionalismo logre, indirectamente, presionar al separatismo, para minar (destruir, poco a poco) y socavar (debilitar) al Estado español, hacia la búsqueda de su unidad territorial y sus intereses nacionales.

Véase, por ejemplo, el caso de cómo la unión de dos partidos políticos catalanes, Convergència Democràtica de Catalunya-CDC (creado en 1978) y la Unió Democràtica de Catalunya-UDC (fundado en 1931), que en principio guardaban una ideología política liberal y nacionalista catalana, que al unirse en la federación de Convergència i Unió (CiU), (Convergencia y Unión en castellano), replantean su posición ideológica para convertirse en separatistas. Como así se advierte en el programa electoral 2012, elecciones 25 de noviembre, al parlamento catalán y la presidencia de la Generalidad (Generalitat), en donde incorporan por primera vez en su historia institucional el objetivo de dotar a Cataluña de un Estado propio. Y así se lee:

LA TRANSICIÓN NACIONAL

Convergència i Unió (CiU)
Programa Electoral 2012
LA TRANSICIÓN NACIONAL

"Cataluña es una nación. Por su historia, por su identidad, por su personalidad política, pero fundamentalmente porque se siente y lo quiere continuar siendo. Ni antes, ni ahora, ni nunca, ninguna ley ni estado podrán impedir o negar que Cataluña es una nación. Una nación que, además, tiene capacidad para construir grandes proyectos colectivos a favor de su convivencia y de su progreso económico, social y cultural. Una nación que no ha renunciado nunca a sus derechos inherentes como pueblo, ni tampoco al derecho a la autodeterminación, y que siempre ha anhelado las máximas cotas de autogobierno. Una nación que ha tenido, a lo largo de los últimos 150 años, el catalanismo político como el referente de modernidad, progreso y democracia."

"Las próximas elecciones del día 25 de noviembre tienen una trascendencia histórica. Es la hora que Cataluña inicie el rumbo hacia el estado propio. Después de más de treinta años de democracia, se ha constatado que la ensambladura de Cataluña al Estado español resulta de viabilidad muy difícil. Se nos han cerrado las puertas, y por lo tanto, es hora de iniciar nuestro propio camino. No queremos renunciar al que somos, y al mismo tiempo, esta es la vía que nos permitirá vivir mejor."

2. Las circunstancias fuerzan el cambio del nacionalismo

Esto es un hecho que se está llevando a la práctica, cuando observamos cómo las fuerzas políticas separatistas al crecer por extensión territorial e institucional, las fuerzas conservadoras nacionalistas, tarde o temprano deberán de inclinarse a favor de ese avance. Así lo vemos de forma palpable en las comunidades autónomas de Cataluña y del País Vasco.

En el caso de Cataluña

Vemos que las nuevas estructuras sociales-políticas en Cataluña hacen posible que se produzca este cambio. Y es así cómo Convergència i Unió (CiU) (Alianza de dos partidos políticos, por Convergència Democràtica de Catalunya, CDC, de Artur Mas, y Unió Democràtica de Catalunya, UDC, de Josep Antoni Duran i Lleida), se adecua a las circunstancias socio-políticas de Cataluña, para dejar la ideología nacionalista catalana y pasar a convertirse en separatista, en principio. En principio, puesto que esa unión se rompe luego, el 14 de junio de 2015, cuando la mayoría de la militancia de UDC (50,9%) no está a favor de la hoja de ruta independentista.

Desde luego, esa decisión en el cambio ideológico nacionalista catalana de CiU, en principio, y vista en la mitad de sus militantes, tuvo que ver por el avance de los movimientos y entidades separatistas de Cataluña, principales artífices de este cambio ideológico. En especial, del partido Esquerra Republicana de Catalunya (ERC) (en castellano Izquierda Republicana de Cataluña), fundada en 1931, y como presidente Oriol Junqueras.

Podríamos decir que ERC ha mostrado un avance cuantitativo y cualitativo indiscutible, y esto ha sido posible por el apoyo recibido de un sector importante de la población de Cataluña.

2012
Así, se puede observar en las últimas elecciones al parlamento catalán 2012, en donde ERC en unión al partido Catalunya Sí (Cat Sí) se convierte en la segunda posición más votada, de 10 escaños en 2010 a 21 (496.292 votantes), quienes desplazan al Partido Socialista Catalán (PSC) (Partit dels Socialistes de Catalunya (PSC-PSOE) (oficialmente y en catalán, creado en 1978) con 20 escaños. Y más aún, si consideramos que CiU se proclamó vencedor, alcanzando la mayor representación al

parlamento Catalán, con 51 escaños (1.112.341 votantes), esto impulsará más al separatismo, que motivará más aún a los movimientos separatistas para conquistar directamente el poder en Cataluña.

2013
Y, asimismo, en indicativos de sondeos de opinión, en donde ERC se convierte en la primera fuerza política en Cataluña: (Véase, Cataluña: ERC sería primera fuerza y CiU sigue cayendo en intención de voto - 28.10.2013 – Vozpopuli.com).

2014
ERC ha pasado definitivamente a convertirse en el 'primer partido' de Cataluña, ya que pasaría con un 3.3% de estimación de voto a la federación CiU, que cae hasta un 2,9%. (El CIS sitúa a Podemos ya como tercera fuerza política…, a seis puntos del PSOE, aunque antes del desembarco de Pedro Sánchez - 04.08.2014 - Elplural.com).

Este cambio de política hacia el separatismo en Cataluña se puede observar en sus principales protagonistas:

- Mas anuncia que habrá referéndum sobre la independencia de Cataluña en cualquier caso / EN EL DEBATE DE POLÍTICA GENERAL/ El presidente de la Generalitat afirma que habrá consulta con o sin permiso del Gobierno central. Dice que está dispuesto a desafiar al Estado si intenta obstaculizar el ejercicio del derecho a la autodeterminación de los catalanes. (ANTENA3.COM - 26.09.2012).

- Mas y Junqueras pactan estabilidad y la convocatoria de la consulta en el 2014. Lavanguardia.com - 19.12.2012.

- ERC exige a Mas seguir la vía soberanista y frenar los recortes. Ccaa.Elpais.com - 26.11.2012.

- El secretario general de Convergència, Oriol Pujol, ha admitido esta mañana que el resultado de ayer "nos deja en manos de Esquerra Republicana". Actualidadnoticias.com - 26.11.2012.

- Mas se compromete a seguir adelante con la consulta soberanista. Ccaa.elpais.com - 25.11.2012.

- Artur Mas convoca la consulta soberanista el 9 de noviembre de 2014. Lasexta.com - 12.12.2013.

- Artur Mas se mantiene 'decidido' a hacer la consulta y Rajoy le asegura que 'no se va a celebrar'. Elmundo.es - 30.07.2014.

- Junqueras llama a la desobediencia civil si el Gobierno veta la consulta. Lavanguardia.com - 09.09.2014.

En el caso del País Vasco

Un caso similar se da también en el País Vasco, en donde el panorama político se compone del Partido Nacionalista Vasco (PNV), siendo su fundador Sabino Arana (1865 -1903), que a su vez es considerado el fundador del nacionalismo vasco, de ideología nacionalista y conservadora, organización política de mayor fuerza política y alcance en las instituciones del País Vasco y con presencia significativa en Navarra.

En las elecciones al Parlamento Vasco de 2012 el PNV se convirtió de nuevo en la fuerza más votada en el País Vasco. Pero ese favoritismo del PNV ya se ve eclipsado por el avance de la llamada "izquierda abertzale",[25] (aquella que no condena a ETA). Entre ellos Bildu y Amaiur organizaciones políticas separatistas en donde la sociedad vasca vota masivamente a favor de estas. De ahí que el PNV tendrá que replantear su posición política, que por los hechos ya lo estamos viendo inclinándose a favor del separatismo.

- Ibarretxe reivindica los derechos históricos como la 'única constitución' de los vascos. Josu Jon Imaz dirigente del Partido Nacionalista Vasco, asegura que el Gobierno vasco logrará acuerdos políticos `sin vetos de Madrid´ Y quien defendió que

hoy los vascos "son más nación que nunca" y que la nación vasca "tiene más sentido que nunca".

"Nuestro objetivo es construir la nación vasca", añadió. Imaz señaló que ello es posible porque el PNV acertó hace 29 años frente a otros que optaron por el "todo o nada" para construir la nación vasca, mientras que la formación nacionalista lo ha ido haciendo "día a día". (Elmundo.es - 17.04.2006).

- *Bildu ya tiene el poder sin condenar a ETA.* Bildu ya ha tomado el mando en País Vasco y Navarra. Desde San Sebastián hasta Lizarza, sin bandera nacional. PSE y PNV han apoyado a la coalición.

PSOE y PNV ayudan a Bildu. Bildu se ha hecho también con la alcaldía de la localidad vizcaína de Lanestosa gracias al apoyo del PSE en el consistorio, lo que le ha permitido arrebatar el gobierno al PNV, que había obtenido un edil más que los proetarras.

Una decisión que entra en colisión frontal con el compromiso expresado por Patxi López, Alfredo Pérez Rubalcaba e, incluso, José Antonio Alonso de que el Partido Socialista del País Vasco no llegaría a acuerdos de gobierno con candidatos no constitucionalistas en los ayuntamientos vascos. (Libertaddigital.com - 11.06.2011).

- *Ares acusa al PNV de sumir en una "crisis" a las instituciones vascas.* El consejero de Interior del Gobierno vasco, Rodolfo Ares, ha acusado al PNV de anteponer sus intereses de partido a los intereses generales de Euskadi, y sumir a las instituciones municipales y forales en "una situación de incertidumbre, crisis e inestabilidad". Ares ha dicho que los jeltzales vuelven "errores del pasado" al buscar "la acumulación de fuerzas nacionalistas" en lugar de optar por la "transversalidad". Asimismo, ha instado a Pello Urizar y Oskar Matute a que "se pronuncien con toda claridad" contra el "acoso intolerable" a ediles y se "tomen las decisiones" para que "esas actitudes desaparezcan definitivamente".

En una entrevista concedida a ETB, Ares ha censurado al PNV que haya buscado "acuerdos con Bildu para desalojar al PSE de alcaldías tan emblemáticas como Lasarte o Trapagaran". "Podrán explicarlo como quieran, pero es evidente que el PNV ha incumplido su palabra con el conjunto de la ciudadanía vasca, porque dijo que iban a votar a sus propios candidatos", ha manifestado.

Tras criticar a la formación jeltzale que anteponga "sus intereses partidarios a los de país", ha señalado que es "el único responsable" de la situación de "incertidumbre y de crisis" y de "inestabilidad" de las instituciones municipales y forales, porque, si hubiera aceptado "la mano tendida" del PSE, "seguramente, hoy muchos gobiernos locales y, en el futuro, muchos gobiernos de las diputaciones serían estables, con respaldo suficiente y con un proyecto de programa que habría garantías de que saliera adelante".

En este sentido, ha advertido de que "el único programa conocido de Bildu es independencia, excarcelación de presos, legalización de Sortu", además de "una nueva Udalbiltza", pese a lo cual el PNV "ha vuelto a los errores del pasado, a la acumulación de fuerzas nacionalistas y, cuando decía que no iba a hacer frentes con nadie, lo que hace es buscar no hacer frentes contra Bildu, pero sí hacer frentes con Bildu contra todos los demás". En su opinión, para "construir el futuro", hacen falta acuerdos transversales y "no frentes". En esta línea, ha precisado, ante las críticas que ha sufrido el Gobierno vasco dirigido por Patxi López, que el PSE ha aplicado un "programa de buscar acuerdos con todos", sin que el acuerdo con PP contenga "ni una sola política frentista", y con objetivos que "pueden compartir todos los partidos". (Elcorreo.com - 14.06.2011).

- Bildu pacta con Aralar la coalición electoral para el 20-N. Delegaciones de Eusko Alkartasuna, la izquierda abertzale, Alternatiba y Aralar han acordado esta tarde en Bilbao unos "contenidos básicos" para concurrir en una alianza electoral a las próximas elecciones generales, han informado estas formaciones. (20minutos.es - 14.09.2011).

- *EH Bildu se contagia de Mas y habla de "independencia unilateral". Con un pacto de partidos vascos.*Libertaddigital.com - 15.09.2012).

- En las Elecciones Autonómicas del 21.10.2012, el PNV alcanzó 27 escaños, y como segunda fuerza EH-Bildu con 21 escaños, seguidos del PSOE-EE, 16 y PP, 10 escaños.

- *EH Bildu afirma que hay voluntad de llegar con el PNV a 'acuerdos amplios'.* POLÍTICA | 'Hay grandes coincidencias' dice Mintegi. (Elmundo.es - 30.10.2012).

- *El Gobierno Vasco prevé un referéndum soberanista para el año 2015.* El lehendakari vasco, Íñigo Urkullu, ha presentado una iniciativa que forma parte de su programa de gobierno y que plantea el derecho a decidir no sólo de los vascos sobre los que su institución tiene competencia, sino también para los navarros y los franceses.(Que.es - 09.04.2013).

- *UPyD crítica que Urkullu y Mas hablen juntos de 'estrategias soberanistas'.* (Elmundo.es – 02.05.2014).

-*El Parlamento vasco proclama el derecho de Euskadi a la autodeterminación.* (Publico.es - 29.05.2014).

- *El éxito irremediable de Bildu en el País Vasco.* (Elimparcial.es - 25.06.2014).

3. El pensamiento separatista y sus pretensiones territoriales

El pensamiento separatista en España no se restringe ni se limita por lo ya oficial dentro del ordenamiento jurídico constitucional nacional, ya que ve que hay precedentes históricos que por derecho les pertenece y van por la reunificación.

Existen ciertos movimientos separatistas que están por estos fines y que actúan dentro y fuera de las Comunidades Autónomas de Euskadi (País Vasco), Cataluña, Galicia y Andalucía.

A efectos de explicar este alcance territorial del pensamiento separatista, nos servirá primeramente partir de lo que entendemos por comunidad autónoma, a través de la ciencia política y del derecho. Lo que se afirma como comunidad autónoma vigente, en su territorialidad, no necesariamente puede ser compartida en el pensamiento separatista.

Veamos, la Constitución vigente de 1978 nos dice que España está formada por diecisiete comunidades autónomas y dos ciudades autónomas.

¿Y qué criterios se aplican para determinar la existencia de una comunidad autónoma en España? Aquí se rigieron por ciertos criterios, entre ellos, por el principio de conciencia de identidad histórica (como el caso de Cataluña, Galicia y el País Vasco). Otros, por el simple hecho de ser insulares, como es el caso de Baleares, y otros, por ser distantes del territorio peninsular, como lo es las Islas Canarias). Es por citar unos ejemplos de cómo se determina una comunidad autónoma en España, sin dejar de señalar que también se da por cuestiones de identificación a regiones geográficas (identidad regional), sea el caso de Andalucía, aunque hay cierto sector de la población de la provincia de Almería que reclama ser una comunidad autónoma independiente de la –considerada por este sector- anexión ilegal a dicha comunidad. E incluso podría ser reconocida como Comunidad tan sólo por cuestiones geopolíticas y económicas.

La Constitución española de 1978. Título VIII. De la Organización Territorial del Estado. Capítulo III. De las Comunidades Autónomas. Artículo 143.1, constituye a las comunidades autónomas bajo este principio:

1. En el ejercicio del derecho a la autonomía reconocido en el artículo 2º. De la Constitución, las provincias limítrofes con características históricas, culturales y económicas comunes, los territorios insulares y las provincias con entidad regional histórica podrán acceder a su autogobierno y constituirse en Comunidades Autónomas con arreglo a lo previsto en este Título y en los respectivos Estatutos.

Puede decirse, en general, que una comunidad autónoma de España se forma por intereses comunes, consideradas como las más principales: el idioma común, sus costumbres e inquietudes compartidas y ubicación geográfica, es decir, por proximidad.

El concepto establecido jurídicamente que identifican a las Comunidades Autónomas existentes, para el pensamiento separatista sólo llevan limitaciones, en muchos casos, lo cual no lo comparten, en donde el interés común, la identidad común, puede trascender fronteras, no solo dentro del territorio español sino fuera de él, como es el caso de los nacionalistas y los separatistas vascos que pretenden alcanzar el País Vasco francés (llamada también Euskal Herria o Iparralde), que comprende los territorios franceses Labort, Baja Navarra y Sola. Y que unidos estos territorios franceses con los del País Vasco (Vizcaya, Álava y Navarra, se formaría la comunidad de vasconia. Lo mismo que los nacionalistas y los separatistas catalanes que aspiran por la reconquista de aquellos territorios de habla catalana, como es el caso de Andorra (denominada Cataluña norte), y que se extiende según sus defensores los territorios de las Islas Baleares, la Comunidad Valenciana, etc., es decir conformar una unidad territorial por derechos geohistóricos con el llamado los Països Catalans (Países Catalanes).

Según esta interpretación, entendemos que el pensamiento separatista en España, va más allá del derecho establecido y busca su propia interpretación del alcance de los objetivos comunes de lo que es una comunidad autónoma: que es un país y que puede cruzar fronteras territoriales.

- *"Adelante. Sin olvidarnos de la Cataluña norte, la Franja de Aragón, las Islas Baleares y el País Valenciano, porque la construcción de un Estado no nos tiene que hacer olvidar a la nación completa. Tenemos que pensarlo y lo pensaremos, tanto la sociedad civil como evidentemente, las fuerzas políticas que en ese momento estén en el Parlamento de esta nueva Cataluña administrativa que es la que estamos."* Palabras del consejero de Justicia de la Generalidad de Cataluña, Germà Gordó/24h Noticias TV. 22.08.2015.

4. El pensamiento separatista presente en las Comunidades Autónomas: Origen y Evolución

A) Origen del Separatismo

El mundo moderno surge cuando termina el Antiguo Régimen. Y es en el mundo moderno cuando surge el nacionalismo. Nos encontramos en el siglo XVIII, es el siglo de la Ilustración, de la Revolución Francesa, de la Revolución Industrial; de los intelectuales idealistas y románticos, de la revolución de los liberales, absolutistas, radicales, de burgueses y aristocráticos; de las libertades del ser humano hacia lo individual y colectivo; de las nuevas fronteras políticas europeas que se originan a través del congreso de Viena de 1815.

Es el siglo de las rebeliones de los indígenas en América Latina hacia la independencia, soberanía, libertad y emancipación de la dominación de la Corona española (dependencia política y económica) y del colonialismo español (dependencia económica) y de las Reformas Borbónicas del siglo XVIII. Es la rebelión del descendiente de los incas, Túpac Amaru II (1780) y de los ilustrados como el chileno Fray Camilo Henríquez Ureña (1769-1825).

Un nacionalismo periférico que se forma ya desde el Renacimiento, con aquél enfrentamiento disgregador entre los autonomistas de la costa y el centralismo unionista de la meseta. Mientras que también se dice que esto ya proviene de la época de la Reconquista (722-1492), tiempo de la conquista y ocupación árabe, y que determinó la actual división territorial de España.

Un nacionalismo que se acentúa como una fuerza política determinante y predominante en los siglos XIX y XX, debido al ascenso de la democracia; se promulga la primera Constitución española en 1812 y una de las primeras del mundo, en las denominadas Cortes de Cádiz –el poder reside en la nación, pensamiento liberal opuesto a lo monárquico-; del desarrollo de un nuevo status territorial a través de las creación de las Comunidades Autónomas, según Constitución de 1978, y del nacionalismo como un fenómeno. Un hecho histórico que impulsa tanto el nacionalismo como el separatismo fue el desmembramiento de la Unión Soviética y Yugoslavia, potencias comunistas del siglo XX.

De ahí que gracias a los acontecimientos nacionales y mundiales en el siglo XIX y XX, mencionados en el párrafo anterior, fueron propicios y efectivos para el desarrollo de los proyectos nacionalistas y separatistas en España.

- "Tras una lenta incubación a lo largo de los siglos XVI y XVII, la idea de nación española hace su eclosión con el reformismo borbónico y las primeras manifestaciones de la revolución liberal en España. Durante la primera mitad del Siglo XIX y, posteriormente, durante la Restauración, se produce el surgimiento del catalanismo y vasquismo políticos. Ya en el siglo XX, el fracaso de la experiencia republicana y la dictadura franquista contribuyen a articular una nueva demanda de los nacionalismos a favor de un nuevo modelo de reparto territorial del poder. El actual Estado autonómico, aunque no es fruto exclusivo de esta demanda, configura un intento de solventar el contencioso nacional-regional español en el marco de un orden político democrático abierto a la construcción europea. (*"Los orígenes del Estado Autonómico"*. Andrés de Blas Guerrero, Departamento de Ciencia Política y de la Administración (UNED). CPA Estudios / Working Papers 1/2003 – Resumen).

- *"A finales del siglo XIX surgen en algunas regiones españolas unos conceptos diferentes a la historia y la realidad de España, conceptos gobernados por la aspiración de separarse de este territorio y ser independientes. Una de estas regiones es el País Vasco".* (Moa, Pío. Una historia chocantes. *Los nacionalismos vasco y catalán en la historia contemporánea de España.* Ediciones Encuentro. Madrid 2004. Pág. 34-67. Capítulo II. El País Vasco y ETA).

B) Evolución del separatismo

Los movimientos separatistas se presentan en las Comunidades Autónomas del País Vasco, Cataluña, Galicia, Andalucía, Aragón, Asturias, Islas Canarias, Comunidad Valenciana y en la región de León. Y los movimientos separatistas más importantes se destacan en el País Vasco, Cataluña y Galicia.

1. Organizaciones nacionalistas y separatistas en España

Para crear la conciencia nacionalista y separatista en el territorio español, se generan varios frentes ideológicos de enfrentamiento y, asimismo, varios medios para desarrollar dichos frentes. Los frentes se concentran y se manifiestan, por ejemplo, en referéndums sobre la soberanía y la inmersión lingüística antes que un programa bilingüe.

Y los medios que se utilizan para expresar y desarrollar dichos frentes los tenemos en el propio gobierno autonómico, en el parlamento autonómico, en las instituciones públicas y privadas, sean éstas universidades y escuelas; en organismos privados (clubes deportivos…), fundaciones, medios de comunicación y organizaciones políticas y sindicales autonómicas. Alrededor de los años de 1970 surgieron una serie de organizaciones armadas a favor de lograr el separatismo por la vía armada.

En el siguiente Capítulo II presentaremos con mayor amplitud el origen y la evolución del pensamiento separatista en cada Comunidad Autónoma, ya mencionadas, en el territorio español, que no es sino un reto y desafío permanente –coacciones y amenazas-, que afectan a la unidad de España.

Del mismo modo, vamos a enumerar una lista de movimientos políticos nacionalistas y separatistas, en cada Comunidad Autónoma que desafían al Reino de España, como el separatismo catalán, vasco, gallego, etc. De los cuales algunos están presentes, otros disueltos, ilegalizados, en coalición o subordinadas por ejemplo con ETA, o véase el caso en Galicia cuando "la UPG [La Unión do Povo Galego (Unión del Pueblo Gallego)], se escinde, dando lugar al BNG [Bloque Nacionalista Galego] y a la UPG línea proletaria, de ideología independentista, que crea el PGP [El Partido Galego do Proletariado (Partido Gallego del Proletariado)] y participa con HB [Herri Batasuna (Unidad Popular)] y la formación Kas, Koordinadora Abertzale Sozialista (Coordinadora Patriota Socialista), -en donde ambas, organizaciones políticas vazcas, no reconocen la legitimidad de la Carta Magna y partidarios del separatismo-, en la campaña contra la Constitución española". (Véase, Independentistas radicales gallegos preparan el retorno a la violencia - Hispanismo.org). Y aunque algunos partidos se hayan disuelto, sus miembros permanecen en continuidad, vinculándose a otros partidos presentes o que surjan. Véase el caso del Partit per la Independència y Estat Català. Unitat Nacional Catalana (UNC, Unidad Nacional Catalana) que se funda de antiguos militantes del Partit per la Independència (PI), de Estat Català y de otras organizaciones del independentismo catalán.

CAPÍTULO II - ORIGEN Y EVOLUCIÓN DEL NACIONALISMO Y SEPARATISMO EN LAS COMUNIDADES AUTÓNOMAS

En este capítulo vamos a presentar una amplia información necesaria, como antecedentes, que nos permiten establecer la existencia del nacionalismo y el separatismo y su presencia de estos en las comunidades autónomas periféricas, como son: Cataluña, País Vasco, Galicia, Valencia, Andalucía, Canarias, Aragón, Principado de Asturias, Islas Baleares, Cantabria y Navarra.

1. Comunidad autónoma de Cataluña

Cataluña es una comunidad autónoma española, formada por las provincias históricas de Barcelona, Gerona, Lérida y Tarragona. Su capital es la ciudad de Barcelona. Está agrupada por 946 municipios. Con una población al cierre de 2014 de 7.518.903 personas, lo que supone un descenso de 34.747 personas, 11.169 mujeres y 23.578 hombres, respecto a 2013, en el que la población fue de 7.553.650 personas.[26] De una superficie de 32 106,5 km². Considerada como una nacionalidad histórica, según su Estatuto de Autonomía en vigor 2006.

Tras la victoria reiterada de Convergència i Unió, en las elecciones autonómicas del 28 de noviembre de 2010, fue investido presidente de la Generalidad el 23 de diciembre, Artur Mas, de CDC, gracias al acuerdo entre CiU y de las abstenciones del Partit dels Socialistes de Catalunya (PSC). El 25 de noviembre de 2012 se celebraron nuevas elecciones autonómicas, siendo nuevamente elegido el líder de CiU, Artur Mas, quien gobernará hasta el 27 de Septiembre de 2015.

El 23 de abril es el día de San Jorge, Sant Jordi, patrón de Cataluña y el 11 de septiembre es la fiesta oficial de Cataluña, así establecido en su Estatuto de Autonomía, llamada Día de Cataluña o Día Nacional de Cataluña o Diada, en conmemoración a la caída de Barcelona en 1714.

1.1. Origen y evolución del pensamiento separatista catalán

El pensamiento separatista catalán parte del pensamiento nacionalista catalán, del llamado catalanismo. Catalanismo que se construye sobre las tradiciones, la cultura, la lengua y los derechos históricos de Cataluña. El catalanismo actúa como promotor de la memoria histórica de Cataluña. El catalanismo crea sensibilidad y forma conciencia colectiva potenciándose en movimientos y corrientes como es el caso de la "Renaixença" (Renacimiento), corriente intelectual y literaria, surgido en la década de los años 1830.

Y de esa concienciación cultural surge una realidad a mediados del siglo XIX, la concienciación política catalana, manifiesta con una ideología política que reclama la autonomía de Cataluña. Una autonomía vía regionalismo, el autonomismo o el federalismo catalán.

Lo cierto es que las bases del separatismo se sentaron a través del Proyecto de Estatuto de Autonomía de Cataluña de 1919, como también en el Estatuto de autonomía de Cataluña de 1932 del Proyecto promovido por la Mancomunidad y la Lliga Regionalista.

Las pretensiones del siglo XIX alcanzan su máxima expresión con el gran proyecto separatista desde la primera década del siglo XX, que sin debilitarse se sostiene hasta nuestros días. Se mantiene como un espejo común: un siglo XX de las ideas de "Som una nació", del Estat català sostenida como pensamiento y como nombre de partido político de su fundador Macià I Llusà, Francesc (1859-1933), quien vigoriza el separatismo agrupándose en Esquerra Republicana de Cataluña (ERC), distinguida hoy en día como el protagonista del separatismo en

Cataluña. El mismo quien proclamara el 14 de abril de 1931 la República Catalana y Estado integrado en la federación ibérica. Proclamación siguiente:

PROCLAMACIÓN DE LA REPÚBLICA CATALANA

Declaración de Francesc Macià

CATALANES:

Interpretando el sentimiento y los anhelos del pueblo que nos acaba de dar su sufragio, proclamo la República Catalana como Estado integrante de la Federación Ibérica.

De acuerdo con el Presidente de la República Federal Niceto Alcalá Zamora, con el que hemos ratificado los acuerdos tomados en el Pacto de San Sebastián, me hago cargo provisionalmente de las funciones de Presidente del Gobierno de Cataluña, esperando que el pueblo español, y el catalán expresaran cuál es en estos momentos su voluntad.

Al hacer esta proclamación, con el corazón abierto a todas las esperanzas, nos conjuramos y pedimos a todos los ciudadanos de Cataluña que se conjuren con nosotros para hacerla prevalecer por los medios que sean, incluso si fuera necesario el sacrificio de la propia vida.

Rogamos que cada catalán, así como todo otro ciudadano residente en Cataluña, se haga cargo de la enorme responsabilidad que en estos momentos pesa sobre todos nosotros.

Todo aquel, pues, que perturbe el orden de la naciente República Catalana será considerado como un agente provocador y un traidor a la Patria.

Esperamos que todos sabréis haceros dignos de la libertad que nos hemos dado y de la justicia que, con la ayuda de todos, vamos a establecer. Nos apoyamos sobre cosas inmortales que son los derechos de los hombres y de los pueblos, y, muriendo y todo si fuera necesario, no podemos perder.

En proclamar nuestra República, hacemos llegar nuestra voz a todos los pueblos de España y del mundo, pidiéndoles que espiritualmente estén a nuestro lado y frente a la monarquía borbónica que hemos abatido, y les ofrecemos llevarlos todo el nuestro esfuerzo y toda la emoción de nuestro pueblo renaciente para asegurar la paz internacional.

Por Cataluña, por los otros pueblos hermanos de España, por la fraternidad de todos los hombres y de todos los pueblos, Catalanes, sabed haceros dignos de Cataluña.

Barcelona, 14 de abril de 1931
El Presidente, Francesc Macià

Por otro lado, si pensamos que el separatismo catalán se forja tras una transición partiendo de su nacionalismo, cabe la posibilidad que dicho proceso sea inesperado hacia el cambio acelerado a través del oportunismo, como lo sucedido en 1640-41, 1873, 1931, 1934.

- La proclamación de forma unilateral del Estado catalán en 1873, siendo presidente de la Primera República Española, Figueras y Moragas, Estanislao (1819-1882).

- "En Madrid, se forma un Gobierno de unidad entre republicanos y radicales, presidido por el catalán Estanislao Figueras. El proceso revolucionario en el Principado conduce a la proclamación del Estado catalán, pero esta posibilidad es abortada por el mismo Figueras. En mayo se celebran nuevas elecciones legislativas y el 1 de junio se constituyen las primeras Cortes republicanas. Aprovechando la creciente debilidad del ejército, el carlismo evolucionará considerablemente durante el periodo republicano. La lucha contra este nuevo brote de carlismo provoca vandalismos anticlericales, como el incendio de algunas iglesias". (*Historia breve de Cataluña,* David AGUSTI, pág. 147, SILEX EDICIONES S.L. 2007).

- La instauración de la República Catalana el 17 de enero de 1641, (Claris i Casademunt, Pau (1586-1641) - Mcnbiografias.com), por el político y eclesiástico catalán Claris i Casademunt, Pau, presidente de la Generalidad de Cataluña (1638), bajo la protección e intereses del reino de Francia.

- "El curso de las operaciones militares en Cataluña es adverso y propicia la venida de tropas reales que molestan y perjudican a los naturales. Estas tensiones, unidas a agravios jurídico-políticos antiguos y a la inquietud social de una masa desarraigada, conducen a que en 1640 estalle en Barcelona una revuelta contra el gobierno que no tarda en evolucionar hacia una sublevación radical contra el rey, la cual adopta la forma de república catalana". (*Nueva Historia de España*, Pedro VOLTES pág.248).

- "Durante la guerra de Separación de Cataluña o dels segadors (1640) pidió ayuda a Francia y ofreció el condado de Barcelona a Luis XIII", Claris (Paul). (El Pequeño Larousse Ilustrado/1996). Luis XIII rey de Francia (1610-1643). ("Alentó la secesión de los catalanes, que lo eligieron conde de Barcelona (1641), contra Felipe IV", Luis XIII. (El Pequeño Larousse Universal/1996).

- En 1931 por Macià I Llusà, Francesc (1859-1933), político y militar español de ideología republicana e independentista catalana, presidente de la Generalidad de Cataluña y uno de los fundadores de los partidos Estat Català y Esquerra Republicana de Catalunya, como República Catalana, Estado integrado en la federación ibérica.

- "En las elecciones del 12 de abril, ERC gana 25 escaños, mientras la Lliga alcanza únicamente 12. Dos días más tarde, el 14 de abril de 1931, Alfonso XIII y la familia real se embarcan en Cartagena hacia el exilio. Ese mismo 14 de abril, Companys proclama la República y unas horas más tarde Macià declara la "República Catalana como Estado integrante de la Federación Ibérica". (*Historia Breve de Cataluña* de David AGUSTI, pág. 172, SILEX EDICIONES S.L. 2007).

- En 1934 por Lluís Companys i Jover (1882-1940), catalanista y republicano, líder de Esquerra Republicana de Catalunya, ministro del Gobierno de España, como Estado Catalán de la República Federal Española:

"Enclavada Cataluña en el área geográfica conocida con el nombre de España, somos españoles de la misma manera que somos europeos, por estar comprendida España dentro del conjunto de Europa. Gobernada España por el Estado español, los catalanes somos españoles en cuanto miembros de ese Estado, como ciudadanos de esa sociedad política…" "Si querer para Cataluña libertad, civilización y bienestar es ir contra España, vamos contra España; si desear instituciones de la tierra, compuestas con gentes de la casa, con plena libertad de acción para regir nuestros intereses, es ir contra España, vamos contra España; si conservar y hacer vivir nuestro derecho y restituir a su lugar de honor nuestra lengua es ir contra España, vamos contra España, y no sólo vamos, sino que hemos ido e iremos siempre. Pero si plantean así el problema de Cataluña, conste que los separatistas son ellos. Los que hacen incompatible el interés de Cataluña con el de España, la lengua española con la catalana, el derecho español con el derecho catalán, sus aspiraciones con las nuestras." Artículo "Nacionalisme català i separatisme español". (En "La Veu", 22 de agosto de 1899).

- "La acusación de separatismo es una acusación completamente falsa, es el truco de siempre… El catalanismo no es separatista. El catalanismo quiere la prosperidad de

Cataluña, quiere la autonomía de Cataluña. Aspira a reformar su actual constitución de España, injusta y depresiva para su dignidad". (Artículo "Política suicida" - En "La Veu", 24 de marzo de 1900).

- "El artículo XIII del tratado de Utrecht determina asimismo la anexión de Cataluña a la Corona de España y la imposición de un decreto de Nueva Planta con la intención de regir Cataluña con las leyes propias de Castilla. Carlos V para demostrar que no abandona a su suerte Cataluña, propone la creación de una república catalana bajo la protección inglesa, pero el primer ministro británico, Bolingbroke, no acepta el proyecto por creer que la creación de una república produciría guerras perpetuas; aunque, por otro lado, no puede dejar de lado a los catalanes debido a lo establecido en el pacto de Génova". (Historia Breve de Cataluña de David AGUSTI, págs. 92, 93. Silex Ediciones S.L. 2007).

1.1.1. ¿Cataluña es un país?

A pesar de que Cataluña no se da por inscrito en su Estatuto con la denominación de país, como así se presenta en el título preliminar del Estatuto de Autonomía para el País Vasco (Ley Organiza 3/1979, de 18 de diciembre. "El Pueblo Vasco o Euskal-Herria, como expresión de su nacionalidad y para acceder a su gobierno, se constituye en Comunidad Autónoma dentro del Estado Español bajo la denominación de Euskadi o País Vasco, de acuerdo con la Constitución y con el presente Estatuto, que es su norma institucional básica"), no significa que no se entienda que sí lo sea, puesto está presente con la denominación de país dentro de su contenido estatutario. Como así lo podemos observar en su último estatuto autonómico de Cataluña del 2006, aprobado por las Cortes Generales y sancionada por el Rey de España Don Juan Carlos I como ley orgánica, y en donde se dice en uno de sus párrafos del Preámbulo: "Cataluña es un país rico en territorios y gentes, una diversidad que la define y la enriquece desde hace siglos y la fortalece para los tiempos venideros".

Tendríamos que decir que dicho término de país en su historia estatutaria de Cataluña no estuvo presente, como así resulta después de investigar el Proyecto de Estatuto de Autonomía de Cataluña de 1919, como también en el Estatuto de autonomía de Cataluña de 1932 y de 1979.

Téngase en cuenta que el simple hecho de aplicarse el nombre de país en el Estatuto puede tener una importancia política, jurídica e interpretativa. El mismo hecho de discusión y polémica se da con el término de nación. Como fue el caso al utilizar el término de nación en la propuesta de reforma del Estatuto de autonomía de Cataluña (2006), que pretendía definir a Cataluña como nación, ("que el Parlamento de Cataluña, recogiendo el sentimiento y la voluntad de la ciudadanía de Cataluña, ha definido de forma ampliamente mayoritaria a Cataluña como nación"), que fue apoyada por todos los grupos catalanes a excepción del Partido Popular de Cataluña, y aprobada por el Parlamento catalán, pero desestimada en el Congreso de los Diputados, aunque se define en él su título preliminar ("Cataluña, como nacionalidad, ejerce su autogobierno constituida en...) y lo mismo en su artículo 8 ("Cataluña, definida como nacionalidad..."). Ley Orgánica 6/2006, de 19 de julio, de reforma del Estatuto de Autonomía de Cataluña.

El sólo hecho de introducir el nombre de país y nacionalidad, aunque tenga un valor declarativo y no jurídico, ya de por sí es un gran paso de referencia y una respuesta indudablemente favorable a todo partidario del catalanismo separatista y nacionalista. Y hasta muchos no partidarios del catalanismo estarían de acuerdo, sólo por el simple hecho que la propia Constitución española se refiere a Cataluña como nación ("... el derecho a la autonomía de las nacionalidades...") y por la propia Ley Orgánica 6/2006, de 19 de julio, sancionada por el propio Rey Don Juan Carlos I, desde luego de manera declarativa pero no jurídica.

1.1.2. El pancatalanismo ideología del pensamiento separatista

También es cierto que el pensamiento separatista catalán no sólo aspira al separatismo de Cataluña (provincias de Barcelona, Gerona, Llérida y Tarragona), sino que va más allá de sus fronteras históricas con la llamada ideología separatista del pancatalanismo, del llamado Países Catalanes, la Gran Cataluña, que estaría conformada por Cataluña, Comunidad Valenciana, las Islas Baleares, por la Franja de Poniente de Aragón y el Rosellón francés que la denominan por Cataluña del norte, y fuera del territorio español alcanzaría Andorra y la ciudad sarda de Alguer en Italia.

1.1.3. Las elecciones como marco político de referencia del nacionalismo y separatismo

Otra forma de conocimiento para comprender el origen y la evolución del nacionalismo y el separatismo en Cataluña lo constituyen la experiencia de los resultados electorales bien sea a través de las Elecciones Generales, Autonómicos y Municipales. En particular para Cataluña vamos a considerar en cuanto a las últimas elecciones: las autonómicas (2006, 2010 y 2012) y las municipales (2003, 2007, 2011 y 2015).

A) Elecciones en Cataluña

1) Las elecciones al Parlamento de Cataluña

El Parlamento de Cataluña o Cortes de Cataluña su asamblea legislativa está formada por 135 ciudadanos electos, llamados parlamentarios.

a) Elecciones Parlamento 2006

Partidos – Votos – Porcentajes – Diputados:

Convergència i Unió (CiU) 935.756 32,18 48; Partit dels Socialistes de Catalunya - Ciutadans pel Canvi (PSC-CPC)

796.173 27,38 37; Esquerra Republicana de Catalunya (ERC) 416.355 14,32 21; Partit Popular (PP) 316.222 10,87 14; Iniciativa per Catalunya Verds-Esquerra Unida i Alternativa (ICV-EUiA) 282.693 9,72 12; Ciutadans-Partido de la Ciudadanía (C'S) 89.840 3,09 3; Els Verds-Ecologistes i Verds de Catalunya (EV-EVC) 17.900 0,62; Partit Antitaurí Contra el Maltractament Animal (PACMA) 13.730 0,47; Escons Insubmisos-Alternativa dels Demòcrates Descontents (EI-ADD) 6.922 0,24; Partit Republicà Català (RC) 6.024 0,21; Partit Obrer Socialista Internacionalista (POSI) 5.632 0,19; Partit Comunista del Poble de Catalunya (PCPC) 4.158 0,14; El Verds-Alternativa Verda (EV-AV) 3.228 0,11; Partit Família i Vida (PFiV) 2.776 0,10; Plataforma Adelante Cataluña AES-DN 2.735 0,09; Partit Humanista de Catalunya (PH) 2.608 0,09; Movimiento Social Republicano (MSR) 1.096 0,04; Carmel/Partido Azul (PAZUL) 1.039 0,04; Por un Mundo más Justo (PUM+J) 945 0,03; Catalunya Decideix (Decideix.Cat) 668 0,02; Partit Comunista del Poble de Catalunya-Nosaltres Som (PCPC-N. SOM) 640 0,02; Ciudadanos en Blanco (CenB) 626 0,02; Izquierda Republicana-Partit Republicà d'Esquerra (IR-PRE) 524 0,02.

Datos generales de la elección: Censo: 5.321.274 - Votantes: 2.982.108 (56,0%) - Abstención: 2.339.166 (44,0%) - Válidos: 2.968.534 - A candidatura: 2.908.290 (98,0%). (Fuente: *Archivo histórico electoral.* http://www.argos.gva.es/ahe/).

b) Elecciones Parlamento 2010

Partidos – Votos – Porcentajes – Diputados:

Convergència i Unió CIU 1.202.830 39,58 62; Partit dels Socialistes de Catalunya PSC-PSOE 575.233 18,93 28; Partit Popular P.P. 387.066 12,74 18; Iniciativa per Catalunya Verds-Esquerra Unida i Alternativa ICV-EUIA 230.824 7,60 10; Esquerra Republicana de Catalunya ESQUERRA 219.173 7,21 10; Ciutadans-Partido de la Ciudadanía C'S 106.154 3,49 3; Solidaritat Catalana per la Independència SI 102.921 3,39

4; Plataforma per Catalunya PXC 75.134 2,47; Reagrupament Independentista RI.CAT 39.834 1,31; Escons en Blanc-Ciudadanos en Blanco EB-CENB 18.679 0,61; Els Verds-Grup Verd Europeu EV-GVE 15.784 0,52; PACMA (Partit Antitaurí contra el Maltractament Animal)-Animalista PACMA-ANIMALISTA 14.238 0,47; Des de Baix DES DE BAIX 7.189 0,24; Coordinadora Reusenca Independent CORI 6.990 0,23; Pirates de Catalunya PIRATA.CAT 6.451 0,21; Unión, Progreso y Democracia UPYD 5.418 0,18; Partido de los Pensionistas en Acción PDLPEA 3.330 0,11; Partit Comunista del Poble de Catalunya PCPC 3.028 0,10; Alternativa de Govern ALTERNATIVA DE GOVER 2.208 0,07; Partit Família i Vida PFIV 2.201 0,07; Por un Mundo más Justo PUM+J 2.100 0,07; Partido Obrero Socialista Internacionalista P.O.S.I. 1.920 0,06; Falange Española de las J.O.N.S. FE DE LAS JONS 1.760 0,06; Partit Republicà d'Esquerra - Izquierda Republicana PRE-IR 1.547 0,05; Partido Castellano PCAS 1.066 0,04; Partit Humanista PH 908 0,03; Unificación Comunista de España U.C.E. 904 0,03; Pagesos per la Dignitat Rural Catalana PDR.CAT 824 0,03; Movimiento Social Republicano M.S.R. 788 0,03; Gent Nostra GN 597 0,02; Partido Gay, Lesbico, Bisexual, Transexual y Heterosexual / Todos Somos Iguales TSI 498 0,02; Partit per Catalunya PXCAT 314 0,01; Centro Democrático y Social CDS 218 0,01; Bloc Sobiranista Català BLOC.S.C. 187 0,01; Partido Aragonés PAR 98 0,00; Solidaridad y Autogestión Internacionalista SAIN 82 0,00; Alternativa Liberal Social ALS 54 0,00; Partit de Justícia i Progrés P.J.P. 49 0,00; Democraticaweb DW 46 0,00.

Datos generales de la elección: Censo: 5.363.688 - Votantes: 3.152.630 (58,8%) – Abstención: 2.211.058 (41,2%) – Válidos: 3.130.276 - A candidatura: 3.038.645 (97,1%) – Blancos: 91.631 (2,9%).
(Fuente: *Archivo   histórico electoral.* http://www.argos.gva.es/ahe/).

c) Elecciones Parlamento 2012

Partidos – Votos – Porcentajes – Diputados:

Convergència i Unió CIU 1.116.259 31,16 50; Partit dels Socialistes de Catalunya PSC-PSOE (PSC) 524.707 14,65 20; Esquerra Republicana de Catalunya-Catalunya (SÍ ERC-CAT SÍ) 498.124 13,91 21; Partit Popular (PP) 471.681 13,17 19; Iniciativa per Catalunya Verds-Esquerra Unida i Alternativa (ICV-EUIA) 359.705 10,04 13; Ciutadans-Partido de la Ciudadanía (C'S) 275.007 7,68 9; Candidatura d'Unitat Popular - Alternativa d'Esquerres CUP-ALTERNATIVA D'ESQUERRES 126.435 3,53 3; Plataforma per Catalunya (PXC) 60.107 1,68; Solidaritat Catalana per la Independència SI 46.838 1,31; Escons en Blanc (EB) 28.288 0,79; Partit Animalista contra el Maltractament Animal (PACMA) 20.861 0,58; Pirates de Catalunya (PIRATA.CAT) 18.219 0,51; Unión Progreso y Democracia (UPYD) 14.614 0,41; Hartos.Org Ciutadans en Blanc (FARTS.CAT) 11.702 0,33; Via Democrática (VD) 5.984 0,17; Unificación Comunista de España (UCE) 2.582 0,07; Partit Republicà d¿Esquerra - Izquierda Republicana (PRE-IR) 826 0,02 ; Socialistes i Republicans (Pel dret a decidir) SIR 333 0,01.

Datos generales de la elección: Censo: 5.257.960 – Votantes: 3.668.310 (69,8%) – Abstención: 1.745.540 (30,2%) – Válidos: 3.635.170 - A candidatura: 3.582.272 (98,5%) – Blancos: 52.898 (1,5%).
(Fuente: *Archivo histórico electoral.* http://www.argos.gva.es/ahe/).

d) Elecciones Parlamento 2015

Partidos - Votos - Porcentaje - Resultado:

Junts pel Sí (JxSí) 1.616.962 - 39,78% - 62. Ciudadanos (C´s) 732.147 - 18,01% - 25. Partit dels Socialistes de Catalunya (PSC-PSOE) 520.022 - 12.79% - 16. Catalunya Sí que es Pot (CatSiqueesPot) 520.022 - 12.79% - 16. Partit Popular (PP) 347.358 - 8,55% - 11. Candidatura d´Unitat Popular (CUP) 335.520 - 8,25% - 10. Unió Democrática de Catalunya

(Unio.cat) 102.594 - 2.52% - 0. Partit animalista contra el maltrato animal (PACMA) 29.685 - 0,73% - 0. RECORTS CERO-ELS VERDS 14.324 - 0,35% - 0. Guanyem Catalunya (GANEMOS) 1.158 - 0.03% - 0. Pitayes de Catalunya-Per decidir-ho tot (PIRATA.CAT/XDT) 326 - 0.01% - 0. Etc.

Datos generales de la elección: Censo: 5,297.832 - Votantes: 4.102.664 - Porcentaje: 77,4% - Abstención: 1.195.168 - Porcentaje: 22,6% - Válidos: 4.086.799 - A candidatura: 4.064.919 - 99,5% - Blancos: 21.880 - Porcentaje: 0,5%.
(Fuente: Archivo histórico
electoral. http://www.argos.gva.es/ahe/).

2) Las elecciones Locales (Municipales) de Cataluña

Cataluña está formada por 947 municipios (311 pertenecientes a la provincia de Barcelona, 221 - Gerona, 184 - Tarragona y 231 - Lérida).

a) Elecciones Municipales 2003

Partidos - Votos - Porcentajes – Concejales:

Partit Socialistes de Catalunya-Progrés Municipal (PSC-PM) 1.103.684 34,61 2278; Convergència i Unió (CIU) 789.871 24,77 3687; Esquerra Republicana de Catalunya-Acord Municipal (ERC-AM) 414.549 13,00 1279; Partido Popular (PP) 360.553 11,31 350; ICV-Esquerra Alternativa-EPM (ICV-EPM) 335.861 10,53 397; Federació de Independents de Catalunya (FIC) 23.278 0,73 112; Els Verds - Ecopacifistes de Catalunya (EV-EC) 7.841 0,25; Els Verds i Més (VIM) 6.997 0,22 3; Candidatura d'Unitat Popular (CUP) 5.313 0,17 6; Esquerra Unida-Izquierda Unida (EU.-IU) 3.496 0,11 6; Plataforma per Catalunya (PLPC) 3.309 0,10 4; Els Verds - Alternativa Verda (EV-AV) 3.209 0,10; Una Altra Democracia es Possible (UADEP) 3.069 0,10; Esquerra Unitaria (EUNITARIA) 2.588 0,08 2; Convergència Democràtica Aranesa (CDA) 2.061 0,06 25; Centro Demócrata Europeo (CDE) 1.337 0,04; Federació

145

d'Independents Municipalistas Catalunya (FIMC) 1.335 0,04 4; Partit Humanista (PHC) 1.230 0,04; Estat Català (EC) 865 0,03; Centro Democrático Social (CDS) 808 0,03; Falange Española/La Falange (FE-LF) 604 0,02; Izquierda Republicana-Partit Republicà d'Esquerra (IR-PRE) 441 0,01; Lluita Internacionalista (LIT-CI) 377 0,01; Unión Democrática Aranesa (UDA) 247 0,01 1; Movimiento Social Republicano (MSR) 192 0,01; Partido Demócrata Español (PADE) 155 0,00; Otros OTROS 116.058 3,6 536.

Datos generales de la elección:

Censo: 5.306.719, Votantes: 3.261.921 (61,5%), Abstención: 2.044.798 (38,5%), Válidos: 3.244.467, A candidatura 3.188.725 (98.3%), Blancos: 55.742 (1,7%). (Fuente: *Archivo histórico electoral.* http://www.argos.gva.es/ahe/).

b) Elecciones Municipales 2007

Partidos - Votos - Porcentajes – Concejales:

Partit dels Socialistes de Catalunya-Progrés Municipal (PSC-PM) 924.773 33,28 2570; Convergencia i Unió (CIU) 723.325 26,03 3387; Esquerra Republicana-Acord Municipal (ESQUERRA-AM) 334.928 12,05 1581; Partido Popular (PP) 283.195 10,19 284; Iniciativa per Catalunya Verds-Esquerra Unida i Alternativa-Entesa pel Progrés Municipal (ICV-EUIA-EP) 257.947 9,28 451; Ciutadans-Partido de la Ciudadania (C'S) 67.298 2,42 13; Candidatura d'Unitat Popular (CUP) 18.536 0,67 20; Federació d'Independents de Catalunya (FIC) 17.478 0,63 86; Candidatures Alternatives del Vallés (CAV) 13.461 0,48 12; Plataforma per Catalunya (PXC) 12.447 0,45 17; Ass. d'Agr. d'Electors 1 Osona (AAE1OSONA) 3.606 0,13 40; Esquerra Unida-Izquierda Unida (EU-IU) 3.137 0,11 6; Partido Antitaurino contra el Maltrato Animal (PACMA) 3.122 0,11; Agrupació Democràtica Municipal (ADMC) 3.107 0,11 8 Ass. d'Agr. d'Electors 1 Selva (AAE1SELVA) 2.894 0,10 21; Convergència Democràtica Aranesa (CDA) 2.009 0,07 27;

Ferran Units per Salou (FUPS) 1.861 0,07 7; Tots per Sant Feliu (TSF) 1.700 0,06 5; Ass. d'Agr. d'Electors 1 Gironés (AAE1GIRONES) 1.623 0,06 17; Tots per Argentona (TOTS PER AR) 1.433 0,05 6; Alternativa per Castellbisbal (ALTPCB) 1.222 0,04 5; Progrés Entesa pel Progrés Municipal (PEP-P-M) 1.152 0,04 5; Independents Units per Sant Fost (IUSF) 1.149 0,04 5; Plataforma Independent per Caldes (PICALDES) 935 0,03 6; Unitat per Vilanova (UXV) 873 0,03 6; Independents de La Segarra (INSE) 790 0,03 12; Coordinadora Municipalista del Solsones (COMU) 750 0,03 6; Por un Mundo más Justo (PUM+J) 717 0,03; Democracia Nacional (DN) 395 0,01; Partido Familia y Vida PFYV 338 0,01; Agrupación Progresistas d'Almatret APA 229 0,01 6; Ass. d'Agr. d'Electors 1 Pallars Sobira (AAE1PSOBIRA) 142 0,01 8; Independents de Castellfollit del Boix (ICB) 119 0,00 7; Partido Demócrata Español (PADE) 99 0,00; Los Verdes-Grupo Verde (LV-GV) 97 0,00; Resto RESTO 93.555 3,37 308.

Datos generales de la elección:
Censo: 5.361.785, Votantes: 2.887.616 (53,9%), Abstención: 2.474.169 (46,1%), Válidos: 2.868.931 A candidatura: 2.778.991 (96,9%), Blancos: 89.940 (3,1%). (Fuente: *Archivo histórico electoral.* http://www.argos.gva.es/ahe/).

c) Elecciones Municipales 2011

Partidos - Votos - Porcentajes – Concejales:
Convergència i Unió (CiU) 778.551 28,31 3865; Partit dels Socialistes de Catalunya - Progrés Municipal (PSC-PM) 721.476 26,23 2115; Partido Popular (PP) 363.948 13,23 473; Esquerra Republicana de Catalunya - Acord Municipal (ESQUERRA-AM) 257.705 9,37 1377; Iniciativa per Catalunya Verds-Esquerra Unida i Alternativa-Entesa (ICV-EUiA-E) 242.021 8,80 400; Plataforma per Catalunya (PxC) 66.007 2,40 67; Candidatura d'Unitat Popular (CUP) 62.206 2,26 101; Ciudadanos-Partido de la Ciudadanía (C's) 35.060 1,27 7; Solidaritat Catalana per la Independencia (SI) 31.793 1,16 47; Escons en Blanc-Ciudadanos en Blanco (Eb-CenB)

15.840 0,58 4; Candidatures Alternatives del Vallès (CAV) 13.781 0,50 16; Federació d'Independents de Catalunya (FIC) 12.607 0,46 86; Associació d'Agrupacions d'Electors d'Osona (AAE1OSONA) 4.248 0,15 52; Unió Municipal de Catalunya (UMdC) 2.901 0,11 19; Moviment Independent de Lloret de Mar- Millor MILLOR 2.347 0,09 6; Convergència Democràtica Aranesa Partit Nacionalista Aranès (CDA-PNA) 2.325 0,08 32; Tots per Sant Feliu (TSF) 1.919 0,07 6; Endavant Cerdanya En-Cerd 1.733 0,06 23; Independents Units per Sant Fost IUSF 1.346 0,05 6; Tots per Argentona (TOTS PER ARGENTONA) 1.336 0,05 5; Alternativa per Castellbisbal (ALTpCB) 1.261 0,05 5; Unió Independent per Vacarisses (UIPV) 1.128 0,04 6; Entesa per Moià (EpMOIÀ) 880 0,03 5; Gent de Teià (GT) 877 0,03 5; Unitat per Vilanova (UpVV) 851 0,03 6; Junts pel Papiol (J) 735 0,03 5; Gent pel Canvi (Gpc) GPC 667 0,02 5; Gent per la Vall del Terri (Agrupació Electors) GENT 498 0,02 5; Independents Fogars (IF) 477 0,02 6; Associació d'Agrupacions d'Electors del Ripollès (AAE1RIPOLLES) 418 0,02 11; Agrupació d' Electors " + Bellvei" (+bv) 393 0,01 5; Candidatura Activa del Figaró (CAF) 280 0,01 6; Independents per Belianes (IPB) 217 0,01 7; Junts per Bellcaire d'Empordà (JBE) 205 0,01 7; Grup d'Independents per la Pera (GIP) 194 0,01 7; Agrupació d'Electors Futur per Jafre (FpJ) 172 0,01 5; Independents de Castellfollit del Boix (ICB) 166 0,01 6; Les Piles pel Futur (LES PILES PEL FUTUR) 76 0,00 5; Agrupació d'Electors Independents de Sagàs (AEIS) 56 0,00 5; Resto RESTO 122.634 4,46 313.

Datos generales de la elección:

Censo: 5.307.677, Votantes: 2.919.842 (55,0%), Abstención: 2.387.835 (45,0%), Válidos: 2.870.835, A candidatura: 2.750.468 (95,8%), Blancos: 120.367 (4,2%). (Fuente: *Archivo histórico electoral.* http://www.argos.gva.es/ahe/).

d) Elecciones Municipales 2015

Partidos - Votos - Porcentajes – Concejales:

Convergència i Unió (CiU) 667.683 21 3324; Partido Socialista Obrero Español (PSOE) 529.350 17,35 1278; Esquerra Republicana de Catalunya-Acord Municipal (ERC-AM) 508.839 16,68 2381; ENTESA (ENTESA) 366.008 12,0 358; Partido Popular (PP) 232.187 7,61 214; Ciudadanos-Partido de la Ciudadanía (C´s) 230.613 7,56 176; Candidatura d'Unitat Popular-Poble Actiu (CUP-PA) 221.577 7,26 372; Plataforma per Catalunya (PxC) 27.348 0,90 0; Guanyem BADALONA- BADALONA en COMÚ-PA (BADALONA EN COMÚ-PA) 14.372 0,47 0; Federació D'Independents de Catalunya (FIC) 7.305 0,24 66; Mes, Moviment d'Esquerres (Moviment d'Esquerres) 6.576 0,22 29; Independents de la Selva (IdSELVA) 6.565 0,22 43; CORNELLÀ en COMÚ-CRIDA per CORNELLÀ (CEC-CPC) 6.075 0,20 0; Solidaritat per la Independencia (SI-SOLIDARITAT) 3.273 0,11 0; Plataforma Ciutadana per BARBERA (PCPB) 2.545 0,08 0; Convergencia Democrática Aranesa-Partit Nacionalista Aranés (CDA-PNA) 1.985 0,07 25; Tots per Sant FELIU (TSF) 1.920 0,06 6; Junts per ARENYS (JxA) 1.914 0,06 6; Veïns Amb VEU (VV) 1.711 0,06 6; Tots per ARGENTONA (TxA) 1.517 0,05 6; Junts per Sant FELIU de CODINES (JUNTS per SFC) 1.432 0,05 8; Bloc Municipal de Catalunya (Bloc Municipal) 1.405 0,05 7; Independents Units per Sant FOST (IUSF) 1.395 0,05 6; V VILANOVA365 (V Vilanova365) 1.289 0,04 5; Gent Fent Poble (GfP) 1.270 0,04 5; Progrés-ENTESA (P-E) 1.204 0,04 5; Endavant CERDANYA (En-Cerd) 1.147 0,04 0; etc.

Datos generales de la elección:
Censo: 5.355.723, Votantes: 3.133.689 (58,5%), Abstención: 2.222.034 (41,5%), Válidos: 3.103.015, A candidatura: 3.050.407 (98,3%), Blancos: 52.608 (1,7%). (Fuente: *Archivo histórico electoral.* http://www.argos.gva.es/ahe/).

1.1.4. Cronología del nacionalismo y separatismo en Cataluña

Vamos a presentar a continuación un largo periodo histórico desde 1462 (siglo XV) hasta la actualidad 2015, que nos intente describir de cómo se vá desarrollando el nacionalismo y el separatismo en Cataluña.

- "En mayo de 1462, Cataluña comenzó el largo camino que conduce a que el adversario se transforme en el enemigo." (Del libro España, una nueva historia de José Enrique Ruiz-Doménec, pág. 434, editorial Gredos, S.A. – Madrid 2009). Una verdad que hoy en día aún no carece de sentido, y más aún ya es un peligro de convertirse en una realidad.

- 16/01/1641, siglo XVII - El Presidente de la Generalidad Pau Clarís i Casademunt proclamó la Primera República Catalana. (Pau Claris i Casademunt. Gran Enciclopèdia Catalana. Enciclopedia.cat).

- 05/03/1873, siglo XIX - Con la Primera República (1873). De forma unilateral se proclama el Estado Catalán en 1873. (Cataluña y el Gobierno central: hitos de una relación históricamente complicada. 09/04/2014. Abc.es).

- 27/03/1892 -Las Bases de Manresa (las Bases para la Constitución Regional Catalana):

PODER CENTRAL
(...)
PODER REGIONAL
(...)
BASE 6 ª.

Catalunya será la única soberana de son govern interior: per lo tant, dictará lliurement sas lleys orgánicas; cuydará de sa llegislació civil, penal, mercantil, administrativa y processal; del establiment y percepció d'impostos; de la encunyació de la moneda; y tendrá totas las demés atribucions inherents á la soberanía que corresponguin al Poder central segons la Base 1.a Manress 27 de Mars de 1892. (Original en catalán. Transcrito de la publicación Bases de Manresa - http://webs.racocatala.cat/cat1714/d/bases1892.pdf).

(Traducido al castellano)

Base 6 ª. Cataluña será la única soberana de su gobierno interior. Por lo tanto dictará libremente sus leyes orgánicas; cuidará sa llegislació civil, penal, mercantil, administrativa i processal; de l'establiment i percepció d'impostos; de l'encunyació de su legislación civil, penal, mercantil, administrativa y procesal; del establecimiento y percepción de impuestos; de la acuñación de la moneda, i tindrà totes les demés atribucions inherents a la soberania que no corresponguin al Poder central, segons la Base moneda, y tendrá todas las demás atribuciones inherentes a la soberanía que no correspondan al Poder central, según la Base 1 ª

Manresa, 27 de marzo de 1892. Por acuerdo de la Asamblea de Delegados de la Unió Catalanista. El Presidente: Lluis Domenech y Montaner. Los Secretarios: Joseph Soler y Palet; Enrich Prat de la Riba. FUENTE: Ilustració Catalana, 12 de agosto de 1907. (Publicado en Las Bases de Manresa, 1892. Historiacontemporanea.com).

- 06/04/1914: *Se constituye la Mancomunidad bajo la presidencia de Prat de la Riba. Hacia la autonomía: La Mancomunidad de Cataluña, 1914-1925.* Gencat.cat.

- 25.11.1918: *La Mancomunidad aprueba las Bases para la autonomía de Cataluña. Génesis del régimen autónomo, 1918-1932.* Gencat.cat.

- 25.01.1919: Fue aprobado el Proyecto de Estatuto catán. En él se afirmaba que «Cataluña era un Estado autónomo dentro de la República española». Y definía la oficialidad única del catalán. Siendo rechazado por el ejecutivo (presidente Miguel Primo de Rivera) y el parlamento español. Génesis del régimen autónomo, 1918-1932. Gencat.cat.

- 14.04.1931: Francesc Macià del partido Estat Català, proclama la República Catalana dentro de la Federación Ibérica. "En nombre del pueblo de Cataluña, proclamo el Estado catalán bajo el régimen de la República catalana, que libremente y con toda cordialidad anuncia y pide a los otros pueblos hermanos de España su colaboración en la creación de una Confederación de pueblos ibéricos". (Los intentos fallidos de proclamar el Estado catalán. Abc.es. Véase discurso de Francesc Macià proclama la República Catalana. SOLDEVILA, F.:*Història de la Proclamació de la República a Catalunya.* Barcelona, 1977, pàgs. 46-48. Xtec.cat).

- 09.09.1932: Las Cortes aprueba el Estatuto de Autonomía de Cataluña. (314 votos a favor, contra 24). En él se afirmaba que "Cataluña se constituye en región autónoma dentro del Estado español". Aquí se afirma la cooficialidad del catalán y el castellano. Estatuto de autonomía de Cataluña de 1932. Wikipedia.org. *El Discurso de Maura sobre el Estatuto de Cataluña de 1932.* Generalisimofranco.com.

- 06/10/1934: El Presidente de la Generalidad Lluís Companys (del Partit Republicà Català), proclama unilateralmente el Estado Catalán dentro de la "República Federal Española". Dijo: "Cataluña enarbola su bandera, llama a todos al cumplimiento del deber y a la obediencia absoluta al Gobierno de la Generalitat, que desde este momento rompe toda relación con las instituciones falseadas" *Los intentos fallidos de proclamar el Estado catalán.* Abc.es.

- 28.11.2010: Artur Mas será el próximo presidente de la Generalitat. Convergència i Unió, la federación nacionalista que él encabeza, ha ganado las elecciones al Parlament de Catalunya con el 38% de los votos que le permitirá contar con 62 diputados y un margen suficiente para gobernar sin grandes hipotecas. Los tres socios del tripartito sufren un duro revés, especialmente PSC y ERC, que se desploma.

La victoria nacionalista es apabullante y muy significativa en los feudos tradicionales del voto socialista, como el área metropolitana de Barcelona. En la capital catalana, CiU obtiene el 36% de los votos (29% en el 2006), mientras que el PSC se queda en el 17%, siete puntos menos que hace cuatro años. *Artur Mas gana con holgura las elecciones y será el próximo presidente de la Generalitat.* Elperiodico.com.

- 12.09.2012: "Ha llegado el momento de dotar a Cataluña de "estructuras de Estado". *Artur Mas, Presidente de la Generalitat. Mas lanza el órdago del Estado catalán.* Ccaa.elpais.com.

- 28.09.2012: El Parlamento catalán aprobó ayer convocar una consulta sobre la independencia, "prioritariamente" en el curso de la próxima legislatura, con el apoyo de CiU, ERC, ICV-EUiA, SI, el diputado no adscrito Joan Laporta (DC) y el del PSC Ernest Maragall, que volvió a romper la disciplina de voto de su grupo.*El Parlament aprueba hacer un referéndum de independencia en la próxima legislatura.* lne.es.

- 25.11.2012: Elecciones al Parlamento de Cataluña de 2012. Barcelona. El presidente catalán y candidato de CiU, Artur Mas, ganó este domingo las elecciones autonómicas con 50 escaños, pero con un evidente descalabro tras perder 12 parlamentarios, a pesar de que su apuesta con este adelanto electoral era lograr la mayoría absoluta para emprender el camino de la independencia. ERC desplaza al PSC como segunda fuerza política, duplica sus escaños y entra la CUP en el Parlamento catalán.

Con el 97 por ciento de los votos escrutados, los dos grandes ganadores del día han sido ERC y Ciutadans. El primero de estos ha absorbido la pérdida de CiU y ha más que duplicado sus resultados pasando de 10 a 21 escaños, convirtiéndose así en la segunda fuerza política del Parlament en número de diputados. Mientras que la formación de Albert Rivera ha ganado 6 parlamentarios y suma 9. *Fuerte revés electoral de Artur Mas, que pierde 12 escaños, pero los soberanistas suman mayoría en el Parlament catalán.* Deia.com.

- 25.12.2012: *La Abogacía del Estado actuará contra municipios que se declararon "territorio catalán libre".*Libertaddigital.com.

- 22.01.2013: Los partidos políticos catalanes de CiU, ERC e ICV-EUiA han presentado una propuesta conjunta (Propuestas de declaraciones y enmiendas de resolución de la soberanía de Cataluña - DECLARACIÓN DE SOBERANÍA Y EL DERECHO A DECIDIR DEL PUEBLO DE CATALUNYA), en el Registro del Parlamento catalán para la declaración soberanista de Cataluña, que el pleno de la cámara deberá votar este miércoles.

- 09.01.2013: La Generalitat crea la Secretaría de Hacienda para impulsar la Agencia Tributaria catalana. El consejero de Presidencia, Francesc Homs, ha anunciado hoy la reestructuración de la Consejería de Economía con la finalidad de impulsar una hacienda propia. (*Cataluña pone la primera piedra de su independencia fiscal.*– Abc.es).

- 23.01.2013: El Parlamento catalán ha aprobado la declaración de soberanía propuesta por CiU, ERC, ICV-EUiA y CUP que define a Cataluña "sujeto político y jurídico soberano".
El texto fue aprobado con 85 votos a favor, 41 votos en contra y 2 abstenciones. El PPC, que abandonó la Cámara segundos después de votar, PSC y Ciudatans han votado en contra. Cinco diputados socialistas decidieron no votar en contra de la decisión de su grupo.

Esta medida da luz verde a iniciar un proceso para hacer efectivo el "derecho a decidir" o derecho de autodeterminación a través de una consulta. (Noticias 24H-TV). (Véase, *declaración de soberanía y del derecho a decidir del pueblo de Cataluña* – gencat.cat).

- 25.01.2013: El Gobierno impugnará la declaración de soberanía aprobada el miércoles en el Parlamento catalán si así lo aconseja la Abogacía del Estado, a la que se ha encargado la elaboración de un informe con carácter urgente. *El Gobierno impugnará la declaración catalana si lo aconseja la Abogacía del Estado*. Abc.es.

- 26.01.2013: El Gobierno recurrirá la declaración soberanista aprobada por el Parlament de Catalunya si la Abogacía del Estado considera que es contraria a la Constitución, para lo que el presidente del Ejecutivo, Mariano Rajoy, ha encargado un informe con carácter urgente. El Gobierno está convencido de que el texto acordado en la Cámara autonómica el pasado miércoles, apoyado por el 63 % de los diputados catalanes y que define Catalunya como un «sujeto político y jurídico soberano», no tiene efectos jurídicos y, por lo tanto, no será necesario llevarlo ante el Tribunal Constitucional.

- 28.01.2013: El informe sobre la declaración catalana se entregará al Consejo de Ministros. El ministro de Justicia, Alberto Ruiz-Gallardón, ha dicho hoy que cuando esté terminado el informe encargado a la Abogacía del Estado sobre la declaración de soberanía aprobada el pasado 23 de enero en el Parlamento catalán se presentará en el Consejo de Ministros. El titular de Justicia ha recordado que el Consejo de Ministros del pasado 25 de enero encargó a la Abogacía del Estado que elabore un informe jurídico sobre cuál es la naturaleza, las consecuencias y, en su caso, las posibles impugnaciones del acuerdo adoptado por el Parlamento de Cataluña.

"La Abogacía del Estado, desde su profesionalidad acreditada, está elaborando este trabajo y, cuando esté terminado, será dado a conocer al Consejo de Ministros", ha indicado Ruiz-Gallardón. (*El informe sobre la declaración catalana se entregará al Consejo de Ministros.* EFE - 28-01-2013. Abc.es).

- 29.01.2013: Más intentará explicar al Rey lo que está sucediendo en Cataluña. El presidente catalán ha asegurado que, si el jefe del Estado quiere, le informara de la voluntad de los catalanes de hacer "su propio camino" que, según ha puntualizado Mas, "no quiere decir aislado, quiere decir propio".

- El presidente de la Generalitat, Artur Mas, ha asegurado este jueves que durante el encuentro que ha mantenido con el Rey Don Juan Carlos en el Palacio de la Zarzuela ha intentado que hubiera "este espíritu de diálogo que nos reclama la sociedad catalana, siempre desde la firmeza". Mas ha subrayado que "siempre que tengamos que ir a Madrid, tendremos que dar señales de voluntad de diálogo y de explicarnos, aunque no nos entiendan". 31.01.2013 (*Mas:"En la reunión con el Rey he intentado que haya el espíritu de diálogo que pide la sociedad catalana"* - Lavanguardia.com).

- 04.02.2013: La abogacía entrega a Gallardón el informe sobre la declaración soberanista de Cataluña. La Abogacía del Estado entregó este jueves al ministro de Justicia, Alberto Ruiz-Gallardón, el informe que se le había encargado sobre si existe base legal para recurrir la declaración soberanista aprobada por el Parlamento catalán el pasado 23 de enero. Fuentes del Ministerio de Justicia, del que depende la Abogacía, informaron a Servimedia de que el informe sobre la declaración soberanista será llevado este viernes al Consejo de Ministros para su estudio. (*La abogacía entrega a Gallardón el informe sobre la declaración soberanista de Cataluña.* 04/02/2013. Servimedia. Discapnet.es).

- 08.02.2013: *La Abogacía ve argumentos para recurrir la declaración soberanista del Parlament.* (Elmundo.es).

- 13.02.2013: *Mas crea el Consejo para la Transición Nacional para preparar la consulta.* (Ccaa.elpais.com).

- 28.02.2013: *El Consejo de Estado apoya llevar al Constitucional la declaración del Parlament.* (Elmundo.es).

- 01.03.2013: *El Gobierno anuncia que impugnará en el TC la declaración soberanista.* (Elmundo.es).

- 19.04.2013: La Generalitat facilitará antes del verano que los catalanes puedan ingresar a la Agencia Tributaria de Cataluña todos sus impuestos, tanto los de carácter autonómico como los de carácter nacional.

Desde hace meses, varios Ayuntamientos catalanes están maniobrando para dejar de ingresar su recaudación en Hacienda para hacerlo en la Agencia Tributaria Catalana. La Asociación de Municipios para la Independencia, con 663 municipios adheridos de los 947 que hay en esa comunidad, hace presión para que los alcaldes sigan esta vía. El pasado lunes el presidente de la Generalitat, Artur Mas, recibió a sus impulsores en el Palau de la Generalitat. Once pequeños Ayuntamientos ya han hecho entrega de sus impuestos a la agencia tributaria catalana. Lo que busca ahora la Generalitat es facilitar que la iniciativa se extienda. (*Cataluña se prepara para recaudar todos los impuestos antes del verano.* Politica.elpais.com).

- 05.05.2013: El presidente de la Generalitat de Cataluña, Artur Mas, ha convocado a los presidentes de los grupos de CiU, ERC, PSC, ICV-EUiA y CUP en el Parlamento autonómico, a los representantes del Consejo de Gobierno Locales, a los presidentes de las cuatro diputaciones y al alcalde de Barcelona, Xavier Trias, a una reunión este lunes para enfocar el proceso del 'derecho a decidir'. (*Mas convoca a partidos y diputaciones a una cumbre sobre el 'derecho a decidir' en Cataluña.* Rtve.es).

- 08.05.2013: El Tribunal Constitucional ha admitido a trámite la impugnación de la Abogacía del Estado contra la resolución del Parlamento de Cataluña, aprobada el 23 de enero de 2013, sobre la "Declaración de soberanía y el derecho a decidir del pueblo de Cataluña". Esta resolución define al pueblo catalán» como "sujeto político y jurídico". (*El Tribunal Constitucional suspende la declaración soberanista catalana del Parlamento catalán. Abc.es*).

- 08.05.2013: El Parlament ha aprobado este miércoles, con los votos de CiU, ERC, PSC, ICV-EUiA y CUP, crear una comisión sobre el 'derecho a decidir' para estudiar la vías para celebrar una consulta de autodeterminación en Cataluña. (*El Parlamento catalán crea una comisión sobre 'derecho a decidir'. Telecinco.es*).

- 03.12.2013: El Consejo Asesor para la Transición Nacional prepara un documento en el que se diseña el poder judicial en una hipotética Cataluña independiente. (Diario El Mundo, martes 3 de diciembre de 2013. Año XXIV. Número 8747. Edición impresa. Madrid).

- 12.12.2013: Artur Mas convoca la consulta soberanista el 9 de noviembre de 2014. El presidente de la Generalitat, Artur Mas, ha proclamado el acuerdo sobre la fecha y la pregunta de la consulta. El referéndum será el 9 de noviembre de 2014 y preguntará '¿Quiere que Catalunya sea un Estado? En caso afirmativo, daría opción a una 'subpregunta' que interrogaría a los ciudadanos sobre si quieren que este Estado sea independiente.

En una cumbre casi secreta que ha trascendido pasadas unas horas desde su inicio, el president Mas, el líder de ERC, Oriol Junqueras y el coordinador general de ICV, Joan Herrera, se han reunido en el Palau de la Generalitat desde pasadas las 11:00 de la mañana para negociar los términos del referéndum soberanista previsto para 2014.

Junto a los mentados dirigentes también han acudido al encuentro el conceller Ramon Espadaler en nombre de Unió Democràtica de Catalunya (UDC), el líder de EUiA, Joan Mena, así como los diputados de la CUP, David Fernández y Quim Arrufat. (*Mas anuncia la pregunta de la consulta: '¿Quiere que Catalunya sea un Estado?' Y si es así, ¿independiente?* Lavanguardia.com).

- 16.01.2014: El Parlament aprueba llevar la consulta al Congreso con la fractura del PSC. De los 135 diputados con derecho a voto, 87 han votado a favor (CiU, ERC e ICV más los 3 díscolos del PSC), otros 43 lo han hecho en contra (PPC, PSC, C's) y tres se han abstenido (CUP). La votación ha tenido como resultado la aprobación de la proposición de ley a la Cámara Baja para que ésta debata si traspasa la competencia a la Generalitat para convocar la consulta de autodeterminación mediante el artículo 150.2 de la Constitución Española.

La propuesta aprobada se debatirá en el pleno de la Cámara Baja hacia el mes de marzo, según los cálculos de fuentes parlamentarias consultadas. Dado que las iniciativas legislativas de los parlamentos autonómicos sólo se elevan al pleno del Congreso en la primera sesión de cada mes y ya hay iniciativas pendientes, la propuesta del Parlament no llegaría al pleno hasta septiembre, pero para evitar ese retraso, las tres formaciones del Congreso que apoyan la consulta -CiU, ICV y ERC- presentarán la semana que viene una proposición de ley en los mismos términos que la propuesta del Parlament, iniciativa que, según los plazos previstos, podría votarse en el pleno en marzo.

Según el artículo 126 del Reglamento del Congreso, la proposición de ley deberá pasar primero el filtro de la Mesa de la Cámara que, de no poner objeciones, la remitirá al Gobierno para que se pronuncie sobre la misma. El Ejecutivo tiene treinta días para mostrar su conformidad o no con la proposición, en el caso de que ésta implique "aumento de los créditos o disminución de los ingresos presupuestarios".

Transcurridos treinta días sin que el Gobierno se haya opuesto expresamente a su tramitación, la proposición quedará en condiciones de elevarse al pleno lo que, según el cupo de iniciativas del que dispone CiU, se producirá el próximo mes de marzo. *El Parlament aprueba llevar la consulta al Congreso con la fractura del PSC.*Lavanguardia.com.

- 16.01.2014: El Parlament ha aprobado este jueves una proposición de ley para pedir al Congreso que transfiera a la Generalitat la competencia para convocar un referéndum. (*El Parlament aprueba pedir al Congreso la competencia para convocar referéndums*. 20minutos.es).

- 16.01.2014: Un debate que concluyó con la aprobación de una proposición de ley para pedir en el Congreso de los Diputados la competencia para organizar un referéndum independentista. (*Mas lleva al Congreso la consulta para romper España*. Larazon.es).

- 16.01.2014: MADRID (Reuters) - El Parlamento regional catalán votó el jueves a favor de pedir al Congreso de los Diputados español que le delegue la competencia de poder convocar una consulta antes de que acabe el año en la que preguntar a los catalanes si quieren la independencia de España.
- 03.02.2014: La consulta por la independencia de Cataluña ya ha llegado al Congreso de los Diputados. Los partidos favorables al referéndum y con representación en la cámara, y tal y como aprobó el Parlament de Catalunya, han inscrito en la Mesa dos proposiciones de ley para facilitar la consulta.

El portavoz de CiU en el Congreso, Josep Antoni Duran, ha instado a la Mesa del Congreso a priorizar el debate de la iniciativa aprobada en el Parlament para transferir a la Generalitat la competencia para convocar referéndums porque su peso "institucional" es mayor que la presentada por los grupos catalanes. (*Duran pide a la Mesa del Congreso priorizar el debate de la iniciativa del Parlament*. Elmundo.es).

- 16.02.2014: El Congreso decidirá esta semana si aprueba una declaración institucional de rechazo del plan secesionista que promueve en Cataluña el presidente de la Generalitat, Artur Mas, y sus socios parlamentarios de Esquerra. Sobre la mesa, un texto presentado por el grupo parlamentario de Unión, Progreso y Democracia (UPyD). (*El Congreso vota esta semana una declaración institucional contra el plan secesionista de CiU y ERC.*Europapress.es).

- 20.02.2014: El Congreso rechaza por una amplia mayoría el plan soberanista de Cataluña. El Congreso rechaza por primera vez el proceso separatista de Cataluña. La propuesta de Rosa Díez ha contado con los votos a favor de PP, PSOE y UPyD y con la oposición de los nacionalistas y de Izquierda Plural.

El pleno del Congreso ha aprobado hoy con los votos del PP, PSOE y UPyD, una moción de la formación que lidera Rosa Díez que rechaza al plan separatista en Cataluña e insta al Gobierno a seguir utilizando los instrumentos de la Constitución para garantizar el cumplimiento de la legalidad.

La moción, que ha conseguido 272 votos a favor y una abstención -la del socialista Alfonso Guerra, por error-, sólo ha contado con la oposición de los partidos nacionalistas y la Izquierda Plural. (*El Congreso rechaza por primera vez el proceso separatista de Cataluña.* Libertaddigital.com).

- 20.02.2014: *Mas impulsa una hacienda propia para construir la "soberanía fiscal".* La Generalitat coordina sus oficinas de recaudación de impuestos como «estructura de Estado» clave hacia la independencia. (Abc.es).

- 25.03.2014: *El Constitucional anula por unanimidad la declaración soberanista de Cataluña.*(Elconfidencial.com).

- 08.04.2014: *El Congreso rechaza la propuesta de consulta soberanista con 299 noes, 47 síes y una abstención.*09.04.2014 – (Navarrainformacion.es).

- 16.07.2014: La Comisión de Asuntos Institucionales del Parlament ha aprobado hoy el dictamen de la ley de consultas, paso previo a su aprobación en el pleno, con los votos favorables de todos los grupos salvo PPC y Ciutadans, que han avisado de que es un "engaño" para convocar la consulta el 9 de noviembre.

El dictamen ha sido aprobado por 17 votos a favor (CiU, ERC, PSC, ICV-EUiA y CUP) y 4 en contra (PPC y Ciutadans), mientras que se han rechazado las enmiendas del PPC, Ciutadans, PSC e ICV-EUiA.

Tras este trámite, la ley, que está inicialmente pensada para convocar la consulta del 9 de noviembre y otros mecanismos de participación ciudadana, deberá pasar ahora por el Consejo de Garantías Estatutarias, [Consell de Garanties Estatutàries] para que dictamine si es constitucional, y, posteriormente, se someterá a su aprobación definitiva en el pleno del Parlament en septiembre. (El Parlament catalán aprueba en comisión la ley de consultas. Eitb.com).

- 05.08.2014: El Consejo de la Transición Nacional ha entregado los 18 informes previstos y más de 3.000 entidades se han adherido al Pacto Nacional por el Derecho a Decidir. (*Mas insiste en que la consulta "será legal" y espera que el Gobierno "no entorpezca".* Rtve.es).

- 17.09.2014: El Parlament aprueba una resolución de apoyo a la consulta del 9-N. El Parlament catalán ha aprobado este miércoles una resolución a favor de impulsar la consulta del 9 de noviembre con 89 votos (65,9 %) de CiU, ERC, ICV-EUiA y CUP, además del diputado no adscrito Joan Ignasi Elena y dos diputadas díscolas del PSC, que ha votado en contra junto con PPC y C's. (Publico.es).

- 19.09.2014: El Parlamento catalán ha aprobado este viernes, con el respaldo de los partidos soberanistas y el PSC, la ley de consultas con la que el presidente de la Generalitat, Artur Mas, prevé convocar consulta del 9 de noviembre. El

Gobierno de España ha anunciado que recurrirá la ley de consultas en cuanto se publique en el Diario Oficial de la Genaralitat, y que también recurrirá al Tribunal Constitucional la convocatoria de la consulta, cuando Mas firme el decreto.

La ley ha salido adelante por 106 votos a favor, los de CiU, ERC, PSC, ICV-EUiA y CUP, lo que supone el 78,5% de los escaños de la Cámara catalana. El PP catalán y Ciutadans (C's), que suman 28 diputados, han votado en contra. (*El Parlament aprueba la ley de consultas con el respaldo de los partidos soberanistas y el PSC.* Rtve.es).

- 27.09.2014: Artur Mas firma el decreto de convocatoria del referéndum independentista para el 9-N. (DECRETO 129/2014, de 27 de septiembre, de convocatoria de la consulta popular no refrendaria sobre el futuro político de Cataluña). Asimismo, se da inicio a la campaña electoral bajo el lema `Tú decides´ a través de la web (9nconsulta2014.cat) y a través de una enorme pantalla instalada en la fachada del Palacio de la Generalitat, en la que también se pueden leer mensajes como "Construimos un país nuevo" o "Ahora es la hora".

- 29.09.2014: *El Gobierno recurre la ley de consultas catalana y la convocatoria del referéndum del 9N.* (Rtve.es).

- 29.09.2014: El Tribunal Constitucional suspende la consulta soberanista catalana. Suspendida. El Tribunal Constitucional ha admitido a trámite, y por unanimidad, los dos recursos presentados por el Gobierno central contra la ley de consultas del gobierno catalán, y contra el decreto de convocatoria del 9 de noviembre del President Artur Mas.

Con esa decisión, la consulta soberanista queda suspendida, y, como consecuencia de ello, queda sin efecto, como apuntó la vicepresidenta del Gobierno, Soraya Sáenz de Santamaría, toda la campaña institucional que ha puesto en marcha el Govern de la Generalitat. (Economiadigital.es).

- 30.09.2014: *El BOE publica la suspensión de la ley de consultas y del decreto de convocatoria del 9N. Entra en vigor la suspensión para terceros.* (Es.noticias.yahoo.com).

- 30.09.2014: *La Generalitat suspende la campaña del 9N pero asegura que el proceso continúa.* El Govern catalán ha decidido hoy suspender temporalmente la campaña institucional del 9N y presentar alegaciones contra la suspensión cautelar de la consulta por parte del Tribunal Constitucional, aunque el conseller de Presidencia, Francesc Homs, ha asegurado que "la partida continúa". (Noticias.sumadiario.com).

- 01.10.2014: *El Parlament aprueba la comisión de control de consultas, que PP, PSC y C's no han votado.* (Rtve.es).

- 01.10.2014: *El 96% de los ayuntamientos catalanes aprueba mociones a favor del 9N.* Ccaa.elpais.com.

- 02.10.2014: *Mas firma el decreto para nombrar la 'junta electoral' de la consulta soberanista.* 20minutos.es.

- 02.10.2014: *El Parlament recusará al presidente del TC y al magistrado González-Trevijano.* 20minutos.es.

- 03.10.2014: Los partidos soberanistas acuerdan mantener la convocatoria. Elimparcial.es. Mas y fuerzas soberanistas mantienen consulta pero no aclaran su despliegue. El presidente de la Generalitat, Artur Mas, y las fuerzas soberanistas han acordado hoy mantener la consulta del 9 de noviembre pero no han aclarado cómo lo harán para desplegarla sorteando la suspensión cautelar del Constitucional sobre la ley de consultas y el decreto de convocatoria.

Tras cerca de 8 horas de reunión, Mas ha comparecido en la Galería Gótica del Palau de la Generalitat junto con la vicepresidenta, Joana Ortega, el conseller de Presidencia, Francesc Homs, y los dirigentes Oriol Junqueras y Marta

Rovira (ERC), Joan Herrera y Joan Mena (ICV-EUiA); David Fernández y Quim Arrufat (CUP); y Jordi Turull y Ramon Espadaler (CiU). (Lavanguardia.com).

-03.10.2014: *Mas publica el decreto de la junta electoral y el Gobierno estudia qué medidas tomar.* (Elconfidencial.com).

- 03.10.2014: *El Gobierno y el PP impugnarán la creación de la 'junta electoral' para supervisar la consulta.* (Rtve.es).

- 03.10.2014: *La Fiscalía valora actuar contra Artur Mas por desobedecer.* La Fiscalía estudia una denuncia penal ante el Tribunal Superior de Cataluña. El 'president' dio luz verde ayer a la junta electoral para la consulta. Artur Mas dio ayer un paso más en la estrategia de las autoridades de Cataluña de burlar la suspensión de la consulta soberanista y de ignorar la orden del Tribunal Constitucional. A última hora de la tarde, el presidente de la Generalitat firmó el decreto de nombramiento de los nueve miembros de la junta electoral. La Fiscalía estudia la elaboración de una denuncia o querella contra Mas por desobediencia y prevaricación, que se presentaría en el Tribunal Superior de Cataluña. (Elmundo.es).

- 04.10.2014: *Más de 800 alcaldes cierran filas con la convocatoria del 9-N: "Ahora o nunca".* (20minutos.es).

- 06.10.2014: *La Abogacía del Estado pide al TC que anule la 'junta electoral' de la consulta soberanista.*Elmundo.es. *El Gobierno pide al TC que impugne la junta electoral.* Larazon.es. *La Abogacía del Estado impugna ante el TC el incumplimiento de la suspensión del 9N.* (Elconfidencial.com).

- 06.10.2014: Torres-Dulce dice que actuará cuando se 'consume' algún delito en Cataluña. El fiscal general del Estado afirma que trabajan con la "máxima imparcialidad" y "rigor jurídico" para que nadie se salte la ley. (Lavozlibre.com).

- 06.10.2014: *El TSJ de Cataluña pregunta a la Fiscalía si debe investigar a Mas por desobediencia.* (Elconfidencial.com).

-09.10.2014: *El TC rechaza la recusación contra su presidente presentada por el Parlament.*(Elconfidencial.com).

- 13.10.2014: *Mas admite que no puede celebrar la consulta del 9-N.* Reconoce que el referéndum no puede organizarse con las condiciones fijadas en el decreto de convocatoria, al estar suspendido por el TC. (Infolibre.es).

- 14.10.2014: El president de la Generalitat de Catalunya, Artur Mas, ha confirmado este martes que, finalmente, no se celebrará la consulta de autodeterminación prevista para el próximo 9 de noviembre. La iniciativa aparcada será sustituida por un proceso de participación electoral organizado por la Generalitat que permita eludir la decisión del Tribunal Constitucional sobre el referéndum soberanista. *Mas plantea una consulta alternativa al 9N con las plebiscitarias a la vista.* (Revistarambla.com).

- 15.10.2014: *El Govern dará un margen de 15 días para votar a los que acrediten que no pueden hacerlo el 9-N.*Por otro lado, según las mismas fuentes, los catalanes que residen en el exterior podrán depositar su voto en los catorce puntos habilitados por la Generalitat, dentro de sus oficinas, en Berlín, París, Londres, Nueva York, Buenos Aires, Tokio, Bruselas, Sídney, Montreal, México, San José (Estados Unidos), Milán, Bogotá y Hong Kong. En la nueva consulta podrán votar todos los catalanes con un DNI con residencia en Cataluña y los inmigrantes con residencia legal en el mismo territorio y que tengan el número de identidad de extranjero (NIE). (Diariovasco.com).

- 15.10.2014: El gobierno catalán lanzará una campaña para captar hasta 20.000 ciudadanos voluntarios para el proceso de participación ciudadana alternativo a la consulta. *La*

Generalitat dará un margen de 15 días para votar a los que no puedan hacerlo el 9-N. (Abc.es).

-16.10.2014: El Govern ha creado el "fichero" para que los catalanes se inscriban de forma presencial el mismo 9 de noviembre para poder votar en la consulta "alternativa" que ha propuesto el presidente de la Generalitat, Artur Mas, un sistema de control que sólo incluirá así los datos de los ciudadanos que participen. *El Govern crea "fichero" para los votantes que participen en el 9N alternativo.* (Noticias.lainformacion.com).

- 20.10.2014: *Catalá advierte de que impugnará el fichero del 9-N si está fuera del marco constitucional.* El ministro de Justicia, Rafael Catalá, ha dicho que si el fichero creado por el Gobierno de Cataluña para la consulta soberanista alternativa del próximo 9 de noviembre representa un procedimiento que se encuentra fuera del marco constitucional el Ejecutivo de España lo impugnará. (Diariovasco.com).

- 22.10.2014: *La Generalitat habilitará 6.430 mesas en 938 de los 947 municipios catalanes el 9-N.* El Departamento de Gobernación de la Generalitat de Cataluña ya dispone de más de seis millones de papeletas y de las urnas necesarias para llevar a cabo el proceso participativo del 9 de noviembre. Las papeletas que se usarán el 9-N han sido imprimidas por presos de Lleida [Centro de Iniciativas para la Reinserción (CIRE) de Lleida]. Durante la jornada habrá 1.025 locales de participación en centros educativos de titularidad pública y concertada y en equipamientos cedidos por los ayuntamientos, repartidos en todas las comarcas. 30.231 personas que han pedido ser voluntarios durante la votación, y los interesados pueden seguir inscribiéndose en la página web participa2014.cat y en el teléfono de información ciudadana del Govern 012. (Publico.es).

- 22.10.2014: *La Abogacía del Estado denuncia ante el TC que Mas "incumple de manera clara y reiterada" la suspensión del 9N.* (Cronicaglobal.com).

- 27.10.2014: *El Gobierno pide al Consejo de Estado un informe para impugnar la consulta del 9-N.* Inicia el procedimiento para llevar al TC el simulacro de referéndum de Mas al considerarlo fraude de ley. 28.10.2014 – (Abc.es).

- 29.10.2014: *El Gobierno impugnará el nuevo 9N alegando que se mantiene la pregunta y que la Generalitat se implica.* El Consejo de Estado estudia una fórmula que aluda al incumplimiento del fallo del TC. (Lavanguardia.com).

- 30.10.2014: El Consejo de Estado apoya por unanimidad que se impugne la consulta alternativa del 9-N. La Comisión Permanente aprueba el dictamen solicitado por el Gobierno. *El Consejo de Ministros podría llevar mañana al Constitucional la nueva convocatoria.* (Elmundo.es).

- 31.10.2014: *El Gobierno impugna ante el Constitucional la consulta alternativa de Mas.* El Consejo de Ministros ha acordado hoy impugnar ante el Tribunal Constitucional (TC) las actuaciones de la Generalitat encaminadas a celebrar una consulta alternativa en Cataluña el 9 de noviembre. (Videos.lainformacion.com).

- 30.10.2014: El Govern decide congelar temporalmente la campaña institucional del 9N y presentar alegaciones contra la suspensión cautelar del referendo por parte del TC. (Lavanguardia.com).

- 04.11.2014: El Pleno del Tribunal Constitucional (TC) ha acordado este martes por unanimidad dar trámite a la impugnación presentada el pasado viernes por el Gobierno contra el denominado "proceso participativo", la nueva consulta convocada por el presidente de la Generalitat, Artur Mas, para el próximo 9 de noviembre, han informado fuentes del tribunal de garantías.

La admisión, dada a conocer casi tres horas después de reunirse el Pleno, conlleva la suspensión durante al menos cinco meses de la convocatoria y la de sus actos de preparación con fecha del pasado viernes, que fue cuando se presentó el recurso, en cumplimiento del artículo 161.2 de la Constitución.

La providencia no incluye advertencia expresa al Govern sobre la obligación del cumplimiento de dicha suspensión vía el artículo 87.1 de la Ley Orgánica del Tribunal Constitucional (LOTC), a pesar de haberlo solicitado la Abogacía del Estado en el texto de la impugnación. Este artículo establece que "todos los poderes públicos están obligados al cumplimiento de lo que el Tribunal Constitucional resuelva". *El Tribunal Constitucional suspende la consulta alternativa del 9N y Artur Mas dice que la mantiene.* (Alertadigital.com).

- 05.11.2014: *El Govern mantiene su campaña informativa del 9N pese a la suspensión del TC.* El Govern mantiene en su página web su vídeo de campaña institucional informativa sobre el proceso participativo del 9 de noviembre así como el listado de los puntos de votación, después de que ayer el Tribunal Constitucional lo suspendiese por unanimidad de forma cautelar, decisión publicada hoy en el BOE. (Abc.es).

- 06.11.2014: *El Supremo rechaza el recurso de la Generalitat contra la impugnación del Gobierno del 9-N alternativo.* La Sala de lo Contencioso Administrativo del Tribunal Supremo (TS) ha rechazado la suspensión de la vigencia del acuerdo del Consejo de Ministros del viernes 31 de octubre que aprobó impugnar en el Tribunal Constitucional (TC) el proceso participativo sobre la independencia de Cataluña del 9 de noviembre, tal y como le había solicitado la Generalitat. (Eleconomista.es).

- 06.11.2014: La Delegada del Gobierno en Cataluña ha remitido sendas cartas a la vicepresidenta y a la consellera de Enseñanza de la Generalitat en la que les recuerda la "importancia" de que no contravengan la decisión del Tribunal Constitucional respecto al "proceso participativo" del próximo domingo. El Govern no ha tardado en responder que "siempre" cumple con la legalidad. *La Generalitat responde a la Delegación del Gobierno que "siempre" respeta la legalidad.* (20minutos.es).

- 07.11.2014: *El Govern vuelve a pedir al TC que reconsidere la suspensión de la consulta del 9N.* Los servicios jurídicos de la Generalitat de Cataluña han presentado este viernes un recurso ante el Tribunal Constitucional para solicitar que "reconsidere y deje sin efecto" la admisión a trámite de la impugnación del "proceso de participación" del 9N presentada por el Gobierno central y pueda celebrarlo como estaba previsto. (Rtve.es).

- 08.11.2014: La Fiscalía ordena a los mossos identificar a los responsables y los locales del 9-N. La Fiscalía Superior de Cataluña ha pedido al departamento de Educación de la Generalitat que diga si "existen órdenes o instrucciones" por parte de la Generalitat a responsables de escuelas públicas para que cedieran esos locales para el 9-N y si "se han convocado reuniones con responsables de centros públicos" en las cuales se les pidió que los pusieran a disposición.

Asimismo, la Fiscalía también solicita al director general de los Mossos d'Esquadra que le dé una relación de los locales o edificios de titularidad pública que se usarán mañana como punto de votación en este proceso participativo y que "identifique" a las personas responsables de haber permitido el acceso a este local a los "delegados" del 9-N. La Fiscalía Superior de Cataluña reclama a los mossos, en concreto, que se le remita "con carácter urgente "toda esta información. Los Mossos d'Esquadra ya han respondido que atenderán la petición que les ha hecho llegar la Fiscalía, pero no alterarán el dispositivo previsto para este domingo. En tercer lugar, el Ministerio Público ha remitido un oficio a la empresa Unipost S.A. para que le envíe la hoja de encargo, contrato y los documentos que obren en su poder relacionados con la distribución o el buzoneo de la propaganda del proceso participativo. Además de pedir el presupuesto, la factura pro forma o definitiva, quiere saber qué persona o entidad ha suministrado a la compañía el listado de destinatarios o el mecanismo por el que se obtuvo dicho listado. (20minutos.es).

- 09.11.2014: Tres magistrados de Barcelona, Badalona y Tarragona han rechazado este domingo por la tarde dictar medidas cautelares para detener la consulta alternativa por la independencia que se está celebrando en Cataluña.

Uno de ellos, Gonzalo de Dios Hoyo en su condición de magistrado de guardia en Barcelona, ha rechazado retirar urnas como medida cautelar reclamada por UPyD en una denuncia al considerar que sería una medida que "no guarda proporcionalidad". Un criterio que comparte con los fiscales de guardia que ejercen este domingo en Cataluña y los cuales en sus informes no han decretado ninguna medida cautelar.

En su auto, el juez considera que el Govern podría haber incurrido en delitos de desobediencia, prevaricación y malversación, pero no los ciudadanos que ejercen su derecho a "reunión, manifestación y libre expresión de opiniones".

En ese sentido, el magistrado considera que la votación del 9N podría acarrear delitos de "desobediencia a la autoridad judicial por parte de funcionario administrativo, prevaricación y malversación de caudales públicos". De esos delitos, en opinión del magistrado, serían responsables "las autoridades que actuaren contraviniendo lo dispuesto por la resolución del Tribunal Constitucional" y extenderse "al resto de personas que tienen la condición de funcionarios públicos en cuanto a las actuaciones que fueran contrarias a lo dispuesto" por el TC.

Sin embargo, el juez entiende que "ahí acaban las responsabilidades penales", sin que los actos de votación, participación ciudadana o como quiera denominarse a los actos de canalización de la voluntad popular puedan ser considerados delictivos "en lo que respecta al ciudadano, que es libre de expresar su opinión cuando desde los poderes públicos se les convoca y se facilita que lo haga".

Para el juez, debe quedar "claramente diferenciado las conductas de trascendencia penal desde el punto de vista de las personas responsables de los delitos que se hubieran cometido, de lo que es el hecho en sí mismo de la expresión de la voluntad popular, del derecho de reunión y manifestación y de la libre expresión del sentimiento u opinión de los ciudadanos en relación a cualquier cuestión que afecte a sus intereses como colectivo". *La Justicia rechaza retirar las urnas del 9-N por ser 'desproporcionado'.* (Elmundo.es).

- 09.11.2014: *Más de dos millones de ciudadanos han votado en la consulta catalana, según el Govern.* (Rtve.es).

- 09.11.2014: *Rajoy ve antidemocrática la consulta y resta cualquier validez a los datos.* (Politica.elpais.com).

- 09.11.2014: *La Fiscalía abre investigación por el uso de locales públicos en el 9N.* (Lavanguardia.com).

- 10.11.2014: *1,8 millones de personas votan por la independencia catalana en el 9-N.* El 80,76% de los votantes de la consulta catalana han votado sí a las dos preguntas propuestas. Por tanto, quieren que Cataluña sea un Estado y que este sea independiente. Según los últimos datos ofrecidos por la web de la Generalitat patricipa2014.cat, con el 100% de los puntos de participación contabilizados, un 10,07% de los votantes han votado sí a un Estado, pero no a su independencia de España. El no a ambas cuestiones apenas ha alcanzado un 4,54%. La participación en la consulta alternativa catalana del 9-N ha sido de 2.305.290 personas, ligeramente por encima del 33% de los llamados a votar. El Gobierno catalán esperaba ayer que alcanzase los 2.250.000 puesto que algunas urnas seguirán abiertas unos días. Algo antes, el presidente, Artur Mas, calificó la convocatoria de "éxito total". Los partidos y entidades convocantes del llamado "proceso participativo" han manifestado su satisfacción, e incluso su sorpresa, por lo que, hasta el momento, consideran un éxito de convocatoria. (Politica.elpais.com).

- 11.11.2014: La Fiscalía Superior de Cataluña tiene previsto presentar mañana una querella contra el presidente catalán, Artur Mas, y varios consejeros del Gobierno autonómico por supuestas responsabilidades penales en el proceso participativo del 9 de noviembre en Cataluña, han informado a Efe fuentes jurídicas.

La querella, que se presentará ante el Tribunal Superior de Justicia de Cataluña (TSJC) dada la condición de aforados de los denunciados, se dirigirá contra Mas, la vicepresidenta de la Generalidad, Joana Ortega, y la consejera de Enseñanza, Irene Rigau.

El escrito que ultima la Fiscalía podría acusar también a los titulares de las consejerías vinculadas con la confección de las papeletas del 9N, elaboradas por presos de las cárceles catalanas, pero en principio no irá contra los responsables de los locales públicos donde se instalaron las urnas del proceso participativo, según las mismas fuentes.

La Fiscalía Superior de Cataluña está trabajando sobre un primer borrador de la querella que le ha remitido la Fiscalía General del Estado, en la que se barajan varios delitos por las responsabilidades penales que podrían derivarse de la intervención del Gobierno regional en la organización de la consulta del 9N, que fue suspendida por el Tribunal Constitucional.
Entre esos delitos que la Fiscalía estudia atribuir a Mas y a los consejeros implicados figura el de malversación de caudales públicos, dados los gastos que ha supuesto para la Generalidad la celebración del proceso participativo y sus preparativos.

El ministerio público cree que los miembros del gobierno catalán contra los que se dirige la querella podrían haber incurrido además en un delito de desobediencia, por haber asumido el liderazgo de la consulta pese a que había sido suspendida por el Constitucional, así como de prevaricación.

Por el contrario, de la querella que se remitirá al Tribunal Superior de Justicia de Cataluña (TSJC) quedarán excluidos en principio los responsables de los locales bajo cuya autorización se abrieron el pasado domingo los centros públicos donde se instalaron los puntos de votación de la consulta.

La Fiscalía abrió el pasado sábado diligencias de investigación en relación con el 9N y pidió a los Mossos d'Esquadra que identificaran a las personas responsables de los centros públicos que autorizaron su apertura para la celebración del proceso participativo.

Sin embargo, la policía catalana se limitó a remitir al ministerio público una carta de la vicepresidenta de la Generalidad, Joana Ortega, en la que ésta afirmaba que no estaba en condiciones de facilitar esas identidades y subrayaba que el Gobierno de Mas asumía la responsabilidad por la apertura de los centros públicos.

El fiscal general del Estado, Eduardo Torres-Dulce, ha asegurado hoy que el ministerio público se pronunciará "sin ninguna precipitación" sobre el 9N y ha añadido que "los tiempos de la Fiscalía y de la justicia no son tiempos políticos ni mediáticos".

La querella de Fiscalía podría acumularse con la denuncia que el sindicato Manos Limpias ha presentado contra Mas y algunos consejeros, y que el Tribunal Superior de Justicia de Cataluña todavía no ha admitido a trámite, precisamente a la espera de que el ministerio público se pronuncie sobre la misma, según las mismas fuentes.

El TSJC deberá decidir también si asume en la misma investigación las denuncias presentadas por formaciones políticas y particulares que se están investigando en juzgados de toda Cataluña por el proceso participativo. *La Fiscalía dice ahora que presentará la querella este miércoles por el 9N.* (Libertaddigital.com).

- 12.11.2014: La presión interna del PP fuerza al Gobierno a pedir al fiscal que se querelle ya contra Artur Mas. Las críticas surgidas en amplios sectores de la opinión pública y del PP contra el Gobierno por permitir la consulta del 9-N han provocado el traslado de la presión hacia la Fiscalía para que actúe penalmente de inmediato contra Artur Mas. Elmundo.es. [Una diputada del PP critica a Rajoy: "Sensación de desamparo ante el silencio del Gobierno". La diputada del PP y fundadora de la plataforma Libres e Iguales, Cayetana Álvarez de Toledo, ha expresado su malestar por el "silencio" del Ejecutivo de Mariano Rajoy ante la consulta celebrada este domingo en Cataluña. (20minutos.es).

- 12.11.2014: *Rajoy: "El referéndum no se iba a celebrar y no se ha celebrado".* Tres días después del 9N, y forzado por las críticas por su mutismo tras el golpe, Mariano Rajoy ha comparecido en la Moncloa. "Les dije que ese referéndum no se celebraría y no se ha celebrado", ha arrancado el presidente, en alusión a lo que se vio el domingo en Cataluña. Según el presidente, lo que ocurrió fue "un simulacro electoral", sin censo ni interventores. Se trató, ha insistido, de un "acto de propaganda", distinto a otros porque se celebró "incumpliendo las resoluciones del Tribunal Constitucional". (Libertaddigital.com).

- 17.11.2014: El fiscal general del Estado, Eduardo Torres-Dulce, ha dado instrucciones a la Fiscalía Superior de Cataluña para presentar querella por el proceso participativo del 9-N, pero el fiscal superior catalán, José María Romero de Tejada, se ha opuesto "al no considerarlo procedente". Por este motivo, y ante esta discrepancia interna, Torres-Dulce ha convocado para el miércoles una junta de fiscales de sala con el fin de avalar su decisión de presentar la querella contra los responsables políticos de la consulta, que fue suspendida por el Tribunal Constitucional en dos ocasiones.

El fiscal general del Estado ha hecho pública finalmente su decisión de presentar querella tras recibir la comunicación de la Fiscalía Superior de Cataluña expresando su conocida postura: "por el momento no procede iniciar acciones penales contra los responsables del llamado proceso de participación ciudadana". Según un comunicado oficial del Ministerio Público, "el fiscal general del Estado considera que debe formularse querella ante el Tribunal Superior de Justicia de Cataluña, y así lo ha ordenado hoy", pero "el fiscal superior, José María Romero de Tejada, no lo considera procedente y así se lo ha comunicado a última hora de la tarde" a Torres-Dulce. *La Fiscalía Superior de Cataluña se opone a una querella por el 9-N.* (Antena3.com).

- 17.11.2014: El fiscal general, Eduardo Torres-Dulce, va a recabar el apoyo de la Junta de Fiscales de Sala, el generalato del Ministerio Público, para presentar una querella contra el presidente de la Generalitat, Artur Mas, tras la negativa de los fiscales de Cataluña a llevar a cabo esa acción penal por la celebración de la consulta del 9-N pese a la suspensión decretada por el Tribunal Constitucional. *Torres-Dulce actuará contra Mas pese a la Fiscalía catalana.* (Elmundo.es).

- 17.11.2014: El TSJC ha recibido este lunes por las mañana las primeras 12 denuncias presentadas en diferentes juzgados catalanes el 9N contra el presidente de la Generalitat, Artur Mas. *El TSJC recibe 12 denuncias contra Mas por su 'desobediencia' en la consulta del 9-N.* (Elmundo.es).

- 17.11.2014: El Tribunal Superior de Justicia de Cataluña (TSJC) no tiene que esperar la querella que presente la Fiscalía Superior de Cataluña para pronunciarse sobre si el 9-N se cometió algún delito. La semana pasada empezaron a llegar a este tribunal algunas de las más 50 demandas y querellas que se presentaron el fin de semana pasado contra el proceso participativo en las que se acusaba al presidente de la Generalitat, Artur Mas, y a otros miembros del Govern.

(…) Al margen de las actuaciones penales, la sala de lo Contencioso Administrativo del TSJC ha pedido a la Generalitat el expediente de la orden del Govern que regula los ficheros que contienen datos de carácter personal gestionados por el Departamento de Gobernación. El jurista Alejandro Rusiñol demandó a la Generalitat por vulnerar derechos fundamentales, ya que se han usado de forma «fraudulenta» datos del Instituto de Estadística de Cataluña para crear el censo de la votación del 9-N. La demanda recuerda que estos datos sólo pueden utilizarse con una finalidad estadística, por lo que cualquier otro uso vulneraría derechos fundamentales de los ciudadanos. *El TSJC decidirá sobre la imputación de Mas.* (Elmundo.es).

- 20.11.2014: La cúpula de la Fiscalía avaló miércoles la decisión de Eduardo Torres-Dulce de interponer una querella contra el presidente de la Generalitat por desobedecer la suspensión de la consulta del 9-N. La propuesta del fiscal general contó con el respaldo casi unánime de la Junta de Fiscales de Sala, que, a diferencia de los nueve fiscales del TSJ de catalán, sí ven indicios de delito en la actuación de Artur Mas.*Torres-Dulce ordena la querella contra Mas por la consulta del 9-N: ¿y ahora qué?* (Abc.es).

- 21.11.2014: Fiscalía General del Estado ha presentado este viernes querella contra el presidente de la Generalitat, Artur Mas, por la supuesta comisión de delitos de desobediencia grave, prevaricación, malversación y usurpación de funciones en el proceso participativo del 9N.

La querella, que se ha presentado a mediodía en el Tribunal Superior de Justicia de Cataluña, también se dirige contra la vicepresidenta catalana Joana Ortega y la consellera de Educación, Irene Rigau, también por los mismos delitos, han informado a Efe fuentes de la Fiscalía General del Estado. *La Fiscalía presenta querella contra Mas por 4 delitos durante el 9N.* (Eitb.com).

- 22.12.2014: El Tribunal Superior de Justícia de Catalunya (TSJC) ha decidido este lunes por mayoría admitir a trámite todas las querellas y denuncias contra el presidente de la Generalitat, Artur Mas; la vicepresidenta del Govern, Joana Ortega, y la consellera de Enseñanza, Irene Rigau, relacionados con la supuesta desobediencia al organizar el proceso participativo del 9 de noviembre sobre la independencia, "así como todos aquellos hechos que, de manera directa o indirecta, estén relacionados". *El TSJC admite a trámite las querellas contra Mas, Ortega y Rigau por desobediencia* – (EcoDiario.es).

- 14.01.2015: El presidente de Cataluña Artur Mas anunció este miércoles 14 de enero la convocatoria de elecciones anticipadas el 27 de septiembre de 2015 como primer paso hacia la independencia de esta potente región del noreste de España si los partidos secesionistas obtienen mayoría. *Artur Mas adelanta las elecciones para llevar a Cataluña a la independencia.* (Elcomercio.com).

- 25.02.2015: El Tribunal Constitucional (TC) ha anulado la consulta soberanista del pasado 9 de noviembre que se celebró en Cataluña. Los magistrados han acordado por unanimidad que la pregunta y la ley en la que se basó la propia convocatoria son contrarias a la Constitución. *El Tribunal Constitucional anula la consulta catalana del 9N.* (Economiadigital.es).

- 25.02.2015: *Mas desoye al Tribunal Constitucional y encarga otra Constitución catalana.* (Diariocritico.com).

- 06.03.2015: *El Gobierno recurrirá ante el Tribunal Constitucional la ley catalana de acción exterior.* (Elmundo.es).

- 15.04.2015: El pleno del Tribunal Constitucional (TC) ha admitido a trámite el recurso presentado por el Gobierno contra la Ley catalana de acción exterior y de relaciones con la Unión Europea (UE) y ha acordado la suspensión automática de la norma. *El TC admite a trámite el recurso del Gobierno contra la ley catalana de acción exterior.* (es.noticias.yahoo.com).

- 30.06.2015: El Gobierno catalán hace oídos sordos al TC y no dará ningún paso atrás en la creación de estructuras de estado. *La Generalitat publica un memorial de agravios del Estado contra Cataluña.* (Abc.es).

- 08.07.2015: *El TC Suspende el Comisionado para la Transición nacional de Cataluña.* (Abc.es).

- 04.08.2015: *Mas dice que el recuento de las elecciones del 27-S tendrá "carácter plebiscitario".* (Cope.es).

- 30.09.2015: El Tribunal Superior de Justicia de Cataluña (TSJC) citó ayer a declarar como imputado al presidente en funciones de la Generalitat, Artur Mas, el próximo 15 de octubre. (*La Justicia cita como imputado a Mas por la consulta ilegal del 9-N.* Diariodeburgos.es).

1.1.5. Participación de la sociedad catalana hacia un nuevo Estado catalán

Demostrado está que el conjunto de la sociedad civil catalana hoy en día está dividida y confrontada. Y esta crisis social responde por la presencia de los portadores del pensamiento nacionalista y separatista, por un lado, y por otro lado, por aquellos, los Gobiernos centrales y el Estado que no han asumido su responsabilidad social y política a través de un pensamiento crítico nacional, frente al tema que aquí estamos abordando, de tal manera que por su dejación se han convertido en copartícipes de esa ruptura social catalana, adoptando el papel de separadores.

Y sin dificultad alguna podemos observar los interminables esfuerzos de acción política, social e ideológica que emplea el nacionalismo y el separatismo en su comunidad y que han sido partícipes de esa ruptura social catalana.

- 01.04.2015: El Gobierno está dispuesto en esta ocasión a frenar la nueva acometida independentista catalana en cuanto adquiera tintes de institucionalidad. Ayer mismo, el Ejecutivo reclamó a la Abogacía del Estado un estudio de los documentos suscritos [léalos en PDF] y los actos llevados a cabo por los dirigentes de Convergència -especialmente por el presidente de la Generalitat, Artur Mas- y ERC, con el apoyo de los entes soberanistas ANC y Òmnium Cultural. El objetivo es declarar la independencia antes de abril de 2017, es decir, 18 meses después de las elecciones que pretenden convocar para el 27 de septiembre y a las que ya otorgan carácter plebiscitario. (*Rajoy envía el plan soberanista catalán a la Abogacía del Estado.* Elmundo.es).

- 30.03.2015: Partidos y entidades soberanistas avanzan en la hoja de ruta hacia la independencia, y tras un primer preacuerdo de mínimos, hoy han pactado que la secesión tenga lugar en un plazo de 18 meses tras las elecciones catalanas del 27 de septiembre. En el acuerdo participan CDC-Reagrupament; ERC; Asamblea Nacional Catalana (ANC); Òmnium Cultural, y la Asociación de Municipios por la Independencia (AMI). (*CDC y ERC pactan lograr la independencia en 18 meses tras el 27-S* – Abc.es).

- 30.03.2015: La Asociación de Municipios por la Independencia (AMI), entidad formada por 710 municipios y 39 consejos comarcales favorables a la independencia de Cataluña, proponen que los nuevos alcaldes electos en las próximas elecciones municipales prometan o juren el cargo con mención específica de apoyo al proceso secesionista. (*Alcaldes catalanes jurarán por el proceso secesionista en su toma de posesión.* Abc.es).

- 21.12.2014: *El 46% se siente igual de español que catalán, el 26% más catalán que español pero sólo el 24,6% únicamente catalán.* Igualmente, federalistas, autonomistas y regionalistas suman el 60% y los independentistas no llegan al 40%. Salvador Sostres. Sea cual sea el resultado. (Diario El Mundo).

- 15.09.2014: *La ANC venderá la independencia «puerta a puerta» en todas las casas de Cataluña.* La organización independentista quiere reclutar a 100.000 voluntarios que recorran todos los rincones de Cataluña haciendo campaña a favor del doble «sí» en la consulta. (Abc.es).

- 11.09.2014: Una multitud de independentistas inundó a las calles de Barcelona para reclamar de forma pacífica, formando una gran "V" humana, su derecho a votar el próximo 9 de noviembre en referéndum la separación de Cataluña respecto de España. Entre 1,8 millones de personas, según cifras de la Guardia Urbana de Barcelona y unas 520.000, de acuerdo con la Delegación del gobierno español, participaron de la que estaba llamada a ser la manifestación "definitiva" a favor de la independencia. La masiva marcha, que coincidió con la Diada -Día Nacional de Cataluña-, tuvo lugar en un momento clave para el conflicto entre la norteña región y España, ya que el presidente catalán Artur Mas se encuentra a punto de convocar la consulta soberanista pese a que el Ejecutivo español se opone por considerarla ilegal. (*Cataluña reunió a casi 2 millones de personas por la independencia* - Unoentrerios.com.ar).

- 03.09.2014: La Asamblea Nacional Catalana (ANC) ha elaborado un calendario para que un parlamento paralelo declare de manera unilateral la independencia de la Comunidad Autónoma de Cataluña el 23 de abril de 2015. (*'ABC': Cataluña declarará unilateralmente su independencia el 23 de abril de 2015* - Actualidad.rt.com).

- 17.07.2014: Las entidades independentistas [La Asamblea Nacional Catalana y Òmnium Cultural, principales entidades soberanistas de Cataluña] quieren convertir la Diada catalana del 11 de septiembre en un acontecimiento histórico que supere la multitudinaria manifestación de 2012 y la cadena humana de 2013. (*La ANC quiere otra Diada "histórica" con una V humana en Barcelona* - Ccaa.elpais.com).

- 03.07.2014: *La ANC diseña una Armada catalana con 2.000 efectivos.* (Abc.es).

- 25.03.2014: *Tomar el control de aeropuerto y puerto, objetivo independentista.* La hoja de ruta de la Asamblea Nacional Catalana prevé que el día de Sant Jordi de 2015 se proclame la independencia de Cataluña. Abc.es.

- 20.06.2013: Fomento, sindicatos y casas regionales firman el Pacto por el Derecho a Decidir. El Gobierno catalán cierra una primera relación de 34 entidades a favor de la consulta. El Pacto será un foro para impulsar la consulta desde la sociedad civil y se firmará el día 26.

El Gobierno catalán ya ha cerrado una primera lista de participantes en el Pacto Nacional por el Derecho a Decidir con 34 entidades, entre las patronales catalanas, las cámaras de comercio, sindicatos y organizaciones como Òmnium Cultural y la confederación vecinal CONFAVB o la Federación de Casas Regionales. El Pacto será una suerte de foro de la sociedad civil en favor de la consulta. El Partit dels Socialistes ya ha anunciado que no lo suscribirá al denunciar su falta de neutralidad y ser sesgado al ser una de las premisas que siempre se ha marcado la Asamblea Nacional Catalana (ANC, la entidad que convocó la multitudinaria manifestación de la última Diada.

En el listado aún provisional, aparecen los principales sindicatos catalanes -CCOO, UGT, Unió de Pagesos y Unión Sindical Obrera de Cataluña (USOC)-, así como las patronales Foment del Treball, Cecot y Pimec y el Consejo General de Cámaras de Comercio de Cataluña. La lista la completan la Asociación de Municipios por la Independencia (AMI), la Asamblea Nacional Catalana (ANC), la Coordinadora de Asociaciones por la Lengua Catalana (CAL) y la Plataforma por la Lengua.

También estarán presentes en el Pacto entes del ámbito educativo y cultural como el Consejo Escolar de Cataluña, el

Instituto de Estudios Catalanes y el Consejo Nacional de la Cultura y las Artes (Conca). En la esfera social destaca la Mesa de Entidades del Tercer Sector Social de Cataluña, la Federación de Asociaciones de Gente Mayor de Cataluña (Fatec) y el Consejo Nacional de la Juventud de Cataluña (CNJC).

Fuentes del Gobierno han explicado a Efe que el listado de asistentes a la reunión constitutiva del Pacto, prevista para el próximo 26 de junio en el Parlament, es aún rovisional, por lo que el número de entidades se podría ampliar en los próximos días.

El Pacto Nacional por el Derecho a Decidir es una plataforma orientada a preparar la consulta de autodeterminación en la que estarán presentes partidos políticos favorables al proceso, la Generalitat y otras instituciones públicas y un grupo de entidades sociales, culturales y económicas. (*Fomento, sindicatos y casas regionales firman el Pacto por el Derecho a Decidir*. Assemblea.cat).

- 03.02.2014: Policías independentistas llaman a debatir el papel de los Mossos ante el reto de la consulta. Mossos impulsan este colectivo que quiere incluir a otros agentes. (*Policías independentistas llaman a debatir el papel de los Mossos ante el reto de la consulta*. Elmundo.es).

- 13.11.2013: *Denuncia de 100 abogados contra el Colegio de Barcelona por su apoyo al soberanismo.*(Elmundo.es).

- 20.04.2013: El Centro de Estudios Estratégicos de Cataluña, bajo la dirección de Miquel Sellarès, cofundador de CDC y exdirector de los Mossos d' Esquadra, ha realizado un informe sobre la "futura fuerza de defensa" de Cataluña. *El cofundador de CDC diseña el futuro Ejército de Cataluña.* (Ecodiario.eleconomista.es).

- 11.04.2013: Formado mayoritariamente por académicos y presidido por el exmagistrado del Tribunal Constitucional

Carles Viver Pi-Sunyer, el Consejo para la Transición Nacional tiene la función de asesorar al Govern en los pasos a seguir para convocar la consulta de autodeterminación y para construir las denominadas "estructuras de Estado". En total, el consejo realizará entre 15 y 20 informes que se irán entregando al Govern a lo largo del presente año, con los que asesorará sobre estructuras de una Cataluña eventualmente independiente, para que tenga hacienda propia, seguridad social, poder judicial, banco central, defina su encaje en la UE y cuestiones como la "doble nacionalidad". *Artur Mas encarga al consejo asesor informes para diseñar un Estado propio.* (Cadenaser.com).

- 10.03.2013: Barcelona. (Europa Press).- Diferentes colectivos de la sociedad civil han constituido este sábado la Asamblea Nacional Catalana, una entidad que nace con el objetivo de presionar a los partidos políticos para ir hacia la independencia de Catalunya.

En el acto, que se ha celebrado en el Palau Sant Jordi de Barcelona con la asistencia de unas 7.000 personas, se constituyen los estatutos de esta nueva entidad cuyo objetivo es crear una mayoría social para trabajar hacia el camino de la independencia y reclamar la celebración de un referéndum antes de marzo de 2014. (*Constituyen la Asamblea Nacional Catalana, una plataforma por la independencia* - Lavanguardia.com).

- 11.09.2013: Rotundo éxito de la convocatoria en los 778 tramos entre Alcanar y El Pertús, donde una cadena humana se ha unido a lo largo de 400 km. (*Más de un millón de catalanes articulan la Vía Catalana por la independencia* - Deia.com).

- 19.09.2012: *La Generalitat crea el embrión de la hacienda propia.* (Ccaa.elpais.com).

- 11.09.2012: Manifestación "Catalunya, nou estat d'Europa", durante el Día de Cataluña. Que se estimó la influencia de 1 500 000 de personas.

- 03.09.2012: *De forma no oficial. 40 municipios catalanes cambian 'Plaza de España' por 'Plaza de la independencia'* – (Alertadigital.com).

- 01.12.2011: Los diputados autonómicos de Solidaritat Catalana per la Independència han aprovechado el pleno del Parlamento autonómico de este jueves para proclamar en todas y cada una de sus intervenciones la frase "España nos roba" o "España nos expolia". (*López Tena: "No nos hará callar esta cosa que preside el Parlamento [autonómico] de Cataluña"* - Vozbcn.com).

- 11.04.2011: *Cerca de 900.000 catalanes han votado en las 553 consultas de independencia.* El referéndum pionero de 2009 en Arenys de Munt tuvo este domingo su colofón en la ciudad de Barcelona. (Lavanguardia.com).

- 12.04.2011: 200 representantes de colectivos soberanistas y de la sociedad civil han convocado el 30 de abril la primera Conferencia Nacional para el Estado Propio que desemboque en otoño en una Asamblea Nacional Catalana (ANC). (*Independentistas preparan una Asamblea Nacional Catalana* - Europapress.es).

- 13.09.2009: Un total de 2.671 vecinos acudieron a las urnas. El 'sí' ha ganado con un 96,3% de los votos frente al 2,2% del 'no', el 1,1% de votos en blanco y el 0,4% de nulos. (*La alta afluencia a las urnas y el civismo marcan la consulta popular de Arenys de Munt.* Lavanguardia.com).

- 27.07.1976: "El Festival tenía que dar comienzo a las 10 de la noche para terminar a las 4 de la madrugada. Sin embargo a primeras horas de la mañana el pequeño pueblo costero se vio literalmente invadido de jóvenes procedentes de todos los lugares de Cataluña. Durante todo el día se sucedieron diversas manifestaciones, de claro contenido político, ya que los gritos dominantes eran Llibertad, amnistía y Estatut d`autonomía, así como otra exclamación hasta ahora poco oída, por lo menos en Cataluña: España mañana será republicana." (*Sesenta mil personas, en un ambiente de euforia política.* Elpais.com).

1.1.6. Organizaciones separatistas catalanas

Afirmar que actualmente la Generalitat (Generalidad) de Cataluña está gobernada por los nacionalistas y separatistas no es una afirmación absurda. Y es allí donde se va construyendo el nuevo pensamiento político y sociológico de la nueva Cataluña como Estado-nación a la vista y paciencia del propio Gobierno central y del Estado español.

Y dentro de las organizaciones separatistas y nacionalistas tendríamos a:

- Junts pel Sí (Juntos por el Sí).
- Nosaltres Sols! (¡Nosotros solos! en castellano), 1916-1939. Fue la primera organización estrictamente político-armada del siglo XX en España.
- Terra Lliure.- Organización armada que utilizó la violencia o la fuerza constitutivas hacia el separatismo. Fundada en el año 1978 y que se auto disolvió en 1991.
- Acció Catalana – Disuelto 1931
- Acció Catalana Republicana – Disuelto 1939
- Acció Republicana de Catalunya – Disuelto 1931
- Assemblea Nacional Catalana
- Arran (en castellano Raíz)
- Assemblea d'Unitat Popular – Movimiento disuelto en 1996
- Bloc d'Esquerra d'Alliberament Nacional – Disolución 1981
- Candidatura d'Unitat Popular
- Catalunya Lliure – Coalición electoral disuelto 1995
- Centre Nacional Català – Grupo político 1901
- Centre Nacionalista Republicà – Grupo político disuelto 1910
- Coalició per la Independència
- Convergència Democràtica de Catalunya (CDC)

- Convergència i Unió – Federación política
- La Coordinadora d'Assemblees de Joves de l'Esquerra Independentista (Coordinadora de Asambleas de Jóvenes de la Izquierda Independentista) (CAJEI) Disuelta en 2012
- Democràcia Catalana (DCat)
- Des de baix
- Endavant - Organització Socialista d'Alliberament Nacional (Adelante - Organización Socialista de Liberación Nacional)
- Entesa dels Catalans – Coalición
- Esquerra Catalana – Disolución 1923
- Esquerra Republicana de Catalunya (ERC)
- Esquerra Unida i Alternativa (EUiA)
- Estat Català fundado en 1922
- Estat Català-Partit Proletari – Disuelto 1934
- Federació Comunista Catalanobalear – Disolución 1930
- Independentistes dels Països Catalans – Agrupación disuelta 1984
- Joventuts d'Esquerra Republicana de Catalunya (JERC, Juventudes de Izquierda Republicana de Cataluña
- Joventut Nacionalista de Catalunya ("Juventud Nacionalista de Cataluña")
- El Moviment de Defensa de la Terra (Movimiento de Defensa de la Tierra)
- Maulets disuelta en 2012
- El Partit Socialista d'Alliberament Nacional dels Països Catalans (PSAN) (Partido Socialista de Liberación Nacional de los Países Catalanes)
- El Partit Nacionalista Català (Partido Nacionalista Catalán) (PNC), disuelto en 1936
- Unitat Nacional Catalana (UNC, Unidad Nacional Catalana)
- Plataforma pel Dret a Decidir (PDD)
- Comissió de la Dignitat
- Òmnium Cultural
- Asociación de Municipios por la Independencia (AMI)
- La Candidatura d'Unitat Popular (CUP)
- Reagrupament Independentista (RCat)
- Solidaritat Catalana per la Independència (SI)
- Unió Democràtica de Catalunya (UDC)
- Iniciativa Catalunya Verds

2. Comunidad autónoma de Euskadi (País Vasco)

El País Vasco o Euskadi o Comunidad Autónoma Vasca (CAV) o Vascongadas o Vasconia (territorio que todavía está en cuestión hasta el nombre) es una comunidad autónoma española, formada por las provincias de Álava, Guipúzcoa y Vizcaya. Está agrupada en 251 municipios. Su capital Vitoria – Gazteiz. Con una población a diciembre de 2014,[27] de 2.188.985 habitantes, y de una superficie de 7 234 km². Consideradas sus provincias como territorios históricos, según su Estatuto de Autonomía en vigor 1979.

Actualmente Euskadi está gobernada por el Euzko Alderdi Jeltzalea - Partido Nacionalista Vasco (EAJ-PNV), en formación de gobierno con EH Bildu, siendo su Presidente del Lehendakari, Iñigo Urkullu (2012-2016).

Carece de una festividad oficial autonómica, sólo cuenta con una fiesta no oficial llamada El Aberri Eguna, (En euskera día de la patria, en referencia a la patria vasca, es una celebración festiva del nacionalismo vasco que se convoca anualmente en el Domingo de Resurrección en los territorios de Euskal Herria. Wikipedia). (Urkullu desea un día nacional vasco "oficial e institucionalizado". Espera el Aberri Eguna sea celebrado también por los no nacionalistas. El País Vasco ya no tiene día oficial tras la derogación del aniversario del Estatuto. *Desde 1932, sólo ha habido una convocatoria unitaria la de 1978, avalada por el PSOE.* Elmundo.es - 19.04.2014).

Algo más:

Euskal Herria, Euskadi y la ikurriña

El famoso decreto que aprueba el nuevo currículo vasco ha reabierto el debate sobre los términos Euskal Herria y Euskadi. Para evitar su confusión, por interés o ignorancia, hoy analizamos sucintamente el origen de estos conceptos, a los que añadimos la historia de la ikurriña.

"El documento que marca los contenidos de los textos escolares en el País Vasco conduce a confundir el concepto de Euskal Herria como realidad cultural y lingüística con el de nación". Tales fueron los términos en los que el presidente del gobierno, José Luis Rodríguez Zapatero, se refería recientemente a la polémica del nuevo decreto de Educación del gobierno vasco. El gobierno de Navarra, por su parte, ya decidió en el mes de noviembre interponer un recurso contra este decreto precisamente por su utilización del término Euskal Herria. ¿Pero qué es y qué no es Euskal Herria?

Euskal Herria

Según la mismísima Sociedad de Estudios Vascos, Euskal Herria es "un espacio o región cultural europea, situado a ambos lados de los Pirineos y que comprende territorios de los estados español y francés. Por lo tanto, se conoce como Euskal Herria o Vasconia al espacio en el que la cultura vasca se manifiesta en toda su dimensión". La Real Academia de la Lengua Vasca define Euskal Herria, literalmente, como "el país del euskera o del vascuence".

Euzkadi

Se trata de un neologismo inventado por Sabino Arana en torno al año 1900. Se da la circunstancia de que se trata además de un término incorrectamente construido en vascuence, por lo que la Real Academia de la lengua Vasca lo corrigió adoptando el actual "Euskadi". El nacimiento de esta palabra de nuevo cuño se debe a la insatisfacción de Arana con el término Euskal Herria, un término pacíficamente aceptado en general como referencia a un espacio cultural difuso que no coincidía con una realidad política concreta. El Gobierno Vasco de la Segunda República se autodenominó como "Gobierno de Euzkadi". Una denominación que queda consagrada en 1979 a través del Estatuto de Autonomía del País Vasco, que llama Euskadi a la actual Comunidad Autónoma Vasca.

Euskal Herria versus Hispanidad

De alguna manera, el concepto "Euskal Herria" podría ser el equivalente al concepto "Hispanidad", que la RAE define como el "carácter genérico de todos los pueblos de lengua y cultura hispánica". Pretender construir políticamente un estado a partir del concepto Euskal Herria equivaldría entonces a tratar de construir un estado, basándose también en una comunidad cultural o lingüística, a partir del concepto de Hispanidad.

La ikurriña

La ikurriña, por su parte, se trata de una bandera creada tan recientemente como en 1894 por los hermanos Luis y Sabino Arana. Inicialmente fue diseñada sólo para Vizcaya y sólo como bandera del PNV. Su fondo rojo refleja el color de la bandera vizcaína al cual, acaso por inspiración de la "Unión Jack" británica, se le suman algunos elementos simbólicos como la cruz blanca y las aspas verdes, significando respectivamente la religiosidad de los creadores y una alusión a los fueros de Vizcaya a través del Árbol de Guernica. Siendo las comparaciones odiosas, se trata, sin embargo de una de esas curiosas ocasiones en las que, como en el caso de la URSS o la Alemania nazi, la bandera de un partido político concreto ha llegado a convertirse en la bandera de toda una población o incluso, como aspiración, en la de un estado. Fue adoptada en 1936 por el gobierno vasco y de nuevo en 1979 como bandera de la CAV. (Euskal Herria, Euskadi y la ikurriña. 02/07/2008 - Navarraconfidencial.com).

2.1. Origen y evolución del pensamiento separatista vasco

El País Vasco, como comunidad autónoma, tras el pacto y acuerdo Constitucional de 1978, hizo posible favorablemente el avance y el ascenso del nacionalismo vasco, y fue el factor decisivo y determinante para que el movimiento separatista surgiera con fuerza, explicable además por el abandono ideológico-político del Estado y del Gobierno de turno en esta Comunidad.

2.1.1. Sobre el nacionalismo vasco

Veamos algunos antecedentes de importancia vistos el 30.04.2015, y que publica la Wikipedia (http://es.wikipedia.org/wiki/Nacionalismo_vasco),[28] sobre el nacionalismo vasco:

- Joannes Leizarraga, en la dedicatoria a la reina Juana de Albret de su traducción del Nuevo Testamento (1571), afirma: "Sin embargo, estando seguro de que los vascos, entre todas las demás naciones, no somos tan bárbaros que no podamos reconocer y alabar al Señor en nuestra lengua".

- En 1643 Pedro de Axular especifica los territorios que constituyen Euskal Herria: "Ceren anhitz moldez eta differenqui minçatcen baitira Euskal herrian, Naffarroa garayan, Naffarroa berrean, Çuberoan, Lapurdin, Bizcayan, Guipuzcoan, Alaba-herrian eta bertce anhitz leccutan".

- La Diputación del Reino de Navarra expresa repetidamente en un texto de 1672 el término "Nación Bascongada" referido a "sus hijos, y naturales" y a los del "Señorío de Vizcaya, y Provincias de Guipúzcoa y Alava"

- Manuel de Larramendi (1690-1766) defendía ya en el siglo XVIII la existencia de una "nación bascongada": El Proyecto de las Provincias Unidas del Pirineo es sin duda magnífico y especioso (hermoso). República que se hará famosa con su gobierno aristocrático o democrático, como mejor pareciere, tomando de las repúblicas antiguas todo lo que las hizo célebres y ruidosas en el mundo, y de las modernas todo lo que es conveniente para su duración y subsistencia.[6]

- Lo mismo que Juan de Perochegui que en 1769 edita su libro titulado "Origen de la Nación Bascongada y de su lengua".

- El alavés Landázuri habla ya en 1780 de "país bascongado" y en 1798 publica su obra "Historia civil de la M.N. y M.L. Provincia de Álava", en la que señala la tradicional independencia de Álava y de Vizcaya. Esta obra generó una gran controversia e inició una época de publicaciones en defensa de la independencia de los territorios vascos como la realizada por Pedro Novia de Salcedo en su libro "Defensa histórica legislativa y económica del Señorío de Vizcaya y Provincias de Álava y Guipúzcoa", acogiéndose también a esta tesis autores no vascos como Pérez Villamil, Vicente de la Fuente, Danvila y Collado y Oliver Hurtado; en oposición a la misma cabe citar a Luis Salazar y Castro. [7]

- Tras la primera invasión francesa de 1794, Diputados de Guipúzcoa solicitan la protección francesa para formar una provincia independiente amparada por la República, lo cual no es aceptado por los franceses. [8]

- Desde el exterior, en 1801, el investigador alemán Humboldt recorre el país y lo reconoce expresamente como "nación vasca". Diez años más tarde, el senador laburdino Garat, que creía a los vascos descendientes de los fenicios, propone al Emperador Napoleón la formación de un "Estado Nacional Vasco" que se llamaría Nueva Fenicia con los territorios de ambos lados de los Pirineos, que se agruparían en dos departamentos, Nueva Tiro y Nueva Sidón, y cuya bandera y escudo serían los de Navarra, que considera eran los de las naves de Tiro[9] y Juan Antonio de Iza Zamácola publica en 1818 "Historia de las naciones bascas de una y otra parte del Pirineo Septentrional y costas del mar Cantábrico (Auch, 1818, tres vols.)."

- Precisamente será la Diputación de Navarra la institución que, en 1864, invita a las otras tres a participar en un proyecto mancomunado al que denomina "Laurac bat", [10] es decir, "cuatro en una".

- El suletino Augustin Chaho es considerado un predecesor del nacionalismo vasco, pues en 1836 realiza una formulación explícita del nacionalismo vasco en su libro "Viaje por Navarra durante la insurrección de los vascos".

- El nacionalismo surgió con más fuerza a fines del siglo XIX, tras la política centralista llevada a cabo tras la Tercera Guerra Carlista, que conllevó la casi total supresión de los fueros (leyes propias). (Véase Ley Paccionada).

- En sus memorias (1852), Francisco Espoz y Mina expresa: "Los gipuzkoanos, vizcaínos y alabeses en el interés de derechos y nacionalidad siempre han marchado unidos con los nabarros". [11]

- En 1881 Pedro de Soraluce-Zubizarreta es el autor de una bandera de Euskal-Erria (sic), roja por Navarra y blanca por las tres Provincias Bascongadas que desfila en París en ese año en un homenaje a Víctor Hugo. La enseña venía acompañada de una estrella dorada en cada ángulo, un escudo con los de las cuatro provincias coronado por la corona real, en cada cuartel una cabeza de rey moro para recordar el lauburu y la divisa Laurac-bat sobre una cinta con los colores de España, en recuerdo de la hermandad vasco-navarra. [12 13]

- El primer partido político abiertamente nacionalista es el Partido Nacionalista Vasco (EAJ-PNV) fundado en 1895 por Sabino Arana, [14] que era partidario de la independencia de Vizcaya y de una confederación de Estados Vascos, si bien en sus inicios basaba sus planteamientos en los principios del nacionalismo romántico de la época, incluyendo el racismo,[13] en la actualidad se centra en el derecho a decidir expresado democráticamente por los ciudadanos.[15]

2.1.2. Sobre el separatismo vasco

Para los movimientos separatistas vascos, de lo que hoy se llama Euskadi, no es más que una limitación territorial (las provincias de Álava, Guipúzcoa y Vizcaya), ya que para ellos pertenecen a una tierra en común, a la "Tierra del Euskara" o Euskal Herria, conformada por la actual Euskadi, la comunidad autónoma de Navarra y el País Vasco francés (en euskera: Iparralde o en francés: Pays Basque o País Vasco norte), constituido por tres provincias históricas Labort, Baja Navarra, y Sola, que se ubicaban en la actual región francesas de Aquitania (francés Aquitaine, euskera Akitania), del actual departamento francés de los Pirineos Atlánticos (en francés Pyrénées-Atlantiques). País vasco francés no reconocido como un territorio administrativo sino como una región histórico-cultural. Reconocido como pays en enero de 1997, a raíz de la 'ley Pasqua'.

Tales provincias históricas del País Vasco francés, se localizan 158 municipios, que clasificados por provincias vendrían hacer:

- Labort (francés Labourd, euskera Lapurdi), su capital Bayona (en francés Bayonne, en euskera Baiona), con 41 municipios:

Ahetze, Ainhoa, Anglet, Arbonne, Arcangues, Ascain, Bardos, Bassussarry, Bayonne, Biarritz, Bidart, Biriatou, Bonloc, Boucau, Briscous, Cambo-les-Bains, Ciboure, Espelette, Guéthary, Guiche, Halsou, Hasparren, Hendaye, Itxassou, Jatxou, Lahonce, Larressore, Louhossoa, Macaye, Mendionde, Mouguerre, Sare, Souraïde, Saint-Jean-de-Luz, Saint-Pée-sur-Nivelle, Saint-Pierre-d'Irube, Urcuit, Urrugne, Urt, Ustaritz, Villefranque.

- La Baja Navarra (francés Basse-Navarre, euskera Nafarroa Beherea), su capital San Juan Pie de Puerto (en francés Saint-Jean-Pied-de-Port, en euskera: Donibane Garazi), con 75 municipios:

Ahaxe-Alciette-Bascassan,   Aïcirits-Camou-Suhast, Aincille, Ainhice-Mongelos, Les Aldudes, Amendeuix-Oneix, Amorots-Succos, Anhaux, Arancou, Arbérats-Sillègue, Arbouet-Sussaute, Arhansus, Armendarits, Arnéguy, Arraute-Charritte, Ascarat, Ayherre, Banca, Béguios, Béhasque-Lapiste, Béhorléguy, Bergouey-Viellenave, Beyrie-sur-Joyeuse, Bidache, Bidarray, Bunus,

Bussunarits-Sarrasquette, Bustince-Iriberry, Came, Çaro, Estérençuby, Gabat, Gamarthe, Garris, Hélette, Hosta, Ibarolle, Iholdy, Ilharre, Irissarry, Irouléguy, Ispoure, Isturits, Jaxu, Juxue, La Bastide-Clairence, Labets-Biscay, Lacarre, Lantabat, Larceveau-Arros-Cibits, Larribar-Sorhapuru, Lasse, Lecumberry, Luxe-Sumberraute, Masparraute, Méharin, Mendive, Orègue, Orsanco, Ossès, Ostabat-Asme, Pagolle, Saint-Esteben, Saint-Etienne-de-Baïgorry, Saint-Jean-le-Vieux, Saint-Jean-Pied-de-Port, Saint-Just-Ibarre, Saint-Martin-d'Arberoue, Saint-Martin-d'Arrossa,Saint-Michel, Saint-Palais, Suhescun, Uhart-Cize,Uhart-Mixe,Urepel.

- Sola (euskera Zuberoa, en francés Soule), su capital Mauleón (en francés Mauléon-Licharre, en euskera Maule-Lextarre), con 41 municipios:

Ainharp, Alçay-Alçabéhéty-Sunharette, Alos-Sibas-Abense, Aroue-Ithorots-Olhaïby, Arrast-Larrebieu, Aussurucq, Barcus, Berrogain-Laruns, Camou-Cihigue, Charritte-de-Bas, Chéraute, Domezain-Berraute, Espès-Undurein, Esquiule, Etcharry, Etchebar, Garindein, Gestas, Gotein-Libarrenx, Haux, Idaux-Mendy, Lacarry-Arhan-Charritte-de-Haut, Laguinge-Restoue, Larrau, L'Hôpital-Saint-Blaise, Lichans-Sunhar, Licq-Athérey, Lohitzun-Oyhercq, Mauléon-Licharre, Menditte, Moncayolle-Larrory-Mendibieu, Montory, Musculdy, Ordiarp, Ossas-Suhare, Osserain-Rivareyte, Roquiague, Sauguis-Saint-Etienne, Sainte-Engrâce, Tardets-Sorholus, Trois-Villes, Viodos-Abense-de-Bas.

Este mismo pensamiento del separatismo vasco de la "Tierra del Euskera" o Euskal Herria o Vasconia, se hace referencia también, según la Sociedad de Estudios Vascos, como "a un espacio o región cultural europea, situado a ambos lados de los Pirineos y que comprende territorios de los estados español y francés. Por lo tanto, se conoce como Euskal Herria o Vasconia al espacio en el que la cultura vasca se manifiesta en toda su dimensión".

Lo contrario a este pensamiento del Euskal Herria lo dan los defensores del nacionalismo navarros. Un ejemplo de ello es el partido nacionalista Unión del Pueblo Navarro (UPN), a través de su líder y fundador Miguel Sanz, ex presidente del Gobierno de Navarra, al afirmar: "Navarra nunca será una provincia vasca más, ya que es una comunidad autónoma diferenciada, diversa y singular".(*"Hay que cambiar la Constitución para que el nacionalismo no pida Navarra"*. Diariovasco.com - 24.04.2011).

Téngase en cuenta que Navarra es una comunidad foral de acuerdo a sus derechos históricos reconocidos por la disposición adicional primera de la Constitución de 1978.

2.1.3. ¿País vasco?

A primera vista, nos resulta o imperfecto o contradictorio en el momento que leemos o escuchamos el nombre País Vasco cuando éste se encuentra dentro del país de España. Y aquí cabe las preguntas: ¿Por qué se utiliza el término o se le denomina país al País Vasco? Utilizar el término país, ¿no es acaso suficientemente claro precisar y distinguir con esto el propósito y objetivo de esta comunidad de convertirse en un país? ¿No se presenta acaso una intencionalidad y propósito separatista? ¿Y que corresponde a las ambiciones surgidas por sus ideólogos vascos del siglo XIX?

Los hechos ocurridos en los siglos XVIII, XIX y XX nos dan ciertas afirmaciones lógicas y admisibles de cómo se origina el nombre de país en el País Vasco y de la presencia ideológica separatista de sus ideólogos vascos para determinar dicho nombre. A pesar de que no sabemos cuándo se empezó a usar –se dice en el siglo XIX-, y quienes lo usaron, y con qué propósito, pues de lo incierto y lo confuso, sólo podemos admitirlo en el enigma lingüístico e histórico de la lengua vasca o euskera conservada hasta nuestros días, pero no en este caso del nombre país al País Vasco.

196

Prestemos atención a las siguientes referencias, que nos podrían ayudar a entender mejor la vinculación del nombre país:

a) En relación al tiempo

- En el siglo XVIII (1710-1800)

El Siglo de las luces, en relación al movimiento de la Ilustración y el Siglo del hierro de la cruel Guerra de los Treinta Años (1618-1648). Y el de la Revolución industrial a la mitad del siglo XVIII…

- Tratado de Münster (Westfalia). Acuerdo que firmaron los países del continente europeo, estableciéndose el nuevo orden de Europa en conflicto, se basó en la soberanía nacional, marcando el nacimiento del Estado nación. Aquí se menciona en retirados textos la palabra país, véase el siguiente párrafo:

"En nombre y gloria de Dios. Sea notorio a todos, que después del largo curso de sangrientas Guerras, que han afligido por tantos años a los Pueblos, Súbdito, Reinos y Países de la obediencia de los Señores Rey de las Españas, y Estados Generales de las Provincias Unidas del País Bajo, los dichos señores Rey y Estados, movidos de cristiana compasión, y deseando por fin a las calamidades públicas, y atajar las deplorables consecuencias, inconvenientes, daños y peligros, que la ulterior continuación de las dichas Guerras de los Países Bajos puede traer consigo, particularmente habiéndose extendido a otros Estados, Países, Tierras y Mares más distantes; y convertir los siniestros efectos de…" Tratado definitivo de paz y comercio ajustado entre S. M. C. y los Estados Generales de las Provincias Unidas. Firmado en Münster, 30 de enero de 1648.

- En 1698 el historiador Baltasar Lezaun nacido en Estella (Navarra), emplea el término país en su obra "País de los Pueblos Bascones". Patxi Xabier Latorre Hurtado GU

GAURKO EUSKALDUNOK (*"Nosotros los vascos de hoy"*), pág. 56. (books.google.es/books?isbn=8415482582).

- A partir de la segunda mitad del siglo XVIII, se fundaron varias Sociedades Económicas de Amigos del País, organismos no estatales, con el fin de promover el desarrollo de España, especialmente en el aspecto económico, y que se inició en los círculos culturales.

La primera en constituirse fue la Sociedad Vascongada de Amigos del País (en euskera Euskalerriaren Adiskideen Elkartea), fundada por el conde de Peñaflorida en 1765. (http://www.artic.ua.es/biblioteca/u85/documentos/1865.pdf).

b) En relación al término país

Vamos a substraer a continuación un párrafo de interés de Gonzalo Javier Auza, en su artículo "El nombre de nuestra tierra (II de II)", al referirse de país y su posible relación con el País Vasco, veamos:

"País" proviene del francés "pays" y del latín "pagus". La expresión en francés "Pays basque" es de uso anterior al castellano "País Vasco" y hasta la actualidad se utiliza en Francia para denominar a Iparralde.

El vocablo "país" recién aparece en el siglo XVI en castellano. Ya se utilizaba en la época romana en la vertiente norte de los Pirineos vascos para denominar una subdivisión rural de la "civitas"; como en los casos de pagus "Spariani" (probablemente Hasparren) o "Solensi" (Zuberoa). Su evolución determinó, en particular desde que Larramendi la usara como sinónimo de "nación", que se utilizara como sinónimo del territorio ocupado por los vascos.

En el siglo XIX fue muy usual la expresión "País Vasco-Navarro". El término acotado "País Vasco" apareció en el anteproyecto del "Estatuto General del Estado Vasco" de 1931 elaborado por Eusko Ikaskuntza. Naturalmente, en esa época los navarros preferían la expresión "País vasconavarro" y así lo expresó la Diputación navarra en su anteproyecto de autonomía compartida con Bizkaia, Gipuzkoa y Araba". (El nombre de nuestra tierra (II de II) - Gonzalo Javier Auza - Euskonews.com).

- Véase cómo Francia utilizaba ya el término de país (pays):

1) En las regiones naturales francesa como el Pays d´Auge, Pays de Buch, pays de Caux, pays de Sault, Pays de la Loire et le Pays Basque.

Téngase en cuenta que en Francia ya se utilizaba la palabra Pays Basque ("País Vasco") sólo correspondiente a dicha región localizada en la zona norte francesa. Siendo el término "País Vasco" utilizado posterior a aquél, utilizado en castellano para referirnos a la comunidad autónoma del País Vasco. Un apunte más, dicho término de "País Vasco" apareció en el anteproyecto del Estatuto General del Estado Vasco de 1931.

2) En el Antiguo Régimen en Francia (La France de l'Ancien Régime) que predominó antes de la Revolución Francesa, se establecieron ciertas estructuras administrativas y fiscales en el territorio francés, localizadas por áreas geográficas, (frontiéres françaises en 1789), utilizando el término pays: Pays d´État, Pays d´Élection et Pays d´Imposition.

3) En 1955 se constituye la región francesa de Pays de la Loire (en castellano Países del Loira, que consta de cinco departamentos, su capital Nantes), que no lleva un componente histórico-político-administrativo, sino simplemente económico y administrativo.

Entendemos que el término "país" está expresado según el fin e intenciones que se le quiera atribuir. Puede interpretarse como territorio, provincia, región o nación, o como un asunto administrativo territorial, como el caso francés visto, o bien como asociada a "estado nacional" o "estado soberano".

199

El término "país" con intencionalidad o propósito de vincularla como sinónima al fundamento de "estado nacional" viene marcado con ese propósito simplemente al observar el nombre que presentó la Sociedad de Estudios Vascos, el 31 de mayo de 1931, como Estatuto General del Estado Vasco, o entre otras cosas, por lo que se señalaba en su texto Preliminar, Artículo 1º la palabra "Estado autónomo", que dicho sea de paso tal anteproyecto fue apoyado por distintos partidos políticos republicanos y carlistas, que desde luego debatido en las comisiones en las Cortes fue rechazado.

Y si el término Estado no surtió efecto deseado para los políticos y de la sociedad cultural vasca de la época, no sorprende que el término "país" haya sido establecido y aceptado por las Cortes Constituyentes tal como se observa bien con el título de Estatuto de Autonomía del País Vasco de 1936 y 1979, ambos aprobados por las Cortes Constituyentes y en el contenido de las mismas, véase las mencionadas:

1) El 07 de octubre de 1936 se publica en decreto y se sanciona la Ley de la constitución del Estatuto de Autonomía del País Vasco:

Título Primero – Disposiciones Generales.
Artículo 1º Con arreglo a la Constitución de la República y al presente Estatuto, Álava, Guipúzcoa y Vizcaya se constituyen en región autónoma dentro del Estado español, adoptando la denominación de "País Vasco".

2) Se aprueba la Ley Orgánica 3/1979, de 18 de diciembre el Estatuto de Autonomía del País Vasco (1979) (Estatuto de Guernica).

JUAN CARLOS I, REY DE ESPAÑA,

A todos los que la presente vieren y entendieren,

Sabed: Que las Cortes Generales han aprobado con el carácter de Orgánica y Yo vengo en sancionar la siguiente Ley:

TÍTULO PRELIMINAR

Artículo 1. El Pueblo Vasco o Euskal-Herría, como expresión de su nacionalidad, y para acceder a su autogobierno, se constituye en Comunidad Autónoma dentro del Estado Español bajo la denominación de Euskadi o País Vasco, de acuerdo con la Constitución y con el presente Estatuto, que es su norma institucional básica.

c) ¿Y por qué no sorprende la existencia del término "país" usado para el País Vasco?

Desde luego que no fue inadvertido por los Diputados de las Cortes del 36 y 79. Esto se explica simplemente porque no hubo oposición a ello. Queda claro que en la política española del 36 y del 79 era imprescindible la "armonía" y el "entendimiento", de unos con otros.

Los efectos de la esclerosis política de éstas décadas no fueron capaces de llegar a cuestionar los términos y del análisis de las repercusiones futuras, como el hecho de aceptar el término "país" al estatuto vasco del País Vasco a lo pertinente y adecuado como lo sería si decimos: Estatuto de la Comunidad Autónoma Vasca o el Estatuto de Euskadi o el Estatuto de Autonomía Vasco o el Estatuto de Autonomía de Vasconia o vasconie, que equivale a Euskadi según algunos entendidos.

Esclerosis política de la década de los 30: "jalonan un período histórico en el que parecen imperar a la vez el azar y la necesidad. Fatalismo que, en ambos casos, permite eludir responsabilidades y justificar lo injustificable". (Historia de España, La crisis de la Monarquía y la Segunda República, Volumen VI, pág.9, Ediciones Orbis, S.A.).

Suficientemente claro para afirmar que el término "país" fue pensado e influido abiertamente y sin maniqueísmo en sentido relación con los hechos históricos sucedidos en los siglos XVIII, XIX y XX, y que oportunamente fueron utilizados por los ideólogos separatistas vascos del siglo XX –en su nacimiento estatutario- como parte de su concepción hacia la soberanía nacional vasca.

Es a través de la Autonomía vasca que se busca un mayor nivel de autogobierno, en lo legislativo como ejecutivo, judicial, cultural y económico. Y cuanto mayor sean las demandas y éstas aceptadas por el Gobierno central, más propicio será para desarrollar y expandir el pensamiento separatista en el País Vasco.

Véase el ejemplo de la Comunidad autónoma del País Vasco, en la reunión entre Urkullu y Rajoy. El presidente del gobierno vasco Iñigo Urkullu reclamará el traspaso de competencias pendientes y la "flexibilidad del déficit para las autonomías". Noticias 24Horas TV - 30.01.2013.

2.1.4. Las elecciones como marco político de referencia del nacionalismo y separatismo en Euskadi

Tras las últimas elecciones autonómicas del 21 de octubre 2012 el PNV se impone y la coalición abertzale EH Bildu (considerada proetarras) se consolida como la segunda fuerza política. Los socialistas, el PSE-EE, pierden nueve escaños y se quedan con 16, frente a los 27 de PNV y los 21 de EH Bildu. El PP retrocede hasta los 10 escaños. Por lo resultados vemos que EH Bildu sigue gobernando en la Diputación y en el Ayuntamiento Donostia-San Sebastián, capital de la provincia de Guipúzcoa.

Tras las elecciones municipales en Euskadi 2015 Los jeltzales (así denominados a los miembros del Partido Nacionalista Vasco,

PNV) arrebatan Donostia a Bildu y logran ser la fuerza con más representantes en Araba, Gipuzkoa y Bizkaia.

Otra forma de conocimiento para comprender el origen y la evolución del nacionalismo y el separatismo en Euskadi lo constituyen la experiencia de los resultados electorales bien sea a través de las Elecciones Generales, Autonómicos y Municipales.

En particular para Euskadi vamos a considerar en cuanto a las últimas elecciones: las autonómicas (2005, 2009 y 2012) y las municipales (2003, 2007, 2011 y 2015).

A) Elecciones en el País Vasco

1) Las elecciones al Parlamento Vasco

El Parlamento Vasco su asamblea legislativa está formada por 75 ciudadanos electos, llamados parlamentarios.

a) Elecciones Parlamento 2005

Partidos – Votos – Porcentajes – Diputados:

Coalición EAJ-PNV/EA (EAJ-PNV/EA) 468.117 38,67 29; Partido Socialista de Euskadi - Euskadiko Ezkerra (PSOE) (PSE-EE/PSOE) 274.546 22,68 18; Partido Popular (PP) 210.614 17,40 15; Partido Comunista de las Tierras Vascas (PCTV-EHAK) 150.644 12,44 9; Ezker Batua Berdeak-IU (EB) 65.023 5,37 3; Aralar (ARALAR) 28.180 2,33 1; Unidad Alavesa (U AL) 4.117 0,34; BERDEAK-PACMA. Coalición Los Verdes y Animalistas (BERDEAK-PACMA) 4.049 0,33; Partido Obrero Socialista Internacionalista (POSI) 2.354 0,19; Partido Humanista (PH) 1.514 0,13; Por un Mundo más Justo (PUM+J) 1.261 0,10; EKA-Partido Carlista (EKA-PC) 179 0,01.

Datos generales de la elección:
Censo: 1.799.523, Votantes: 1.223.634 (68,0%), Abstención 575.889 (32,0%), Válidos: 1.219.599, A candidatura:

1.210.598 (99,3%), Blancos: 9.001 (0,7%). (Fuente: *Archivo histórico electoral*. http://www.argos.gva.es/ahe/).

b) Elecciones Parlamento 2009

Partidos – Votos – Porcentajes – Diputados:

Euzko Alderdi Jeltzalea-Partido Nacionalista Vasco (EAJ-PNV) 399.600 38,56 30; Partido Socialista de Euskadi - Euskadiko Ezkerra (PSE-EE) (PSOE) 318.112 30,70 25; Partido Popular (PP) 146.148 14,10 13 Aralar (ARALAR) 62.514 6,03 4; Eusko Alkartasuna (EA) 38.198 3,69 1; Ezker Batua-Berdeak (EB-B) 36.373 3,51 1; Unión, Progreso y Democracia (UPyD) 22.233 2,15 1; Berdeak-Los Verdes (B-LV) 5.643 0,54; Partido Por Un Mundo más Justo (PUM+J) 3.072 0,30; Partido Antitaurino Contra el Maltrato Animal (PACMA) 1.504 0,15; Partido Obrero Socialista Internacionalista (POSI) 1.178 0,11; Partido Familia y Vida (PFyV) 1.052 0,10; Partido Humanista (PH) 418 0,04; Partido Carlista de Euskalerria-Euskalherriko Karlista Alderdia (EKA-PC) 151 0,01.

Datos generales de la elección:
Censo: 1.776.059, Votantes: 1.148.697 (64,7%), Abstención: 627.362 (35,3%), Válidos: 1.047.758, A candidatura: 1.036.196 (98,9%), Blancos: 11.562 (1,1%). (Fuente: *Archivo histórico electoral*.http://www.argos.gva.es/ahe/).

c) Elecciones Parlamento 2012

Partidos – Votos – Porcentajes – Diputados:

Euzko Alderdi Jeltzalea-Partido Nacionalista Vasco (EAJ-PNV) 384.766 34,61 27; Euskal Herria Bildu (EH BILDU) 277.923 25,00 21; Partido Socialista de Euskadi - Euskadiko Ezkerra (PSOE) PSE-EE (PSOE) 212.809 19,14 16; Partido Popular (PP) 130.584 11,75 10; Izquierda Unida-Los Verdes-Ezker Anitza (IU-LV) 30.318 2,73; Unión Progreso y Democracia (UPyD) 21.539 1,94 1; Ezker Batua – Berdeak

(EB-B) 17.345 1,56; Equo Berdeak-Euskal Ekologistak (EB-EE) 11.625 1,05; Escaños en Blanco-Aulki Zuriak (Eb-Az) 11.480 1,03; Partido animalista contra el maltrato animal-Animaliekiko tratu txarren kontrako alderdi animalista (PACMA/ATTKA) 4.066 0,37; HARTOS.org y Voto en Blanco (HARTOS.org) 2.831 0,25; Bidezko Mundurantz/Por un mundo más justo (PUM+J) 2.476 0,22; Partido Humanista (PH) 1.113 0,10; Partido Familia y Vida (PF y V) 821 0,07; Partido Obrero Socialista Internacionalista (POSI) 778 0,07; Unificación Comunista de España (UCE) 684 0,06; Euskal Komunistak Partido Comunista de los pueblos de España (EK-PCPE) 442 0,04; Ongi Etorri (ONGI ETORRI) 101 0,01; Partido Integración Comunitaria (PYC) 59 0,01.

Datos generales de la elección:
Censo: 1.775.351, Votantes: 1.135.568 (64,0%), Abstención: 639.783 (36,0%), Válidos: 1.126.400, A candidatura: 1.111.760 (98,7%), Blancos: 14.640 (1,3%). (Fuente: *Archivo histórico electoral.* http://www.argos.gva.es/ahe/).

2) Las elecciones Locales (Municipales) del País Vasco

La Comunidad de Euskadi cuenta con 1.501 poblaciones y 251 municipios.[29]

a) Elecciones Municipales 2003

Candidatura - Siglas - Votos - % - Concejal

Coalición EAJ-PNV/EA (EAJ-PNV/EA) 497.855 44,50 1602; Partido Socialista de Euskadi - Euskadiko Ezkerra (PSE-EE) 251.100 22,45 296; Partido Popular (PP) 212.458 18,99 232; Ezker Batua/Izquierda Unida (EB/IU) 89.633 8,01 77; Aralar (ARALAR) 16.891 1,51 30; Unidad Alavesa (UA) 6.191 0,55; Partido del Karma Democrático (PKD) 1.285 0,11; Partido Humanista (PH) 1.161 0,10; Partido Obrero Socialista Internacionalista (POSI) 315 0,03; Partido Carlista de Euskal Herria (E.K.A.-P.C.) 219 0,02; Falange Española

Independiente-Falange 2000 (FEI-FE 2000) 181 0,02; Frente Español (FE) 160 0,01; Otros OTROS 41.067 3,7 329.
Datos generales de la elección:
Censo: 1.794.751, Votantes: 1.262.430 (70,3%), Abstención: 532.321 (29,7%), Válido: 1.135.670, A candidatura: 1.118.653 (98,5%), Blancos: 17.017 (1,5%). (Fuente: *Archivo histórico electoral.* http://www.argos.gva.es/ahe/).

b) Elecciones Municipales 2007

Partidos - Votos - Porcentajes – Concejales:

Euzko Alderdi Jeltzalea-Partido Nacionalista Vasco (EAJ-PNV) 308.624 31,77 1029; Partido Socialista de Euskadi-Euskadiko Ezkerra (PSOE) PSE-EE/PSOE 241.553 24,87 332; Partido Popular (PP) 153.258 15,78 185; Eusko Abertzale Ekintza-Acción Nacionalista Vasca (EAE-ANV) 73.456 7,56 337; Eusko Alkartasuna (EA) 69.764 7,18 216; Ezker Batua-Berdeak y Aralar (EB-B/A) 67.325 6,93 91; Ezker Batua-Berdeak (EB-B) 8.289 0,85 11; Aralar (A) 6.117 0,63 33; La Voz del Pueblo (LVP) 2.486 0,26 10; Oiartzun Bai (OB) 2.013 0,21 5; Ezker Batuak-Berdeak / Aralar / Zutik (EBBAZ) 1.259 0,13 6; Por un Mundo más Justo (PUM+J) 1.179 0,12; Independientes de Abadiño Abadiño Independienteak (I) 1.173 0,12 5; Agurain Guztion Artean / Entre Todos y Todas (AGA) 1.020 0,11 8; Partido Antitaurino contra el Maltrato Animal (PACMA) 860 0,09; Izal Bai (IB) 774 0,08 7; Herrigintza (HER) 604 0,06 9; Agrupación Electoral Batia (AEB) 500 0,05 6; Segura Lantzen SL 440 0,05 9; Herri Aukera HA 417 0,04 10; Bai Asteasuri BA 353 0,04 9; Herriko Kandidatura HK 223 0,02 7; Agrupación de Electores "Gabiria" Hautesle Elkartea AEGHE 202 0,02 6; Hernialdeko Herritarrak (HH) 195 0,02 7; Herritarrak (HE) 179 0,02 8; Murueta Independiente Taldea (MIT) 163 0,02 6; Alkizako Abertzale Ezkertiarrak (AAE) 145 0,01 7; Unión Centrista Liberal (UCL) 141 0,01; Albizturko Herria (AH) 137 0,01 7; Agrupación de Electores de Leintz-Gatzaga (AEL-G) 120 0,01 7; Bide Berriak Hautesle Elkartea (BBHE) 118 0,01 7; Gaintzako Herritarrak (GH) 112 0,01 6; Centro

Democrático Liberal (CDL) 53 0,01; Resto RESTO 28.082 2,89 201.

Datos generales de la elección:

Censo: 1.792.438, Votantes: 1.080.747 (60,3%), Abstención: 711.691 (39,7%), Válidos: 991.061, A candidatura: 971.354 (98,0), Blancos: 19.707 (2,0%). (Fuente: *Archivo histórico electoral.* http://www.argos.gva.es/ahe/).

d) Elecciones Municipales 2011

Partidos - Votos - Porcentajes – Concejales:

Euzko Alderdi Jeltzalea - Partido Nacionalista Vasco (EAJ-PNV) 326.052 30,73 872; Bildu-Eusko Alkartasuna (Ea) /Alternatiba Eraikitzen (BILDU-EA-ALTERNATIBA) 276.141 26,03 954; Partido Socialista de Euskadi-Euskadiko Ezkerra (PSOE) (PSE-EE (PSOE) 177.224 16,70 235; Partido Popular (PP) 146.726 13,83 163; Ezker Batua-Berdeak (EB-B) 34.564 3,26 12; Aralar (ARALAR) 32.108 3,03 38; Hamaikabat (H1!) 9.270 0,87 12; La Voz del Pueblo (LVP) 3.212 0,30 10; Independientes de Abadiño/Abadiñoko Independienteak (AI) 1.648 0,16 6; Grupo Independiente de Gorliz (GIG) 958 0,09 5; Alternatiba Eraikitzen (ALER) 937 0,09 5; Agrupación Electoral Independientes de Plentzia (AEI); PLENTZIA 855 0,08 4; Karrantza Zabala (KZ) 696 0,07 5; Adie Orozkoko Talde Independentea (ADIE) 668 0,06 5; Izal Bai (IB) 650 0,06 6; Berriatua Bizi (BB) 548 0,05 8; Herrigintza (HERRIGINTZA) 521 0,05 4; Asteasu Batuz (ab) 495 0,05 6; Zegama Lantzen (ZEGAMA LANTZEN) 450 0,04 5; Plataforma Independiente Gure Herria (PIGH) 446 0,04 4; Segura Lantzen (SEGURA LANTZEN) 380 0,04 4; Agrupación Independiente de Alegria-Dulantziko Talde Independientea (DTI AIA) 372 0,04 4; Agrupación de Electores "Zieko Bai" (ZB) 336 0,03 5; Ezkio – Itsasokoak (EZKIO – ITSASOKOAK) 322 0,03 7; Armendu (AR) 312 0,03 5; Herriko Kandidatura (HK) 229 0,02 7; Herritarrak (HERRITARRAK) 216 0,02 12; Murueta Independiente Taldea (MIT) 172 0,02 6; Alkizako Abertzale Ezkertiarrak (AAE) 164 0,02 7; Agrupación Independiente de Zambrana

(AIZ/ZEI) 164 0,02 5; Hernialdeko Herritarrak (HH) 160 0,02 7; Herriko Taldea (HT) 148 0,01 5; Mutiloako Herri Kandidatura 2011 (MULTILOAKO HERRI KANDIDATURA 2011) 127 0,01 5; Agrupación de Electores Leintz Gatzaga (AGRUPACION DE ELECTORES LEINTZ GATZAGA) 121 0,01 7; Agrupación Municipal Independiente (AMI) 113 0,01 6; Aramako Herri Batzarra (AHB) 92 0,01 5; Ibaibaso (IB) 89 0,01 5; Altzagako Artea Taldea (AAT) 79 0,01 5; Gaintzako Herria (GH) 75 0,01 5; Resto RESTO 43.009 4,05 149.

Datos generales de la elección:
Censo: 1.729.100, Votantes: 1.099.935 (63,6%), Abstención: 629.165 (36,4%), Válidos: 1.084.845, A candidatura: 1.060.926 (97,8%), Blancos: 23.919 (2,2%). (Fuente: *Archivo histórico electoral*.http://www.argos.gva.es/ahe/).

e) Elecciones Locales 2015
Partidos - Votos - Porcentajes – Concejales:

Euzko Alderdi Jeltzalea-Partido Nacionalista Vasco (EAJ-PNV) 359.920 33,77 1017; Euskal Herria Bildu (EH BILDU) 254.154 23,85 896; Partido Socialista Obrero Español (PSOE) 158.091 14,83 203; Partido Popular (PP) 102.202 9,59 79; Irabazi (IRABAZI) 37.103 3,48 27; Ganemos (GANEMOS) 12.627 1,18 6; GETXOKO UDAL KANDIDATURA (GUK) 5.809 0,55 0; Sí Se Puede Irun (SPI) 5.106 0,48 5; LA VOZ del Pueblo (LVP) 3.742 0,35 13; SI SE Puede SANTURTZI (SSPSTZ) 3.681 0,35 0; ZALLA BAI (Z.B) (Z.B) 2.737 0,26 7; ESNATU LEIOA DESPIERTA (ELD) 2.356 0,22 0; HERRIAREN ESKUBIDEA (SQ-2D) 2.238 0,21 4; OMNIA (OMNIA) 1.989 0,19 4; Independientes de ABADIÑO / ABADIÑOKO Independienteak (AI) 1.691 0,16 6; DENOK BATERA-Todos Unidos (DB-TU) 1.371 0,13 5; DEBARREN AHOTSA (DA) 1.259 0,12 5; Candidatura Local Independiente (CLI) 1.105 0,10 4; KARRANTZA ZABALA (IB) 789 0,07 7; Adie Orozkoko Talde Independentea (ADIE) 778 0,07 6; Grupo Independiente de GORLIZ (G.I.GORLIZ) 669 0,06 4; Agrupacion Electoral

Independiente (AEI) 590 0,06 5; DULANTZIKO TALDE Independientea / Agrupación Independiente de ALEGRIA (DTI-AIA) 531 0,05 5; HERRIGINTZA (HERRIGINTZA) 476 0,04 4; etc.

Datos generales de la elección:
Censo 1.724.255, Votantes: 1.100.887 (63,8%), Abstención: 623.368 836,2%), Válidos: 1.086.196 A candidatura: 1.065.816 (98,1%), Blancos: 20.380 (1,9%). Fuente: *Archivo histórico electoral.* http://www.argos.gva.es/ahe/).

2.1.5. Cronología del nacionalismo y separatismo en el País Vasco

2.1.5.1. En el siglo XIX (1801–1900)

Surgen los movimientos revolucionarios burgueses. El nacimiento de una democracia censitaria a través de un sistema electoral del sufragio censitario o sufragio restringido. La Revolución francesa (1789). Es el ocaso de las monarquías absolutas. La emancipación de la América Latina. El periodo histórico de la formación de las naciones, como de los movimientos nacionalistas, etc.

- Sabino Arana y Goiri (1865-1903). Teórico y propagandista del nacionalismo vasco ("Bizkaya por su independencia, 1892"), fundó los Euzkaldun batzokiya ("círculos vascos"), de los que surgiría el Partido Nacionalista Vasco (PNV). El Pequeño Larrousse.

Aquél fundador e ideólogo del PNV, trasmitía el siguiente pensamiento: "Antiliberal y antiespañol es lo que todo bizkaino debe ser". Bizkaitarra, nº 1. "Dichosos aquellos antepasados nuestros que perdieron su vida por mantener incólume la independencia de Bizkaya". Bizkaitarra, nº 15. "Nosotros odiamos a España con nuestra alma, mientras tenga oprimida a nuestra Patria con las cadenas de la esclavitud. No hay odio que sea proporcionado a la enorme injusticia que con nosotros ha consumado el hijo del romano. No hay odio con que puedan pagarse los innumerables que nos causan los largos años de dominación". Bizkaitarra, n° 16. (La antología racista, xenófoba y etnicista de Sabino Arana. Libertaddigital.com, 10.04.2006). ¿Será el pensamiento de Sabino el continuismo para el separatismo vasco, si el País Vasco llegase a formarse como Estado-nación? ¿O resulta ser que su pensamiento sólo se enfocó en un contexto sociopolítico e histórico de aquella época?

- El sevillano Antonio Fabie y Escudero (1834-1899) escribió la obra Estudio sobre la organización y costumbres del país vascongado, con ocasión del examen de las obras de los señores Echegaray, Labairu, etc., Madrid, 1896. Y El país basco, Euskal-Erria, 1897.

2.1.5.2. En el siglo XX (1901-2000)

Se produce la Revolución rusa (1917-1921). La Guerra Civil Española (1936-1939). Organización de la Sociedad de Naciones (1919-1946). Nacimiento y ocaso de países socialistas. Establecimiento de la Organización de las Naciones Unidas (1945). Elaboración de la Declaración Universal de los Derechos Humanos (1948).

- "Este mismo criterio de igualdad para todos los ciudadanos se seguirá con los detenidos en Bilbao por ataques á la Patria. Si aquéllos resultan culpables, sucederá como con Sabino Arana, quo estuvo en la cárcel largo tiempo". Hablando con el conde de Romanones. El caso del Sr. Guell. Martes 16 de enero de 1906. Diario La Época. (http://hemerotecadigital.bne.es/pdf.raw?query=id%3A00007 25099).

- "Parece que en un pintoresco pueblecito costero se viene haciendo campaña antipatriótica con tal descaro que la prensa ha decidido denunciarla a las autoridades. El Liberal de Bilbao publicará mañana un artículo sobre este escandaloso asunto.

En la sacristía del pueblo se congrega á los niños para decirles que es pecado mortal amar á España y que todo español está condenado al infierno.

En una escuela oficial del mismo pueblo, los alumnos asisten con lazos separatistas y se les prohíbe hablar el castellano.

El semanario carlista «Tradición Vasca» ataca hoy duramente á los bizkaitarras porque éstos han dado en perseguir y difamar al padre franciscano Baertel sólo porque en sus sermones de Lequeitio habla bien de la patria.

El Jurado de Guernica ha absuelto hoy al bizkaitarra Emiliano Irazábal, acusado de haber gritado: ¡Viva Euskeria libre!" (LOS BIZKAITARRAS - PROPAGANDA ANTIESPAÑOLA POR TELEFONO (de nuestro corresponsal). Bilbao 3 (7 tarde). 4 de abril de 1909.Diario El Imparcial. Madrid.-AñoXLIII.-Núm.16109 – Hemerotecadigital.bne.es).

- "Mientras el partido nacionalista se desenvolvió dentro de las normas que le dictó su fundador Sabino Arana y Goiri, se mantuvo sistemáticamente a espaldas de la política española. Nada tenía que hacer los nacionalistas vascos fuera de su patria. "Vizcaya, para los vizcaínos" –fue su grito-. Vizcaya era nación libre de derecho, y oprimida de hecho. Así lo proclamó Sabino Arana en su opúsculo Bizcaya, por la independencia". (CARTAS VIZCAÍNAS - EL PARTIDO NACIONALISTA ANTE LAS ELECCIONES. Diario El Sol, Madrid, miércoles 20 de febrero de 1918. Hemerotecadigital.bne.es).

- El Estatuto General del Estado Vasco –el llamado Estatuto de Estella- fue un anteproyecto redactado por la Sociedad de Estudios Vasco-Eusko Ikaskuntza a presentarse en las elecciones de 1931, -época de la Segunda República española (1931-1939)-, el cual se opusieron los políticos el asturiano, dirigente del PSOE Indalecio Prieto (1883-1962) (sobre esta oposición se puede leer en "Un Gibraltar del Vaticano en los

Pirineos") y por el escritor y madrileño Manuel Azaña (1880-1940), fundador de Acción Republicana y presidente del Gobierno de España (1931-1933, 1936) y presidente de la Segunda República Española (1936-1939).

En él se expresaba:

Preliminar, Artículo 1° "Se declara que el País Vasco, integrado por las actuales provincias de Álava, Guipúzcoa, Navarra y Vizcaya, constituye una entidad natural y jurídica con personalidad política propia y se le reconoce como tal el derecho a constituirse y regirse por sí mismo, como Estado autónomo dentro de la totalidad del Estado español, con el que vivirá articulado conforme a las normas de la ley de relaciones concertada en el presente Estatuto".

- Según el Diccionario El Pequeño LARROUSSE Ilustrado de 1996, Sabino Arana fundó el Partido Nacionalista Vasco en 1894.

- En 1936 se forma el primer Gobierno vasco y se aprueba el Estatuto de Autonomía del País Vasco, que prácticamente no entró en vigor.

- En 1958 se funda ETA (Euskadi Ta Askatasuna, traducido del euskera al español como "País Vasco o Euskadi y Libertad"), durante el gobierno franquista. Organización armada vasca que se proclama independentista, abertzale, socialista y revolucionaria. En 1967 se autodefine, como "movimiento socialista vasco de liberación nacional".

"Durante las últimas tres décadas, la organización armada ETA ha llevado a cabo una sangrienta campaña por la independencia de las siete provincias en el norte de España y el sur de Francia, que los separatistas vascos claman como su patria". *¿Qué es ETA?* BBC.Mundo. http://www.bbc.co.uk. Miércoles, 09.AGO.2000.

"ETA es responsable de 829 muertes en más de 40 años de violencia para reclamar la independencia de Euskalherria". *Independentistas vascos gobernarán la provincia de Guipúzcoa.* EL UNIVERSAL http://www.eluniversal.com del 24 de junio, 2011.

- En 1979 se aprueba el Estatuto de Autonomía del País Vasco.

2.1.5.3. En el siglo XXI (2001-2015)

- 28.09.2002: *Ibarretxe promueve para Euskadi un estatus de nación libre.* (Elpais.com).

- 25.10.2003: El Gobierno Vasco presenta la Propuesta de Estatuto Político de la Comunidad de Euskadi, también llamada Propuesta del Parlamento Vasco para la convivencia en Euskadi o Plan Ibarretxe. Siendo aprobada por el Parlamento vasco el 30 de diciembre de 2004. Dicha propuesta o proyecto soberanista fue entregada al Congreso de los Diputados en enero de 2005, siendo rechazado para su tramitación parlamentaria que implicaría debate, enmiendas y negociación parlamentaria por el Pleno de forma mayoritaria, el 1 de febrero por 313 votos en contra (Partido Socialista Obrero Español, Partido Popular, Izquierda Unida, Coalición Canaria y Chunta Aragonesista), 29 a favor (Partido Nacionalista Vasco, Esquerra Republicana de Catalunya, CiU, Eusko Alkartasuna, Nafarroa Bai y Bloque Nacionalista Gallego) y 2 abstenciones (Iniciativa per Catalunya Verds).

El Plan Ibarretxe proponía la reforma del estatuto autonómico vasco –Estatuto de Gernika-, bajo ciertos planteamientos como:

* *El pueblo vasco es un pueblo de Europa con identidad propia.*
* *El derecho del pueblo vasco a decidir su futuro; es decir, el derecho de autodeterminación.*

* *Las decisiones de los ciudadanos de cada región del País Vasco (Comunidad Autónoma Vasca, Navarra y País Vasco francés o Iparralde, véase Euskal Herria) deben respetarse por las demás y por el resto de pueblos de Europa.*
* *Libertad de relaciones con Navarra y País Vasco francés, basada en el respeto a las decisiones que tomen cada una de las regiones.*
* *Un poder judicial autónomo.*
* *Que España garantice una representación directa en Europa, tal y como ocurre en Holanda, Bélgica y los länder alemanes.*
* *Garantías de que el nuevo estatuto no pueda ser restringido o anulado unilateralmente. Para ello, se adaptaría el Tribunal Constitucional, se crearía una comisión bilateral para solucionar conflictos, y los tratados y acuerdos internacionales que afecten a las competencias del País Vasco deberán ser aprobados por sus instituciones para que le afecte.*
* *Reconocimiento de ciudadanía y nacionalidad vasca a todos los habitantes de la Comunidad, permitiéndoles el disfrute o acreditación de la doble nacionalidad vasca y española. El ostentar una u otra nacionalidad no supondría merma o incremento de derechos y obligaciones, por cuanto que estas cuestiones estarían aparejadas a la ciudadanía y no a la nacionalidad.*
* *Selecciones deportivas nacionales vascas oficiales.*
* *Competencias exclusivas en administraciones públicas, educación, cultura, deporte, política lingüística, asuntos sociales, sanidad, economía, hacienda, vivienda, medio ambiente, infraestructuras, transportes, seguridad pública, trabajo y seguridad social.* (Plan Ibarretxe. Wikipedia.org).

- 26.06.2005: El congreso de UA [Unidad Alavesa] aprueba a puerta cerrada su disolución tras 16 años de vida. (Elpais.com).

- 13.08.2006: *Miles de personas se manifiestan en San Sebastián por la autodeterminación del País Vasco.*(20minutos.es).

- 24.01.2007: Un ex dirigente de Unidad Alavesa promueve un nuevo partido. (Elpais.com).

- 17.04.2006: Bilbao.- El 'lehendakari', Juan José Ibarretxe, ha reivindicado durante la celebración del Aberri Eguna (Día de la Patria Vasca) los derechos históricos como "única constitución de los vascos" y ha asegurado que "cualquier solución vendrá de la actualización y desarrollo" de esos derechos, que según añadió "están reconocidos" en la Carta Magna española. Durante el acto en la Plaza Nueva de Bilbao también tomó la palabra el presidente del EBB del PNV, Josu Jon Imaz, quien defendió que hoy los vascos "son más nación que nunca" y que la nación vasca "tiene más sentido que nunca". "Nuestro objetivo es construir la nación vasca", añadió. Imaz señaló que ello es posible porque el PNV acertó hace 29 años frente a otros que optaron por el "todo o nada" para construir la nación vasca, mientras que la formación nacionalista lo ha ido haciendo "día a día". *Ibarretxe reivindica los derechos históricos como la 'única constitución' de los vascos.* (Elmundo.es).

- El 28.09.2007, Ibarretxe planteó su último desafío al Estado en el discurso del lehendakari en el Parlamento vasco y fijaba para el 25 de octubre una consulta popular sobre el futuro de Euskadi. *El Plan Ibarretxe.* Rtve.es, 19.05.2008.

- 08.03.2008: Más allá de Navarra y el denominado País Vasco francés, la entelequia de Euskal Herria que ansía el nacionalista vasco tiene también como objetivo de deseo dos territorios españoles que no forman parte de la comunidad vasca. El primero, el Valle de Villaverde o Villaverde de Trucios, un enclave cántabro al oeste de Vizcaya. El otro, el Condado de Treviño. *El Condado de Treviño relanza sus intentos de anexión al País Vasco. J. Arias Borque.* (Libertaddigital.com).

Y del condado de Treviño que pertenece a Burgos de la comunidad autónoma de Castilla y León, el objetivo de los nacionalistas vascos o de cierta población es partidario de unirse a Álava.

- El 19.05.2008, ante la contundente derrota Ibarretxe aseguró que iba a seguir adelante con su proyecto y que el camino emprendido "no tiene vuelta atrás y terminará en un momento determinado con una consulta democrática a la sociedad vasca". *El Plan Ibarretxe.* (Rtve.es).

- El 27.06.2008, el Parlamento vasco aprobó, en efecto, la convocatoria de la consulta, el 27 de junio de 2008, con 34 votos a favor (22 del PNV, 7 de EA, 3 DE EB-IU, uno de Aralar y otro del PCTV) frente a 33 en contra (18 socialistas y 15 populares) y siete abstenciones. Pero la Abogacía del Estado presentó un recurso de anticonstitucionalidad, que fue admitido por el Tribunal Constitucional y paralizó la convocatoria. *El BOE publica la convocatoria del referéndum soberanista de Ibarretxe* - Politicaelpais.com - 05.09.2011.

- 03.09.2008: El Boletín Oficial del Estado (BOE) publicó por el pasado sábado 3 de septiembre la convocatoria de un referéndum en el País Vasco para que los ciudadanos respondieran a dos preguntas:

¿Está usted de acuerdo en apoyar un proceso de final dialogado de la violencia si previamente ETA manifiesta de forma inequívoca su voluntad de poner fin a la misma de una vez y para siempre?

¿Está usted de acuerdo en que los partidos vascos, sin exclusiones, inicien un proceso de negociación para alcanzar un acuerdo democrático sobre el ejercicio del derecho a decidir del pueblo vasco y, que dicho acuerdo sea sometido a referéndum antes de que finalice el año 2010?

La consulta, añade el texto, "se celebrará el sábado 25 de octubre de 2008". (*El BOE publica la convocatoria del referéndum soberanista de Ibarretxe* – Politicaelpais.com - 05.09.2011).

- 11.09.2008: Los once magistrados del Tribunal Constitucional, reunidos en Pleno y encabezados por su presidenta, María Emilia Casas, decidieron por unanimidad declarar inconstitucional la ley que ampara la consulta soberanista planteada por el lehendakari, Juan José Ibarretxe, y avalada por la mayoría del Parlamento vasco, por violación del artículo 149.1.32 de la Constitución, que reserva al Estado la competencia exclusiva para autorizar la convocatoria de consultas populares por vía de referéndum. *El Constitucional rechaza la consulta soberanista de Ibarretxe.* (Elpais.com).

- 25.10.2008: Aniversario. Aprobación en referéndum del "Estatuto de Gernika" y día en el que estaba prevista la celebración de la consulta, los partidos PNV, EA, IU y Aralar, realizaron simbólicamente un acto de unión entre Guernica y Vitoria en el que numerosos afiliados formaron una frase en las localidades existentes entre ambos lugares con el texto "Euskal Herria Bai, Bakea Bai, Erabakia Bai" (traducido como "Si a Euskal Herria. Si a la Paz. Si a decidir."), tras lo que por parte de representantes de los cuatro partidos, se realizó un comunicado en euskera, francés, inglés y castellano. (Es.wikipedia.org, 19.04.2014). *Doble rechazo al Plan Ibarretxe en Euskadi y al proyecto de Maragall en Cataluña.*

- 11.06.2011: Bildu ya ha tomado el mando en País Vasco y Navarra. Desde San Sebastián hasta Lizarza, sin bandera nacional. *PSE y PNV han apoyado a la coalición. Bildu ya tiene el poder sin condenar a ETA.*(Libertaddigital.com).

- 14.09.2012: Declaraciones de la izquierda abertzale: "Si el Gobierno mantiene su bloqueo y cerrazón para la resolución democrática del conflicto y el derecho a decidir de Euskal Herria, la única salida será la declaración unilateral de independencia". "Es un escenario que por desgracia se dará en un futuro no muy lejano", y que "aunque la situación es diferente en Cataluña y en Euskadi, ambos están sometidos por el mismo Estado». "Si quieren negarle el futuro a nuestro país mediante la imposición, tendremos que ser nosotros mismos los que nos hagamos con la soberanía política y económica plena, haciéndonos con los instrumentos necesarios, articulando mayorías sociales independentistas y, desde el ámbito institucional, manifestando una voluntad política inequívoca para una declaración unilateral de independencia". *La izquierda abertzale apuesta por una declaración unilateral de independencia.* (Diariovasco.com).

- 14.09.2012: El presidente y candidato del PNV a lehendakari, Iñigo Urkullu, ha anunciado su intención de "rescatar" algunos elementos y competencias del Plan Ibarretxe para incorporarlos a una propuesta de reforma del marco estatutario que intentará acuerdo con el resto de partidos. Los siguientes pasos, ha dicho, sería su discusión y aprobación primero el Parlamento Vasco y más tarde en referéndum. El candidato a lehendakari Urkullu ha reconocido que su partido aspira a la independencia de Euskadi y ha precisado que dicho concepto "hay que trabajarlo y modularlo". Urkullu dice que "rescatará" elementos del plan Ibarretxe. (Diariovasco.com).

- 21.10.2012: Elecciones vascas 2012. Los nacionalistas vascos obtienen 27 escaños, los abertzales, 21, y los socialistas del lehendakari Patxi López se hunden con 16. El PP de Basagoiti se queda en 10 escaños. *El PNV gana las elecciones y el nacionalismo arrasa en Euskadi.* (Lavanguardia.com).

- 21.10.2012: El vencedor no cierra las puertas a ningún pacto que le dé la mayoría absoluta. EL PNV gana las elecciones y Urkullu lo celebra al grito de "Euskadi, nación europea". EH-Bildu entra con fuerza en el Parlamento Vasco y el PSE pierde un tercio de sus diputados. *EL PNV gana las elecciones y Urkullu lo celebra al grito de "Euskadi, nación europea".* (Periodistadigital.com).

- 25.01.2013: Quiere segregarse de Burgos y unirse a Álava. Sus opciones son casi inexistentes. El condado es objeto de deseo del nacionalismo. *El Condado de Treviño relanza sus* *intentos de anexión al País Vasco.*Libertaddigital.com. 08.03.2013. *El municipio de Condado de Treviño quiere segregarse de Burgos para pertenecer a Álava.* (EFE). (20minutos.es).

- 09.04.2013: El lehendakari vasco, Íñigo Urkullu, ha presentado una iniciativa que forma parte de su programa de gobierno y que plantea el derecho a decidir no sólo de los vascos sobre los que su institución tiene competencia, sino también para los navarros y los franceses. *El Gobierno Vasco prevé un referéndum soberanista para el año 2015.* (Que.es).

- 01.10.2013: Bilbao. El Parlamento Vasco activará este jueves el proceso para intentar que el enclave de Trebiñu [Treviño] deje de formar parte de Burgos y se incorpore a Araba [Álava]. Una reivindicación respaldada ampliamente por los ciudadanos de la zona. (*Trebiñu pide al PP de la CAV que apoye su anexión a Araba sin atender a Madrid.* Noticias de Bizcaia. Deia.com).

- 14.12.2013: Urizar ha recordado que en el Parlamento vasco también existe una mayoría a favor del derecho a decidir. *Bildu reclama "compromiso" en Euskadi para avanzar en el camino de Catalunya.* (Lavanguardia.com).

- 30.05.2014: El Parlamento vasco, con el apoyo de PNV y EH Bildu, ratificó y proclamó ayer que "Euskal Herria tiene derecho a la autodeterminación". Bildu llevó a la Cámara este texto aprobado hace 24 años por el Parlamento vasco, aunque sin validez ni consecuencias. *Ponencia de autogobierno en el País Vasco.*(20minutos.es).

- 24.06.2014: A efectos lingüísticos, el Gobierno vasco considera que los adolescentes procedentes del resto de España son "inmigrantes". Lo ha explicado la consejera de Educación, Política Lingüística y Cultura, Cristina Uriarte, en la rueda de prensa al término del Consejo de Gobierno que ha presidido este martes en Vitoria el lehendakari Iñigo

Urkullu. *El Gobierno vasco considera 'inmigrantes' a los adolescentes procedentes del resto de España.* (Elmundo.es).

- 27.06.2014: La mayoría de los vascos (un 59 %) está a favor de que se plantee en Euskadi un referéndum sobre una posible independencia de España, una consulta en la que ganaría el "sí" por un estrecho margen, que se convertiría en un "no" ajustado si la independencia implicara la salida de la Unión Europea. *Un 59% de vascos apoya un referéndum sobre la independencia de Euskadi.* (Ccaa.elpais.com).

- 01.10.2014: El día que Álava planteó separarse del País Vasco si se imponía el Plan Ibarretxe. (Abc.es).

Lo mismo sucede en otros territorios del País Vasco, en donde sus habitantes o poblados no son partidarios de pertenecer al País Vasco. Así tenemos al municipio del Valle de Villaverde de la comunidad autónoma de Cantabria.

- 19.07.2015: El lehendakari, Iñigo Urkullu, ha advertido de que no va a admitir la recentralización y las "limitaciones" a la libre voluntad democrática de la ciudadanía vasca y trabaja para que Euskadi "gane su espació como nación, reconocida a través de la libre adhesión". (*Urkullu apuesta por que el País Vasco "gane espacio como nación".* Larazon.es).

- 27.09.2015: *Urkullu advierte al Gobierno español de que "también tiene un problema en Esukadi".* (Elperiodico.com).

Nota.- Conviene señalar que existe dentro del País Vasco, específicamente, en la provincia de Álava, un movimiento llamado "alavismo"[30] (de Álava), en donde sus partidarios propugnan constituir una comunidad autónoma diferenciada del País Vasco. Recordemos cómo Navarra se diferenció del País Vasco para convertirse luego en una Comunidad foral.

2.1.5.4. Organizaciones separatistas vascas

ETA.- Organización armada que utilizó la violencia o la fuerza constitutivas hacia el separatismo. Esta organización terrorista en su más de 50 años de historia ha asesinado a militares, guardias civiles, policías, políticos, jueces y centenares de personas civiles.

- Abertzale Sozialisten Batasuna (Unión de Socialistas Patriotas)
- Eusko Abertzale Ekintza (Acción Nacionalista Vasca (EAE-ANV)
- Aralar
- Askatasuna Askatasuna (Libertad en euskera)
- Aukera Guztiak (AG)(Todas las opciones en euskera)
- Autodeterminaziorako Bilgunea (AuB) (Punto de encuentro para la autodeterminación en euskera)
- Bildu (expresión en euskera, 'reunir (se)')
- Demokrazia Hiru Milioi (expresión en euskera que significa Democracia Tres Millones)
- Euskal Herriko Alderdi Sozialista (Partido Socialista del País Vasco) (EHAS
- Euskal Herritarrok ("Ciudadanos Vascos")
- Euskal Iraultzarako Alderdia (Partido para la Revolución Vasca o Partido Vasco para la Revolución), EIA
- Euskal Sozialista Biltzarrea (ESB) (Asamblea Socialista Vasca o Junta Socialista Vasca)
- Euskal Sozialista Ekintza (Acción Socialista Vasca)
- Eusko Alderdi Sozialista (Partido Socialista Vasco) (EAS)
- Herriko Alderdi Sozialista Iraultzailea (Partido Socialista Revolucionario del Pueblo), HASI
- Herritarrak (Ciudadanos)
- Herritarren Zerrenda (HZ) (Lista de conciudadanos)
- Langile Abertzale Iraultzaileen Alderdia (LAIA, Partido de los Trabajadores Abertzales Revolucionarios)
- Euskal Herrialdeetako Alderdi Komunista (EHAK) (El Partido Comunista de las Tierras Vascas (PCTV)
- Sortu (nacer, surgir o crear en euskera)
- Sozialista Abertzaleak (Patriotas Socialistas)

3. Comunidad autónoma de Galicia

Galicia es una comunidad autónoma española, formada por las provincias de La Coruña, Lugo, Orense y Pontevedra, además del archipiélago de las islas Cíes, el archipiélago de Ons, y el archipiélago de Sálvora, así como otras islas como Cortegada, Arosa, las Sisargas, o las Malveiras. Su capital es la ciudad de Santiago de Compostela. Está agrupada por 315 municipios. Con una población a diciembre de 2014 de 2.748.695 habitantes,[31] y de una superficie de 29.574 km².

Considerada como una nacionalidad histórica, según su Estatuto de autonomía en vigor de 1981.

Actualmente Galicia está gobernada desde 2012 por su presidente Alberto Núñez Feijóo, gracias a los votos de la mayoría absoluta de su agrupación, el PP, quien gobernaría la Legislatura hasta 2016. Feijóo es presidente de la Junta de Galicia desde 2009.

Fiesta oficial 25 de julio, Día Nacional de Galicia.

3.1. Origen y evolución del pensamiento separatista gallego

La Revolución francesa trajo para Galicia un nuevo pensamiento liberador de ideas liberales, federalistas, republicanas, autonomistas y provincialistas. Y es a través de esa corriente liberadora proveniente de Francia que favorece la efervescencia hacia el nacionalismo gallego, marcado en el movimiento galleguista y expresada con la denominada `reconstrucción espiritual de Galicia´, haciendo frente a las políticas y valores del Antiguo Régimen absolutista monárquico y hacia la reivindicación de la autonomía gallega, desde luego inaceptable para el Estado español.

El pensamiento nacionalista gallego (Galicia), surge aproximadamente en los años de 1833, siglo XIX, con el surgimiento de un movimiento político, liderado principalmente por Miguel Solís, quien se levantó en armas en contra del régimen de Narváez. Que finalmente fueron derrotados y fusilados, que ante tal acontecimiento fueron conocidos como los Mártires por la Libertad o mártires del Carral.

Quienes contribuyen al desarrollo del pensamiento nacionalista gallego están los intelectuales como Feixo, Sarmiento y Cornide,[32] el levantamiento de Solís y la ejecución de los rebeldes considerados luego como los Mártires de Carral (1846),[33] la Proclama de la Junta Superior del Gobierno de Galicia en 1846; la literatura gallega de 1860, a través de "Rexurdimento" en gallego (El Resurgimiento) creado por los "Precursores" para reavivar la lengua gallega y darle igualdad con el castellano; el Proyecto de Estatuto Federal de Galicia de 1873, entre otros frentes, hasta llegar diríamos con la presencia del pensamiento separatista que surge en el Proyecto de Constitución para el Estado Galaico de 1883.

Los pensadores e intelectuales gallegos del siglo XIX jugaron un papel muy importante para la formación del pensamiento separatista gallego. Entre aquellos pensamientos desembocó en la existencia de movimientos que se inclinaban hacia el provincialismo (1840) que tenía el propósito de defender la integridad del territorio gallego en uno sólo y no dividida en las cuatro que hoy existen, Recordemos que en enero de 1822 se aprueba con carácter provisional la región histórica de Andalucía en 8 provincias (Jaén, Córdoba, Sevilla, Huelva, Cádiz, Málaga, Granada y Almería), que por cierto no llegó debido a la restauración del absolutismo, convirtiéndose en 1883 en cuatro provincias. Otros por el federalismo (1865 e incluso 1875), de un nuevo Estado para Galicia, que así se pudo alcanzar en el Proyecto de Constitución Federal del 17 de julio de 1873. Que decía: "Título I. De la Nación española. Artículo 1.- Componen la Nación española los Estados de Andalucía Alta, Andalucía Baja, Aragón, Asturias, Baleares, Canarias, Castilla la Nueva, Castilla la Vieja, Cataluña, Cuba, Extremadura, Galicia, Murcia, Navarra, Puerto Rico, Valencia, Regiones Vascongadas".[34] Y, como fue el caso del surgimiento del movimiento regionalista gallego entre 1875 y 1907.[35]

Y, mientras el pensamiento nacionalista gallego busca el federalismo (ser parte de España, reconocida como nación y a su autodeterminación), el pensamiento separatista gallego lo que busca es la ruptura de España, hacia un Estado propio, el Estado galaico.

El pensamiento separatista gallego se refuerza con el pangalleguismo, que va más allá de lo tradicional de galleguismo, que aquella conciencia nacional gallega no se limite sólo a Galicia sino que trascienda fuera de su territorio, hacia la unión de los gallegos en el mundo, como la Galicia Mundial propugnada por Antón Vilar Ponte (1881-1936).

El separatismo gallego aunque aún no es una amenaza al Estado español, como sí lo es el separatismo catalán, y no trasciende como el separatismo vasco, pero sí está presente en las instituciones. Y la prueba de ello es como el BNG hoy cuenta con 15 diputados provinciales, 7 diputados autonómicos y 2 en el Congreso, y tras las últimas elecciones municipales 2015, cuenta con 468 concejales.

PRINCIPIOS DEL BLOQUE NACIONALISTA GALEGO (BNG)

El nacionalismo es una respuesta a una situación de dependencia económica, cultural y la opresión política de Galicia, que se opone a la transformación y el bienestar social. Aboga por un programa para la inmensa mayoría de la sociedad gallega.

Galicia, como nación, tiene el derecho a la libre determinación y el ejercicio de la soberanía nacional. (Principios do BNG, traducido al castellano. http://arquivo.bng-galiza.org/).

Y la acción política del separatismo gallego es modificada de lo que fue directa por la soberanía hoy utiliza la estrategia de la transversalidad identitaria, es decir, uniendo fuerza con organizaciones nacionalistas de izquierdas como las mareas gallegas (Las mareas que surgen por la dinámica de Podemos alcanzan las ciudades de Galicia, a través de plataformas impulsadas por activistas y profesionales sin pasado político). Unir lo que es la soberanía nacional gallega y la lucha por las clases obreras.

3.1.1. Acción política de los separatistas gallegos

- 23.01.2008: PSOE y separatistas gallegos queman la bandera de España. (Minutodigital.com).

- 21.03.2011: "Los independentistas reclutan a sus cachorros desde las tres universidades gallegas (U Santiago de Compostela, Universidad de Vigo, y Universidad de La Coruña). Los jóvenes deben realizar misiones de fines de semana. Capitaneados por dos o tres cabecillas leen proclamas marxistas, se instalan en centros sociales y predican lo aprendido. Además, pegan carteles, hacen pintadas, reparten propaganda y publicitan las convocatorias. Si los jóvenes no aceptan "la palabra" enseñada, es despreciado y tachado de "colonizado".*Chávez financia grupos separatistas gallegos.* (Libertaddigital.com).

- 25.06.2013: Interior detecta el aumento de apoyos políticos a los terroristas de Resistencia Galega. Los estrategas de la seguridad consideran que el BNG «ha modificado el eje de su línea política» buscando un punto más de velocidad a sus reivindicaciones secesionistas. Así, están potenciando acciones en favor del derecho de autodeterminación del pueblo gallego y, además, están «prestando apoyo político a los presos de Resistencia Galega», advierten estos servicios de Seguridad del Estado. *Alertan de la 'batasunización' de movimientos radicales en Galicia.* (Diario El Mundo).

- 09.02.2014: El Consello Nacional del BNG, máximo órgano entre asambleas, aprobó ayer proponer a sus militantes concurrir a los próximos comicios europeos de mayo integrados en una coalición con EH-Bildu y la Candidatura d'Unitat Popular (CUP), de Cataluña. Esta propuesta debe ser ahora debatida y votada en las asambleas comarcales porque, según recalcó el portavoz nacional, Xavier Vence, 'el proceso empieza en las bases y termina en las bases'. *El BNG propone concurrir a las Europeas con EH-Bildu* – (Atlantico.net).

- 11.02.2014: *Jóvenes separatistas gallegos boicotean una charla de Garzón al grito de "fascista" y "torturador".* (Alertadigital.com).

- 01.10.2014: *Una olla bomba de Resistencia Galega destroza parte del Ayuntamiento lucense de Baralla* – (Abc.es).

- 15.05.2015: El líder nacionalista [Xavier Vence, portavoz del BNG] carga contra Feijóo [Miembro del Partido Popular de Galicia] por usar el español en su campaña. Según el BNG, si eres gallego y hablas en español estás insultando a Galicia. (Outono.net).

3.1.2. Organizaciones separatistas gallegas

- EL EXÉRCITO GUERRILHEIRO DO POVO GALEGO CEIVE (EGPGC), (El Ejército Guerrillero del Pueblo Gallego Libre, en castellano), (1986 – 1991). Fue una organización terrorista gallega cuyo objetivo era la independencia de Galicia como un Estado socialista. (Referencia: "¡Nos están matando!", gritaron los guardias civiles ante los disparos de los terroristas.

El ataque del Ejército Guerrilero Gallego, coincide con el silencio etarra. (ABC SEVILLA (Sevilla) - 03/02/1989, p. 23 - ABC.es Hemeroteca). (Referencia: La Audiencia Nacional dejó en libertad definitiva al etarra José María Beristain Urbieta y a la integrante del Exército Guerrilheiro do Povo Galego Ceive Josefa Rodríguez Porca, a los que se aplicó la doctrina Parot para alargar su estancia en prisión, informaron fuentes jurídicas. *La Audiencia Nacional deja libre a la 'guerrilheira' Josefa Rodríguez Porca* – Farodevigo.es – 04.12.2013).

- RESISTÊNCIA GALEGA (en castellano: Resistencia Gallega), 1995-presente, es, según la Audiencia Nacional, una "organización terrorista cuyo objetivo es lograr la independencia del territorio histórico de Galicia respecto de España. (Referencia: *El Supremo confirma que Resistencia Galega es una organización terrorista* – Politica.elpais.com – 24.04.2014).

Briga
ISCA!
Adiante
Comités
Galiza Nova
Causa Galiza
Primeira Linha
Coalición Galega
Identidade Galega
Partido Galeguista
Movemento pola Base
Izquierda Nacionalista
Unión do Povo Galego
Frente Popular Galega
Esquerda Nacionalista
Frente Popular Galega
Unión do Povo Galego
Liga Estudantil Galega*
Unión da Mocidade Galega
Bloque Nacionalista Galego
Anova-Irmandade Nacionalista
Nós-Unidade Popular (Nós-UP)
Esquerda Nacionalista-Mocidade
Onte e Hoxe (comunistas del BNG)
Confederación Intersindical Galega (CIG)**
Assembleia da Mocidade Independentista
Partido Nacionalista Galego-Partido Galeguista

* Para unos es una organización estudiantil de ideología también separatista.
** Para unos es un sindicato de ideología también separatista.

4. Comunidad Valenciana (Comunitat Valenciana)

Valencia es una comunidad autónoma española, formada por las provincias de Alicante, Castellón y Valencia. Su capital es la ciudad de Valencia. Está agrupada por 542 municipios. Con una población al cierre de 2014 de 5.004.844 habitantes, siendo la 4º Comunidad de España en cuanto a población se refiere y de una superficie de 23.255 km².

Considerada como nacionalidad histórica, según su Estatuto de autonomía 2006 en vigor.

Actualmente Valencia está gobernada por su presidente Ximo Puig, gracias a los 23 votos de su partido, el PSPV-PSOE, los 19 de Compromís y 8 de Podemos. Así, estas tres agrupaciones firman un pacto de Gobierno de legislatura, 2015-2019

Fiesta oficial 9 de octubre, Día de la Comunidad Valenciana.

4.1. Origen y evolución del pensamiento separatista valenciano

Surge el valencianismo cultural y político.

El nacionalismo valenciano, el valencianismo, parte de una concepción autonomista de su autogobierno de la actual Comunidad Valenciana.

El valencianismo cultural viene marcada su existencia gracias, en principio, al Siglo de Oro valenciano, entre el siglo XV y XVI. Y del siglo XIX con el movimiento intelectual y cultural, conservadores unos y progresistas y secesionistas otros, hacia la toma de conciencia del valenciano, a través de la Renaixença (Resurgimiento) valenciana, siendo sus líderes Teodor Llorente Olivares (1836-1911), Félix Pizcueta i Gallel (Valencia, 1837 – 1890), Manuel Sanchis Guarner (1911-1981), sobrino del canónigo y erudito Joseph Sanchis Sivera (1867-1937), Miquel

Adlert y Noguerol (1911-1988), Joan Fuster i Ortells (1922 - 1992), entre otros. Se funda el centro valenciano Lo Rat Penat en 1880 (fundador Carmel Navarro i Llombart, más conocido por su pseudónimo de Constantí Llombart (1848-1893). En donde significativamente este Centro desarrolló una actividad de difusión y promoción de la cultura e historia valenciana en todo su territorio, entre los años de 1880-1911. Convirtiéndose sus protagonistas, los "ratpenatistes",[36] los conservadores, progresistas y secesionistas los constructores del proyecto valencianista.

Sería necesario leer las crónicas que se publicaron en el diario Las Provincias fundado en 1866, hace más de cien años, recopilados en el libro del autor Rafael Roca "La Renaixença valenciana y el redescubrimiento del país", para darnos cuenta que la Renaixença valenciana no estaba exenta de ideología política nacionalista.

"Y, si no, escuchemos las palabras de Enric Alberola, entonces presidente accidental de Lo Rat Penat, ante el alcalde y gobernador de Alicante, el 14 de noviembre de 1908: "mañana y siempre nos veamos como á comarcas de una misma región Valencia y Alicante". Paraules en la llengua oficial de l'entitat, que "es vostra y nostra, perque tots som germans". Palabras en la lengua oficial de la entidad, que "es vuestra y nuestra, porque todos somos hermanos". Intuïm ara el somriure complaent de l'alcalde, la seua contestació amistosa, el bon ambient, i fixem-nos després en la cella irritadament alçada del governador, qui contestaria més tard, en to d'advertència: "si el regionalismo, cuyas palpitaciones acababan de hacerle sentir tan hondamente, había de servir para amar a la patria, bendito sea; si, por el contrario, sobre él habían de caer todas las maldiciones de los buenos españoles". Intuimos ahora la sonrisa complaciente del alcalde, su contestación amistosa, el buen ambiente, y fijémonos después en la ceja irritadamente altura del gobernador, quien contestaría más tarde, en tono de advertencia: "si el regionalismo, cuyas palpitaciones acababan de hacerle sentir tan hondamente, había de servir

para amar a la patria, bendito sea, si, por el contrario, sobre el habían de caer Todas las Maldición de los buenos españoles". Ai! Ay! Els bons espanyols... Los bonos españoles..." (La renaixenca valenciana i el redescobriment del país linformatiucom – Editorialdenes.com / Sala de prensa – Valenciano. Opinión sobre el libro de Rafael Roca, La renaixenca valenciana i el redescobriment del país.).

El valencianismo político viene marcada su existencia del surgir de la rebelión cantonal valenciana, por parte de los insurrectos republicanos federales valencianos, los llamados "intransigentes", contra la República Española. Cantón de valencia que fue proclamada el 17/07/1873 y disuelta el 07/08/1873. Sobre las rebeliones cantonales el presidente del Poder Ejecutivo de la Primera República Española, Emilio Castelar, dijo:

"Hubo días de aquel verano en que creíamos completamente disuelta nuestra España. La idea de la legalidad se había perdido en tales términos que un empleado cualquiera de Guerra [67] asumía todos los poderes y lo notificaba a las Cortes, y los encargados de dar y cumplir las leyes desacatábanlas sublevándose o tañendo arrebato contra la legalidad. No se trataba allí, como en otras ocasiones, de sustituir un Ministerio existente ni una forma de Gobierno a la forma admitida; tratábase de dividir en mil porciones nuestra patria, semejantes a las que siguieron a la caída del califato de Córdoba. De provincias llegaban las ideas más extrañas y los principios más descabellados. Unos decían que iban a resucitar la antigua corona de Aragón, como si las fórmulas del Derecho moderno fueran conjuros de la Edad Media. Otros decían que iban a constituir una Galicia independiente bajo el protectorado de Inglaterra. Jaén se apercibía a una guerra con Granada. Salamanca temblaba por la clausura de su gloriosa universidad y el eclipse de su predominio científico [...] La sublevación vino contra el más federal de todos los Ministerios posibles, y en el momento mismo en que la Asamblea trazaba un proyecto de Constitución, cuyos mayores defectos provenían de la falta de

tiempo en la Comisión y de la sobra de impaciencia en el Gobierno". Castelar y Ripoll, Emilio (2009). Crónica internacional. Red Ediciones. pp. 165-166. ISBN 9788498160062. Puede verse también en el diario ABC.[37]

Seguido de los movimientos entre ellos políticos, promovidos por la Lo Rat Penat, entre uno de ellos fue su miembro Faustí Barberà y Martí (1850- 1924), quien sentó las bases del nacionalismo valenciano (1902) y prosigue con la reivindicación regionalista en la Asamblea Regionalista de 1907.[38] Hasta llegar a la Segunda República Española (1931-1939), en donde se presentan el Anteproyecto de Estatuto de Autonomía de la Región Valenciana (1931), elaborado por el Partido Radical Blasquista. Seguido por las Bases para el Estatuto de Autonomía del País Valenciano (1936), presentado por la Confederación Nacional del Trabajo (CNT) de Valencia. Seguido por Anteproyecto de Estatuto de Autonomía de la Región Valenciana (1937), del Partido Esquerra Valenciana. Y en la nueva etapa de la democracia española, marcada por la Constitución Española de 1978, se inicia el proceso para dar existencia oficial a la Comunidad Valenciana, con el Proyecto de Estatuto de Autonomía del País Valenciano (1979), aprobado por al Plenario de Parlamentarios del País Valenciano (1981), presentado en el Congreso de los Diputados de España (1981) y admitida a trámite en el Congreso de los Diputados (1981), aprobada en 1982 y modificada en 2006.

4.1.1. El valencianismo conflicto y corrientes

"Hoy por hoy no existe un problema soberanista en la Comunidad Valenciana, pero tampoco existía hace 15 años en Cataluña, y usted da pie a que lleguen a las instituciones personas con un punto de vista soberanista". Palabras de Carolina Punset, candidata de Ciudadanos (C´s), durante su intervención en el pleno de investidura de Ximo Puig, 25.06.2015. Ante estas declaraciones, yo no estaría tan seguro de lo que dice Punset, puesto que el problema existe, pero no de la

envergadura del anarquismo que lo hay en Cataluña y por convertirse en el País Vasco.

Y existe ya un problema en Valencia, cuando sabemos que parte de la administración de la Generalidad Valenciana –las Consejerías (Conselleríes)- están dirigidas por la fuerza política separatista pancatalanista de Compromís. Véase que el recién nombrado a la alcaldía de la capital de Valencia, Joan Ribó, catalanista separatista, está ligado a Coalició Compromís (Coalición Compromiso en castellano), coalición política de la Comunidad Valenciana partidario del separatismo y pancatalanista. (*PSPV y Compromís dirigirán cada uno cuatro conselleries y dejan dos a independientes. 21.06.2015.* Larazon.es).

Por lo tanto, el soberanismo separatista se extenderá rápidamente. Y esto es resultado a que los separadores – irresponsables- del anterior Gobierno valenciano dirigido por el PP (ex presidente de la Generalidad Alberto Fabra, 2011-2015), del Gobierno central y del PSOE a través de su secretario general Pedro Sánchez lo han permitido. Y hoy, tras el fracaso del PP en las elecciones autonómicas y municipales valencianas 2015, la licenciada en Ciencias Políticas, Económicas y Empresariales y en Periodismo, y ex alcaldesa de Valencia, Rita Barberá, pretende sorprendernos con sus declaraciones, y escenifica, y manipula la verdad y miente, al decir:*"Por lo que voy leyendo, me parece que el pueblo valenciano vamos a sufrir mucho y la ciudad también", "Sánchez ha extendido el soberanismo independentista catalán hasta Murcia", "Sólo hay que ver las entidades que piden un pacto rápido en la Generalitat, es la consumación absoluta del pancatalanismo", "Empezando por Acció Cultural, son todas las entidades que prácticamente está pagando el Gobierno catalán para la extensión de su cultura o de su falsa idea de los países catalanes, que ya habíamos superado todo el mundo pero que desde Zapatero se ha reforzado".*

Señores, Alberto Fabra y Rita Barberá, sabéis muy bien que esta realidad de Valencia no surge de la noche a la mañana, y que tarde o temprano estalla, y sabéis muy bien que, quienes condujeron a que se produzca esta realidad fue su propio Gobierno el valenciano (entre otros de los principales líderes del PP valenciano, como del expresidente de la Generalidad Valenciana Alberto Fabra y por usted, con seis mandatos como alcaldesa) y el Central, que ha vista y paciencia consintieron esa intensa campaña separatista. Y hoy, tras su derrota, y la de su partido, se sorprenden y dan la voz de alarma y culpan y condenan a los separatistas.

Señores, no es lo mismo ser ignorante, imbécil que sinvergüenza y cínico, en política aquí lo que prima es la sinvergüencería y el cinismo. De sinvergüenzas y cínicos que lo que pretenden es convencer a la gente ignorante o a los imbéciles. Pretenden hacernos creer que la realidad actual valenciana es producto de la casualidad, o que se construye por azar o por accidente. A sabiendas –y ahí la sinvergüencería de estos políticos conservadores- que lo que ocurre hoy en Valencia no es producto de la casualidad sino de la causalidad, que obedece a una cadena de efectos y sus consecuencias. Una cadena de actitudes de los separadores gobernantes valencianos distanciados de la realidad, que han permitido la evolución de los separatistas valencianos. Una cadena de sucesos que se ha ido construyendo en el pasado que explican el presente de Valencia. Y estos políticos conservadores valencianos –bien del PP como del PSPV-PSOE- que conociendo perfectamente esta secuencia de causas y los efectos correspondientes, no quieren reconocer que se distanciaron del problema, y hoy, presentan sus sorpresas y condenan a los separatistas, una actitud desde luego reprochable. Pues no sois más que engañadores que ocultan la verdad, ya que vuestra actitud inmovilista y pasiva como separadores apoyaron el proceso soberanista de los separatistas. Y que hoy, vosotros políticos del PP valenciano por vuestra indignidad sois premiados, dejáis las Cortes Valencianas para instalarse cómodamente en Madrid e ir al Senado.

11.07.2015: El presidente de Cantabria, Miguel Ángel Revilla (PRC), ha abogado por "cerrar" un Senado que "no vale para nada" y es "refugio" de expresidentes y excargos "de nivel" y suprimir "por Ley" unas diputaciones provinciales que son un "nido de enchufados".

Y es que, según ha comentado en una entrevista en Europa Press, tanto el Senado, tal y como está ahora y si no se hace que "sirva para algo", como las diputaciones provinciales, son "organismos supérfluos" que ni PP ni PSOE "se atreven a cerrar porque colocan ahí a parte del personal ocioso".

Por ello, según ha dicho, 'populares' y socialistas usan las instituciones para colocarles, o bien como eurodiputado, que es "el mejor chollo", según Revilla; en el Congreso de los Diputados; en los parlamentos y gobiernos autonómicos o en el Senado. "El Senado nuestro (el de España) tiene unas retribuciones maravillosas; tienes coches oficiales; tienes secretarias; tienes medios; tienes para viajar en 'Bussiness' por todo el mundo", ha dicho Revilla. Según ha dicho, es el "refugio" de los que ahora eran presidentes. "Y ¿cómo van a volver a su casa? ¿o a un trabajo como el que tiene el resto de los españoles?", se ha preguntado irónicamente Revilla, que sostiene que un senador español "tiene estatus de dinero y de prestigio en lo personal, pero es inútil porque no hacen nada". *Revilla aboga por "cerrar" el Senado y las diputaciones provinciales.* (Europapress.es).

Actualmente, en Valencia existe una fuerte divergencia de posición en el campo político, lingüístico e histórico. Por la presencia de ciertos movimientos nacionalistas y separatistas a favor de la propia identidad valenciana, ante otros movimientos valencianistas que consideran a Valencia parte del proyecto de los Países Catalanes (`Països Catalans´). Y esta operación soberanistas pancatalanista proviene desde la propia Cataluña. El valencianismo cultural y político encuentra a su gran opositor, no al Estado español –por el momento-, sino al pancatalanismo proveniente de Cataluña.

Discutible aún entre ser de la corriente del valencianismo fusterianista (que parte de las ideas de Joan Fuster, partidario de la "reconstrucción nacional" del País Valenciano vinculante con el territorio Catalán y Baleares, hacia la formación de una gran nación: los "Països Catalans" (Países Catalanes), ya que según él, estas Comunidades comparten una misma nacionalidad, bien sea por su lengua, la catalana, y por factores culturales, véase su ensayo Nosaltres els valencians (Nosotros los valencianos 1962). Decía Fuster: "No es que la bandera valenciana sea igual que la catalana. Es que es la misma. Al igual que la lengua, y tantas otras cosas". (Blaverismo – Es.wikipedia.org – 05.06.2014). Por su tesis pancatalanista fue acusado y censurado de rupturista y falaz, un "valenciano catalanizado". Y, por otro lado, ser de la corriente del blaverisme (blaverismo en castellano), el cual es un movimiento político anticatalanista, que reacciona contra el fusterianismo, el pancatalanismo. El blaverismo particularmente es nacionalista valenciano y regionalista; de la lengua propia valenciana y del valencianismo cultural. Esta identificación de la lengua valenciana se ve manifestada en el preámbulo de la Academia Valenciana de la Lengua, Ley de creación 7/1998, del 16 de septiembre, que dice: "El valenciano, idioma histórico y propio de la Comunidad Valenciana, forma parte del sistema lingüístico que los correspondientes estatutos de autonomía de los territorios hispánicos de la antigua Corona de Aragón reconocen como lengua propia".

Desde luego, el pensamiento español es recibido con mucho respaldo y por ende muy extendido en la Comunidad Valenciana, a una diferencia abismal con el nacionalismo periférico valenciano en su propio territorio.

Como vemos en los resultados electorales autonómicos de Valencia 2015, el poder del Gobierno valenciano recae sobre la conformación de tres partidos políticos, por un lado el PSOE-PSPV conocido por su pensamiento federalista, y que puede pactar a derecha e izquierda, por otro lado, Podemos abiertamente populista, republicano y de la libertad de elección si formar o no parte de España, y, por último, de Compromís que se define como pancatalanista separatista. Siendo las formaciones políticas de PSOE y Compromís quienes se reparten las Consejerías.

4.1.2. Posturas del valencianismo político

- 25.04.2009: La izquierda independentista organiza una protesta dentro de la campaña '300 años de ocupación, 300 años de resistencia". *Manifestación independentista en Valencia.* Politica.e-noticies.es.

- 10.12.2013: *"Valencia se debate históricamente entre pancatalanismo y centralismo".* Lasprovincias.es.

- 10.05.2014: *ERC pretende la adhesión de Valencia y Baleares a un eventual Estado catalán.* Ccaa.elpais.com.

- 05.05.2015: *Mas destina 4 millones en promover el pancatalanismo en Valencia.* Cronicaglobal.com.

- 12.06.2015: Compromís gobernará con mayoría absoluta en Aín, Betxí y Vistabella, en una provincia donde la coalición ha obtenido 36.354 apoyos (el 12,33%) y 87 concejales. *El PP obtiene mayoría absoluta en 66 municipios de los 135 de Castellón y relativa en otros 22.* Elmundo.es.

MANIFIESTO A LA NACIÓN ESPAÑOLA

Enviat per GAV el 18 de Decembre de 2009
Comunicats GAV [Grup d'Accio Valencianista]
Y A LAS AUTONOMÍAS DE ARAGÓN, VALENCIA, BALEARES Y CATALUÑA.

La FEDERACIÓN DE ASOCIACIONES CULTURALES DEL ARAGÓN ORIENTAL (FACAO) y la PLATAFORMA ARAGONESA NO HABLAMOS CATALÁN; NOU VALENCIANISME, GRUP D'ACCIO VALENCIANISTA, la entidad VALENCIA FREEDOM y la FEDERACIO COORDINADORA D'ENTITATS CULTURALS DEL REGNE DE VALENCIA; la ACADEMIA DE SA LLENGO BALÉÀ, la PLATAFORMA DE SA LLENGO BALÉÀ, la EMBAJADA CULTURAL BALEAR y el CÍRCULO

BALEAR; y CONVIVENCIA CÍVICA CATALANA, ante la agresividad del nacionalismo catalanista, con la permisividad cuando no colaboración de determinados Gobiernos autonómicos, que pretende imponer la lengua catalana en Aragón, Valencia y Baleares y eliminar las lenguas vernáculas de sus territorios, así como eliminar el castellano de Cataluña, y que también pretende crear la espuria nación de los Países Catalanes (que comprendería Cataluña, Baleares, Valencia, la zona oriental de Aragón y el Rosellón francés), queremos hacer llegar a la opinión pública las siguientes consideraciones:

PRIMERA.- Declaramos pública y enérgicamente nuestro más absoluto rechazo hacia cualquier propuesta que desde el frente nacionalista catalán pueda propiciar la aproximación idiomática, geográfica y política de nuestras comunidades autónomas bajo la recurrente mentira de la unidad lingüística, cuyo objetivo no es otro que el subvertir el Estado Constitucional y su diseño autonómico, fruto de una realidad histórica, que no puede quedar en manos ni de oportunistas ni de la frivolidad política.

SEGUNDA.- Rechazamos categóricamente que el catalán se imponga y sea considerada lengua propia de Aragón, Valencia y Baleares pues en estas comunidades las lenguas propias son el aragonés y sus modalidades, el valenciano (tal y como reconoce el Estatuto de Autonomía de la Comunidad Valenciana) y el balear o mallorquín junto con la lengua común de todos, el español. Si nuestros Gobiernos autonómicos siguen imponiendo el catalán en estas comunidades se consumará una sustitución lingüística de la que serán responsables esos gobiernos. Asimismo, exigimos bajo el amparo legal y democrático que en Cataluña se pueda vivir plenamente en castellano y que todo niño pueda estudiar en su lengua materna.

Asimismo, nos oponemos, frontal y públicamente, al Proyecto de Ley de Lenguas que el Partido Socialista y la Chunta Aragonesista, con la colaboración del único diputado que tiene Izquierda Unida en Aragón, pretenden imponer en las Cortes Aragonesas y que quiere declarar el catalán "lengua propia e histórica" de Aragón.

TERCERA.- La reivindicación de los Países Catalanes no es sino el viejo sueño de la burguesía catalana nacionalista: "una lengua – una nación – un estado". El nacionalismo catalán hace suyos estos postulados, presentándolos como la quintaesencia de la democracia y ampliando los límites territoriales de espacio vital, el LEBENSRAUM, a la mentira histórica de la Confederación catalano-aragonesa, fruto de la invención de los ideólogos pancatalanistas, utilizando la pretendida unidad de la lengua catalana como Ejército conquistador, y, allí donde gobierna, imponerla coactivamente, excluyendo de este modo el uso del castellano y las lenguas y modalidades propias de cada comunidad.

CUARTA.- Llamamos públicamente la atención a la Nación Española y, en especial a las Autonomías de Aragón, Valencia, Baleares y Cataluña, para que no permitan más utilizar el mismo subterfugio territorial para justificar la falsa unidad lingüística catalano-valenciano-balear-aragonesa, en realidad un mero instrumento para legitimar esas pretensiones, y que defiendan la singularidad de las lenguas valenciana, aragonesa y balear-mallorquina, tal como la Constitución establece: art. 3 "la riqueza de las distintas modalidades lingüísticas de España es un patrimonio cultural que será objeto de especial respeto y protección".

En el XVI Congreso Internacional de Lingüística y Filología Románicas, en el cual participaron 723 filólogos venidos de las principales Universidades de todo el mundo y que se celebró en Palma de Mallorca en 1980, solo 36 de esos 723 lingüistas (romanistas) avalaron que en Aragón, Valencia y Baleares se habla catalán (ni el 5%). El resto se negó a firmar dicha conclusión, con la agravante de que de los componentes del Comité Científico (22) solo lo apoyaron 7.

Las entidades firmantes proclaman desde la firmeza y rotundidad su voluntad de combatir desde la legalidad cualquier viabilidad de dicho proyecto anticonstitucional de los Países Catalanes en todos y cada unos de los territorios afectados, promoviendo las acciones jurisdiccionales y las movilizaciones populares necesarias para impedir la imposición de la locura del nacionalismo disgregador y la defensa de las libertades y derechos fundamentales recogidos en la Constitución y en nuestros Estatutos de Autonomía.

QUINTA Y ÚLTIMA.- Como prueba de esta nuestra voluntad hoy nos comprometemos ante el pueblo español a defender conjuntamente la lengua valenciana en Valencia, la lengua balear-mallorquina en Baleares, la lengua y modalidades aragonesas en Aragón y el bilingüismo en Cataluña.

Madrid, a 26 de noviembre de 2008
Firmados: Por Valencia - Por Aragón - Por Baleares - Por Cataluña

4.1.3. Organizaciones separatistas valencianas

Unio Valenciana
Coalicio Valenciana
Esquerra Valenciana
Bloc Nacionalista Valencià
Identidad Reino de Valencia
Joves d'Esquerra Valenciana
Bloc Jove Nacionalista Valencià
Esquerra Nacionalista Valenciana
Joventuts Nacionalistes d'Esquerra
Esquerra Republicana del País Valencià
Joventuts d'Esquerra Republicana del País Valencià

5. Comunidad autónoma de Andalucía

Andalucía es una comunidad autónoma española, compuesta por las provincias de Almería, Cádiz, Córdoba, Granada, Huelva, Jaén, Málaga y Sevilla. Su capital es la ciudad de Sevilla. Está agrupada por 771 municipios, divididos entre las ocho provincias. Con una población a diciembre 2014 de 8.402.305 personas,[39] y de una superficie de 87 597 km².

Considerada como nacionalidad histórica, de acuerdo a su Estatuto de autonomía 2007, en vigor.

Actualmente Andalucía está gobernada por su presidenta Susana Díaz Pacheco, gracias a los 47 votos a favor de su partido, el PSOE, y los 9 de Ciudadanos (C´s), Así, ambas agrupaciones firman un pacto de Gobierno de legislatura, 2015-2019.

Fiesta oficial el 28 de febrero, Día de Andalucía. Considerado para cierto sector separatista como una burla la designación de dicha fecha, así criticable por el partido político Pueblo Nacionalista de Andalusí.

5.1. Origen y evolución del pensamiento separatista andaluz

A finales del siglo XIX y a comienzos del siglo XX se dieron las bases para forjar la identidad cultural andaluza. De modo decisivo hacia ese propósito surgieron los ateneos, instituciones y órganos de difusión. El Ateneo de Sevilla que en sus inicios llevaba el nombre de Sociedad de Excursiones, inaugurada en 1887 por Manuel Sales y Ferré, la Sociedad Antropológica de Sevilla, institución fundada en 1871 por Federico de Castro y Machaco y Núñez, la revista Bética, el diario El Liberal, la Revista Mensual de Filosofía y la Revista Literatura y Ciencias de Sevilla publicada por la Universidad de Sevilla.

Era la época del "Renacimiento andaluz", del inicio del andalucismo cultural, de la existencia del movimiento de los folcloristas (1868-1890) que dio existencia al primer descubrimiento consciente de la etnicidad, como así también lo señala el antropólogo de la Universidad de Sevilla, Isidro Moreno Navarro en su escrito Etnicidad, Conciencia de Etnicidad y Movimientos Nacionalistas: Aproximación al caso andaluz".[40]

En cuanto se refiere al Andalucismo político, actualmente en Andalucía han surgido ciertos movimientos políticos y sociales que defiende un andalucismo muy propio, veamos los siguientes:

1) Para unos el andalucismo político surge con Blas Infante Pérez de Vargas (1885-1936), considerado como el principal ideólogo y precursor del regionalismo, federalismo y el nacionalismo andaluz. En su obra El Ideal Andaluz publicado en 1915 expresa entre otras cosas la reivindicación del autogobierno andaluz. El pensamiento separatista se ve reflejado en su obra La verdad sobre el complot de Tablada y el Estado libre de Andalucía, publicado en 1931. Oficialmente el Parlamento de Andalucía en 1980 reconoció y así se hace saber en el Preámbulo del Estatuto de Autonomía para Andalucía a Blas Infante como el "Padre de la Patria Andaluza": ("En los últimos 25 años, Andalucía ha vivido el proceso de cambio más intenso de nuestra historia y se ha acercado al ideal de Andalucía libre y solidaria por la que luchara incansablemente Blas Infante, a quien el Parlamento de Andalucía, en un acto de justicia histórica, reconoce como Padre de la Patria Andaluza en abril de 1983").

MANIFIESTO DE CÓRDOBA DEL 1 DE ENERO DE 1919

"Sentimos llegar la hora suprema en que habrá que consumarse definitivamente el acabamiento de la vieja España (...). Declarémonos separatistas de este Estado que, con relación a individuos y pueblos, conculca sin freno los fueros de la justicia y el interés y, sobre todo, los sagrados fueros de la Libertad de este Estado que nos descalifica ante nuestra propia conciencia y ante la conciencia de los Pueblos extranjeros (...). Ya no vale resguardar sus miserables

intereses con el escudo de la solidaridad o la unidad, que dicen nacional". Manifiesto de la Nacionalidad. Manifiesto andalucista de Córdoba de 1919. Párrafo del Texto acordado por el Directorio Andaluz de CÓRDOBA EL DÍA 1 DE Enero de 1919 y refrendado por la Asamblea Autonomista reunida en Córdoba el 25 de marzo del mismo año. Texto firmado por Blas Infante, junto con miembros de Centros Andaluces: Por el Centro Regionalista de Jaén; Inocencio Fé, Emilio Álvarez, Juan García Jiménez, Manuel Rosi (Secretario), por el Centro Regionalista Andaluz de Córdoba.- Dionisio Pastor, Francisco Azorín, Francisco Córdoba).

Para otros no existe ese mismo criterio de aceptar a Blas Infante como el padre de la patria andaluza, ni como precursor del nacionalismo andaluz o creador del nacionalismo moderno andaluz. Y son aquellos que dan a saber sobre el conflicto que se generó en la Asamblea de Córdoba de 1933, en donde Blas Infante estuvo a favor del ideal andalucismo sevillano y de la subordinación de Granada y las demás provincias. En donde se afirmaba, por sus asambleístas, que la creación de la autonomía debería de hacerse en más de una Andalucía. O formar parte de otras regiones.

Y por aquellos que consideran que Blas Infante se convirtió en islamista en el año 1924 y cuyas intenciones pretendía la islamización de Andalucía. La presencia del Blas Infante islamista se difunden por la web islámica, que es de interés tomarlo en cuenta, veamos algunos escritos:

- "Yo criado entre jornaleros e hijos de un pueblo jornalero por excelencia morisco o andaluz, había vivido la tragedia de la Andalucía secularmente martirizada, de un pueblo que soportaba con musulmana resignación y aristócrata mansedumbre". (*Blas Infante: Un morisco padre de la Patria Andaluza* - Musulmanesandaluces.org).

- "Nosotros no podemos, no queremos, no llegaremos a ser jamás europeos. Externamente en el vestido o en ciertas costumbres ecuménicamente impuestas con inexorable rigor hemos venido pareciendo aquello que nuestros dominadores exigieron de nosotros. Pero jamás hemos dejado de ser lo que somos de verdad: esto es andaluces, euro-africanos, euro-orientales, hombres universalistas, síntesis armónicas de hombres". (*Blas Infante: Un morisco padre de la Patria Andaluza* - Musulmanesandaluces.org).

- "El pueblo andaluz fue arrojado de su Patria (…) por los reyes españoles y unos moran todavía en hermanos, pero extraños países y otros, los que quedaron y los que volvieron, los jornaleros moriscos que habitan el antiguo solar, son apartados inexorablemente de la tierra que enseñorean aún los conquistadores. Y es preciso unir a unos y otros. Los tiempos cada día serán más propicios. En este aspecto, hay un andalucismo como hay un sionismo. Nosotros tenemos, también, que reconstruir una Sión". (¿El PP y el PSOE vuelven a homenajear a Blas Infante el Día de Andalucía [28-F]? *El verdadero padre de Andalucía es Fernando III el Santo* – Manuel Morillo – Tradiciondigital.es, 27.02.2014).

2) El andalucismo podría haber surgido mucho antes al de Blas Infante, cumpliendo dicho movimiento un papel decisivo, por ejemplo:

- En la creación de la Junta Soberana de Andújar (1835), que también fue llamada Junta Suprema de Andalucía en Andújar o como la Junta Soberana de Andalucía. Ésta se constituyó con la finalidad de representar al conjunto de las ciudades de Andalucía frente al poder Central. Una Junta que hizo posible que el pueblo andaluz se levantara contra el gobierno de la reina Cristina, contra el "Antiguo Régimen". La Junta supuso el inicio hacia un estado federal libre de España. Se dice que el conde de Toreno, José María Queipo de Llano (1786-1843), que presidía el gobierno de España prohibió las Juntas no sólo de Andalucía, sino también de Cataluña y Zaragoza. Referencia: *Junta Suprema de Andalucía*. Wikipedia.org. Referencia: *La revolución andaluza*. Nacionandaluza.info.

- En el proyecto de Constitución Federal que se publicó en las páginas del periódico sevillano El Demócrata, el 7 de febrero de 1869. O de aquél otro proyecto de Constitución, también federal, que circulara en 1872 por las clases progresistas. (Véase dicha información en la web de la Junta de Andalucía, La Constitución de Antequera de 1883: Piedra angular del andalucismo contemporáneo. Jesús Pedro Vergara Varela. Comunicación al XII° Congreso sobre el Andalucismo Histórico, Carmona, 29 y 30 de Septiembre y 1 de Octubre de 2005 http://www.juntadeandalucia.es/educacion/vscripts/wbi/w/rec/5145.pdf).

- De aquél manifiesto de los federales de Andalucía, publicado en Despeñaperros el 21 de julio de 1873: (…) ¡Federales de Andalucía! Unión íntima, unión fraternal entre todos nosotros. Ínterin se constituyen los Cantones del Estado Andaluz, fórmense los Comités de salud pública, como en Madrid y demás provincias: no reconozcamos otra autoridad que la de nuestros Cantones, y todo el que se oponga a esta obra patriótica, que encierra la salvación de España, será considerado como traidor, aunque se llame republicano. Concluyamos con las palabras de M. Lamenais: "Todos tenemos el mismo pensamiento: tengamos todos el mismo corazón. ¡Salvémonos o muramos juntos!". Referencia: *Manifiesto de los federales de Andalucía.* Despeñaperros 21 de julio de 1873. Nacionandaluza.info.

Pues todos estos acontecimientos e inquietudes de proyectos influenciaron y dieron paso hacia la Constitución de Antequera de 1883. Entre sus postulados se dice en primer artículo:

"Andalucía es soberana y autónoma; se organiza en una democracia republicana representativa, y no recibe su poder de ninguna autoridad exterior al de las autonomías cantonales que se le instituyen por este Pacto". Referencia: LA CONSTITUCIÓN DE ANTEQUERA DE 1883: PIEDRA

ANGULAR DEL ANDALUCISMO CONTEMPORÁNEO. Jesús Pedro Vergara Varela. Comunicación al XIIº Congreso sobre el Andalucismo Histórico, Carmona, 29 y 30 de Septiembre y 1 de Octubre de 2005. Juntadeandalucia.es.

3) El Andalucismo político y cultural también toma existencia a través de una nueva corriente, que viene hacer el Andalucismo islamizante. Que significa el retorno a la identidad andalusí en Andalucía, la islamización de Andalucía, un Estado libre andaluz e incluso un retorno al Al-Ándalus y el forjar una España islámica. Dicha corriente surgió en la década del 80 del siglo pasado, sostenida por ciertos movimientos de corte islámico, como el de Liberación Andaluza en 1985, asociaciones culturales como la Liga Morisca o la Fundación Islam y Al-Ándalus y de medios de comunicación, que por cierto no somos ajenos en observar de algunos medios de comunicación que con sutileza trasmiten propaganda ideológica hacia el retorno del Al-Ándalus en España.

El Andalucismo islamizante pasa por reconocer, identificar e idealizar al morisco Fernando de Córdoba y Válor (Abén Humeya) (1545-1569), hasta ser considerado por unos como el padre de la patria andaluza y el último rey de Al Ándalus. Fue coronado por su pueblo el "Rey de los Andaluces" o "Rey de los moriscos" al participar en la insurrección o rebelión de los moriscos andaluces contra los castellanos en la comarca de La Alpujarra (1568-1571).

Recordemos que España y Andalucía están ligadas por su historia con la Cultura árabo-musulman, desde más o menos 8 siglos de existencia. Y Al-Ándalus llamada así en árabe, fue una civilización y un estado musulmán que llegó a comprender gran parte del territorio español. Territorio español que fue ocupada tras la conquista de los árabes-musulmanes en el año 711 (siglo VIII), durante el reinado del rey visigodo Roderick (Rodrigo) quien muriera en la Batalla de Guadalete. Dicha ocupación bajo la dominación musulmana terminaría en el año 1492 (siglo XV) con la toma de la gran metrópoli de Granada por los Reyes Católicos, entregada por el rey Boabdill Abu Abd Allah. El territorio andaluz fue el principal centro político de los distintos estados musulmanes y Córdoba su capital, la más importante del mundo en el siglo X, en la que fue llamada Edad Dorada. (Referencia: 4. El andalucismo islamizante: Liberación Andaluza. Pág.99, "Etnogénesis y etnicidad en España: una aproximación histórico-antropológica al casticismo". Christiane Stallaert. Anthropos Editorial, 1998).[41]

4) Por otro lado, el Andalucismo nos presenta un nuevo pensamiento separatista, de la separación andaluza. Por un lado, están los partidarios de una Andalucía oriental (la Alta Andalucía) con sus provincias de Almería, Granada, Jaén y Málaga, con su capital en Granada. Por otro lado, los partidarios de una Andalucía occidental (la Baja Andalucía) con sus provincias de Cádiz, Córdoba, Huelva y Sevilla, con su capital en Sevilla.

El argumento que parte este separatismo es porque encuentran diferencias físicas geográficas, demográficas, económicas y como, para otros, hasta psicológicas. Pero de aquella clásica Andalucía unida, este divisionismo es una realidad presente en la ciudadanía, aunque no es dominante ni ascendente.

"Hasta el siglo XIX, el Reino de Granada, siempre es representado aparte de Andalucía, que normalmente se refiere a los otros tres reinos". (López Ontiveros, Antonio (2003). El territorio andaluz: su formación, delimitación e interpretación, en Geografía de Andalucía, Editorial Ariel, Barcelona, p.45).

El poeta y dramaturgo Federico García Lorca (1898-1936) nos hace mención de las dos Andalucías en su último verso 10, Alba, incluido en su Poema de la Soleá, del libro Poema del cante jondo (1921).

Más referencias: En los orígenes del nacionalismo andaluz: Reflexiones en torno al proceso fallido de socialización del andalucismo histórico. De Manuel González de Molina y Eduardo Sevilla Guzmán. Reis.cis.es. Referencias: *La primera etapa del andalucismo.* José Manuel Cuenca Toribio. Juntadeandalucia.es

El separatismo andaluz aunque no es un problema para España, sí podemos decir que está presente de manera marginal en el territorio andaluz. Podríamos tomar como referencia ante tal afirmación y como un ejemplo las últimas elecciones autonómicas de 2015, en donde el Partido Socialista Obrero Español de Andalucía (PSOE-A) obtuvo 1.141.755 votos (35,9%) y 47 diputados, seguidos por el Partido Popular (PP) 1.066.458 (27,12%), 33 diputados; Podemos (PODEMOS) 592.271 (15.07%), 15 diputados; Ciudadanos-Partido de la Ciudadanía (C' s) 369.914 (9,41%), 9 diputados, al final de la lista se encuentra el partido Pueblo Nacionalista de Andalusí (PN de A), organización separatista, que sólo obtuvo 302 votos (O,01%), 0 diputados. De las 24 candidaturas presentadas en las autonómicas 2015 sólo el (PN de A) es de ideología separatista.

5.1.1. Organizaciones separatistas andaluzas o andalucistas

Jaleo!!!
Nación Andaluza
Andalucismo Libre
Partido Andalucista
Liberación Andaluza
Alternativa Nacionalista
Juventudes Andalucistas
Pueblo Nacionalista de Andalusí (PN de A)

6. Comunidad autónoma de Canarias

La comunidad autónoma de Canarias o Islas Canarias comprende el Archipiélago Canario, integrado por las siete islas de El Hierro, Fuerteventura, Gran Canaria, La Gomera, Lanzarote, La Palma y Tenerife, así como las islas de Alegranza, La Graciosa, Lobos y Montaña Clara, Roque del Este y Roque del Oeste, agregadas administrativamente a Lanzarote, salvo la de Lobos, que lo está a Fuerteventura. Su capitalidad está compartida entre

Las Palmas de Gran Canaria y Santa Cruz de Tenerife. Canarias se agrupada por 88 municipios, divididos entre las dos provincias la Provincia de Las Palmas y la Provincia de Santa Cruz de Tenerife. Provincias divididas así desde 1927. Las Palmas: que engloba las islas de Gran Canaria, Fuerteventura y Lanzarote. Y Santa Cruz de Tenerife: con las islas de Tenerife, La Gomera, Hierro y La Palma. Además, cada isla está considerada como una unidad administrativa que está gobernada por un Cabildo Insular. Con una población a diciembre de 2014 de 2.104.815 personas,[42] y de una superficie de 7446,95 km².

Su Estatuto de autonomía está vigente desde el 30 de diciembre de 1996.

Actualmente Canarias está gobernada por su presidente Fernando Clavijo, gracias a los 18 votos a favor de su grupo, Coalición Canarias, y los 15 del PSOE. Así, ambas agrupaciones firman un pacto de Gobierno de legislatura, 2015-2019.

Fiesta oficial 30 de mayo, Día de Canarias.

6.1. Origen y evolución del pensamiento separatista canario

6.1.1. La identidad canaria

La identidad canaria se fue construyendo a lo largo del tiempo. Y las fuentes que dieron paso a la identidad canaria lo constituyen los siguientes hechos históricos:

1) Su herencia cultural prehispánica, establecida con anterioridad a la conquista y colonización del Archipiélago. En especial por la conquista de la Corona de Castilla en el siglo XV (1402-1496) y su posterior colonización en el siglo XVI.

Aquella cultura prehispánica que existió en las Islas Canarias fue la cultura "Guanche" (dicho así popularmente ya que fue tomado de los aborígenes canarios que existieron en la isla de Tenerife). En otras palabras Guanche se denomina así a los aborígenes o antiguos canarios que habitaban en la isla de Tenerife; siendo popularizado con dicho término de forma genérica a todos los pueblos aborígenes –neolíticos- que existieron en las Islas Canarias.

2) Tras su colonización, hispanizarían la islas con la llegada de gallegos, castellanos, andaluces, aragoneses, etc.; de igual modo por portugueses, genoveses, flamencos, italianos, británicos y franceses, y desde luego, tras el comercio de esclavos también inmigraron los moriscos y negros africanos.

3) Llevada a cabo la colonización surge el intercambio en especial las comerciales y la emigración, particularmente hacia Latinoamérica.

- La identidad canaria según Coalición Canarias

A manera de contribuir al conocimiento de la existencia de la identidad canaria, la organización política Coalición Canarias nos presenta una situación geográfica, histórica, económica y cultural que dieron existencia a la identidad canaria.

En la Ponencia Ideológica del IV Congreso Nacional de Coalición Canarias, celebrado en las Palmas del 25 y 26 de octubre 2008, define el hecho diferencial canario, sobre la base de tras factores que a continuación señalamos. *IV Congreso CC Ponencia Ideológica* - http://s.libertaddigital.com.

1) El hecho geográfico, pues somos un archipiélago fragmentado en islas, situado en una región estratégica del Atlántico, alejado del continente europeo, frente a la costa de África y a medio camino de América.

2) El factor económico, derivado de nuestra realidad geoestratégica y de un acervo económico y fiscal propio, cuyos fueros y reconocimiento se han ido asentando a lo largo de los siglos hasta llegar a constituir nuestro singular Régimen Económico y Fiscal.

3) Y el hecho histórico y cultural, que se ha ido construyendo a partir del substrato popular aborigen enriquecido por las aportaciones europeas (normandos, castellanos, portugueses, genoveses, flamencos, andaluces, gallegos, etc.) y americanas (paso obligado en la ruta de las Américas y por el retorno de colonizadores y emigrantes, principalmente de Estados Unidos, Cuba, Venezuela, Argentina y Uruguay, a lo largo de cinco siglos), lo que ha dado como resultado un mestizaje étnico y cultural único.

Diríamos entonces, que la identidad canaria es el resultado de la confluencia cultural proveniente del propio Archipiélago, de Europa, África y América. A esa mezcla isleña con la europea, en 1910, Unamuno se expresaba así al escribir en Las Palmas, Por Tierras de Portugal y de España, Madrid 1930, *"No sé si en rigor es desde Europa desde donde ahora escribo"*.

6.1.2. La identidad canaria cuestionada

Pero si tomamos como punto de partida la definición de algunos estudiosos como la de Luis Diego Cuscoy (1907-1987), miembro del Instituto de Estudios Canarios, entonces dicha identidad canaria estaría cuestionada. De acuerdo con este estudioso y profesor, para él no existe una identidad cultural que caracterice al archipiélago canario, sino que cada isla tiene su propia identidad diferenciada: un desarrollo diferenciado y de adaptación cultural.

Por lo tanto, bajo esta teoría,[43] no se puede hablar de una identidad canaria, sino variadas identidades diferenciadas, que se ha ido construyendo en cada isla del Archipiélago, bien sea en El Hierro, Fuenteventura, Gran Canaria, La Gomera, La Palma y Tenerife.

6.1.3. El movimiento nacionalista canario

El nacionalismo canario hizo su aparición de forma tardía en comparación a la catalana y vasca, a finales del siglo XIX.

Diríamos que pasó inadvertido en la vida sociopolítica en el Archipiélago hasta la segunda mitad del siglo XX. Podríamos pensar que lo que explica este tiempo inadvertido sobre el nacionalismo en la Isla, a pesar ya de la existencia de sus líderes nacionalistas, podría ser debido a que España en aquella época vivía una gran inestabilidad social y política. Hechos importantes ocurridos como la crisis de la Restauración, los acontecimientos de 1909 (la semana trágica de Barcelona), la crisis de 1917 (crisis militar, parlamentaria y social); la guerra colonial en Marruecos (El Desastre Anual de 1921), la Dictadura de Primo de Rivera (1923-1930), la Segunda República Española (1931-1936), la Guerra Civil Española (1936-1939) e igualmente podríamos pensarse, debido a la dura represión del régimen franquista contra todo nacionalismos periféricos, dictadura y autoritarismo que surgió durante la Guerra Civil, hasta la muerte del general Francisco Franco en 1975.

6.1.4. La vida del nacionalismo canario se puede dividir en tres etapas

1) La primera de ellas cuando se relaciona y se construye con la inmigración, hacia finales del siglo XIX. Así lo demuestran los siguientes referentes históricos:

a) Destaca la figura de Secundino Delgado Rodríguez (1871-1912) quien emigra a Cuba en 1885. Aquí surge el Secundino concienciado con las ideas revolucionarias liberadoras y lucha por ellas por la causa de la independencia de Cuba. Y hallándose en Tampa (Florida, EE.UU) participa 24 en el periódico El Esclavo con el mismo ideal emancipador. En Caracas (Venezuela) expresa su pensamiento político separatista canario, en el periódico "El Guanche" que fundara en 1897.

b) La fundación del Partido Nacionalistas Canario (PNC) en La Habana (Cuba), en 1924. Siendo su presidente José G. Cabrera Díaz (1875-1939).

2) La segunda etapa significativamente surgiría en la segunda mitad del siglo XX. Aquí se moviliza la sociedad política, se articulan los líderes y sus seguidores, surge el apoyo popular, es la presencia significativa de los partidos y movimientos nacionalistas, tales como el Partido Popular (PPA), el grupo Canario Libre, fundado en 1959, o cuando Antonio Cubillo fundara en Argelia 1964, el Movimiento por la Autodeterminación e Independencia del Archipiélago Canario (MPAIAC), o cuando el partido nacionalista Unión del Pueblo Canario (UPC) en 1979 fuera la tercera fuerza política más votada en la Isla, o cuando Antonio Cubillo fundara, en 1986, el Congreso Nacional de Canarias, o cuando el grupo Coalición Canaria (CC) desde 1993 hasta la fecha de hoy es quien gobierna las Islas.

3) La tercera etapa, es la presencia de un nacionalismo canario moderado. El movimiento nacionalista del dinamismo y la difusión del siglo pasado, hoy se ha convertido en moderado. Se la cuestiona porque vive del "falso" nacionalismo, de las facciones y del clientelismo; del partidismo y electoralistas. No existe una articulación de intereses hacia una nación canaria; de perseguir la viabilidad de un Estado canario independiente. Desde luego, que no podemos ignorar que a pesar de que no exista el respaldo y la influencia de los separatistas canarios, éstos se reducen en número y de acción política. Por lo tanto, el nacionalismo canario en la actualidad no es importante.

En Canarias podemos encontrar partidos de índole municipal, insularistas, nacionalistas canarios y partidos centralistas españoles. Algunos de orientación africanistas, así se dice del Movimiento por la Autodeterminación e Independencia del Archipiélago Canario (MPAIAC).

- "A lo largo de los años se consolida la acción internacional del MPAIAC en especial ante la OUA (organización de la unidad africana) es de destacar la declaración del comité de liberación africano de Julio de 1968 con motivo de la reunión de jefes de estado africanos en la que se declaraba que las islas canarias eran parte integrante de África, "... no constituyendo una parte integrante de España. En consecuencia debemos declarar que las Islas Canarias tienen el derecho a la autodeterminación y la independencia, como cualquier territorio africano aún sometido a la dominación colonial".

"El MPAIAC afianza en esta época su presencia en el Archipiélago creando todo tipo de movimientos sociales como medio de impulsar la conciencia nacional al mismo tiempo que participa en reuniones internacionales de los movimientos de liberación africanos y en visitas a todos los países africanos independientes." 3.- Historia/Política: CANARIAS HOY INFORME.).

- El IV congreso de Coalición Canaria, celebrado en Las Palmas de Gran Canaria, ha aprobado una ponencia ideológica que proclama la "soberanía" canaria y la relación "bilateral con España", y critica al Estado español afirmando que "debe ser leal con la nación canaria, no desleal como ahora". El texto fue aprobado por 948 de los 1.134 compromisarios acreditados. Los nacionalistas apuestan por "un modelo confederal para el Estado", mediante una reforma de la Constitución, en el que las relaciones con la administración central sean "de igual a igual, sin subordinaciones de ningún tipo".

También se aprobó una moción que propone que el 22 de octubre se convierta en el "Día de la Nación Canaria". Los impulsores, la agrupación juvenil del partido, eligieron esta fecha por ser la primera en la que ondeó la bandera de las siete estrellas verdes -tradicionalmente asociada al independentismo-, que en el anterior congreso del partido, en 2005, se eligió como propia. El 22 de octubre fue el día en que el Movimiento por la Autodeterminación e Independencia del Archipiélago Canario (Mpaiac), que lideraba Antonio Cubillo, reclamó desde Argel la separación de las islas del resto de España. (*CC pide la "soberanía" canaria y la "bilateralidad con España".* Politica.e-noticies.es/ - 27.10.2008).

- 13.10.2014: Debemos trabajar por Canarias como "una Nación con capacidad para decidir su futuro". Soberanía compartida – Por Paulino Rivero Baute. Diariodeavisos.com

6.1.5. El padre del nacionalismo canario

Llega a ser discutible quién puede ser el padre del nacionalismo canario. Hay seguidores que se decantan por uno u otro líder canario. Desde luego, que se destaca como primera imagen de ser considerado como el padre del nacionalismo canario en la figura de Secundino Delgado Rodríguez, quien decía:

- *"¡Qué importan los sacrificios si algún día llega a alumbrar nuestra Patria el Sol de la libertad!"*, (Secundino Delgado (1867-1912). Padre indiscutible del nacionalismo canario. Canarias Insurgente - Canariasinsurgente.typepad.com).

- *"Despreciad con valor la prensa venal y asalariada que fomenta la discordia entre islas, nuestra Patria, con el fin de dividir al pueblo para que el lobo devore con paciencia y gusto su víctima."*

"Atacad con audacia el caciquismo irritante que se enseñorea estúpidamente, imponiendo su voluntad imbécil, violando nuestros legítimos derechos de hombre y engordando a expensas del pobre pueblo cada día más diezmado".

"Y tú, pueblo trabajador, que desde que naciste, gravaron los pícaros en tu frente tu deber, habiéndose guardado en sus faldones el derecho que te corresponde, organízate, forma círculos de artesanos, ponte en relación con los proletarios de otras partes, instrúyete robando algunas horas al descanso y después que sepas cual es tu derecho y quién te lo robó, rebélate, que ese derecho te corresponde."

"Tu emancipación y el mejoramiento de tu Patria no lo esperes de esos sabios de librea, que asisten a las Cortes para hacer la venia al amo. Es el mismo pueblo el que debe moverse, protestar contra las exageradas contribuciones, los

abusos del caciquismo, las arbitrariedades de los exóticos gobernantes, etc.".

"Si las leyes de aquella monarquía nos coaccionan, en Canarias, no debemos respetarlas; ya que entorpecen el progreso y apagan la luz del pensamiento libre, no las respetemos, y si es necesario seamos hostiles".

"Mas, para esto hay que amar el ideal de la Patria verdadera; no estar mistificados. Ser Canarios". (En defensa de Secundino Delgado, padre de la Patria Canaria. Canarias Insurgente – 26.09.2007 - Canariasinsurgente.typepad.com).[44]

En tanto que para otros, consideran a Antonio Cubillo Ferreira (1930-2012) como el padre de patria canaria. Fue fundador del Movimiento por la Autodeterminación e Independencia del Archipiélago Canario (MPAIAC); aquél que redactara un "anteproyecto de la Constitución de la República Federal Canaria" (Canarias, agosto 2007). En su ideario sostenía: "Entre nosotros, africanos, se encontrará siempre una solución, sin la intervención de terceros, y debemos considerar que la contradicción principal que tenemos ante nosotros es el colonialismo español". (*Fallece Antonio Cubillo, histórico líder del independentismo canario.* 11.12.2012 - Laopinioncoruna.es).

Y si partimos que los habitantes de este Archipiélago se les identifica también de su pasado "Guanche", entonces se abre una tercera opinión sobre la figura del padre canario, de que éste no se puede reconocer sino de aquél o de aquellos existentes aborígenes del siglo XVI que lucharon contra el reino de Castilla, tras su conquista militar y colonización. Por aquellos rebeldes soberanistas canarios –aborígenes- que dieron vida con el Pacto de Calatayud (1481). De sus seguidores ante la pérdida real de su soberanía, entre finales del siglo XVII y su colonización, a partir de finales del siglo XVIII. Entre ello tenemos los siguientes caudillos indígenas: al Addur amas (Doramas), Autinmara, (también llamado Dautinamaria, Dutinamara o Dutinmara), Tanausú (Atanausu), Bentejuí, Faycán de Telde, Bencomo,

Tinguaro, Maninidra y Adargoma, Hupalupa, etc.,[45] muchos de ellos murieron cruelmente y otros prefirieron morir antes que verse sometidos.

El hecho que Coalición Canaria –que se llama nacionalista- haya vuelto al poder –tras las últimas elecciones autonómicas 2015-, del gobierno de Canaria, no significa con esto que retorna la posición nacionalista, puesto que se ha visto por los hechos claras incongruencias en cuanto a un ideario nacionalista, como en su oportunidad de su entrega al Partido Popular, o de una `fachada´ nacionalista como posición ante la imposición del petróleo y la privatización de AENA.

Otras organización política a mencionar es Nueva Canarias (C), formación nacionalista que sí se presenta abiertamente a favor del nacionalismo canario, y que tras las últimas elecciones autonómicas 2015 ha salido favorecida con 93.634 votos (10,42%), consiguiendo 5 diputados, y lo mismo en las municipales 2015 en unión con Frente Amplio alcanzaron 74.718 (8,24%) y 90 concejales.

Por otro lado, la presencia de Unidos por Gran Canaria, formación nacionalista, en la administración canario con la presencia de 7 concejales, tras las últimas elecciones municipales 2015, sólo podemos llegar a la conclusión tras estos antecedentes que el nacionalismo de una u otra forma está presente en Canarias. Y esto en sí es un hecho relevante por su importancia para los nacionalistas canarios, y desde luego que es una gran oportunidad y un mejor resultado para los separatistas canarios para seguir afrontando sus tesis desde la marginalidad y así en un futuro fracturar a las distintas organizaciones nacionalistas hacia el pensamiento separatista. Y téngase en cuenta que los separatistas ya formaron lista y se presentaron en las elecciones autonómicas 2015, como lo es el Movimiento por la Unidad del Pueblo Canario (MUPC), que obtuvieron 1.777 votos.

MOVIMIENTO POR LA UNIDAD DEL PUEBLO CANARIO
(MOVIMIENTO UPC)

Canarias fue un territorio libre hasta que fue invadido por los esbirros al servicio de la obsoleta monarquía medieval española que colonizó el territorio, imponiendo por la fuerza de las armas, que no dé la razón, sus degeneradas costumbres, ajenas por completo a las de los que habitaban el país canario, que vio reducida su población en las dos terceras partes, aunque, afortunadamente, la buena noticia es que más del 70 por ciento de la población actual es descendiente de los primeros pobladores, según se puede constatar mediante la genética de poblaciones, a lo que hay que sumar el importante contingente de emigrantes y sus descendientes que triplican a los canarios y canarias que viven en Canarias. Esos hermanos y hermanas viven sobre todo en Venezuela, Cuba, Argentina, Uruguay, Estados Unidos, Inglaterra, Alemania, Suiza, Australia y otros lugares del planeta.

El colonialismo español impuso en Canarias el idioma castellano, prohibiendo hablar y escribir a nuestros antepasados nuestra lengua materna, construyendo templos en los lugares de culto de los legítimos propietarios de Canarias e introduciendo imágenes para sustituir a los ídolos religiosos de los canarios, como es el caso de Candelaria, cuya festividad es el 2 de Febrero, recientemente reconocida esa fecha como festiva en la isla de Tenerife. Sin embargo, la asistencia masiva de personas procedentes tanto de toda la isla de Tenerife como del exterior es el 15 de Agosto, celebración del Beñesmén o fiesta de las cosechas, en agradecimiento a la sustentadora del mundo, la ancestral Chaxiraxi, aunque el clero y la administración colonial hayan llenado los senderos de los bosques tinerfeños de carteles con la imagen de La Candelaria en un inútil intento de seguir engañando y manipulando a la incauta población que cada vez tiene más consciencia del motivo por el que se desplaza hasta el pueblo sureño el 15 de Agosto y no el 2 de Febrero.

La colonización implica la sustitución de los usos y costumbres de los colonizados por los usos y costumbres de los colonizadores, incluyendo la estructura social. Lo único que no se sustituyó fue nuestro sistema científico-tecnológico, porque los invasores no tenían ninguno por el que sustituirlo. Lo que hicieron fue más sencillo todavía ¡Destruir el nuestro! Todavía es famosa la frase de Unamuno, pronunciada en pleno siglo XX "¡Qué inventen ellos!", asumida por España con orgullo y desdén, como era su propósito original ¿Cuál es el objetivo del colonialismo? Apropiarse de las pertenencias de la población colonizada, para lo que también es necesario introducir un modelo económico al servicio del colonialismo, que sólo en el año 2008 saqueó en Canarias cerca de quince mil millones de euros para la hacienda metropolitana, de un producto interior bruto (PIB) de cuarenta y tres mil millones de euros, mayoritariamente también en manos del colonialismo español. La población colonizada se resiste y rebela contra este sistema, lo que el colonialismo reprime mediante las fuerzas de ocupación colonial y que a la metrópoli le gusta denominar eufemísticamente "fuerzas de seguridad del Estado".

El colonialismo está juzgado por los Tribunales Internacionales como crimen de lesa humanidad, con la característica de que los crímenes de lesa humanidad no prescriben. El colonialismo es ilegal y, por lo tanto, todas la leyes aplicadas por España en Canarias son ilegales de pleno derecho, independientemente de lo que diga el artículo 2 de la Constitución Española de 1978 sobre la indisolubilidad de la nación española, pues España está obligada a acatar el derecho internacional, de rango superior e independientemente de que la constitución no contemple el democrático derecho de autodeterminación, que se ejerce mediante la convocatoria de un referéndum.

Lo que procede en las colonias, como Canarias, no es la convocatoria de un referéndum de autodeterminación, sino la descolonización y proclamación de la independencia en aplicación del derecho jurídico internacional suscrito por

España y por lo tanto obligada a acatarlo, específicamente las Resoluciones de la Organización de las Naciones Unidas (ONU) 1514 (XV) de 14 de Diciembre de 1960 sobre la concesión de la Independencia a los países y pueblos colonizados y la resolución 55/146 de 8 de Diciembre de 2000, mediante la cual se declara el periodo 2001-2010 la Segunda Década Internacional para la Erradicación del Colonialismo, finalizada el 31 de diciembre de 2010, siendo insignificante el hecho de que Canarias figure o no como territorio pendiente de descolonizar en la ONU, pues eso no implica que se haya producido ya la descolonización, sino que es la consecuencia de la actividad diplomática del colonialismo español, prebendas incluidas, cuando las había ¿Qué será de Canarias sin España? ¡Será libre! Canarias, 1 de Noviembre de 2012. (Movimiento por la Unidad del Pueblo Canario: España ocupa Canarias ilegalmente. 02.11.2012. Canarias-semanal.org).

INEKAREN

Somos una organización de vanguardia. La formación es una constante en nuestros miembros.

No hay práctica revolucionaria sin teoría revolucionaria.

Para poner en práctica nuestras ideas llevamos a cabo múltiples actividades como conciertos, charlas, jornadas culturales, jornadas deportivas, talleres y todo tipo de actividades...

La asamblea es nuestro órgano de decisión, tod@s tenemos voz y voto. Luchamos por la soberanía del pueblo canario. Luchamos por una Canarias libre y socialista. (¿Quiénes somos? Inekaren).

Somos imazighen (bereberes): el pueblo autóctono de Canarias. (Inekaren.com).

6.1.6. Organizaciones separatistas canarios

- Inekaren
- Asamblea Canaria (AC)
- Iniciativa Canaria (ICAN)
- Asamblea Majorera (AM)
- Movimiento Patriótico (MP)
- Pueblo Canario Unido (PCU)
- Movimiento Patriótico Canario
- Asamblea Canaria Nacionalista
- Unión del Pueblo Canario (UPC)
- Alternativa Popular Canaria (APC).
- Partido Nacionalista Canario (PNC)
- Izquierda Nacionalista Canaria (INC)
- Congreso Nacional de Canarias (CNC)
- Alternativa Nacionalista Canaria (ANC)
- Independientes de Fuenteventura (IF)
- Agrupación Herreña Independiente (AHI)
- Agrupación Tinerfeña Independientes (ATI)
- Agrupación Palmera de Independientes (API)
- Partido de Independientes de Lanzarote (PIL)
- Agrupaciones Independientes de Lanzarote (AIL)
- Movimiento de Liberación Nacional Canario (MLNC)
- Partido Revolucionario Africano de las Islas Canarias
- Partido de Unificación Comunista en Canarias (PUCC)
- Movimiento por la Unidad del Pueblo Canario (MUPC)
- Frente Popular de las Islas Canarias o FREPIC-AWAÑAK
- Agrupación Gomera de Independientes o Agrupación Electoral Gomera Independiente
- Movimiento por la Autodeterminación e Independencia del Archipiélago Canario (MPAIAC)
- Grupos armados: las Fuerzas Armadas Guanches (FAG) y los Destacamentos Armados Canarios (DAC)

7. Comunidad autónoma de Aragón

La comunidad autónoma de Aragón comprende el tramo central del valle del Ebro, los Pirineos centrales y las Sierras Ibérica.

Está integrada por las provincias de Huesca, Teruel y Zaragoza. Su capital es la ciudad de Zaragoza. Con una población a diciembre 2014 de 1.325.385 personas,[46] y de una superficie de 47.719,2 km².

Está reconocida en su Estatuto de autonomía como nacionalidad histórica. Su Estatuto de Autonomía está vigente desde el 20 de abril de 2007.

Tras las últimas elecciones autonómicas 2015, a pesar de que el PP de Aragón gana las elecciones autonómicas con 183.654 votos (28,05%) y obtiene 21 diputados, no basta para que gobierne. Puesto que tras los acuerdos de Podemos y el PSOE es investido como presidente de Aragón el socialista Javier Lambán. Desde luego, para los perdedores, PP, interpretan que es una decisión mezquina y rastrera, anti-PP, excéntricos y sectarios, de los partidos para quitarle el poder de Gobierno al PP, de privar a que gobierne nuevamente Luisa Fernanda Rudi del PP; pero para los pactantes, Podemos y PSOE, no es más que las decisiones de los votantes aragonesistas, que fueron elegidos por estos, por democracia, ("la democracia es aceptar las reglas y lo votado", Pedro Sánchez, PSOE), de unir sus fuerzas para desbancar al PP.

Fiesta oficial 23 de abril, Día de Aragón.

7.1. Origen y evolución del pensamiento separatista aragonés

7.1.1. Aragón en el siglo XIX (1801-1900)

Como sabemos, el siglo XIX se caracterizó en Europa entre otras cosas, porque dio comienzo las democracias censitarias; se expanden las ideas republicanas y liberales; es la época del desarrollo de los nacionalismo y de la formación de los estados liberales, tras la caída del Antiguo Régimen.

Por lo que atañe a España, en este siglo se produce relevantes acontecimientos, como la caída del imperio español (1808-1898); es la guerra de la Independencia Española (1808-1814); y sobre el contexto de las Constituciones españolas, se presenta la primera Carta Magna para otros simplemente una Carta Otorgada: el Estatuto de Bayona de 1808, seguida de la primera constitución liberal de 1812, la Constitución de Cádiz, la de 1837, 1845, 1869 y la de 1876; se proclama por las Cortes el 11 de febrero de 1873 la Primera República Española, que finaliza el 29 de diciembre de 1874; se presenta la democracia censitaria, en donde se establecía el voto censitario, limitado a los mayores contribuyentes (aprobación de la Ley Electoral de 1878, bajo el gobierno del Partido Conservador de Cánovas); fue tambié4n de relevante el Sexenio Democrático o Sexenio Revolucionario, desde la Revolución de septiembre de 1868, hasta el inicio de la Restauración Borbónica de 1874.

Podríamos decir que, por los acontecimientos históricos, en Aragón se presenta el nacionalismo a finales del siglo XIX. Y se hace presente como un hecho relevante, bajo la influencia del federalismo, como la del proyecto de la Constitución Federal de 1873 para la Primera República Española, con la aprobación en la Asamblea Federal de Zaragoza, el proyecto para la Constitución del Estado Federal Aragonés en 1883.

Esta Constitución libertaria exponía la soberanía de Aragón declarándose una república democrática y federativa, siendo uno de los estados soberanos de la Federación Española.

PROYECTO DE PACTO O CONSTITUCIÓN FEDERAL DEL ESTADO ARAGONES

VOTADO POR EL CONGRESO REGIONAL FEDERALISTA, CELEBRADO EN ZARAGOZA, ZARAGOZA. 1.883
TÍTULO PRIMERO

Estado político
Artículo 1°.-La región aragonesa es uno de los estados soberanos de la Federación española.

La soberanía reside en el pueblo: todos los poderes y todas las funciones públicas no son sino una delegación de su autoridad suprema.
El pueblo lo componen el conjunto de los ciudadanos.
La forma de gobierno es una república democrática federativa.

(ESTADO ARAGONES - Estauaragones.org).
(http://www.estauaragones.org/pdf/estado_%201883.pdf)

Desde luego, este Proyecto de una "nación-Estado" como hecho frustrado de su proclamación en Aragón, se explica ya que existió un fuerte componente político libertario en aquella época. Veamos algunos antecedentes:

- La Enciclopedia Aragonesa nos dice que "el federalismo tiene antecedentes en las Juntas Revolucionarias que se formaron en la primera mitad del siglo XIX (1835-1854, pero sólo toma carta de naturaleza después de la Revolución de 1868." (*Federalismo*: http://www.enciclopedia-aragonesa.com/voz.asp?voz_id=5535).

- La declaración del Pacto Federal de Tortosa del 18 de mayo de 1869. Se viene a decir que aquí surge el nacionalismo aragonés, puesto que tras su reunión de los representantes de los antiguos reinos de la Corona de Aragón firmaron para crear una asamblea que les represente.

- La aparición de ciertas publicaciones libertarias como El Republicano (1869), el Estado Aragonés (1873), el Cantón Aragonés (1873).

- Organizaciones políticas como la del Partido Democrático Autonomista Aragonés (1881).

- De ciertas asociaciones obreras simpatizantes y ligados a la Asociación Internacional de los Trabajadores (AIT), siendo el

Partido Federal que intervino en la creación de la AIT en Zaragoza.

- Por cierto, sin dejar de destacar de aquellas figuras relevantes como la del político federalista y escritor catalán Francisco Pí y Margall (1824-1901). Quien fuera, diríamos, el protagonista principal al conseguir la aprobación de aquél proyecto soberanista aragonesa, siendo presidente de la Asamblea Federal de Zaragoza.

7.1.2. Aragón en el siglo XX (1901-2000)

En España corresponde el reinado de Alfonso XIII (1886-1931); se instaura el régimen republicano y se proclama la II República el 14 abril de 1931; es la presencia de la dictadura de Primo de Rivera (1923-1930); es la llamada revolución social española o revolución española (1936-1937); se desencadena la Guerra Civil Española que tuvo comienzo el 17 de julio de 1936 y finaliza el 1 de abril de 1939; en 1939 se inicia la dictadura de Francisco Franco hasta su muerte y sucesión en 1975; se produce un período histórico que se le denomina La Transición Española (1975) hasta las primeras elecciones democráticas de 1977, que para otros el final del periodo de la Transición se da con la aprobación de la Constitución de 1978); y es la entrada de España en la Comunidad Económica Europea (1986), que en 1992 pasan a formar la Unión Europea.

En Aragón, ese anhelo libertario de luchar "por Aragón y para Aragón", de cuestionar el concepto de la uninacional española por el de federalismo siguió vigente en éste siglo, lo mismo que el republicanismo, sumándose con fuerza una nueva vertiente soberanista, el autonomismo aragonés. ¿Acaso fue un proyecto alternativo entre republicanismo y federalismo para los políticos aragoneses de aquella época?

Tomemos en cuenta algunas referencias históricas para este siglo XX, en Aragón:

- En 1909 se creó la Unión Regionalista Aragonesa de Barcelona por aragoneses residentes en la ciudad condal.

- La Liga Regional Aragonesa (1910), fue una Asociación, que llevaba como finalidad "la defensa por todos los procedimientos legales de cuanto en Aragón representa, trabajo, cultura, riqueza, moral y bienestar" (Texto entrecomillado recibido del Diario de Avisos de Zaragoza, 1-XI-1910).

- Se constituyen medios de comunicación y continuadores del siglo pasado, como El Clamor Zaragozano (1899-1906), La Idea (1915), El Ideal de Aragón (1915-1920).

- La Liga Regional Aragonesa (1910), fue una Asociación, que llevaba como finalidad "la defensa por todos los procedimientos legales de cuanto en Aragón representa, trabajo, cultura, riqueza, moral y bienestar" (Texto entrecomillado recibido del Diario de Avisos de Zaragoza, 1-XI-1910).

- La Unión Aragonesa, una asociación cultural fundada en 1914, implicada hacia la formación política del pueblo aragonés; hacia la unidad entre todos los pueblos de Aragón; hacia la defensa del territorio aragonés y sus intereses.

- Se funda el Partido Republicano Autónomo Aragonés en 1914, tras la fusión de la Unión Republicana y el Partido Republicano Democrático Federal.

- La Unión Regionalista Aragonesa (1916)

- La Acción Regionalista Aragonesa (1918)

- Centro Autonomista de Zaragoza (1919)

- En 1919, la Juventud Aragonesista de Barcelona y la Unión Aragonesista proponen en 1919 las Bases del Gobierno de Aragón, que proclaman la libertad absoluta de la nacionalidad aragonesa para el pleno desarrollo de su vida política, sin intervenciones extrañas.

- En 1921, el considerado líder del nacionalismo aragonés Gaspar Torrente (1888-1970), toma la iniciativa para participar en la organización de un Congreso pro Autonomía de Aragón.

- El 30 de octubre de 1923, la Unión Regionalista Aragonesa elabora un «Proyecto de Bases para un Estatuto de la Región Aragonesa dentro del Estado Español», el cual no fue tomado en cuenta por el Directorio Militar de Primo de Rivera.

- El 19 de abril de 1931, la Unión Aragonesista y la Juventud Aragonesista se manifiestan por un Estado Aragonés: "los centenares aragonesistas agrupados hace quince años bajo la bandera de Aragón, cuando no había en Aragón ni bandera ni aragoneses, hacen un llamamiento a las Diputaciones aragonesas para que se apresten a constituir el Estado aragonés que ha de formar parte de la República Federal Española".

- En septiembre de 1931, el anteproyecto de Estatuto de Autonomía de Aragón ya concluido, fue presentada el 23 del mismo mes a las dos provincias. Pero, a finales de 1931 el proyecto y la iniciativa de la Diputación de Zaragoza, no prospera, ante los recelos de las Diputaciones de Teruel y Huesca. Aunque, finalmente, el Anteproyecto es presentado por la Diputación Provincial de Zaragoza el 22 de mayo de 1932.

- El 27 de abril de 1931, fueron elaboradas las Bases del Sindicato de Iniciativa y Propaganda de Aragón (S.I.P.A.) en Zaragoza. No faltan algunas observaciones que hacer sobre el particular, ya que para la Enciclopedia Aragonesa dicho Sindicato redacta el Primer Proyecto de Bases para la Autonomía de Aragón. (Sindicato de Iniciativa y Propaganda de Aragón (SIPA) - Enciclopedia-aragonesa.com). Se dice, en cambio, que dicho sindicato hace público un Manifiesto para el reconocimiento pleno de la personalidad jurídica del poder regional, según publicación en el Boletín Oficial de Aragón, Aragón, Treinta años, de José María Hernández de la Torre.

- El Estado Aragonés (EA), partido político fundado en Barcelona en 1933.

- En 1933, la Juventud de Estado Aragonés, 'Los Almogávares', miembros del partido nacionalista Estado Aragonés lanzan una campaña en Aragón y plantean elaborar el Estatuto de Autonomía de Aragón. Fueron ellos quienes organizan el Congreso Autonomista de Caspe en mayo de 1936. Se unieron al proyecto alrededor de 125 ayuntamientos aragoneses, agrupaciones locales como el Partido Unión Republicana, Izquierda Republicana, El Partido Socialista Obrero Español en unión con la Unión General de Trabajadores (UGT) y del Partido Republicano Aragón.

- El 7 de junio de 1936 se presenta al Congreso de Caspe el texto definitivo del Anteproyecto de Estatutos de Aragón, conocido también como Estatuto de Caspe, siendo entregado a las Cortes el 15 de julio de 1936. (Título Primero - Disposiciones generales. Artículo 1º. Aragón se constituye en región autónoma dentro del Estado español, con arreglo a la Constitución de la República y al presente Estatuto. (Aniversario del fallido Estatuto de Aragón. 14.05.1976. Elpais.com).

- Durante el periodo histórico del Franquismo, entre 1939 y 1975, liderado por el general Francisco Franco, se estableció un régimen dictatorial de carácter militar y autoritario. Un periodo, en donde se aplicaron medidas radicales y una dura represión contra aquellos que eran considerados como "hijos enemigos de España", es decir, a los vencidos de la Guerra Civil, entre ellos a sindicalistas, políticos republicanos, izquierdistas y nacionalistas periféricos, e incluso a conocidos y parientes de éstos.

Tras el final del Régimen franquista, seguida de la Transición, se iniciaron las manifestaciones abiertas de los marxistas, los separatistas periféricos y el terrorismo. Y entre ellos, el aragonesismo político vuelve a oírse para reivindicar nuevamente su autonomía o un Estado federal.

La idea del Estado federal para Aragón se dio a través del programa electoral del Partido Socialista Aragonés (PSA), en coalición con el Partido Socialista Popular (PSP) y Unidad Socialista, que concurrió con ella a las elecciones generales españolas de 15 de junio de 1977. (Véase, Aragón, Treinta Años, La Comunidad Autónoma en su Boletín Oficial, de José María Hernández de la Torre y García. Gobierno de Aragón. Biblioteca virtual de derecho aragonés - Derechoaragones.es).

- El 10 de julio de 1977 se constituye la Asamblea de Parlamentarios de Aragón, en donde se acordó redactar un Estatuto de Autonomía, para ser sometido a un plebiscito por el pueblo aragonés.

- El 17 de marzo de 1978 por Real Decreto-ley 8/1978 se aprueba el régimen Preautonómico para Aragón, que, seguida con la aprobación de la Constitución Española de 1978, se dan los pasos para institucionalizar a Aragón como una comunidad autónoma.

"El presente Real Decreto-ley quiere dar satisfacción a dicho deseo, aunque sea de forma provisional, aún antes de que se promulgue la Constitución y por ello instituye la Diputación General de Aragón."

- El 11 de abril de 1978 se divulga los Acuerdos de los Diputados y Senadores de Aragón, dentro de ellos, el "Redactar y aprobar un Estatuto de autonomía." (Véase el Boletín Oficial de la Diputación General de Aragón, Año I, 11 de abril de 1978, Número 1).

- El 10 de agosto de 1978 fue aprobado el Estatuto de Autonomía de Aragón por la Ley Orgánica 8/1982. Siendo luego reformada en tres ocasiones: 1994, 1996 y 2007.

7.1.3. Aragón en el siglo XXI (2001-2015)

En las elecciones autonómicas de Aragón, celebradas en 1983, 1987, 1991, 1995, 1999, 2003, 2007 y 2011, los partidos políticos que han obtenido mayor representación han sido los siguientes:

- Partido Socialista Obrero Español (PSOE-Aragón)
- Alianza Popular (Desde 1990 en Partido Popular de Aragón)
- Partido Comunista de Aragón
- Centro Democrático y Social
- Izquierda Unida de Aragón (en aragonés, Cucha Chunida d'Aragón)

Según las últimas elecciones a las Cortes de Aragón (periodo 2011-2015), los escaños fueron distribuidos de la siguiente manera:

- Partido Popular (PP): 30 escaños
- Partido de los Socialistas de Aragón: 22 escaños
- Partido Aragonés: 7 escaños
- Chunta Aragonesista: 4 escaños.
- Izquierda Unida de Aragón: 4 escaños

- No obtuvieron ningún escaño: Unión Progreso y Democracia (UPyD), ECOLO-Verdes de Aragón, Compromiso con Aragón (CCA), Partito Antitaurino Contra el Maltrato Animal (PACMA), Federación de Independientes de Aragón (FIA), Tierra Aragonesa (TA) (Dícese ser independentista), Unificación Comunista de España (UCE), Partido Ciudadanos Unidos de Aragón (pCUA), Partido Familia y Vida (PFyV), Centro Democrático Liberal (CDL), Partido Humanista (PH), La Voz Independiente de Aragón (LVIA).

Éstos, no son más que partidos políticos que se configuran ideológicamente como "socialistas", progresistas, gubernamentales, conservadores, centristas, o de derechas o de izquierdas. Los mismos –unos sí otros no-, que en todo este tiempo han transitado sobre pactos entre ellos, en coaliciones de partidos (en la actualidad el Gobierno de Aragón es un gobierno de coalición entre el PP-Aragón y el PAR) o en relación con el Estado, sin tensiones que marquen desafíos. Y lo mismo ocurrirá con el nuevo Gobierno del PSOE-PODEMOS, tras las últimas elecciones autonómicas 2015. Del mismo modo, se da el caso en las elecciones municipales celebradas en 1979, 1983, 1987, 1991, 1999, 2007 y 2011.

Por otro lado, diríamos que el espacio político que nos presentan los partidos políticos y la clase política aragonesa es significativa y claramente visible, lo opuesto si nos referimos a los separatistas aragoneses.

Y a pesar que los movimientos separatistas en Aragón no tengan una presencia significativa, no podríamos ignorarlos ni olvidar que se encuentran en fase de transición o embrionario, en algunos casos se manifiestan en organizaciones juveniles, estudiantiles, feministas, sindicales y sociales. Y lo hacen no a nivel global del territorio aragonés, ni provincial (excepciones) o local, sino focalizados, bien sea por un acontecimiento puntual, como es el caso del homenaje soberanista a través de la figura de Juan de Lanuza "El Mozo", como cada 20 de diciembre, quien murió ajusticiado –decapitado- en Zaragoza el 20 de diciembre de 1591 contra el poder autoritario de Felipe II, en defensa de la legalidad foral.

29.06.2014: Colectivos juveniles independentistas de Aragón, Andalucía, Euskal Herria, Galiza, Països Catalans y Castilla han iniciado una campaña para "señalar las bases en las que se asienta el proyecto de la Marca España: violencia, manipulación y opresión. Nosotras, las organizaciones juveniles independentistas, socialistas y feministas de los pueblos oprimidos por el Estado español, afirmamos que la verdadera #MarcaEspaña no es más que la imposición que han ejercido sobre los Pueblos, las clases populares y los cuerpos: subyugación y más subyugación. El Estado español no solo preserva sino que refuerza la esencia fascista y opresora que supuestamente había muerto en su transición, o más bien transacción". Organizaciones juveniles independentistas inician una campaña internacional "contra la #MarcaEspaña". (Arainfo.org).

Véase el caso de cómo éstos han sido ya capaces de unirse y formar un bloque como el Bloque Independentista de Izquierdas (en aragonés, Bloque Independentista de Cuchas – BIC), fundado en 2007 y formado por:

- Purna, organización juvenil
- Universidat, colectivo estudiantil universitario
- A Clau Roya, organización feminista
- A Enrestida, centro social aragozano
- Sindicato Obrero Aragonés
- Puyalón, partido político fundado en 2010

Téngase en cuenta, que en Aragón la evolución de los partidos y coaliciones tienden a desaparecer. Se crean hacia un fin, pero que tarde o temprano esa unidad se quiebra, se descompone y finalmente se disuelve. Véase como referente el caso del partido Estau Aragonés, fundado en 2006 y con sede en Zaragoza, y cofundador del Bloque Independentista de Cuchas (BIC), en donde su participación concluye cuando es expulsado del Bloque en el año 2008.

Analicemos el referente señalado y la evolución del "independentismo" aragonés embrionario. En cuanto se refiere a la expulsión de Estau Aragonés del Bloque, ¿cómo se da este caso, si ambos persiguen el mismo objetivo, cual es conseguir la "independencia" para Aragón? Desde luego, diríamos una expulsión muy cuestionable y que nos trae a confusión al pensar que éstos "independentistas" carecen de una definición clara de lo que persiguen. Embrionario es no definir claramente, o se es "independentista" no respetando el marco constitucional español, o "independentista" reclamando sólo el reconocimiento de los derechos históricos y una autonomía plena.

En una ocasión, el semanario aragonés El Ideal de Aragón (1914-1920), publicó en primera plana el artículo de Gaspar Torrente, titulado "¡Viva la República aragonesa!" núm. 32, 20 de abril de 1931, el mismo artículo en El Ebro en el mismo mes con el título "¡Viva el Estado Aragonés!" En donde mantenía una posición claramente y sin ambigüedades lo que quería: la soberanía de Aragón como república federal. Lo cual, hoy en día, los llamados "independentistas adolecen de una falta de claridad en sus principios ideológicos. ¿Plena soberanía política y económica, sí, pero refundando el Estado español, lo cual es una posición de los socialistas hacia el federalismo? O ¿Plena soberanía política y económica, sí, pero hacia la creación de un Estado propio (nación-Estado), independiente del Estado español, como un nuevo país –confrontación nacional entre Aragón y España-?

Para concluir, debemos de señalar a su vez, que tanto los partidos aragoneses, los llamados regionalistas, soberanistas e "independentistas", diríamos que hacia ellos existe una clara ausencia de simpatía e interés de la población aragonesas. Nos hace recordar esta evidencia como lo ocurrido en los años treinta del siglo XX, en donde el Diario de Aragón nos decía:

> *"Hasta ahora –salvo algunos leves chispazos de Regionalismo- el pueblo aragonés ha estado aislado respecto a una política realmente aragonesista, de tal forma que estuvo siempre pendiente de lo "que pasa en Madrid, y por lo tanto supeditado en un todo a la política general centrista. ("Regionalismo puro" en Diario de Aragón, Defensor de la República, 7 de abril de 1936, p.2).*

Otro referente más de la indiferencia de la población aragonesa implicados en la vida política, (mayormente por las decepciones que recibe de los partidos tradicionalistas, bien sean nacionales o propias de la región), es sólo ver los resultados electorales de las últimas elecciones a las Cortes de Aragón (al Parlamento de

Aragón) celebrados el día 11 de mayo de 2011, en donde se muestran que de un censo de 1.016.021 electores, sólo votaron 689.904, es decir sólo un 67,90%, se abstuvieron 326.117 (32,10%), habiendo votos en blanco 21.678 (3,2%) y votos nulos 10.375 (1,50%). Con esto se puede observar que hay una limitada relación con el tejido social aragonés. Debemos de admitir por los hechos que hoy en día en Aragón sus ciudadanos se sienten más maños (coloquial de las personas originaria de la ciudad de Zaragoza, o también llamados zaragozanos, gentilicio de la prov. de Zaragoza), oscenses (gentilicio de la prov. De Huesca), turolenses (gentilicio de la prov. De Teruel), bilbilitanos (gentilicio de la ciudad de Calatayud de la prov. de Zaragoza), y no es ironía sino una realidad presente.

7.1.4. Organizaciones separatistas aragonesas

- Estau Aragonés
- Tierra Aragonesa
- Bloque Independentista de Cuchas

8. Comunidad autónoma del Principado de Asturias

La Comunidad autónoma del Principado de Asturias está situada en el norte de España, en la costa septentrional. Está integrada por la provincia de Asturias. Su capital es Oviedo. Con una población a diciembre de 2014 de 1.061.756 personas,[47] y de una superficie de 10.603,57 km2. Su Estatuto de Autonomía está vigente desde el 30 de enero de 1982.

El socialista de la Federación Socialista Asturiana (FSA del PSOE), Javier Fernández, es elegido presidente electo del Gobierno del Principado de Asturias (2015-2019), gracias a la suma de 19 votos: 14 del PSOE y 5 de IU, frente a los 14 de la candidata del PP, Mercedes Fernández: 11 del PP y 3 de Foro, y las abstenciones de Podemos (9) y Ciudadanos (3). Revalida su mandato como presidente del Principado de Asturias desde el 26 de mayo de 2012.

El Día de la Nación Asturiana se celebra el 8 de septiembre, coincidiendo con la patrona del Principado de Asturias, la Virgen de Covadonga. "Se dice que fue la virgen de Covadonga la que le envió fuerzas a Don Pelayo para luchar contra los árabes en la época de los visigodos que se habían invadido Asturias. Por ello se atribuye esta victoria a la virgen que fue la que ayudó a vencer a los cristianos la batalla, convirtiéndose así en la patrona." (Más información en Día de Asturias - Dia-de.com).

8.1 Origen y evolución del pensamiento separatista asturiano

8.1.1. El nacionalismo asturiano

P-ara situarnos en qué situación actual se encuentra el nacionalismo asturiano es propicio considerar las palabras de Andrés Villagrá, al decir: "La cultura asturiana no ha tenido un desarrollo tan autónomo y concreto como el de otras nacionalidades ibéricas".[48] Pues hoy en día el asturianismo se encuentra en la misma situación como la definía en aquellos años Villagrá.

Aun así, podríamos distinguir ciertos hechos particulares hacia el interés de la cultura asturiana y a la reivindicación nacionalista asturiana, que por cierto, fue muy escasa, diríamos hasta comienzos de la Transición española (como así se conoce al inicio de la democratización de España), hacia finales de los años setenta del siglo XX.

En el ámbito cultural nos situamos a finales del siglo XVIII, en la figura del asturiano Gaspar Melchor de Jovellanos (1744-1811), hombre de letras, escritor, poeta, político y un ilustre representante de la Ilustración española, de quien se recuerda en su constante deseo de comprender el pasado, en donde busca que se estudie y se mejore las lenguas y dialectos regionales, como el mallorquín, el vascuence y, por supuesto, en bable (lengua autóctona llamada también asturiana por ser específica de Asturias o asturianu). Tenía el propósito de estudiar la vida del Principado de Asturias y, entre otros temas, la formación de un diccionario del bable, es así que proyectó la creación de la

Academia Asturiana. Los orígenes de La Academia de la Lengua Asturiana (en asturiano: Academia de la Llingua Asturiana) se remontan a finales del siglo XVIII, cuando Jovellanos y el canónigo González de Posada intercambian correspondencia sobre la misma en 1791. Pero el proyecto de Jovellanos no pudo llevarse a cabo debido a su destierro en Mallorca (1801),[49] [50] siendo creada la Academia en 1980. Podemos precisar un dato adicional de Jovellano que en 1791 funda la Academia de les Bones Lletres. (Véase: Fechas históricas - Asturies.com). ¿Habría sabido Jovellanos de la existencia –si lo fuera así- de una divisoria lingüística, como hoy lo conocemos: el bable occidental, central y oriental?

Desde luego, aquí surgirían los dialécticos nacionalistas asturianos, que dirían que el origen del asturianismo surge en el siglo XVIII y con Jovellanos. ("Pablo San Martín sitúa el origen del asturianismo en el siglo XVIII, en los primeros intentos de normalizar el bable de la mano de ilustrados como Jovellanos". Del libro Pablo San Martín Antuña: La nación (im)posible. Reflexiones sobre la ideología nacionalista asturiana, autor José Carlos Loredo Narciandi, pág. 558, ediciones Trabe, 2006).

¿Reconocer a Jovellanos un nacionalista asturiano? ¿Asturianismo cultural y político en el siglo XVIII? ¿Un movimiento cultural asturianista que reclamaba la identidad cultural y/o política en Asturias? Pues a lo mucho, diríamos fue la unión de Jovellanos hacia la cultura asturiana–Era la época de la Ilustración y del Romanticismo: el descubrir, la búsqueda del conocimiento, el amor a la patria tras la guerra de la independencia española (1808-1814), caída de Napoleón Bonaparte- , o a su deseo de Jovellanos y otros ilustrados en buscar la cultura española más que a la cultura asturiana. Véase, que "Jovellanos defendió la institución de la monarquía convencido de que era el modelo de Estado que mejor se avenía a un buen gobierno en aquellos países que no fueran pequeños; más allá de ciertas dimensiones la democracia se convierte en demagogia con mucha más facilidad que la monarquía y no tiene sentido dudar en la elección entre ambas cuando el principio de unificación de un Estado está en juego." (pág. 219, Jovellanos y el jovellanismo, una perspectiva filosófica, Silverio Sánchez Corredera, Biblioteca Filosofía en español, Pentalfa Ediciones, (Oviedo 2004).

"Como continuación de la obra del Instituto proyectó Jovellanos una Academia Asturiana, que parece haberse reunido por lo menos una vez, en 1801, y que había de estudiar varios aspectos de la vida del Principado. Entre los manuscritos jovellanistas de la Biblioteca Pública de Gijón se conserva un borrador autógrafo de carta, en la que señala como tareas iniciales la formación de un diccionario del bable y otro geográfico". (Jovellanos y la educación - John H. R. Polt, Biblioteca virtual Miguel de Cervantes - Cervantesvirtual.com).

Lo mismo podríamos pensar del carácter sólo cultural e intelectual de figuras destacadas asturianas como de Carlos Benito González de Posada y Menéndez (1745-1831). Entre sus obras tenemos las Memorias históricas del Principado de Asturias y obispado de Oviedo (Tarragona, 1794).

8.1.2. De la Asturias republicana al asturianismo político

En 1868 el movimiento republicano asturiano fue protagonista como en otras partes de España de las insurrecciones contra el régimen isabelino. Y se dice que en 1869, había ya veinte comités republicano-federales y numerosos Círculos Republicanos distribuidos por todo el territorio asturiano, como se puede leer en el diario asturiano La Nueva España.[51] Veamos el siguiente Manifiesto del Comité Republicano Federal de Oviedo publicado en 1868.

MANIFIESTO DEL COMITÉ REPUBLICANO FEDERAL DE OVIEDO

El Comité Republicano Federal de Oviedo ha dirigido a sus correligionarios de la provincia, la siguiente alocución:

"Asturianos : Vais a contribuir a la solución de un problema de gravísimas consecuencias: vais a votar en la Asamblea nacional, por medio de vuestros representantes, la forma de gobierno y las leyes que han de asegurar nuestra Libertad, tantas veces entrevista, y otras tantas arrebatada.

Pero antes de usar de este importantísimo derecho, por primera vez ejercido, si bien con restricciones que deploramos, quedaos a solas por un momento con vuestra conciencia, y decidnos si podéis confiar tan sacrosanta causa a los hombres que por un puñado de vil metal han entregado nuestra querida patria en brazos del despotismo bárbaro del siglo XVI; a los que creyeron que el brillo de una condecoración obtenida al precio de la honra de la nación, pudiera ocultar la vil podredumbre del pecho que cubriera; a los que medraron, a costa de la escasa sangre de la exhausta y moribunda madre, a quien aherrojaron, para que a mansalva la pisoteasen y escarnecieran los que hubieran de seguirles en la nefanda obra de la destrucción.

Si el cinismo, compañero inseparable de tales histriones, les hiciese aparecer en la próxima lucha, oponed a la procacidad y desvergüenza la dignidad que la honra inspira. No creáis en los arrepentimientos: para una Magdalena se encuentran dos mil Judas, que os harán llorar con lágrimas de sangre el ósculo de paz que de ellos recibierais.

¿Queréis la regeneración de la patria? ¿Queréis las libertades que hacen la felicidad de la Suiza con un presupuesto de 50 millones, con preferencia a las menos amplias, qua cuestan a la Bélgica 600? ¿O preferís seguir pagando 2.500 millones con un déficit continuado y consiguientes créditos supletorios?

¿Queréis que los pedazos de vuestro corazón no se vayan desgarrando cada año, hasta dejaros sin lagrimas para llorar vuestro infortunio? ¿Queréis que el pan que hubieran de llevar a la boca los hambrientos hijos que os dejen, no vaya a fomentar el vicio de una corte corrompida?

¿Estáis convencidos de que catorce siglos no han producido cuatro reyes que hayan procurado la felicidad de España? En este caso, el corazón y la cabeza os hacen abrazaros, al frondoso árbol de la República Federal, como áncora de vuestra salvación.

Los hombres que hayan de ayudaros a coronar tan santa obra, no puede menos de mostrároslos vuestra conciencia.

Oviedo 31 de diciembre de 1868.—José Centeno.—Nicolás Martínez.—Antonio Rodil y Argüelles.—José Gonzalez Llana.—Vicente Collada.—Casimiro Suárez.—Wenceslao Guisasola.—Bernardo Coterón.—Ramón Lafarga.—Domingo Ordóñez.—Alfredo Dóriga, secretario.» (Manifiesto republicano federal en Asturias en 1868.Portal Asturias Republicana. Asturiasrepublicana.com).

Del siglo XVIII del campo literario y cultural, se pasa a convertirse en un movimiento de carácter social, público y político, -el asturianismo-, de la defensa de la identidad asturiana a partir del siglo XIX. Entre las figuras intelectuales asturianas más destacadas tendríamos a:

1) José Caveda y Nava (1796-1882) aparte de ser un españolista fue un regionalista, defensor de las instituciones políticas regionales. "Los años 30 del siglo XIX, cuando la abolición de la Junta General del Principado genera un movimiento xuntista de carácter asturianista reivindicativo. José Caveda y Nava, escritor, político y estudioso de la lengua y la historia de Asturias, cuya perspectiva dio forma al "covadonguismo"5, es la referencia más importante de este momento y a ella se dedica el capítulo V." (Véase págs. 558-559 del libro La nación (im) posible.

Reflexiones sobre la ideología nacionalista asturiana de Pablo San Martín Antuña, año 2006, edición Trabe.").

Es lógico que siendo un asturiano y con principios se acogiera a lo ya establecido, como que cuando el rey Juan I de Castilla (1358-1390) crea el Principado de Asturias y por ende tiene su origen la Junta General del Principado de Asturias. Y conocedor de lo sucedido el 25 de mayo de 1808 cuando la Junta General del Principado se proclamó soberana, en nombre de Fernando VII, como se señala en esta nota:

**«*Nota de las demandas expresivas de la voluntad del pueblo de esta capital [...]*

Art. 2.° Siendo la primera medida de salvación la de crear un Gobierno patriótico, enérgico y entendido que dirija con acierto los esfuerzos de los asturianos en resistir la horrible agresión que les amenaza, crea e instituye una Suprema Junta de Gobierno con todas las atribuciones de la Soberanía que ejercerá en nombre de Fernando VII mientras no fuese restituido al Trono, compuesta del patricio D. José María del Busto, Juez primero noble de esta ciudad y de los demás individuos que merecen la confianza del pueblo y se designan en la lista entregada al Sr. Comandante general.

Art. 3.° Esta Suprema Junta no procederá a ningún acto hasta que haya prestado sobre los Santos Evangelios el juramento de fidelidad al Rey y a la Patria y de sacrificar en sus aras la vida, antes que supeditarse a la ignominia de sufrir el yugo de la dominación francesa." (Oviedo y la francesada. Oviedo Doce Siglos. Oviedodocesiglos.es).

O del siguiente dato:

"Cabe destacar que el 25 de mayo de 1808 la Junta General se proclamó soberana, rebelándose contra el poder central en manos de los franceses. Se enviaron embajadores a Inglaterra

y se le declaró la guerra a Napoleón.[4]" (Junta General del Principado de Asturias. Es.wikipedia.org).

Aunque no hay claridad sobre ese levantamiento de mayo de 1808 y sobre la soberanía de dicha Junta, como se observa en este escrito:

LA JUNTA GENERAL Y LA GUERRA DE LA INDEPENDENCIA

Una de las cuestiones más polémicas sobre la historia de esta institución es la producida en el año 1808, cuando la Junta se levantó contra Napoleón. Sin embargo, el levantamiento de 1808 en nombre de la corona española poseída por Fernando VII no fue producto de la Junta General del Principado de Asturias, que se limitó a apaciguar la presión popular el 9 de mayo de 1808 para después presentar sus excusas a la Audiencia. Fue un grupo de patriotas —José María García del Busto, Ramón de Llano Ponte y Gregorio Piquero, entre otros— quienes se levantaron contra los franceses el día 25, cuando ya se conocía la convocatoria de Cortes en Bayona. Comenzó así de hecho la Guerra de la Independencia en el Principado de Asturias. (Junta General del Principado de Asturias. Enciclopedia de Oviedo. El.tesorodeoviedo.es).

2) Máximo Fuertes Acevedo (1832-1890). Quien perteneció a la Real Academia de la Historia y a otras sociedades científicas. Participó activamente en la prensa local y nacional, escribiendo con profusión en El Faro Asturiano, El Carbayón, La Ilustración Gallega y Asturiana, El Resumen, La Patria y el Eco Nacional. (Oviedo- enciclopedia). (Véase, Máximo Fuertes Acevedo. Enciclopedia de Oviedo. El.tesorodeoviedo.es).

Entre sus obras, Noticias históricas de la prensa periodística de Asturias (Oviedo, 1868), Bosquejo acerca del estado que alcanzó en todas las épocas la literatura en Asturias (Badajoz, 1885), (véase, Máximo Fuertes Acevedo. Industria, Cultura y

Naturaleza (INCUNA) Asociación de Arqueología Industrial – Incuna.es).

3) Gumersindo Laverde Ruiz, 1835-1890, hacia el asturianismo identitario. Quien luchó por la unidad e integridad territorial de las dos Asturias, las de Oviedo y Santillana. Véase, Nacionalismo asturiano. Wikipedia.org. Al decir por aquella unidad e integridad: "Trabajar solidariamente en la obra de su común civilización, a la vez que en la de la civilización general de la península, como parte principal que son de la nacionalidad ibérica". (Véase, Gumersindo Laverde. Eswikipedia.org).

Cabe destacar que el 25 de mayo de 1808 la Junta General se proclamó soberana, rebelándose contra el poder central en manos de los franceses. Se enviaron embajadores a Inglaterra y se le declaró la guerra a Napoleón. [4] (Junta General del Principado de Asturias. Es.wikipedia.org).

4) Fermín Canella Secades (1849-1924). Quien durante toda su vida colaboró activamente en la prensa regional y nacional, como en La Ilustración Gallega y Asturiana, El Faro Asturiano, El Porvenir de Asturias, El Eco de Asturias, Revista de Asturias y El Carbayón, entre otros. (Véase: Fermín Canella Secades. Enciclopedia de Oviedo. El.tesorodeoviedo.es).

Dentro de sus obras escritas cabe destacar, Asturias, su historia y monumentos, (1895-1900), escrita en unión de Octavio Bellmunt y Traver, dedicada a la Princesa de Asturias Doña María de las Mercedes (1880-1904):

A.S.A.R. la Srma. Sra. Doña María de las Mercedes, Princesa de Asturias.

Señora:

A vuestro augusto nombre va unido el de una región embellecida por la naturaleza realzada por la historia, esmaltada por el arte y, sobre todo, bendecida y blasonada por la Cruz de Covadonga que orna vuestro pecho.

Y como este libro aspira a ser crónica y pintura de vuestro Principado de Asturias, quisiéramos verle amparado con el nombre y virtudes de la hermosa y gentil Princesa.

Dígnese V.A. otorgar la gracia y recibir esta humilde ofrenda. B.L.P. de V.A.R. (Asturias, dedicatoria inicial).

(Asturias, su historia y monumentos. Enciclopedia de Oviedo. El.tesorodeoviedo.es).

También, en Memorias asturianas del año ocho, publicado en 1908, en referencia al alzamiento de Oviedo y de toda España contra el invasor francés, nos decía: "Entiendo yo, mis buenos amigos, que tan soberanos esfuerzos deben conmemorarse en el modo y forma que lo concierten la Excelentísima Diputación de Oviedo, como sucesora de la veneranda Junta General del Principado, y el Excmo. Ayuntamiento ovetense, por haber sido su Alcalde, vecinos y localidad los actores y el teatro de aquellas conmovedoras escenas de la más heroica y viril exaltación patriótica (pág. 6)". (Véase, *Memorias asturianas del año ocho*. Enciclopedia de Oviedo. El.tesorodeoviedo.es).

Sus estudios asturianos: Cartafueyos d'Asturies, (1884). Poesías selectas en dialecto asturiano, (1887) / [compilado por] José Caveda y Nava y Fermín Canella Secades.

El grupo "La Quintana"

De Enciclopedia de Oviedo, la enciclopedia libre.

Bajo este nombre se define al movimiento literario que se formó en el verano de 1881 en torno a las figuras de Fermín Canella, Julio Somoza y Braulio Vigón y que reunió a todos los escritores de la época que trataban temas asturianos. Dicho grupo no se conformó como una escuela, ni disponían de sede, sociedades o estatutos que lo vertebrasen, siendo la relación que se estableció entre sus componentes de orden epistolar. En este grupo puede integrarse además de los tres citados a Fortunato de Selgas y Albuerne, Máximo Fuertes Acevedo, Joaquín García Caveda y Félix Aramburu y Zuloaga, uniéndose posteriormente otros intelectuales como Rogelio Jove y Bravo, Bernardo Acevedo y Huelves y Ciriaco Miguel Vigil. Esta asociación desparece hacia 1890 principalmente por divergencias político-ideológicas de sus miembros impulsores (Somoza y Canella) y pérdida del entusiasmo inicial por parte de todo el grupo. (Véase, La Quintana. Enciclopedia de Oviedo. El.tesorodeoviedo.es).

5) Julio Somoza de Montsoriú y García Sala (1848-1940). Fue otro miembro más de "La Quintana".

"Amigo de Fuertes Acevedo y biógrafo suyo; su compañero en las tareas asturianistas de «La Quintana» (a manera de academia precursora del Instituto de Estudios Asturianos), que desde 1881 agrupó personalidades tan relevantes como Canella y Secades, Braulio Vigón, Ciriaco Miguel Vigil, Aramburu y otras, fue D. Julio Somoza de Montsoriú y García Sala, fallecido a avanzada edad, en 1940. Infatigable trabajador, desdeñoso de fáciles y comprometedoras popularidades; dueño de agrio carácter que alguna vez se interpuso en la serenidad de la labor científica, dedicó Somoza continua y fervorosa atención a cuanto de cerca o de lejos atañese a Jovellanos." Véase: http://www.cervantesvirtual.com/obra-visor/notas-sobre-bibliografa-literaria-asturiana-0/html/ff44cac2-82b1-11df-acc7-002185ce6064_2.html

Podríamos decir que el regionalismo asturiano estuvo marcado desde su inicio por el Carlismo. Y éste fue el inspirador de la Doctrina asturiana para la Junta Regionalista del Principado de Asturias. Siendo los carlistas los promotores de dicha Junta. (Referencia: Doctrina asturianista aprobada por la Junta Regionalista del Principado. Enciclopedia de Oviedo.

El.tesorodeoviedo.es). (Referencia: *Las fuentes asturianistas de Cascos.*lne.es).

La Doctrina Asturianista fue un documento estructurado en preguntas y respuestas, denominado "catecismo asturiano" o "catecismo Regionalista", fue publicado en Oviedo en 1918, sus autores fueron Álvaro Fernández Miranda (1855-1924), Vizconde de Campogrande, miembro de la Real Academia de Historia, junto a Ceferino Alonso Fernández "El Cenobita" (1887-1920) y José González, registrador de la propiedad. Es un documento reivindicativo hacia un mayor autogobierno para Asturias, hasta el hecho de pedir "una Hacienda propia" y "una propuesta regionalista completa e integral, con proyección hacia el futuro y los factores culturales propios como elementos de cohesión social", como lo apunta (entre comillas) el historiador Javier Cubero. O como se señala de ella el ex vicepresidente del Gobierno autonómico Bernardo Fernández Pérez, miembro del partido Federación Socialista Asturiana-Partido Socialista Obrero Español, que: "La "Doctrina asturianista" ya decía que el Gobierno de la nación gestionaba España «del modo más desastroso para la región» y ya defendía el "derecho indiscutible de Asturias a constituirse y organizarse según sus necesidades y carácter". (Nuevo «catecismo» asturianista. www.lne.es / 18.06.2011).

Presentación

"Se ha seguido, en parte, el orden y distribución de materias del "Compendio de la doctrina Catalanista", de Prat de la Riva y Montanyola, por su carácter práctico, adecuado a nuestros fines".
X
¿TRIUNFAREMOS?
(...)
"P. Resumiendo nuestra doctrina, ¿a qué aspira Asturias? R. Claramente se deduce de lo expuesto. No es separatista, por ser ella misma el fundamento, la entraña de la nacionalidad

española, sintetizando su ideal en esta frase: Asturias libre, regida por sí misma". (Pág. 34).

(Doctrina Asturianista, extraído de la Biblioteca de Historia Constitucional).
(bibliotecadehistoriaconstitucional.com).

6) Emilio Robles Muñiz, 1877-1938, más conocido con el seudónimo de Pachín de Melás, fue un prolífico escritor bablista (lengua asturiana), dedicado a su gran ideal de preservar las raíces culturales de Asturias, considerado como uno de los escritores más importantes del siglo XX. Se había distinguido en impulsar un estatuto de autonomía para Asturias, durante la Segunda República. (Véase como referencia en el diario digital La Nueva España, www.lne.es. Homenaje a "un buen gijonés"/ 06.04.2013).

Pachín de Melás, como otros muchos de su época, coinciden ideológicamente en un marco asturianista y contemplaban como otras autonomías como la de Cataluña ya habían puesto en marcha la creación de un estatuto autonómico. Esto implica que luchen por un estatuto de autonomía asturiano sin esperar a ver el de los catalanes como algunos pretendían. Además abogan por una España plural.

El 19 de abril en un artículo publicado en el periódico de Oviedo El Carbayón titulado "Todo por Asturias" opinaría lo siguiente:

"No es decir esto un regionalismo de "montera picona y dengue". Eso no. Es una unión de amores y voluntades para impulsar nuestro progreso, acrecentar nuestra riqueza, y en el orden regional la constitución de una personalidad propia como la tienen otras regiones que fueron grandes como lo fue la nuestra en historia patria.

Seamos un hombre solo cuando de Asturias se trate, y pensemos desde ahora en hacer ese bien. Unidos, fuertes, seremos respetados para hacernos oír del poder naciente, que de seguro tendrá en estudio ideas regeneradoras regionales".

El 14 de agosto de este mismo año y en el mismo periódico y en un artículo titulado "Alrededor de nuestro Estatuto" diría: "Asturias es una de las regiones que, tanto por su capacidad económica, como por su historia, puede aspirar a la más amplia de las autonomías". (Pachín de Melás - Telecable.es).

Los "padres" del Regionalismo en España –asturianos- se cuentan al Vizconde de Campo Grande, Álvaro Fernández de Miranda del Llano Ponte y Vives (1855-1924), quien presidió la Junta Regionalista del Principado. Juan Vázquez de Mella y Fanjul. (1861-1928), impulsor de la Junta Regionalista del Principado de Asturias, quien decía: "La primera obligación de Asturias es asturianizarse. Pueblo que pierde su originalidad o es pueblo degenerado o reniega de sí mismo al divorciarse de sus antepasados". (Palabras que escribiera el cangués de Mella, según lo menciona el sociólogo Pablo San Martín en *"Asturianismu Políticu 1790-1936"*. (Del diario digital La Nueva España, Las fuentes asturianistas de Cascos. www.lne.es. / 20.07.2011). La Lliga Regionalista Astur, fundada en 1916 sobre las bases del pensamiento regionalista de Vázquez de Mella. Nicanor de las Alas-Pumariño y Troncoso (1870-1935), quien formara la Lliga Pro-Asturias el 15 de enero de 1918 en Oviedo. Y el banquero, marqués de Aledo, Ignacio Herrero de Collantes, (1881-1961). Como referencia véase Cultura oficial e ideología en la Asturias franquista: el I.D.E.A Escrito por Jorge Uría González, pág. 9 Año: 1984 Colección: Ethos.

7) Fabriciano González García, "Fabricio" (1868-1950), en 1919 funda y dirige el semanario Regionalista Astur, en su primer número se incluía el programa de Autonomía para Asturias, y del semanario regionalista Asturias 1934.

Discurso de Vázquez de Mella pronunciado el 30 de junio de 1916 en el Congreso de los Diputados. Que se fundamenta en los municipios libres y del papel que debe de jugar el Estado sobre las regiones sólo el de resolver sus conflictos de éstas que pasarían a ser autónomas e independientes.

MUNICIPIO AUTÁRQUICO

Yo soy partidario de una reivindicación municipal, que empiece por considerar al municipio, no como una creación legal, no como una creación artificiosa de poder ejecutivo, dividido, según todos los tratadistas de la centralización y según las leyes que padecemos, en tres partes: una, la administración general; otra, la administración provincial, y la otra, la administración municipal. No, yo reconozco que el Municipio es el primer grado de lo que llamo soberanía social; es la primera escuela de la ciudadanía que nace espontáneamente de la congregación de familias que sienten necesidades múltiples y comunes, que ellas no pueden satisfacer aisladamente y que les obliga a juntarse y producir una representación común, que es sociedad natural. El municipio es la Universidad de la ciudadanía, en aquel punto en que termina la vida doméstica interior de la familia y el hombre se lanza, por decirlo así, a la vida pública. De ahí la necesidad extraordinaria de su emancipación; de ahí al necesidad de acabar con el régimen oprobioso, tiránico y centralizador que padecemos. Hoy no existe autonomía en el Municipio; el Municipio no es más que una creación legal, no es más que una sección, una parte del Poder ejecutivo en funciones.

Cuando un Municipio trata de unirse a otro o de segregarse, no le basta la voluntad de los vecinos, es necesario que el Poder central la ratifique; cuando se trata de funcionar, el alcalde tiene dos delegaciones: una, la delegación política, en que se hace dependiente inmediato del Gobernador, que a su vez es amovible y responsable ante el señor Ministro de la Gobernación; y otra, la delegación administrativa, que queda absorbida por la delegación política. La centralización se completa con el nombramiento de los alcaldes de Real Orden, ese escándalo de los concejales y alcaldes interinos que vienen a destruir arbitrariamente la obra de los propietarios, y hasta el nombramiento de aquellos funcionarios técnicos asalariados por el municipio, y que él sólo no puede establecer sin la aquiescencia de sus superiores jerárquicos; no hay autonomía en el presupuesto municipal, porque depende, o de la Diputación o del Gobernador; y todo se cercena, y el ayuntamiento se convierte en una rueda administrativa. Si la comisión provincial, formada de acuerdo con los caciques, llega a ser lo suficientemente poderosa, por motivos y pretextos que todos conocemos y que se filtran a través de los artículos de la Ley municipal, las elecciones se anulan y los Ayuntamientos en forma interina, se establecen, y entonces el cacique cuenta con todos los medios para oprimir a los electores, para vejarles y para falsificar la verdadera voluntad electora.

Yo en este punto soy partidario de que el Ayuntamiento y el Municipio sean, no una creación arbitraria de la ley, sino el reconocimiento de una personalidad natural, formada por la agrupación de familias para defender sus mutuos intereses; que no exista la doble representación, y que si existe, mientras no se paren, pueda fijarse en caso de conflicto, la política, hasta en el juez Municipal, pero que no se desposea al alcalde de aquella propia representación que tiene como Delegado del Municipio; quiero que exista la representación permanente y la representación variable; quiero que tenga el Municipio el derecho a formar libremente hermandad con los demás municipios; quiero que se arregle y se establezca la verdadera Hacienda Municipal, no con ese indigno y ridículo prorrateo entre el Estado y el Municipio, en que se merman mutuamente unos mismos tributos, sino que cobre la Hacienda municipal lo que resta de los bienes comunales y los de propios, y, reintegrándole de las enormes cantidades que le detenta el Estado (más de 300 millones), recobre el Municipio sus facultades y se establezca de una vez la órbita en donde los tributos municipales se recauden, sin tener la intromisión vergonzosa del Estado que los limita y los cercena: quiero que el Municipio, en toda la esfera administrativa, sea absolutamente independiente que sobre él no se levanten más que superiores jerárquicos en su aspecto externo, pero que no toquen a su vida interna.

Cuando esto suceda, cuando teniendo en cuenta, por un lado, la tradición nacional, y, por otro, se resientan las necesidades grandes, después que la Revolución haya dejado pasar su rasero sobre todos los organismos administrativos y locales desde hace un siglo, se podrán establecer los cimientos de una verdadera organización regional: mientras esto no suceda, en vano será otorgar mancomunidades ni delegaciones, porque únicamente sobre los Municipios libres se podrán establecer las regiones autónomas e independientes dentro de su propia esfera.

(TEXTOS DE DOCTRINA POLÍTICA- VÁZQUEZ DE MELLA - ESTUDIO PRELIMINAR SELECCIÓN Y NOTAS - RAFAEL GAMBRA – MADRID 1953, pág. 24). (http://www.carlismo.es/librosElectronicos/VazquezMellaTextos.pdf). (Rafael Gambra Ciudad, 1920-2004, fue un filósofo y profesor universitario español, de ideología carlista tradicionalista).

El sentimiento autonómico en las Regiones, el origen del actual Estado de las Autonomías y de la descentralización surge en la II República (1931 hasta el 1 de abril de 1939, cuando se rinden en los muelles del puerto de Alicante las últimas tropas republicanas). II República que fue proclamada el 14 de abril de 1931 (en sustitución de la monarquía de Alfonso XIII. Tras su exilio voluntario de Alfonso XIII. Lluís Companys i Jover proclama la República en Barcelona y se posesiona del Ayuntamiento. Y Francesc Macià i Llussà se posesiona de la Diputación de Barcelona y proclama la República Catalana). Sentimiento autonómico que fue reforzada con la aprobación de la Constitución de la República española el 9 de diciembre de 1931, que establecía una nueva organización territorial y del reconociendo de la formación de regiones autónomas.

CONSTITUCIÓN DE LA REPÚBLICA ESPAÑOLA DE 1931

En el Título I. Organización nacional.

Artículo 8.- El Estado español, dentro de los límites irreductibles de su territorio actual, estará integrado por Municipios mancomunados en provincias y por las regiones que se constituyan en régimen de autonomía. Los territorios de soberanía del Norte de África se organizan en régimen autónomo en relación directa con el Poder central.

Artículo 11.- Si una o varias provincias limítrofes, con características históricas, culturales y económicas, comunes, acordaran organizarse en región autónoma para formar un núcleo político-administrativo, dentro del Estado español, presentará su Estatuto con arreglo a lo establecido en el Artículo 12.

En ese Estatuto podrán recabar para sí en su totalidad o parcialmente, las atribuciones que se determinan en los Artículos 15, 16 y 18 de esta Constitución, sin perjuicio, en el segundo caso, de que puedan recabar todas o parte de las restantes por el mismo procedimiento establecido en este Código fundamental. La condición de limítrofes no es exigible a los territorios insulares entre sí. Una vez aprobado el Estatuto, será la ley básica de la organización político-administrativa de la región autónoma, y el Estado español la reconocerá y amparará como parte integrante de su ordenamiento jurídico." (Constitución de 1931 - Congreso de los Diputados).

Es así que en Asturias, aquel autonomismo de un proyecto de Estatuto para Asturias es posible, bajo el amparo del artículo 1 de la Constitución de 1931. Y así se toma en cuenta según se puede apreciar de la ponencia del Dr. Francisco J. Bastida, La Junta General del Principado de Asturias, Oviedo 1982, pág. 22, que dice: "y durante la II República alguno de los puntos más importantes de programas y manifiestos regionalistas se plasman en las bases para un proyecto de Estatuto Regional de Asturias, redactado por Sabino Álvarez Gendín en 1932."

Podemos mencionar que en Asturias en ésta República si hay un pensamiento libertario de autodeterminación, de convertirse en un "estado independiente", de un "país soberano" republicano, a través de la formación de El Consejo Interprovincial de Asturias y León (unión de la dos provincias) que fue un entidad administrativa creada el 6 de septiembre de 1936, pero que luego se transformó en el Consejo Soberano de Asturias y León mediante decreto dado el 24 de agosto en Gijón, constituido como una institución política e independiente del 25 de Agosto al 21 de Octubre de 1937.

De conformidad con todo lo expuesto, el Consejo decreta:

Artículo 1º.– El Consejo Interprovincial de Asturias y León, a partir de la fecha y hora de este Decreto, se constituye en Consejo Soberano de gobierno de todo el territorio de su jurisdicción y a él quedan íntegramente sometidas todas las jurisdicciones y organismos civiles y militares que funcionan y funcionen en lo sucesivo dentro del referido territorio.

Artículo 2º. – El propio Consejo Soberano, a la vista de los acontecimientos favorables que se produzcan en el curso de la guerra, determinará el momento de despojarse de las funciones soberanas que hoy asume.

Artículo 3º. – De este Decreto se dará cuenta al Gobierno de la República para su convalidación; sin perjuicio de su absoluta vigencia, impuesta por imperio de las circunstancias, desde este mismo momento de su promulgación.

Dado en Gijón, a veinticuatro horas del día veinticuatro de agosto de mil novecientos treinta y siete." Fragmento del Texto de la Disposición en el Consejo asume las plenas facultades – Decreto. Publicado en el Diario Socialista de Asturias –

AVANCE, órgano de expresión de la Federación Socialista Asturiana (FSA-PSOE).

Explicaba Azaña sobre el Consejo Soberano de Asturias y León[52]

"Lo primero que han hecho... los directores del cotarro asturiano, es constituirse en "Gobierno soberano", o sea, rebelarse contra el Gobierno, por las buenas... hacen contra el Gobierno de la República una campaña terrible... Belarmino Tomás y su desmesurada ambición de mando... las fanfarronadas sobre el triunfo fácil y la dirección de las operaciones han sido funestas... la formación de ese gobierno extravagante y su conducta... no se ha visto causa más justa servida más torpemente; ni buena voluntad más tan fervorosa como la de los combatientes auténticos, peor aprovechada...". OC, V.IV, p.775, 864.

8.1.3. ¿Fue soberana Asturias en 1934?

La revolución obrera de 1934 no tuvo una connotación simplemente reivindicativa salarias o de reclamación de derechos laborales, superaba estas reivindicaciones, respondía a un propósito de carácter político general; no era más que una revolución proletaria (bajo la dirección y control de distintas fuerzas políticas –socialistas, comunistas y sindicales -socialistas y anarquistas- hacia un fin: la independencia de Asturias. Por eso se le fue llamada la Revolución Asturiana de 1934. Pues en esa fecha, en el tiempo comprendido del 5 al 18 de octubre Asturias se declaró como una República socialista independiente. Veamos a continuación este Pacto insurreccional socialista -conocido como El Pacto de la Alianza Obrera-.

PROYECTO DE PACTO (ASTURIAS)

Las organizaciones que suscriben convienen entre sí en reconocer que frente a la situación económico-política del régimen burgués en España, se impone la acción mancomunada de todos los sectores obreros con el exclusivo objeto de promover y llevar a efecto la revolución social. A tal fin, cada organización de las que suscriben queda comprometida a cumplir el compromiso fijado en este Pacto, bajo las condiciones siguientes:

1º.- Las organizaciones firmantes de este Pacto trabajarán de común acuerdo hasta conseguir el triunfo de la revolución social en España y llegar a la conquista del poder político y económico para la clase trabajadora, cuya concreción inmediata será la República Socialista Federal.

2º.- Para la consecución de este fin, se constituirá en Oviedo un Comité Ejecutivo en representación de todas las organizaciones adheridas a este Pacto, el que actuará de acuerdo con otro nacional y del mismo carácter, para los efectos de la acción general en toda España.

3º.- Como consecuencia lógica de los apartados 1º y 2º del Pacto, queda entendido que la constitución del Comité Nacional es premisa indispensable (en caso de que los acontecimientos se desenvuelvan normalmente) para poder emprender toda acción relacionada con el objetivo de este Pacto, por cuanto el Pacto trata y pretende la realización de un hecho nacional. El Comité Nacional que ha de constituirse será el único que autorizadamente podrá ordenar al que quede constituido en Oviedo los movimientos a emprender en relación con el general en toda España.

4º.- Se constituirá en toda Asturias un Comité en cada localidad, cuya composición deberá estar integrada por delegaciones de cada una de las organizaciones firmantes de este Pacto y aquellas otras que, adhiriéndose, sean admitidas por el Comité Ejecutivo.

5°.- Las organizaciones firmantes de este Pacto, conservan su independencia con respecto a la propaganda de sus puntos de vista políticos y sociales, y el derecho a la crítica, siempre que no contradigan las líneas generales de la orientación adoptada en virtud del Pacto ni sus resoluciones concretas.

6°.- El Comité Ejecutivo elaborará un plan de acción que asegure el triunfo de la revolución en sus diferentes aspectos y consolidación del mismo.

7°.- Serán cláusulas adicionales al presente Pacto, todos los acuerdos del Comité Ejecutivo, cuyo cumplimiento es obligatorio para todas las organizaciones representadas, siendo estos acuerdos considerados de obligada vigencia, tanto en el período preparatorio o de la revolución, como después de triunfar.

8°.- El compromiso contraído por las organizaciones que suscriben, terminará en el momento en el cual la República Socialista Federal quede constituida con sus órganos propios, elegidos voluntariamente por la clase trabajadora y por el procedimiento que haya preceptuado la obra revolucionaria dimanante del presente Pacto.

9°.- Considerando que este Pacto constituye un acuerdo de organizaciones de la clase trabajadora para coordinar su acción contra el régimen burgués, aquellas organizaciones que tuvieran relación orgánica con partidos burgueses las romperán automáticamente para consagrarse exclusivamente a la consecución de los fines que determina este Pacto. Firmado en Oviedo, 31 de marzo de 1934.

(Procedente del Archivo General de la Guerra Civil de Salamanca, se reproduce aquí este documento, según se menciona de la web http://www.asturiasrepublicana.com/critica3.html). El mismo documento se puede apreciar en el libro Historia General de Asturias, tomo VII: Octubre 1934 (El ascenso); Autor: Taibo Mahojo Francisco Ignac, Editorial: Silverio Cañada - Gijón,

1978. Y en donde se menciona que fue firmado inicialmente por la Confederación Nacional del Trabajo (CNT), La Unión General de Trabajadores (UGT) y la Federación Socialista Asturiana (FSA), posteriormente el Partido Comunista (PC), Izquierda Comunista (IC), Bloque Obrero y Campesino (BOC), referencia que se hace saber por las webs.

8.1.4. El renacimiento y la indiferencia por la cultura asturiana

El Real Instituto de Estudios Asturianos nos menciona en su web oficial la creación de un Centro, el Instituto de Estudios Asturianos el 2 de junio de 1945 a iniciativa de la Diputación Provincial (entonces de Oviedo) y dice: "y que responde a la necesidad y al deseo de contar en Asturias con un Organismo Público, dotado de personalidad jurídica y patrimonio propios aun cuando sometido, por razones obvias, a la tutela económica de la Diputación impulsora y con la finalidad de dedicar su actividad a la investigación y conservación del acervo cultural de la región...expresamente dedicado a la investigación y estudio, a la edición de publicaciones, la enseñanza y la divulgación de la cultura asturiana en su más amplio sentido." (Véase: Real Instituto de Estudios Asturianos. Ridea.org).

Pero, a pesar de esta creación institucional, sigue el asturianismo cultural sin ser un hecho relevante como parte de un fenómeno cultural. No es sino en el año de 1969 con la creación de la Asociación Amigos del Bable en donde se da inicio al Surdimientu (nombre asturiano que significa Surgimiento) de la cultura en lengua asturiana. Es en aquella época de la Transición Española (conocida como el inicio de la democracia de España que se da a finales de los años setenta del siglo XIX) en donde surge el renacimiento cultural asturiano.

A continuación, presentaremos cronológicamente como fecha histórica el avance de la cultura asturiana desde el año 1969 al 2002, (véase Fechas históricas - Asturies.com). Téngase en cuenta que la cultura asturiana hoy en día no se la considera como un impulso social y va venido a menos:

2011:
- "No hay que dejar que el asturiano sea una lengua discriminada en relación a otras", Ana María Cano, presidenta de la Academia de la Llingua Asturiana. 13.10.2011. (*Llamazares quiere reivindicar en el Congreso la cooficialidad del bable.* Elcomercio.es).

- Llamazares ha señalado que aunque las otras tres fuerzas políticas parlamentarias asturianas (Foro, PSOE y PP) no tengan entres sus prioridades para esta legislatura regional una reforma estatutaria, ésta puede entrar en el debate político con un impulso social, como, ha recordado, ha ocurrido otras veces con otros asuntos. 13.10.2011. (*Llamazares quiere reivindicar en el Congreso la cooficialidad del bable.* Elcomercio.es).

2014:
P. ¿Han explicado bien a la sociedad asturiana quienes debían hacerlo la importancia de la llingua?

R. No.

P. Me refiero, sobre todo, a la Academia.

R. La Academia no tiene medios para llegar a las masas. Sólo puede hacerlo cuando le hacen una entrevista, pero los periódicos sólo llaman a la presidenta de la Academia muy esporádicamente. Estamos, desde los años ochenta, ante un problema de desgaste total, por parte de la Administración, del proceso de recuperación lingüística, y si tuviéramos las mismas armas de defensa no tendríamos la batalla perdida. Pero no los tenemos.

P. ¿Por qué han ido dejando los asturianos de hablar asturiano? Se habla de la represión activa contra el idioma, y nadie puede dudar que ha existido, pero, ¿no se ha magnificado un poco esa represión? ¿Cuánto de proceso natural ha habido en ese abandono?

R. Los procesos nunca son naturales. En las sociedades humanas siempre hay fuerzas a favor o en contra de cualquier tendencia, también de las tendencias lingüísticas. No hay procesos naturales, sino lucha de contrarios que están presentes en la sociedad. Y en este caso ha habido un ataque global, profundo y con todos los medios que los enemigos del asturiano tienen a su alcance, que los defensores no hemos respondido porque no hemos estado suficientemente organizados.

(Entrevista al filólogo, fundador de Conceyu Bable y expresidente de la Academia de la Llingua, Xosé Lluis García Arias. *"Si se quiere, el asturiano se puede salvar"* – 06.11.2014 - Mas.asturias24.es

Fechas históricas – Reseña histórica del asturianismo cultural

(1969). Se crea la Asociación Amigos del Bable. (1974). Se crea Conceyu Bable.

(1976). Primera gran manifestación a favor del Bable nes escueles. (1980). El Gobierno preautonómico crea La Academia de la Llingua Asturiana. (1982).Gran explosión de literatura asturiana escrita en asturiano, movimiento denominado como "el rexurdimientu". Nacen editoriales con gran vigor, entre ellas: Trabe, Editora del Norte, El Pexe...Surgen varios diccionarios de la Lengua Asturiana. (1984). Se inicia un plan piloto de enseñanza del asturiano en Colegios de EGB. (1984). Se crea la Xunta pola defensa de la llingua. (1997). Ante la inminente Reforma del Estatuto de Autonomía surge El Pautu pol Autogobiernu y la Oficialidá, formado por la mayoría de las asociaciones culturales, folklóricas, sindicatos y partidos políticos- para reivindicar que el Estatuto recoja la oficialidad de la lengua asturiana, convoca tres manifestaciones durante tres años.

Manifestaciones con 25.000 personas en la calle. En setiembre de 1998, en un macroconcierto por la oficialidad del asturiano, celebrado en la plaza de la catedral de Oviedo, el gaitero Hevia acompañado por la banda de gaitas de Villaviciosa, presentó las canciones que estaba grabando para su disco "Tierra de Nadie". (1997-1998). Algunos ayuntamientos asturianos declaran en su ámbito la oficialidad del asturiano. El primero de ellos fue el de Bimenes.

(1998). Se aprueba la Ley de Uso y Promoción del Bable/Asturiano. (1998). Mayo. Se presenta en Covadonga, La Gramática de la Lengua asturiana, a cargo de la Academia de la Llingua. (1999). Se aprueba la Reforma del Estatuto de Autonomía, sin recoger la cooficialidad del asturiano, con los votos a favor del PP y PSOE.

(2000). Febrero: El Tribunal Constitucional autoriza la candidatura a las Elecciones Generales de la organización Andecha Astur, cuyo programa estaba redactado íntegramente en asturiano y que venía siendo rechazado año tras año por la Junta Electoral. (2000). Diciembre: Presentación de "EL DICCIONARIO DE LA LLINGUA ASTURIANA", en la Junta General del Principado, realiza la presentación la Presidenta de la Xunta, asisten parlamentarios de todos los grupos; ausencia del Presidente. (2001). Enero. Dimite el Presidente de la Academia de la Llingua, Xosé Lluis García Arias, tras 20 años al frente de la institución; aduce que con el Diccionario de Asturiano se ha cubierto una etapa. Se abre un proceso electoral que culminará en mayo. Asume la presidencia en funciones el Vicepresidente, Ramos Corrada. (2001). Mayo. Resulta elegida Presidenta de la Academia de la Llingua. Ana María Cano González. Decana de la Facultad de Filología. Prestigiosa filóloga, reconocida en toda Europa, miembro de La Academia desde su fundación y que desempeñaba el cargo de tesorera. (2002). Febrero. Primera gran manifestación a favor de la Oficialidad de la Lengua Asturiana durante el Gobierno Areces. Se produce tras varias agresiones a la

Lengua Asturiana: la negativa del Consejo de Universidades, una vez más, a aceptar la Licenciatura de Lengua asturiana, y después de que el órgano consultivo del Ministerio de Educación deniegue la catalogación de los puestos de trabajo de Lengua asturiana en Primaria; la retirada de la licencia de Radio Sele por parte del Gobierno Areces; la actuación del propio Areces al detener a un joven que protestaba por la retirada de la licencia de Radio Sele. (2002). Febrero. Se presenta la Fundación Caveda y Nava, presidida por José Luis Atienza Merino, profesor de Didáctica de la Universidad de Oviedo y cuyo objetivo es alcanzar un consenso para la promoción y uso de la Lengua Asturiana. (Véase, Fechas históricas - Asturies.com).

Pero hay también detractores del asturianismo cultural y del bable, como se puede observar al leer la ponencia de Josefina Martínez Álvarez. Catedrática de lengua española de la Universidad de Oviedo, al decir:

"Estas zonas han conservado para el uso familiar las variedades locales, bastante diferenciadas entre sí, tanto en lo fonético, como en lo gramatical y en el léxico. En Asturias, por ejemplo, hay muchas isoglosas que fragmentan el asturiano central y el occidental en diferentes variedades. Los miméticos proselitistas de las llamadas señas de identidad regional (o nacional) pretenden hoy recuperar una supuesta lengua propia asturiana que unifique todas las variedades, sin darse cuenta de que no hace ninguna falta, pues, desde fines de la Edad Media, esa coiné ya existe y es el español común. A pesar de los esfuerzos de estos ingenuos restauradores, constituidos en academias de la llingua, con la protección económica absurda de las autoridades autonómicas, no puede triunfar el propósito de instaurar al lado del español otra lengua ficticia o facticia para el uso general en el Principado, sobre todo porque no es rentable en la práctica, salvo para los dedicados a su proselitismo. Algo parecido intentan —la mentecatez es muy contagiosa—, los leoneses occidentales y aun centrales sacándose de la manga

una lengua opuesta al español, como si fuese posible encontrar desde León a Burgos un límite lingüístico de entidad suficiente." (El español de los territorios del noroeste.   Josefina   Martínez   Álvarez. Congresosdelalengua.es).

8.1.5. El avance y estancamiento del asturianismo político

Pasamos sino a mediados de los años 70, cuando se establece una institución preautonómica denominada "Consejo Regional" constituido el 10 de noviembre de 1978, encargado de la elaboración del futuro Estatuto.

En 1979 se optó por construir una Comunidad Autónoma uniprovincial, (por uniprovincial, aquella comunidad autónoma que cuenta con una sola provincia, como las comunidades autónomas españolas de Asturias, Islas Baleares, Cantabria, Madrid, Murcia, Navarra y La Rioja) como así lo señala Francisco J. Bastida, Catedrático de Derecho Constitucional de la Universidad de Oviedo, en su artículo ASTURIAS 20 años de autonomía. Unioviedo.es. Al decir: *"Para entonces, octubre de 1979, ya se había optado por constituir Asturias en una Comunidad Autónoma uniprovincial, en la que estuviesen subsumidos tanto el ente preautonómico, Consejo Regional, como el órgano provincial, la Diputación de Oviedo. Quedaba descartada, así, la idea de asociar a Asturias y León, propuesta de AP (se refiere este autor a la Alianza Popular, partido conservador, 1976 disuelta en 1989 en que se refunda en lo que es el actual Partido Popular (PP), transformada poco después en un nuevo grupo político, Coalición Democrática (CD) (refiere este autor a la coalición electoral que se formó en 1979 para concurrir a las Elecciones Generales de este mismo año)".*

- Sobre la unión de Asturias y León, así lo plantea Rodolfo Martín Villa, ministro de Gobernación e Interior con Adolfo Suárez entre 1976 y 1979, que considera que la decisión de que León se uniese a Castilla y no a Asturias se debió «exclusivamente a razones partidistas. Las preautonomías se constituyeron por los diputados y senadores de sus provincias.

Si Asturias era única, la izquierda tenía mayoría. Si Asturias iba con León, tenía mayoría UCD». Publicado en el Diario de León.es dl | redacción 23/02/2013 Martín Villa: «León no se unió con Asturias por razones partidistas de la izquierda» http://www.diariodeleon.es/noticias/leon/martin-villa-leon-no-unio-asturias-razones-partidistas-izquierda_772394.html

- Sobre la unión de Asturias, Cantabria y León, así lo plantea el presidente de Cantabria, Miguel Ángel Revilla. El presidente de Cantabria, Miguel Ángel Revilla, no ha dejado indiferente a nadie a su paso por Cangas del Narcea. Ayer, agradeció el nombramiento de Cofrade de Honor de la Cofradía del Vino de Cangas reprochando que *«hace siglos, alguien se empeñó en quitarnos los más sagrado de nuestro pueblo, nuestra seña de identidad». Calentado el ambiente autonomista, afirmó que «somos asturianos y cántabros, pero sin dejar de ser españoles» y fue más allá al apuntar que le gustaría una comunidad autónoma formada por Cantabria, Asturias y León, "la región más natural formada por las tres Asturias y el origen de España".* Revilla plantea la unión de Asturias, Cantabria y León. 10.10.2010. Elcomercio.es.

El 30 de enero de 1982 entra en vigor el Estatuto de Autonomía para Asturias, que fue sustituido por «Estatuto de Autonomía del Principado de Asturias» con ocasión de la reforma de la Ley Orgánica 7/1981, aprobada por la Ley Orgánica 1/1999, de 5 de enero (BOE n0 7, de 8 de enero).

8.1.6. Las elecciones como marco político de referencia del nacionalismo y separatismo

Uno de nuestros mejores aliados para determinar cuál es la posición actual del nacionalismo y separatismo asturiano, es tomando en cuenta los resultados de las elecciones generales, autonómicas y municipales llevadas a cabo en el Principado de Asturias. Y lo segundo es ver cómo actúa los movimientos nacionalistas y separatistas en dicho Principado.

Vamos a observar en los siguientes resultados electorales la continuidad de los partidos políticos nacionales en el poder asturiano en relación a los locales, en donde la sociedad asturiana apuesta por una acción más conservadora e integradora hacia España. Desde luego, con la aparición de una tercera fuerza política, del partido de derechas y regionalista Foro de Ciudadanos (FAC) de ámbito nacional, fundado en 2011, es una respuesta de que en Asturias se está produciendo un cambio hacia una nueva iniciativa impulsora del asturianismo. Véase que en las elecciones de 2011, Álvarez-Cascos del (FAC) fue investido presidente del Principado de Asturias. Y en 2012, fue la segunda fuerza política más votada en la región.

> *- Siguiendo uno de los lemas de su campaña electoral, el presidente asturiano, Francisco Álvarez Cascos, ha pedido esta mañana a sus consejeros, tras la toma de posesión de sus cargos, que trabajen «a tres turnos, por este país llamado Asturias», profundizando más en su idea del Principado como una nación. También ha recordado que no es la primera vez que se expresa en estos términos. En 1997, siendo ministro de la Presidencia, afirmó que «Asturias es un país en el pleno sentido de la palabra, un territorio bien definido, un pueblo abierto, asentado en él desde los umbrales de la historia, y un proyecto colectivo de sociedad plural orgullosamente asumido y defendido por la inmensa mayoría de los asturianos». (Cascos exige a sus consejeros 'trabajar a tres turnos', e insiste en su idea de Asturias como país. Política - 18 julio, 2011. http://www.asturiasdiario.es/web/?p=2219).*

Mientras que los partidos nacionalistas-separatistas de izquierdas están rezagados de la vida política institucional como Unidá Nacionalista Asturiana (UNA) (1988) federación de partidos de ideología nacionalistas y separatistas, Andecha Astur (1990), Conceyu Abiertu (Concejo Abierto) (2011), Izquierda Asturiana (1992 y 2007), Partíu Asturianista (1985), entre otros, pues no significa con esto que no se debe de tomar en cuenta. Está presente, emergente o aletargada o embrionaria, pero está presente.

A) Elecciones en el Principado de Asturias

1) Las elecciones Generales

a) Elecciones Generales 2008
Votos por partidos en Asturias, los más votados: PSOE (46.93%), PP (41.58%), IU-BLA-Los Verdes (7.18%), UPyD (1.36%), seguido de 25 partidos por debajo del 0.27%. En total 29 partidos políticos.

b) Elecciones Generales 2011

Votos por partidos en Asturias: PP (35.41%), PSOE (29.19%), FAC (Foro de Ciudadanos, 14.75%), IU-IX (Izquierda Unida de Asturias-Izquierda Xunida d´Asturies: La Izquierda Plural, 13.27%), UPyD (Unión Progreso y Democracia, 3.91%), EQUO (0.63%), Eb (Escons en blanc, 0.4%%), PACMA (Partit Animalista Contra el Maltractament Animal, 0.34%), P.C.P.E. (Partit Comunista dels Pobles d´Espanya, 0.18%), ANDECHA (Andecha Astur, 0.17%), HARTOS.ORG (0.13%), PUM+J (Por Un Mundo más Justo, 0.05%), PDYC (Partido Democrático y Constitucional, 0.04%), SAIn (Solidaridad y Autogestión Internacionalista, 0.04%), PH (Partido Humanista, 0.04%), UCE (Unificación Comunista de España, 0.03%). Partidos en total: 16.

2) Las elecciones Autonómicas a la Junta General del Principado de Asturias

Las elecciones autonómicas de Asturias se han celebrado en nueve ocasiones desde la llegada de la democracia al Principado de Asturias. Elecciones a la Junta General del Principado de Asturias de 1983, 1987, 1991, 1995, 1999, 2003, 2007, 2011 y 2012.

a) Elecciones Autonómicas 2015

Resultados en votos | % | Diputados:

PSOE 143.385 | 27,0 | 14 ||PP 22,0 | 117.319 | 11 ||PODEMOS 103.571 | 19,4 | 9 ||IU 64.868 | 12,2 | 3 ||Foro de Ciudadanos FAC 44.480 | 8,3 | 3 ||Ciudadanos C´s 38.687 | 7,3| 3 |

Partidos sin representación parlamentaria, |votos|: Unión Progreso y Democracia UPyD 4.358 |Partido Animalista contra el Maltrato Animal 3.975 |Escaños en Blanco 3.442 |Vox 3.226| EQUO 1.986 |Andecha Astur 990 |Partido Comunista de los Pueblos de España 888 | Agrupación de electores Recortes Cero 417 |Movimiento de Renovación Democrática Ciudadana, Movimiento Red 364 |Movimiento Social Republicano 301 |Unión Renovadora Asturiana 249 |Falange Española de las JONS 59 |Partido Humanista 43.

Datos generales de la elección:
Censo: 988.057, votantes: 551.192, 55,8%, abstención: 436,865, 44,2%. (Fuente: *Archivo histórico electoral.* http://www.argos.gva.es).

b) Elecciones Autonómicas 2012

Resultados en votos | % | Diputados:

Partidos con representación parlamentaria: Partido Socialista Obrero Español (PSOE) (32.01%), Foro de Ciudadanos (FAC) (24.83%), Partido Popular (PP) (21.53%), Izquierda Unida de Asturias - Izquierda Xunida d'Asturies (IU-IX) (13.78%), Unión Progreso y Democracia (UPyD) (3.75%).

Partidos sin representación parlamentaria: (Eb) / EQUO – Los Verdes de Asturias (Equo-Los Verdes) / Bloque por Asturies-Unidá Nacionalista Asturiana-Los Verdes-Grupo Verde, Compromisu por Asturies (BA-UNA-LV-GV) / Partido Animalista Contra el Maltrato Animal (PACMA) / Partido Comunista de los Pueblos de España (PCPE) / Independientes de Asturias-Hartos.org (IDEAS-Hartos.org) / ANDECHA / Unión Renovadora Asturiana (URAS) / Partido Democrático y Constitucional (PDyC) / Movimiento Social Republicano (MSR) / Solidaridad y Autogestión Internacionalista (SAiN) /

Solidaridad y Autogestión Internacionalista / Unificación Comunista de España (UCE) / Agrupación de Electores Auseva Red (AEAR) / Partido Humanista (PH) / Partido da Terra Eo-Navia (PT) / Partido Familia y Vida (PFyV).

Datos generales de la elección:
Censo: 989.993, votantes: 506.368, 51,1%, abstención: 483.625, 48,9%, válidos: 502.073, a candidatura: 494.907, 98,6%, blancos: 7.166, 1,4%. (Fuente: *Archivo histórico electoral.* http://www.argos.gva.es).

c) Elecciones Autonómicas 2011

Resultados en votos | % | Diputados:

Partidos con representación parlamentaria: Partido Socialista Obrero Español (PSOE) - 29,92% /Foro de Ciudadanos (FAC) - 29,66% /Partido Popular (PP) - 19,95% /Izquierda Unida-Los Verdes de Asturias (IU-LOS VERDES) - 10,28%.

Partidos sin representación parlamentaria: Unión Progreso y Democracia (UPyD) - 2,44% /Independientes de Asturias (IDEAS) - 1,06% /Bloque por Asturies-UNA (BA-UNA) - 1,03% /Frente de la Izquierda (FDLI) - 0,77% /Los Verdes-Grupo Verde (LV-GV) - 0,60% /Unión Asturianista (URAS-PAS) - 2.953 0,49% /Partido Antitaurino Contra el Maltrato Animal (PACMA) - 0,32% /Partido Comunista de los Pueblos de España (PCPE) - 0,24% /Conceyu Abiertu (CONCEYU ABIERTU) - 0,24% /Partido Democrático y Constitucional (PDyC) - 0,17% /Democracia Nacional (DN) - 0,12% /Alternativa Liberal Social (ALS) - 0,06% /Frente Nacional-Movimiento Social Republicano (FrN-MSR) - 0,04% /Unificación Comunista de España (UCE)- 0,00%.

Datos generales de la elección:
Censo: 910.382, votantes: 609.072, 66,9%, abstención: 301.310, 33,1%, válidos: 600.272, a candidatura: 584.663, 97,4%, blancos: 15.611, 2,6%. (Fuente: *Archivo histórico electoral.* http://www.argos.gva.es).

d) Elecciones Autonómicas 2007

Resultados en votos | % | Diputado:

Partidos con representación parlamentaria: Partido Socialista Obrero Español (PSOE) 42,04% /Partido Popular (PP) 41,50% /Izquierda Unida-Bloque por Asturies-Los Verdes d'Asturies (IU-BA-VERDES) 9,69%.

Partidos sin representación parlamentaria: Unión Renovadora Asturiana-Partíu Asturianista (URAS-PAS) 2,22% /Unidá (Izquierda Asturiana - Los Verdes-Grupo Verde) (UNIDÁ) 0,69% /Andecha Astur (AA) 0,46% /Partido Comunista de los Pueblos de España (PCPE) 0,33% /Izquierda Republicana (IR) 0,28% /Democracia Nacional (DN) 0,15% /Conceyu Astur (CONCEYU) 0,13% /Convergencia Democrática Asturiana (CDAS) 0,10%.

Datos generales de la elección:
Censo: 981.802, votantes: 604.682, 61,6%, abstención: 377.120, 38,4%, válidos: 599.838, a candidatura: 585.380, 97,6%, blancos: 14.458, 2,4%. (Fuente: *Archivo histórico electoral.* http://www.argos.gva.es).

e) Elecciones Autonómicas 2003

Resultados en votos | % | Diputados:

Partidos con representación parlamentaria: Partido Socialista Obrero Español (PSOE) 40,48% /Partido Popular (PP) 39,18% /Izquierda Unida-Bloque por Asturies (IU-BA) 11,05%Partidos sin representación parlamentaria: Unión Renovadora Asturiana (URAS) 2,84% /Partíu Asturianista (PAS) 1,84% /Los Verdes - Izquierda Verde d'Asturies (VERDES) 1,06% /Andecha Astur (AA) 0,62% /Plataforma Defensa Tercera Edad (PLA.DE.TE) 0,21% /Partido Comunista de los Pueblos de España (PCPE) 0,20% /Centro Democrático y Social (CDS) 0,10% /Conceyu Astur (CONCEYU) 0,08% /Convergencia Democrática Asturiana (CDAS) 0,06%.

Datos generales de la elección:
Censo: 976.104, votantes: 623.149, 64,8%, abstención: 352.955, 36,2%, válidos: 618.716, a candidatura: 604.573, 97,7%, blancos: 14.143, 2,3%. Fuente: *Archivo histórico electoral.* http://www.argos.gva.es

3) Las elecciones Locales (Municipales)

a) Elecciones Municipales 2015

Resultados en votos | % | Concejales:

Partido Socialista Obrero Español 148.776 | 28,07 | 399 ||Partido Popular 112,032 | 21,14 | 209 ||Izquierda Unida 71,882 | 13,56 | 129 ||Foro de Ciudadanos FAC 65.463 | 12,35 | 83 ||Xixón Sí Puede 29.750 | 5,61 | 6 ||Ciudadanos C´s 25.558 | 4,82 | 9 ||Somos Oviedo 20.514 | 3,87 | 6 ||Agrupación de Electores "Somos Avilés" 6.551 | 1.24 | 5||Somos Llangréu 4.133 | 0,78 | 5 ||OTROS.

Datos generales de la elección:
Censo: 880.800, votantes: 547.965, 62,2%, abstención 332.835, 37,8%
(Fuente: *Archivo histórico electoral.* http://www.argos.gva.es).

b) Elecciones Municipales 2011

Resultados en votos | % |Concejales:

Partido Socialista Obrero Español, 382 concejales / Partido Popular, 220 / Foro Asturias, 158 / Izquierda Unida-Los Verdes, 118 / Unión, Progreso y Democracia, 0 / Independientes de Asturias, 6 / Bloque por Asturies-Unidá Nacionalista Asturiana, 2 / Asamblea de Ciudadanos por la Izquierda-Frente de la Izquierda,0 / Frente de la Izquierda,3 / Unión Renovadora Asturiana-Partíu Asturianista, 2 / Plataforma Vecinal de la Fresneda,2 / Unión Social Progresista de Corvera,4 / Los Verdes-Grupo Verde,0 / Conceyu Astur,1 / Agrupación Social Independiente de Avilés,0 / Partido Comunista de los Pueblos de

España,1 / Partido Independiente de Siero,0 / Candidatura Independiente de Soto del Barco,6 / Conceyu Abiertu,0 / Alternativa por Tapia,4 / Bloque Independiente de Bimenes,7 / Conceyu d'Unidá Popular de Xixón,0 / Asturianistes por Nava,3 / Agrupación Independiente de Grado Asturias,2 / Gijoneses,0 / Democracia Nacional,0 / Independientes por Noreña,3 / Progreso Municipal de Sariego,6, Unidad Praviana,1 / Unión Independiente de Carreño,1 / Carreño Unido,1 / Alternativa Socialista de Ibias,3 / Agrupación de Electores Independientes de Las Regueras,3 / Independientes por Teverga,2 / Conceyu Abiertu por Noreña,1 / Partido Independiente de Parres,1 /Agrupación Morciniega Independiente,1 / Partido Progresista de Belmonte de Miranda,1 / Grandaleses,1.

Datos generales de la elección:
Censo: 904.421, votantes: 607.287, 67,1%, abstención: 297.134, 32,9%, válidos: 598.891, a candidatura: 584.006, 97,5%, blancos: 14.885, 2,5%. (Fuente: *Archivo histórico electoral.* http://www.argos.gva.es).

Andrés Villagrá en su artículo de 1998, Cultura, lenguaje y nacionalismo astur en la obra de Novo Mier, nos decía: *"La cultura asturiana no ha tenido un desarrollo tan autónomo y concreto como el de otras nacionalidades ibéricas."* (Lletres asturianes: Boletín Oficial de l'Academia de la Llingua Asturiana, ISSN 0212-0534, Nº. 66, 1998, págs. 45-54). Pues hasta hoy está vigente dicha afirmación.

El nacionalismo asturiano que presenta y expresa el sentimiento identitario asturiano. Y el separatismo que expresa "la liberación de Asturias de la opresión españolista", como diría todo separatista asturiano: "¡Puxa Asturies Llibre!" ambos, aún es embrionaria, en comparación a la vasca y catalana. Por cierto, ya olvidado el separatismo asturiano por las armas, como así se presentó el grupo armado asturiano Andecha Obrera en la década de 1980.

8.1.7. Posturas de los nacionalistas-separatistas asturianos

- 09.09.2013: R. GARCÍA - Aprovecharon la celebración del día de la comunidad para reivindicar un futuro mejor. Bajo el lema "Asturies decide" los integrantes de organizaciones Compromisu por Aturies, Conceyu Abiertu, Andecha Astur e Izquierda Capitalista se manifestaron ayer a las doce y media de la mañana en la Plazuela de San Miguel. Los organizadores de la marcha - que llegó hasta la zona de El Náutico-, reivindicaron que se haga un "ejercicio de soberanía a través de la participación ciudadana" para que Asturias "pueda decidir su futuro". (Fiesta y reivindicación - lne.es/gijon).

- 24.12.2012: El colectivo Iniciativa pol Asturianu pide a la Casa Real que "rectifique" y ponga a disposición de los ciudadanos una versión en asturiano del discurso. EUROPA PRESS Oviedo 24/12/2012. (*Critican la "marginación" de la lengua asturiana en el discurso real* - Publico.es).

- 01.03.2010: Fernando González Rodríguez, el independentista asturiano acusado de colocar más de 19 bombas será el nuevo invitado a la batasunizada Universidad de Salamanca. (*Un separatista asturiano, acusado de colocar más de 19 bombas, invitado en la USAL* - Minutodigital.com).

- 09.01.2009: *Juicio al independentista asturianu Fer G.R.* (Iinfo.nodo50.org).

- 04.09.2009: *Represión contra independentistas asturianos.* (Malagajaleo.blogspot.com.es).

9. Comunidad autónoma de las Islas Baleares

Las Islas Baleares o Illes Balears, en catalán, es un archipiélago español del Mediterráneo que constituye una comunidad autónoma uniprovincial. Las Baleares comprenden las islas principales de Mallorca, Menorca, Ibiza, Formentera y Cabrera, y otros islotes menores, cuya capital es Palma de Mallorca. Cuenta con una población a diciembre de 2014 de 1.103.442 personas,[53] y de una extensión territorial de 4492 km². El Estatuto de autonomía de las Islas Baleares se aprobó según Ley Orgánica 2/1983, de 25 de febrero, que entró en vigor el mismo día de su publicación en el BOE, el 1 de marzo de 1983.

La socialista y republicana Francina Armengol es la actual presidenta del Gobierno de las Islas Baleares (2015-2019), gracias al acuerdo alcanzado entre el PSIB-PSOE, Podemos y la coalición econacionalista-separatista MÉS. El pacto con Podemos se hizo para "impedir que el PP vuelva a gobernar" (respuesta y decisión de la Asamblea Ciudadana).

El Día de las Islas baleares se celebra el 1 de marzo.

9.1. Origen y evolución del pensamiento separatista balear

El regionalismo político surge a finales del siglo XIX con José María Quadrado (1819–1896), Miquel dels Sants Oliver (1864-1920), con la publicación de su obras La cuestión regional y su artículo "Alma mallorquina" 1899 y quien escribiera en el diario La Almudaina, que comenzó a editarse el 31 de octubre de 1887.[54]

En la II República, se produce un hecho a resaltar. Aprobada la Constitución de 1931, en Baleares se dio paso en la construcción de un régimen autonómico, presentándose un anteproyecto del Estatuto en julio de 1931. Este anteproyecto fue impulsado por la Asociación por la Cultura de Mallorca, que tenía su principal objetivo la difusión de la cultura catalana en la Isla,[55] no prosperó por diversas causas. Véase en el siguiente párrafo un alcance que nos permita conocer y comprender el presente de la lucha que existe entre los nacionalistas baleares frente a los independentistas a favor del catalanismo hacia el pancatalanismo, y bien sea de los nacionalistas e independentistas baleares que quieren su soberanía fuera del catalanismo.

Historia del Estatuto de las Illeas Balears

"La Constitución que se estableció durante la Segunda República permitió abrir la puerta a diversas regiones para que pudiesen conseguir un régimen de autonomía. Por este motivo diversos partidos de la isla llevaban en su programa electoral la redacción de un estatuto de autonomía como es el caso del Centro Autonomista, el Partido Liberal Regionalista de Ibiza o el Partido Regionalista de Mallorca. Los problemas para sacar adelante este proyecto comenzaron a surgir, la relación con Cataluña fue uno de los temas que dividieron a los representantes, ya que el anteproyecto manifestaba la entidad total de las islas para conseguir el autogobierno y esto chocaba con los postulados que defendían una relación más estrecha con Cataluña. (La autonomía con Cataluña que postulaban los menorquines, los procedentes de Menorca).

Además se unió el fracaso de una fracción minoritaria que deseaba participar en el proceso autonómico con el resto de las islas pero a causa de su reducido número no impusieron sus tesis (los partidarios de una autonomía balear) y otra corriente que defendía una autonomía de Menorca sola con ninguna relación con el resto del archipiélago ni con Cataluña." (...) (Extraído de la web del Govern de las Illes Balears - Historia del Estatuto - http://nouestatut.caib.es/index_cas.html. Lo de entre paréntesis de los párrafos es de mi autoría).

El retorno del autonomismo en España se da con la Transición. En las Islas Baleares, la nuevas Cortes Generales aprobaron el EAIB (Estatuto de Autonomía de las Illes Balears), mediante la Ley Orgánica 2/1983, de 25 de febrero, siendo sancionado por el Rey y publicado en el BOE el día 1 de marzo de 1983, entrando en vigor el mismo día de su publicación. Siendo reformada y actualmente en vigencia con la Ley Orgánica 1/2007, de 28 de febrero. Un detalle que quisiéramos dar a conocer en cuanto al Artículo 4. La lengua propia, de este Estatuto, en donde no habla de las modalidades lingüísticas como el mallorquín, menorquín, ibicenco y formenterés (por citar las modalidades lingüísticas baleares).[56]

9.1.1. A favor del catalanismo en Baleares – Noticias

Hoy en día en la Isla hay una profunda difusión de la cultura catalana, el cual, el balearismo cultural y político (¡somos BALEARS i no CATALANS!) está en una lucha permanente contra el catalanismo que se quiere imponer en la Isla, existiendo hasta partidos y movimiento catalanes dentro de la isla, como el Partit Socialista de Menorca – Entesa Nacionalista. Y por ello han surgido diversas plataformas de lucha a favor y en contra.

Lo más reciente es el apoyo que recibiría el catalanismo en la Isla será sin lugar a dudas venidas desde la propio Gobierno balear. En vista que la elegida presidente autonómica Francina Armengol está a favor del catalanismo. Recuérdese que el pasado 30 de septiembre de 2013 en aquél entonces secretaria del partido PSIB salieron a las calles para protestar contra el presidente, José Ramón Bauzá, y manifestarse a favor de la enseñanza en catalán, y para rechazar la política lingüística del PP. (Véase, El PSOE en la calle con el pancatalanismo en Baleares. Diario EL MUNDO, 30.09.2013. Paralalibertad.org). Y hoy se ha cumplido. En su discurso de investidura, 29.06.2015, ha anunciado la derogación del trilingüismo escolar.

1) 29.12.2007: Marcha soberanista convocada por la Plataforma 31-D, integrada por varios partidos y asociaciones nacionalistas que reivindican el 31 de diciembre como verdadera Diada de Mallorca, convoca a la ciudadanía a participar mañana en la tradicional manifestación. *Mallorca - Diario de Mallorca* - Hemeroteca 29-12-2007 (Diariodemallorca.es).

2) 12.12.2009: *Nace una plataforma para celebrar referendos independentistas en Baleares.* Un centenar de concejales de las Baleares ha presentado este sábado la plataforma Avançam, que tiene por objetivo 'avanzar en el ejercicio del derecho a decidir'

de los ciudadanos de las islas instando al Gobierno autonómico a legislar para poder celebrar referendos independentistas.

La plataforma ha sido impulsada por el Partit Socialista de Mallora-Entesa Nacionalista (PSM) -que no tiene vinculación alguna con el PSOE- y cuenta con el apoyo de ERC, Unió Mallorquina, Els Verds, Gent per Formentera, Eivissa pel Canvi e Indepedents d'Artà.

El documento fundacional señala que 'los pueblos de Mallorca, Menorca, Ibiza y Formentera, como nacionalidad histórica integrante de la cultura catalana y europea, son titulares del derecho a la autodeterminación', y denuncia 'el inaceptable y endémico déficit de nuestra balanza fiscal con el Estado'. (Vozbcn.com).

3) 03.10.2011: *El nacionalismo catalán asedia Baleares.* El nacionalismo catalán está imponiendo sus ideas en Baleares llevando a una situación totalmente contradictoria: su representación no llega al 9% y aun así imponen su idioma como el preferente por delante del mallorquín o el castellano. (intereconomia.com).

4) 28.12.2012: Marcha soberanista convocada por la Plataforma 31-D, conformada por conformada por Arran, Associació Diada de Mallorca, ANC-Mallorca, Endavant, Entesa, Esquerra, Grup Blanquerna, IniciativaVerds, JEN-PSM, JERC, PSM-EN, SEPC, SI, STEI-intersindical, de que tanto la manifestación como el resto de actividades transcurran "sin ningún tipo de incidente". *La Plataforma 31D invita a los ciudadanos a rechazar las "agresiones del Estado español y de sus servidores".* (Noticias.lainformacion.com)

5) 30.12.2013: *Marcha soberanista en Palma para conmemorar las gestas de Jaume I.* Miles de personas participan en la manifestación por el derecho a decidir de los Países Catalanes. Convocada por la Plataforma 31 de Diciembre. (Politica.elpais.com).

6) 15.06.2015: El socialista José Hila será el alcalde los dos primeros años y los dos siguientes, Antonio Noguera (del MES), "un antisistema, que defiende a grupos violentos y ha colaborado con Eusko Alkartasuna".*Un 'pancatalanista radical' gobernará Palma gracias al PSOE.* (Gaceta.es).

9.1.2. Oposición al catalanismo en Baleares – Noticias

1) El manifiesto de Lluch

MANIFIESTO DE LLUCH

Por la Defensa de la Lengua Balear
y por Igualdad de Derechos Lingüísticos en las Baleares.
(...)

"No nace nuestra preocupación de posiciones o prejuicios ante nadie, sino del conocimiento de hechos que vienen sucediéndose desde hace tiempo y que se han convertido en elementos de desestabilización y crispación de la convivencia ciudadana, familiar, escolar y laboral. La denominación de "lengua catalana" aplicada a la "lengua balear"; la imposición del estudio del "catalán" y "en catalán" y el proyecto de que sea, en el futuro, la única lengua vehicular en todos los niveles de enseñanza; la manipulación de la historia y la cultura balear, con el único objetivo de catalanizarlo todo y la tendencia real y la presión social que algunos grupúsculos pretenden, para conseguir que la lengua catalana sea la única oficial en todos los ámbitos de la relación ciudadana, incluida la familiar, en detrimento de la "lengua balear", con sus modalidades de "mallorquín", "menorquín" e "ibicenco", son algunos de los hechos constatados a los que se hacía referencia".

(El Manifiesto de Lluch que reivindica los valores de la lengua balear al igual que presenta su rechazo al proyecto pancatalanista fue escrito en los años 90. Fue publicada por la Plataforma Cívica en Defensa de sa Llengo Balear y por la

Igualdad de Derechos Lingüísticos en Baleares, presidida por Fernando de Oleza y cuyo Secretario era José Antonio Ripoll, siendo uno de sus difusores Jorge Campos –quien por cierto de él recibo esta referencia del Manifiesto, y que tal Manifiesto lleva por nombre de Lluch no porque sea de la autoría de Ernest Lluch sino que "el nombre de Lluch hace referencia al Santuario mallorquín Monasterio de Lluch. Lugar tradicional de culto a la Virgen de Lluch, Patrona de Mallorca-.")

Nota.- El Manifiesto íntegro lo podéis ver en la web http://loregnedevalencia.blogspot.com.es/2009/10/en-defensa-de-sa-llengo-balear.html / Lo Regne de Valencia: En defensa de sa Llengo Balear.

2) 27.07.2010: Círculo Balear denuncia que el PP vota a favor de mociones independentistas. Círculo Balear ha recibido cientos de quejas de varios pueblos de Mallorca, de votantes del Partido Popular, debido a que el PP de su localidad ha votado a favor de las mociones independentistas presentadas por los partidos nacionalistas.

"Pero para Círculo Balear, lo más grave es que "el único partido constitucionalista con representación, el PP, cede a las pretensiones, ya conocidas y claramente independentistas, de los pancatalanistas. De esta forma, una vez más, los nacionalistas consiguen que sus políticas las lleven a cabo los partidos, en teoría, nacionales. Como ha sucedido, por ejemplo, con la política lingüística en Baleares".

Y es que denuncia que en los pueblos en los que se han presentado las mociones, el PP ha votado a favor. Concretamente en Inca, Sineu, Alaró, Felanitx y, hace 1 semana, en Buñola, donde se han aprobado las mociones. Y se ha abstenido en: Sa Pobla y Pollensa, donde también se han aprobado.

Todo ello agravado por el hecho, según ha tenido conocimiento el Círculo Balear, de que la dirección del PP balear solicitó a sus regidores que votaran en contra de las mociones sobre el "derecho a decidir" por su claro objetivo soberanista.

"Por todo ello, y para dar respuesta a los miles de ciudadanos que se sienten engañados por un partido que debería defender nuestro ordenamiento constitucional, máxime en unos momentos donde los partidos nacionalistas intentan burlar nuestro sistema democrático, solicitamos a la dirección del PP balear que declare públicamente su posición contraria a las mociones en favor del derecho de autodeterminación, y que tome las medidas disciplinarias oportunas contra aquellos regidores que, además de incumplir las instrucciones de su partido, dan la espalda a sus votantes", concluye Círculo Balear. (Círculo Balear denuncia que el PP vota a favor de mociones independentistas. 26.07.2010. Libertaddigital.com).

3) 24.10.2010: Las entidades culturales de la Corona de Aragón crean una coordinadora contra el "pancatalanismo".

Palma de Mallorca ha acogido el III Encuentro de Entidades de la Antigua Corona de Aragón. Un total de 35 entidades culturales de Valencia, Aragón y Baleares se han reunido para analizar la defensa de sus respectivas lenguas y culturas autóctonas con la creación de una coordinadora contra el "pancatalanismo".

Zaragoza.- Durante los pasados días 22 y 23 de octubre en Palma de Mallorca entidades culturales valencianas, aragonesas y de Baleares han celebrado el III Encuentro de Entidades de la Antigua Corona de Aragón en el que en esta edición la Acadèmi de sa Llengo Baléà ha sido la organizadora y anfitriona del evento. Un total de 35 entidades provenientes de Valencia, Aragón y Baleares han participado en este encuentro anual que se institucionalizó en 2008 en la

Comunidad Valenciana. En la actual edición, además, se ha celebrado el I Día de la Lengua Balear.

Tras tres años de reuniones y encuentros las diversas agrupaciones han llegado al acuerdo unánime de institucionalizar los encuentros anuales agrupándose bajo una coordinadora para denunciar la problemática idiomática, identitaria y de imposición catalanista tanto en el resto de España como en Europa: Ceaca (Coordinadora de Entidades de la Antigua Corona de Aragón) bajo el lema "Nuestra Lengua No es el Catalán".

Entre las fundadoras de la Ceaca están: Acadèmi de sa Llengo Baléà, Embajada Cultural Balear, Grup d'Accio Valencianista (GAV), Coordinadora d'Entitats del Regne de Valencia, Federación de Asociaciones Culturales del Aragón Oriental (FACAO), Plataforma No Hablamos Catalán (PNHC-Aragón), Plataforma en Defensa de sa Llengo Baléà, Valencia Freedom, Amigos de la Historia y Lengua Balear, Asociació Cultural Lliterana "Lo Timó" (Aragón), etc.

La Ceaca ha acordado realizar actividades en las Comunidades Autónomas afectadas por el "pancatalanismo". A principios de 2011 está prevista la primera acción de protesta y la primera reunión con organismos internacionales.

En el encuentro las diversas asociaciones han realizado mesas de trabajo conjuntas destinadas todas ellas a la defensa de sus respectivas lenguas y culturas autóctonas, haciendo especial hincapié en la defensa de los idiomas valenciano, aragonés y balear. Sus diferentes representantes han presentado ponencias al respecto al público asistente. El nexo común de los participantes ha sido, una vez más, la pública denuncia del "expansionismo catalanista" en sus respectivas Comunidades Autónomas así como la "complacencia" de sus propios gobernantes.

I Día de la lengua balear

En un "multitudinario" acto celebrado la noche del pasado viernes 22 de octubre se institucionalizó la celebración anual del Día de sa llengo Baléà habiéndose convocado, con dos meses de antelación, el I Concurso Literario en esa lengua con los apartados de prosa y verso y, dentro de ellos, las secciones de investigación filológica, relato corto (rondaya), poesía y copla (glosas). Los organizadores se han sorprendido gratamente por la alta participación ya que el balear lleva 150 años sin enseñarse en las escuelas y, además, no está reconocida aún como tal por el poder político balear. (Las entidades culturales de la Corona de Aragón crean una coordinadora contra el "pancatalanismo". 24/10/2010. Aragondigital.es).

4) 11.12.2013: El Parlamento balear vota la "inexistencia" de los 'països catalans'.

Para el PP, Baleares y Cataluña "tienen la misma lengua, pero nada más" son como Brasil y Portugal y sus culturas y escritores son distintos, con escuelas literarias y modalidades propias. La derecha de José Ramón Bauzá, presidente de Baleares, con mayoría absoluta en el Parlamento balear, votó la "inexistencia" de los països catalans mediante una proposición no de ley.

La acción, según el PP, se repetirá en los parlamentos de Aragón y la Comunidad Valenciana para rechazar las "injerencias" del Parlamento de Cataluña, que votó meses atrás una resolución para expresar la inquietud por el retroceso de las políticas lingüísticas en dichos países catalanes, comunidad o entidad cultural e histórica con lengua común. Andreu Manresa Palma de Mallorca. (El Parlamento balear vota la "inexistencia" de los 'països catalans'. 11.12.2013. Ccaa.elpais.com).

5) 28.08.2013: Agencia EFE Círculo Balear asegura que independentistas intentan manipular a profesores.

La Fundación afirma que "entidades independentistas como la Obra Cultural Balear (OCB), el partido Esquerra Republicana de Catalunya (ERC) y el sindicato STEI" y "grupúsculos violentos" están liderando las protestas "contra la libertad lingüística y la enseñanza en inglés" para crear conflictos en el próximo curso escolar.

(...)

El presidente de la FNCB, Jorge Campos, cree que "la intención de la huelga en la educación es política" y que el "fracasado sistema de inmersión en catalán adoctrina políticamente a los alumnos".
Además, lamenta que el PSOE apoye estas iniciativas "como un partido nacionalista más".

Campos destaca que "ha sido aprobarse una nueva normativa que acaba con la inmersión en catalán e inmediatamente levantarse en pie de guerra, lo que demuestra la intencionalidad política de estas campañas y el nulo interés de estos docentes por la calidad educativa". (Círculo Balear asegura que independentistas intentan manipular a profesores. EFE - 28-08-2013. Abc.es).

6) 29.05.2015:

La Fundación Círculo Balear (FNCB) considera que si se hubiera llevado a cabo la reforma del sistema electoral para garantizar que el partido más votado pueda gobernar para favorecer la estabilidad de las instituciones, Baleares no estaría en la antesala de contar con un gobierno multipartito de extrema izquierda independentista compuesto por PSOE, PODEMOS, MES, y con el apoyo del PI (la nueva marca que sustituye a la formación desaparecida por corrupción: Unió Mallorquina).

A modo de ejemplo la entidad constitucionalista recuerda que el partido independentista MÉS estando en la oposición solicitó en sede parlamentaria, con el apoyo del PSOE, censurar las actividades del Círculo Balear, una entidad privada: "Puede iniciarse una época aciaga para los derechos y libertades ciudadanas que genere tensiones en la sociedad".

Analizados los resultados la FNCB considera que una de las principales causas del descalabro del Partido Popular, que ha provocado una elevada abstención de sus votantes, se debe a los incumplimientos electorales en cuestiones fundamentales para la sociedad balear, tales como, la contención del nacionalismo pancatalanista, la reforma educativa y el modelo lingüístico: "El PP no ha perdido apoyo social por ir demasiado lejos en el tema lingüístico sino por no haber llegado al mínimo exigible contando con una aplastante mayoría que permitía aplicar su programa".

Los incumplimientos a nivel autonómico unidos a los del gobierno de Mariano Rajoy han ocasionado estos resultados.

La FNCB ha insistido durante toda la legislatura que debía cumplirse con la libre elección de lengua en todas las etapas educativas y promover el conocimiento de la lengua y cultura balear frente a su sustitución por el catalanismo: "El trilingüismo plasmado en el decreto TIL lo consideramos como un primer paso para avanzar hacia un sistema que respetara y garantizara los derechos de los hablantes de ambas lenguas reforzando el conocimiento del inglés. Pero tampoco se llegó a aplicar. Las miles de familias que habían votado al PP para que la libertad se abriera paso y se acabara con el adoctrinamiento catalanista han visto como ese avance ha sido mínimo, y se han sentido abandonados por un gobierno que no ha respondido a sus reclamaciones. Al final los indecisos entre PP y Ciudadanos se quedaron en casa".

Por otra parte el pírrico resultado de Ciudadanos, que no será decisivo en ninguna institución de Baleares, se ha debido principalmente al desconocimiento de sus candidatos y a los errores de gestión de su agrupación local.

Para el presidente de la FNCB, Jorge Campos, "Las palabras del presidente Bauzá en favor de libertad lingüística no han venido acompañadas por hechos. Los consejeros de educación Rafael Bosch y Nuria Riera han sido colaboradores necesarios en el mal resultado del PP balear." Concluyendo que: "Para derrotar a la izquierda radical y al nacionalismo totalitario hay que dar la batalla de las ideas que argumentan la aplicación de un programa electoral respaldado por la mayoría y explicarlo correctamente. Sólo cuando el PP ha dado esta batalla y ha demostrado voluntad política para llevarlo a cabo ha conseguido sus mejores resultados." (BALEARES EN LA ANTESALA DE UN GOBIERNO DE EXTREMA IZQUIERDA SEPARATISTA. Circulobalear.com).

Hay una publicación en la web difundida entre ella por Idiomavalencia.com y Alertadigital.com, en donde se condena a los catalanistas que pretenden imponer el catalán en las Islas Baleares. Y en donde sus seguidores critican como nefasto la imposición catalanista en el Estatuto de las Islas Baleares, referente a la lengua catalana. (Mayor alcance en el documento *¿Son las Islas baleares catalanas?* Autor Willian WOKCID - Idiomavalencia.com). Desde luego para los pancatalanistas este documento lo consideran como pseudolingüísticas-históricas y prejuicios anticatalanes.

9.1.3. Posicionamiento identitario en Baleares

1) 17.01.2014: El presidente del Círculo Balear, Jorge Campos, defendiendo las libertades, España, y la identidad de Baleares frente a tres nacionalistas pancatalanistas: Cristòfol Soler Cladera, del Partido Popular, Aina Díaz, de Izquierda Unida, y Antoni Tarabini, del PSIB-PS.

2) 02.12.2013: Posicionamiento identitario en Baleares.

55% de la población se siente tan española como balear. Es el posicionamiento mayoritario en la sociedad de las islas. Está presente por igual en todas las islas: se siente tan españoles como baleares el 57% de Ibiza, el 56% de Mallorca y el 51% de Menorca y Formentera. Es un sentimiento más presente en los votantes del PSOE que en los del PP.

7% afirma ser únicamente balear. Es la corriente mayoritaria en Més, con el 41% de votantes. En el PP representa un 0%.

20% dice ser más balear que español. Esta opinión predomina entre los votantes de Més y es la segunda corriente más importante en el PSOE.

12% se define más español que balear. Es un sentir más extendido en Ibiza (15%) y Mallorca (12%). Es más presente entre votantes del PP.

6% solo se siente español. El 12% de votantes del PP se identifica con esta opción, y solo un 3% del PSOE y un 0% de Més. (Posicionamiento identitario en Balears. 02.12.2013. Diariodemallorca.es).

9.1.4. Las elecciones como marco político de referencia del nacionalismo y separatismo

1) Eleccciones Parlamento Islas Baleares

a) Elecciones Autonómicas 2011

Candidatura – siglas – votos - % - diputados:

Partido Popular (PP) – 194.861 – 47,76% - 35; Partido Socialista Obrero Español (PSOE) – 106.447 – 26,09% - 19; Coalición PSM-Iniciativa Verds-Entesa (PSM-IV-EXM) – 36.181 – 8,87% - 4; Liga Regionalista de les Illes Balears (IB-LLIGA) – 12.294 – 3,01% - 0; Convergencia per Les Illes (Cxl) – 11.913 – 2,92 –

0%; Esquerra Unida de les Illes Balears (EUIB) – 9.642 – 2,36% - 0; etc.

Datos generales de la elección: Censo: 726.287, votantes: 427.093, 58%, abstención: 299.194, 41,2%, válidos: 420,318, a candidatura: 408.025, 97,1%, blancos: 12.293, 2,9%. (Fuente: Archivo histórico electoral. http://argos.gva.es).

b) Elecciones Autonómicas 2015

Candidatura - siglas - votos - % - diputados:

Partido Popular (PP) - 123.183 - 29,07% - 20; Partido Socialista Obrero Español (PSIB-PSOE) - 81.798 - 19,30% - 14; Podemos (PODEMOS) - 63.489 - 14,98% - 10; Més per Mallorca-PSM-Entesa-Iniciativa Verds (MÉS) - 59.617 - 14,07% - 6; El Pi - Proposta per Les Illes (EL PI) - 34.237 - 8,08% - 3; Ciudadanos-Partido de la Ciudadanía (C´s) - 25.651 - 6,05% - 2; Guanyem Les Illes Balears (GUANTEM) - 7.303 - 1,72% - 0; Etc.

Datos generales de la elección:
Censo: 766.383, votantes: 437.838, 57,1%, abstención: 328.545, 42,9%, válidos: 431.859, a candidatura: 423.779, 98,1%, blancos: 8.080, 1,9%. (Fuente: *Archivo histórico electoral.* http://www.argos.gva.es).

2) Elecciones Locales (Municipales) Islas Baleares

a) Elecciones Municipales 2011

Candidatura - siglas - votos - % - concejal:

Partido Popular (PP) - 188.956 - 45,32% - 439; Partido Socialista Obrero Español (PSOE) - 101.549 - 24,35% - 211; Partit Socialista de Menorca-Entesa Nacionalista (PSM-EN) - 19.308 - 4,63% - 14; Convergència per les Illes (Cxl) - 15.194 - 3,64% - 58; Psm-entesa (PSM-EN-APIB) - 10.744 - 2,58% - 49; Esquerra Unida de les Illes Balears (EUIB) - 10.016 - 2,40% - 5; Lliga Regionalista de les Illes Balears (IB-LLIGA) - 8.336 - 2,00% -

10; esquerra Republicana - Acord Municipal (ESQUERRA AM) - 5231 - 1,25 - 8; etc.

Datos generales de la elección:
Censo: 734.274, votantes: 434.809, 59,2%, abstención: 299.465, 40,8%, válidos: 428.022, a candidatura: 416.961, 97,4%, blancos: 11.061, 2,6%. (Fuente: *Archivo histórico electoral.* http://www.argos.gva.es).

b) Elecciones Municipales 2015

Candidatura - siglas - votos - % - concejal:

Partido Popular (PP) - 126.589 - 29,56% - 303; partido Socialista Obrero Español (PSOE) - 84.647 - 19,77% - 179; Més per MALLORCA-APIB (MÉS-APIB) - 52.219 - 12.19 - 108; EL PI-Proposta per Les Illes Balears (EL PI) 31.892 - 7,45% - 90; Son PALMA / Somos PALMA (SOMPALMA) - 22.346 - 5,22% - 5; etc.

Datos generales de la elección:
Censo: 764.864, visitantes: 443.216, 57,9%, abstención: 321.648, 42,1%, válidos: 436.686, a candidatura: 428.243, 98,1%, blancos: 8.443, 1,9%. (Fuente: *Archivo histórico electoral.* http://www.argos.gva.es).

b) Elecciones Municipales 2015

Candidatura - siglas - votos - % - concejal:

Partido Popular (PP) - 126.589 - 29,56% - 303; Partido Socialista Obrero Español (PSOE) - 84.647 - 19,77% - 179; Més per MALLORCA-APIB (MÉS-APIB) - 52.219 - 12,19% - 108; EL PI - Proposta per Les Illes Balears (EL PI) - 31.892 - 7,45% - 90; Som PALMA /Somos PALMA (SOMPALMA) - 22.346 - 5.22% - 5; etc.

Datos generales de la elección:
Censo: 764.864 - votantes: 443.216, 77,9%, abstención: 321.648, 42,1%, válidos: 436.686, a candidatura: 428.243, 96,1%, blancos: 8.443, 1,9%. (Fuente: *Archivo histórico electoral.* http://www.argos.gva.es).

10. Comunidad autónoma de Cantabria

Cantabria es una comunidad autónoma uniprovincial, que se encuentra situada en el norte de España, con una extensión de 5,289 kilómetros cuadrados, su capital es Santander, tiene una población a diciembre de 2014 aproximada de 588.656 personas.[57]

Está reconocida como comunidad histórica por su Estatuto de Autonomía que fue aprobado según Ley Orgánica 8/1981, de 30 de diciembre, (B.O.E. 11 de enero de 1982).

El regionalista Miguel Ángel Revilla es el actual presidente del Gobierno de Cantabria (2015-2019), tras haber conseguido ser elegido por mayoría simple en segunda votación, con los votos del Partido Regionalista de Cantabria (PRC) y PSOE. Téngase en cuenta que el Partido Popular ha ganado en Cantabria las elecciones autonómicas 2015, siendo la lista más votada, pero muy lejos de la mayoría absoluta.

El Día de Cantabria, conocida también como Día de la Montaña, se celebra el segundo domingo de agosto, declarada desde 1972 Fiesta de Interés Turístico Nacional y desde 1983 como de interés regional.

Cantabria en 1978 podría haberse integrado en Castilla y León. Este hecho histórico se produjo cuando se dicta el Real Decreto Ley 20/1978, de 13 de julio, que creaba el Consejo General de Castilla y León, que incluía a Santander como una de las provincias que podían integrarse en este Consejo General. Sin embargo, la Junta de Parlamentaros, que agrupaba a los Diputados y Senadores elegidos en junio de 1977 por la provincia de Santander, decidió no integrarse en Castilla y León, al tiempo que solicitó la creación de un ente preautonómico propio. (Mayor referencia sobre este punto véase el portar del Congreso de los Diputados – Constitución Española – Sinopsis del Estatuto de Cantabria - Congreso.es http://www.congreso.es/consti/estatutos/sinopsis.jsp?com=69).

> *En el objetivo de contrarrestar las aspiraciones castellano-leonesas de mantener a la Provincia de Santander en su preautonomía, el Día de Cantabria celebrado en Cabezón de la Sal el 14 de agosto de 1978, se leyó desde el balcón del Ayuntamiento un manifiesto pro-autonomía de la Junta de Parlamentarios de Cantabria al que dio lectura el diputado centrista, Justo de las Cuevas, por el que se hizo "una llamada a todos los cántabros o montañeses que sientan los problemas de la tierra en que han nacido o en la que trabajan y viven, para que apoyen a sus parlamentarios en la consecución de la preautonomía, con la que Cantabria recupere el rango que le corresponde dentro de la solidaridad con el resto de las regiones españolas...". (1982-2013: 31º Aniversario del Estatuto de Autonomía de Cantabria – 31.01.1982 - Cantabria24horas.com.*

10.1. Origen y evolución del pensamiento separatista cántabro

10.1.1. El renacimiento literario en Cantabria – Siglo XIX

La cultural cántabra, el Renacimiento montañés –no el cantabrismo cultural- surge en las figuras de escritores cántabros, como:

1) El ilustre literato cántabro Amós de Escalante y Prieto (1831-1902) conocido con el seudónimo de Juan García que así firmaba, en la que se aprecia sus obras montañesas Costas y Montañas, subtitulado "Libro de un caminante" referido a Cantabria, publicado en 1871 y que según lo define José María de Cossío de esta obra como una "miscelánea de paisajes, recuerdos, tradiciones, historias verdaderas y hasta aspectos

sociales contemporáneos, caudalosísima, hasta el extremo de que, como libro de datos, no tenemos otro más puntual y que abarque más partes de nuestra región". En 1877 escribe su novela extensa "Ave María Stella. Historia montañesa del siglo XVII".

2) Adolfo de Aguirre y Bengoa (1832-1895), poeta cántabro que protagoniza el denominado "Renacimiento montañés". (Véase, Aguirre, Adolfo de. Escritorescantabros.com). "Compartía su amor a Cantabria con el que sentía por las tierras vascas", (Véase, Aguirre, Adolfo - Sociedadcantabradeescritores.es), en 1890 colaboró en el libro De Cantabria con "El Canto del Dalle".

3) José María de Pereda y Sánchez Porrúa (1833-1906), "el creador de la novela regional" (lo entrecomillado extraído de la web http://www.escritorescantabros.com/escritor/pereda-y-sanchez-de-porrua-jose-maria-de.html) -Escenas montañesas, considerada como una obra notable, en 1864- con su epopeya rural montañesa, la epopeya marinera de Cantabria -Sotileza- y la epopeya urbana de la ciudad de Santander -Nubes de Estío, Peñas arriba (1895), centrada en los habitantes de montaña.

Sobre el hablar de La Montaña, la Real Academia Española el 1 de junio de 1874 le envía una carta a Pereda y le pide que investigara el modo de hablar de La Montaña, y quien luego responde en una carta dirigida a don M. Tamayo y Baus, secretario de la Real Academia Española, con fecha 5 de noviembre de 1875, en tal informe se lee:

"Creo muy conveniente someter a la consideración de V.S. algunas ligeras observaciones acerca de la índole especialísima del lenguaje vulgar de esta provincia.

De todas las de España que no tienen dialecto propio, y aun exceptuando, entre las que le tienen, únicamente aquellas en las cuales se habla vascuence, la de Santander es, a no dudar, la que más desnaturaliza y afea el castellano en su lenguaje común" (Pág. 458).

"No sé si habrás notado que continúan esos periódicos dando por seguro, como lo han dado casi todos los de España, que estoy escribiendo una novela, con un prólogo tuyo, titulada Los de Pas. Fue noticia del día de Inocentes, dada por un periódico de esta ciudad. Lo más singular del caso no es que la noticia corra tanto como va corriendo, sino que debía ser cierta, porque en aquella región de la Montaña y entre aquellas gentes hay una novela que yo debía escribir, pero que no escribiré jamás, porque ni del paisaje ni del paisanaje sé mucho más que del imperio de la China" En carta dirigida a Menéndez Pelayo, con fecha 25 de enero de 1886. Pág. 467, (de la obra J. Mª de Pereda y el dialecto montañés de Francisco García González Revista de la Facultad de Filología, ISSN 0570-7218, Tomo 27-28, 1977-1978, págs. 458 y 467).

Se dice que "El pasado tradicionalista y vinculación con la clase de la alta burguesía le hacía a Pereda defender esa posición y le impedía salir de su conservadurismo".[58] ¿Habrá sido ese motivo que no le permitió ser el iniciador de recuperar el idioma cántabro o situarnos a Pereda próximo a su tierra?

La contradicción viene ahora, en relación al párrafo anterior cuando se dice: "Este montañés sentía un profundo amor a su tierra natal, a sus leyes, usos y costumbres, a su paisaje, regionalismo que consideraba "saludable, elevado y patriótico".[59]

4) Marcelino Menéndez y Pelayo (1856-1912), nacido en Santander fue un escritor, político y erudito español. Está reconocido como el más grande de los historiadores españoles y uno de los hombres más influyentes de su tiempo. Escribe tres obras fundamentales de la historiografía española: La Ciencia española (1876), la Historia de los heterodoxos españoles (1878) y la Historia de las Ideas Estéticas en España (1883). De Menéndez y Pelayo nos dice Benito Madariaga, presidente de la Sociedad Menéndez Pelayo, como referencia de su regionalismo en un texto que reproducimos de sumo interés:

Otros regionalistas:

El sentimiento regionalista de Pereda

Con anterioridad, Marcelino Menéndez y Pelayo había tratado ya el tema regional. En 1887 cuando informó sobre el libro Leyendas de Euskaria, de Vicente Arana, hizo una demostración de sus sentimientos regionalistas, aunque se oponía a las hipertrofias desmesuradas, lo que le llevó a escribir: «El amor patrio, y aún el amor regional, es para nosotros cosa tan digna de respeto, que la miramos con indulgencia, aún en sus mayores exageraciones». Al poco tiempo, en 1892, Sabino Arana (1865-1903) publicaba su discutido libro Bizcaya por su independencia. Muerto Pereda, y en pleno apogeo del movimiento regionalista, Menéndez Pelayo escribió una carta dirigida a los editores del semanario de Reinosa Cantabria (1907), en la que expresaba su testimonio acerca de la actividad regional española, con estas palabras que hoy nos hacen meditar:

"No puede amar a su nación quien no ama a su país nativo y comienza por afirmar este amor como base para un patriotismo más amplio. El regionalismo egoísta es odioso y estéril, pero el regionalismo benévolo y fraternal puede ser un gran elemento de progreso y quizá la única salvación de España".

(El sentimiento regionalista de Pereda – Benito Madariaga / Presidente de la Sociedad Menéndez Pelayo - Eldiariomontanes.es).

10.1.2. El cantabrismo en el siglo XX

En enero de 1934 se funda el Centro de Estudios Montañeses, convirtiéndose en Cronista Oficial de la Provincia en diciembre del mismo año.[60]

En 1967 se crea el Institución Cultural de Cantabria formada por los siguientes institutos: Centro de Estudios Montañeses, Instituto de Estudios Agropecuarios, Instituto de Etnografía y Folklore «Hoyos Sainz» e Instituto de Estudios Marítimos "Juan de la Cosa". Posteriormente se crearon el Instituto de Estudios Industriales, Económicos y de Ciencias "Torres Quevedo" y el Instituto de Bibliografía "Carlos Antonio de la Serna y Santander".

Surgen los movimientos políticos regionalistas, como la Agrupación Regional Independiente del político conservador Santiago Fuentes Pila (1893-1969), que fue diputado nacional. La ambivalencia de este político se observa por un lado, partidario de la autonomía de Cantabria ("propagandista del regionalismo y entusiasta montañés", así considerado y presentado tanto en su conferencia del Ateneo, como en la que impartió en Torrelavega, en las últimas semanas de 1923), por otro lado conservador puesto que defendía la tesis de la "revolución Riverista" (en alusión al régimen de Primo de Rivera: concordia, regeneración política y restauración del sistema), contra el centralismo y el separatismo.

Fuentes Pila nos deja unas indicaciones importantes sobre el regionalismo cántabro, los cuales fueron recogidos en base a los textos aparecidos en la prensa en el año de 1923:

1.- La denominación. Fuentes Pila consideraba arbitraria la denominación de Santander; tampoco aceptaba la de La Montaña, defendiendo el nombre de Cantabria, por ser "su título de tradicional abolengo".

2.- Sobre su territorio. Frente a quienes se referían a la pequeñez de Cantabria, Fuentes Pila contestó que hay cantones suizos más pequeños, ricos y florecientes, y que también es menor Vizcaya.

3.- La identidad. El que fuera diputado de derechas de la República afirmó que "Cantabria es una real y actual región, definida por su alma colectiva que transciende a la actividad de su régimen social, a sus costumbres y a su arte, engendrando en sus hijos la conciencia de su propia y distinta personalidad".

4.- En relación a los lazos con Castilla. Fuentes Pila señaló que "nuestra tierra nativa, unida en el pasado por vínculos histórico-políticos al estado castellano, puede y debe romperlos en el presente, porque así lo exige su progreso".

5.- Personalidad propia. Destaca en este apartado que "mirando a nuestra presente necesidad y realidad económico-social, industrial, minera, pesquera, forestal y agropecuaria de los pueblos castellanos, cumple sea reconocida nuestra tierra como una región distinta e independiente".

6.- Territorio. Indicó Santiago Fuentes Pila dentro de sus criterios sobre la autonomía cántabra, que la región a constituir "debe comprender bien solo a nuestra actual provincia, o a lo sumo, algún agregado de tierras de índole semejante". (Resumen de la tesis de Santiago Fuentes Pila, en base a los textos aparecidos en la prensa, extraído de la web cantabria24.com - El debate regionalista en los inicios del siglo XX. Por José Ramón Saiz. Cantabria24horas.com).

El Gobierno de la República, decide el 23 de Diciembre de 1936, la creación de tres Consejos Interprovinciales que sustituyan a las Juntas de Defensa: estos consejos son el de Aragón, el de Asturias y León y el de Santander, Palencia y Burgos (Referencia: ABC (Madrid) - 26/12/1936, p. 5 - ABC.es Hemeroteca- Hemeroteca.abc.es).

Durante la Guerra Civil Española surge con una vida corta el Consejo Interprovincial de Santander, Palencia y Burgos, de febrero a agosto de 1937, y entre sus principales miembros lo conformaban socialistas, republicanos, anarquistas y comunistas, tanto de partidos políticos como de organizaciones sindicales.

Surge así un efímero gobierno autonómico, descentralizado de la región, generalizándose así la expresión "País Cántabro".

El Estatuto Cántabro-Castellano de 1936

En 1936 el Partido Republicano Federal de Santander (para otros llamado el Partido Republicano de Izquierda Federal de Santander presentan para unos el llamado Proyecto de Estatuto Regional del Estado Cántabro-Castellano de 1936, para otros el Proyecto de Estatuto de Autonomía Cántabro-Castellano de 1936, para otros el Proyecto de Estatuto Regional del Estado Cántabro-Castellano de 1936. Que por cierto «Estatuto queda truncado por el golpe de estado del dieciocho de julio que trajo la Guerra Civil." Recogiendo información sobre dicho Estatuto recurrimos a la web de Wikisource para ver un fragmento del mismo. (Referencia: Proyecto de Estatuto de Autonomía Cántabro-Castellano de 1936. Es.wikisource.org).

ESTATUTO CÁNTABRO-CASTELLANO DE 1936

Proyecto de Estatuto de Autonomía presentado en 1936 en algunos medios de comunicación locales de Santanter por el Partido Republicano Federal. Con fecha de 5 de junio de 1936 se presentó al Ayuntamiento de Santander, y con fecha de 8 de junio a la Diputación.

(Fragmento)

Proyecto de Estatuto de Autonomía presentado en 1936 en algunos medios de comunicación locales de Santander por el Partido Republicano de Izquierda Federal de Santander. Con fecha de 5 de junio de 1936 se presentó al Ayuntamiento de Santander, y con fecha de 8 de junio a la Diputación.

Proyecto de Estatuto de Autonomía presentado en 1936 en algunos medios de comunicación locales de Santanter por el Partido Republicano Federal. Con fecha de 5 de junio de

1936 se presentó al Ayuntamiento de Santander, y con fecha de 8 de junio a la Diputación. Proyecto de Estatuto de Autonomía presentado en 1936 en algunos medios de comunicación locales de Santanter por el Partido Republicano Federal. Con fecha de 5 de junio de 1936 se presentó al Ayuntamiento de Santander, y con fecha de 8 de junio a la DiputaciónProyecto de Estatuto de Autonomía presentado en 1936 en algunos medios de comunicación locales de Santanter por el Partido Republicano Federal. Con fecha de 5 de junio de 1936 se presentó al Ayuntamiento de Santander, y con fecha de 8 de junio a la Diputación.

Declaración preliminar

El Partido Republicano Federal de Santander, ha nombrado entre sus afiliados una Comisión con el encargo de redactar un bosquejo de lo que pudieran ser los principios básicos en que podría articularse un Estatuto CANTABRO-CASTELLANO, bosquejo que ahora se somete a la consideración de la Asamblea de su Partido y también se pone a estudio de cuantas entidades se consideren interesadas por la implantación en nuestra comarca de un régimen federativo, práctico y moderno.

Decimos "que podría articularse" porque, en realidad, la Comisión encargada de presentar este bosquejo, no tiene la pretensión de que su estudio sea definitivo, y tan sólo se limita a presentarlo como base de estudio y discusión entre todos los directamente interesados en los problemas autonómicos, los que en definitiva serían quienes marcarían la estructura y extensión del Estatuto. Esta Comisión quedará, pues, muy agradecida de la atención que se la preste, y desea que el tema sea bien estudiado por todos. Como en nuestro trabajo no ponemos ni orgullo ni pasión, estamos muy dispuestos a recoger cuantas observaciones se nos hagan, aceptando de antemano todas aquellas enmiendas que se formulen, derivadas de un serio estudio del asunto.

Deseamos explicar por qué empleamos la expresión CANTABRO-CASTELLANO al hablar de este proyecto de estatuto. Sabido es que la moderna demarcación de las provincias españolas no corresponde en su totalidad, al verdadero lazo étnico que liga a las diferentes comarcas nacionales. No pretendemos fatigar vuestra atención con largas citas históricas ni entra tampoco en nuestro ánimo entablar controversia con otras provincias españolas, pero ateniéndonos a la realidad, no se nos oculta que pueden existir, y que de hecho existen, algunos ayuntamientos del litoral cantábrico y otros del interior de Castilla -quizá en número o extensión equivalentes a una provincia completa- que, si bien no pertenecen por si actual división territorial a la provincia de Santander, con todo, por afinidad de intereses y relaciones y también por los mismos lazos antes indicados, desearían incorporarse al Estado que formulamos. Esta es una realidad derivada de lazos intensos y continuos que son del conocimiento de todos, como en la conciencia de todos está también que hay actualmente ayuntamientos que corresponden a nuestra provincia, y sin embargo, por sus afinidades y relaciones con otras limítrofes, o quizá motivado por imperfecciones que hay en las modernas demarcaciones provinciales, es el hecho que ellos siente apetencias de un completo desembrague para incorporarse a aquellas con las que se creen más ligados. Este hecho real es el que nos ha movido a dar al Cantón Regional el título de CANTABRO-CASTELLANO.

Bases

Territorio, derechos y obligaciones

El Estado CANTABRO-CASTELLANO está formado por una región organizada democráticamente, con personalidad que se la reconoce, y que constituye un Estado autónomo dentro de la República Española con la que se confedera mediante pacto.

10.1.3. Desde la Transición al presente

El Estatuto de Autonomía de Cantabria

El Estatuto de autonomía para Cantabria fue aprobado el 15 de diciembre de 1981, para ser sancionado por Su Majestad el Rey el 30 de diciembre de 1981. La Ley Orgánica 8/1981, de 30 de diciembre, que aprueba el Estatuto de Autonomía para Cantabria, fue publicada en el Boletín Oficial del Estado el 11 de enero de 1982, junto con los Estatutos de Andalucía y de Asturias, y entró en vigor el 1 de febrero de ese mismo año.

Como observación podríamos decir que en dicho Estatuto no se establece ni menciona como fomento, difusión y protección de la lengua cántabra (del idioma cántabro). En el diario montanes.es del 18 de abril de 2006 se publicó la siguiente noticia que pasamos a leer fragmentado. *El PP dice que las Juventudes del PRC alientan el nacionalismo*. Nuevas Generaciones (NN GG) exigen a Revilla que diga si apoya a los jóvenes de su partido.

El PP dice que las Juventudes del PRC alientan el nacionalismo

El presidente de Nuevas Generaciones del Partido Popular de Cantabria, Diego Movellán, acusó ayer a las Juventudes Regionalistas del PRC de alentar el nacionalismo por el apoyo a dos resoluciones para el fomento de la lengua cántabra y para la reforma del Estatuto sin injerencias internas.
(...)
Movellán se preguntó si hay coordinación en el PRC o si por el contrario «es una jaula de grillos». Reclamó al secretario general del partido, Miguel Ángel Revilla, que diga si apoya las dos resoluciones defendidas por las Juventudes Regionalistas en la asamblea del Consejo de la Juventud celebrada el pasado 8 de abril.

Aunque las dos resoluciones, planteadas a iniciativa de Juventudes Nacionalistas de Cantabria, decayeron por falta de mayoría, fueron apoyadas por los jóvenes del PRC, algo que Movellán interpreta como «un giro hacia el nacionalismo» a pesar de la reiterada defensa que hace el presidente cántabro de España.

Una de las resoluciones invita a la reforma inmediata del Estatuto de Cantabria cuando Revilla «ha afirmado en varias ocasiones que no es una prioridad», puntualizó el presidente de NN GG. El texto va más allá, recalcó, al mencionar «la plena capacidad de decisión del pueblo cántabro sin ningún tipo de injerencia externa» algo que «recuerda a postulados abertzales» y al plan Ibarretxe por lo que se preguntó si es constitucional.

Comillas

Otra de las resoluciones, que también contó con el rechazo de los jóvenes del PP y del PSOE, pide la difusión y protección del idioma cántabro, que Nuevas Generaciones «no conoce, no sabe dónde se habla, ni cuál es su fonética».

Esta demanda es interpretada por el Partido Popular como una discrepancia con la defensa que Revilla hace del castellano y del proyecto Comillas.

Estas cuestiones hacen pensar a la organización juvenil del PP que el PRC es un partido «que no tiene ni coherencia, ni criterio, ni ideología». Movellán demandó una respuesta urgente del líder regionalista para que apoye o rechace la postura mantenida por Juventudes Regionalistas. (El PP dice que las Juventudes del PRC alientan el nacionalismo. 18.04.2006. Eldiariomontanes.es).

En 1982 el Centro de Estudios Montañeses se encarga de la asesoría de la Consejería en cuestiones de cultura, patrimonio e historia. El 20 de febrero de 1982 se constituye la Asamblea Regional Provisional de Cantabria. Y el 27 de mayo de 1983 se constituye la Primera Asamblea Regional. (Referencias: Cronista oficial de Cantabria. Grupos.unican.es, 2) Creación y evolución del CEM. Grupos.unican.es y Legislatura Provisional. Parlamento-cantabria.es).

10.1.4. Movimiento separatista en Cantabria

El cantabrismo político surge ya en la Transición con la venida de la Democracia. Surgen asociaciones y grupos políticos, entre los más principales tenemos a la Asociación para la Defensa de los Intereses de Cantabria (ADIC), la Asociación Cantabria Unida (UC) y el Partido Regionalista de Cantabria.

En 1978 se creó el Partido Regionalista de Cantabria (PRC) siendo de posición política de centro, se posiciona tanto de derecha como de izquierda. Su posición consensual le ha llevado al consenso (cogobierno, 15 años) bien sea con el Partido Popular (de derecha) y otra con el PSOE (de izquierda). Es en sí un partido oportunista.

En el año 1995 surge en Cantabria diríamos el primer partido que se identifica con el nacionalismo cántabro, que busca la plena soberanía de Cantabria, bien sea en el plano social y político. Nos estamos refiriendo al Conceju Nacionaliegu Cántabru (CNC) (Concejo Nacionalista Cántabro). Que a continuación veremos sus Bases ideológicas.

BASES IDEOLÓGICAS:

Conceju Nacionaliegu Cántabru-CNC es una organización de carácter socio-político nacionalista, que como tal busca la plena soberanía política del pueblo con el que se identifica, encaminado siempre bajo los principios de la izquierda.

CONCEJU busca en el nacionalismo cántabro la herramienta imprescindible para el reconocimiento del derecho de autodeterminación del Pueblo Cántabro, convirtiendo a sus ciudadan@s en los únicos individuos donde recaiga la permanente la soberanía y decisión sobre su propio futuro como pueblo, con el objetivo final de conseguir su manumisión y su libertad.

Además, CONCEJU considera que el derecho de autodeterminación esta ligado a un modelo social basado en los planteamientos socialistas de igualdad, de reparto de la riqueza, solidaridad, democracia y libertad, como principios básicos de convivencia, acabando con los mecanismos de opresión y dominación política y cultural, relevándolas por la igualdad de derechos, la participación social y la difusión del patrimonio cultural y natural.

CONCEJU apuesta por un cambio en la moral política que encuentre los valores del respeto a los individuos y a los pueblos, la cooperación, el pacifismo y acabe con el autoritarismo, el racismo, el exclusivismo y el imperialismo en todas sus formas.

CONCEJU además, considera imprescindible un cambio en el progreso económico y tecnológico actual por uno que interrelacione el bienestar social y la defensa del medio ambiente. Con el objeto de encontrar una utilización racional de los recursos naturales y humanos y un cuidado permanente y seguro del medio natural, proporcionando un desarrollo sostenible y duradero, asegurando el futuro de las generaciones venideras.

Nuestro proyecto sociopolítico se basará irrenunciablemente a estos cuatro principios básicos:

NACIONALISMO

Nos declaramos abiertamente nacionalistas cántabros y por ello la búsqueda de la construcción de Cantabria como una nación política donde sus individuos y colectivos desarrollen sus recursos y sus políticas basadas en las necesidades y peculiaridades de nuestra identidad colectiva, basada en la premisa de pertenecer a una comunidad diferenciada de los pueblos y culturas que nos rodean. Para nosotr@s la búsqueda de este objetivo, de largo trayecto, es la búsqueda de un bienestar social y la defensa de nuestra identidad. Por eso trabajaremos para la construcción y reconocimiento político y social de un espacio propio de decisión.

IZQUIERDA

Para los hombres y mujeres que formamos este colectivo plural y asambleario, es imprescindible hacerlo desde los principios y la diversidad de los planteamientos de la izquierda, en la búsqueda de la igualdad, la solidaridad, la ayuda y cooperación, el bienestar, el respeto, la armonía entre pueblos, la defensa de los colectivos desfavorecidos,...

ECOLOGISMO

Queremos además defender nuestras posiciones nacionalistas desde los principios del ecologismo y sus propuestas. Por ello apostamos por un desarrollo sostenible y racional que se aleje del consumo indiscriminado de los recursos naturales y de la explotación de los pueblos y sus patrimonios, de lapidar las culturas y las lenguas propias, de la concentración de poder, de dinero y de información, y a las diferencias entre pueblos e individuos. L@s nacionalistas trabajaremos, desde lo local con una visión global, para conseguir llevar a cabo los principios del desarrollo sostenible, con el simple objetivo de conseguir que las nuevas generaciones puedan encontrar un medio natural respetado, una cultura propia y un bienestar social.

DEMOCRACIA

Somos conscientes del receso de la democracia como sistema participativo popular en las decisiones directas. CONCEJU se compromete en el ideal democrático, entendiendo este ideal como una exigencia de perfeccionamiento, que precisa el paso de la mera democracia de representación hacia la democracia de participación, haciendo a l@s ciudadan@s participes directos de la política, interviniendo en la vida diaria del país.

(http://www.conceju.com/planteamientos/planteamientos.htm)

.

10.1.5. Las elecciones como marco político de referencia del nacionalismo y separatismo

El cantabrismo separatista en la actualidad no es una opción política en Cantabria. Pero sí el cantabrismo nacionalista que ya consigue presencia como movimiento local e institucional.

Las elecciones en la Comunidad autónoma de Cantabria, bien sea las autonómica (al Parlamento de Cantabria) y municipales nos puede servir como referencia para situar en qué posición, representación e influencia se presenta el nacionalismo cántabro, y si éste ya alcanzó su institucionalidad. Para ello vamos a recurrir a los siguientes datos históricos de las Elecciones autonómicas de los años 2003, 2007, 2011 y 2015, y de las elecciones municipales de los años 2003, 2007, 2011 y 2015.

A) Elecciones en Cantabria

1) Elecciones Parlamento de Cantabria

El 20 de febrero de 1982 se constituyó con carácter provisional la primera Asamblea Regional provisional, el cual hoy es conocido como Parlamento. A partir de entonces el nombre de Provincia de Santander fue sustituido por el de Cantabria, recuperando así su nombre histórico. Las primeras elecciones autonómicas en Cantabria se celebraron en mayo de 1983.

Actualmente el Parlamento de Cantabria lo componen 39 parlamentarios (diputados), que según el Estatuto "fija el número mínimo y máximo de los Diputados a elegir entre 35 y 45" (Ley 5/1987, de 27 de marzo el BOE http://www.boe.es/buscar/doc.php?id=BOE-A-1987-8958). Con la entrada en vigor de la Ley 2/2012, de 30 de mayo, se modifica la referida Ley, quedando redactado de la siguiente manera: Ley 2/2012, de 30 de mayo. Disposición adicional novena. Modificación de la Ley de Cantabria 5/1987, de 27 de marzo, de Elecciones al Parlamento de Cantabria. "1. El Parlamento de Cantabria está integrado por treinta y cinco diputados elegidos en una circunscripción electoral que comprenderá todo el territorio de   Cantabria." (http://www.boe.es/boe/dias/2012/06/09/pdfs/BOE-A-2012-7709.pdf).

El Parlamento es elegido cada 4 años siendo el mismo mandato de los diputados que lo integran.

En nuestro presente estudios vamos a considerar las cuatro últimas elecciones autonómicas celebradas en los años 2003, 2007, 2011 y 2015.

a) Elecciones Autonómicas 2003

El Partido Popular (PP) se ha impuesto en todas las autonómicas celebradas desde 1995, a pesar de ser el vencedor en 2003 no alcanza la mayoría absoluta, por este motivo tuvo que ceder el gobierno al Partido Regionalista de Cantabria (PRC) que consigue la tercera fuerza electoral y quien pacta en coalición con el Partido Socialista Obrero Español (PSOE). PSOE obtuvo la segunda posición electoral. Miguel Ángel Revilla, cabeza de lista del PRC fue investido nuevo presidente cántabro el 27 de junio de 2003. Por detrás, sin escaños tenemos a Izquierda Unida.

Resultados totales: PP: 146.796 (43,39), PSOE: 103.608 (30,62%), PRC: 66.480 (19,65%), IU: 12.770 (3,77%), Unidad Cántabra (UCn): 5.515 (1,63%), Conceju Nacionaliegu Cántabru (CNC): 1.670 (0,49%), Ciudadanos Independientes de Cantabria (CCIIC): 817 (0,24%), Centro Democrático y Social (CDS): 660 (0,20).

Censo: 476.924, Votantes: 348.377 (73,0%), Abstención: 128.547 (27,0%), Válidos: 345.518, Blancos: 7.202 (2,1%),

Nulos: (0).   (Fuente: *Archivo   histórico electoral.* http://www.argos.gva.es/ahe/).

b) Elecciones Autonómica 2007

Se repite la coalición de gobierno entre el PRC-PSOE, a pesar de ser el Partido Popular (PP) quien gana las elecciones autonómicas. En esta ocasión el PP obtiene 17 escaños, seguidos del PRC, 12 y del PSOE con 10 escaños. Por detrás, sin escaños tenemos a Izquierda Unida.

Resultados totales: PP: 141.926 (41,13%), PRC: 98.702 (28,60%), PSOE: 83.163 (24,10%), IU-BR: 6.437, (1,87%), CONCEJU: 1.245 (0,36%), LU: 1.198 (0,35%), PACMA: 824 (0,24%), PCPE: 675 (0,20%), CDL: 610 (0,18%), etc.

Votantes: 345.096 (74,01%), Abstención: 121.190 (25,99%), Blancos: 5.903 (1,71 %). Nulos: 3.268 (0,95 %), Diputados a elegir: (39).   (Fuente: *Archivo   histórico electoral.* http://www.argos.gva.es/ahe/).

c) Elecciones autonómicas 2011

Tras ocho años de gobierno PRC-PSOE el Partido Popular (PP) ganó las elecciones autonómicas, en esta ocasión alcanzó la mayoría absoluta, considerado como un hecho inédito en Cantabria. El 23 de junio de 2011 Ignacio Diego era investido presidente de Cantabria para la VIII Legislatura tras conseguir la confianza de la mayoría del Parlamento de Cantabria. Con el 98,82% de los votos escrutados, el Partido Popular (PP) obtiene 20 diputados en Cantabria, lo que supone la mayoría absoluta en el Parlamento regional. Fue el partido más votado en el resto de grandes ciudades: Torrelavega, Castro, Camargo, Astillero, Santoña, Laredo, Los Corrales de Buelna y Reinosa. En estas elecciones El Partido Regionalista de Cantabria (PRC), por su parte, repite los resultados de hace cuatro años y se mantiene como segunda fuerza política, con 12 diputados en la Cámara cántabra. Mientras el Partido Socialista Obrero Español (PSOE) ocupa la tercera posición pero en una situación descendente en relación a los comicios anteriores de 2007, de 10 diputados se queda con 7. Por detrás, sin escaños tenemos a Izquierda Unida. Sobre las elecciones autonómicas se leía la siguiente noticia publicada por ABC.es CANTABRIA - *El desplome del PSOE arrastra a Revilla y pone al PP en línea de gobierno.* Abc.es).

Resultados totales: PP: 156.199 (46,00%), PRC: 98.731 (29,00%), PSOE: 55.220 (16,00%), UPyD: 5.813, FN: 1.254, IU-IA: 1.224, PCPE: 1.097, AMD: 915.
Censo: 494.839, Escrutinio: 100%, Participación: 344.545 (69,63%), Abstenciones: 150.294 (30,37%), Votos en blanco: 7.315 (2,12%), Votos nulos: 5.885 (1,71%). (Fuente: *Archivo histórico electoral.*http://www.argos.gva.es/ahe/).

d) Elecciones autonómicas 2015

El PP pierde la mayoría absoluta, mientras que por primera vez entran al parlamento de Cantabria, Podemos y Ciudadanos. Y tras los pactos del Partido Regionalista de Cantabria (PRC) y del PSOE y de la abstención de PODEMOS, Miguel Ángel Revilla del PRC será investido nuevamente presidente de Cantabria.

Candidaturas | Votos | % | Diputados |

Partido Popular | 104.438 | 33.13 | 13 ||Partido Regionalista de Cantabria PRC | 96.070 | 30,47 | 12 ||Partido Socialista Obrero Español PSOE | 44.855 | 14,23 | 5 ||Podemos | 28,272 | 8,97 | 3 ||Ciudadanos C´s | 22.165 | 7,03 | 2|.

Sin representación parlamentaria:

Unión Progreso y Democracia UPyD 2.320 | 0,74 ||Partido Animalista contra el Maltrato Animal 1.928 | 0,61 ||Por Cantabria Sí 1.834 | 0,58 ||EQUO 1.563 | 0,50 ||Ganemos Cantabria 1.380 | 0,44 ||VOX 1.092 | 0,35 ||Partido Comunista de los Pueblos de España 555 | 0,18 ||Alternativa Motor y Deportes 487 | 0,15 ||Solidaridad y Autogestión Internacionalista 246 | 0,08|.

Datos generales de la elección:

Censo: 459.222, votantes: 325.889, 71,0%, abstenciones: 133.333, 29,0%. Fuente: (*Archivo histórico electoral.* http://www.argos.gva.es/ahe).

2) Elecciones Municipales

Actualmente Cantabria cuenta con 102 municipios. Las elecciones municipales se celebran el cuarto domingo de mayo cada cuatro años, coincidiendo con las elecciones autonómicas.

En nuestro presente estudios vamos a considerar las tres últimas elecciones municipales celebradas en los años 2003, 2007 y 2011.

a) Elecciones Municipales 2003

Resultados: Datos sobre concejales y votantes: PP 424/133.907, PSOE 256/102.973 Partido Regionalista de Cantabria (PRC) 276/66.592 Izquierda Unida (IU) 15/13.714, Unidad Cántabra (UCn) 15/8.226, Alternativa Camarguesa Progresista (ACP) 2/1.684, Conceju Nacionaliegu Cántabru (CNC) 0/1.131, Partido Progresistas de cabezón de la Sal (PPC S) 3/ 1.111.
Censo: 477.056, Escrutado: 100 %, Participación: 348.059 (72,96 %), Abstenciones: 128.997 (27,04 %), Votos en blanco: 8.023 (2,31 %), Votos nulos: 3.328 (0,96 %). (Fuente: *Archivo histórico electoral.*http://www.argos.gva.es/ahe/).

b) Elecciones Municipales 2007

Resultados: Concejales/Votantes: PP 428/139.472, PSOE 245/92.333, PRC 303/73.657, Alternativa Camarguesa Progresista (ACP) 7, IU 8/5.911, RESTO 0/4.642, AC 5/2.860, Asamblea Ciudadana por Torrelavega (ACPT) 1/1.681.

Censo: 484.780, Escrutado: 100 %, Participación: 347.193 (71,62 %), Abstenciones: 137.587(28,38 %), Votos en blanco: 6.871 (1,98 %), Votos nulos: 3.559 (1,03%). (Fuente: *Archivo histórico electoral.*http://www.argos.gva.es/ahe/).

c) Elecciones Municipales 2011

Resultados: Concejales/Votantes: PP 477/152.427, PSOE 195/70.741, PRC 322/70.667, IU 10/10.860, Unión Progreso y Democracia Cantabria (UPyD Cantabria) 3/4.464, La Unión (LU) 4/2.316, Alternativa Verde de Castro Urdiales (CASTROVERDE) 4/2.229, Asamblea Ciudadana por Torrelavega (ACPT) 1/2.092.

Censo: 473.639, Escrutado: 100%, Participación: 346.221 (73,10%), Abstenciones: 127.418 (26,90%), Votos en blanco: 8.605 (2,49%), Votos nulos: 6.791 (1,96%). (Fuente: *Archivo histórico electoral.*http://www.argos.gva.es/ahe/).

d) Elecciones Municipales 2015

Resultados: Votantes | Concejales: Partido Popular 113.151 | 433 || Partido Regionalista de Cantabria 71.049 | 325 ||Partido Socialista Obrero Español 63.402 | 190 |||Izquierda Unida 14.074 | 16 ||Ciudadanos C´s 10.128 | 6 | OTROS. (Fuente: *Archivo histórico electoral.* http://www.argos.gva.es/ahe/).

10.1.6. Organizaciones separatistas cántabras

Grupos separatistas que aparecen en Cantabria y que se dan a conocer por internet, tenemos como ejemplo:

1) Abora Izquierda Cántabra

Que se presenta con el siguiente comunicado de principios ideológicos.

> *NÓS*
> *Ante la situación actual que sufrimos las clases populares cántabras, un grupo de gente proveniente de diversos ámbitos decidimos no resignarnos y empezamos a organizarnos para hacerle frente. Desigualdad social, precariedad, destrucción ecológica, desaparición de la cultura popular cántabra, emigración, autoritarismo, turistificación o caciquismo son*

sólo algunos de los males que nos afectan como pueblo y como trabajadores. Pero sólo organizados podremos cambiar una situación que tiene unas causas muy concretas.

ABORA

ABORA es una organización política y asamblearia que parte de un planteamiento de izquierdas, anticapitalista, independentista, internacionalista y ecologista. No somos ni un partido ni una organización institucional. Nuestro trabajo político es, ante todo, global, social y de base, buscando crear un auténtico movimiento y sujeto popular consciente y auto organizado.

DE IZQUIERDAS Y ANTICAPITALISTAS

Apostamos por conseguir la plena emancipación, libertad y justicia social en armonía con un medio ambiente sostenible. Queremos construir un mundo más solidario, donde los recursos y la producción estén en manos del pueblo trabajador, sin desigualdades sociales, racismo o patriarcalismo.

Sin embargo creemos que dentro del capitalismo esto no es posible, por eso nos reclamamos de la izquierda anticapitalista, porque buscamos la construcción de una alternativa socialista y popular al sistema imperante hoy en día.

CÁNTABROS E INDEPENDENTISTAS

Al mismo tiempo nos afirmamos como parte del pueblo trabajador cántabro. Somos parte de esta tierra, de una cultura ni mejor ni peor que las demás, sino simplemente la nuestra, y de un país que no tiene ni voz ni posibilidad para crear su propio camino y al que se le obliga a ir muriendo lentamente.

El españolismo en Cantabria es el instrumento del capitalismo para asegurarse el control social. Nosotros entendemos que en esta tierra la lucha de clases adquiere un carácter nacional puesto que la dependencia del país acentúa la explotación que sufrimos los sectores populares del pueblo cántabro. La independencia y la construcción nacional se convierten, por tanto, en un medio, un instrumento para avanzar en la lucha social.

INTERNACIONALISTAS

Para nosotros luchar por la soberanía no es incompatible con el internacionalismo. Como revolucionarios somos conscientes de que no estamos solos en el mundo y, en este sentido, buscaremos construir una Cantabria abierta, solidaria e internacionalista empezando con el primer acto de solidaridad internacional: conseguir la emancipación social en nuestra tierra.

UNIDAD POR EL CAMBIO SOCIAL

En ABORA buscamos la unión de todas las izquierdas anticapitalistas que sientan a Cantabria como su tierra: marxistas, libertarios, socialistas revolucionarios, ecologismo radical... por encima de las diferencias todos compartimos los mismos fines. Creemos que la unidad entre todos no sólo nos aporta más fuerza numérica, sino también una mayor frescura y riqueza de ideas para impulsar el cambio social. POR UNA CANTABRIA INSUMISA - POR UN PUEBLO ORGANIZADO. (Nós. Aboracantabria.wordpress.com).

2) Cantabria Proletaria

Que se presenta con el siguiente comunicado de principios ideológicos.

Ser comunista y ser independentista para nada es incompatible. Es lo más comprometido y justo cuando se forma parte de una nación oprimida.

Desde ciertos sectores de la izquierda se ha tendido a la inercia dogmática de pensar que el integracionismo es siempre bueno y el independentismo es siempre malo. Pero estos sectores deberían plantearse qué sentido tiene defender el integracionismo en un Estado, el español, cuya esencia es tan reaccionaria.

El Estado español es un estado artificial creado por intereses y en base a la imposición a los pueblos que hay en su interior. "España" nunca existió como pueblo. Fue fruto de la alianza de terratenientes y oligarcas que crearon un mercado unificado, constituyéndose en emporio comercial y político al que dieron el nombre de España.

Este estado artificial creado necesitaba parecer una nación y para ello crearon una administración centralizada y anuladora de toda diferencia. Se apropiaron del castellano para utilizarlo como instrumento de dominación política y le cambiaron el nombre a español.

El actual Estado Español es una superestructura imperialista y capitalista, un estado cárcel de pueblos. Una estructura nada homogénea y formada por un conglomerado de pueblos, de naciones oprimidas. Nacido de la negación de los pueblos por sometimiento militar y conquista.

Eso que llaman "España" nunca cuajo bien, siempre estuvo llena de contradicciones e intereses contrapuestos, jamás logró articular eficazmente sus diversos territorios y pueblos.

La nación española es un fracaso histórico. "España" no es una nación, sino un Estado opresor que ha mantenido la cohesión mediante un régimen de imposición.

Es sarcástico que en la realidad opresiva de los pueblos que es el Estado español haya sectores que reclamándose "comunistas" y de "izquierdas" defiendan la unidad de "España", que defiendan esta estructura opresiva y reaccionaria.

Los republicanos españoles quieren maquillar de socialismo al estado opresor español. Todo lo español, ya sea monárquico o republicano, es heredero del viejo imperio, es heredero y continuador del orden imperial.

La relación de cordialidad y solidaridad entre los pueblos tiene que basarse en la libertad e independencia de esos pueblos. Mientras los pueblos no sean libres e independientes no habrá solidaridad ni internacionalismo entre pueblos.

Así mismo es de destacar que quienes más consecuentemente se han enfrentado al Estado capitalista español y quienes le han asestado golpes más duros han sido movimientos de liberación nacional e independentistas.

Ya desde los tiempos de Franco se veía al rojo-separatismo como el mayor enemigo y el más grave peligro para el Estado español. Destacado fue el papel de vanguardia que jugó la Resistencia vasca en el combate del franquismo.

Actualmente los movimientos independentistas de izquierdas siguen siendo los que más consecuentemente se enfrentan al Estado capitalista español, destacando el papel del Movimiento de Liberación Nacional Vasco.

Cantabria es una nación oprimida por el Estado español que ha sido sistemáticamente agredida cultural, histórica y políticamente. Fue utilizada por los sucesivos gobiernos españoles como cortafuegos entre Asturias y Euskal Herria. Como comunista y como cántabro es una obligación luchar por la liberación nacional y social de mi tierra.

En el aspecto ideológico también quiero denunciar que much@s que se ponen la etiqueta de "comunistas" en realidad de comunistas tienen bien poco y que lo único que hacen es desprestigiar y ensuciar al comunismo.

El comunismo es una teoría revolucionaria y no reformista, que desde una posición de clase de vanguardia del proletariado, busca destruir la actual sociedad capitalista y edificar otra radicalmente nueva en la que se darían los pasos necesarios para propiciar la desaparición del Estado y las clases sociales con el objetivo final de llegar a la sociedad comunista.

Comunismo no casa con Reformismo ni con conciliación de clases. L@s comunistas tenemos como objetivo irrenunciable final la conquista del poder político por el proletariado y la organización de la sociedad comunista. L@s comunistas somos revolucionarios, no buscamos reformar el sistema sino destruirlo y construir algo radicalmente nuevo.

L@s comunistas defendemos que la fuerza motriz de la historia es la lucha de clases. Frente a la conciliación oponemos el derrocamiento violento de las clases opresoras, de la burguesía.

Ahora está muy de moda por ciertos sectores que se ponen las etiquetas de "comunistas" y "revolucionarios" defender posiciones que en realidad son Reformismo y Socialdemocracia. Edulcoran la teoría revolucionaria del proletariado, defienden la validez únicamente de las formas de lucha pacíficas, defienden las tesis keynesianas, defienden la economía mixta, alimentan ilusiones acerca de la capacidad de lograr reformas profundas en la estructura del sistema sin cambiar la base, sin ir a la raíz.

En realidad sus tesis no van más allá de reformar el capitalismo, son verdaderos colchones que desactivan la lucha anticapitalista a favor de reformas. Teorías reformistas que se las visten de un ropaje socialista. Pretenden un cambio radical sin alterar el capitalismo ni la propiedad privada.

Un ideólogo destacado de estas teorías es Heinz Dieterich, el cual además se destaca como defensor del actual régimen chino, régimen que no tiene nada de comunista y sí mucho de capitalismo salvaje gestionado por un aparato burocrático. Quien defiende a la China actual se retrata así mismo. Las ideas verdaderamente comunistas de Mao fueron vilmente traicionadas por los actuales dirigentes. (COMUNISTA E INDEPENDENTISTA. Cantabria-proletaria.blogspot.com.es. Artículo extraído de la revista 'Nós', órgano de expresión de la organización socialista/cantabrista 'Abora' Publicado por cantabria_proletaria@yahoo.ca).

11. Comunidad Foral de Navarra

Navarra, en vasco Nafarroa, denominada oficialmente Comunidad Foral de Navarra (no se constituye en comunidad autónoma sino en comunidad foral de acuerdo a sus derechos históricos reconocidos por la disposición adicional primera de la Constitución de 1978. El estatus de comunidad foral fue asimilado por resoluciones judiciales posteriores al de comunidad autónoma).

Está situada al NE de España, tiene una extensión de 10.391,08 km2, su capital es Pamplona. Número de habitantes 640.790 (2014). (Demografía. Población - navarra.es). Navarra se resume tradicionalmente en tres regiones de Norte a Sur: Montaña, Zona Media y Ribera. Y que a su vez se dividen en comarcas: Así, la Montaña está formada por la Navarra Húmeda, los Valles Pirenaicos y las Cuencas Prepirenaicas; la Zona Media por Tierra Estella y la Navarra Media Oriental; por último, las tierras del Sur, próximas al Ebro, se dividen en Ribera Estellesa y Ribera Tudelana.[61] El territorio de Navarra se demarca en cinco partidos judiciales: Estella, Aoiz, Pamplona y Tafalla. De las cuales están compuestas por 272 municipios.

Su estatuto de autonomía está vigente desde el 16 de agosto de 1982.

La nacionalista provasquista separatista Uxue Barkos, de Geroa Bai (Coalición integrada por el Partido Nacionalista Vasco, Atarrabia Taldea y la asociación Zabaltzen) es elegida como presidenta del Gobierno navarro, gracias al acuerdo conseguidos entre Geroa Bai, EH Bildu, Podemos e I-E para el Gobierno de Navarra, 2015-2019.

Además, EH Bildu toma el mando de 25 ayuntamientos de Navarra en los que obtuvo mayoría absoluta en las elecciones del pasado 24 de mayo de 2015, a lo que sumará además la Alcaldía de otros ayuntamientos a través de diversos pactos, como ocurrirá en Pamplona, Barañáin o Estella. (Véase: *En directo: Los ayuntamientos españoles quedan constituidos tras una larga jornada de votaciones. Abc.es.* 10.06.2015).

27.04.2011: Como información adicional recordemos que la Abogacía del Estado recurrió las listas de Bildu por ser "una sucesión del complejo ETA-Batasuna", además, la Abogacía señala que las organizaciones Eusko Alkartasuna (EA) y Alternatiba están gestionadas, dirigidas, articuladas y coordinadas en sus aspectos fundamentales por la izquierda abertzale ilegalizada. (Véase: *La Abogacía recurre las listas de Bildu por ser "una sucesión del complejo ETA-Batasuna".* Rtve.es).

13.07.2012: En la última semana, tres han sido los hechos relevantes que han pasado a formar parte de las posibles pruebas, los tres en relación con el asesinato de Miguel Ángel Blanco, que demuestran que estas tres coaliciones [Bildu, Amaiur y EH Bildu] no son más que parte de la estrategia política de la banda terrorista y que, por tanto, sustituyen en la escena política a la ilegalizada Batasuna-ETA. (Véase: *La Policía recopila pruebas para ilegalizar Bildu y Amaiur.* Libertaddigital.com).

Fiesta oficial el 3 de diciembre, Día de Navarra, mientras que para ciertos sectores separatistas como Nabarlur se celebra el 15 de agosto.

"La independencia nos la han robado desde 1200, 1453, 1512, 1620, ...con la continua conquista, permanente y que no cesa, padeciendo subordinación, división, negación y dominación, por eso nos hace falta recordar que el 15 de agosto es el día por antonomasia de la independencia, de la

libertad, de la patria o de la nación". Nabarlur: ORREAGA 778-2013 - Nabarlur.blogspot.com.es, 14.08.2013.

11.1. Origen y evolución del nacionalismo y el separatismo navarro

11.1.1. El navarrismo desde el Siglo XX

Como sabemos ante la renuncia al trono español de Amadeo I, el 11 de febrero de 1873, pues ese mismo día, las Cortes proclaman la Primera República española. Nace una República dividida entre republicanos unitarios (los radicales) y federalistas, que discrepan respecto a la organización territorial del Estado (entre una República unitaria o federalista). Siendo el 11 de junio del mismo año en donde las Cortes proclaman la República federal, en donde los grupos federalistas provinciales, juntos a los anarquistas se forman las pequeñas repúblicas autónomas, los "cantones".

Pero antes de la Primera República se crea la Diputación Foral de Navarra, en 1839. Y nace la autonomía de Navarra: "Entre 1839 y 1841, después de la primera guerra carlista, se negoció y promulgó la Ley Paccionada, un nuevo pacto o convenio por el que Navarra cedió su condición de Reino a cambio de una amplia autonomía, fundamentalmente administrativa, dentro de España".[62] Y es aquí, que durante aquellos años de 1839 y 1841 dio origen el navarrismo político. Tomamos en cuenta estas fechas según se menciona en el libro "Historia del navarrismo (1841-1936). Sus relaciones con el vasquismo". Ángel García Sanz; Iñaki López; Fernando Mikelarena Peña. ISBN: 84-95075-90-3.

Hablar del navarrismo histórico y su evolución es hablar de distintas expresiones o versiones del mismo, los cuales tendríamos como lo señala el mismo autor del párrafo anterior entre el "navarrismo tradicionalista, conservador, liberal, republicano y socialista", por lo que diríamos:

- del navarrismo liberal: En la figura de Juan Yanguas Iracheta (1824-1895), un liberal fuerista y navarrista; de la existencia de ese liberalismo como lo analiza Ángel García Sanz en su libro "El navarrismo liberal". Universidad Pública de Navarra.

- del navarrismo conservador: "De hecho, las raíces del navarrismo conservador se retrotraen al siglo XIX, con fuertes ingredientes tardocarlistas y, por supuesto, fueristas (Iriarte López, 2000)".[63]

- del navarrismo vasquista: "Cabe recordar que ya a principios del siglo XX los primeros nacionalistas vascos en Navarra se reclamaban como navarristas y hacían profesión de una fervorosa defensa de lo navarro." (*Identidades y Navarrismos de Miguel Izu.* Webs.ono.com).

- del navarrismo republicano de izquierda y federalista: En el periodo republicano. "Para evidenciar el alcance de la manipulación de ese pasado y su complejidad, los autores describen el amplio abanico de opciones políticas, sociales y de identidad que se han desarrollado bajo el mismo navarrismo: una liberal, dividida en sus relaciones con el nacionalismo vasco (colaboración o enfrentamiento), otro navarrismo conservador, un tercero republicano e incluso un cuarto grupo, el de los éuskaros o napartarras, que también reivindicaron el término." (*Un estudio académico destaca los vínculos del navarrismo contemporáneo con el franquismo.* Elpais.com, 18-09-2002).

- y del navarrismo españolista: "Pensemos en la derecha navarra, por ejemplo, y tendremos ante nuestros ojos la historia de amor y desamor entre la derecha española navarrista (AP y PP de Navarra) y la derecha navarra españolista (UPN). En sus relaciones se combinan y disputan primacías entre diferentes maneras de ser navarro, navarrista, español y españolista. En ambos casos eran navarristas y españolistas, pero el fuerte peso del navarrismo determinó la creación de un navarrismo españolista autóctono, y autocentrado".[64]

Por otro lado, sobre el navarrismo se critica los acuerdos hacia el reconocimiento:

El navarrismo secesionista se moviliza

"No obstante, el problema básico no radica sólo en el incumplimiento de artículos concretos del Estatuto, aun cuando ese hecho es muy grave en sí; el problema fundamental reside en que no se ha cumplido el Pacto que logró poner en marcha el autogobierno, en que ese pacto se ha devaluado y relativizado, y que ello ha ocurrido así porque una de las partes, el Estado español, no ha tenido voluntad política para cumplir sus compromisos.

Tampoco debemos olvidar que el Amejoramiento Foral (nunca refrendado por la voluntad popular) sólo ha servido para reforzar política y socialmente el navarrismo españolista y que en Ipar Euskal Herria vivimos una situación en la que es necesario hacer un nuevo planteamiento para conseguir el reconocimiento legal que como pueblo nos corresponde." (Bases de un acuerdo estratégico entre fuerzas políticas independentistas. Acuerdo político de Eusko Alkartazuna y la Izquierda Abertzale. Euskal Herria, 20-05-2010. euskoalkartasuna.org).

Veamos una respuesta del navarrismo liberal frente al navarrismo vasquista:

Una respuesta del navarrismo liberal contra el navarrismo vasquista se da por ejemplo ante el documento denominado "Manifiesto 1512-2012, Conquista de Navarra" que se presentó en el mes de junio en San Sebastián y en el mes de abril en Pamplona de 2008, que reivindica la identidad vasca de Navarra, que a continuación lo extraemos íntegramente por ser de interés:

"En dicho documento, denominado 'Manifiesto 1512-2012 Conquista de Navarra', se afirma que Navarra era un 'país pequeño' anclado a 'ambos lados del Pirineo' que tenía como vecinos a Francia y España, a los que se culpa de fomentar 'las luchas entre agramonteses y beamonteses que arruinaban los pueblos'. 'La ocupación militar' del ejército castellano, dirigido por el Duque de Alba, -que tardó quince días en llegar a Pamplona, en el 25 de julio de 1512- 'duró cien años, y de hecho persistió hasta la actualidad'.

Por tanto, la anexión o incorporación pactada de Navarra a la Corona Castellana sin apenas oposición del pueblo navarro (con excepción principalmente de Tudela), no es interpretada como una 'feliz unión', ni un 'pacto entre iguales' (reinos de Castilla y Navarra), sino como una ocupación en el que, señala el manifiesto, 'la resistencia fue continuada, con gestas inolvidables' que estos separatistas de nuevo cuño se sacan de la manga sin ninguna justificación histórica. San Ignacio de Loyola, insigne vasco, estaba a favor de la unión con la Monarquía española, y cuando navarros agramonteses intentaron sin éxito recuperar el reino, vizcaínos, alaveses y, entre ellos, guipuzcoanos de Oñate, atacaron su retaguardia en Velate y capturaron sus cañones, que pasaron a formar parte del escudo de Guipúzcoa hasta que en 1993 los eliminaron en un acto de manipulación histórica patente, por aquello de la corrección política.

El texto, arremetiendo gravemente contra la constitucionalidad de España como nación, recuerda que en el 2012 se cumple el '500 aniversario del inicio de la Conquista de la Alta Navarra por España, y por tanto una fecha clave en la destrucción por la fuerza de nuestra estatalidad' (sic). En este libelo antiespañolista se considera que Navarra es una 'colonia española y francesa' (término el de colonia caído en desuso por el separatismo periférico desde los años de la transición) y amenaza -sin decir cómo- con 'recuperar lo que de manera ilegítima nos arrebataron' (la soberanía), fruto de la 'invasión violenta de los territorios

356

navarros' por las 'conquistas españolas y las ambiciones francesas'.

Como un 'paso hacia nuestra libertad', el escrito infamante apunta cínicamente a la ignorancia de la sociedad navarra, al advertir la convicción de que la 'mayoría de los navarros no conocen lo ocurrido hace cinco siglos'.

Manifiestos como éste y otros se suceden en el tiempo y, con pesadumbre y dolor, pienso que el Gobierno de España, tan pomposamente reivindicado al final de cada anuncio propagandístico del partido socialista en el poder, así como otras instituciones públicas, tertulianos de medios audiovisuales, pensadores, intelectuales y sociedad civil en general, deberían reaccionar y oponerse radicalmente a la voluntad de estos personajes que intentan desestabilizar la democracia española y la convivencia pacífica entre españoles, haciendo que cunda el desasosiego nacional y fomentando intencionadamente las discordias civiles.

Políticos de tercera o miembros de asociaciones o fundaciones que sobreviven a la sombra de las subvenciones de gobiernos regionales afines, en el fondo, a proyectos independentistas, intentan movilizar a una población hastiada de sufrir las cuitas de políticos anodinos, preocupados en sus intereses personales y sin calcular ni medir las consecuencias de sus palabras y de sus actos.

Las instituciones públicas españolas hacen oídos sordos o callan cobardemente ante las barbaridades proferidas por estos políticos profesionales en la mentira y la tergiversación de la historia. Por ejemplo, en el caso que nos ocupa, se habla sin pestañear de la 'guerra de los 1.000 años entre vascones contra extranjeros aún continúa y continuará', o se denomina a Francia y España 'países artificiales'.

La labor de estos políticos radicales -la mayoría de la izquierda nacionalista navarra- y de otros ideólogos y plumillas situados en el espectro político extraparlamentario e integrados en innumerables entidades, dicen, es la de 'hacer llegar la conciencia de Estado de Navarra', donde los 'nombres en euskera de las diferentes localidades marcan claramente los límites naturales de nuestro Estado de Navarra'.

En Navarra siguen vigentes los fueros, el régimen jurídico propio del autogobierno mantenido a lo largo de los siglos.

El Fuero confiere a los navarros el derecho a decidir sobre todo aquello que les afecta directamente, con el límite del respeto a la unidad constitucional. El Fuero equivale a lealtad y, son fruto del pacto entre Navarra y la instancia que, en cada momento, ejerce el poder soberano del Estado. Durante más de un milenio Navarra ha mantenido su régimen foral y lo ha adaptado a la realidad de cada momento mediante sucesivos pactos.

Los Fueros de Navarra, que han sido siempre para los ciudadanos más queridos que conocidos, son pieza fundamental para avanzar hacia un futuro de progreso, bienestar y libertad, y garantía democrática de un futuro común que proporciona a los navarros su libertad colectiva y nuevas cotas de desarrollo.

Estos ideólogos (burukides en vascuence) rencorosos que siembran cizaña entre los ciudadanos, apuestan por la revolución social para hacer cumplir sus ensoñaciones, y algunos políticos, enfrascados en sus conflictos cainitas y sus discusiones bizantinas, no se dan cuenta del problema que subyace latente, en letargo, en algunas regiones españolas con separatistas aupados en el poder ejecutivo de sus territorios correspondientes, sin ninguna lealtad constitucional.

'Los agentes políticos o sindicales no solucionarán el conflicto', afirman sin rubor, 'sólo el Pueblo es el único sujeto capaz de desmontar todas las traiciones, intereses,

ambiciones y mezquindades que rodean a los políticos' (J. Rezio Luke, nacionalista de pro, dixit).

'Nabarra, [Navarra o Nafarroa] la tierra de los pueblos Vascos', como dicen, en efecto fue asediada por soldados españoles procedentes de distintas provincias y regiones españolas, entre ellas las provincias vascongadas, y la población civil navarra prefirió el poder soberano de un rey español que de uno francés, más autoritario y ejercido por funcionarios extranjeros sin las garantías legales tradicionales. Hubo una estrategia navarra común de oposición al gobierno autoritario de la monarquía francesa y a la gestión de los gobernadores y funcionarios franceses, entre ellos, la actuación de los famosos Infanzones de Obanos, miembros de la baja nobleza de Navarra que comparten con los ricoshombres su estatuto privilegiado, pero que carecen de papel político ni desempeñan tareas de gobierno.

En relación con los Infanzones navarros, en un claro gesto de demagogia y de mixtificación de la historia, cuando dicho manifiesto nacionalista hace suya al final de dicho texto la divisa de los conocidos Infanzones de Obanos, "Pro libertate patria gens libera state" (¡En pie los hombres libres, por la libertad de la patria!), que puede leerse en la fachada del Palacio de Navarra, retuercen la historia, pues esa proclama no se grita contra los españoles ni contra los navarros beamonteses, sino que se refería a la época en la que Navarra se incorpora a la Corona francesa en 1274. La Junta de Infanzones -junto con otros estamentos- se une a las buenas villas para defender el respeto a las leyes del reino y limitar el poder del rey francés, y como nos recuerda Mª Raquel García Arancón, Profesora de la Universidad de Navarra, esta Junta se suprime en 1510 por su escasa utilidad.

Los demócratas estamos hartos de la retahíla permanente de disparates, fantasías y aberraciones que suponen, en la realidad, un retroceso en la historia, pues se malgasta energía y tiempo sin sentido. Hubo, como alegan permanentemente los concejales de UPN, dos guerras mundiales alentadas por nacionalismos, y eso es un hecho objetivo e indiscutible. La sociedad democrática actual no acepta como un trágala obligatorio las crónicas delirantes de un sector social –el nacionalista- ignorante y sumiso a los intereses e ideologías con aires expansivos e imperiales alimentados con mitos de aldea y con mentiras.

Afortunadamente, quedan políticos corajudos y valientes que no se dejan engañar por las artimañas y los cantos de sirena envenenados de la izquierda nacionalista, y los concejales de UPN, por ejemplo, en el Ayuntamiento de Leiza, que se adhirió al Manifiesto 1512-2012, se opusieron a la firma del texto. La matrona de la Estatua de los Fueros de Pamplona estará muy orgullosa de ellos.

(El navarrismo secesionista se moviliza. Por Javier Alcalde. Aragonliberal.es, 29.08.2008).

El debate regionalista surgido en los años 1917 y 1919, también se manifestó en Navarra con el llamado navarrismo foral.

11.1.2. El Estatuto Vasco-Navarro

Ya en la Segunda República, en la década de 1930, se elaboró el Estatuto Vasco-Navarro también conocido como el Estatuto de Estella, que pretendía la unión de las provincias de Álava, Guipúzcoa, Vizcaya y Navarra, siendo encargadas de su redacción la Sociedad de Estudios Vascos. El Estatuto de Estella fue rechazado por las Cortes españolas el 26 de setiembre de 1931.[65]

11.1.3. Identidad diferenciada e independiente

La identidad de Navarra no se distingue como en otras Comunidades autónomas en su lengua, o en su geografía física, o en la población o en la etnia, o en la cultura, sino se identifica en sí por su historia a través de sus fueros y leyes. Una historia comunes con vascos y de otras regiones de España como la castellana, riojanos, etc. Una historia que nace como comunidad política en el siglo XII, como reino de Navarra. Una historia que continúa con la anexión a Castilla, a partir de 1512. Y un elemento principal de identidad para Navarra y los navarros es el fuero. (Véase como referencia el artículo Los signos de identidad de Navarra. Navarra.com).

Los fueros navarros están referidos a las leyes y costumbres civiles, políticas, administrativas o económicas, que a partir del siglo XIII se plasmó por escrito en "Fueros y Compilaciones". Tales fueros navarros es el régimen jurídico propio y al ejercicio del autogobierno que se estableció en Navarra a lo largo de los siglos y mantenido hasta el presente, desde luego adaptado a la realidad.

Recordemos aquél movimiento popular e institucional de defensa de la foralidad de Navarra, ocurrido en 1893 y 1894, denominada la Gamazada, y dirigida por la Diputación de Navarra, "que venían a recortar la autonomía fiscal navarra, al pretender introducir impuestos y contribuciones que ya existían o se iban a crear en las demás provincias de España".[66]

Contra estas iniciativas y en defensa de los fueros navarros, el político Arturo Campión Jaimebon (1854-1937), pronunció un discurso en el Congreso de los Diputados de Madrid, en la sesión celebrada el día 22 de julio del año 1893, quien dijo:

"Aquí estamos los diputados navarros cumpliendo la misión tradicional de nuestra raza, que tanto en la historia antigua como en la moderna y aún contemporánea, se expresa con el verbo "resistir". Aquí estamos escribiendo un capítulo nuevo de esa historia sin par que nos muestra a los vascones defendiendo su territorio, su casa, su hogar, sus costumbres, su idioma, sus creencias, contra la bárbara ambición de celtas, romanos, francos, árabes y efectuando el milagro de conseguir por luengos siglos su nacionalidad diminuta a pesar de todos." (Recordando la figura de Arturo Campion. Se cumple hoy el 150 aniversario del nacimiento en

Pamplona de Arturo Campion, abogado, historiador, político, lingüista, escritor... (en Gara). Publicado en el diario Gara el 07-05-2004. Euskalkultura.com).

11.1.4. Algo más sobre el navarrismo

La corriente política o ideología que utiliza el nacionalismo navarro es el navarrismo: como aquella por la defensa de la identidad propia de Navarra y los intereses de Navarra; que considera a Navarra como comunidad propia y diferenciada e independiente de cualquier otra Comunidad autónoma española.

Un navarrismo, como hemos dicho anteriormente, se va forjando a través de su historia, a pesar de no contar con un nacionalismo específico (que lo identifique por su lengua, o en su geografía física, o en la población o en la etnia, o de una cultura propia ancestral), una historia que es defendida por sus leyes o fueros que fueron construyendo una cultura diferenciada y propia, y que se pretende seguir defendiéndola. Aunque para ciertos entendidos no es fácil definir el navarrismo.

El navarrismo surge en las primeras décadas del siglo XX en oposición al vasquismo que pretende integrar, anexionar, unir a Navarra en el País Vasco (Pueblo Vasco, Euskadi o Euskal Herria). En palabras de Jaime Ignacio del Burgo siendo aún miembro del partido UPN, nos define el navarrismo en el VI Congreso de UPN, 03-02-2011: *"El navarrismo es la corriente política plural, surgida en los años setenta del pasado siglo con la finalidad de defender la navarridad, es decir, la identidad navarra frente a los intentos de absorción impulsados por el unionismo euzkadiano o euskalherríaco. Navarrista es aquel que milita en las filas del navarrismo político para defender la navarridad."* Navarra (entre la voluntad y la identidad), ponencia impartida dentro del curso *"La problemática del autogobierno vasco: una mirada al futuro"*, organizado por la Universidad del País Vasco, del doctor en Derecho y licenciado en Ciencias Políticas y Sociología, Miguel José Izu Belloso. (http://webs.ono.com/mizubel/miramar.htm#_ftnref3).

Este autor, José Izu, nos hace llegar una información sobre lo que cree de cuándo surge el nacionalismo navarro, y nos dice: "Del Burgo sitúa el nacimiento del navarrismo en la Transición, hay autores que lo sitúan en el siglo XIX, yo creo más acertado situarlo a principios del siglo XX, en torno al debate regionalista de 1917". (Referencia copiada de la web del párrafo anterior a éste).

11.1.5. Algo más sobre el navarrismo y el vasquismo

Dentro de Navarra existen dos corrientes políticas en defensa de Navarra, que desde luego no son entendidas ni compartidas por otros. Aquellos que se identifican y defienden la navarridad: por la identidad y la unidad de Navarra –los navarristas- separada de otros territorios autonómicos; por otro lado están los navarristas-vasquistas que ideológicamente defienden dos posiciones: aquellos que están a favor de que el País Vasco debe de integrase a Navarra y, lo contrario, aquellos que defienden la idea de que Navarra debería de anexionada al País Vasco. Afirmando para estos la existencia de la denominada Euskadi de las siete provincias (o los siete territorios históricos que lo mencionan y que vendrían hacer: los pertenecientes actualmente al País Vasco: Vizcaya, Guipúzcoa, Álava, además de la Comunidad de Navarra, y de la región francesa del departamento de los Pirineos Atlánticos de Aquitania: Baja Navarra, Labort y Sola). Pero a pesar de sus diferencias lo que les unen es que se declaran a favor de la separación de Navarra de España. "¡Gora Nafar Estatu!", "¡Viva el Estado de Navarra!".

Diferenciados de los navarristas del párrafo anterior mencionado están los navarristas foralistas españolistas. "Desde otros sectores ideológicos hay quienes también comparten esa idea sobre el enfrentamiento o convivencia de dos proyectos distintos, uno navarrista y otro vasquista, como Jesús Urra, cuando explica sobre la identidad de la población navarra que "se bifurca en una doble dirección: por un lado quienes se sienten navarros y españoles y por otro quienes nos sentimos navarros y vascos". Miguel Izu en su escrito Identidades y navarrismo.

Wbes.ono.com (Diario de Noticias 07.01.2003)". "¡Viva Navarra foral y española!".

1) Veamos como ejemplo la siguiente posición ideológica en donde se afirma que el País Vasco debe de integrarse a Navarra:

Navarra con "B"

"De manera más vistosa represento (según el blog NABARLUR se refiere a un mapa que refleja la territorialidad completa de Nabarra) el territorio de la "Navarra oficial" o "Navarra reducida" en palabras de Tomás Urzainqui. Esta es la única parte de Nabarra que la Sacrosanta Constitución Española reconoce como tal, pero cada vez más nabarros queremos darle la vuelta a esta situación reivindicando la totalidad del territorio.

Afortunadamente, los conquistadores no han conseguido borrar la historia y gracias a la labor de nuestros historiadores, podemos saber que los actuales territorios de Álava, Bizkaia, Gipuzkoa y la Rioja formaban parte de Nabarra hasta que fueron poco a poco conquistados por Castilla: 1076, 1134, 1173, 1199, 1378, 1461... hasta la definitiva de 1512.

Más allá de los límites que hoy en día, el Estado Español da a estos territorios, "el territorio de los Nabarros llegaba hasta donde nace el río Ebro" según dejó escrito Eghinardo, cronista de Carlomagno (S. VIII). Todavía se conservan muchos castillos navarros que se extendían en las comarcas de Trasmiera, Merindades de Castilla la Vieja, Urbel, Ubierna, Bureba, Riojilla y toda la Rioja hasta Ágreda. (Los trabajos de Iñaki Sagredo son muy clarificadores en este tema).

Al norte de los pirineos la pérdida de territorios fue de igual manera ante Francia pasando por 300 años de ocupación inglesa: 1063, 1177, 1453... hasta la definitiva de 1620.

Nabarra es el estado que crearon los vascones de antaño para protegerse de los ataques de nuestros belicosos vecinos. Como vestigios de aquella soberanía perdida, persisten gracias a la defensa de muchos nabarros parte de los fueros y el euskara o lingua navarrorum.

En cuarto lugar represento las tierras de Aragón y Gascuña. Dos territorios que formaron parte de Nabarra pero fueron separados de ella. Aragón se constituyó en reino independiente y Gascuña tras 300 años en manos inglesas terminó conquistada por Francia en 1453 y definitivamente en 1620. (Nuestro país: Nabarra. 19-12-2012 - Nabarlur.blogspot.com.es).

Nota.- Sobre la defensa de Nabarra desde otro punto de vista lo podemos observar en el escrito el Navarra con "B" = Nabarra por Iritzia. 09.07.2014. Martinttipia.com). O en el blog, soberaniadenavarra.blogspot.com.es.

2) Veamos como ejemplo la siguiente posición ideológica en donde se afirma que Navarra debe de anexionarse al País Vasco:

- 24.02.2014: El presidente de Sortu, Hasier Arraiz, ha abogado por dar pasos por "la unidad territorial" de la Comunidad Autónoma Vasca, Navarra y el País Vasco-francés, antes ir "hacia la independencia". Además, ha asegurado que EH Bildu había llegado la semana pasada a un acuerdo con el grupo del PNV del que partiría la ponencia de autogobierno y "lo rompió" el partido dirigido por Andoni Ortuzar que llegó a un consenso con el PSE-EE. (*Sortu fija su hoja de ruta: primero la anexión de Navarra y después la independencia.* Europa Press- 20minutos.es).

- 06.07.2015: Barcelona. (Redacción y agencias).- La primera gran polémica del nuevo gobierno municipal de Pamplona encabezado por EH Bildu ha llegado por San Fermín. El izado de la ikurriña, [la bandera oficial del País Vasco y no de la Comunidad de Navarra. Una forma de identificar el provasquismo] por primera vez, en la fachada del Ayuntamiento durante el chupinazo que da el pistoletazo de salida a las tradicionales fiestas ha desencadenado la tormenta política en Navarra, hasta el punto de que la Delegación del Gobierno en la comunidad foral ha presentado un recurso en el juzgado de guardia contra la decisión del consistorio.

La delegada del Gobierno en Navarra, Carmen Alba, ha explicado que en el recurso contencioso administrativo, articulado por la Abogacía del Estado, se señala que la presencia de la ikurriña va "en contra de la legalidad vigente", además de ser contraria "al sentir de la mayoría de los navarros". "La ley no lo permite", ha dicho la delegada, quien ha insistido en que "todas las instituciones, y el ayuntamiento la primera, deben cumplir la legalidad". (*Polémica en Pamplona por el izado de la ikurriña en el Ayuntamiento en San Fermín.*Lavanguardia.com).

3) Veamos como ejemplo aquella posición ideológica en donde se afirma la navarridad: por la unidad de los navarros y navarras en la defensa de Navarra y la recuperación de sus libertades, territorio e identidad:

DESPUÉS DEL 24 DE MAYO

18 DE JUNIO DE 2015 ARTICULOS
POR JOSE LUIS YABEN BENGOETXEA

Han pasado las elecciones, con alegrías para unos, y decepciones para otros.

Me viene a la memoria los análisis y argumentos que en su tiempo el gran Telesforo Monzón aportaba respecto a la situación en Nabarra. En uno de sus comentarios del Jarrón Roto afirmaba:

"Resulta ridículo e indignante oír hablar de que Nabarra ya vendrá, ya se incorporará, ya se sumará a las

instituciones vascongadas. Nabarra no tiene porqué venir a ninguna parte, ni incorporarse a nadie. A Nabarra le corresponde estar y ser (egon eta izan). Nabarra es Nabarra. Nabarra comienza en las playas del Cantábrico, que es el mar de Nabarra. Nuestra lengua es la lingua Navarrorum y el arrano beltza da sombra a todos los vascos de la tierra. Iruña, origen de los baskones, es la capital de Euskal Herria, es decir, de Nabarra osoa. Ante la provocación y la violencia con la que se nos quiere lanzar el jarrón al suelo para hacerlo añicos, advertimos a los jóvenes de esta tierra, patriotas navarros del mundo entero, cualquiera que sea vuestra ideología, por muy divididos que nos hallemos hoy, una sola consigna suprema, un sólo grito, por encima de todos los otros: "¡Gora Nabarra osoa!"

Este discurso de Telesforo encaja perfectamente en la situación actual, y sobre todo, después de los resultados esperanzadores de las elecciones recientes.

Sería muy aconsejable consolidar una unión entre la sociedad navarra para recuperar la libertad y soberanía como cuando se erigió el Monumento de los Fueros en Iruña, "libertades más dignas de amor que la propia vida", como señala en los textos fijados en bronce en dicho monumento; y formalizar un proceso constituyente de Nabarra, como sujeto político nacional e internacional, que tiene la legitimidad, legalidad, unidad, territorialidad, jurisdicción, sociedad y soberanía.

Y se deroguen las leyes antiforales y antinavarras; ley paccionada y amejoramiento, actualizando la Constitución de Nabarra, y que sea refrendada por todas las nabarras y nabarros.

Los robles del Irati mueren de pie.

Publicado en Diario de Noticias

(Fuente: http://www.libertate.eu/despues-del-24-de-mayo/).

11.1.6. Algo más sobre los navarristas vascos

Los nacionalistas vascos bajo su condición de navarristas identifican al navarrismo con el vasquismo. Se sitúan en ésta posición cuando afirman de sus derechos históricos territoriales y bajo el amparo y del pensamiento que surge del procedimiento constitucional de anexión de Navarra a Euskadi contenido en la Disposición Transitoria Cuarta de la Constitución Española de 1978.

Cuarta

1. En el caso de Navarra, y a efectos de su incorporación al Consejo General Vasco o al régimen autonómico vasco que le sustituya, en lugar de lo que establece el artículo 143 de la Constitución, la iniciativa corresponde al Órgano Foral competente, el cual adoptará su decisión por mayoría de los miembros que lo componen. Para la validez de dicha iniciativa será preciso, además, que la decisión del Órgano Foral competente sea ratificada por referéndum expresamente convocado al efecto, y aprobada por mayoría de los votos válidos emitidos.

2. Si la iniciativa no prosperase, solamente se podrá reproducir la misma en distinto período del mandato del Órgano Foral competente, y en todo caso, cuando haya transcurrido el plazo mínimo que establece el artículo 143.

11.1.7. ¿Y cómo surge y se define no pertenecer al País Vasco y ser una Navarra propia?

La respuesta la podemos hallar por un lado cuando surge el navarrismos en los años setenta del siglo XX ("El navarrismo es la corriente política plural, surgida en los años setenta del pasado siglo con la finalidad de defender la navarridad, es decir, la identidad navarra frente a los intentos de absorción impulsados por el unionismo euzkadiano o euskalherríaco." Palabras de Jaime Ignacio del Burgo de Unión del Pueblo Navarro (UPN) en el VI congreso de UPN, 3-2-2001). El mismo que en 1976 expresaba (Punto y Hora de Euskal Herria, nº 11/15 septiembre 1976) que "sólo el pueblo navarro tiene derecho a decidir si acepta o no la existencia de un poder político supranavarro, intermedio entre Navarra y el Estado Español. Mientras tanto sólo la Diputación Foral y el Consejo Foral, cuya representatividad democrática confiamos sea plena en las próximas elecciones, constituyen los únicos órganos propios de poder. No se olvide que cualquier alteración del "status" de 1841 tan sólo puede hacerse mediante nuevo pacto suscrito por la representación legítima de Navarra, encarnada por la Diputación Foral como heredera y depositaria de la soberanía foral del pueblo navarro", según se hace referencia de la opinión Navarra nación por Fernando Carlos Sánchez Aranaz, publicado en la web del Partido Carlista de Euskalherria. Eka-partidocarlista.com).

Por otro lado, con este navarrismo de los años setenta se une también en los últimos años de dicha década el suceso político de la condición de las fuerzas políticas interviniente. De aquella si pertenecer al País Vasco o a una Navarra propia, como se puede leer en la siguiente nota hallada en wikipedia del cual transcribimos:

Amejoramiento del Fuero

Son tres las disposiciones de la Constitución española de 1978 que afectan directamente a Navarra: Primero la Disposición Adicional Primera que reconoce los derechos históricos de los territorios forales, en segundo lugar la Disposición Transitoria Cuarta, que establece el derecho a decidir de los navarros sobre su incorporación a la autonomía del País Vasco y por último la Disposición

Derogatoria Segunda que excluye a Navarra de la derogación de la Ley de Confirmación de Fueros de 1839.

En ese momento en Navarra se inicia un debate identitario en el que se plantea su situación en el contexto del mapa autonómico. Inicialmente había dos posturas: una proponía que Navarra formara parte del proceso autonómico vasco y la otra proponía que se emprendiera un proceso distinto y propio. En el primer grupo se encontraba el nacionalismo vasco, algunos sectores de izquierda y el PSOE-PSN, en el segundo grupo militaban la UCD, su escisión UPN y algún otro grupo político, lo que suponía un equilibrio de fuerzas.

Resultó decisivo el cambio de postura del PSN encabezado por Gabriel Urralburu aceptando los postulados de la vía navarra propia. Así se conformó una mayoría en las primeras elecciones al Parlamento de 1979. (Amejoramiento del Fuero, Es.wikipedia.org).

Según Jaime del Burgo expresidente de la Diputación navarra y senador de UCD nos presenta una tesis, que resulta ser, según él, el principal factor, del porqué es imposible la unión de Navarra al País Vasco, y es por cuestión Estatutaria. Véase la siguiente declaración del expresidente Del Burgo:

Opinión: Imposible unión de Navarra al País Vasco

La superposición del Estatuto de Autonomía vasco con el régimen foral de Navarra es absolutamente imposible, toda vez que el viejo reino tiene unas cotas de autonomía que serán difíciles de alcanzar por la comunidad autónoma vasca a corto plazo, según manifestó ayer el presidente de la Diputación Foral de Navarra y senador por UCD, Jaime del Burgo. Durante la conversación mantenida con EL PAÍS, el presidente de la Diputación se mostró optimista con respecto al futuro de Navarra y solicitó «a nuestros vecinos vascongados que nos dejen un poquito tranquilos».

"El Estatuto de Guernica va a suponer para el País Vasco un auténtico reto, porque si sobre el papel es fácil plantear una serie de cuestiones y hacer el reparto de competencias entre el Estado y la comunidad autónoma, cuando se parte de cero, como es el caso de Euskadi, improvisar una administración moderna y que funcione es bastante complicado. Y como el Estatuto es realmente autonómico», precisó Del Burgo, «sustituir el Estado centralista por los nuevos organismos y poner en marcha esa administración autonómica va a ser un proceso que tardará bastante tiempo y que exigirá un esfuerzo importante de los dirigentes vascos. Para Navarra, este Estatuto tiene una nota positiva: es previsible que la auténtica presión que se está ejerciendo para la integración en Euskadi disminuya. Creo que esto es muy positivo para Navarra." (Del Burgo considera imposible la superposición del Estatuto vasco con el régimen foral de Navarra. Elpais.com, 04.11.1979).

Hablemos de los partidos intervinientes foralistas-españoles en especial de UCD y de UPN

- Unión de Centro Democrático (UCD) fue una coalición política y posteriormente un partido político español de centro –de ámbito nacional- cuyo líder fue Adolfo Suárez. Se fundó como coalición de 16 partidos políticos en mayo de 1977 durante la Transición, para luego fundarse como partido en agosto de 1977, se disolvió en febrero de 1983.

- Unión del Pueblo Navarro (UPN) es un partido de ámbito regional, activo, de centro-derecha, foralista y en el navarrismo político, en la Comunidad Foral de Navarra, se funda en 1979, y se dice de éste que fue una escisión de UCD: "El partido regionalista, (nacido en 1979, lo que ya se sabe, como escisión de la UCD por considerar que éstos eran unos tibios en la defensa del régimen foral) ha decidido definirse a finales del siglo XX como un partido nacionalista navarro", del artículo El imposible nacionalismo navarro, del doctor en Historia Contemporánea, Ángel Pascual Bonís. 23-05-2003. Elpais.com).

Es un partido de coalición o bien con el PP o el PSN. Véase un motivo por la cual el UPN alcanza acuerdos con el PP y con el PSN, que desde luego pueden en un futuro disolverse, lo cual se convierte en estratégico; de ahí que sea considerado partido de centro.

> *"PP y UPN acuerdan ir juntos a las elecciones tres años después de su ruptura. Las direcciones de ambos partidos, con Rajoy y Barcina a la cabeza, llegan a un acuerdo en Madrid. Barcina dice que el pacto no tiene por qué afectar al Gobierno foral, que comparte con el PSOE" Parecía imposible hace solo unos meses, pero el adelanto electoral y una sola reunión en Madrid han sido suficientes para un nuevo acuerdo entre PP y UPN, que acudirán juntos a las elecciones generales del 20 de noviembre. Solo tres años después de su sonada ruptura y transcurridos tres meses desde que concurrieran por separado a los comicios de mayo en Navarra, ambas formaciones se unen ahora con un objetivo común: evitar que la nueva coalición entre Bildu y Aralar se convierta en la primera fuerza en la Comunidad foral. La presidenta de UPN, Yolanda Barcina, ha asegurado este viernes que el pacto no tiene por qué afectar al Gobierno foral, que comparte con el PSOE." (PP y UPN acuerdan ir juntos a las elecciones tres años después de su ruptura. 08-09-2011). politica.elpais.com).*

El UPN ve al nacionalismo vasco como enemigo. Pero se ha presentado el caso que UPN se ha aliado con Bildu. Y UPN actualmente sufre una crisis interna.

1) UPN enemigo del nacionalismo vasco

> *"Tras su 6º Congreso, UPN sigue teniendo al nacionalismo vasco como enemigo político número uno y principal elemento aglutinador de su quehacer gubernamental. Los socialistas son vistos como socios presupuestarios y de pacto antiterrorista en la defensa de un mismo modelo autonómico. Como reconoció el saliente secretario general de UPN,*

Rafael Gurrea, 'si no existiera el nacionalismo vasco, UPN sería un partido totalmente distinto'.

En su discurso ante las bases de UPN, el secretario general del PP, Javier Arenas, levantó grandes aplausos cuando puso a UPN como ejemplo del compromiso en defensa de la Constitución española 'que es la garantía del desarrollo autonómico y la garantía de la personalidad de Navarra y de su foralidad'. (Miguel Sanz y el sector oficial barren en el sexto Congreso de UPN. UPN considera al nacionalismo vasco como su principal enemigo. Mikel Muez. 05.02.2001. Elpais.com).

2) El UPN aliado de Bildu.

Remírez argumenta que UPN ha pactado con los abertzales en algunos ayuntamientos y Jiménez cree que no hay un problema de «siglas». Por su parte, el portavoz de la Ejecutiva socialista, Javier Remírez, ha respondido a quienes critican que el PSN esté dispuesto a aliarse con Bildu para una moción de censura. Remírez ha admitido que esa necesidad «chirría», pero ha subrayado que UPN ha pactado presupuestos con la formación abertzale en ayuntamientos como Olite y Tafalla, en una entrevista en Cope. (El PSN no descarta apoyarse en Bildu para desbancar a Barcina de la presidencia de Navarra. EP. 13.02.2014. Abc.es).

3) UPN crisis interna

02-04.2013: La imputación del expresidente de Navarra, Miguel Sanz; el exconsejero de Economía, Álvaro Miranda; y el actual alcalde de Pamplona, Enrique Maya, por el cobro de dietas dobles y triples de "dudoso sustento legal" en un órgano opaco de Caja Navarra complica la situación de la presidenta regional Yolanda Barcina. (*La presidenta de Navarra, acorralada tras las imputaciones por las dietas de la caja regional.*Eldiario.es).

14.02.2014: La Presidenta del Gobierno de Navarra, Yolanda Barcina, desde el 1 de julio de 2011, también presidenta del partido UPN, desde 2009, está cuestionada por su trayectoria política. Lo cual sus allegados del partido buscan ahora su recambio. Y la oposición pide que convoque elecciones (para el 25 de mayo de 2014) o afronte una moción de censura está «condicionado» a que una comisión de investigación parlamentaria confirme las denuncias contra la consejera de Hacienda, Lourdes Goicoechea. (*Barcina, contra las cuerdas tras años de polémicas en Navarra.* Diariodenavarra.es).

26.06.2015: La expresidenta navarra Yolanda Barcina deja la política y no optará a la reelección como presidenta de UPN en el próximo congreso extraordinario. (La expresidenta de Navarra Yolanda Barcina deja la política. Eleconomista.es).

11.1.8. Las elecciones como marco político de referencia del nacionalismo y separatismo

Está claro que el separatismo provasquista en Navarra ya se ha institucionalizado, por lo tanto ya forma parte del Estado español. Y las pruebas nos las da según fuentes electorales, elecciones autonómicas y municipales 2015 en la Comunidad Foral de Navarra, en donde el UPN pese a ganar las elecciones autonómicas ya no gobierna en Navarra tras el pacto alcanzado por las fuerzas políticas constituyentes provasquistas. Mientras que en las municipales últimas las concejalías se hayan distribuidas a favor de los provasquistas y foralistas.

A) Elecciones en la Comunidad Foral de Navarra

1) Las elecciones al Parlamento de Navarra

El Parlamento de Navarra o Cortes de Navarra su asamblea legislativa está formada por cincuenta ciudadanos electos, llamados parlamentarios forales.

El Parlamento de Navarra, tal y como fue instituido en 1982 por la Ley Foral de Reintegración y Amejoramiento del Régimen Foral de Navarra ha cumplido hasta ahora siete legislaturas, o periodos de cuatro años para el que son elegidos sus miembros:

1983-1987; 1987-1991; 1991-1995; 1995-1999, 1999-2003, 2003-2007 y 2007-2011. Y es el Parlamento de Navarra quien elige al Presidente del Gobierno de Navarra, según el artículo 29 de la Ley Orgánica de Reintegración y Amejoramiento del Régimen Foral de Navarra: "El Presidente del Parlamento de Navarra, previa consulta con los portavoces de los designados por los partidos o grupos políticos con representación parlamentaria, propondrá un candidato a Presidente de la Comunidad Foral de Navarra."

En esta oportunidad creemos oportuno y necesario sólo recurrir a los datos históricos de las tres últimas elecciones autonómicas celebradas en los años 2003, 2007 y 2011, para determinar en qué situación se encuentra el nacionalismo y el separatismo en Navarra.

Según veremos en los resultados electorales La Unión del Pueblo Navarro (UPN) revalida su posición como fuerza más votada. Como segunda fuerza política se mantiene el Partido Socialista de Navarra-Partido Socialista Obrero Español (PSN-PSOE). Seguidos de ARALAR (Aralar es un partido político español de ideología independentista vasca, con presencia en la comunidad autónoma del País Vasco y la comunidad foral de Navarra), Convergencia de Demócratas de Navarra (CDN) partido de centro y regionalista, disuelto en 2011. La coalición Euzko Alderdi Jeltzalea-Partido Nacionalista Vasco- Eusko Alkartasuna (EA, Solidaridad Vasca en euskera) (EAJ-PNV-EA). Izquierda Unida de Navarra - Nafarroako Ezker Batua (IUN-NEB). BATZARRE partido vasquista y republicano. Partido Humanista (PH). BILDU es una coalición separatista vasca y está conformada por los partidos políticos Eusko Alkartasuna y Alternatiba, las agrupaciones Herritarron Garaia y Araba Bai, y otros independientes abertzales (término que se utiliza aludida a la ideología nacionalista vasca) y de izquierda.

a) Elecciones Autonómicas 2003
Partidos – Escaños – Votos – Porcentajes:

UPN 23–127.460 - 42.48%, PSN-PSOE 11–65.003 - 21.67%, IU/NEB 4 –26.962- 8.99%, ARALAR 4 –24.068–8,02%, CDN 4 –23.516 – 7,84%, EAJ-PNV/EA 4 –22.824–7,61%, BATZARRE 0 - 7.873–2,62%, PH 0 - 1.290–0,43%,E.K.A.-P.C. 0 - 1.017-0.34 %.

Datos generales de la elección: Censo: 464.807, Votantes: 328.609 (70,7%), Abstención: 136.198 (29,3%), Válidos: 307.317, A candidatura: 300.013 (97,6%), Blancos: 7.304 (2,4%). (Fuente: *Archivo histórico electoral.*http://www.argos.gva.es/ahe/).

b) Elecciones Autonómicas 2007
Partidos - Escaños - Votos – Porcentajes:

UPN 22 - 139.122 –42,78%, NA-BAI 12 –77.893 –23,95%, PSN-PSOE 12 –74.157 –22,81%, CDN 2 –14.418 –4,43%, IUN-NEB 2 –14.337 –4,43%, RCN-NOK 0 – 4.707 –1,45%, EKA 0 - 541 –0,17%
Datos generales de la elección: Censo: 471.647, Votantes: 347.851 (73,8%), Abstención: 123.796 (26,2%), Válidos: 329.755, A candidatura: 325.175 (98,6%), Blancos: 4.580 (1,4%). (Fuente: *Archivo histórico electoral.* http://www.argos.gva.es/ahe/).

c) Elecciones Autonómicas 2011
Partidos - Escaños - Votos – Porcentajes:

UPN 19 – 111.474–35,38 %, PSN-PSOE 9 – 51.238–16,26%, NA-BAI2011 8 – 49.827– 15,81%, BILDU 7 – 42.916– 13,62%, PP 4 – 23.551– 7,47%, IZQ-EZK 3 18.457 - 5.86%, CDN 0 – 4.654– 1,48%, VN/NB 0 – 4.235 – 1,34%, RCN-NOK 0 3.166 - 1%, UPYD 0 –2.2012- 0.70%, IXN 0 1.332 – 0,42%, SAIN 0 – 1.054 - 0.33%, DNE 0 - 977- 0.31%.

Datos generales de la elección: Censo: 485.386, Votantes: 327.281 (67,4%), Abstención: 158.105 (32,6%), Válidos: 323.254, A candidatura: 315.093 (97,5%), Blancos: 8.161

(2.5%).   (Fuente: *Archivo*   *histórico*
electoral.http://www.argos.gva.es/ahe/).

d) Elecciones Autonómicas 2015
Partidos - Escaños – Votos – Porcentajes:

Unión del Pueblo Navarro (UPN) 15 - 92.705 - 27%, Geroa Bai
G-BAI 9 – 53.497 - 16.15%, EH BILDU 8 - 48.166 – 14,54%,
PODEMOS 7 – 46.166 – 13.95%, Partido Socialista de navarra
(PSN-PSOE) 7 – 45.164 – 13,63%, Partido Popular (PP) 2 –
13.289 – 4,01%, Coalición Izquierda-Ezkerra (I_E(n) 2 – 12.482
– 3,77%, Ciudadanos – Partido de la Ciudadanía (C' s) 0 – 9.993
– 3,02%, Partido Animalista contra el Maltrato Animal PACMA
0 – 2.304 – 0,70%, EQUO Partido Verde Europeo/ Europako
Alderdi Berdea (EQUO) 0 – 2.170 – 0,66%, Unión Progreso y
Democracia (UPyD) 0 – 1.740 – 0,53%, Representación
Cannabica Navarra Nafarroako Ondezkaritza Kanabikoa (RCN-
NOK) 1.733 – 0,52%, Libertad Navarra-Libertate Nafarra (Ln) 0
– 955 – 0,29%, Solidaridad y Autogestión Internacionalista
(SAIn) 0 – 880 – 0,27%.

Datos generales de la elección:
Censo: 501.267, Votantes: 342.173 (68,3%), Abstención:
159.094 (31,7%), Válidos: 337.895, A candidatura: 331.285
(98,0%), Blancos: 6.610 (2,0%). (Fuente: *Archivo histórico
electoral.* http://www.argos.gva.es/ahe/).

2) Las elecciones Locales (Municipales) de Navarra

La Comunidad Foral de Navarra cuenta con 272 municipios (y
cuenta con 1.003 pueblos, según información del portal Pueblos
de Navarra.es http://www.pueblosdenavarra.es/).
La Ley Orgánica del Régimen Electoral General establece que el
último domingo de mayo cada cuatro años se celebran en España
Elecciones Municipales. El Real Decreto de convocatoria de las
Elecciones Municipales se acuerda en Consejo de Ministros a
propuesta conjunta de los Ministerios del Interior y de
Administraciones Públicas. Se expedirá el día 31 marzo de 2003,

se publicará en el B.O.E. al día siguiente y entrará en vigor el mismo día de su publicación: el día 1 de abril de 2003.

Más información: Artículo 42 LOREG. Artículo 185 LOREG. Disposición Adicional Quinta LOREG. (http://www.elecciones.mir.es/eleccanteriores/mun200305/preguntas_01.htm).

a) Elecciones Municipales 2003
Partidos – Concejales – Votos – Porcentajes:

UPN 335 - 99.962 –33,18%, PSN-PSOE 260 - 62.802 – 20,84%,IU/EBN 43 – 22.160 – 7,35%, ARALAR 18 – 14.344 – 4,76% - EAJ-PNV/EA 22 – 10.719 – 3,58%, CDN 17 – 10.440 – 3,46%, BATZARRE 15 – 8.449 – 2,8%, EA 46 – 5.851 – 1,94%, CPVA 8 – 5.851 – 1,94%, CPVA 8 – 1.598 – 0,53%, A.I.F. 7 – 870 – 0,29%, A.I.A. 8 – 715 – 0,24%, A.I.L. 7 – 598 – 0,2%, HT 11 – 579 – 0,19%, AH 7 – 472 – 0,16%, AES 9 – 430 – 0,14%, I.E. 9 – 427 – 0,14%, etc.

Resumen del escrutinio de Navarra:
Censo: 451.476–Participación: 319.816 (70,84%), Abstención: 131.660 (29,16%), Votos válidos: 301.302 (94,21%), Votos nulos: 18.514 (5,79%), Votos en blanco: 9.425 (3,13%). (Fuente: Infoelectoral.interior.es).

b) Elecciones Municipales 2007
Partidos – Concejales – Votos – Porcentajes:
Concejales totales: 1787

UPN 336 -110.910 – 33,11%, PSN-PSOE 244 – 63.594 – 18,98%, NB 133 – 52.387–15,64%, EAE-ANV 93 – 20.690 – 6,18%, IUN-NEB 21 – 12.220 – 3,685%, CDN 16 – 7.699 – 2,3%, EA 39 – 2.826 - 0.84%, CPVA 10 – 2.142 – 0,64%, U.PE.I 7 –1.597 –0,48%, AISS 7 – 1.381 - 0.41%, GIF 10 – 1.166 - 0.35%, AICC 7 - 779 –0,23%, EAJ-PNV 9 - 754 –0,23%, AIA 7 - 584 – 0,17%, AIM 16 - 546 - 0.16%, LT 7 - 443 – 0,13%, B 7 - 369 –0,11%, AN 7 - 368 –0,11%, AIS 9 - 359 – 0,11%, AEE 7 - 308 –0,09%, AEIIA 7 – 296 –0,09%, CIVA 7 -

281 –0,08%, AISM 7 - 220 –0,07%, C.A.I. 7 - 204 – 0,06%, HK-CP 7 - 200 –0,06%, AEE 7 - 184 –0,05% ZA 7 - 162 –0,05%, AIA 7 - 159 – 0,05%, AT 7 - 149 –0,04%, RESTO 721 – 40.998 – 12,24%.

Resumen del escrutinio de Navarra: Censo: 468.076, Total votantes: 342.610 (73.2%), Abstención: 125.466 (26.8%), Votos válidos: 335.001 (97,78%), Votos nulos: 7.609 (2.22%), Papeletas a candidaturas: 326.539 (97,47%), Votos en blanco: 8.462 (2.53%). (Fuente: Infoelectoral.interior.es).

d) Elecciones Municipales 2011
Partidos – Concejales – Votos – Porcentajes:
Concejales totales: 1.845

U.P.N. 323– 88.156–27,7%, PSN-PSOE 238– 50.491 – 15,87%, BILDU-EA 184 – 37.017 –11,63%, NABAI 2011 70 – 36.262 – 11,39%, PP 46 – 19.053 – 5,99%, IUN-NEB 24– 15.050– 4,73%, CDN 13 – 3.039 - 0,95%, C.P.V.A. 10 – 2.558 – 0,8%,AB 5 1.255 - 0.39%, UNION PERALTESA DE IZQUIERDAS 5 – 1.191– 0,37%, APS 6 – 1.112 – 0,35%, EAJ-PNV 9 – 1.043 – 0,33%,G.I.H. 5 - 946 – 0,3%, A. I. SAN SEBASTIAN 5 - 836 – 0,26%, A. I. FALCESINA 6 - 731 – 0,23%, IC 5 – 625 – 0.2%, E.A. 8 – 596, 0,19%, S.I.A. 6 - 596 – 0,19%, A.I.M. 7 - 592 – 0,19%, HERRIKO TALDEA 12 - 449 – 0,14%, LEKUNBERRIKO TALDEA 6 - 415 – 0,13%, A. INDPTE. SANTACARA 7 - 394 – 0,12%, AEE 6 - 249 –0,08 %, FIM 7 - 187 – 0,06%, AGRUPACION ELECTORAL EZKA 7 - 179 – 0,06%, AEE 7 - 173 – 0,05%, LUZAIDEGATIK 7 - 160 – 0,05%, LANDERRI 7 - 158 – 0,05%, ARESO ERAIKIZ 7 - 147 –0,05%, ARRIBE TALDEA 7 - 140 – 0,04%, C. INDPTE. LA SOLANA 7 - 138 – 0,04%, AISHT 7 - 127 – 0,04%, AIZ 6 – 123–0,04%, A. E. INDPTE. ASPRA 7 - 122 –0,04%, A. E. SAN ESTEBAN 7 - 119 – 0,04 %, AIVM 7 - 108 – 0,03%, A.I.LAZAGORRI 7 - 108 –0,03%, ZURIAIN-ANUE 7 - 103 – 0,03%, C.I.DEL VALLE DE SANTESTEBAN DE DEIO 7 - 91 –0,03 %, RESTO 718 – 41.715- 13.11%.

Resumen del escrutinio de Navarra:

Censo: 464.559, Total votantes: 323.876 (69,72%), Abstención: 140.683 (30,28%), Votos válidos: 318.249 (98,26%), Votos nulos: 5.627 (1,74%), Papeletas a candidaturas: 307.858 (96,73%), Votos en blanco: 10.391 (3.27%). (Fuente: Infoelectoral.interior.es).

e) Elecciones Municipales 2015
Partidos – Concejales – Votos – Porcentajes:

Unión del Pueblo Navarro (UPN) 281 - 79.472 - 24,91%, Euskal Herria Bildu (EH BILDU) 297 - 54.127 - 16,97%, Partido Socialista Obrero Español (PSOE) 208 - 43.460 - 13,62%, GEROA BAI (GBAI) 59 - 29.177 - 9,15%, Izquierda Unida (IU) 23 - 14.829 - 4,65%, Partido Popular (PP) 21 - 11.412 - 3,58%, Candidatura Popular del VALLE de ARANGUREN (CPVA) 10 - 3.382 - 1,06%, Cambiando BURLADA/BURLATA ALDATUZ (CAMBIANDO BURLADA/BURLATA ALDATUZ) 5 - 2.424 - 0,76%, LODOSA ORGANIZACION de Independientes Unidos (L.O.I.U.) 7 - 1.383 - 0,43%, Unión PERALTESA de Izquierdas (U.PE.I.) 6 - 1.315 - 0,41%, Agrupación Progresista de SANGUESA -ZANGOZAKO TALDE Progresista (APS) 6 - 1.131 - 0,35%, AGRUPEMOS OLITE/ERRIBERRI ELKARTU (AO/EE) 6 - 1.043 - 0,33%, Socialistas Independientes de ABLITAS (SIA) 8 – 927 - 0,29%, Agrupación Independiente SAN SEBASTIAN (A.I.S.S.) 5 – 869 - 0,27%, Independientes de CARCASTILLO (I.C.) 6 – 777 - 0,24%, Agrupación Independiente FALCESINA (AIF) 5 – 656 - 0,21%, ARTAJONA GESTION y DESARROLLO (A.G.D) 6 – 616 - 0,19%, Agrupación Independiente CENDEA de GALAR (A.I.C.G.) 6 – 561 - 0,18%, Agrupación Independiente de LUMBIER (AIL) 5 – 552 - 0,17%, AYEGUI UNIDO (AU) 6 – 528 - 0,17%, Agrupación Independiente SANTACARA (AIS) 7 – 499 - 0,16%, LEKUNBERRIKO TALDEA (LEKUNBERRIKO TALDEA) 0 - 491 - 0,15%, Agrupación NEKEAS (AN) 0 – 421 - 0,13%, Agrupación Independiente AMESCOA - BAJA (AGRUPACIÓN INDEPENDIENTE AMESCOA – BAJA) 0 – 328 - 0,10%, HERRIARENGATIK (HERRIARENGATIK) 12 – 297 - 0,09%, Agrupación Independiente BARASOAIN (A.I.B) 0 – 291 - 0,09%,

Agrupación Independiente TIEBAS-CAMPANAS-MURUARTE (AGRUPACION INDEPENDIENTE TIEBAS-CAMPANAS-MURUARTE) 0 – 274 - 0,09%, Agrupación Electoral MAÑERU (AEM) 0 – 256 - 0,08%, Candidatura Asamblearia Independiente (CAI) 0 – 247 - 0,08%, Agrupación Unidos por GARINOAIN (AUG) 0 – 230 - 0,07%, Agrupación Independiente HARROBIA (A.I.H.) 0 – 199 - 0,06%, LANDERRI (LANDERRI) 7 – 185 - 0,06%, UXIN (A.I.U.) 7 – 166 - 0,05%, URROZ GOITI (UG) 7 – 161 - 0,05%, Agrupación Electores AUZOLAN (AUZOLAN) 7 – 155 - 0,05%, Agrupación Independiente de ODIETA/ODIETAKO ELKARTE Independientea (A.I.O./O.E.I.) 0 – 151 - 0,05%, HERRIKO TALDEA (HT) 6 – 145 - 0,05%, Agrupación Independiente OLAIBAR (AIO) 7 – 139 - 0,04%, ARBIDE TALDEA (ARBIDE TALDEA) 7 – 134 - 0,04%, ARESO ERAIKIZ (ARESO ERAIKIZ) 7 – 129 - 0,04, Agrupación VILLA de LIEDENA (AGRUPACION VILLA DE LIEDENA) 7 – 129 - 0,04%, Agrupación Electoral EULATE (A.E.E.) 7 – 128 - 0,04%, Agrupación Independiente LAZAGORRI (AGRUPACIÓN INDEPENDIENTE LAZAGORRI) 7 – 124 - 0,04%, Agrupación de Electores SAN ESTEBAN de DEIO (SED) 7 - 122 - 0,04%, Agrupación Independiente la SOLANA (A.I.S.) 7 – 120 - 0,04%, Agrupación Independiente IRATI (A.I.I) 7 – 118 - 0,04%, Agrupación Independiente MURIETA (AGRUPACION INDEPENDIENTE MURIETA) 7 – 117 - 0,04%, BEIRE ADELANTE (BEIRE ADELANTE) 7 – 115 - 0,04%, ARTZIBAR HERRI TALDEA (AHT) 7 – 104 - 0,03%.

Datos generales de la elección:
Censo: 470.602, Votantes: 335.289 (71,2%), Abstención: 135.313 (28,8%), Válidos: 329.017, A candidatura: 319.040 (97,0%), Blancos: 9.977 (3,0%). (Fuente: *Archivo histórico electoral.* http://www.argos.gva.es/ahe/).

Como vemos, claramente, bien sea por los datos electorales como institucionales, el separatismo en Navarra ya cobra fuerza. Y el cambio hacia el separatismo provasquista se echa a andar con mayor fuerza. Y es ya la burla a la propia Fuerzas y Cuerpos de la Seguridad del Estado, puesto que la nueva presidenta de la

Comunidad de Navarra, Uxue Barkos, ha entregado a EH Bildu la Consejería de Interior y de Justicia, el control de la Policía Foral de Navarra. (17.07.2015), al que siempre, Bildu, se le ha situado, por la propia Policía Nacional, de ser parte del entramado de ETA, de ser los herederos políticos de ETA, y que aún, esta organización, continúa sin condenar los crímenes contra los miembros de los cuerpos policiales. Se puede decir con esto, que es como "poner al lobo a cuidar de las ovejas". Es desde luego, alarmante, y, además, humillante para la Policía Nacional.

Y ante estos hechos de la presencia de los separatistas en las instituciones navarras, el Gobierno central advierte que ningún consejero navarro pondrá en riesgo la unidad de España. (*El PP advierte de que ningún consejero navarro pondrá en riesgo a España.* Noticiasdenavarra.com, 19.07.2015). Que desde luego, ante los hechos, tales afirmaciones no dicen nada. No pasarán sino hacer las continuas advertencias, las continuas impugnaciones y los continuos gestos de amistad, como nos tienen acostumbrados los Gobiernos centrales de turno, desde la Transición, que no generan ni eficacia ni fortaleza. Lo cual, retrata claramente y una vez más la crisis del Estado español y el desgobierno.

11.1.9. Organizaciones separatistas navarras

Sortu
Aralar
Nafarroa Bai
Geroa Bai (GBAI)
Eusko Alkartasuna (EA)
Euskal Herria Bildu (EH BILDU)
Libertad Navarra-Libertate Nafarra (Ln)

SECCIÓN III - LA RUPTURA DE ESPAÑA ES POSIBLE

CAPÍTULO I - PRECEDENTE HISTÓRICO DEL SEPARATISMO EN ESPAÑA

*"Siempre ha habido tensiones ente el centro y la periferia desde la creación de España por los Reyes Católicos"*John H Elliott.[67]

Los Capítulos anteriormente vistos de la Sección II, El Desafío Separatista, constituyen una evidencia incuestionable que comprueban la existencia de relaciones de causalidad ante los hechos que ocurren en España. Y a efectos de confirmar una vez más esa presencia de causalidad, del vínculo de causa-efecto, cuyas pruebas no quieren ser vista por los separadores del Gobierno central, dejando de lado este principio sino en base a criterios de opinión y de la ambigüedad, pues en la presente Sección seguiremos aportando nuevas pruebas e información, que adecuadamente a través de un análisis crítico iremos respondiendo de la actuación y el comportamiento del nacionalismo y el separatismo, de cómo se va construyendo, cómo se potencializa y se proyecta, y ver su capacidad para concienciar y movilizar a la sociedad civil como la catalana. Y, asimismo, seguiremos aportando más pruebas que nos ayuden a identificar el comportamiento de los Ejes definidores de España, los cuales podríamos ya decir que son muy propicios, desde la Transición, que favorecen el avance y el ascenso del separatismo.

Ejes definidores que se presentan desestructurados, degradados, dispersos, que carecen de fundamento político-ideológico-pedagógico sustentado hacia la unidad de España, y que sólo están condicionados al sistema político establecido desde la Transición. Y que requiere y se demanda de suma urgencia una nueva energía social y política para revertir su posición actual, que difícilmente podríamos responder si es una utopía o una realidad posible, puesto que aún no hay nada trabajado, ni hay consenso ni un diálogo político, ni una acción político-social revolucionaria que determine una respuesta posible hacia esa dirección.

En España aún no se han generado las condiciones y oportunidades dirigidas por entes sociales, académicas, etc., que se dediquen a promover proyectos políticos-ideológicos-pedagógicos integradores hacia la soberanía nacional. Aún es inexistente o carencial esta intervención, lo que sí es cierto es que los entes sociales, académicos, etc., simplemente su marco de actuación se reduce y termina en la observación, o en la crítica, o en ser indiferentes al problema.

1. El Separatismo en España no es algo nuevo

"España no se va a romper", nos decía el ex presidente del Gobierno y actual presidente de FAES, José María Aznar, durante su intervención en el VIII Seminario Luis Portero de Derechos Humanos, 16.12.2013, Granada. Diríamos, honestamente, que las palabras pronunciadas por Aznar no son creíbles ni alentadoras; más bien diríamos que son simplistas, que omite la realidad y el pasado histórico de España.

Sólo basta repasar la historia de España y de la evidencia actual del nacionalismo y separatismo, en donde se advierte su presencia activa hasta en las propias instituciones del Estado, como a la vez de la presencia de una fuerza no antagónica frente al separatismo con la presencia de los separadores, (Nos estamos refiriendo a todos los Gobiernos que han pasado desde la Transición al presente, e incluidos aquellas nuevas fuerzas políticas nacientes como `Podemos´), como para pensar que la ruptura de España sí es posible en un tiempo no lejano. En otras palabras, existen numerosas evidencias y de mucha consistencia que todo lo visto y todo lo que estamos viendo, se puede pensar claramente que la historia de España está escrita hacia su ruptura diríamos desde la Transición.

Señores políticos del centroderecha (PP) y socialdemócratas (PSOE), no podéis intentar o atrapar la historia y manipular las evidencias de la manera cómo ustedes nos la presentan. No podemos encuadernar la historia con mentiras. ¿Por qué permitís que la historia se repita? ¿Por qué utilizáis al pueblo, para luego hacedle daño? ¿Si sabéis que: *"Pueblo que no sabe su historia es pueblo condenado a irrevocable muerte"*? *(Marcelino Menéndez Pelayo, 1856-1912)*.

Por desgracia, la España del presente está castigada a establecer su relación con su pasado, y así, hasta que no se supere a sí misma, España está condenada a repetir su propia historia. Sin lugar a dudas: *"Quien olvida su historia está condenado a repetirla." (Historia est magistra vitae (La historia es la maestra de la vida - Cicerón en el De oratore).*[68] Su significado actual sería que los pueblos que no conocen su historia se ven obligados a repetirla o que los pueblos que olvidan su historia están condenados a repetirla. O por desgracia, cuando España se rompa, habrá un momento que el soberano reaccione y saldrá a aflorar la conciencia nacional y el sentimiento de España, y así, vuelva a surgir o resurgir un nuevo proceso histórico de su Reconquista.

Señores, el nacionalismo y el separatismo en España no es algo nuevo, como así se pretende hacer creer al soberano español. Se ha llegado a un punto de pensar que el afán de los nacionalistas y de los separatistas de convertirse en Estado-nación parte del siglo XX, en cambio para otros, desde el siglo XIX. Y podríamos ir mucho más atrás, desde el siglo XVII, en la época del Borbón Felipe IV, cuando Pau Claris proclama la República Catalana en 1641, o cuando Manuel de Larramendi defendía en el siglo XVIII, ya en los últimos años de vida del rey Fernando VI de Borbón, la existencia de una "nación vascongada, como precursor del foralismo, nacionalismo vasco, el de la independencia y la autonomía de las provincias vascas a través de sus fueros.

Del mismo modo, gracias a los personajes de la historia de España, como Francisco Quevedo, que nos señalan hechos ocurridos en su tiempo, en donde fueron muy críticos con los separatistas, que nos hacen relacionar de su existencia con el presente, y, con ello, nos trae a la conclusión que los españoles estamos aún viviendo en el pasado. Recordemos aquel acontecimiento histórico de la rebelión de 1640 y de la resistencia de las instituciones catalanas y de su búsqueda del autogobierno, que entre otras cosas lo que pretendían los separatistas catalanes era constituir para Cataluña una república independiente bajo la protección de Francia, en las palabras muy críticas contra ellos del Poeta del Siglo de Oro Francisco Gómez de Quevedo Villegas (1580-1645), en el siglo XVII, en "Siglo de Oro Español".[69] Y que podemos relacionarla por su contenido al de uno de los políticos y diplomáticos más importantes de la España del Siglo de Oro, de don Diego de Saavedra Fajardo (1584-1648), que en sus citas nos decían:

Francisco Quevedo y los catalanes

- *"Son los catalanes aborto monstruoso de la política. Libres con señor; por esto el conde de Barcelona no es dignidad, sino vocábulo y voz desnuda. Tienen príncipe como el cuerpo alma para vivir y como éste alega contra la razón apetitos y vicios, aquéllos contra la razón de su señor alegan privilegios y fueros. Dicen que tienen Conde, como el que dice que tiene tantos años, teniéndole los años a él. El provecho que dan a sus reyes es el que da a los alquimistas su arte; promételes que harán del plomo oro, y con los gastos los obligan a que del oro hagan plomo". (¿Cuál fue el origen de la hostilidad de Francisco de Quevedo hacia los catalanes? / César Cervera / 23.10.2014, Abc.es).*

De don Diego de Saavedra Fajardo - Locuras de Europa (1646)

(Diálogo entre el dios Mercurio y el satírico Luciano)

- *Luciano.- "... que ninguna provincia gozaba mayores bienes ni más feliz libertad que Cataluña, porque ella era señora de sí misma; se gobernaba por sus mismos fueros, estilos, y costumbres; vivía en suma paz, y quietud, teniendo un Rey poderosos, más para su defensa, y para gozar de su protección, de sus mercedes, y favores, y de todos los bienes de sus reinos, y Estados, que para ejercer en ella su soberanía. No la imponía tributos, ni la obligaba a asistencias. Si algunas daban, eran donativas, concedidas por graciosas liberalidad, y no por apremio. Si le enviaban Comisarios, representaban la autoridad de Embajadores: sus órdenes no eran mandatos, sino proposiciones". (...). (Locuras de Europa – Diálogo entre Mercurio y Luciano. De don Diego de Saavedra Fajardo. Del libro Semanario erudito que comprehende varias obras inéditas, criticas, morales, instructivas, políticas, históricas, satíricas, y jocosas de nuestros mejores autores antiguos y modernos, Volumen 6, pág., 31. Autor Antonio Valladares de Sotomayor – Editor Blas Román, 1 de enero de 1787).*

Del mismo modo, el prestigioso Miguel de Unamuno (1864-1936) respondía sobre el separatismo catalán, en una carta dirigida a Manuel Azaña (1918), al decir:

Respuesta de Azaña sobre el separatismo catalán

"Justo es, pues, que España pierda ahora Cataluña. Y la perderá, no me cabe la menor duda que la perderá. La federación no es más que una hoja de parra." O, cuando dijo en el Congreso de los Diputados, del 22 de octubre de 1931: "Para mí todo ciudadano español radicado en Cataluña, donde trabaja, donde vive, donde cría su familia, es no sólo ciudadano español, sino ciudadano catalán, tan catalanes como los otros. No hay dos ciudadanías, no puede haber dos ciudadanías". (Referencias: España pierde Cataluña, como dijo Unamuno. Por Xavier Martínez Celorrio - Profesor de Sociología. Universidad de Barcelona. 13/09/2012. Eldiario.es. Unamuno: "Justo es que España pierda Cataluña. Por Peio H. Riaño. 12/12/2011. Publico.es).

Pues, estos son realidades no inventadas y que proceden parte de la propia historia de España, y que se han ido repitiendo ya con otros personajes durante siglos, y que nos resulta fácil determinar sin ser un Unamuno de 1981 o de 1931 para estar convencido de que la ruptura de España sí es posible.

Está claro y es justo pensar que las circunstancias nos determinan el principio aquél que nada es producto de la casualidad sino de la causalidad. Por los hechos vemos claramente que todo obedece a una cadena de efectos y sus consecuencias, y que va repitiéndose hoy, a comienzos del siglo XXI.

Cabe preguntarnos, ¿ha habido un comportamiento político, social y cultural marcada a través de la historia, que ha sido propicia para animar y convencer a los separatistas y nacionalistas periféricos? Desde luego que sí. Desde un sentido amplio ese comportamiento ha sido, sin lugar a dudas el conservadurismo, el consenso, los acuerdos, las negociaciones, los pactos políticos, como otras medidas de actuación entre ellas las advertencias previamente convenidas, para evitar las confrontaciones. Practicándose con ello en ambos bandos o posiciones aquello que se llama una moral cínica, mientras que dure. Desde luego, hasta que el nacionalismo periférico ya no prescinda de ese sentido amplio, según espacio y tiempo histórico, para dejar paso al separatismo y con ello pretender regir su propio destino. ¿Recordaréis el pacto habidos en 2010 y 2012 entre el PP y CiU, cuando éste gobernaba en Cataluña, para sacar así los presupuestos? Pues hoy el PP está preocupado, puesto que su socio, el de la "cordura" (CiU) ya no domina, siendo desplazado por ERC (de ideología separatista), quien llegaría a dominar y ganar el gobierno de la Generalitat.

Señores, hoy el separatismo en España ya es un problema bastante grave y muy difícil de resolver. Lo que corresponde es afrontarlo a través de cambios profundos, entre ellos reconocer que la Transición fue una traición a España, y es el fruto que lo ha llevado a la situación actual; y es encontrarse con la realidad para enfrentarse a las iniquidades, a las traiciones y a las cobardías de una casta política, social, económica y cultural que durante largos años se mantiene en el poder.

Señores, España necesita correr riesgos responsablemente. Y aceptar que no es un camino desconocido para ella. Por lo tanto, reencontrarse con su historia será la fuerza suficiente para enfrentarse a sus enemigos, los separadores y separatistas.

CAPÍTULO II - INTERPRETAR LA REALIDAD FRENTE AL SEPARATISMO

El título de por sí nos invita a dar una opinión personal en base a la información recibida de las Secciones anteriores, y que nos pueden llevar a interpretar la realidad actual frente al separatismo en España.

Y para ello nos parece oportuno tomar en cuenta algunos puntos que nos permitan juzgar que la realidad actual es una herencia de siglos, lo cual están comprometidos en primera línea los Gobiernos centrales y autonómicos de turno como los principales separadores hacia el camino de la ruptura. A tal punto que las acciones políticas de los separatistas y separadores alentaron y generaron levantamientos militares, sublevaciones de caudillos militares hacia el golpe de Estado.

1. Interpretar la realidad política de España a través de las posiciones políticas
2. Reconocer las posiciones políticas de los gobiernos para comprender su reacción frente al separatismo
3. Una herencia de siglos en España: El espectro político de centro-derecha y la socialdemocracia en el siglo XIX
4. El dualismo político trajo consigo las sublevaciones militares

1. Interpretar la realidad política de España a través de las posiciones políticas

Para entender la realidad política de España en relación al nacionalismo y al separatismo, nos hace falta en primer lugar poner en claro cuáles son los espectros políticos intervinientes (manera de visualizar posiciones políticas de diverso) en la vida política española, para así conectarlas y valorar no sólo a los

Gobiernos de turno, sino también al Estado y a los mismos nacionalismos y del separatismo en España.

Por las evidencias históricas podemos señalar que aquellos espectros políticos intervinientes, que se han establecido como posiciones políticas o lineamientos o valores políticos se encuentran claramente definidas entre aquellos de tipo centro-derecha, (ejemplo el Gobierno del PP), la socialdemocracia (ejemplo el Gobierno del PSOE) y los considerados autoritarios o radicales (que dejó de ser, ejemplo las dictaduras del general Miguel Primo de Rivera y Orbaneja (Dictadura desde 1923-1930) y del general Francisco Franco Bahamonde (Dictadura desde 1936-1975), que en el ámbito del régimen "democrático" no han sido bien vistos ni comprendidos; pero que hay una opinión considerable de gente que piden un cambio hacia la dictadura nacionalista militar frente a lo que hoy llamamos democracia que no es más que una dictadura blanda que secuestra a la Democracia).

2. Posiciones políticas de los gobiernos y reacción frente al separatismo

La posición política de un gobierno determina la clase de reacción que este manifieste frente al separatismo. Y por su importancia de nuestro tema en relación a España destacamos tres posiciones políticas de gobiernos, a nuestro entender:

- los de tipo centro-derecha,
- la socialdemocracia ("izquierda")
- y, por último, los considerados autoritarios y "radicales".

Lo primero que debemos de reconocer, que las posturas ideológicas de los Gobierno de centro-derecha y de la socialdemocracia, constituyen el escenario propicio para que los movimientos separatistas y los nacionalistas actúen y se desarrollen, hasta alcanzar su institucionalización en términos jurídico-político en sus propios estados autonómicos.

Todos sabemos que un Gobierno de ideología de centro-derecha –como el caso del Partido Popular (PP), que gobierna España-, se encuadra en el conservadurismo político. Su participación se la cuestiona por ser moderada, y es una ideología que asocia la Democracia y el Estado de Derecho pero por conveniencia, centrado en la estrategia política, por ejemplo, del no enfrentamiento frontal a diferencia del radicalismo, de los compromisos, del consenso con el nacionalismo y el separatismo. Mientras que un Gobierno de izquierdas es también partidario de los compromisos, del consenso y va más allá de centro-derecha del desviacionismo, que desembocan en la no intransigencia sino por su interés y preocupación de favorecer tanto a los nacionalismos y a los separatismos.

En cambio, los regímenes autoritarios y "radicales" como la República Popular China y de Rusia –sólo por citar algunos ejemplos de Gobiernos radicales-, no se sitúan con la blandesa de aquellas ideologías de centro-derecha ni de las socialdemocracias frente al separatismo.

China como régimen duro no transige ni cede y es implacable contra toda división que pretenda destruir la integridad territorial de su país, en especial hacia aquellos que cometen atentados terroristas, hasta el extremo de ser fusilados. A pesar de que haya una larga tradición hacia el separatismo, desde hace mucho tiempo, como los del Tibet y los uigures (éstos, comunidad étnica originaria del Xinjiang, que según se dice pretender formar un Turkestán Oriental mahometano), que por motivos étnicos no se identifican con la nación China. Veamos el siguiente ejemplo de severidad e inflexibilidad, combativa e intransigente del Gobierno chino contra el separatismo, y que se rigen por una Constitución y un Estado muy celosos de su soberanía nacional:

- Fusilados doce separatistas en China. Nueve separatistas uigures han sido ejecutados por participar en disturbios raciales el pasado mes de febrero en la región noroccidental china de Xinjiang, informaron ayer las autoridades locales. Los reos fueron fusilados en la ciudad de Yining el pasado día

22 tras haber sido condenados a muerte en un juicio popular en presencia de más de 4.000 personas, explicó un portavoz judicial de Yining, en la frontera con Kazajistán. Otros tres uigures fueron ejecutados el pasado domingo en la ciudad de Urumqi, la capital de la región, según fuentes del movimiento separatista.Según el tribunal, los nueve primeros ejecutados participaron en los enfrentamientos que hubo entre uigures y la policía china a principios de febrero en Yining durante los cuales diez personas murieron, según cifras oficiales, aunque otros testigos aseguraron que el número fue muy superior.

El juicio se celebró después de otro llevado a cabo, también en Yining, por motivos similares, en el que se condenó a muerte a tres independentistas. Con estas ejecuciones son más de 180 los uigures que han sido fusilados o abatidos en intentos de fuga desde abril de 1996.

Con una población total de 17 millones de habitantes, de los cuales el 37% pertenece a los han (la etnia mayoritaria en China), Xinjiang está habitada por un conglomerado de etnias musulmanas, esencialmente uigures, pero también kazajos, kirguizios y tayikos. (*Fusilados doce separatistas en China.* Diario digital ELPAIS.COM, 29.07.1997).

- Palabras del secretario general del Partido Comunista de Xinjiang, Wang Lequan.

"Estos terroristas, saboteadores y secesionistas van a ser golpeados decididamente, sin importar a qué grupo étnico pertenezcan". "Estamos preparados a golpear cuando las fuerzas del mal planean sus actividades", señaló. (*China asegura que unos terroristas planeaban atentar contra los Juegos.* Diario digital 20MINUTOS.ES. 10.03.2008).

- *China encarcela a 12 tibetanos por "incitar al separatismo" y "manifestarse".* Las autoridades chinas han sentenciado a 12 tibetanos a entre tres y seis años de prisión, algunos de ellos, por incitar al "separatismo" y otros, por protagonizar una manifestación "ilegal", según denunció hoy la organización no gubernamental Chinese Human Rights Defenders (CHRD). (Diario digital LAINFORMACION.COM, 18.04.2013).

- Y contra el problema desestabilizador del Estado chino, el régimen chino va más allá y denuncia la connivencia de los Estados Unidos y de Europa con el separatismo. (Crece el problema del separatismo en China. (Web ELREVOLUCIONARIO.ORG, 25.01.2009).

Veamos, por último, una posición política autoritaria, radical, del actual Gobierno de la Federación de Rusia. Que por cierto no es el tipo de gobierno de aquella de la Unión Soviética considerada socialista, sino democrática.

¿Y de qué posición en el espectro político es Rusia? ¿Es de derecha, de izquierda, etc.? No es fácil determinarlo. Su presencia en cuanto a la política rusa es ambivalente puesto que se posesiona según las circunstancias: será tradicionalista, de derecha o de centro-derecha. La popularidad del Poder Ejecutivo, liderado por Vladimir Putin, que tras las elecciones presidenciales del 4 de marzo de 2012, es elegido presidente hasta el 2018, guarda una posición de derecha, tradicionalista, nacionalista y autoritaria, siendo una fuerza política y de influencia frente a la Duma (Parlamento), que tras las elecciones legislativa del 4 de diciembre de 2011, el partido de Putin, "Rusia Unidad" (de centro derecha) gana las elecciones y obtiene la mayoría absoluta, con 238 diputados en un total de 450 escaños; sin embargo, no logra la mayoría constitucional, que permite reformar la Carta Magna. Seguidos del Partido Comunista de Rusia con el 19,50% de los votos, un notable aumento comparado con los comicios de cuatro años (11,57%). Mientras, el ultranacionalista Partido Liberal Democrático sumaría un 12,87% (8,14% antes) y la socialdemócrata Rusia Justa, un 11,94% (el 7,74% hace 4 años), (Los resultados legislativas están extraídos del diario digital Elperiodico.com, 05.12.2011, Rusia Unida, el partido de Putin, alcanza la mayoría absoluta pero registra un fuerte descenso).

Pues vemos una diferencia entre Rusia y la Europa Occidental, en donde ésta ya están definidas su espectro político entre una lucha de los liberales y los socialdemócratas; mientras que Rusia aún está en formación como Nación y de Estado nacional, después de la desintegración de la Unión Soviética y del Gobierno central de la Unión de Repúblicas Socialistas Soviéticas (URSS) entre 11 de marzo de 1990 y el 25 de diciembre de 1991.

Hecho este alcance político de Rusia, lo que nos atrae en esta oportunidad es la posición política radical de Rusia, del Poder Ejecutivo y de la Duma, en el caso de Crimea. Recordemos que la crisis de Ucrania se inicia en noviembre de 2013, con las manifestaciones civiles de carácter europeístas y el rechazo de la órbita Rusa. Los radicales nacionalistas de Kiev, dirigidos entre ellos por el líder Dmitri Yarosh, líder del movimiento radical Sector Derecho de Ucrania, derrocan violentamente al Gobierno legítimo de Viktor Yanukóvich. Ante esta realidad, el gobierno de Putin interviene y responde, interfiriendo en los asuntos internos de éste país, en la soberanía nacional de Ucrania. He incorpora la República de Crimea y del puerto de Sebastopol a Rusia, a pesar de las insistentes amenazas de represalia de la UE y de los EE.UU, que incluiría medidas económicas, migratorias y comerciales.

Pues aquí lo que prima como respuesta del Gobierno ruso no es la legalidad, sino que intervienen razones de motivos nacionalistas, geoestratégicos y económicos. Como aquello de recuperar la cultura nacional rusa; el gaseoducto con sus enormes ingresos, y Crimea, como zona estratégica militar. ¿Sabías que la península de Crimea fue territorio ruso entregada ("regalado") a Ucrania, por capricho, en 1954 por el entonces líder soviético, Nikita Jruschov, ucraniano y del Partido Comunista Ucraniano? ¿Sabías que Rusia y Ucrania suscribieron otro acuerdo (abril de 2010) para prolongar hasta 2042 el alquiler de la base de Sebastopol (ubicada al sur de la península de Crimea) para la Flota del Mar Negro? ¿Sabías que Crimea formó parte de Rusia durante varios siglos? ¿Sabías que parte de la Revolución Rusa de 1905 se encuentra en Sebastopol, con el alzamiento de su marinería?

La respuesta clara, firme y contundente del Gobierno ruso puede ser considerada alegal no ilegal, pero lo hizo, por razón a sus antecedentes históricos y por todo aquello que pueda perjudicar sus intereses. Y esta actitud marca la diferencia frente a los Gobiernos de centro-derecha y de "izquierdas" Y se transforma en una realidad que se manifiesta contra estos tipos de Gobiernos carentes de personalidad. Dijo Putin: *"Llamamos las cosas por su nombre y no recurrimos a la hipocresía."*

Frases del presidente de la federación de Rusia, Vladímir Vladímirovich Putin, que debemos recordar y que la relacionamos con el fuerte concepto de nacionalismo ruso con referencia a Crimea:

Declaraciones del presidente Putin sobre Crimea

- (...) "Para entender porque se hiso esta elección simplemente hay que conocer la historia de Crimea. Saber lo que significa Rusia para Crimea y Crimea para Rusia.

En Crimea casi todo literalmente está compuesto de Rusia, de la historia de Rusia.

El príncipe Vladimir y otros han aportado hechos históricos, valores históricos a Crimea. En Crimea hay una tumba de soldados rusos y recordamos que Crimea fue parte de Rusia. Sebastopol es una ciudad leyenda, es el lugar del nacimiento de la Flota Rusa del Mar Negro.

Crimea es un lugar histórico, sagrado para Rusia. Es símbolo de la victoria, de la voluntad rusa. Está compuesta de diferentes pueblos. Es muy parecido a la Gran Rusia, que no se disolvió rusos y ucranianos, los tártaros rusos y representantes de otros pueblos, vivían y trabajaban juntos, guardando las tradiciones, el idioma y la cultura".

(...) "En el corazón, en la mente de la gente Crimea ha sido y es una parte de Rusia. Es lo que se considera legítimo, el tiempo no ha podido combatirlo. Y todos los cambios que hemos vivido, que ha vivido el país durante el siglo XX, después de la Revolución han incluido a Crimea y otras partes del sur de Rusia a Ucrania y hoy es la parte sur de Ucrania, pero en 1954 también pasó la región de Crimea y al mismo tiempo Sebastopol pasó a Ucrania. Los iniciadores, el iniciador fue Kruschov que le movía recibir respaldo de ucranios, o pagar por represiones...". "Para nosotros importante es otro, que estas infracciones han sido evidentes según la constitución actual y de aquel momento. Claro que en los tiempos de un estado totalitario no les habían preguntado, simplemente les han dicho que pasan a otro país. Claro, muchos se preguntaron, por qué, por qué Crimea fue parte de Ucrania. Pero en su mayoría esa decisión fue tomada como una formalidad. En aquel momento no se podía imaginar que Ucrania y Rusia se pueden separar, que pueden convertirse en países diferentes, pero esto ocurrió. Lo que parecía imposible desgraciadamente se ha hecho una realidad la URSS se dividió. Los hechos ocurrían de manera tan rápida, que muchos no lo podían entender. Mucha gente en Rusia, Ucrania y otras repúblicas esperaban que la unión, que existió después, sería una forma de gobierno común, de gobernación, que habría una unión económica, fuerzas comunes, pero esto ha sido sólo en promesas, pero no hubo gran país. Y cuando Crimea de repente se vio en otro país Rusia entendió que no sólo la robaron sino que la habían saqueado. Y tengo que admitir que Rusia cuando empezó un desfile de soberanía empujó a la separación de la URSS. Millones de rusos se acostaron en un país y se despertaron en el extranjero. En un momento las minorías de las repúblicas soviéticas se separaron. Ha sido el pueblo más separado que jamás ha visto el mundo".[70] (Putin pronuncia ante el parlamento ruso mensaje de carácter extraordinario en relación a Crimea, el 18.03.2014).

Declaraciones del presidente Putin sobre Crimea

- *(...) "Si para una serie de los países europeos el orgullo nacional ya es una cosa olvidada o un lujo pero para Rusia la soberanía estatal es una condición indispensable de su existencia. Ante todo tiene que ser evidente para nosotros mismos. Me gustaría recalcar que bien nosotros seremos soberanos, bien nos perderemos en el mundo".*

(...) "Pero me gustaría decir una vez más. Nosotros recordamos que a alto nivel se recibía a los terroristas como luchadores por la democracia. En aquel entonces se hizo claro de que cuanto más nosotros nos alejamos, tanto más nuestros socios se ponen más cínicos y agresivos. A pesar de nuestra apertura sin precedentes en aquel momento, a pesar de estar dispuestos a colaborar en problemas más agudos, a pesar de que nosotros estábamos considerando a nuestros rivales de ayer como aliados y amigos el apoyo a los separatistas, tanto financieros como informáticos fue clara, y no había dudas de que se haría con Rusia igual que se hizo con Yugoslavia con todas las consecuencias trágicas para los pueblos de Rusia, pero no ha sucedido así, no lo hemos permitido.".[71] (Discurso anual sobre el estado de la nación, en la Asamblea Federal Rusa, 04.12.2014).

Vemos que estas declaraciones ponen de manifiesto las fuertes convicciones que tienen Putin y su Gobierno en relación a Crimea y Sebastopol. Sus palabras es una clave para entender una actitud radical, decisiva, pronta, directa, y seguro de sí mismo; en donde la palabra se convierte en ley. Y cómo se define claramente que la convicción y la conciencia vale más que la legalidad.

El Gobierno ruso nos ha demostrado con la adhesión de la república de Crimea a su territorio que existe en él una clara conciencia de personalidad fuerte y muy definida; de energía y de acción, sin ambigüedades ni tibiezas, a pesar de las anticipadas amenazas y las represalias de la Unión Europea y del gobierno de los EE.UU. Y aunque sobre estos hechos haya diversas opiniones contrarias a la posición del Gobierno ruso y de Putin, con todo ello, lo que sí nos deja claro y contundente son las decisiones políticas rusas que son enérgicas y firmes, congruentes con el pensamiento radical, cuando se trata de la soberanía nacional rusa. A diferencia de nuestros gobiernos desde la Transición de pusilánimes y entreguistas, que caen en la ignominia.

3. El espectro político de centro-derecha y la socialdemocracia en el siglo XIX

Hemos visto como punto de partida de conocimiento de lo que entendemos por espectro político de un gobierno de tipo centro-derecha y los de "izquierda" (socialdemócratas) y de aquellos llamados gobiernos autoritarios o radicales. Y partiendo de este conocimiento, lo podemos aplicar, claramente, si observamos la historia de España, desde el siglo XIX, de qué espectro político respondieron nuestros gobiernos y la clase política reinante contra el nacionalismo y el separatismo. Y podemos decir que nuestros gobiernos y la casta política de antes y de hoy que gobiernan se alinean hacia el centro-derechismo y del pensamiento de izquierdas, desde la Transición, y, por otro lado, respondieron los "totalitarismo" a través de las Dictaduras de Primo de Rivera y de Franco.

3.1. En el siglo XVII

Pero, ya en el siglo XVII el nacionalismo periférico y el separatismo en España fueron condenados en especial por la Corona Española, como el representado por el Borbón Felipe IV. En aquél entonces ya existía un proceso sistemático de ser Estado en ciertos territorios españoles; el creer en su territorio como nación, en la palabra "patria" y en una constitución basada en el republicanismo o en el federalismo de estados libres.

- Véase la siguiente Visión Sinóptica y relación de las obras de D. Francisco de Quevedo y Villegas, Consultadas, según su autor. Mariano Turiel de Castro.

Quevedo sobre la rebelión de Barcelona

58 – Descifrase el alevoso manifiesto.

Nombre completo: "Descifrase del alevoso manifiesto con que previno el levantamiento del Duque de Braganza, con el reino de Portugal, D. Agustín Manuel de Vasconcelos".
Escrito en 1641 e impreso en 1852.

En 1840 se produjo, como consecuencia de la equivocada política de Olivares, una grave crisis de la unidad de España. Diversos movimientos fueron surgiendo con carácter separatista y los más graves fueron el de Cataluña y el de Portugal.

(...)

59 – La rebelión de Barcelona.

Nombre completo: "La rebelión de Barcelona ni es por el güevo, ni es por el fuero".

Su redacción se sitúa entre 1642 y 1644. No se imprimió hasta 1851.

Quevedo en una carta al Conde-Duque, confesó desde su prisión de San Marcos de León que el escrito era suyo, pese a que se dio a conocer con el nombre supuesto del Doctor Antonio Martínez Montejano.

(...)

La equivocada política de Olivares condujo a un fuerte resurgimiento del separatismo en la España de Felipe IV.

Prueba de ello fueron los levantamientos de Cataluña y Portugal, que fueron los más graves, si bien también hubo problemas en Aragón, Andalucía, Vizcaya, Sicilia y Nápoles.

El levantamiento de Cataluña se inició el famoso "Corpus desangre" de 1640, en el cual exaltados catalanes asesinaron en Barcelona al Virrey D. Dalmau de Queralt, Conde de Santa Coloma y a otras personas. Francia intervino para apoyar la revuelta y sustituir allí a España. Al final, tras dura lucha se logró dominar el movimiento separatista. ("Antropología y ciencias médicas en la obra de Francisco de Quevedo", Memoria presentada por Mariano Turiel de Castro, para optar el grado de Doctor en Farmacia, págs. 305-306, Departamento de Farmacia y Tecnología Farmacéutica. Universidad Complutense de Madrid. Facultad de Farmacia. Biblioteca.ucm.es).

Y era una época de la existencia de los progresistas, republicanos y de los moderados e intransigentes. Y una época en donde estuvo presente el espectro político del catalanismo político. Destacando figuras catalanas republicanas y federalistas como el político Pau Claris quien al frente de la Generalitat de Cataluña, proclama la República Catalana el 16 de enero de 1641 (bajo la protección de Francia, de la corona francesa de Luis XIII), - control de la oligarquía catalana-, o las conspiraciones secesionistas en Andalucía y Aragón que finalmente fracasaron, siendo sus cabecillas severamente castigados.

Contra el catalanismo separatista (siglo XVII), estuvo el rey de España, de la Monarquía Católica, Felipe IV (de 1621 a 1665), desde luego influenciado y bajo las decisiones políticas tomadas por su primer ministro y hombre de confianza del soberano, Gaspar de Guzmán y Pimentel, conde de Olivares y duque de Sanlúcar la Mayor, quien a su vez despreciara el pacifismo del padre del monarca Felipe III.[72]

Y bien lo dice Olivares, que España estaba compuesta de reinos, por lo tanto poseían cada una de ellas su autonomía (Estados propios), lo cual debería de suprimirse los privilegios autonómicos. Pues a distancia de estas autonomías estuvo Olivares y Felipe IV, quienes, más que pretensiones imperialistas y de la castellanización o unificación, era buscar la unidad de España, crear una nación-Estado, unida y solidaria.

Desde luego, era una misión imposible de realizar, completamente inviable imponer el estilo y las leyes de Castilla a los reinos de Portugal, de Aragón, de Valencia y del condado de Barcelona. Y más aún, en un tiempo de dificultades políticas y económicas, como la guerra con los Países Bajos, Inglaterra, guerra de los Treinta años; la sublevación de los portugueses y catalanes, ("Revuelta de los catalanes", "Guerra de Cataluña", Guerra de los segadores" que estalló el 7 de junio de 1640 en el día de Corpus Christi "Corpus de Sangre"), y ante una fuerte recesión económica, era la época de la llamada Crisis de 1640, además, de las continuas pestes y malas cosechas.

- *"Tenga V. M. por el negocio más importante de su monarquía el hacerse rey de España: quiero decir, señor, que no se contente V. M. con ser rey de Portugal, de Aragón, de Valencia, conde de Barcelona, sino que trabaje y piense, con consejo maduro y secreto, para reducir estos reinos de que se compone España al estilo y las leyes de Castilla, sin ninguna diferencia, que, si V. M. lo alcanza, será el príncipe más poderoso del mundo."* Gran memorial del conde-duque de Olivares a Felipe IV, escritas en 1625 al monarca. (Felipe IV, volumen 14, pp 5013,5014, Gran Larousse Universal, 1998, Plaza & Janés).

- Que el cambio que se proponía "era demasiado fuerte como para ser aceptado sin resistencia" por unos "reinos y señoríos que habían disfrutado desde siglo y medio de una autonomía casi total". (*Sublevación de Cataluña (1640)*. Es.wikipedia.org, visto el 11.07.2014).

- Las Constituciones catalanas, tenían preeminencia sobre las demás normas legales y sólo podían ser revocadas por las propias Cortes catalanas. Como derecho pactado, no podían ser contradichas por decretos o edictos reales. (*Constituciones catalanas*. Es.wikipedia.org, visto el 11.07.2014).

- *"Cataluña es una provincia que no hay rey en el mundo que tenga otra igual a ella... Si la acometen los enemigos, la ha de defender su rey sin obrar ellos de su parte lo que deben ni exponer su gente a los peligros."*Palabras dichas por Gaspar de Guzmán y Pimentel, conde de Olivares y duque de Sanlúcar. "España moderna (1474-1700). Aspectos políticos y sociales", Pérez, Joseph (1980). pp. 234-235, (Sublevación de Cataluña (1640), Wikipedia.org, visto el 11.07.2014).

Pues, a pesar de todo ello, la castellanización o unificación de las leyes se puso en marcha en 1626, hasta después del despido de Olivares en enero de 1643, cuando se declara la Unión de Armas.

En 1644 el monarca empieza a recuperar los territorios catalanes poseídos por el ejército franco catalán. Y en 1644, recupera Monzón (municipio de la provincia de Huesca de Aragón) y Lérida o Llerida (Cataluña), que desde luego bajo presión, jura obediencia a las leyes catalanas. El monarca continúa con su propósito de recuperar a Cataluña entera, hasta que la guerra finaliza en 1652, en donde Barcelona capitula y Felipe IV es reconocido como monarca y éste a su vez acepta y firma obediencia a las leyes catalanas (las Constituciones catalanas).

3.2. En el siglo XVIII

Pero, a pesar de ello, tras la capitulación de Barcelona y de la jura de fidelidad de Felipe V a los fueros del reino de Aragón el 17 de septiembre de 1701 y jura fidelidad a las Constituciones catalanas el 4 de octubre de 1701, Cataluña no se conforma y reclama ser independiente y no federalista, y a sabiendas que la mentalidad del futuro rey Felipe V, Felipe, (instituido como heredero del trono por Carlos II), era el modelo centralista y unitarista -cambios en la estructura del Estado, para hacer de éste más eficaz-, ve propicio hacerlo, aprovechándose del momento cuando se produce el conflicto de la Sucesión por la Corona de España, entre los borbones y los austracistas, (entre Francia y

Austria). Los oligarcas catalanes, conformado por grupos de propietarios y nobles catalanes, se convierten en partidarios de Carlos VI del Sacro Imperio Romano Germánico, conocido también como el Archiduque Carlos de Austria y aquí como Carlos III de España, proclamándolo como rey de España, tras la firma del Pacto de Génova de 1705, ya que éste les proponía mantener las leyes e instituciones propias catalanas.

Con la firma del Tratado de Utrecht en 1713, es proclamado el francés Felipe V, de la dinastía De Borbón como rey de España. El principado de Cataluña aún se sigue resistiendo, en donde se rinde el 11 de septiembre de 1714 (día en donde muchos catalanes separatistas celebran su fiesta o "Diada"), hasta que se firma la capitulación de Barcelona un día después.

> *"Se merecen ser sometidos al máximo rigor según las leyes de la guerra para que sirva de ejemplo para todos mis otros súbditos que, a semejanza suya, persisten en la rebelión", "todos los rebeldes debían ser pasados a cuchillo" y "quienes no habían manifestado su repulsa contra el Archiduque debían ser tenidos por enemigos" (Instrucciones de Felipe V dadas al Duque de Berwick en julio de 1714). (Decreto de Nueva Planta de Cataluña. Albareda Salvadó, Joaquim (2010). pp. 375-376. De su libro La Guerra de Sucesión de España (1700-1714). Wikipedia.org). (Véase también en Exilio austracista – Wikpedia.org).*

a) Los Decretos de Nueva Planta

El plan establecido por Felipe IV y Olivares debería de continuar. Y así fue. Felipe V promulga el Decreto de Nueva Planta de Cataluña el 16 de enero de 1716, derogando fueros y derechos territoriales catalanes, considerados derechos de conquista, como castigo por su "rebelión".

Y así se estableció un conjunto de disposiciones y medidas a través de los Decretos de Nueva Planta, hacia la uniformidad y la castellanización del Estado, hacia la estructura de un Estado unitario, en los reinos de: en 1707 Aragón y Valencia, 1715 en

Mallorca y 1716 en el principado de Cataluña (Nueva Planta de la Real Audiencia del Principado de Cataluña establecida por Su Vuestra Majestad con Decreto de 16 de enero de 1716, (lo podemos ver íntegramente y copia del oficial en la web Los Decretos de Nueva Planta.Pedresdegirona.com). Véase que las provincias vascas y Navarra fueron respetadas por el monarca Felipe V ya que le apoyaron durante la Guerra de Sucesión. Navarra continúa siendo reino, con sus Cortes y sus fueros, y las provincias vascas continúan con sus fueros y sus Juntas Generales. (Véase la importancia y el valor que se le daba a los pactos de fidelidad, como cuando Fernando el Católico jura fidelidad a los fueros vascos en Guernica en 1476). Aunque tal intransigencia del monarca y la de Francisco Ametller, catalán y miembro del Consejo de Castilla –por la experiencia adquirida en los casos de Valencia y Aragón-, fueron moderadas por el estadista y político español, José Patiño, conservando Cataluña su derecho privado, que también fueron recuperados en Aragón en 1711. Se dice que "el rey solicitó dos dictámenes. Uno a Francisco Ametller, catalán y miembro del Consejo de Castilla y el otro a José Patiño. El primero se mostró firme partidario de eliminar la antigua administración y privilegios. El segundo no lo era tanto y solicitó una mayor mesura en las medidas que habían de tomarse. Esta segundo opción, que no fue aplicada del todo, permitió a los catalanes mantener finalmente ciertas tradiciones, como su derecho privado o el Libro del Consulado del Mar." Extraído lo entrecomillados de la web Biografias.com Patiño, José (1666-1736). (http://www.mcnbiografias.com/app-bio/do/show?key=patinno-jose).

DECRETO PROMULGADO POR EL REY DE ESPAÑA FELIPE V DE BORBÓN

QUE DEROGA LOS PRIVILEGIOS DE ARAGÓN Y VALENCIA 29 DE JUNIO DE 1707

"Considerando haber perdido los Reinos de Aragón y de Valencia, y todos sus habitadores por el rebelión que

cometieron, faltando enteramente al juramento de fidelidad que me hicieron como a su legítimo Rey y Señor, todos los fueros, privilegios, exenciones y libertades que gozaban, y que con tan liberal mano se les habían concedido, así por mí como por los Señores Reyes mis predecesores, particularizándolos en esto de los demás Reinos de esta Corona; y tocándome el dominio absoluto de los referidos Reinos de Aragón y de Valencia, pues a la circunstancia de ser comprendidos en los demás que tan legítimamente poseo en esta Monarquía, se añade ahora la del justo derecho de la conquista que de ellos han hecho últimamente mis Armas con el motivo de su rebelión; y considerando también, que uno de los principales atributos de la Soberanía es la imposición y derogación de leyes, las cuales con la variedad de los tiempos y mudanza de costumbres podría yo alterar, aun sin los graves y fundados motivos y circunstancias que hoy concurren para ello en lo tocante á los de Aragón y Valencia; he juzgado por conveniente (así por esto como por mi deseo de reducir todos mis Reinos de España a la uniformidad de unas mismas leyes, usos, costumbres y Tribunales, gobernándose igualmente todos por las leyes de Castilla tan loables y plausibles en todo el Universo) abolir y derogar enteramente, como desde luego doy por abolidos y derogados, todos los referidos fueros, privilegios, práctica y costumbre hasta aquí observadas en los referidos Reinos de Aragón y Valencia; siendo mi voluntad, que estos se reduzcan á las leyes de Castilla, y al uso, práctica y forma de gobierno que se tiene y ha tenido en ella y en sus Tribunales sin diferencia alguna en nada; pudiendo obtener por esta razón mis fidelísimos vasallos los Castellanos oficios y empleos en Aragón y Valencia, de la misma manera que los Aragoneses y Valencia nos han de poder en adelante gozarlos en Castilla sin ninguna distinción; facilitando yo por este medio á los Castellanos motivos para que acrediten de nuevo los efectos de mi gratitud, dispensando en ellos los mayores premios, y gracias tan merecidas de su experimentada y acrisolada fidelidad, y dando á los Aragoneses y Valencianos recíproca é igualmente mayores pruebas de mi benignidad, habilitándolos para lo que no lo estaban, en medio de la gran libertad de los *fueros que gozaban antes, y ahora quedan abolidos: en cuya consecuencia he resuelto, que la Audiencia de Ministros que se ha formado para Valencia, y la que he mandado se forme para Aragón, se gobiernen y manejen en todo y por todo como las dos Chancillerías de Valladolid y Granada, observando literalmente las mismas regalías, leyes, práctica, ordenanzas y costumbres que se guardan en estas, sin la menor distinción y diferencia en nada, excepto en las controversias y puntos de Jurisdicción eclesiástica, y modo de tratarla, que en esto se ha de observar la práctica y estilo que hubiere habido hasta aquí, en consecuencia de las concordias ajustadas con la Sede Apostólica, en que no se debe variar: de cuya resolución he querido participar al Consejo, para que lo tenga entendido".*

D. Felipe V, en Buen Retiro, por decreto de 29 de junio de 1707.
(El Siglo XVIII. La España Borbónica – Junta de Andalucía. IES "Torre de los Herberos". Departamento de Geografía e Historia. Textos de Historia España. Por Francisco Hidalgo." Juntadeandalucia.es). (Nota: El subrayado es de mi autoría, con el fin de resaltar de lo que yo considero importante).

Decreto de abolición de los fueros de Aragón y Valencia, 1707, que es parte de los Decretos de Nueva Planta, éste decreto responde entre otras razones, al considerar el Rey que los territorios de Aragón y Valencia faltaron al juramento de fidelidad que le hicieron en 1700 al apoyar al candidato Carlos de Austria. El deseo del Rey de reorganizar los territorios de España. Como el de someter a estos territorios a las leyes castellanas, de este modo lograr la unificación de las leyes del reino.

La Guerra de Sucesión y sus consecuencias

La Guerra de Sucesión significó el fin del ordenamiento jurídico e institucional histórico de los reinos de la Corona de Aragón. Mediante los Decretos de Nueva Planta, justificados por el derecho de conquista, se adoptaron las siguientes medidas:

- Se suprimieron los fueros, la autonomía municipal y las Cortes.
- Se sustituyen los antiguos virreinatos por provincias. Al frente de cada una se puso un capitán general.
- Se introdujo un nuevo sistema impositivo, el impuesto único, llamado Catastro en Cataluña, que gravaba a todos los habitantes en función de su riqueza.
- Se nombraron funcionarios castellanos y militares al frente de las nuevas instituciones y se dispuso que las causas de las Reales Audiencias se realizaran en lengua castellana.
(Los reyes de la dinastía borbónica. Iesbembezar.juntaextremadura.net, Junta de Extremadura – IES Bembézar).

3.3. En el siglo XIX

Entramos en la España del siglo XIX (1801-1900), que se inicia con la crisis del Antiguo Régimen (de la Monarquía Española, del Despotismo Ilustrado). Siendo determinante de esta Crisis la presencia de la Revolución francesas en la mentalidad de los liberales españoles. Que seguiría con la muestra del patriotismo y de la unidad del pueblo español, del ejército, de las guerrillas y de la sociedad española, frente a la invasión francesa de Napoleón, en la Guerra de la Independencia Española del 2 de mayo de 1808 a 1814 estando su rey, Fernando VII de Borbón, cautivo con su tío paterno y uno de sus consejeros íntimos, Infante Antonio Pascual, en el castillo de Valençay, Bayona (Francia). Un rey que por cierto defrauda al pueblo y en especial al campesinado, incumpliendo sus compromisos de respetar la Constitución, restableciendo el absolutismo en dos oportunidades: en 1814 hasta 1820, que tras un levantamiento militar y popular se restablece la Constitución, dando comienzo al Trienio Constitucional o Liberal, y, poco después, en 1823 hasta 1833, la restablece en la llamada Década Ominosa o Segunda Restauración del Absolutismo.

Y este siglo se abre las puertas con el inicio de la Revolución liberal en España, dando comienzo al Nuevo Régimen, en donde se da origen a la primera Constitución Española del 19 de marzo de 1812, diseñada por los liberales españoles, del pensamiento clásico español, de carácter liberal, de un modelo de estado monárquico parlamentario –monarquía constitucional- y de un gobierno monárquico moderado, (como así se dice en el Artículo 14, Capítulo III, del Gobierno: El Gobierno de la nación española es una Monarquía moderada hereditaria). ¿Sabías que la Constitución de 1812, es inducida de la Constitución francesa de 1791, y por extensión de la Revolución francesa de 1789 a 1799)?

PROCLAMA DEL CAPITÁN GENERAL JOSÉ REBOLLEDO

POR LA DEFENSA DE ZARAGOZA (1 DE JULIO DE 1808)

- *"(...) ¡Tan grande era el respeto que se tenía al augusto nombre de nuestro deseado Rey, al cual llevaban muchos sobre su cabeza, y todos grabados en el fondo de su corazón! Las edades futuras, cuando lean en el gran libro de la historia las demostraciones con que el generoso pueblo de Madrid desplegó en este día su amor, su respeto y lealtad, lo llamarán el día de Fernando VII, y atónitas y admiradas sólo podrán compararle con el dichoso día en que este deseado Monarca vuelva a ocupar el solio, que a pesar de la execrable perfidia y espantosa violencia de un tirano, le conserva la fidelísima e invencible España. Entre tanto que llega este suspirado día, el mayor homenaje que se puede tributar a la dulcísima memoria de Fernando VII, es el acto de su solemnísima proclamación. (...)". (Madrid 6 de septiembre.*

España. Gaceta de Madrid del martes 6 de septiembre de 1808, Núm. 120, Pág.1119).

- (...) "Zaragozanos: Ya habéis visto que los esclavos del monstruo que rige la Francia son cobardes y huyen cuando no se les teme, y que sólo son héroes en el saqueo y la rapiña. Vosotros peleáis por la causa más justa y más honrosa. Defendéis vuestra religión, vuestra patria y vuestro rey: ¿qué necesitáis para ser invencibles y triunfar de un enemigo que funda sus pretensiones en la seducción y en el dolo? (...).

(Extracto de la famosa proclama del Capitán general de Aragón, José Rebolledo de Palafox a los zaragozanos, el 1 de julio de 1808, por la defensa de Zaragoza, sitiada por los franceses de 1808-1809. Pág. 15, Documentos II, Volumen XII, Historia de España, Club Internacional del Libro).

Además, el siglo XIX en España se convirtió en continuos enfrentamientos sociales y políticos. Continúan los defensores del Antiguo Régimen, los partidarios del absolutismo. El liberalismo español se inicia con la Guerra de la Independencia Española y en las Cortes de Cádiz, y éste se implanta definitivamente con el reinado de Isabel II (desde luego por conveniencia de la monarquía tras el apoyo recibido de los liberales y conservadores –apoyo popular- frente al Carlismo, durante la Guerra de la Sucesión a la Corona, entre "isabelinos" y "carlistas"), y, nuevamente, es fruto de ello la Revolución francesa liberal de 1830, reforzada con la Revolución francesa también liberal de 1848, siendo la despedida definitiva del Antiguo Régimen en el continente europeo.

Aquella implantación definitiva de los liberales en el reinado de Isabel II comienza con el poder de los liberales conservadores – del Partido Moderado- encabezada por el general Leopoldo O'Donnell en la llamada década moderada (1844-1854), dando paso al bienio progresista (1854-1856), liderado por el Partido Progresista del general Baldomero Espartero.

El Manifiesto de Manzanares (1854)

Nosotros queremos la conservación del Trono, pero sin la camarilla que lo deshonra, queremos la práctica rigurosa de las leyes fundamentales mejorándolas, sobre todo, la electoral y la de imprenta (...), queremos que se respeten en los empleos militares y civiles la antigüedad y el merecimiento (...), queremos arrancar a los pueblos de la centralización que les devora, dándoles la independencia local necesaria para que se conserven y aumenten sus intereses propios, y como garantía de todo esto queremos y plantearemos bajo sólidas bases la Milicia Nacional. Tales son nuestros intentos, que expresamos francamente sin imponerlos por eso a la Nación. Las Juntas de gobierno que deben irse constituyendo en las Provincias libres, las Cortes generales que luego se reúnan, la misma Nación, en fin, fijará las bases definitivas de la regeneración liberal a que aspiramos. Nosotros tenemos consagradas a la voluntad nacional nuestras espadas y no las envainaremos hasta que ella esté cumplida. (En la retirada del general O'Donell y sus tropas hacia el sur conectaron con el general Serrano y juntos lanzaron el 7 de julio de 1854 el Manifiesto de Manzanares al país para movilizar a la población civil). Bienio progresista. Wikipedia.org.

Buscando el origen del separatismo-nacionalista en el siglo XIX, hemos partido en dar una pequeña reseña histórica de un periodo crucial, desde la culminación del absolutismo monárquico (El Antiguo Régimen, que abarcó los siglos XVI, XVII, XVIII y la primera mitad del XIX,[73]) como de la entrada al poder del liberalismo (Con el comienzo de la revolución liberal y en la Guerra de la Independencia 1808-1814) y durante el reinado Isabel II (1833 hasta su destronamiento con la Revolución de 1868, "la Gloriosa" o conocida por La Septembrina).

a) El liberalismo

Pues, en el paso de este tiempo histórico, el liberalismo se desarrolló de forma conservadora, propiciando a los republicanos y federalistas elevar las fuerzas de sus ideales e incrementar más adeptos a sus causas. Como aquél intento de derrocar al gobierno conservador del militar y líder del Partido Moderado, Ramón María Narváez y Campos, en la Revolución de 1848 en España, de carácter nacionalista. O como es el hecho de la intensa campaña propagandística de Castelar (de un republicanismo conservador), Pi y Maragall (del federalismo), Ruiz Zorrilla (de un republicanismo progresista), Figueras, Salmerón, Orense, etc., basados en conferencias y viajes, que buscaban una república –a su modo de entender- y autonomía general, como parte de sus fines, y tras ser vencidas sus posturas republicanas en las Cortes, 1 de octubre de 1868, se produce la insurrección general de los republicanos federalistas, alzándose en armas por toda España contra los militares del Gobierno de Narváez, en su último mandato. Unas Cortes que por cierto estaba constituida por 156 diputados progresistas, 69 republicanos, 69 de la Antigua Unión Liberal, 18 de la extrema derecha carlista, 14 dinásticos y algún otro conservador aislado.

La culminación monárquica del proceso revolucionario y el silencio del nuevo gobierno ante reivindicaciones populares ya mencionada (quintas, consumos, etc.) son causas directas de la reacción republicano-federal que tiene lugar en octubre de 1869.
La noción de federalismo se ha ido consolidando en íntima vinculación al surgimiento, más o menos espontáneo, de las Juntas, durante el período que va de 1808 a 1868. A partir de esta fecha, el federalismo incorpora a su programa y a su acción aspiraciones ligadas al movimiento obrero.

(Pág. 29, Capítulo I, La Evolución de la Coyuntura Política, Historia de España, Vol. VII, Club Internacional del Libro de Madrid).

Desde luego, ante tal situación de conspiraciones y rebeldías, aunados de un acelerado proceso secesionista, las Cortes de 1868, no tuvo más remedio que suspender las garantías constitucionales. Y ante tal disolución era inevitable el estallido de la violencia, que en defensa del orden social se dio cuenta de una dura represión militar y política. Y como es sabido, que cuando se aplican decisiones drásticas y severas en bien de la utilidad social y política, se suspenden los juicios y el sentido común, y resurgen aquellas afirmaciones, ya viejas, de dictadores o fascistas. Podemos aludir de cómo se escuchaban las voces de Castelar, Orense y Pi y Maragall contra el general y político liberal, Juan Prim que lo calificaban de dictador, que sin diferencia se pronunciaban así de los gobiernos civiles de Práxedes Mariano Mateo-Sagasta y Escolar, miembro del Partido Liberal y de Ramón María Narváez y Campos, militar y político liberal.

Se consigue neutralizar la República, siendo derrotada, pero no había sido vencida. Conscientes de sus fuerzas, los republicanos alcanzan el poder en dos ocasiones: cuando las Cortes la proclaman el 11 de febrero de 1873, hasta el 29 de diciembre de 1874, y, en segunda oportunidad, -ya en el siglo XX- entre el 14 de abril de 1931, en sustitución de la monarquía de Alfonso XIII y el 1 de abril de 1939 con el final de la Guerra Civil Española y paso a la dictadura del general Franco.

Los diputados republicanos encabezan al sector del pueblo en armas. Algunos pierden la vida: Froilán Carvajal es fusilado en Alicante y Gaillén muere en Málaga, asesinado, según opinión de Figueras (expresada en un debate parlamentario), en enfrentamiento con las tropas gubernamentales, según el gobierno. De nuevo son detenidos muchos republicanos y las Cortes autorizan el procesamiento de todos los diputados rebeldes. Finalmente, esta disposición no llega a cumplirse. (Pág. 29, Capítulo I, La Evolución de la Coyuntura Política, Historia de España, Vol. VII, Club Internacional del Libro de Madrid).

4. El dualismo político trajo consigo las sublevaciones militares

Cierto es que el propósito principal de los levantamiento y golpes de Estado de los generales Miguel Primo de Rivera del 13 de septiembre de 1923, como del 17 de julio de 1936 de Francisco Franco Bahamonde se producen prácticamente como advertidos y como consecuencia de los graves problemas de carácter interno que padecía España a tal punto que su ruptura era inminente; por un lado los anarquistas, los separatistas, el desgobierno (debilidades e inmovilismo), etc., iban a echar abajo el orden constitucional y destrozarla. No fue sino que gracias a la presencia de los militares y sus caudillos impidieron tal atrocidad, restableciendo la autoridad del Estado.

Y con ese mismo propósito se produjo con el levantamiento del teniente general Jaime Milans del Bosch y el teniente coronel de la Guardia Civil Antonio Tejero en el intento de golpe de Estado, del 23 de febrero de 1981.

Veamos a continuación cuáles fueron las causas que posibilitan la intervención de los militares en aquél tiempo y veremos, sin confusión alguna, que no se diferencian entre ellas. Veremos cómo se pone de manifiesto el mal gobierno, el secesionismo, el abandono económico hacia las clases más necesitadas, el contubernio político de la casta política para enquistarse en el poder y beneficiarse de él, etc.

1) Encontrar respuestas de las causas de la Dictadura de Primo de Rivera ("Primorriverista", 1923-1930), podemos recurrir para ello utilizando como información histórica el pronunciamiento del general Primo de Rivera. A) Con la Proclamación de estado de guerra e inicio del Golpe de Estado y, B) Del Real Decreto sobre el separatismo.

A) Con la Proclamación de estado de guerra e inicio del Golpe de Estado

MANIFIESTO DE PRIMO DE RIVERA (1923)

(13 DE SEPTIEMBRE DE 1923)

- Proclamación de estado de guerra e inicio del Golpe de Estado -
"Al País y al Ejército

Españoles: Ha llegado para nosotros el momento más temido que esperado (porque hubiéramos querido vivir siempre en la legalidad y que ella rigiera sin interrupción la vida española) de recoger las ansias, de atender el clamoroso requerimiento de cuantos amando la Patria no ven para ella otra salvación que libertarla de los profesionales de la política, de los que por una u otra razón nos ofrecen el cuadro de desdichas e inmoralidades que empezaron el año 98 y amenazan a España con un próximo fin trágico y deshonroso. La tupida red de la política de concupiscencias ha cogido en sus mallas, secuestrándola, hasta la voluntad real.

Con frecuencia parece pedir que gobiernen los que ellos dicen no dejan gobernar, aludiendo a los que han sido su único, aunque débil, freno, y llevaron a las leyes y costumbres la poca ética sana, el tenue tinte de moral y equidad que aún tiene, pero en la realidad se avienen fáciles y contentos al turno y al reparto, entre ellos mismos designan la sucesión.

Pues bien, ahora vamos a recabar todas las responsabilidades y a gobernar nosotros u hombres civiles que representen nuestra moral y doctrina. Basta ya de rebeldías mansas, que, sin poner remedio a nada, dañan tanto y más a la disciplina que esta recia y viril a que nos lancemos por España y por el Rey.

Este movimiento es de hombres: el que no sienta la masculinidad completamente caracterizada, que espere en un rincón, sin perturbar, los días buenos que para la Patria preparamos. ¡Españoles! ¡Viva España y viva el Rey!

No tenemos que justificar nuestro acto, que el pueblo sano le manda e impone. Asesinatos de prelados, ex-gobernantes, agentes de autoridad, patronos, capataces y obreros; audaces e impunes atracos, depreciación de moneda, francachela de millones de gastos reservados, sospecha política arancelaria por la tendencia, y más porque quien la maneja hace alarde de descocada inmoralidad, rastreras intrigas políticas tomando por pretexto la tragedia de Marruecos, incertidumbre ante este gravísimo problema nacional, indisciplina social, que hace el trabajo ineficaz y nulo; precaria y ruinosa la producción agrícola e industrial; impune propaganda comunista, impiedad e incultura, justicia influida por la política, descarada propaganda separatista, pasiones tendenciosas alrededor del problema de las responsabilidades, y..., por último, seamos justos, un solo tanto a favor del Gobierno, de cuya savia vive hace meses, merced a la inagotable bondad del pueblo español, una débil e incompleta persecución al vicio del juego.

No venimos a llorar lástimas y vergüenzas, sino a ponerlas pronto radical remedio, para lo que requerimos el concurso de todos los buenos ciudadanos. Para ello, y en virtud de la confianza y mandato que en mí han depositado, se constituirá en Madrid un Directorio inspector militar con carácter provisional, encargado de mantener el orden público y asegurar el funcionamiento normal de los ministerios y organismos oficiales, requiriendo al país para que en breve plazo nos ofrezca hombres rectos, sabios, laboriosos y probos, que puedan constituir ministerio a nuestro amparo, pero en plena dignidad y facultad para ofrecerlos al Rey.

"No queremos ser ministros ni sentimos más ambición que la de servir a España. Somos el Somatén, de legendaria y honrosa tradición española, y, como él, traemos por lema: "Paz, paz y paz"; pero paz digna, fuera, y paz fundada en el saludable rigor y en el justo castigo, dentro. Ni

claudicaciones ni impunidades, Queremos un Somatén reserva y hermano del Ejército, para todo, incluso para la defensa de la independencia patria si corriera peligro; pero lo queremos más para organizar y encuadrar a los hombres de bien, y que su adhesión nos fortalezca. Horas sólo tardará en salir el decreto de organización del Gran Somatén Español.

"Nos proponemos evitar derramamiento de sangre, y aunque lógicamente no habrá ninguna limpia, pura y patriótica que se nos ponga en contra, anunciamos que la fe en el ideal y el instinto de conservación de nuestro régimen nos llevará al mayor rigor contra los que los combatan.

"Queremos vivir en paz con todos los pueblos y merecer de ellos para el español, hoy, la consideración; mañana, la admiración por su cultura y virtudes. Ni somos imperialistas ni creemos pendiente de un terco empeño en Marruecos el honor del Ejército, que con su conducta valerosa, a diario lo vindica. Para esto, y cuando aquel Ejército haya cumplido las órdenes recibidas (ajeno en absoluto a este movimiento, que aun siendo tan elevado y noble no debe turbar la augusta misión de los que están al frente del enemigo), buscaremos al problema de Marruecos solución pronta, digna y sensata.

"El país no quiere oír hablar más de responsabilidades, sino saberlas, exigirlas, pronta y justamente, y esto lo encargaremos con limitación de plazo a Tribunales de autoridad moral y desapasionados de cuanto ha envenenado hasta ahora la política o la ambición. La responsabilidad colectiva de los partidos políticos la sancionamos con este apartamiento total a que los condenamos, aun reconociendo en justicia que algunos de sus hombres dedicaron al noble afán de gobernar sus talentos y sus actividades, pero no supieron o no quisieron nunca purificar y dar dignidad al medio en que han vivido. Nosotros sí queremos, porque creemos que es nuestro deber, y ante toda denuncia de prevaricación, cohecho o inmoralidad debidamente fundamentada, abriremos proceso que castigue

implacablemente a los que delinquieron contra la Patria, corrompiéndola y deshonrándola. Garantizamos la más absoluta reserva para los denunciantes, aunque sea contra los de nuestra profesión y casta, aunque sea contra nosotros mismos, que hay acusaciones que honran. El proceso contra don Santiago Alba queda, desde luego, abierto, que a éste lo denuncia la unánime voz del país, y queda también procesado el que siendo jefe del Gobierno y habiendo oído de personas solventes e investidas de autoridad, las más duras acusaciones contra su depravado y cínico ministro, y aun asintiendo a ellas ha sucumbido a su influencia y habilidad política sin carácter ni virtud para perseguirlo, ni siquiera para apartarlo del Gobierno.

Más detalles no los admite un manifiesto. Nuestra labor será bien pronto conocida, y el país y la Historia lo juzgarán, que nuestra conciencia está bien tranquila de la intención y del propósito".[74]

Nota: sobre Somatén,[75] *véase su significado en Bibliografía.*

B) Del Real Decreto sobre el separatismo

TEXTO ÍNTEGRO DEL REAL DECRETO SOBRE EL SEPARATISMO

(18 DE SEPTIEMBRE DE 1923)

Preámbulo

Señor: De los males patrios que nos demandan urgente y severo remedio, es el sentimiento, propaganda y actuación separatista que viene haciéndose por audaces minorías, que no por serlo quitan gravedad al daño y que precisamente por serlo ofenden el sentimiento de la mayoría de los españoles, especialmente de los que viven en las regiones donde tan grave mal se ha manifestado.

El Presidente del Directorio Militar, que se honra dirigiéndose a V. M. y de acuerdo con él, somete a la resolución de V. M. medidas y sanciones que tienden a evitar el daño apuntado, con tanta más autoridad y convicción cuanto que resuelto a proponer a V. M. en breve plazo disposiciones que definan y robustezcan las regiones y su desenvolvimiento administrativo y aún su fisonomía espiritual, ha de purgarlas antes del virus que representan la menor confusión, el más pequeño equívoco en sentimientos en que no cabe admitirlos y que ningún pueblo ni estado conscientes de su seguridad y dignidad admiten ni toleran [...].

Artículo 1º. "Serán juzgados por los tribunales militares, a partir de la fecha de este decreto, los delitos contra la seguridad y unidad de la patria, cuando tiendan a disgregarla, restarle fortaleza, y rebajar su concepto, ya sea por la palabra, por escrito, por la imprenta o por otro medio mecánico o gráfico de publicidad y difusión, o por cualquier clase de actos o manifestaciones.

No se podrá izar ni ostentar otra bandera que la nacional en buques o edificios, sean del Estado, de la provincia o del municipio, ni en lugar alguno, sin más excepción que las embajadas, consulados, hospitales y escuelas u otros centros pertenecientes a naciones extranjeras."

Artículo 2º. "Las infracciones que contra lo dispuesto en este decreto-ley se cometan se castigarán del modo siguiente: ostentación de bandera que no sea la nacional, seis meses de arresto y una multa de 500 a 5.000 pesetas para el portador de ella, o para el dueño de la finca, barco, etc.

Delitos por la palabra, oral o escrita: prisión correccional de seis meses y un día hasta un año, y una multa de 500 a 5.000 pesetas.

La difusión de ideas separatistas por medio de la enseñanza o la predicación de doctrinas de las expresadas en el artículo primero: prisión correccional de uno a dos años.

Pandillaje, manifestaciones públicas o privadas referentes a estos delitos: tres años de prisión correccional y una multa de 1.000 a 10.000 pesetas.

Alzamiento de partidas armadas: prisión mayor de seis años y un día a 12 años al jefe, y de tres a seis años de prisión correccional a los que le sigan formando partida o partidas, si el hecho no constituyera otro delito más grave.

Resistencia a la fuerza pública en concepto de partida: pena de muerte al jefe y de seis años y un día a 12 años de prisión mayor para todos los que formen la partida o partidas. Con las mismas penas señaladas anteriormente se castigarán los delitos frustrados, la tentativa y las conspiraciones para cometerlos.

Las señeras, pendones o banderas tradicionales e históricas de abolengo patriótico, en cualquiera de sus periodos, que son guardados con amoroso orgullo por ayuntamientos u otras corporaciones, las del Instituto de Somatenes, gremios, asociaciones y otras que no tengan ni se les dé significación antipatriótica, podrás ser ostentadas en ocasiones y lugares adecuados, sin incurrir en penalidad alguna.

El expresarse o escribir en idiomas o dialectos, las canciones, bailes, costumbres y trajes regionales no son objeto de prohibición alguna. Pero en los actos oficiales de carácter nacional o internacional no sé podrá usar, por las personas investidas de autoridad, otro idioma que el castellano, que es el oficial del Estado español, sin que esta prohibición alcance a la vida interna de las corporaciones de carácter local o regional, obligadas, no obstante, a llevar en castellano los libros oficiales de registros y actas, aún en los casos que los avisos y comunicaciones no dirigidas a autoridades se hayan redactado en lengua regional.

Dado en Palacio, a 18 de septiembre de 1923. – dirigido al Rey Alfonso XIII. – El presidente del Directorio Militar, Miguel Primo de Rivera".[76]

2) Encontrar respuestas de las causas de la Dictadura de Francisco Franco ("Franquismo", 1939-1975), podemos recurrir para ello utilizando como información histórica el pronunciamiento del general Francisco Franco. A) El manifiesto de la sublevación contra el gobierno de la Segunda República.

El manifiesto que lanza por radio el general, vino a significar las bases y fundamentos del Movimiento Nacional nacido en 1938 y de la ideología franquista tras ser proclamado el 1 de octubre de 1936, jefe del Estado y generalísimo de las fuerzas de Tierra, Mar y Aire en Burgos. Desde luego, este Manifiesto es un testimonio histórico de suma importancia, análogo al de Primo de Rivera, puesto que desnuda a la clase dominante de la época y del profundo peligro que corría el Estado y la Nación española en cuanto a su soberanía tras el avance de los movimientos separatistas y anarquistas.

A) El manifiesto de la sublevación contra el gobierno de la Segunda República

EL MANIFIESTO DE FRANCO EN LAS PALMAS

EL GENERAL FRANCO LANZA POR RADIO EL MANIFIESTO DE LA SUBLEVACION CONTRA EL GOBIERNO DE LA SEGUNDA REPUBLICA (17 de de julio de 1936)

¡Españoles! A cuantos sentís el santo nombre de España, a los que en las filas del Ejército y la Armada habéis hecho profesión de fe en el servicio de la patria, a cuantos jurasteis defenderla de sus enemigos hasta perder la vida, la nación os llama a su defensa. La situación en España es cada día más crítica; la anarquía reina en la mayoría de los campos y

pueblos; autoridades de nombramiento gubernativo presiden, cuando no fomentan, las revueltas; a tiro de pistola y ametralladoras se dirimen las sangrientas realidades de aquél régimen que sacrificó para su existencia 25.000.000 de personas, se unen la molicie y negligencia de autoridades de todas clases que, amparadas en un poder claudicante, carecen de autoridad y prestigio para imponer el orden en el imperio de la libertad y de la justicia.

¿Es que se puede consentir un día más el vergonzoso espectáculo que estamos dando al mundo? ¿Es que podemos abandonar a España a los enemigos de la Patria, con proceder cobarde y traidor, entregándola sin lucha y sin resistencia?

¡Eso no! Que lo hagan los traidores, pero no lo haremos quienes juramos defenderla.

Justica, igualdad ante las leyes ofrecemos.

Paz y amor entre los españoles; libertad y fraternidad, exenta de libertinajes y tiranías.

Trabajo para todos, justicia social, llevada a cabo sin encono ni violencia y una equitativa y progresiva distribución de riqueza, sin destruir ni poner en peligro la economía española.

Pero frente a esto, una guerra sin cuartel a los explotadores de la política, a los engañadores del obrero honrado, a los extranjeros y a los extranjerizantes, que, directa y solapadamente, intentan destruir a España.

En estos momentos es España entera la que se levanta pidiendo paz, fraternidad y justicia; en todas las regiones el Ejército, La Marina y fuerzas de Orden público se lanzan a defender la Patria.

La energía en el sostenimiento del orden estará en proporción a la magnitud de la resistencia que se ofrezca.

Nuestro impulso no se determina por la defensa de unos intereses bastardos ni por el deseo de retroceder en el camino de la Historia, porque las instituciones, sea cuales fuesen, deben garantizar un mínimo de convivencia entre los ciudadanos, que, no obstante las ilusiones puestas por tantos españoles, se han visto defraudadas pese a toda la intransigencia y comprensión de todos los organismos nacionales, con una respuesta anárquica, cuya realidad es imponderable.

Como la pureza de nuestras intenciones nos impide el yugular aquellas conquistas que representan un avance en el mejoramiento político social, el espíritu de odio y venganza no tiene albergue en nuestro pecho; del forzoso naufragio que sufrirán algunos legislativos, sabremos salvar cuanto sea compatible con la paz interior de España y su anhelada grandeza, haciendo reales diferencias entre los asesinos que alevosa y traidoramente os asesinan, sin que los poderes públicos impongan la paz y la justicia. Huelgas revolucionarias de todo orden paralizan la vida de la población arruinando y destruyendo sus fuentes de riqueza y creando una situación de hambre que lanzará a la desesperación de los hombres trabajadores. Los monumentos y tesoros artísticos son objeto de los más enconados ataques de las hordas revolucionarias, obedeciendo a la consigna que reciben de las directivas extranjeras, con la complicidad y negligencia de los gobernadores de monterilla. Los más graves delitos se comenten en las ciudades y en los campos, mientras las fuerzas de orden público permanecen acuarteladas, corroídas por la desesperación que provoca una obediencia ciega a gobernantes que intentan deshonrarles. El Ejército, la Marina y demás institutos armados son blanco de los más soeces y calumniosos ataques, precisamente por parte de aquellos que debían velar por su prestigio y, entretanto, los estados de excepción de alarma sólo sirven para amordazar al pueblo y que España ignore lo que sucede fuera de las puertas de sus villas y ciudades, así como también para encarcelar a los pretendidos adversarios políticos.

La Constitución, por todos suspendida y vulnerada, sufre un eclipse total: ni igualdad ante la ley; ni libertad, aherrojada por la tiranía; ni fraternidad, cuando el odio y el crimen han sustituido el mutuo respeto; ni unidad de la Patria, amenazada por el desgarramiento territorial, más que por regionalismos que los Poderes fomentan; ni integridad ni defensa de nuestra frontera, cuando en el corazón de España se escuchan las emisoras extranjeras anunciar la destrucción y reparto de nuestro suelo. La Magistratura, cuya independencia garantiza la Constitución, sufre igualmente persecuciones y los más duros ataques a su independencia. Pactos electorales, hechos a costa de la integridad de la propia Patria, unidos a los asaltos a Gobiernos civiles y cajas fuertes para falsear las actas formaron la máscara de legalidad que nos presidía.

Nada contuvo las apariencias del Gobierno, destitución ilegal del moderador, glorificación de las revoluciones de Asturias y Cataluña, una y otra quebrantadora de la Constitución, que en nombre del pueblo era el Código fundamental de nuestras instituciones.

Al espíritu revolucionario e inconsciente de las masas, engañadas y explotadas por los agentes soviéticos, se ocultan las en nuestra Patria, por primera vez y en este orden, la trilogía, fraternidad, libertad e igualdad.

Españoles: ¡Viva España! ¡Viva el honrado pueblo español![77]

Tetuán, 17 de julio de 1936, (ABC, 23 de julio de 1936).

3) Reiteramos una vez más que es inherente que todo ciudadano soberano para salvaguardar la integridad de su soberanía nacional deba de intervenir y no se escapa de esta

responsabilidad las mismas Fuerzas Armadas. Y si las circunstancias la consideran indispensables para acabar con la destrucción del Estado y así salvar a la Democracia y la Soberanía Nacional el movimiento cívico-militar podría intervenir con un golpe de Estado. No hay más que recordar las intentonas golpistas hacia ese propósito patriótico, que se dieron en los años ochenta del siglo XX, del 23 de febrero de 1981, y de lo previsto para el 27 de octubre de 1982, además de aquella conspiración golpista para el 2 de junio de 1985.

En el caso del 23-F, intervienen, entre otros, el militar teniente general Jaime Milans del Bosch y el teniente coronel de la Guardia Civil Antonio Tejero.

TENIENTE GENERAL MILANS DEL BOSCH

"A principios de 1981, como ahora mismo, la situación de España la estimaban muchos españoles, y muy especialmente los que vestimos uniforme, como muy grave, casi «situación límite», a partir de la cual se empiezan a alcanzar «cotas» de desastre irreversibles: el problema de las autonomías, la crisis económica y la crisis de valores morales son los hitos que -a mi entender- marcan la frontera de lo tolerable"...

"Para mí -y pienso que para muchos compatriotas- la situación de España era en esas fechas -y lo sigue siendo hoy- incluso más grave que en 1936, y en esa creencia actué en 1981, movido por los mismos ideales y el mismo amor a España, que en 1936 me llevó a actuar como lo hice, junto con la inmensa mayoría de nuestro Ejército"

... No se trataba -dice más adelante- "de participar o no en luchas políticas"; se trataba de que el Ejercito debía intervenir "en los grandes planteamientos de la Política con mayúsculas". Se trataba "de interpretar el sentido del cometido que el propio art. 8 de la Constitución señala a las Fuerzas Armadas de VELAR POR LA SAGRADA UNIDAD DE LA PATRIA Y SU INTEGRIDAD"... "En la certeza moral

de que: esos hechos y mi conducta estaban respaldados, por la más Alta Magistratura"...

"Yo no sé si a la hora de la verdad SE VACILO O SE JUGO CON DOS BARAJAS pero lo cierto es que ni se secundaron las acciones NI SE AFRONTARON LAS RESPONSABILIDADES INHERENTES A CADA UNO"... "... es por lo que considero un sagrado deber afrontar personalmente toda responsabilidad, relevando de toda culpa a los que por obediencia; por convicción, dignidad, patriotismo y compañerismo, intervinieron en los hechos. También quisiera -por amor al uniforme que visto- asumir toda aquella que pudiera corresponder a los que por cualquier otra causa no han sabido o no han querido hacerse responsables de sus actos, junto con mi mayor desprecio para ellos..." El teniente general Miláns del Bosch, terminó su hermoso alegato que «ante las mismas circunstancias y supuestos, y con las mismas convicciones que tuve en febrero de 1981 volvería a actuar -sin dudarlo- de la misma manera que lo hice entonces"...

(SIN PELOS EN LA LENGUA. Herminia C. de VILLENA - Fuerza Nueva. Nº 804. Del 5 al 12 de junio de 1982. Generalisimofranco.com).

En el Periódico de Catalunya se publica este extracto:

"A principios de 1981 -dice Milans del Bosch- como ahora mismo, la situación de España la estimaban muchos españoles, y muy especialmente los que ves timos uniforme, como muy grave; casi como situación límite, a partir de la cual se empiezan a alcanzar cotas de desastre irreversibles: el problema de las autonomías; la crisis económica, la crisis de valores morales, son hito que a mi entender marcan la frontera de lo tolerable".

Más grave que en 1936. "Para mí, la situación de España era el 23-F -y lo sigue siendo hoy- incluso más grave que en 1936 y en esa creencia actué en 1981, movido por los mismos ideales y el mismo amor a España que en 1936 me llevaron a actuar como entonces lo hice, junto a la inmensa mayoría de nuestro Ejército".[78]

CAPÍTULO III - LA TRANSICIÓN ESPAÑOLA FRENTE AL SEPARATISMO

1. La Transición Española frente al separatismo

Precisemos, la llamada Transición española está enmarcada en el periodo histórico de España -que es un punto de discusión-, que se inicia con el final del régimen de Francisco Franco Bahamonde o a su muerte el 20 de noviembre de 1975 o con la coronación del Rey Juan Carlos I el 22 de noviembre de 1975, quien asumía a título de rey la jefatura del Estado, y finaliza con las elecciones generales legislativas celebradas el 15 de junio de 1977 o con la entrada en vigor de la Constitución el 29 de diciembre de 1978, que consagra un Estado social y democrático de Derecho, y con ello el inicio de la Democracia.

Democracia que por cierto continúa siendo discutible su existencia. Ya que unos no la acreditan como tal, que ni lo fue en la Transición ni lo es ahora, como así también lo afirma Antonio García-Trevijano, (que sugiero que sea visto por la profundidad y claridad en su contenido del concepto de democracia) o por otros contrarios que es un hecho que fue viable y que hoy es la garantía de la nación, como Ricardo de la Cierva.

1) Antonio García-Trevijano

(...) "En el año 76, 77 cuando se estaba discutiendo la Constitución... publiqué 62 artículos en una revista Repórter, explicando esas mismas ideas. Diciendo que la Constitución española no eran democráticas. Que lo que se estaba haciendo era un engaño a las fuerzas democráticas. Que había un pacto en el que se estaba traicionando la causa de la Democracia. En el que habían entrado todos los partidos políticos..."

(...) "Y cuando yo digo que en España no hay Democracia es porque el sistema de poder en España no depende para nada ni de las urnas ni de los electores. Sino que es un acuerdo de una camarilla de seis o doce personas que se han apoderado del sistema de poder en España, que hacen la lista de diputados, que lo mandan al parlamento, que en el parlamento esos diputados tienen que votar lo que a ellos le dictan con mandato imperativo. Que la Constitución no sirve para nada porque es violada y dice principios que no serán jamás aplicable. Por ejemplo, que los partidos serán democráticos, esos jamás serán, no podrán serlo, y cuanto más perfecto y más grandes sean los partidos menos democráticos serán, ni la provisión del mandato imperativo es imposible porque los partidos políticos funcionan con mandato imperativo". (...).

(...) "Fue secreta la preparación de la Constitución y lo saben todos los periodistas, que fue una indiscreción y un éxito enorme informativo que se enteraron que estaban haciendo una Constitución. Fue un golpe de Estado constitucional (...) La asamblea legislativa no tenía poderes constituyentes para hacer una Constitución. Para hacer una Constitución hace falta que el pueblo elija a los diputados para hacer una Constitución, eligieron a los diputados para legislar con Suarez y en secreto y sin responder a ninguna de las previsiones hicieron una Constitución y eso es un golpe de Estado. ¿Por qué lo hicieron así? Pues para asegurar el dominio de lo que hay."

"La democracia implica por necesidad un sistema o régimen de poder, se refiere exclusivamente al poder, quien manda, quien gobierna, cómo están dirigidos los gobernados, el sistema de poder. Y cuando yo digo que en España no hay democracia, es porque el sistema de poder en España no depende para nada ni de las urnas ni de los electores, sino que es un acuerdo de una camarilla de 6 o 12 personas que se han apoderado del sistema de poder en España, que hacen las listas de diputados, que lo mandan al Parlamento, que en el parlamento esos diputados tienen que votar lo que a ellos le

dictan con mandato imperativo, que la constitución no sirve para nada, porque es violada y dicen principios que no serán jamás aplicables, por ejemplo: que los partidos democráticos, que los partidos serán democráticos, esos jamás serán, no podrán serlos y cuando más perfecto y grande sean los partidos, menos democráticos serán, ni el [aquí se produce un corte de Trevijano, para centrar su atención en las siguientes palabras] La prohibición del mandato imperativo es imposible, porque los partidos políticos funcionan con mandato imperativo."). En el programa del canal Antena 3, La Clave, ¿Hay democracia en España? Mayo 1992, dirigido como moderador por José Luis Balbín. (https://www.youtube.com/watch?v=cYAkqiiYBWY).*

2) Ricardo de la Cierva

"La democracia es para todo el mundo un hecho irreversible; el inicio formal de la democracia es el día de las elecciones, pero nadie duda el 14 de mayo que España es ya un país democrático, porque cumple con las condiciones para ello: primero, la celebración reglada de convocatorias electorales; segundo, la voluntad general de convivencia manifestada en la aceptación de los resultados. Dos minorías mínimas y marginales, la extrema derecha y sobre todo la extrema izquierda terrorista, no aceptarían la convivencia pero el noventa y cinco por ciento de la población sí la acepta." La victoria de UCD (Unión de Clanes Desunidos) por Ricardo de la Cierva, págs., 9 y 10, Ediciones ARC, 1997).

2. Etapas de la Transición

La Transición es el inicio de la reforma del sistema, del cambio político de la dictadura a un sistema democrático. Pero este período histórico -posfranquismo- nos trae consigo dos etapas históricas bien marcada. La primera cuando el franquismo se resiste hacia su muerte y, segundo, cuando el franquismo aún no ha muerto y que consigue sobrevivir, hallándose en el limbo, (el mundo entre los vivos y los muertos), lo cual es posible que pueda retornar a la vida parte de él, a través, por ejemplo, de la ultraderecha.

2.1. Primera etapa: El franquismo se resiste hacia su muerte

Era la primera etapa de la expectativa y del debate si seguir con el modelo continuista del franquismo (aquellos quienes querían detener el proceso de la Transición, los inmovilistas o involucionistas), por otro lado, estaban los reformistas (a favor del cauce moderado, ahí estaban los aperturistas conformadas por las fuerzas políticas de la izquierda mediática socialista, de la derecha democrática y hasta de la propia iglesia católica y, por último, estaban aquellos de la ruptura (de la línea dura y radical de romper con la continuidad del franquismo, defendido por los partidos ilegales y semiclandestinos anarquistas, y de la extrema izquierda, entre ellos la Junta Democrática (de dominio comunista), Plataforma de Convergencia Democrática (en torno al socialismo joven de Felipe González) y la Asamblea de Catalunya y de las organizaciones subversivas como la de ETA, del Frente Revolucionario Antifascista y Patriota, FRAP, organización operativa desde 1973 a 1978, que fue creada por el Partido Comunista de España, PCE (marxista-leninista), de la Unión Militar Democrática, UMD y, del mismo, modo de las organizaciones separatistas y nacionalistas.

Y se inicia cuando el Rey Juan Carlos I de Borbón nombra como presidente de gobierno a Carlos Arias Navarro, el 4 de diciembre de 1975. Pues con Carlos Arias la Transición española se ve condicionada hacia el inmovilismo. En la presidencia el inmovilismo se apodera del gobierno, a pesar de contar con ministros comprometidos por la reforma, como del vicepresidente del Gobierno y ministro de la Gobernación, Manuel Fraga Iribarne y del ministro de Asuntos Exteriores, José María de Areilza.

El precedente de Carlos Arias al estar ligado al gobierno de Franco y al lado de los sectores más conservadores de "el bunker" (de los partidarios del mantenimiento del franquismo puro, entre ellos Blas Piñar, Silva Muñoz, eran motivos suficientes que exigían a éste aguantar las remetidas de los cambios que proponían los reformistas. Lo cual, ante esta postura inmovilista, el continuismo estaba presente y por ende el franquismo aún no había muerto llamado a continuar en Arias Navarro.

¿A caso lo que pretendía Arias Navarro y los que estaban detrás de él, el Consejo Nacional del Movimiento, el Consejo del Reino y las Cortes Españolas, era rescatar lo esencial del franquismo, la reforma del franquismo hacia un modelo moderado y destinado a suceder al franquismo puro? ¿Pero cómo éste podría neutralizar las aspiraciones de los reformistas y en especial de los rupturistas y convencerles que dejen de lado sus reclamaciones de libertad, amnistía, autonomías y la legalización de todos los partidos políticos y sindicales? Desde luego, tras encontrar una fuerte presión venidos del interior por las fuerzas de izquierda, de la extrema izquierda y de la propia Iglesia, y venidas en especial de las provincias del País Vasco y de Cataluña (sépase que en aquél tiempo los territorios españoles aún no estaban consideradas como comunidades autónomas) y de un sector de los militares progresistas, como del extranjero, que exigían la homogeneidad política frente al avance del cambio de la Europa del entorno y de las fuertes presiones del gobierno americano. Y todo ello, aunada de unas intensas movilizaciones populares, en especial en Madrid, Barcelona, Valencia y el País Vasco y el incremento del terrorismo y de la campaña política de ETA, pues luchar contracorriente, tomando los pasos como sucesor del almirante Carrero Blanco, hombre fuerte del franquismo, desde 1967 hasta su asesinato por un comando de ETA en 1973, pues fueron los motivos suficientes para que Arias Navarro dimitiese el 1 de julio de 1976.

A la altura del año 1975 España era... para la mayor parte de (los españoles) Estado y Nación a la vez, para importantes minorías era Estado pero no Nación... Con el paso del tiempo, las reclamaciones vasca y catalana actuaron como detonante del sentimiento regionalista en el resto de España. (La transición española. La recuperación de las libertades de

Javier Tusell Gómez. Edición: Temas de Hoy. Madrid, 1977. Págs. 62-64).

Desde luego el separatismo –que conoce bien su personaje-, se alía con los reformistas y rupturistas con la finalidad de dar paso a su "deseada" también Transición democrática, que les permita –apoyado por las libertades, la amnistía, la legalidad de los partidos políticos y de la creación de los estatutos autonómicos- conseguir avanzar y tomar el poder en sus respectivas Comunidades autónomas. Y para ello era importante acabar con la vida del franquismo y del continuismo. Del continuismo está claro que se consiguió aniquilarla través de los pactos utilizando la alternativa del reformismo: pero, sobre la vida del franquismo deja de ser el franquismo dictatorial, pero responde su existencia actual gracias al reformismo, hasta que éste sea derrotada o vencida por los rupturistas separatistas y los nacionalistas periféricos.

2.2. Segunda etapa: El franquismo aún no ha muerto

El franquismo influido por el entusiasmo del reformismo recibió una esperanza de vida. Y por los hechos se deja entrever que esto es cierto.

En esta segunda etapa de la Transición -del periodo preconstitucional-, es la fase decisiva hacia la democracia, y se inicia el 3 de julio de 1976, cuando el rey Juan Carlos I nombra como presidente de gobierno a Adolfo Suárez González, jurando su cargo en el Palacio de La Zarzuela el 5 de julio de 1976. Hay que señalar que Adolfo Suárez fue un desconocido burócrata en el gobierno franquista, y, por otro lado, señalar que Carlos Arias Navarro fue impuesto en el cargo como Presidente del primer Gobierno de la Monarquía, fuera de la voluntad del Rey Juan Carlos I.[79]

Que por cierto, Adolfo Suárez fue un desconocido[80] en la vida política, siendo un simple burócrata durante el gobierno franquista; a diferencia de Arias Navarro que fue un político que fue elegido como presidente del Gobierno fuera de la voluntad del Rey Juan Carlos.

La Transición difícilmente aceptable en su primera etapa tuvo que sucumbir por fuertes presiones internas como externas ya en su segunda etapa. Pero si bien el franquismo sucumbe, la entrada de la Transición significó para el separatismo su oportunidad y su esperado triunfo definitivo, puesto que el reformismo como constructor de un Estado débil, garantía supone para éste.

Se puede decir que ya en esta segunda etapa, el separatismo, que en principio encontró dificultad en las dictaduras de Primo de Rivera y el de Franco, vencidos ya por fuerzas internas como externas, alcanzó fácilmente los beneficios que la convertirían en inmune para ser detenido o sometido. Alcanzó diríamos su extraterritorialidad, considerando este término como si el separatismo estuviese fuera del territorio político-jurídico del Estado español.

El separatismo en esta etapa construye su camino, teniendo en cuenta dos factores como base, es consciente de su precedente histórico separatista y, asimismo, que tiene frente de sí a un pueblo español inmovilizado (que pasa por inadvertido o le resta importancia o por ignorancia política), que no son capaces de crear un sentimiento colectivo que reaccione contra el separatismo y los separatistas y, lo mismo, sobre una realidad percibida separatista, sobre la sociedad española, en especial la intelectual y académica, que no es capaz de interpretarla, y que no reacciona frente a una realidad construida sobre el pensamiento separatista vista en ciertas comunidades autónomas.

Y así, el camino separatista se construye. Y lo hace adecuadamente con una perspectiva político-estratégica. Y un ejemplo de ello es la conducta de los separatistas como el catalán Jordi Pujol y el vasco Xabier Arzalluz, éstos, quienes en principio de los años 70 sostenían, abrazaban y eran seguidores de la democracia establecida y de la práctica democrática, pues hoy en día, en el siglo XXI cargan contra aquella democracia establecida y que entonces abrazaban, para desprenderse de ella y abrazar aquella democracia que desprende libertades y de la tolerancia y convertirse en defensores y proactivos (dirigiendo, alentando, promoviendo y organizando), del separatismo.

Veamos la doble moral política de Jordi Pujol y de Xabier Arzalluz:

A) El Jordi Pujol de los años 70:

- "Sería muy difícil para nosotros conseguir la autonomía si en España hubiera una dictadura, nosotros necesitamos también una democracia para España. Sabemos que el gobierno español necesita un tiempo, pero naturalmente no puede ser un plazo muy largo. Creemos que en un año o año y medio todas estas cuestiones tienen que estar resueltas". Palabras dichas en el transcurso del gobierno de Arias Navarro. (11. Declaraciones del líder nacionalista de Convergencia Democrática Jordi Pujol a la Televisión inglesa, BBC. Los discursos políticos televisivos durante la transición española de Natalia Ardanaz. Publicacions.ub.es).

Y el Jordi Pujol del siglo XXI:

- "Si nos barran el paso para ir adelante y, por otro lado, no podemos recular hacia un territorio que ya conocemos y sabemos el trato que se da, habrá que instalarse en la resistencia", ha sostenido en su editorial del Centre de Estudios Jordi Pujol recogida por Europa Press. (11.07.2013 - Jordi Pujol llama a la 'resistencia activa' si el Estado frena las aspiraciones separatistas. Lavozlibre.com).

B) El Xabier Arzalluz de los años 70:

- "Si el gobierno de Madrid continúa con la represión, con el terror como hasta ahora entonces continuarán las posturas extremistas. Yo opino que en estos momentos el País Vasco es un polvorín que si hace explosión lo que suceda será aún más grave que en Irlanda del Norte.

En este caso se llegaría a acabar con cualquier esperanza de democracia en el Estado español. Primero que podamos creer que la democracia va a ser auténtica. Exigimos la amnistía para todos, una amnistía total. Bueno, asesinos terroristas, para nuestro pueblo son luchadores por la libertad." (Palabras dichas en el transcurso del gobierno de Arias Navarro. 12. Declaraciones del líder nacionalista vasco Xabier Arzalluz [líder del Partido Nacionalista Vasco (PNV)], a la televisión alemana (ZDF). Los discursos políticos televisivos durante la transición española de Natalia ARDANAZ, Publicacions.ub.es).

Y el Xabier Arzalluz del siglo XXI:

- El líder del PNV agrega que los vascos "se ven a sí mismos como un pueblo con un carácter propio y quieren que éste se refleje también en las decisiones políticas". Preguntado por si eso es posible dentro del Estado español, responde: "Por supuesto que fuera. No queremos ser gobernados por Madrid. Queremos ser un Estado propio en la UE".

Arzalluz define después a ETA como un "fenómeno político que subsiste desde hace treinta años" y añade que "surge como un movimiento nacionalista que intenta conseguir la independencia por medios violentos".
(http://elpais.com/diario/1998/07/28/espana/901576807_850215. html).

3. El pensamiento reformista en la Transición con Adolfo Suárez

Ya en la segunda parte de la Transición era evidente que debería de generarse un proyecto reformista que sea viable para establecer el Estado de régimen democrático. Y de tal proyecto se encargo Adolfo Suárez (presidente del Gobierno de España entre 1976 y 1981, del partido político Centro Democrático y Social) que fue su primera tarea unir a las diferentes fuerzas políticas y sociales en un interés común.

Pues, éste, basado en sus convicciones políticas centristas, moderadas y reformistas, hizo del diálogo, del compromiso, del consenso, del entendimiento y de las alianzas la mejor fórmula para unir a las fuerzas políticas. Una fórmula democrática participativa requería la presencia y el compromiso de los partidos de la derecha conservadora, de las izquierdas (socialdemócratas) y de los movimientos y partidos nacionalistas y separatistas, para alcanzar el objetivo. Y esa fórmula democrática participativa no tenía otro fin sino aquel de sacar adelante el proyecto de establecer el régimen democrático. La fórmula democrática participativa hizo posible aplacar la ira de los separatistas nacionalistas, favoreciéndoseles en sus peticiones: libertades, amnistía y autonomía.

Esa fórmula aplicada de establecer un régimen democrático a toda costa engendró precipitadamente la creación de las Autonomías, sin antes haber destruido los conceptos nacionalistas y los separatismos como ideologías asentados en ciertas comunidades autónomas.

Es imposible aceptar la idea que los reformistas de la Transición carecían de capacidad, del conocimiento y de la información suficiente capaz de no pensar que con la creación de las autonomías traería las consecuencias futuras de los efectos negativos y los riesgos que afectaría a la propia unidad de España.

Como de aquellos hechos históricos que marcan la historia de los separatistas, de lo ocurrido, por ejemplo, en el siglo XVII, en la época del Borbón Felipe IV, cuando Pau Claris i Casademunt presidente de la Generalidad de Cataluña, proclama la República Catalana en 1641, o acontecimientos posteriores a éstos.

Desde luego que sí sabían de lo que hacían. Entendían muy bien las consecuencias. Poseían el conocimiento y la experiencia suficiente como para no comprender la naturaleza histórica y presente del nacionalismo y separatismo en España, de su capacidad de generar conflictividad y tergiversación ante la dualidad identitario que se iba a crear al establecerse las

Comunidades autonómicas (dualidad identitario entre las Comunidades autónomas y España, entre Estado autonómico y Estado español). Como sabemos el nacionalismo tal como el separatismo promulgan una ideología de las diferencias y directamente opuestas a una dualidad identitario.

Pero a pesar de todas estas evidencias históricas, esta clase política reformista de la Transición, que nada más lejos de la intención de enfrentarla, lo ignoraron deliberadamente, miraron para otro lado, sin importarles del grave conflicto que se iba a generar por esa dualidad identitario con la creación de las Autonomías.

Bastante bien entendido está por los hechos y sus efectos que la clase política reformista de la Transición se desentendieron de la apuesta por una España territorialmente unida y apostaron por crear un nuevo modelo territorial autonómico por razones políticas y bajo presiones de los nacionalistas unidas por los principios de la tolerancia y la pacificación, diríamos, todo lo necesario por dejar de lado cuanto antes el régimen dictatorial y aceptar al régimen democrático y constitucional.

Así, apostaron por una convivencia convenida y pactada, sin importarles en lo más mínimo de lo que es España como nación. ¿O fue acaso el entreguismo de los reformistas de la Transición una intención de favorecer y dar poder y legitimidad a los territorios periféricos nacionalistas?

Bastante justificable y razonable está -véanse los efectos-, afirmar que el Estado español y los Gobiernos centrales existentes desde el inicio de la llegada de la democracia legal han sido en gran medida los verdaderos propiciadores del avance y del progreso del nacionalismo y separatismo. Y que aún son capaces de seguir gobernando, siguiendo el mismo criterio maquiavélico –toda vez que antes ya funcionó-, como práctica política, de la perfidia, de la falta de escrúpulos, de la astucia o del cinismo, unido al escapismo de siempre, para situarse y ser partícipes del poder y no estar al margen o fuera de él, sin importarles el mal que ocasionan a España.

Y es así, que en aquél periodo histórico de la Transición la clase política reformista respondió al paso de la dictadura a la farsa de la llamada democracia. Farsa de la pluralidad y de la unidad política territorial a través de la creación de las comunidades autónomas, que sólo sirvió para crear fronteras, crear privilegios y corrupción, y limitar los derechos de todo español. Y así también lo vemos en los treintaisiete años transcurridos de la España Constitucional (1978-2015) que sólo sirve a los intereses de los nacionalistas autonómicos y que imposibilita construir la identidad nacional española, y no así si se volviera a su antiguo esquema provincial.

Por lo tanto, no hubo un pensamiento patriótico español, sino que actuaron con la más absoluta cobardía y de la sumisión, apostando por el "café para todos", por el cinismo y por la ignorancia deliberada.
- Sin embargo, también resulta evidente que la Constitución de 1978 no precisó en términos políticos, es decir, a efectos políticos-institucionales, qué se entendía por nacionalidades o regiones (cuáles eran las diferencias entre unas y otras), ni señaló de una forma incuestionable a qué territorios y/o pueblos integrantes del Estado debía otorgarse una u otra denominación (nacionalidad o comunidad regional). (Ponente Juan García Pérez, profesor de la universidad de Extremadura, organizado por la Fundación Alternativas con el título general de "Alternativas para la España plural", Mérida, 09.06.2006).

- Esta misma mañana, escuchaba al señor Bono en la COPE, ex presidente de mi región, en tono afable, hablando de pactos patrióticos entre los dos grandes partidos y de asumir equivocaciones en el proceso autonómico. Evidentemente son muchas las equivocaciones, pero lo que me ha parecido entender de las palabras de Don José es que el café para todos fue un error pues realmente se tuvieron que inventar autonomías regionales que nunca existieron como Castilla la Mancha, a cuenta de que las nacionalidades históricas como Cataluña, Euskadi y Galicia pretendían tener sus estatutos de autonomía, y hubo que contentar a todos dando autonomías, lo cual fue un error.

El café para todos fue la solución intermedia entre, una idea nacional fuerte de España que estaba mal vista a causa de los acontecimientos históricos previos, o la sumisión a las pretensiones nacionalistas que pretendían desgajarse de España. (Prensa digital Lavanguardia.com - Así empezó el 'café para todos' de Enric Juliana, 23/01/2011).

CAPÍTULO IV - LA ESPAÑA ACTUAL DESDE 1978 AL PRESENTE

"España, España, España, dos mil años de historia no acabaron de hacerte..."
Eugenio de Nora.

La España actual se mantiene aún en el pasado de aquella Transición de la segunda parte. Como hemos visto, la Transición fue imprecisa y contraria a los intereses de España, y estuvo subordinada y sostenida por una clase política adherida y sometida al servicio de los intereses partidistas y que se situaron contrarios a los retos que requería España, la creación o la continuidad de una España grande y unida.

Por lo que fue el reformismo de la Transición no hay más que observar la situación actual de su continuismo hasta el presente y del continuismo del separatismo y de su pasado de la forma más radical a través de ETA, cuando esta agrupación da muerte a un bebé en San Sebastián, tras un atentado con bomba, junio de 1960, o cuando es asesinado el jefe de la policía de San Sebastián, en el País Vasco, el 7 de junio de 1968, o cuando es asesinado con explosivos el presidente del Gobierno, almirante Luis Carrero Blanco, el 20 de diciembre de 1973, o de los años más sangrientos de ETA en los años 80, dando muerte esta organización a más de 100 personas, o cuando asesinan a más de 21 personas y dejan más de 35 heridos, con bomba en un supermercado de Barcelona, el 19 de junio de 1987, o cuando intenta asesinar con un coche bomba al líder de la oposición, José María Aznar, del Partido Popular, el 19 de abril de 1995, o cuando dan muerte al concejal del conservador Partido Popular en el País Vasco, Miguel Ángel Blanco, o de los atentados terroristas perpetrados el 11 de marzo de 2004, atribuidos a ETA con las organizaciones radicales islámicas vinculadas a al-Qaeda, en los trenes de Madrid, o del atentado en el estacionamiento del aeropuerto de Barajas, dando muerte a dos hombres, 24 de marzo de 2006, etc.

El continuismo reformista, marcaba su misión a través del espectro político de centro-derecha y la social demócrata, que se inicia desde la llegada de la democracia con la Transición y gobernados bajo la presidencia de Adolfo Suárez González-(UCD, 1976-1981), Leopoldo Calvo-Sotelo Bustelo-(UCD, 1981-1982), Felipe González Márquez-(PSOE, 1982-1996), José María Aznar López-(PP, 1996-2004), José Luis Rodríguez Zapatero-(PSOE, 2004-2011), Mariano Rajoy-(PP, 2011-2015), adscritos a ese continuismo, éstos y el pensamiento reformista, se convierten en una vía muerta para romper definitivamente con el separatismo.

Y así nos recuerda el diputado Blas Piñar, por Unión Nacional, cuando acertadamente enjuicia el fracaso del reformismo cobarde e inmovilista de su época frente al separatismo con un rotundo no a la investidura de Adolfo Suárez, 1979, y de un no a la investidura de Leopoldo Calvo-Sotelo, 1981. Y que hoy, aquellas palabras pronunciadas por Blas Piñar en las Cortes Generales siguen vigentes ante el continuismo de la falsa tesis reformista de que "La democracia en España es posible sin romper ni destruir nada",[81] mencionada en enero de 1976, por el reformista Manuel Fraga Iribarne.

PALABRAS DE BLAS PIÑAR, EN LA SESIÓN DE INVESTIDURA DE ADOLFO SUÁREZ

30 de marzo de 1979

(...)

"La formación política que represento dice que sí a la autonomía descentralizadora de la Administración, -porque un Estado central absorbente y monopolista que nunca fue el Estado histórico español es evidente que no puede resolver los problemas. La cercanía a los administrados, la urgencia del trámite no puede ser detenida por la burocracia

omnímoda y omnipresente de un Estado centralista y central; pero una cosa es una sola Administración descentralizada y ágil y barata en lo posible y próxima a los ciudadanos y otra cosa es una autonomía política, tal y como reconoce la Constitución española cuando habla, además, de nacionalidades.

Yo no pondría ningún inconveniente, aunque disintiese del tema, si tuviese el convencimiento pleno de que esa autonomía política venía a refrendar y a consolidar y a fortalecer esa unidad de la Patria que tantas veces se proclama. Pero cuando yo he oído en esta Cámara a los representantes de los grupos que patrocinan nacionalidades y autonomías no he oído jamás hablar de España. Si acaso, he oído hablar siempre del Estado español, con lo cual lo sustantivo se convierte en adjetivo; algo que califica al Estado, pero que no define ni es el nombre de una nación y de una patria. Antes, yo tendría que preguntar en nombre de la claridad y de la transparencia que debe ser propia de los hombres de bien si cuando hablamos de "nacionalidades" en la Constitución algunos están pensando en naciones soberanas e independientes, con su propio y personal destino totalmente distanciado y diferenciado del destino universal de España.

Yo quisiera preguntarles si son españoles de nacionalidad o simplemente españoles de ciudadanía, de pasaporte y de documento nacional de identidad, o si, por el contrario, sienten a España profundamente como algo genesíaco y vitalizante que llevan en su Corazón y en sus venas, porque si no, señor Presidente, amigos de esta Cámara, todos nos estaríamos engañando; hablaríamos de "nacionalidades" como de un eufemismo para no hablar de nación; estaríamos hablando de los pueblos de España, que ya sé es una frase no solamente admisible, sino que comparto, como forma de enmascarar a pueblos con destinos diferentes; hablaríamos de Estado español por no hurtar definitivamente la palabra España o la palabra que aluda a lo español de esos términos definitorios y comprensivos, y yo pregunto: ¿Realmente ellos sienten a España como su patria, o se sienten patriotas de una nación distinta y admiten como fórmula transitoria y temporal los puros, tenues lazos administrativos de un Estado español que no tendría comunidad a que servir? Este es el problema básico que, por desgracia, tenemos planteado, y que conste que no comparto la tesis de que el problema de los nacionalismos, los independentismos y los autodeterminismos (porque se buscan toda clase de palabras para enmascarar posturas que son, en el fondo, idénticas) no surgen en períodos de libertad, no; surgen en períodos de crisis, de debilidad y de decadencia". [82]

PALABRAS DE BLAS PIÑAR, EN LA SESIÓN DE INVESTIDURA DE LEOPOLDO CALVO-SOTELO

19 de febrero de 1981

"Señor Calvo-Sotelo, no vea en mis palabras, en absoluto, ninguna actitud de hostilidad. Tengo para su ilustre apellido, tan entrañablemente vinculado a la historia última y dolorosa de España, respeto, simpatía y admiración. Pero respeto, admiración y simpatía que no me impiden votar que no a su investidura como Presidente del Gobierno.

Las razones son claras. En primer lugar, el Gobierno que formaría su excelencia sería un Gobierno monocolor de la Unión de Centro Democrático, que tendría forzosamente que responder al programa electoral del partido -como ha dicho, por otra parte, su Presidente en unas declaraciones de estos días- y tendría que cumplir imperativamente los mandatos de la Constitución.

No consiste sólo gobernar, como dijo el señor Calvo-Sotelo, en elegir; consiste en elegir bien, en elegir al servicio del bien común, en ir perpetuando las adhesiones e irlas incrementando, y es cierto que no se perpetúan las adhesiones ni se incrementan las mismas cuando, como el propio posible Presidente del Gobierno afirmaba, hay un clima generalizado de desencanto, de desesperanza, de inseguridad y de pesimismo.

El sistema político, cualquiera que sea su nombre, no se justifica sólo por unas declaraciones programáticas o estampadas en el texto respetado de una ley, porque obras son amores y no buenas razones, sino sencillamente por sus éxitos y el bien común al que debe servir un Gobierno, y este Gobierno de UCD, que no puede manejar las palabras continuación, continuidad y continuismo, porque una de las tres cosas y las tres son exactamente la misma, es evidente que no respeta ni ha garantizado, al menos en estos años, los ingredientes sustantivos del bien común, que son: el derecho a la vida, el derecho al honor, el derecha a la propiedad privada, que es la garantía de la auténtica libertad, e incluso el derecho al trabajo.

El derecho a la vida, porque parece que el derecho Único que existe es el derecho a matar. El derecho al honor, porque se difama diariamente. El derecho a la propiedad privada, porque se confisca por el doble método de la inflación, de una parte, y, de otra, una presión fiscal que está reduciendo a la miseria a millones de españoles. El derecho al trabajo, porque todos hemos denunciado aquí y reconocemos que aumentan en proporciones gigantescas las tasas de desempleo. Y, finalmente, incluso el derecho a la libertad de expresión, cuando aquí se sabe y se ha dicho que los fondos de reptiles compran esa libertad de expresión y, por una parte, se autorizan o se toleran manifestaciones con exaltación de terroristas y del terrorismo, con personas encapuchadas portadoras incluso de metralletas, mientras, por otras, se prohíbe una manifestación en la que solamente se pretendía afirmar la unidad de España y condenar los actos del terrorismo y de los terroristas.

(...)

"Se ha hablado de las autonomías, y, señor Calvo-Sotelo, usted creo que parte de un error lógico, porque usted es un

defensor del texto constitucional, y en la Constitución, entre otras contradicciones, hay una evidente: el mantener el principio de la unidad indivisible en España y el principio de las nacionalidades. Y, como la posibilidad de equilibrar nación con nacionalidades no existe, resulta que en este momento los poderes públicos de los entes autonómicos en muchos caso y circunstancias no hacen la exaltación de una nacionalidad dentro de esa nación única e indivisible, sino - como se ha dicho- de la propia personalidad nacional, de lo que entendíamos que era tan sólo una región española.

Cuando los poderes públicos son poderes del Estado en las Comunidades Autónomas, todavía la tesis era admisible, pero cuando esos poderes públicos en la Comunidad Autónoma se ponen al servicio de un ente nacional para construir su propio Estado, estamos, como estaba apuntando muy bien ayer el señor Calvo-Sotelo, ante la autodestrucción del Estado nacional; el Estado nacional se convierte en un almacén de retales.

Porque esta posibilidad de equilibrio entre la unidad de la nación y las nacionalidades no es ni filosófica ni prácticamente posible, es por lo que tenemos un bache fundamental, mientras el texto constitucional se mantenga firme.

Y por último, el tema de la inseguridad ciudadana. Dijo ayer el señor Calvo-Sotelo -y está escrito en el discurso-, algo para mí moralmente muy grave: es cuando afirmaba que la violencia ya no tiene ninguna justificación ni pretexto para que sea lícita; lo que, a asensu» contrario, equivaldría a decir que ha habido momentos o hay ocasiones en que esa violencia ha tenido justificaciones y pretextos. Ahora bien, como puede ocurrir que en España existan grupos políticos que entiendan todavía, a pesar de la opinión del señor Calvo-Sotelo, existen motivos que hacen lícita y justificable la violencia, está dando, indirectamente, el señor Calvo Sotelo (por supuesto, sin quererlo, sin planteárselo así) argumentos a los grupos terroristas, y a la ETA especialmente, para que, entendiendo que hay causas que justifican la violencia, realmente practiquen el asesinato, el secuestro, también la tortura y, por supuesto, la extorsión con el impuesto revolucionario".[83]

SUBCAPÍTULO I - POSICIÓN POLÍTICA Y SOCIAL DE LOS EJES DEFINIDORES FRENTE AL SEPARATISMO

1. El espectro político de centro-derecha y de la socialdemocracia que actúa en el presente

El referente histórico de un modelo político dominante -el reformismo- impuesto y defendido por los gobiernos de turno desde la Transición, y legitimada por una cultura española trasmitida de generación en generación, manifestada y bajo el poder de la clase política dominante, de los medios de comunicación de masas (considerado el quinto poder del Estado), y aceptada por una sociedad y un pueblo sistematizado por los propios poderes dominantes reformistas, pues es una herencia difícil de romper.

De ahí que la conspiración de destruir, de atentar contra la vida del Estado y del concepto de Estado-nación, España, parte, no de los separatistas, sino de sus propios protagonistas legitimados por el propio pueblo español, y éstos, con escaso sentido de identificación nacional y sin futuro de una postura social de unidad.

Prácticamente la clase política gobernante situaron al Estado en una constante y perenne crisis, al utilizar a la democracia y los expresos pactos de gobierno con los separatistas, pretendiendo a sabiendas y con falsedades cerrar el paso al pensamiento separatista, cayendo por ello en la insumisión y al entreguismo.

Con el paso del tiempo y por las evidencias que nos deja el avance y el ascenso del separatismo, nuestros gobernantes, cumpliendo el papel del reformista, sin temperamento, y asociados a sus intereses políticos, del partidismo (UCD-PSOE;

PP-PSOE) no pueden neutralizar, cerrar, romper sus relaciones con los separatistas. Ante esta actitud, y desprovistos de valor y dignidad, nuestros gobernantes reformistas socialdemócratas y de centro-derecha no nos garantizan el promover la unidad de España, el velar por las Garantías Constitucionales, y ni serán capaces de defender el Estado de Derecho.

La idea de España que tiene el soberano español –de patria, de bandera, de historia, de tradiciones- nunca se construyó como un patrimonio de todos. Nombrarlas, no es del interés de los reformistas, puesto que para éstos es contaminarse de la historia franquista; es romper la tranquilidad, por lo tanto volver al "pasado" es malo y sospechoso. Indiscutible es por lo tanto, que queda de lado los valores y el aprecio a la propia historia que reclama el soberano español. Lo mismo que es indiscutible que "el café para todos" (el de los pactos) es una actitud que debe ser aceptada y compartida por todos. Es decir, se pretende forjar la unidad de España a través de un plan siniestro.

Decía el poeta español Eugenio de Nora: *"España, España, España, dos mil años de historia no acabaron de hacerte..."*

2. Posición política y reacción de los Ejes definidores frente al separatismo

Sabemos que una nación se sostiene cuando están presentes sus Ejes definidores, los cuales contribuyen activamente a su crecimiento y estabilidad. ¿Y cuáles son esos Ejes que están presentes, que contribuyen, que cohesionan y substancian la vida política de una nación?, los Ejes que lo constituyen se encuentran en el estado, los gobiernos, el pueblo y la sociedad. Pues, estos son los principales autores, los Ejes definidores que hacen posible que las áreas sociales, económicas, políticas, jurídicas, culturales y de la educación actúen e interactúen como factores determinantes en beneficio de una nación.

Ahora bien, sobre la base de este concepto de relación nación-Ejes definidores, a los efectos de la realidad española, ¿cuál es la postura de los Ejes definidores como acción ante su soberanía con respecto al separatismo? Diríamos que por los hechos y sus consecuencias es prácticamente escasa o nula su participación.

Son numerosos los ejemplos de cómo los Ejes definidores, que ante un suceso no aislado, han caído en una falta de práctica política, social e institucional, sin capacidad de afrontar el problema seriamente y, aún más, podríamos decir que bajo su condición de protectores de una nación, haya una falta de voluntad y compromiso político, social e institucional, cayendo así en la indiferencia y en una irresponsabilidad.

Por un lado vemos a una sociedad y a un pueblo alienado y enajenado, inmerso en un grave problema de hipocresía social e individualista, indiferente hacia la vida pública nacional, incapaz de movilizarse, de protestar y de expresar su oposición en defensa de España. Y por otro lado, se sigue advirtiendo desde la apertura del sistema democrático a una clase política y gobernante –la dirigencial-, abordando el problema y el conflicto con el secesionismo en ciertas Autonomías sin ninguna voluntad política; abordando el problema sin claridad ni valentía, sino mostrando un espíritu conciliador y pacificador, generando así más problemas según las evidencias. Siempre con una actitud ante el problema utilizando el diálogo, las concesiones, los compromisos, las alianzas, los pactos, etc., que asegure el cese temporal de las agitaciones separatistas y soberanista; de una tranquilidad cortoplacista; de una convivencia cortoplacista, convirtiéndose así en nuevas oportunidades y continuismos.

Desde luego, por uno y por otro lado, los Ejes definidores con sus comportamientos han permitido que el nacionalismo y el separatismo se favorezcan, a tal extremo que estos ya todo lo consideran como legítimo y como verdades absolutas e inmanentes, y que todo lo contrario no sea más que afirmaciones sin fundamento y de pensamientos retorcidos. Como aquello que el Estado español usurpa los derechos de las Comunidades autónomas en sus pretensiones y el derecho a elegir libremente su autodeterminación. Que el Estado español no reconoce ni respeta la singularidad, la diversidad y la diferencialidad identitaria que permita el autogobierno de los pueblos. Que la constitución no sirve para este tiempo. Que la banda terrorista ETA ha desmantelado las estructuras derivadas de la lucha armada, con el objeto de realizar el trámite del ciclo de la confrontación armada a la confrontación democrática, etc.

Con todo esto se ha llegado a una realidad permanente, que nos revela aquello que existe y que se reflexiona de ello y que se actúa e interviene contra el Estado y la Nación, cual es la postura de los Ejes definidores que han caído en facilismos y la indiferencia como norma de acción; que se han acomodado en el tiempo, indiferentes del problema, con redundancias y sin finalidades ni influencia ideológica nacionalista que permita confrontar, neutralizar y acabar con el separatismo y el nacionalismo.

A continuación abordaremos con mayor detalle la actitud de los Ejes definidores, que apoyados por las evidencias nos permiten afirmar que éstos, los Ejes definidores, ni son críticos ni activos frente al nacionalismo y al separatismo y que, por el contrario, mantienen una actitud cobarde e inmovilista, y que han generado el crecimiento y el desarrollo de los nacionalistas y separatistas, a tal extremo que estos ya gobiernan en las propias instituciones públicas del Estado español y en los propios gobiernos autonómicos como es el caso de Cataluña.

2.1. Posición política y reacción del Estado español frente al separatismo

2.1.1. Sobre los mecanismos de defensa institucional: Los organismos del Estado

El soberano español necesita saber que el Estado es capaz de afrontar los problemas, y antes que se presenten o se agraven, resolverlos con suma prontitud. Y debe de saber que cuenta con su propio mecanismo de defensa los públicos, como son los Órganos Constitucionales del Estado, que se crearon con el objetivo de velar los intereses del soberano, de la Constitución, de salvaguardar la soberanía nacional y controlar la acción del Gobierno, entre otros objetivos.

Por lo tanto, con todos estos mecanismos de defensa que están a su alcance, el Estado y el Gobierno serían capaces de actuar eficazmente y prevenir y evitar los riesgos que se dirijan en el camino de desestabilizar y/o acabar con la unidad territorial de España.

Y si esto es así, cabe preguntarnos ¿dónde se encuentra el Estado con sus sabios objetivos, cuando vemos que parte de él se revela consigo mismo, como no puede ocultarse ante la evidencia del levantamiento autonómico catalán? Y la respuesta la hemos dado en el párrafo anterior. Pues en esta situación el Estado se deslegitima, ante lo que entendemos por sus objetivos que es un servidor y cuidador de una Nación.

¿Y cómo puede el Estado español llegar a esta situación de anarquismo? Y la respuesta la hemos dado en el párrafo anterior. Y algo más, las consecuencias del anarquismo del Estado resultan a causa de un Gobierno y de una casta política que nunca se identificaron con los objetivos del Estado y que carecieron de un proyecto en común hacia el desarrollo y el fortalecimiento del mismo. Lo que hace el Gobierno es aprovecharse del Estado y que esté a su servicio como un instrumento de poder. Enfrentados unos con otros, -casta política y Gobierno-, y siempre al servicio de sus intereses particulares y de grupo.

Ante el fallo de Estrasburgo sobre Parot

"El problema de fondo, desde el año setenta y tres en el que estaba vigente el anterior Código Penal, hasta el año noventa y cinco, pasan veintidós años. En donde ningún partido político de la democracia, ni UCD, ni posteriormente el Partido Socialista, cambió la ley para impedir lo que posteriormente se iba a producir. Porque bajo ese Código

Penal y bajo esa política penitenciaria que estaba vigente, los asesinos múltiples podían redimir su pena haciendo trabajos y estudiando. Lo cual era una gran injusticia. Es decir, me explico, la legislación penal entre el año noventa y tres y el año noventa y cinco permitía que los asesinos prácticamente le saliera gratis matar. Y eso es responsabilidad de quien ¿de los jueces o de los políticos? Pues yo lo tengo muy claro, es responsabilidad de los políticos. Insisto, UCD en primer lugar, Partido Socialista en segundo lugar, que, sabiendo lo que iba a suceder, porque estamos hablando de una época en donde ETA no mataba de vez en cuando, asesinaba día sí, día también, militares, policías, civiles, era el momento de mayor tragedia terrorista en la historia de España, y los políticos durante esos años, veintidós años, insisto, que sabían perfectamente que se podrían beneficiar de ese tipo de ventajas penitenciarias, no hicieron nada.

¿Qué hicieron? Vaya. Cuando resulta que un terrorista con decenas de asesinatos a sus espaldas estaba a punto de salir, porque la ley que esos mismos políticos habían aprobado, se lo permitía. Vaya, entonces es el momento de rasgarse las vestiduras, retorcer la ley con la Doctrina Parot, y ahora, es justo lo que ha tumbado el Tribunal de Estrasburgo. (Manuel Llamas, licenciado en Ciencias Políticas, periodista, analista del Instituto Juan de Mariana y redactor jefe de Economía en Libertad Digital, contertulio en el programa "El Gato al Agua", Intereconomía TV. Ante el fallo de Estrasburgo sobre Parot. 21.10.2013).

Esta es la causa principal por la cual el Estado español no reacciona. Convirtiéndose en un Estado ineficiente, inoperante y desvalorizado. [Si hay 13 defensores del pueblo autonómico, ¿a quién defiende el defensor del Pueblo de España, en especial en las Comunidades rebeldes?]. Y ante esta realidad, ¿quién puede velar y luchar por el interés general de España, si su Estado está atrapado por un Gobierno y una casta política abyecta y hereditaria? No podemos ocultar la verdad ante la evidencia que la soberanía popular española está siendo traicionada.

Veamos a continuación algunos Órganos Constitucionales del Estado español y las funciones que por sus objetivos no deberían de estar al margen ni ser ajenos ante una problemática socio-política-jurídico que se presente, como es el caso, con el nacionalismo y el separatismo secesionista.

1) La Fiscalía General del Estado

"El Artículo 124 de la Constitución española de 1978 establece que el Ministerio Fiscal, sin perjuicio de las funciones encomendadas a otros órganos, tienen como misión promover la acción de la justicia en defensa de la legalidad, de los derechos de los ciudadanos y del interés público tutelado por la ley, de oficio o a petición de los interesados, así como velar por la independencia de los Tribunales y procurar ante éstos la satisfacción del interés social". (Ministerio de Justicia/Portal de la Administración de Justicia/ Fiscalía General del Estado. Mjusticia.gob.es).

2) La Abogacía General del Estado

"El asesoramiento jurídico a la Administración General del Estado y a sus organismos autónomos, así como, cuando proceda normativa o convencionalmente, el de las demás entidades y organismos públicos, sociedades mercantiles estatales y fundaciones con participación estatal. La representación y defensa del Estado y de sus organismos autónomos, de los órganos constitucionales y de las demás entidades enumeradas en el párrafo precedente, ante el Tribunal Constitucional y los tribunales de todo orden jurisdiccional, así como en procedimientos prejudiciales y extrajudiciales, en los términos de la legislación vigente". (Ministerio de Justicia/Portal de la Administración de Justicia/Abogacía General del Estado. Mjusticia.gob.es).

3) El Defensor del Pueblo

"Los derechos fundamentales no serían efectivos si no hubiera garantías. Por eso la Constitución y las leyes disponen todo un sistema de controles que permite prever, evitar o rectificar los casos y situaciones en que un derecho se ve en riesgo o pérdida. La primera garantía es la llamada reserva de ley: sólo por ley puede regularse el ejercicio de los derechos y libertades, ley que además y en todo caso debe respetar su contenido esencial. Otras garantías especiales son la tutela judicial, incluso en el caso de algunos derechos de carácter preferente y sumaria, así como el recurso de amparo ante el Tribunal Constitucional.

El Defensor del Pueblo se configura como una garantía institucional de los derechos constitucionales. El Defensor del Pueblo es un alto comisionado de las Cortes Generales, es decir que recibe de éstas un encargo y es designado por ellas para proteger y defender los derechos de los ciudadanos reconocidos en el texto constitucional (artículo 54 de la Constitución).

Entre sus funciones destaca la de supervisar la actividad de todas las Administraciones públicas (Ministerios, Consejerías de las Comunidades Autónomas, Ayuntamientos, etc.). Su supervisión alcanza también la actividad de las empresas públicas y de los agentes o colaboradores de las Administraciones cuando realizan fines o servicios públicos. (…)". (La función del Defensor / Defensor del Pueblo / Defensordelpueblo.es).

4) Los Delegados del Gobierno en las Comunidades Autónomas

Artículo 23. Competencias de los Delegados del Gobierno en las Comunidades Autónomas.

Para el ejercicio de las funciones asignadas respecto de todos los servicios de la Administración General del Estado y sus Organismos públicos, los Delegados del Gobierno en las Comunidades Autónomas tienen las siguientes competencias:

1. Dirigir la Delegación del Gobierno; nombrar a los Subdelegados del Gobierno en las provincias y dirigir y coordinar como superior jerárquico la actividad de aquéllos; impulsar y supervisar, con carácter general, la actividad de los restantes órganos de la Administración General del Estado y sus Organismos públicos en el territorio de la Comunidad Autónoma; e informar las propuestas de nombramiento de los titulares de órganos territoriales de la Administración General del Estado y los Organismos públicos de ámbito autonómico y provincial, no integrados en la Delegación del Gobierno.

2. Formular a los Ministerios competentes, en cada caso, las propuestas que estime convenientes sobre los objetivos contenidos en los planes y programas que hayan de ejecutar los servicios territoriales y los de sus Organismos públicos, e informar, regular y periódicamente, a los Ministerios competentes sobre la gestión de sus servicios territoriales.

3. Proteger el libre ejercicio de los derechos y libertades y garantizar la seguridad ciudadana, a través de los Subdelegados del Gobierno y de las Fuerzas y Cuerpos de seguridad del Estado, cuya jefatura corresponderá al Delegado del Gobierno, quien ejercerá las competencias del Estado en esta materia bajo la dependencia funcional del Ministerio del Interior.

4. Elevar, con carácter anual, un informe al Gobierno, a través del Ministro de las Administraciones Públicas, sobre el funcionamiento de los servicios públicos estatales y su evaluación global.

5. Suspender la ejecución de los actos impugnados dictados por los órganos de la Delegación del Gobierno, cuando le corresponda resolver el recurso, de acuerdo con el artículo 111.2 de la Ley 30/1992, de 26 de noviembre, de Régimen Jurídico de las Administraciones Públicas y del Procedimiento Administrativo Común, y proponer la suspensión en los restantes casos, así como respecto de los actos impugnados dictados por los servicios no integrados en la Delegación del Gobierno.

6. Velar por el cumplimiento de las competencias atribuidas, constitucionalmente, al Estado y la correcta aplicación de su normativa, promoviendo o interponiendo, según corresponda, conflictos de jurisdicción, conflictos de atribuciones, recursos y demás acciones legalmente procedentes.

7. Ejercer las potestades sancionadoras, expropiatorias y cualesquiera otras que les confieran las normas o que les sean desconcentradas o delegadas. (Ley 6/1997, de 14 de abril, de Organización y Funcionamiento de la Administración General del Estado).

5) El Centro Nacional de Inteligencia (CNI)

Exposición de Motivos. "La principal misión del Centro Nacional de Inteligencia será la de proporcionar al Gobierno la información e inteligencia necesarias para prevenir y evitar cualquier riesgo o amenaza que afecte a la independencia e integridad de España, los intereses nacionales y la estabilidad del Estado de derecho y sus instituciones". (LEY 11/2002, de 6 de mayo, reguladora del Centro Nacional de Inteligencia. Exposición de Motivos).

Artículo 4. Funciones del Centro Nacional de Inteligencia. "Para el cumplimiento de sus objetivos, el Centro Nacional de Inteligencia llevará a cabo las siguientes funciones:

a) Obtener, evaluar e interpretar información y difundir la inteligencia necesaria para proteger y promover los intereses políticos, económicos, industriales, comerciales y estratégicos de España, pudiendo actuar dentro o fuera del territorio nacional.

b) Prevenir, detectar y posibilitar la neutralización de aquellas actividades de servicios extranjeros, grupos o personas que pongan en riesgo, amenacen o atenten contra el ordenamiento constitucional, los derechos y libertades de los ciudadanos españoles, la soberanía, integridad y seguridad del Estado, la estabilidad de sus instituciones, los intereses

*económicos nacionales y el bienestar de la población. (...)".
(CAPITULO I. Disposiciones generales. Artículo 4.
Funciones del Centro Nacional de Inteligencia).*

6) El Consejo de Seguridad Nacional de España

Es el máximo organismo del Estado en materia de seguridad nacional

2.1.2. Sobre el Estado y la realidad

Primeramente, definamos qué es un Estado. Y para ello vamos a tomar como punto de referencia dos definiciones, por un lado, la Constituciones de España y por otro lado, la Constitución de Venezuela, que nos permitan determinar cuál de ellas establece con claridad y encierrra un mayor alcance doctrinal sobre el Estado y su relación con la nación.

ESPAÑA

Artículo 1

1. España se constituye en un Estado social y democrático de Derecho, que propugna como valores superiores de su ordenamiento jurídico la libertad, la justicia, la igualdad y el pluralismo político.

Artículo 103

1. La Administración Pública sirve con objetividad los intereses generales y actúa de acuerdo con los principios de eficacia, jerarquía, descentralización, desconcentración y coordinación, con sometimiento pleno a la ley y al Derecho.

[Sobre la Administración Pública: Marshall Dimock afirmaba *"La administración pública tiene relación con los problemas del gobierno, es que está interesada en conseguir los fines y los objetivos del Estado. La administración pública es el Estado en acción, el Estado como constructor".* ¿Qué es

la Administración Pública? - Administracion-
publica.com.mx].

[La administración pública: "Es la acción del gobierno al dictar y
aplicar las disposiciones necesarias para el cumplimiento de las leyes y
para la conservación y fomento de los intereses públicos y a resolver
las reclamaciones a que dé lugar lo mandado. Es el conjunto de
organismos encargados de cumplir esta función. Diccionario de la
lengua española, Editorial Espasa-Calpe, decimonovena
edición, Madrid 1970. Real Academia de la Lengua Española.
P.26].

[Organismos de la Administración Pública: Administración
General del Estado, Administraciones Autonómicas, Poder
Legislativo, Entidades Locales, Poder Judicial, Otros
Organismos del Estado. Organismos de la Administración
Pública - Imserso.es].

VENEZUELA

Artículo 15

El Estado tiene la responsabilidad de establecer una política
integral en los espacios fronterizos terrestres, insulares y
marítimos, preservando la integridad territorial, la soberanía,
la seguridad, la defensa, la identidad nacional, la diversidad
y el ambiente, de acuerdo con el desarrollo cultural,
económico, social y la integración. Atendiendo la naturaleza
propia de cada región fronteriza a través de asignaciones
económicas especiales, una ley orgánica de fronteras
determinará las obligaciones y objetivos de esta
responsabilidad.

Artículo 128

El Estado desarrollará una política de ordenación del
territorio atendiendo a las realidades ecológicas, geográficas,
poblacionales, sociales, culturales, económicas, políticas, de
acuerdo con las premisas del desarrollo sustentable, que

*incluya la información, consulta y participación ciudadana.
Una ley orgánica desarrollará los principios y criterios para
este ordenamiento. Obligación del Estado.*

Como vemos las Constituciones promulgan principios de Estado
sumamente importantes que ameritan ser respondidas con su
mismo valor. Pero aquí en España la Constitución es letra
muerta, puesto que el Estado español no protege, ni proyecta, ni
garantiza el interés público del soberano español, sino que en la
práctica está la protección, la proyección y hasta la garantía de
los intereses a los nacionalistas y separatista en las comunidades
autónomas rebeldes.

Sabemos que dentro de los objetivos del Estado, entre aquellos
está el mantener la paz, la estabilidad política y la seguridad
nacional. Y sabemos que las funciones del Estado, tienen como
objetivo de cumplir los fines del mismo, que emanan de los
principios constitucionales de actuación: el principio de
legalidad, el principio de objetividad, el principio de igualdad, el
interés público y el principio de buena fe. Por lo tanto, dentro de
los objetivos del Estado español como se evidencia por los
hechos pasados y presentes no asegura la estabilidad de la nación
y no da la credibilidad de estar manteniendo como legítimo el
Estado de Derecho en torno a lo establecido por la Constitución.
El Estado de derecho es aquel estado en donde sus autoridades se
rigen, permanecen y están sometidas a un derecho vigente en lo
que se conoce como un Estado de derecho formal.

Del mismo modo, las funciones del Estado, entendidas como los
Poderes del Estado, (el Ejecutivo, el Legislativo y el Judicial) no
están cumpliendo verdaderamente con sus funciones. Como la
del Ejecutivo que consisten en hacer cumplir las leyes; el
Legislativo, que es incapaz de hacer leyes y, el Judicial, que no
es capaz de administrar la justicia, convertida, como ineficaz y
vacío de poder.

Podemos decir que, por los hechos, el Estado español, al no
proporcionar al soberano español la seguridad jurídica y la

seguridad física (entendida por el orden público) y la territorial, éste se vuelve inoperante e ineficaz. Lo cual visto la realidad presente su situación se vuelve extremadamente grave.

¿Es "fallido el Estado español? Pues en relación de aquello que todo Estado debe de perseguir por la paz, la estabilidad y la seguridad nacional, de los cuales es el interés del soberano, del pueblo español, pues éste, les ha fallado, ya que es incompatible con estos intereses, por lo tanto, diríamos que sí es "fallido". ¿No es acaso cierto que la seguridad nacional de España corre riesgo de romperse, y, por ende, su unidad como nación y como país, ante el avance y el ascenso del separatismo y por la inoperancia de los Gobiernos de turno?

¿No es acaso cierto que las instituciones públicas del Estado español, ubicadas en las comunidades autónomas nacionalistas y separatistas cumplen funciones incompatibles de lo que las unidad y el sentido de patria por España? y, ¿no es acaso su máxima de estas comunidades destruir el ideal de España? ("En los 4 años de vida de nuestra Asociación, algunos ayuntamientos han estado colaborando como invitados u observadores, esto quiere decir que han participado en las reuniones y han recibido la información de la AMI. Esto ha ido bien porque algunos de estos ayuntamientos, como sería el caso de Cerdanyola del Vallés, han evolucionado, con el tiempo, hacia la mayoría absoluta". Palabras del presidente de la Asociación de Municipios por la Independencia (AMI), Carles Puigdemont. *Pel president de l'AMI hi ha un espai de confluència entre l'entitat i l'ajuntament de Barcelona /* Municipisindependencia.cat/ 07.09.2015).

¿El Estado español es "débil"? Como hemos dicho de lo que es el Estado español de "fallido", nos lleva a la conclusión que éste carece de poca fuerza para enfrentarse al nacionalismo y al separatismo periférico. Su actuación será siempre de carácter flojo, ya que cederá con facilidad ante las determinadas actuaciones del nacionalismo y separatismo.

Al ser "fallido" será incapaz de dar respuestas concretas a los peligros del separatismo y del nacionalismo periférico. Carecerá de control sobre las comunidades autónomas nacionalistas y separatistas. El comportamiento del Estado será siempre guiado por estas Comunidades rebeldes, puesto que han sido legitimadas, reconocidas y respetadas por un amplio sector de la Comunidad, adquiriendo así mucha autoridad. En cierta medida y a lo largo del tiempo ya observamos la superioridad de estas Comunidades rebeldes y de sus instituciones frente a las instituciones superiores y símbolos del Estado.

Un Estado "fallido" y "débil", el español, no será capaz de crear consenso político, social y popular vital hacia la Nación; ni será capaz de guiar el comportamiento hacia el ideal de España.

Este Estado "fallido" y "débil", posee algo más y en su contra que permite la propagación y el avance del nacionalismo y separatismo.

Por lo tanto, bajo estas condiciones de "fallido" y "débil", no es más que un Estado enemigo de España. Es decir no es más que un Estado espurio (falso, no auténtico); un Estado legítimo es lo que todo soberano exige.

Existen numerosos ejemplos que podemos utilizar para afirmar de lo que es el Estado español de "fallido" y "débil". Un ejemplo de esta situación se puede observar claramente tras la sentencia dictada el 14 de septiembre de 2004 por el Tribunal Superior de Justicia de Cataluña (TSJC), y reiterada en 2008 por el Tribunal Supremo que obliga a la Consejería de Educación de la Generalidad a consultar la lengua habitual de la familia o tutores de los menores en la preinscripción escolar y tenerla en cuenta en la enseñanza de Infantil y Primaria, según la Ley de Política Lingüística de 1999, pues a la fecha de hoy dicha sentencia no se cumple.

¿Y cuál es la actitud de la Fiscalía de la Nación frente a este incumplimiento? Que, después que haber transcurrido más de nueve años y cinco meses, febrero de 2014, recién se pronuncia, diciendo que va actuar judicialmente contra la Conserjería de Educación de la Generalitat por un delito de desobediencia a una resolución judicial sino se cumple la sentencia, acogiéndose al artículo 410 del Código Penal: "Las autoridades o funcionarios públicos que se negaren abiertamente a dar el debido cumplimiento a resoluciones judiciales, decisiones u órdenes de la autoridad superior, dictadas dentro del ámbito de su respectiva competencia... incurrirán en la pena de multa de tres a doce meses e inhabilitación especial para empleo o cargo público de seis meses a dos años". Y sobre este anuncio de la Fiscalía, siendo la fecha de hoy, 28 de febrero de 2015, la Consejería de Educación aún está a la espera de ser notificada oficialmente.

Además se recuerda, ante esta misma línea de desobediencia, que la Consejera de Educación, Irene Rigau, avisó el 05.12.2013, de que no podrá aplicar la sentencia del Tribunal Supremo (en la que reconoce el derecho de unos padres a escoger la lengua vehicular en el periodo de educación infantil). Y hasta el mismo gobierno catalán declara y advierte que incumplirá la ley de educación del ministro Wert, (La Ley Orgánica 8/2013, para la Mejora de la Calidad Educativa (Lomce) que entró en vigor el 30.12.2013, aunque su implantación no comenzó sino en el curso 2014-2015, para Primaria y Formación Profesional Básica. En Educación Secundaria la reforma educativa comenzará a aplicarse para los cursos primero y tercero en 2015-16, y para segundo y cuarto en 2016-17. En Bachillerato, la Lomce se aplicará para el primer curso en 2015-2016, y para el segundo en 2016-2017). Y más aún cuando dicho sistema educativo corre el riesgo de desaparecer: "En cuanto lleguemos al Gobierno derogaremos la LOMCE" (Pedro Sánchez líder del PSOE, 24.02.2015).

Sabemos que la competencia de los jueces es el "juzgar y hacer ejecutar lo juzgado", y del fiscal capaz de denunciar y presentar la pruebas ante el juez como delito, y ahí está el abogado del Estado para presentarla, pero ningún órgano del Estado, ni la Fiscalía General del Estado, ni la Abogacía del Estado son capaces de interponer un recurso sincero y enérgico, concretamente, contra los órganos autonómicos que incumplen las leyes y las sentencias. Y, ¿por qué ocurre esto? Sencillamente porque las actuaciones y tomas de decisiones del Estado están sujetas desgraciadamente bajo el control de los Gobiernos. Gobiernos y partidos que someten al "chantaje" al Estado, que no le permiten cumplir la Leyes, los Códigos y el Estado de Derecho. Aquí el Estado está encadenado al sistema político teñido de espurio.

2.1.3. Cómo actúa el Estado frente al nacionalismo y separatismo

Véase a continuación las siguientes evidencias de cómo actúan los organismos públicos del Estado español frente al nacionalismo y al separatismo:

1) Sobre la petición de la Asociación de Víctimas del Terrorismo (AVT) y Dignidad y Justicia (DyJ) a la Audiencia Nacional que prohíba un acto organizado el próximo sábado en Durango (Vizcaya) por el Colectivo de Presos Políticos Vascos (EPPK), en el que participarán 63 etarras excarcelados a raíz de la derogación de la retroactividad de la doctrina Parot. (01.01.2014). En donde la AVT considera que la citada convocatoria supone un delito de enaltecimiento del terrorismo y humillación a las víctimas porque la finalidad es apoyar a etarras presos y "escenificar el triunfo de la estrategia de la organización terrorista ETA sobre las víctimas del terrorismo", según el escrito presentado ante la Audiencia Nacional. (02.01.2014).

Pues, el juez de la Audiencia Nacional Santiago Pedraz ha desestimado, rechazado, la petición de la Asociación de Víctimas del Terrorismo (AVT) y Dignidad y Justicia.

- El fiscal de la Audiencia Nacional Jesús Alonso había remitido un escrito este viernes al juzgado en el que tampoco se oponía a la celebración del acto, convocado para las 12.30 horas de hoy en el Café-Teatro Antzokia de Durango al tratarse de una actividad que se realiza en un local privado y sin difusión pública, por lo que considera que, a priori, es penalmente neutro.

En su resolución, el juez explica que practicadas las diligencias oportunas para la averiguación del delito denunciado por la asociación de víctimas, a tenor de los tres informes policiales llegados a su juzgado (de la Policía, la Guardia Civil y la Ertzaintza) "no existen elementos ni indicios de comisión del mismo".

Esto es, no hay base para considerar que el objeto del acto convocado por los presos sea, el de mostrar su apoyo y solidaridad, con el consiguiente homenaje, al resto de miembros de la organización que aún se encuentran encarcelados, tal y como consideraba la asociación de víctimas en su denuncia. (Pedraz no prohíbe el acto con etarras excarcelados en Durango aunque pide a policía que evite enaltecimiento. / EUROPA PRESS / europapress.es / 04.01.2014).

Y llegado el 5 de enero de 2014 se produce la manifestación y la lectura de un manifiesto ("el manifiesto de Durango"), en donde ya con el sólo hecho de su lectura trae consecuencia de delito de enaltecimiento al terrorismo, conocida como apología del terrorismo, que encuadra en el artículo 578 del Código Penal, que establece lo siguiente:

- "El enaltecimiento o la justificación por cualquier medio de expresión pública o difusión de los delitos comprendidos en los artículos 571 a 577 de este Código o de quienes hayan participado en su ejecución, o la realización de actos que entrañen descrédito, menosprecio o humillación de las víctimas de los delitos terroristas o de sus familiares se castigará con la pena de prisión de…".

Y de lo ocurrido y habiendo evidencias, pues ni la Fiscalía, ni la Abogacía del Estado, ni la Audiencia Nacional se han pronunciado al respecto.

2) Sobre la solicitud de la Asociación de Víctimas del Terrorismo (AVT) y la Plataforma de Apoyo a las Víctimas del

Terrorismo (Apavt), para que prohíba un acto organizado por el PNV, EH Bildu en Bilbao y por el colectivo Tantaz Tanta (Gota a gota) este sábado en Durango (Vizcaya) en favor de los presos de ETA.

Pues el titular del Juzgado Central de Instrucción número 6 de la Audiencia Nacional, Eloy Velasco, prohíbe la manifestación.

Y a pesar de la prohibición esta manifestación se produce. En donde cientos de personas se concentraron en Durango (Vizcaya). (07.12.2013).

Este hecho hizo posible que la Asociación Dignidad y Justicia estudie presentar una querella contra el juez de la Audiencia Nacional Ismael Moreno por un presunto delito de prevaricación, al permitir la manifestación convocada ayer por el PNV y EH Bildu. (12.01.2014).

> *El presidente de Dignidad y Justicia, Daniel Portero, ha mostrado su decepción por la decisión del juez de guardia de la Audiencia Nacional, Ismael Moreno, de permitir "una manifestación ilegal".*
>
> *Portero ha estimado que el auto de Moreno, autorizando la marcha de Bilbao, tiene un "tinte absolutamente político", donde "jueces y fiscales acongojados toman decisiones que no se ajustan a la realidad judicial" marcada por el auto de suspensión de actividades decretado por Eloy Velasco y por los principales informes policiales. (La asociación Dignidad y Justicia estudia una querella contra el juez que autorizó la marcha de Bilbao. EFE / eldiario.es / 12.01.2014).*

3) Sobre el fallo del tribunal supremo que anula la `doctrina Parot´ y exigir la puesta en libertad de la presa etarra Inés del Río, considerado a su vez, un fallo vinculante hacia los demás presos afectados, como a demás miembros de ETA, del GRAPO, del GAL, de Resistencia Galega y de presos comunes con delitos de especial gravedad.

Véase un extracto de la Entrevista a Daniel Portero, Presidente de la Asociación Dignidad y Justicia (DyJ), [Ingeniero de Caminos, Canales y Puertos. Hijo de Luis Portero García, fiscal jefe del Tribunal superior Justicia de Andalucía, asesinado por ETA el 9 de octubre de 2000] en el programa de la Cope, "La Linterna". Entrevistado por el director y presentador, periodista Juan Pablo Colmenarejo, 12.11.2013.

P. ¿Es hacer caso a la sentencia de Estrasburgo, con esto?

R. Y hay que decirlos con todas las palabras. Aquí están queriendo legislar los propios jueces. Es decir, como la justicia anglosajona, no. Que se legisla a través de las sentencias, así son los ingleses, así son los americanos, y es digamos una forma de legislar las sentencias, las propias sentencias. España y los países latinos generalmente se rigen por la aplicación de las leyes. Y aquí no hay leyes, no hay leyes para ejecutar esta sentencia. Es decir, no hay manera de poner en libertad a esta gente cuando viene la sentencia de Estrasburgo. Y lo que vamos diciendo desde hace mucho tiempo algunos es que primero hay que crear la ley y una vez se crea ya se les pone en libertad. Pero para crear la ley hace falta un tiempo, es decir, quiero decir, un tiempo pues como mínimo dos años. Pues oiga, el parlamento tiene tiempo para generar esa ley y una vez que se genere la ley ya se aplica Estrasburgo. Pero mientras tanto en la cárcel. Porque, sino, esto es un absoluto "cachondeo". Y verdaderamente me voy a creer las palabras del alcalde de jerez Pedro Pacheco cuando decía que la "justicia es un cachondeo" (...).

P. "Entonces, aquí el meollo de la cuestión es la decisión que toma el viernes la Audiencia Nacional. Esto del Tribunal Supremo es una manera cada uno de salir como puede de este apuro, ¿o qué es esto?

R. "Bueno, es primero justificar a la Audiencia Nacional para que nadie le interponga una querella por prevaricación, porque yo entiendo lo que hicieron fue prevaricación judicial. El otro día, por asumir competencias que no le correspondían. Y segundo, de alguna forma, tirar por la calle en medio. Es decir, bueno, venga, aquí cada uno con la suya. La Audiencia Nacional a la suya, el Supremo a la suya y el Constitucional a la suya, pero sin ley ni nada; cada uno las ejecuta como le da la gana, en base a las sentencias que haya. Y es que dada la casualidad de que no hay ninguna sentencia de ejecución. No existe más que una, que encima es dudosa del año noventa y uno del caso Bultó, de los asesinos de Bultó. [Asesinato del industrial José María Bultó, en 1977].

Es una vergüenza... los jueces no están aplicando las leyes. Aquí no hay ley, no hay ley y no están aplicando las leyes, se la están inventando, como la justicia anglosajona.

P. La consecuencia práctica de todo esto es que las excarcelaciones del pasado viernes van a continuar en otras decenas de etarras.

R. Sí, absolutamente. Esto va hacer un goteo y lo único que pido al gobierno es que ponga toda la carne en el asador: la abogacía del estado, la fiscalía, que estén oponiéndose precisamente porque no hay ley. La fiscalía tiene que decir que se opone a todas las salidas porque no existe ley. Que primero se cree la ley y después una vez que se cree la ley, pues que se les ponga en libertad, dado el caso sino da el caso por supuesto que no.

(...)

P. De todas maneras, en el acuerdo este del Tribunal Supremo también hay votos de particulares de jueces que pedían todavía más. Es decir, que se derogara completamente la Doctrina Parot, que desapareciera la Doctrina Parot.

R. Bueno, es que, digamos.
P. Hay cinco jueces de los doces que han apoyado el acuerdo que pedían todavía más.

R. No, es una locura, es una locura. Yo pienso que se han extralimitado de sus funciones. Y la legislación que no existe, pues se la inventan sobre la marcha.

P. ¿Y por qué hacen esto los jueces?

R. Yo no tengo ni idea. Yo verdaderamente cada vez voy a creer menos en la justicia. Y mira que tenemos una asociación que se llama Dignidad y Justicia. Pero desde luego, con estos jueces que dan un ejemplo que aplican unas leyes inexistentes para dejar en libertad a terroristas y asesinos múltiples es lo nunca visto.

P. Y esto es consecuencia de las negociaciones aquellas del gobierno de Zapatero con ETA ¿o esto no tiene nada que ver?

R. Esta herencia. Hombre, por supuesto esta es una herencia "zapataril" envenenada, que se ha tenido que comer este gobierno y que bueno, el que quiera comulgar con molinos o con ruedas de molinos, pues haya ellos. Yo, desde luego, no lo haría.

P. ¿Y qué cree que debería de hacer el gobierno, aparte de mandar a las instancias a recurrir?

R. Bueno, la Abogacía del Estado lo que tiene que pedir es al Comité de Ministros del Tribunal de Estrasburgo que le explique cómo ejecuta esta sentencia sin una ley. Eso es lo primero. Y segundo, si esta sentencia es aplicable al resto de los terroristas. Eso es lo que tiene que hacer la Abogacía del Estado. Pedirlo ya a Estrasburgo. Decir, cómo aplico esta sentencia si es individual y si cada caso tiene que resolver de forma concreto. Y no una sentencia, que, digamos abarque a todos ellos. Eso no es posible. Pedir, la Abogacía del Estado, pedir una explicación al Comité de Ministros del Tribunal Europeo de Derechos Humanos de Estrasburgo.

4) Sobre el apoyo de Pablo Iglesias líder de Podemos a los presos de ETA

Según las noticias difundidas por el diario El Mundo, el día 30.06.2014, el diario nos revela un documento en donde aparecen referencias claras del apoyo de Pablo Iglesias líder de Podemos a los presos de ETA, lo mismo que mostraba su apoyo a Herrira [organización de apoyo a los presos de ETA], entre otras manifestaciones. (Pablo Iglesias ayudó a la red de apoyo a los presos de ETA. 30.06.2014, Elmundo.es). (Sergio Labayen, uno de los dirigentes de la desmantelada Herrira que fue detenido en noviembre de 2013 por la Guardia Civil en una operación contra el entramado de la red de apoyo a los presos de ETA, ha confirmado los contactos que su organización mantuvo con Pablo Iglesias, líder del partido político Podemos, desvelados este lunes por una información publicada por El Mundo. Herrira confirma que mantuvo contactos con Pablo Iglesias. 30.06.2014. Elmundo.es). (Guardias civiles acusan a Pablo Iglesias de cruzar 'el límite ético' al ver 'explicaciones políticas' en ETA. 23.06.2014, Elmundo.es).

Pues, ante esta información, claramente, podemos pensar que existe apología o enaltecimiento del terrorismo. Tal es así que la Asociación de Víctimas de Terrorismo plantea actuar contra Pablo Iglesias. (Eta. La avt estudia si actúa contra pablo iglesias por su relación con herrira. 30.06.2014. Noticias.lainformacion.com/).

Y ¿cuál es la respuesta de la Audiencia Nacional? Pues el juez de la Audiencia Nacional Eloy Velasco no ve "carga imputatoria" en las reuniones que haya mantenido el líder de Podemos, Pablo Iglesias, con miembros de la plataforma Herrira, asociación abertzale de apoyo a los presos vascos y sus familiares. (El juez Velasco no ve carga imputatoria en las reuniones de Pablo Iglesias con Herrira. 30.06.2014. Elperiodicodearagon.com).

5) Sobre la querella presentada por el partido Unión Progreso y Democracia (UPyD), contra el presidente de la Generalitat de Cataluña, Artur Mas, y la presidenta del Parlament, Nuria Gispert, entre otros parlamentarios autonómicos, (A los miembros de la Mesa del Parlament Anna Simó, Lluis M. Cominas, Joseph Rull i Andreu y David Companyon i Costa),

por los delitos de desobediencia, prevaricación, usurpación de atribuciones, malversación de caudales públicos y delitos electorales. (08.10.2014).

Recordemos que esta querella se presenta antes que se produjera la consulta del 9 de noviembre de 2014 (la consulta catalana sobre la independencia de Cataluña).

Y dicha querella se presenta al Tribunal Supremo, Sala Penal, porque, según la tesis del letrado Andrés Herzog, responsable de Regeneración Democrática y abogado de UPyD considera que la competencia de este asunto es del Supremo porque *"es evidente que los hechos superan lo que es el ámbito de la comunidad autónoma de Cataluña e inciden en España",* y que ha calificado las actuaciones del Govern y del Parlament de *"ataque a la soberanía nacional, que reside en todos los ciudadanos, y de la que se ha apropiado una élite de dirigentes".*

Y, ¿cuál es la respuesta del Tribunal Supremo? Pues éste, La Fiscalía del Tribunal Supremo, (30.10.2014) se ha pronunciado en contra de que la Sala Penal admita a trámite la querella. Éste considera que el órgano competente para tramitar esa querella es el Tribunal Superior de Cataluña. Ya que *"resulta de todo punto inadmisible pues supone sustraer competencias al órgano jurisdiccional ordinario predeterminado por la ley".* (Según dictamen del Supremo). El Tribunal Superior catalán es competente para investigar los hechos delictivos que el presidente de la Generalitat lleve a cabo en el ámbito de la comunidad autónoma y sólo se elevarían al Supremo si se cometen fuera de Cataluña. Para el fiscal, *"sustraer"* la competencia natural del tribunal autonómico supondría *"una flagrante vulneración del derecho a la tutela judicial efectiva".* Y ante la petición de la Fiscalía el 12 de noviembre, el Supremo inadmite la querella de UPyD contra Mas por el 9-N.

Cabe formularle una serie de preguntas al señor fiscal, ¿inadmisible por ser una "lectura extensiva"? ¿No es acaso cierto que el 9N es un hecho de trascendencia y que afecta a la Soberanía Nacional de España? Entonces, ¿Cuál es el cometido de un fiscal sino que una denuncia prospere, y usted se lo impide? El mismo Gobierno central se pregunta ¿"cómo es posible que no salga en defensa del Estado para ejercer el principio de dependencia jerárquica que rige en la Fiscalía y obligar a los fiscales en Catalunya a presentar la querella"? (Maniobras del Gobierno para que Torres-Dulce dimita. 15.11.2014 - Publico.es) ¿Jurisdicción? ¿Y por qué no se aplica el principio de la Unidad en la Justicia? ¿Acaso no se recuerda de cómo La Audiencia Nacional, a través del juez Ismael Moreno dicta una providencia (06.02.2014) en la que inicia los trámites para dictar las órdenes de arresto internacional contra cinco exlíderes comunistas chinos, entre ellos el expresidente Jiang Zemin, por la represión en el Tíbet? ¿Y cuándo La Fiscalía española pide (05.02.2014) que se anule la orden de detención del expresidente chino? ¿Cuál es la respuesta del Gobierno chino? Pues éste "está extremadamente descontenta y totalmente opuesta a las acciones equivocadas adoptadas por un relevante órgano español ignorando la solemne posición de China". China respeta el "principio de no injerencia en los asuntos internos de otros países", *"Esperamos que el Gobierno español pueda distinguir lo correcto de lo equivocado"* ha afirmado una portavoz del Ministerio de Asuntos Exteriores chino, Hua Chunying (11.02.2014). La Justicia española "Interviene en los asuntos internos de China, apoyando las actividades secesionistas". Se trata "sino de principios esenciales respecto a la soberanía y la integridad territorial" del país (Embajada china en Madrid, 14.02.2014). (Esto se inicia cuando Comité de Apoyo al Tíbet, la Fundación Casa del Tíbet y Thubten Wangchen Sherpa, presentaron la querella en España en 2006) ¿Actuación de jurisdicción universal –del principio de justicia universal- como marcaba el artículo 23 de la Ley Orgánica del Poder Judicial (LOPJ) Ley Orgánica 6/1985 modificada por la Ley Orgánica 1/2014, de 13 de marzo? Pues con esta misma argumentación podríamos aplicar el principio de la Unidad en la Justicia, ¿no cree usted señor fiscal?

¿Trasladar al Tribunal Superior catalán y concebir a éste como independiente? ¿Esperar que la Fiscalía Superior de Cataluña decida presentar querella a sabiendas que hay una Junta de Fiscales catalanes que seis de los nueve fiscales están en contra de esa iniciativa? Pues véase cómo una mayoría de miembros de la Fiscalía de Cataluña no ve indicios de delito para presentar una querella contra Mas (14.11.2014), ante la Consulta catalana producida. O cuando el fiscal general bajo la resistencia de los fiscales de Cataluña, Eduardo Torres-Dulce, dice ahora que no es necesario que la Fiscalía lleve a la Justicia –se querelle- contra los máximos responsables de la Generalitat de Cataluña el 9N (Ref.: *El fiscal general dice ahora que no es necesaria la querella por el 9-N.* 14.11.2014 – Politica.elpais.com).

¿No hay acaso culpa del Tribunal de Garantías Constitucionales por no haber tomada iniciativa para hacer cumplir sus propias resoluciones? Éste podría haber dictado una resolución obligando a cumplimiento de sus propios autos, facultad que le corresponde. ("El Tribunal es un órgano jurisdiccional. Y como órgano jurisdiccional tiene instrumentos a su servicio para hacer cumplir sus resoluciones, como todos los tribunales lo tienen. Y yo digo que hay un artículo de la Ley Orgánica del Tribunal Constitucional que le faculta para ello" (palabras del portavoz del PP en la Comisión Constitucional del Congreso, Pedro Gómez de la Serna en el programa radial de Radio Nacional, 10.11.2014) Del mismo modo, éste "explicó que hay una disposición del propio órgano jurídico que le faculta para hacer cumplir sus decisiones. En ese sentido, indicó que, por ejemplo, a 48 horas de la votación, el Constitucional podía haber hecho pública una resolución advirtiendo de que los funcionarios podían incurrir en delito de prevaricación y desobediencia si participaban en la organización del 9-N" (*El PP censura al Constitucional por no haber actuado contra la consulta.* 11.11.2014 – Diariodeburgos.es).

Señores, ¿no hay motivos o indicios suficientes para acusar al gobierno de la Generalidad de Cataluña de sus actividades secesionistas? ¿Por qué se impide actuar a la Justicia? ¿Cómo se entiende que el Tribunal Constitucional haya suspendido los preparativos del "proceso participativo" la consulta del pasado 9 de noviembre, y que no haya existido de parte de éste una advertencia de las responsabilidades penales en que se podría incurrir si la orden no se cumplía? Es decir, que sólo se haya interpretado por dicha suspensión dictada por el Tribunal Constitucional en cuanto a su preparación de la votación y no a su ejecución.

6) Sobre la inoperancia de los mecanismos de defensa del Poder Judicial frente al 9N

Señores, tan responsable de no permitir ni consentir que se celebrase la consulta separatista del 9 de noviembre de 2014 en Cataluña lo es la Fiscalía y los Jueces, ya que son los garantes de la legalidad y del derecho y tiene la obligación de defender al Estado, y tiene la obligación de perseguir los delitos que conozca (*"Tiene por misión promover la acción de la Justicia en defensa de la legalidad, en defensa de la ley"* Art. 124 de la Constitución). Y directamente a este asunto que nos trata se hace mención según el artículo 87.1 de la ley orgánica del TC que *"todos los poderes públicos están obligados al cumplimiento de lo que el Tribunal Constitucional resuelva"* con las consabidas, desde luego, de las responsabilidades a que su infracción pudiera dar lugar.

Entonces, ¿cómo es posible que los fiscales de guardia y los distintos juzgados hayan considerado que era incongruente el cerrar los centros, retirar las urnas e incluso proceder con detenciones, puesto que serían unas medidas desproporcionadas y que podría provocar problemas de orden público? ¿Y a sabiendas que deberían de estar vigilantes de que no se cometan hechos delictivos, considerar que no hay razones de urgencia relativas al orden público que aconsejen esas medidas cautelares? ¿Cómo es posible que los jueces y fiscales habiendo recibido denuncias de particulares y de partidos políticos, hayan rechazado adoptar medidas cautelares, archivando las denuncias recibidas? ¿Cómo es posible que los fiscales no hayan actuado de oficio como acusación particular, en defensa de la legalidad?
Señores, estos fiscales y jueces y la misma Fiscalía General del Estado han vulnerado las decisiones del Tribunal Constitucional incumpliendo las sentencias dictadas por éste. (*"Es obligado cumplir las sentencias y demás resoluciones firmes de los Jueces y Tribunales, así como prestar la colaboración* requerida por

éstos en el curso del proceso y en la ejecución de lo resuelto. *"*
Artículo 118 de la Constitución). Éstos han vulnerado la
legalidad vigente. *("1. El Ministerio Fiscal, sin perjuicio de las*
funciones encomendadas a otros órganos, tiene por misión
promover la acción de la justicia en defensa de la legalidad, de
los derechos de los ciudadanos y del interés público tutelado por
la ley, de oficio o a petición de los interesados, así como velar
por la independencia de los Tribunales y procurar ante éstos la
satisfacción del interés social." Artículo 124 de la Constitución).
Y han estado ajenos a la Soberanía nacional, ya que éstos como
órganos del Estado representan a la Nación. Y han vulnerado la
propia Constricción. *("La Constitución se fundamenta en la*
indisoluble unidad de la Nación española, patria común e
indivisible de todos los españoles, y reconoce y garantiza el
derecho a la autonomía de las nacionalidades y regiones que la
integran y la solidaridad entre todas ellas." Artículo 2 de la
Constitución).

Señores, es realmente vergonzoso e inaudito que la Fiscalía
General del Estado presente querella contra Artur Mas nueve
días después de la celebración de la consulta soberanista, cuando
hay indicios suficientes que se estaba cometiendo hechos
delictivos, antes y durante el 9N. Hasta el mismo portavoz del
PNV en el Congreso de los Diputados, Aitor Esteban, ve
"sospechoso" que el fiscal general del Estado, Eduardo Torres-
Dulce, haya acordado presentar querella por el 9-N nueve días
después de la celebración de la consulta soberanista.

Señores, es realmente vergonzoso e inaudito que la Fiscalía
General del Estado haya presentado querella sólo como
acusación por los actos cometidos el 9N hacia aquellos que han
impulsado y participado de manera personal y directa en la
consulta soberanista del 9N; es decir en las personas de Artur
Mas i Gavarró, Joana Ortega i Alemany y a Irene Rigau i Oliver,
y no se haya atrevido a presentarla al conjunto que viene hacer el
Gobierno de Cataluña quien es el responsable directo y no a las
personas de éste. ¿No es acaso cierto que las decisiones del
órgano de gobierno son solidarias y son responsables todos ellos
de las mismas? Existe responsabilidad personal como también

compartida de cumplir sus obligaciones en el marco de la ley y de la ética.

A la Sala de lo Civil y Penal

Del Tribunal Superior de Justicia de Cataluña, 21.11.2014.

El Fiscal, en ejercicio de las atribuciones que le confieren los arts. 105 y 271 LECrim, por medio del presente escrito se persona ante la Sala y formula querella criminal por la posible comisión de los delitos de desobediencia, usurpación de atribuciones judiciales (contra la división de poderes), prevaricación y malversación de caudales públicos, de acuerdo con los fundamentos de hecho y de derecho que a continuación expone:

I

QUERELLADOS

La acción penal se dirige contra D. Artur Mas i Gavarró, Presidente del Gobierno de la Generalitat, Dª Joana Ortega i Alemany, Vicepresidenta del Gobierno de la Generalitat, y Dª Irene Rigau i Oliver, Consejera de Educación, en razón de las decisiones y actos adoptados en el ejercicio de su cargo que a continuación se exponen, sin perjuicio de que la imputación pueda extenderse a otras autoridades y cargos públicos en función del resultado que pueda arrojar en el futuro la instrucción judicial.

III

HECHOS
(...)

El Gobierno de la Generalitat, personado como parte en dicho proceso y conocedor de sus obligaciones, desplegó sin embargo una conducta incompatible con el contenido de dicha resolución, pues el proceso prosiguió hasta su consumación del día 9 de noviembre de 2014. En los actos de impulso han participado de manera personal y directa los querellados.

(http://www.segre.com/uploads/media/querella_9N.pdf).

Del mismo modo, es realmente vergonzoso e inaudito que la Fiscalía General del Estado no se haya atrevido a presentar una querella por el delito de sedición, en su momento, ante lo sucedido el 9 de noviembre, pues hemos tenido que esperar hasta el 29 de septiembre de 2015, unos días después que concluyeran las elecciones autonómicas catalanas, el 27-S, para que la Justicia cite a Artur Mas como imputado.

Puesto que la evidencia es clara que lo sucedido el 9N se produjo un alzamiento público y tumultuario, por lo tanto un delito contra la seguridad del Estado y contra España, siendo este acto tipificado por la ley como un hecho delictivo de sedición. Y tómese en cuenta que el acto ocurrido el 9N guarda el mismo carácter y naturaleza de los actos preparatorios para la independencia de Cataluña cometidos por el Gobierno catalán que los han precedido, diríamos desde el año 2012, y como vemos continúan cometiéndolos.

Código Penal -TÍTULO XXII.- Delitos contra el orden público.- CAPÍTULO PRIMERO.- Sedición

Artículo 544

Son reos de sedición los que, sin estar comprendidos en el delito de rebelión, se alcen pública y tumultuariamente para impedir, por la fuerza o fuera de las vías legales, la aplicación de las Leyes o a cualquier autoridad, corporación oficial o funcionario público, el legítimo ejercicio de sus funciones o el cumplimiento de sus acuerdos, o de las resoluciones administrativas o judiciales.

Y ¿cómo puede el Tribunal Supremo de Justicia Catalán afirmar -ante la querella presentada por Manos Limpias y rechazada por aquél, 25.03.2014-, que en el caso de sedición se exige de un alzamiento como una *"sublevación tumultuaria o desordenada"*, siempre con el uso de la fuerza? Pregunto: ¿No es acaso un delito de sedición en grado de tentativa, aunque no se haya consumado el delito, puesto que se está preparando para la independencia de Cataluña y, por ende, contra la seguridad del Estado? ¿Y cómo así mismo lo dice la ley penal: *"o fuera de las vías legales"?*

Y una vez más se pone en evidencia que el Poder Judicial ha neutralizado a la Justicia y no la deja actuar, aceptando en cambio por ella el interés político. Que el Poder Judicial está supeditado al Poder Ejecutivo. Que detrás de las decisiones que tome la Administración de Justicia ahí hay corrupción política. Que la casta política reinante ha coaptado la soberanía judicial, impidiendo que la Justicia actúe. Y que la corrupción política haya llegado hoy en día a los niveles más altos de la historia de España. Y la evidencia de este sometimiento del Poder Judicial ante el poder político de los gobernantes y de la casta política abyectas se da en el caso cuando el Tribunal Supremo de Justicia Catalán (TSJC) tuerce la ley y la justicia impidiendo que prospere la querella presentada por Manos Limpias, al sentenciar (25.03.2014) que en el caso de sedición se exige de un alzamiento como una *"sublevación tumultuaria o desordenada"*, siempre con el uso de la fuerza. ¿Y por qué deja de lado aquella frase del artículo 544 que dice *"o fuera de las vías legales"*? Desde luego, se alcanza a comprender que los miembros del TSJC saben muy bien que están cometiendo un comportamiento injusto y en la omisión del deber de perseguir el delito, cometiendo un delito de falsedad *("Una alteración de la verdad realizada conscientemente, creando una apariencia".* De las falsedades. Delitos contra la Administración Pública - Campus.unir.net). ¿Y por qué entonces lo hacen? Según lo dicho, podríamos entenderse claramente que el factor determinante de este comportamiento es por la fuerte presión que reciben del poder político y directamente del gobierno catalán, además del Gobierno central.

- Jueces y fiscales consideran que el desarrollo del modelo constitucional del Poder Judicial *"ha ido pervirtiendo el modelo de separación de poderes que toda Constitución debe salvaguardar, tratando los partidos políticos —de uno y otro signo— de preservar relevantes facultades de control sobre quienes eventualmente tienen el deber juzgarles"*. Reacción de la mayoría de asociaciones de jueces y fiscales. Jueces y fiscales acusan a los partidos de controlar a quienes les juzgan. 05.11.2014 - Politica.elpais.com.

- Los partidos colonizan la administración pública y la política está colonizada por administradores públicos. La politización del sector público es uno de los factores que más claramente puede socavar la legitimidad de un sistema democrático. Pero no es política lo que sobra en este país, sino corporativismo. La enfermedad institucional de España. Víctor Lapuente Giné. 23.07.2012. Elpais.com.

Señores, sois tan cómplices y obstructores de la justicia como la casta política y los gobernantes. Y la historia os juzgará con dureza por actuar de forma contraria a las normas y valores inherentes de toda nación, como la honestidad, a la integridad y a la equidad. Y la historia os juzgará por no ser conscientes de sus acciones y del efecto negativo que traen ceder a favor del separatismo, permitiendo el comportamiento contrario a los valores patrios, permitiendo la violación de la Justicia, de la Constitución, y por negar al soberano su derecho a que las decisiones se le sean consultadas.

Sobre la conciencia del juez y la resolución injusta: "La conciencia del Juez, no puede erigirse en tribunal de la conciencia de la Ley, porque ello conduce en definitiva a convertir la voluntad del Juez en decisión para resolver el conflicto. Tal planteamiento es incompatible con los postulados del Estado de Derecho.

En consecuencia, por resolución injusta, habrá de estimarse aquella que se aparta de todas las opciones jurídicamente defendibles, careciendo de toda interpretación razonable, siendo en definitiva exponente de una clara irracionalidad. La injusticia es por ello un plus respecto de mera ilegalidad". (Delitos contra la Administración de Justicia. Derecho Penal II. Campus.unir.net - Universidad Internacional de La Rioja (UNIR).

Véase el Código Penal de Argentina en cuanto a la sedición y cómo sabiamente lo interpreta ante un hecho puntual el jurista Eduardo Barcesat. Y la ley dice:

Tít. X - Delitos contra los poderes públicos y el orden constitucional - Cap. II – Sedición

Art. 229.- Serán reprimidos con prisión de uno a seis años, los que, sin rebelarse contra el Gobierno Nacional, armaren una provincia contra otra, se alzaren en armas para cambiar la constitución local, deponer alguno de los poderes públicos de una provincia o territorio Federal, arrancarle alguna medida o concesión o impedir, aunque sea temporalmente, el libre ejercicio de sus facultades legales o su formación o renovación en los términos y formas establecidos en la ley nota 229 texto conforme a la ley 16648.

Art. 230.- Serán reprimidos con prisión de uno a cuatro años:

1) los individuos de una fuerza armada o reunión de personas, que se atribuyeren los derechos del pueblo y peticionaren a nombre de este (art. 22 de la constitución Nacional);

2) los que se alzaren públicamente para impedir la ejecución de las leyes nacionales o provinciales o de las resoluciones de los funcionarios públicos nacionales o provinciales, cuando el hecho no constituya delito más severamente penado por este código.

Nota: texto conforme a la ley 16648.

Ahora, véase la interpretación del jurista Barcesat, ante un hecho puntual argentino, en cuanto al delito de sedición y que coincide por coherencia y comprensión al delito de sedición cometido por el Gobierno catalán en España, cuando dice:

"Están produciendo un alzamiento que no requiere el uso de la violencia, sino que acuerdan ir contra la Constitución y la ley; pero lo más grave es que no lo hacen diez personas que viven en un barrio y no les gusta el que quieren designar para un cargo -aunque no serviría de nada-, sino que lo hacen personas que juraron respetar las normas en nombre de los ciudadanos", resaltó Barcesat en una entrevista concedida a esta agencia. (El jurista que acusa de "sedición" a los senadores. 22.11.2014 - Aerom.com.ar).

Y así nos podríamos apoyar con otras declaraciones, que las habrá, de juristas de otros países en donde por moralidad de opinión jurídica no podríamos dudar que la intencionalidad de no cumplir las leyes ante un acto de sedición es por razones políticas.

Ley Orgánica 10/1995, de 23 de noviembre, del Código Penal

TÍTULO XX. Delitos contra la Administración de Justicia. CAPÍTULO PRIMERO. De la prevaricación. Artículo 447.- El Juez o Magistrado que por imprudencia grave o ignorancia inexcusable dictara sentencia o resolución manifiestamente injusta incurrirá en la pena de inhabilitación especial para empleo o cargo público por tiempo de dos a seis años.

Una figura relevante en España es el abogado, pensador político y escritor Antonio García-Trevijano Forte, nacido en Alhama de Granada, Granada, 18 de julio de 1927, pues éste también denuncia el delito de sedición que se ha cometido en Cataluña, y nos dice:

26.11.2014: Sobre el intento de secesión de Cataluña:

"Tengo el decidido propósito de presentar una querella, no sólo contra Artur Mas sino por el delito gravísimo de sedición". "Y... hablaremos de este nuevo delito cometido ayer por Artur Mas". Y para ello recogen el titular del diario El País y El Mundo "Para poder tipificar desde el punto de vista penal si ha incurrido o no en un nuevo delito o en el mismo delito continuado de sedición" Y dice El País: Mas propone un plan para lograr la independencia en 18 meses. El Presidente catalán avanza que convocará elecciones si alcanza el consenso necesario para formar una lista de unidad soberanista.

"Muy bien, pues esa es la definición del artículo 548 del Código Penal". "Para lograr la independencia en 18 meses, lo cual quiere decir que la meta, la finalidad de todo lo que está sucediendo está aquí definida: lograr la independencia en 18 meses... Pero que si es lograr la independencia eso sería un delito de sedición consumado en una secesión. Porque el delito de sedición se consuma por el sólo hecho de comenzar algo por pequeño que sea, ya está consumada. Porque no es de resultado sino de actividad. Y la actividad sediciosa constituye en sí misma a cada paso en delito de sedición.

"Y ahora bien, en cambio está muy bien dicho aquí lo de la unidad que lo que quiere alcanzar la independencia porque eso sería alcanzar la consumación no del delito de sedición sino del hecho político de la secesión, es decir de la separación de Cataluña respecto del resto de España. Hecha esta aclaración entre sedición y secesión que es la finalidad de la sedición... el artículo 548 del Código Penal dice exactamente igual que El País y lo define como proposición. [Y se lee el artículo]: "La provocación, la conspiración y la proposición para la sedición serán castigadas con las penas inferiores en uno o dos grados a las respectivamente previstas, salvo que llegue a tener efecto la sedición, en cuyo caso se castigará con la pena señalada en el primer apartado

del artículo 545, y a sus autores se los considerará promotores". Pues esto es. Con esto hemos tipificado el titular de El País.

Pero, El País, y nadie dirá, y ningún abogado del El País, ni nadie dirá, que eso es un delito... El País, lo define como si fuera natural, como si la independencia de Cataluña perteneciera a las facultades tipificadas en la Constitución española como normales en la política española. Y es verdad, lo que es normal es la mentalidad degenerada de toda la clase política y de casi todos los votantes que votan a esta clase política, que están degenerados. Porque ya los periódicos dicen:"que proponen un plan para la independencia de Cataluña", como si tal cosa, sin rasgarse las vestiduras, esto no es un delito, esto es normal, porque no."(RLC (2014-11-26) Querella contra Mas y su gobierno).

Y si un gobierno comunitario que es un ejecutor de la legislación ante un Estado quien legisla, se declara y actúa de separatista, entonces se convierte en una Comunidad autónoma que vulnera y transgrede, ya sea de palabras o de hechos, el principio de unidad y de la supremacía del interés de la Nación. Y lo que vemos, como ejemplo, de las diversas manifestaciones del separatismo del gobierno autonómico catalán, reconocido está que el Estado se lo permite. Incuestionable es que el poder constituido y sus constituidos bajo juramento se rebelan ante el poder constituyente. Veamos la jurisprudencia constitucional sobre la organización territorial del Estado Autonómico, dentro de los fundamentos de la Sentencia del Tribunal Constitucional 4/1981 de 2 de febrero, en donde parte del Fundamento 3 nos precisa lo siguiente:

STC 4/1981, de 2 de febrero, FJ 3°. I. Antecedentes. II. Fundamentos Jurídicos:

(...) "Pues bien, la Constitución (arts. 1 y 2) parte de la unidad de la Nación española que se constituye en Estado

social y democrático de Derecho, cuyos poderes emanan del pueblo español en el que reside la soberanía nacional. Esta unidad se traduce así en una organización -el Estado- para todo el territorio nacional. Pero los órganos generales del Estado no ejercen la totalidad del poder público, porque la Constitución prevé, con arreglo a una distribución vertical de poderes, la participación en el ejercicio del poder de entidades territoriales de distinto rango, tal como se expresa en el art. 137 de la Constitución al decir que "el Estado se organiza territorialmente en municipios, en provincias y en las Comunidades Autónomas que se constituyan. Todas estas entidades gozan de autonomía para la gestión de sus respectivos intereses". El precepto transcrito refleja una concepción amplia y compleja del Estado, compuesto por una pluralidad de organizaciones de carácter territorial, dotadas de autonomía. Resulta así necesario delimitar cuál es el ámbito del principio de autonomía, con especial referencia a municipios y provincias, a cuyo efecto es preciso relacionar este principio con otros establecidos en la Constitución.

Ante todo resulta claro que la autonomía hace referencia a un poder limitado. En efecto, autonomía no es soberanía –y aun este poder tiene sus límites-, y dado que cada organización territorial dotada de autonomía es una parte del todo, en ningún caso el principio de autonomía puede oponerse al de unidad, sino que es precisamente dentro de éste donde alcanza su verdadero sentido, como expresa el artículo 2 de la Constitución.

(...)"

(http://www.congreso.es/constitucion/ficheros/sentencias/stc_004_1981.pdf).

7) Y, por último una evidencia más del por qué los poderes públicos judiciales no actúan con autonomía, sino que son dependientes del poder político del Gobierno. Es decir que el poder Judicial está politizado. Y se puede leer claramente en la Ley Orgánica 2/2001, de 28 de junio, sobre composición del

Consejo General del Poder Judicial, por la que se modifica la Ley Orgánica 6/1985, de 1 de julio, del Poder Judicial.

- El Consejo General del Poder Judicial (CGPJ), según el artículo 122 de la Constitución Española, es el órgano de gobierno del Poder Judicial de España. Su principal función es velar por la garantía de la independencia de los jueces y magistrados frente a los demás poderes del Estado.

Tiene veintiún miembros. Veinte miembros son elegidos por el poder legislativo: diez por el Congreso y diez por el Senado; y su Presidente es el Presidente del Tribunal Supremo. Con lo que de partida los miembros del Consejo General del Poder Judicial no son independientes del poder político, aunque una vez nombrados la ley establece la independencia de sus acciones. (Consejo General del Poder Judicial. Wikipedia.org).

- *"La ley establece claramente que al presidente del Consejo General del Poder Judicial lo eligen libremente los vocales en su primer pleno. Pero es un clásico en las sucesivas renovaciones que es el presidente del Gobierno de turno el que propone un nombre al líder de la oposición. Luego se reúne a los respectivos vocales y en el primer pleno eligen al designado por los dos grandes partidos".* (…). (Carlos Lesmes, magistrado y ex alto cargo de Justicia, se perfila como presidente. Fernando Garea, 20.11.2013, Politica.elpais.com).

- *"Fuentes judiciales consultadas por La Gaceta señalan que "el perfil y la composición de los nuevos vocales del Consejo General del Poder Judicial (CGPJ) es el más politizado de la democracia porque su elección ha sido realizada de un modo directo por los partidos sin contar con la audiencia de las asociaciones judiciales, como se ha hecho en las anteriores ocasiones". En otras palabras, "su designación ha sido excesivamente partidista buscando a los vocales más dóciles a sus orientaciones políticas",* afirman.

Esto significa --informa D. Carrasco en La Gaceta-- que varios de los consejeros electos han ejercido la política activa en épocas pasadas como la magistrada María Victoria Cinto o el jurista Enrique Lucas Murillo; otros actualmente como el diputado socialista Álvaro Cuesta o la diputada por CiU Mercé Pigem. Y la mayoría de los vocales restantes han sido libremente designados para ocupar el puesto de presidente de tribunal autonómico, magistrado del Tribunal Supremo o presidente de Sala de la Audiencia Nacional. --Los nuevos vocales del CGPJ, los 'más politizados de la democracia'.

Las mismas fuentes también resaltan "el nepotismo que se ha practicado en algunos casos con el nombramientos de vocales que tienen vinculaciones conyugales con altos cargos políticos en activo o con otros que lo han sido como por ejemplo la magistrada Clara Martínez de Careaga (esposa del ex fiscal general del Estado Cándido Conde-Pumpido); el magistrado Gerardo Martínez Tristán (marido de una consejera del Gobierno de María Dolores de Cospedal); la magistrada Roser Bach Fabregó (esposa del consejero de Justicia de la Generalitat de Cataluña).

En este contexto, la Asociación Judicial Francisco de Vitoria denuncia que "se ha pasado de un sistema de elección donde las asociaciones pintaban algo a uno donde no pintan nada". "El ministro de Justicia Alberto Ruiz-Gallardón ha fomentado el pactismo", subraya. Dicha asociación emitió un duro comunicado: *"(...) En las últimas semanas, los jueces españoles hemos asistido estupefactos a la demostración pública de que ni la mejora en el funcionamiento del CGPJ ni el reflejo en el órgano de gobierno de los jueces de la Soberanía popular eran la verdadera finalidad de la reforma: lo eran los intereses, particulares y propios, del PP y PSOE, salpicados de casos de corrupción, cuyos dos máximos representantes han sido los protagonistas de la vergonzosa negociación de los vocales (...)". (A esto le llaman independencia judicial: la justicia más politizada de toda la democracia.* Periodista Digital, 28.11.2013, Periodistadigital.com).

2.1.4. Conclusiones según las evidencias presentadas

Vemos claramente que aquí ocurre un hecho muy lamentable para todo español. Y es que dentro de las actuaciones de los órganos del Estado, en especial de la Fiscalía General del Estado y/o de la Abogacía General del Estado, les corresponde adoptar todas las medidas para hacer cumplir el Estado de derecho, y actuar por conciencia institucional pues no es así, que cabe cuestionarlas. Desde luego como advertimos en la evidencia número siete, no cabe ni la menor duda el sometimiento del Poder Judicial de sus acciones ante el poder político del Gobierno central.

- *"Tengo que decir que durante todo el verano ha habido manifestaciones. Pues ha habido cerca de veinte manifestaciones haciendo apología del terrorismo y enaltecimiento del terrorismo. Hemos visto "al Sasu" [creemos que se refiere a los hechos ocurridos en la localidad Navarra de Alsasua del 12.10.2013], hemos visto a la Chupinera, [`txupinera´ de las fiestas de Bilbao, del 14.8.2013], hemos visto los recibimientos, y solamente, solamente la VT [La Asociación de Víctimas del Terrorismo] y APAVT [La Asociación Plataforma de Apoyo a las Víctimas del Terrorismo] hemos presentado escritos, ¡donde ni siquiera la Fiscalía nos apoyaba! ¡Nadie!*

Yo, cuando hoy me decía, [el Ministro], pero vamos a estar vigilantes. (...) ¿Ministro, igual de vigilantes que de este verano que sólo hemos sido las víctimas las que hemos tenido que vigilar, gastarnos el dinero y presentar los escritos en la Audiencia y ni uno de ellos los han prohibido?, ¡Ni uno!... ¡Es repugnante!". (Palabras de la presidenta de la organización española Asociación de Víctimas del Terrorismo desde 2010, María Ángeles Pedraza, en la tertulia del programa de Intereconomía TV, "El Gato al Agua" / 25.10.2013).

- *"Pedimos que todos los poderes públicos, los jueces que estén a la altura de nuestros sacrificios y a la altura de lo que hemos dado, a la altura de lo que España merece y necesita. Algunos no lo han estado.*

Las preguntas son inevitables. ¿Qué han hecho todos estos años de atrás los poderes públicos para evitar la situación tan dolorosas que estamos viviendo, para evitar que sanguinarios terroristas, criminales y violadores salgan antes de las cárceles? ¿Qué han hecho a lo largo de tantos años? ¿Han sido lo activos y enérgicos que deberían de hacer en la aplicación de la ley? ¿Han hecho las reformas necesarias desde el año setenta y cinco? ¿Se han agotado los recursos posibles? ¿Han movilizado a todas las fuerzas a disposición del Estado? ¿Y si se ha hecho? ¿Qué ha hecho [la Audiencia Nacional] para evitar esta situación tan humillante y dolorosa con las víctimas del terrorismo?"

(Extracto de discurso de la presidenta de la UVT María Ángeles Pedraza, en la Plaza Colón de Madrid, LIBERTAD DIGITAL TV, 27.10.2013).

2.2. Posición política y reacción del Gobierno central frente al separatismo

"Gobernar no consiste en solucionar problemas, sino en hacer callar a los que los provocan" Giulio Andreotti (Ex primer ministro italiano).

Artículo 97 de la Constitución: El Gobierno dirige la política interior y exterior, la Administración civil y militar y la defensa del Estado. Ejerce la función ejecutiva y la potestad reglamentaria de acuerdo con la Constitución y las leyes.

Una pieza importante como eje definidor para una nación lo es el gobierno. Tal es así que idiomáticamente como conceptualmente es de suma apreciación. Una noción de lo que es gobierno según la Constitución, clara, concreta y determinante es significativo. Pero, tal como comprendemos y entendemos de la Constitución como una letra muerta, también podríamos concebirlo con el gobierno español.

Como es sabido, España vive un grave conflicto interno que ha llegado al extremo de ser amenazada como nación. Debido a un proceso nacionalista y separatista que se enfrenta y que está forjada con principios y valores de característica dominante y que surgen antes de la Transición, y que se inicia en un proceso de avance y de crecimiento visible desde la implantación de la democracia. Un proceso de construcción que ya no tiene marcha atrás. Un proceso puesto en marcha por agentes políticos, sociales, culturales, educacionales, jurídicos, empresariales, religiosos, etc., consensuados y participativos, potencialmente impulsores de un movimiento social y político orientado hacia ese proceso de ruptura y hacia la construcción de nuevos estados nacionales.

- El juez Vidal adelanta que la constitución catalana estará lista para enero. 02.11.2014. Vozpopuli.com. [El magistrado de la Audiencia de Barcelona ha explicado en una entrevista que el borrador de la constitución para una eventual Cataluña independiente consta de 97 artículos y una vez sea publicado se abrirá a los ciudadanos para que estos puedan hacer aportes].

- ICV aprueba impulsar un *"Estado catalán libre"* dentro de una España plurinacional. 28.02.2015. Eldiario.es. [Iniciativa per Catalunya Verds (ICV; en castellano Iniciativa por Cataluña Verdes)].

- La ANC creará un nuevo órgano si Madrid suprime el autogobierno. 01.03.2015. Noticiasdealava.com. [Este ente decretaría unilateralmente la independencia si el Estado decide intervenir el Govern catalán].
Sabemos muy bien de la realidad histórica y política del nacionalismo y separatismo, que durante siglos está presente como una herencia en España. Y sabemos muy bien de la puesta en funcionamiento de la Hoja de ruta soberanista (como la *"Hoja de ruta unitaria del proceso soberanista catalán"*) con diversas actuaciones, dirigido por los nacionalistas y separatistas, y cuyos fines, persiguen la separación de sus territorios de España y que llevan décadas

afincadas en las comunidades rebeldes. Y sabemos muy bien de las constantes manifestaciones y movilizaciones, de luchas y conquistas, de los nacionalistas y separatistas, que por centurias, se llevan a cabo, y que aparecen con su sempiterno lema: *"España es un país opresor, colonialista e imperialista"* y *"España nos roba"*.

- "CDC, ERC, Òmnium, ANC y AMI firman una hoja de ruta que prevé un referéndum sobre la Constitución catalana un año y medio después de las elecciones." *CDC, ERC, ANC, Òmnium y AMI prevén proclamar la independencia 18 meses después del 27S.* (LAVANGUARDIA.COM, 30.03.2015).

Frente a esta realidad conflictiva que está presente a lo largo del tiempo y que preocupa puesto que amenaza la seguridad de la soberanía nacional, corresponde preguntarnos, ¿cuál es y ha sido la posición del Gobierno, desde la Transición, para afrontar dicho conflicto?

Si entendemos la importancia del nacionalismo y separatismo, y que la acción de éstos determinan en buena medida una posición decidida (entiéndase así cuando el mismo presidente del Gobierno, Mariano Rajoy, admite que Cataluña es un "problema político de gran envergadura", 06.05.2014), nos resulta claro, entonces, que éste se ve poderosamente obligado a tomar medidas extraordinarias (ante grandes problemas, grandes soluciones; ante problemas y situaciones relevantes, reacciones y soluciones relevantes; o a grandes males, grandes remedios), para hacerles frente. En otras palabras, que los problemas de gran envergadura requieren soluciones acordes al alcance de los problemas. Por lo tanto, resolverlos se exige tomar medidas extraordinarias. Requerirá confrontarlos, requerirá soluciones integrales, requerirá una actuación de gran envergadura, bien sea en lo ideológico, político, jurídico (judicial), social, educacional y cultural, y si la dimensión del problema es insoportable, que atenta gravemente al interés general de la soberanía nacional, que peligre la unidad territorial del país, que se interpone al Estado de derecho, entonces, que atente gravemente al interés general de España, entonces se requerirá la actuación del Poder Ejecutivo para intervenir a la Comunidad incumplidora aplicando el precepto excepcional el artículo 155 de la Constitución:

Artículo 155 de la Constitución

"1. Si una Comunidad Autónoma no cumpliere las obligaciones que la Constitución u otras leyes le impongan, o actuare de forma que atente gravemente al interés general de España, el Gobierno, previo requerimiento al Presidente de la Comunidad Autónoma y, en el caso de no ser atendido, con la aprobación por mayoría absoluta del Senado, podrá adoptar las medidas necesarias para obligar a aquélla al cumplimiento forzoso de dichas obligaciones o para la protección del mencionado interés general".

Y esta es la única forma posible para enfrentar el problema del separatismo. Ante decisiones difíciles, decisiones importantes, y es lo que urge hoy en España, un golpe de autoridad del Gobierno.

Preguntémonos, ¿frente a la gravedad del problema, que representa la actuación del nacionalismo y separatismo, cuál es el mensaje que recibimos del Gobierno central para dar solución a este problema? La respuesta que recibimos es la de siempre: "sólo puede resolverse con el diálogo y el sentido común" (Rajoy, 07.05.2014) o "con la sensatez, con la mesura y con la prudencia" (Rajoy, 13.11.2014). Es lo que pensaban también sus predecesores gobernantes.

Preguntémonos, durante largas décadas que vivimos desde la llegada de la democracia oficial, ¿cuál ha sido la actuación de los Gobiernos de turno para enfrentar y detener el avance, el ascenso, como la insistencia en el tiempo del nacionalismo y el separatismo? Pues la respuesta que hemos recibido de éstos, y que creen por acertada para alcanzar la solución del problema ha sido la misma de siempre: vistos a través de los diálogos, las concesiones, los compromisos, las alianzas y los pactos, y que van afines a sus mensajes de siempre: "sólo puede resolverse con el diálogo y el sentido común" o "con la sensatez, con la mesura y con la prudencia". Vistos así, a efectos de resolver el problema actual, los Gobiernos de turno en su toma de decisiones han elegido cualquier decisión menos aquellos relativos a asumir los riesgos, el dar pasos rotundos y soluciones drásticas, que por jerarquía creemos que son acordes a la importancia del problema.

Es decir, los Gobiernos de turno han ido postergando todo compromiso serio y eludiendo las decisiones. Realmente, no ha existido un proceso de decisión, una vía o una estrategia seria, una capacidad de pensamiento crítico, para afrontar el conflicto. Han ido recurriendo sistemáticamente ante el problema tan sólo por decisiones fáciles y del término medio, que le facilite el diálogo, las concesiones, los compromisos, las alianzas, los pactos, etc. Le han restado importancia a los acontecimientos que se presentan en las Comunidades rebeldes. Afrontar los problemas era evitarlos y actuar es sino través de la negociación. Ponen en marcha política de interés bajo para tratar el problema. Y es el tiempo que nos da las respuestas que necesitamos por más explicaciones teóricas que hagamos, para saber que si la toma de decisiones del Gobierno para enfrentar el conflicto fueron las correctas. Y si como consecuencia vemos una realidad ya en un conflicto social de dimensiones preocupantes, pues ya estamos dando respuesta de la nefasta toma de decisiones del Gobierno presente y pasados para afrontar y dar solución al problema.

Y hubo una respuesta audaz, sincera y realista del ex senador y fundador del Partido Popular Manuel Fraga Iribarne, quien el 12 de enero de 2009 nos decía: *"Hay que trabajar porque España está en peligro".* Un ex senador que consideraba que ser nacionalista es una traición a la Constitución. *"Evidentemente querer romper España no puede ser considerado como legal. Eso es, precisamente, la definición de la alta traición que afecta a la patria común".* (12.01.2009). Y hubo en él una respuesta fuerte y nítida al creer oportuno, ya en el año 2009, que era oportuno aplicar el artículo 155 de la Constitución. *"Usted verá que ese artículo no se ha aplicado nunca y que es el paso definitivo de toda comunidad autonómica contraria a la Constitución o a la ley, porque parece evidente que la interpretación nacionalista de las autonomías en nuestra Carta Magna carece de todo fundamento. Habrá que ir pensando en ello previa una reforma del Senado".*

Resulta sorprendente pensar que el fundador del PP, partido político de centro y conservador, pensara de este modo. Pero su respuesta tiene una explicación, ya que Manuel Fraga tuvo su actividad política en la dictadura de Franco, siendo en ella una figura relevante. Y fue quien dijo *"el franquismo ha sentado las bases para una España con más orden"* (30.12.2007). Por lo tanto guardaba un espíritu nacionalista español afines al franquismo.

Esa ansiada decisión que se aplicara el artículo 155 no era posible, ya que su partido (PP) no contaba con la mayoría absoluta en el Senado, para poder destituir a un Gobierno autonómico, y no contaba con el consenso de la mayoría de los partidos, y, más aún, en aquél entonces gobernaba el Partido Socialista Obrero Español (PSOE) quien bajo la presidencia en el Gobierno estaba su líder José Luis Rodríguez Zapatero contrario a esa posición y sabido es del entreguismo de Zapatero y del PSOE al catalanismo.

Preguntamos, ¿A caso habría sido posible si hubiese gobernado el Partido Popular en aquél entonces haber tomado la determinación de aplicar el artículo 155 si contaba con la mayoría absoluta? Creemos que no. Puesto que muy diferente a esa actitud está la cúpula de su Partido. Sólo basta ver cómo su partido el PP gobierna España desde 2011 y que cuenta con la mayoría absoluta y con un electorado fiel, ocasión propicia para el cambio, éste se convierte en *"ciego y sordo",* e incapaz de tomar decisiones valientes y tomar los pasos dejados por su fundador.

Como sabemos, frente a las constantes arremetidas de los nacionalistas y del separatismo -adversarios y enemigos del Estado y de la Nación española-, los Gobiernos de turno, la confrontaron con una respuesta en común: Se pone en marcha los diálogos, las concesiones, los compromisos, las alianzas y los pactos. Una actitud sumamente cortoplacista que sirve para mantenerlos a distancia. Por un lado el beneficio del Gobierno de turno poder sacar adelante los Presupuestos Generales, y, por otro lado, las Comunidades rebeldes conseguir algunas enmiendas concediéndoseles ampliaciones, aplazamientos, moratorias, mayores atribuciones, etc. Y no menos relevante son los pactos en víspera de las elecciones generales, en donde el Gobierno para mantenerse en el poder en las próximas elecciones generales concede beneficios y partidas a las Comunidades rebeldes. Y, del mismo modo, si añadimos una actitud optimista, incomprensible y deplorable, cuando advertimos que el problema es de gran envergadura: *"Hay que trabajar porque España está en peligro", Cataluña es un "problema político de gran envergadura".*

- *Aznar critica la política de "entreguismo" a ETA y la "deslealtad" del Gobierno.* (28.11.2006). (Laverdad.es).

- *"Yo he querido que los ciudadanos supieran y tengan muy claro que el Gobierno, y yo personalmente, ha autorizado contactos con el entorno del Movimiento Vasco de Liberación".* [Y no los llama por su nombre de ETA]. (15.05.2015). (Aznar, en 1998: *"He autorizado personalmente contactos".* Elpais.com).

- *El PP vuelve a olvidar que Aznar negoció con ETA.* (13.01.2010). (Publico.es).

- Continúa la hipocresía del PSOE, mientras veta a Amaiur en el Congreso de los Diputados, pacta con los proetarras de Bildu para que saquen adelante los presupuestos de la Diputación. (27.12.2012). (*PSOE y PNV permiten a Bildu aprobar los Presupuestos de Guipúzcoa.* Gaceta.es).

- CiU y PP han cerrado este martes un acuerdo para sacar adelante los Presupuestos de la Generalidad de este año, que se plasma en un documento de once puntos.

Sorprendentemente, ninguno de estos puntos recoge un compromiso de los nacionalistas para adaptar a la legalidad las múltiples normas afectadas por la sentencia del Tribunal Constitucional sobre el Estatuto, para acatar y cumplir las sentencias del Tribunal Supremo sobre bilingüismo escolar o para dejar de financiar a decenas de entidades privadas que fomentan la secesión de Cataluña. (14.02.2014). (*El PP pacta los presupuestos con CiU sin exigirle que cumpla las sentencias ni elimine los gastos identitarios.* Vozbcn.com).

- *La "abstención" de concejales del PP catalán permitirá al Gobierno separatista aprobar los presupuestos 2015.* (17.01.2015). (Lasvocesdelpueblo.com).

En España se alberga innumerables hechos o acontecimientos que se traducen en una inherencia en la clase política reinante y en nuestros gobernantes hacia una actitud escapista e interesada de no hacerle frente con dignidad, con valentía, de manera constructiva y justa al nacionalismo y al separatismo periférico.

No existe una voluntad sociopolítica interna. Y se da paso al continuismo con la misma política cobarde, inmovilista y del reformismo de siempre. Se reacciona utilización un mecanismo de defensa inducido, maquineo y maquiavélico con el propósito de minimizar sus responsabilidades y alargar en el tiempo sus poderes políticos en el Gobierno, por un mero cálculo electoral y/o legislativo. Y esta actitud y prácticas se vienen repitiendo en todos los Gobiernos de turno desde la Transición. Siempre prevalecen los intereses de los partidos y de algunos grupos de poder por encima de los intereses generales de la Nación.

Mayor humillación que recibe España y que llega de su interior nunca en su historia ha recibido. Son los Gobiernos que han llevado a los pueblos a desaparecer como pueblos. Y fueron los Gobiernos quienes influyeron en las mentes de los nacionalistas y separatistas, y contribuyeron a la forja de éstos y provocaron sus reacciones.

Señores, sólo basta ver las consecuencias de cómo se desarrolla el separatismo con fuerza y energía en España, (*El independentismo obtendría una ajustada mayoría el 27-S* / Elperiodico.com / 06.09.2015), para implicar en particular al Gobierno de turno y a los anteriores, por sus medidas adoptadas, todas ellas, apuntaron siempre en la dirección contraria, apartados de la realidad, sin confrontación y sin ataque, sin las formas adecuadas, sin los procedimientos adecuados y sin los tiempos adecuados acorde a la naturaleza del problema que presenta el separatismo. Espero que algún día la justicia y la historia juzgue y condene con la severidad a los responsable, los Gobiernos de turno, que nada hicieron por detener y bloquear las amenazas de los movimientos, por no prevenir la propagación y el adoctrinamiento, por no revertir la situación ante la crisis interna impulsando políticas hacia un Proceso participativo nacional, por no eliminar el Proceso separatista... Éstos nunca estuvieron a la altura de los compromisos nacionales, nunca representaron a la voluntad de los pueblos. Se han convertido en gobernantes execrables del que España se avergüenza, que implica por su infamia ser considerados como los principales enemigos y traidores de España.

Aquí no hay nada que inventar ni nada que descubrir. Demasiada información se cuenta a los largo de los siglos para retratar a la clase política dominantes y a los Gobiernos de turno quienes han aparcado los valores, los principios y los ideales; el derecho, la justicia, la ética y la moral, y ante una actitud consciente y estudiada, han creado un sistema que les favorezca a sus intereses particulares, como partidos y como personas. Y a sabiendas los Gobiernos de turno se han convertido con sus actitudes en los principales culpables de la desunión y de la quiebra de valores de la nación española, que terminan convirtiéndose en los separadores. Pero lo que consiguen es inscribirse en la historia política como aquellos que han actuado con desvergüenza, con el descaro, con la mentira al límite de haberla prostituido, como abyectos con el ocultamiento y del engaño. *"Yo conozco tus obras, que ni eres frío ni caliente; ojala fueses frío o caliente, por cuanto eres tibio te vomitaré de mi boca"*. Jeremías 3:33 La Biblia.

2.2.1. Sobre los medios constitutivos que el Gobierno los ignora abyectamente

2.2.1.1. Los mecanismos de defensa jurídico del Estado y político del Gobierno

Lo que la mayoría de la población española desconoce es que España cuenta con los medios necesarios para actuar frente al separatismo. Y estos medios se encuentran en las normas jurídicas, como códigos de conducta, bien sea en la Constitución, -norma suprema del ordenamiento jurídico-, de Nivel Fundamental, luego, tenemos en el Nivel Legal en las Leyes Orgánicas y Especiales, las Leyes Ordinarias, Decretos ley y Reglamentos y, finalmente, tendríamos en el Nivel Sub Legal en las Ordenanzas y las Sentencias. De las cuales dichas normas pertinentes utilizadas en el plano nacional nos sirven para promover, proteger y asegurar la estabilidad y la seguridad nacional.

¿Y si existen, por qué el Estado nos las aplica? Porque hay argumentos y evidencias suficientes que nos permiten afirmar que el Estado está sometido a la voluntad política del Gobierno. Que el Estado español está politizado. O que el Gobierno central como los autonómicos impide al Estado su autonomía.

Y, ¿por qué el Gobierno impide actuar al Estado? Y ¿Por qué el Gobierno no aplica la norma pertinente para detener el avance del separatismo? Porque hay argumentos y evidencias suficientes que nos permiten afirmar que no las aplica por cobardía. [Cobardía.- Miedo o falta de valor ante situaciones difíciles, peligrosas o que conllevan cierto riesgo].

- La Comisión Europea ha presentado un estudio sobre los sistemas judiciales de los 28 Estados Miembros de la UE. "En Bulgaria, España y Eslovenia la ya baja percepción de la independencia de la Justicia ha ido empeorando", señaló la comisaria europea de Justicia. *España es el tercer país de la UE donde es más baja la percepción de la independencia judicial.* 09.03.2015, 20minutos.es.

*- Jueces denuncian ante la ONU la politización de la Justicia en el estado español.*10.01.2014, Diagonalperiodico.net.

Pues bien, ¿cuáles son aquellas normas jurídicas que se puede apoyar el Estado y el Gobierno para hacer frente al separatismo?, veamos las siguientes:

1) Constitución Española, 1978. TÍTULO VIII - De la organización territorial del Estado

CAPÍTULO III. DE LAS COMUNIDADES AUTÓNOMAS, Artículo 155

1. Si una Comunidad Autónoma no cumpliere las obligaciones que la Constitución u otras leyes le impongan, o actuare de forma que atente gravemente al interés general de España, el Gobierno, previo requerimiento al Presidente de la Comunidad Autónoma y, en el caso de no ser atendido, con la aprobación por mayoría absoluta del Senado, podrá adoptar las medidas necesarias para obligar a aquélla al cumplimiento forzoso de dichas obligaciones o para la protección del mencionado interés general.

2) Ley Orgánica 10/1995, de 23 de noviembre, del Código Penal. TÍTULO XXI. Delitos contra la Constitución - CAPÍTULO PRIMERO. Rebelión

Artículo 472.- 5. Declarar la independencia de una parte del territorio nacional.

Artículo 473.- 1. Los que, induciendo a los rebeldes, hayan promovido o sostengan la rebelión, y los jefes principales de ésta, serán castigados con la pena de prisión de quince a veinticinco años e inhabilitación absoluta por el mismo tiempo; los que ejerzan un mando subalterno, con la de prisión de diez a quince años e inhabilitación absoluta de diez a quince años, y los meros participantes, con la de prisión de cinco a diez años e inhabilitación especial para empleo o cargo público por tiempo de seis a diez años".

Artículo 477.- La provocación, la conspiración y la proposición para cometer rebelión serán castigadas, además de con la inhabilitación prevista en los artículos anteriores, con la pena de prisión inferior en uno o dos grados a la del delito correspondiente.

Artículo 478.- En el caso de hallarse constituido en autoridad el que cometa cualquiera de los delitos previstos en este capítulo, la pena de inhabilitación que estuviese prevista en cada caso se sustituirá por la inhabilitación absoluta por tiempo de quince a veinte años, salvo que tal circunstancia se halle específicamente contemplada en el tipo penal de que se trate.

3) Ley Orgánica 10/1995, de 23 de noviembre, del Código Penal. TÍTULO XXI. Delitos contra la Constitución - CAPÍTULO VI. De los ultrajes a España

Artículo 543.- Las ofensas o ultrajes de palabra, por escrito o de hecho a España, a sus Comunidades Autónomas o a sus símbolos o emblemas, efectuados con publicidad, se castigarán con la pena de multa de siete a doce meses.

Constitución Española, TÍTULO PREELIMINAR. La bandera de España y las de las Comunidades. Artículo 4.2.- Los estatutos podrán reconocer banderas y enseñas propias de las Comunidades Autónomas. Estas se utilizarán junto a la bandera de España en sus edificios públicos y en sus actos oficiales.

Y I. Disposiciones generales. Ley 39/1981, de 28 de octubre, por la que se regula el uso de la bandera de España y el de otras banderas y enseñas. Artículo 3.- Uno. La bandera de España deberá ondear en el exterior y ocupar el lugar preferente en el interior de todos los edificios y establecimientos de la Administración central, institucional, autonómica, provincial o insular y municipal del Estado.

Artículo 6.- Uno. Cuando se utilice la bandera de España ocupará siempre lugar destacado, visible y de honor.

4) Ley Orgánica 10/1995, de 23 de noviembre, del Código Penal. TÍTULO XXI. Delitos contra la Constitución - CAPÍTULO II. Delitos contra la Corona

Artículo 490.- 3. El que calumniare o injuriare al Rey o a cualquiera de sus ascendientes o descendientes, a la Reina consorte o al consorte de la Reina, al Regente o a algún miembro de la Regencia, o al Príncipe heredero de la Corona, en el ejercicio de sus funciones o con motivo u ocasión de éstas, será castigado con la pena de prisión de seis meses a dos años si la calumnia o injuria fueran graves, y con la de multa de seis a doce meses si no lo son.

Artículo 491.- 2. Se impondrá la pena de multa de seis a veinticuatro meses al que utilizare la imagen del Rey o de cualquiera de sus ascendientes o descendientes, o de la Reina consorte o del consorte de la Reina, o del Regente o de algún miembro de la Regencia, o del Príncipe heredero, de cualquier forma que pueda dañar el prestigio de la Corona.

5) Ley Orgánica 10/1995, de 23 de noviembre, del Código Penal. TÍTULO XIX. Delitos contra la Administración pública

CAPÍTULO PRIMERO. De la prevaricación de los funcionarios públicos y otros comportamientos injustos. Artículo 404.- A la autoridad o funcionario público que, a sabiendas de su injusticia, dictare una resolución arbitraria en un asunto administrativo se le castigará con la pena de inhabilitación especial para empleo o cargo público por tiempo de siete a diez años.

CAPÍTULO III. De la desobediencia y denegación de auxilio. Artículo 410.- 1. Las autoridades o funcionarios públicos que se negaren abiertamente a dar el debido cumplimiento a resoluciones judiciales, decisiones u órdenes de la autoridad superior dictadas dentro del ámbito de su respectiva competencia y revestidas de las formalidades legales, incurrirán en la pena de multa de tres a doce meses e inhabilitación especial para empleo o cargo público por tiempo de seis meses a dos años.

2.2.2. Enmascarar la realidad

Prácticamente, desde la Transición todos los Gobiernos centrales han utilizado de la palabra para enmascarar la verdad y la realidad, y no dejaron actuar a la justicia. El mejor beneficio para estos Gobiernos es y fue callar, silenciar y ocultar la verdad y la realidad.

Y es de siempre y lo clásico que los Gobiernos de turno ocultan la verdad y enmascaran sus errores con la hipocresía y la mentira, y empleando neologismos o eufemismos pretenden distorsionar la realidad. ¿Cómo enmascarar la verdad? Podemos encontrar la respuesta en el presidente Mariano Rajoy:
- Que las elecciones anticipadas en Cataluña demuestran el *"fracaso"* de Artur Mas. Deliberadamente usted señor Rajoy oculta la realidad, ya que personaliza los hechos en la figura de una persona, en Artur Mas, como si fuera para este un provecho personal, y evita mencionar que el fracaso es del Gobierno y del Estado catalán, es decir de Cataluña. Y evita mencionar interesadamente, ocultando una hecho principal, cuando critica el adelanto electoral de Cataluña que *"son demasiadas elecciones"* (14.01.2015), cuando sabemos que las elecciones anticipadas que se llevaran a cabo el 27 de septiembre de 2015 tiene como propósito de fijar la *"consulta definitiva"*.

- Que la nueva hoja de ruta de Artur Mas son *"18 meses de viaje a ninguna parte"* (29.11.2014). Miente y engaña deliberadamente, puesto que la hoja de ruta del Gobierno catalán no favorece como fin positivo para España. Y miente y engaña deliberadamente el afirmar que *"el 9N "fue un fracaso"* (12.11.2014). No puede usted ocultar la realidad que transmitir un pensamiento sea como fuere al pueblo catalán nunca será un fracaso, y más aún cuando quienes lo buscan, buscan la trascendencia, aunque sea un sueño. Y no pretenda hacernos creer que son caídas por lo tanto fracasos, sino que son voluntades y deseos que el Gobierno catalán lo está cumpliendo. Y que usted (su Gobierno) se lo permiten. Por lo tanto no es usted sincero con sus afirmaciones.

- Que Artur Mas da *"un paso a ninguna parte"* (26.11.2014), nuevamente personaliza de un acontecimiento, de un hecho histórico en una persona. Es cierto que lo que cada persona hace, es responsabilidad suya no de nosotros; pero lo que haga Artur Mas no es responsabilidad de Artur Mas sino es responsabilidad del Gobierno catalán, y si sale favorecida las intenciones separatistas del Gobierno catalán en las Cortes catalana, como así ha sido en reiteradas oportunidades, entonces ya es responsabilidad de Cataluña. Por lo tanto, usted a sabiendas, deliberadamente nuevamente miente a España.

- Que, cuando le dice *"Aún estamos a tiempo de enderezar el rumbo"*, dirigiéndose a Artur Mas, 29.09.2014. ¿Pero cómo puedo usted pensar que el Gobierno catalán puede cambiar el rumbo, si hay una hoja de ruta trazada y puesta en marcha desde el año 2012 por el Gobierno catalán en unión de partidos y organizaciones separatistas? ¿Ingenuidad política o fe excesiva? Pues ninguna de estas dos consideraciones, sino inseguridad política de enfrentarse a la realidad y una hipocresía de exhibir buenas intenciones frente a su adversario, el Gobierno catalán. Quien debe de enderezar el rumbo es usted y su Gobierno que no afronta los problemas con realismo

- Que, cuando dice que Artur Mas tiene perdida la batalla internacional (08.01.2014), pues no tiene idea de lo que dice. Artur Mas como el Gobierno catalán no tienen la batalla perdida puesto que no han huido de la guerra, por lo tanto no hay derrota. No pretenda hacernos creer que usted ignora y es ingenuo en política. *"Si conoces a los demás y te conoces a ti mismo, ni en cien batallas correrás peligro; si no conoces a los demás, pero te conoces a ti mismo, perderás una batalla y ganarás otra; si no conoces a los demás ni te conoces a ti mismo, correrás peligro en cada batalla"* (Sun Tzu, Capítulo II – El Arte de la Guerra).

- Cuando asegura que *"mantiene la mano tendida al consenso"* con la Generalitat (28.12.2012). Y nos dice que negociará con Artur Mas si retira su consulta, (24.06.2014). Y que está *"dispuesto a hablar"* con Mas tras el golpe del 9N (19.11.2014). Y la *"ley y el diálogo"* son la *"salida"* a la situación creada en Cataluña por la convocatoria de una consulta soberanista por el Gobierno catalán, (04.10.2014).

Y nos dice que dialogará con Mas (20.11.2014). ¿Qué actitud es eso del diálogo? ¿Diálogo cuando existe un Proceso Soberanista en Cataluña desde el año 2012? ¿Y continúa con el "Bloque Soberanista"? Cuando plantean públicamente elecciones plebiscitarias si no logra celebrarse legalmente la consulta del 9N (10.10.2014), y ratificado públicamente por Artur Mas la convocatoria de elecciones plebiscitarias para el 27 de septiembre de 2015 el paso final hacia la independencia. (14.01.2015). (*"La independencia se decidirá este 27 de septiembre. Si tenemos mayoría, el proceso de ratificación constitucional, será rápido."* Oriol Junqueras, presidente de ERC, 18.01.2015). ¿Cuando ya existe una fractura social, territorial, política e institucional en España, desde el año 2012? Y si el Dialogo es una discusión o contacto que surge con el propósito de lograr un acuerdo, ¿qué dialogo puede existir si lo que divide a ambas partes, la ruptura o no de España, hace dudar que haya acuerdo? ¿Cómo es posible que el Gobierno central aún continúe con esa política de conciliación en la búsqueda del diálogo, ante quien, el Gobierno catalán, que a través de largas décadas, acaba con hostilidades? ¿Y continúe en la búsqueda del diálogo cuando ya existe un *"Órgano Institucionalizado"* un *"Bloque Soberanista"* en Cataluña asociados política, social e institucionalmente, y en diálogo permanente, en participación permanente, en movilización permanente y en difusión permanente, y quien toma decisiones, y con objetivos bien trazados, y quien dirige las políticas de gobierno de Cataluña y cuya finalidad es la ruptura de España? *("Con una hoja de ruta nacional compartido", "Se ha rehecho el pacto de unidad para garantizar la continuidad del proceso político de transición nacional y para llevarlo hasta la victoria, que es finalmente el propósito compartido, creo que para la gran mayoría de gente de este país",* Artur Mas, 14.01.2015). O cuando éste asegura que Cataluña puede pagar la construcción de un estado nuevo. (21.01.2015) ¿Qué actitud es eso de negociar? Si la clave de una negociación es el diálogo, la conversación. Y si el diálogo es negociar un acuerdo que satisfaga los intereses de cada uno. ¿Qué pretende el Gobierno central, negociar? Lo que el Gobierno central pretende es escapar de la realidad, aquella que afecta enormemente a España: su inminente ruptura, y reacciona con cobardía y vileza, respondiendo ante los ataques y pretendido *"asesinato"* de España como respuesta el diálogo, el entendimiento, la serenidad y la convivencia.

Y pretende hacernos creer que lo sensato y razonable es el diálogo. Y que la ley es la salida, que cuando acude su Gobierno al Poder Judicial, su Gobierno lo que hace es amordazarla y la deja actuar a su medida. Produciéndose así la desobediencia civil, política e institucional en una autonomía como lo es Cataluña. ¿Dónde está aquí la transparencia y la responsabilidad política de este Gobierno? No existe. Eh aquí una vez más la decidida política de este Gobierno, decidido a mantenerse en el conservadurismo, en la indefinición y en la ambigüedad como estrategia política, pretendiendo con ello despistar, confundir, apaciguar, manipular o agradar a los españoles. Toda una actitud deliberadamente este Gobierno que manipula la verdad con falacias y mentiras.

Señor presidente, el diálogo a estas alturas y bajo estas condiciones no puede ser considerada como un juicio de acción. Su pretendido diálogo es sólo refugiarse hipócritamente de la realidad. Es dejar claro que es propio de su Gobierno los cálculos políticos y las dudas. Es un subterfugio más de su Gobierno, utilizando el engaño y la mentira, y cayendo una y otra vez en la cobardía y al inmovilismo.

Sepa usted que no hay dignidad ni nobleza de aquel gobernante que no cumple con fidelidad sus promesas y juramentos.

Juramento en cargos y funciones públicas

"¿Juráis o prometéis por vuestra conciencia y honor cumplir fielmente las obligaciones del cargo .... con lealtad al Rey, y guardar y hacer guardar la Constitución como norma fundamental del Estado?" (Real Decreto 707/1979, de 5 de abril, por el que se establece la fórmula de juramento en cargos y funciones públicas).

- Que, cuando nos dice que no sabe "quién manda" en Catalunya (13.10.2014). Y acusa a Artur Mas de llevar al "desgobierno" a Cataluña (26.11.2014). Y nos dice que el 9N hace retroceder a Cataluña al Medievo (24.10.2014). ¿Pretende hacernos creer que ignora que existe un *"Órgano Institucionalizado"* un *"Bloque Soberanista"* quien manda en Cataluña? ¿Pretende hacernos creer que ignora qué las decisiones que se toman en Cataluña es en base a un acuerdo global? Y si hay un desgobierno en Cataluña, ¿por qué usted y su Gobierno no es consciente del problema y evita el hundimiento de Cataluña? ¿Si la realidad existe, por qué mira hacia otro lado? Nos hace creer que el problema está en Cataluña o en el País Vasco, y son ellos quienes tienen que resolver sus problemas y conflictos. Su ausencia de voluntad política como Poder Ejecutivo es muy grave. El problema de Cataluña y el País Vasco implica a toda España, porque existen intereses comunes. Y le incumbe a su Gobierno, al Estado y a la ciudadanía española actuar contra aquellos que impiden la unidad de España. En especial su Gobierno tiene una responsabilidad compartida en el problema, y más falta hace usted y su gobierno que como Poder Ejecutivo no actúa e impide el desgobierno en Cataluña. Le corresponde a usted y a su Gobierno actuar para que España no caiga en el Medioevo. Y no responda a la realidad abandonándola, (*Prácticamente todos los puentes de comunicación están rotos: "nos enteramos por los periódicos",* 14.01.2015, palabras de un portavoz del Gobierno central), dando pasos hacia ninguna parte, y dejar de situarse en la cotidiana política de la cobardía y el inmovilismo.

- El jefe del Ejército atribuye a la debilidad del poder central el auge separatista. Lavozdegalicia.es – 19.11.2014.

2.2.3. Sujeto pasivo ante una ofensa nacional

"Si no vives con dignidad estás muerto, y cuando estás muerto
no eres nada"
Steve Biko.

La dignidad es el respeto que una persona tiene de sí misma y
quien la tiene no puede hacer nada que lo vuelva despreciable a
sus propios ojos"
Concepción Arenal.

El nacionalismo y el separatismo en España se manifiestan de diversas formas para declararse soberanista, y se disfraza de libertad de expresión para manifestarse. Y no hay límite para ello, desde una pitada al Rey, al himno nacional de España, quema de banderas españolas y fotos del Rey, etc. Pero no son capaces de entender que toda ofensa nacional es un ultraje a la nación, es asimismo menosprecio y odio, explícita e implícitamente.

- 22.09.2007: Nueva quema de fotos de los Reyes en Girona.

- 22.10.2008: La Audiencia archiva la causa contra cuatro jóvenes por quemar banderas y fotos del Rey.

- 21.02.2010: Los Monarcas, espectadores excepcionales de la final de la Copa del Rey entre Barça y Madrid de baloncesto que se disputa en Bilbao. Abucheo general al himno de España.

- 11.09.2011: La manifestación independentista termina con quema de banderas.

- 13.06.2012: Quemada la bandera española en un Ayuntamiento de Bizkaia.

- 11.08.2012: Queman una bandera española tras retirarla del balcón de una casa en Leitza... (Deportes.elpais.com).

Que el nacionalismo y el separatismo se manifiesten, y ofendan a la nación, tanto dentro de la Comunidad rebelde o fuera de ella, es una realidad indiscutible. Pero que el Estado y el Gobierno central que tanto saben muy bien del papel del nacionalismo y separatismo que se movilizan ultrajando, ofendiendo, menospreciando y odiando a la nación, Legislatura tras Legislatura, década tras década, no sean capaces de impedirlo, de condenarlo o castigarlo, encontrando sólo respuestas como la tolerancia, la cordura y la sensatez, y aún más en algunos hechos se les ampara, es advertir la cobardía y el inmovilismo de éstos.

Véase cómo la Audiencia ya rechazó en 2009 que los insultos fueran delito porque son *"libertad de expresión".* (La Justicia ampara pitar al Rey: *"No es un ultraje a la nación".* Titular impreso del diario LA RAZON, lunes 1 de junio de 2015). Véase cómo La Comisión Antiviolencia remite informes (11.06.2015) de la pitada al himno a la Fiscalía General, recabados por los Cuerpos y Fuerzas de Seguridad del Estado, tras la pitada durante la interpretación del himno de España antes de la final de la Copa del Rey que enfrentó al FC Barcelona y Athletic Club, (30.05.2015), pero que los informes de la Real Federación Española de Fútbol (RFEF) a Antiviolencia no reflejan anomalías en la final de Copa, deja impune la pitada al himno español, salvo incidentes esporádicos entre aficionados azulgranas. Véase como de la fecha 11.05.2015 que la Comisión Antiviolencia trasladara la denuncia a la Fiscalía para que valore si hay trascendencia aún al cierre de esta edición no haya respuesta. ¿Se sancionará a los clubes y a la FEF o a los promotores de la pitada? ¿Habrá sanción administrativa con multa económica para las entidades y plataformas que promovieron la pitada? Véase cómo año tras año se ultraja y ofende a la bandera de España, incumpliéndose la Ley de Banderas. En donde quienes incurren en la afrenta (vergüenza y deshonor) al incumplirla sean los propios representantes del Estado (gobernantes de organismos, instituciones, centros o dependencias autonómicas y municipales), entidades privadas, o por parte de la propia sociedad. Y estamos siendo testigos de ese incumplimiento de la propia administración pública, que, lo que supone una flagrante vulneración tanto de la Ley de Banderas (Ley 39/1981, de 28 de octubre) como de la Constitución Española, y que requiere castigo y condena, pero ante ello el Estado ignora aplicarlas, y el Gobierno, que debe de cumplir lo prometido y cumplir la voluntad nacional, pues no se atreve a demandar al Estado a que cumpla con sus funciones.

- 09.09.2007: Cientos de ayuntamientos vascos, navarros y catalanes incumplen la ley de banderas. Diario EL MUNDO, Domingo, 9 de septiembre de 2007. Año: XVIII. Numero: 6475.

- 11.09.2011: Queman dos banderas españolas y una foto del rey en los actos independentistas de la Diada. Rtve.es/noticias.

- 29.01.2013: Decenas de municipios vascos y catalanes recurren a toda clase de tretas para eludir la Ley de Banderas. Elimparcial.es.

- 02.12.2013: Una alcaldesa del PSOE iza la bandera republicana en el Ayuntamiento. Eldigitalcastillalamancha.es.

- 08.01.2015: Ni rastro de la bandera de España en el municipio de Lérida en el que estuvo Rajoy. Libertaddigital.com.

- 02.05.2015: Miembros de la CUP queman una bandera española "contra el Estado opresor". Ecodiario.eleconomista.es.

Quienquiera que tenga uso de razón advertiría que los sentimientos de patriotismo, unión y fraternidad son los pilares de cohesión de una nación, que, por lo tanto, todo ultraje a la nación y a sus símbolos –al sentimiento nacional- es merecedor de castigo y condena. Y no hay argumentos para pensar lo contrario.

Pero la historia de España nos escribe páginas en donde nos define por los hechos quiénes son sus traidores. Y para variar de los traidores políticos y de gobernantes, tenemos como ejemplo a los traidores que se ubican en las instituciones públicas del deporte, como lo es el seleccionador de la selección española de futbol, Vicente del Bosque. Éste a sabiendas que existen jugadores separatistas, que no se sienten españoles, que aspiran a que España se rompa, de manera inaudita e inverosímil los convocan, y aún más los premian con su protección. En particular tenemos el caso del jugador y seleccionado Gerard Piqué, en donde su sentimiento procatalanista al separatismo es público: (Quien no dudó en respaldar públicamente al presidente de la Generalitat, Artur Mas, *"Es un lujo tener al President Mas representando a Cataluña"*) (*"¡Españolitos, ya os hemos ganado vuestra Liga española!"*) (*"¡Españolitos, ahora os vamos a ganar la Copa de vuestro Rey!"*). Y que ante esta ofensa antiespañola, el seleccionador español lo defiende: *"Piqué forma parte de nuestra familia y lo protegemos"*. *"Me dolió que insultaran a Piqué"*. *"No he hablado con Cesc y Piqué de asuntos políticos, no conduce a nada"*... *"No hablo con los jugadores de eso. Veo todos los jugadores por igual, no distingo entre catalanes, vascos o madrileños. Entiendo sus sentimientos. Todos tenemos una patria chica, yo ejerzo de salmantino, y de madrileño... Me da un poco de apuro hablar de esto"*. (Pero si opina de política cuando el Barça es multado con 66.000 euros por la pitada al Himno, para mostrar su desacuerdo: *"me parece desmesurada"*). *"Piqué está comprometido con la selección española desde niño, no solo en la absoluta"*. Para sus compañeros tampoco. Desde el propio Ramos, hasta Cesc Fábregas (dos veteranos) pasando por Diego Costa o Carvajal (dos novatos), todos han dado la cara por Piqué porque saben que es un jugador clave para las aspiraciones de la *"Roja"*.

Hemos visto cómo este entrenador no ve contradicción ni falta de coherencia que aquél jugador seleccionado pueda defender la causa separatista y a su vez defender la selección española. Que la libertad de expresión no guarda relación con la educción y el respeto. Que no es capaz de considerar que una pitada al Himno Nacional, o como aquél separatista que vista la camiseta nacional sea propugnar el odio nacional y el ultraje a España.

¿Dónde está el sentido común del seleccionador español? Sinceramente, ¿vosotros creéis que el seleccionador es español? Pues claro que no. Éste no tiene ni principios ni convicciones del sentirse español. Éste aparenta ser español. No es más que un hipócrita, oportunista, traidor y despreciable. Que, tal como piensa y habla, es un cooperador más del separatismo. Y el mismo ejemplo sigue el ministro de Educación, Cultura y Deporte -el Gobierno de España- quien sale en defensa del jugador Piqué: *"Hay que repetir la libertad de expresión de los demás y respetar también a las personas. A mí me parece muy mal que se pite a un jugador que está vistiendo, además con orgullo, la camiseta nacional".* (Iñigo Méndez de Vigo / Libertaddigital.com / 07.09.2015).

Mientras que para las autoridades públicas españolas ven que es legítimo, comprensible y perdonable que el ultraje, la deshonra, la humillación, a la nación, sea puesto de manifiesto en cuanto que prima ante todo la libertad de expresión, no siendo así condenable; en cambio en otros países un incidente de esta naturaleza si es condenable y castigado e interpretado como daño a la seguridad nacional, recibiendo por ello condena y castigo bien en lo penal como en lo administrativo.

- Moscú pide castigos para los japoneses que ultrajaron bandera rusa en Tokio. "La parte rusa exige que las autoridades japonesas abran una investigación y castiguen a los culpables", informó el ministerio ruso de Exteriores en un comunicado. Rusia exige a Japón que "garantice de acuerdo con sus obligaciones internacionales unas condiciones normales para el funcionamiento de la embajada rusa y que no permita en el futuro acciones similares". (Noticias24.com). 08.02.2011.

- China prohíbe usar apodos que parodien a famosos o dañen la seguridad nacional. (Antena3.com). 01.03.2015.

- EEUU: Quemar una bandera de los Estados Unidos es visto por muchos como un rebeldía y una deshonra de las libertades por las que muchos han luchado. (Ehowenespanol.com).

- Rusia, China o Brasil: "En Rusia, China o Brasil es absolutamente imposible que se dé esta situación porque son sociedades muy patrióticas con un gran sentido de la pertenencia a la nación, por lo que ni siquiera tiene sentido contemplar ese escenario". (¿Cómo reaccionan otros países ante las pitadas a sus himnos nacionales? Es.noticias.yahoo.com. 03.06.2015).

- En Venezuela, detienen a 17 jóvenes por lavar una bandera de forma simbólica para rechazar la situación actual del país. (Laverdad.com). 06.07.2014.

- Argentina: El artículo número 222 de los Delitos contra la Seguridad de la Nación que advierte: *"Será reprimido con prisión de uno a cuatro años el que públicamente ultrajare la bandera, el escudo o el himno de la Nación o los emblemas de una provincia argentina"*.

- MUNDIAL ITALIA 90: Maradona putea a los que silban el Himno Argentino. La final de la copa del mundo Argentina – Alemania.

- Francia: "En 2001 en Argelia, en 2002 en la final de la Copa francesa y en 2008 en un partido de la selección frente a Túnez en París la Marsellesa fue pitada, lo que llevó a Sarkozy a actuar y pedir que si se pita el himno los miembros del Gobierno deben abandonar el estadio, el árbitro suspenderá el partido y el Ejecutivo podrá anular los encuentros amistosos ante ese rival extranjero" "los franceses que silben les puede costar hasta 6 meses de cárcel y unos 7.500 euros de multa". (¿Cómo reaccionan otros países ante las pitadas a sus himnos nacionales? Es.noticias.yahoo.com. 03.06.2015).

- Alemania: El abucheo al himno acarrea una penas de hasta 3 años de cárcel. (¿Cómo reaccionan otros países ante las pitadas a sus himnos nacionales? Es.noticias.yahoo.com. 03.06.2015).

Señores, pues en base al criterio del seleccionador Del Bosque, España debe de dar un reconocimiento público a los jugadores separatistas de la selección española de futbol que participaron e hicieron posible el éxito de ser campeones. Y el precio y la recompensa que debe pagar España por estos jugadores separatistas deben ser puestos de manifiesto. Y reconocer que la felicidad y las alegrías de los triunfos de la selección española en parte se deben a la participación de estos jugadores separatistas. Por lo tanto, por todo ello, España debe de estar llena de orgullo.

2.2.4. De la cobardía política de nuestros gobernantes y políticos

"Quien ignora la verdad es un iluso, pero quien conociéndola la llama mentira es un delincuente" Bertold Brech.

"Un político piensa en las próximas elecciones, un estadista piensa en las próximas generaciones"

Sir George Bernard Shaw.
"El pueblo no debería temer a sus gobernantes, son los gobernantes los que deberían de temer al pueblo" V de Vendetta.

1) Es de suma relevancia y de gravedad cómo el fallo del Tribunal Constitucional del miércoles 8 de mayo de 2013 al suspender la declaración soberanista que el Parlamento catalán aprobara el 23 de enero al considerar a Cataluña "sujeto jurídico y político soberano", sea desacatada, cometiendo un acto de insumisión por este mismo Parlamento catalán el mismo día miércoles por la tarde, al crear la Comisión de seguimiento del derecho a decidir.

2) Es de suma relevancia y de gravedad cómo el fallo del Tribunal Constitucional del lunes 29 de septiembre de 2014 por unanimidad suspende la ley de consultas y la convocatoria del 9-N de acuerdo con la Constitución, sea desacatada, cometiendo un acto de insumisión por el Parlamento catalán el día miércoles 1 de octubre de 2014.

Y ante este hecho concreto de desacato, ¿dónde está la actuación de la Fiscalía o la Abogacía general del Estado de hacer cumplir la ley? Estos nos dicen: "Nuestra obligación es cumplir y hacer cumplir las leyes". Y, ¿en dónde está el Gobierno central cuál es su obligación de defender los derechos de la Constitución y dirigirse al Tribunal Supremo y al Tribunal Constitucional pidiendo protección y medidas cautelares frente a tal desacato o el enjuiciamiento de los miembros de altos órganos del Estado?

Hay incontables ejemplos que a lo largo del tiempo ponen en evidencia la cobardía política de nuestros gobernantes que podemos observar. Donde encubren con mentiras y engaños sus acciones frente al nacionalismo y al separatismo secesionista, lo que la Constitución, las leyes, la historia, el valor supremo de la ética política y hasta el propio criterio las condenan.

Véase a continuación las evidencias, que se repite una y otra vez durante décadas del comportamiento de nuestros gobiernos, gobernantes y de la clase política -la casta política-, que en medio de una tormenta política que nos presenta el separatismo y que conmueve hondamente a las voces del nacionalismo español, éstos se inclinan por decenios hacia la "táctica del avestruz", del "autismo político", de la "ceguera política" y de la "mudez política", como si nada grave estuviera sucediendo; que llegan al límite intolerable de no ser capaces de enfrentarse con valor o valentía por aquello que compromete gravemente la integridad del país; que no son capaces de tratar con franqueza y analizar los errores cometidos para poder corregirlos, y, lo de siempre, el responder los problemas frente al separatismo sino en base al cinismo, de la incoherencia, del engaño, del triunfalismo y de la falsa prudencia disfrazada de pragmatismo, pues todas estas verdades inocultables definen, lo que resulta imposible negar, de una clase política y de nuestros gobernantes anulados de valor y abyectos.

La causa mayor de la crisis territorial de España es la cobardía política de nuestros gobernantes que estuvieron al servicio de los nacionalistas y separatistas.

1) Manuel Azaña, presidente del Gobierno de España (1931-1933, 1936) y presidente de la Segunda República Española (1936-1939).

- *"Simultáneamente, Azaña hubo de abordar también el problema catalán; desde su punto de vista, aunque no concebía una separación, Azaña reconoció que, de darse la voluntad por parte de Cataluña de separarse de España, habría que permitirlo".* (Manuel Azaña / Enciclopedia libre de Wikipedia, visto el 02.06.2014).

- *"En 1930, estando en la Oposición, acudió a dar una conferencia a Barcelona, cantó las excelencias del seny catalán, la integralidad perfecta de las aspiraciones catalanistas dentro de España. Y concluyó diciendo que si quisieran separarse, en su espíritu liberal, procuraría establecer buenas relaciones de vecindad entre España y Cataluña."* (Principios inmodificables por Gracián, Abc.es, 01.07.2006).

2) Adolfo Suárez González, ex presidente del gobierno de España entre 1976 y 1981.

- *"A Suárez debemos que el Ejército dejara de ser la base de la Patria para la guarda de la unidad y del derecho. A su obstinado compromiso con la desmilitarización de España, siguiendo las siniestras órdenes mandilescas a las que se debió durante años, hay que sumar su responsabilidad en la debilitación del vínculo familiar (la ley del divorcio fue aprobada con él al frente del Gobierno de UCD); la destrucción de las bases en las que se asentó el milagro económico español de los años 60; la aceptación del chantaje de los nacionalistas, a veces acompañado de la violencia terrorista, como instrumento coactivo para el logro de objetivos políticos; la cesión a la izquierda del control ideológico en las escuelas, los centros de trabajo y los medios informativos. Suárez hizo todo lo contrario de aquello que juró defender como secretario general del Movimiento y abjuró al inicio de la Transición de cualquier principio que defendiera y estimulara nuestros bienes espirituales, que evitara el enfrentamiento de españoles contra españoles, que diera al pueblo la realidad de una mejor economía, de una más auténtica justicia social, de una más efectiva participación, de una mayor cultura, de un derecho vivido, de una democracia que enraizara con la tradición española y fuese contraria al actual engendro partitocrático, foco de corrupción..."* (Adolfo Suárez, el hombre que nos traicionó. A. Robles – 22.03.2014 - Alertadigital.com).

3) Felipe González Márquez, ex presidente del gobierno de España en tres oportunidades, en los años 1986, 1989 y 1993, militante y ex secretario general del Partido Socialista Obrero Español (PSOE).

- Felipe González recibió el encargo del rey de formar nuevo gobierno y lo construyó de tipo monocolor, tras haber ofrecido ministerios a los nacionalistas del PNV de Arzalluz y a los catalanes de CiU de Jordi Pujol que rehusaron ir más allá de un apoyo coyuntural al gobierno. (La historia de España, pág. 4538, volumen 13, Gran Larousse Universal, Plaza&Janes, 1998).

4) José María Alfredo Aznar López, ex presidente del gobierno de España entre 1990 y 2004, miembro del Partido Popular (PP).

- *"Apuesto por el diálogo y la responsabilidad compartida". "Hace no mucho tiempo hablé de generosidad porque es una palabra que no me quema en la boca y que es patrimonio de los que no vivimos instalados en el rencor. Al hablar de generosidad no olvido que un Estado de Derecho tiene principios, leyes y políticas de paz, de una paz real, inequívoca, sin sombras".* Y continuó así: *"Ahora lo que toca es la paz. Sólo la paz y nada más que la paz. Construir la paz es lo más importante. Es la tarea que tenemos ahora. Es fundamental construir la paz sobre una base sólida pero, a la vez, flexible. Queremos que la paz que se construya sea habitable, no para la mitad de los vascos sino para todos ellos. Somos los demócratas los que tenemos la legitimidad para abordar la paz. Apuesto por el diálogo y la responsabilidad compartida".* (Aznar, 26.09.1998. San Sebastián. Después que ETA dictara una tregua. Cuando Aznar prometía generosidad. 07.03.2006. Elpais.com).

- Monedero fulmina a los hipócritas: "PP y PSOE se sentaron con ETA y Aznar habló de Movimiento de Liberación". 30.06.2014. Elplural.com.

5) José Luis Rodríguez Zapatero, ex presidente del gobierno de España, entre 2004-2008 y 2008-2011 y líder del Partido Socialista Obrero Español (PSOE).

2004:
- El presidente del Gobierno, José Luis Rodríguez Zapatero, ha anunciado que el Grupo Socialista presentará este jueves una proposición de ley que derogará la reforma del Código Penal aprobada por el PP en la que se establecían penas de cárcel para quienes convocaran un referéndum no autorizado por las Cortes Generales.

Esa ley establece como delito *"que una autoridad pública usurpe funciones que la autoridad no le otorga vulnerando el principio de soberanía popular y convoque ilegalmente unas elecciones o un referéndum careciendo manifiestamente de competencias o atribuciones".* (Zapatero anulará la ley que enviaría a prisión a Ibarretxe si somete su plan a referéndum. Servimedia | Elmundo.es, 21/10/2004).

- El portavoz del PP en la Comisión de Justicia e Interior del Congreso, Ignacio Astarloa, ha instado al presidente del Gobierno, José Luis Rodríguez Zapatero, a aclarar "qué tiene que ver" el anuncio de una proposición de ley para retirar del Código Penal el delito de convocatoria de referéndum ilegal con el posible apoyo del PNV a los Presupuestos Generales del Estado para 2005.

Astarloa cree que Zapatero ha cometido una *"grave equivocación"* en el fondo y en la forma por hacer el anuncio en sede parlamentaria y a preguntas del portavoz del PNV en el Congreso, Josu Erkoreka, con el fin de "dar satisfacción" a los nacionalistas.

En declaraciones en los pasillos del Congreso, Astarloa ha dicho que a la opinión pública española no se le va a pasar por alto que el anuncio se produce cuando *"hace no muchos días"* el *"lehendakari",* Juan José Ibarretxe, ha vuelto a anunciar que hará caso omiso si las Cortes no aceptan el denominado *"Plan Ibarretxe",* que supondría una *"secesión de España".* (El PP vincula la modificación del Código Penal al apoyo del PNV a los presupuestos. Servimedia | Elmundo.es, 20/10/ 2004). 2003: El lehendakari, Juan José Ibarretxe, podrá ser condenado a penas de tres a cinco años de cárcel y entre seis y diez años de inhabilitación absoluta si finalmente decide convocar el referéndum sobre su plan soberanista, medida que anunció el pasado octubre. (El Gobierno reforma el Código Penal para encarcelar a Ibarretxe si convoca el referéndum por Luis R. Aizpeolea, 29/11/2003, Elpais.com).

[En 2005 se modifica el Código Penal, en la ocasión de nuestro interés, aquella con la aprobación de la Ley Orgánica 2/2005, de 22 de junio, que deroga los tipos de convocatoria de referéndums ilegales. (En el gobierno de Zapatero del PSOE). Y en 2003, se promulga la Ley Orgánica 20/2003 de 23 diciembre 2003 que añadió los arts. 506 bis, 521 bis y 576 bis en relación con la convocatoria de referéndums ilegales (En el gobierno de Aznar del PP)].

2005:

- 11.06.2005: *"Tras Miravet, segunda cumbre de líderes políticos para la reforma del Estatut, a la que no acude el presidente del PP, Josep Piqué. Se acuerda que el Estatut defina Cataluña como nación. Y que la ponencia parlamentaria acabe sus trabajos antes del 30 de julio, para que el pleno del Parlament lo ratifique en septiembre".* (Cronología de dos años de negociaciones y cuatro más a la espera del TC. Europapress.es /28.06.2006).

- 30.09.2005: *"Aprobación en el pleno del Parlament. Las negociaciones penden de un hilo hasta el último momento; en el último momento votan a favor tripartito y CiU. El Gobierno central ya anuncia que respaldará el texto aunque lo deberá retocar, y el líder del PSC, José Montilla, anuncia que el grupo en las Cortes presentará enmiendas".* (Cronología de dos años de negociaciones y cuatro más a la espera del TC. Europapress.es /28.06.2006).

- 07.10.2005: "Lo grave es que el presidente del Gobierno esté alineado con ellos. Es decir que aquel a quien corresponde velar por los valores constitucionales, los derechos ciudadanos y el imperio de la ley se asocie con quienes se proponen abiertamente echarlos por tierra. El mismo que, siendo ya Presidente del Gobierno afirmó que aceptaría en las Cortes cualquier texto de Estatuto que aprobara el Parlamento de Cataluña sin tocarle una coma. El mismo que no considera importante que España sea una nación pero considera muy importante que Cataluña lo sea.

Bien podemos decir que este el Estatuto Zapatero. Lo ha alentado, nutrido, ha retirado de su camino estorbos como nación o soberanía, ha hecho de comadrón cuando se atascaba, ha exigido a la Mesa de las Cortes que lo admita a trámite, nos lo presenta como una gran oportunidad, y está dispuesto a que las Cortes lo tramiten. Bien podemos decir que es su estatuto.

Ahora que el señor Zapatero nos ha impuesto un estatuto que revienta la Constitución, quiebra la solidaridad y esteriliza la convivencia, ahora nos dice que no pasa nada, que estas cosas son normales y que, en cualquier caso, las Cortes corregirán todos los excesos del Estatuto para ajustarlo a la Constitución». Que el Presidente del Gobierno no quiera reconocer que no hay un ápice de normalidad en una reforma estatutaria como la que nos ha remitido el Parlamento catalán me parece una indolencia inadmisible." (Discurso de Mariano Rajoy en el Foro ABC, 07/10/2005).

2006:
- 21 de enero de 2006: *"Reunión de seis horas entre el líder de CiU, Artur Mas, y José Luis Rodríguez Zapatero. Se incluye la definición de Catalunya como nación en el preámbulo. Tiempo después, Pasqual Maragall aseguró que Mas aceptó el acuerdo a cambio de adelantar las autonómicas y que no fuera el candidato del PSC".* (Cronología de dos años de negociaciones y cuatro más a la espera del TC. Europapress.es /28.06.2006).

2008:
- "No queda tan lejos de nosotros la polémica que se desató en octubre de 2002 cuando el PP tomó la decisión de plantar otra bandera gigante en la plaza de Colón de Madrid. En aquel tiempo el PSOE advertía (según palabras de su portavoz en el Congreso, Jesús Caldera) de que "hay que ser muy cuidadoso" con este tipo de actos para "evitar su deslizamiento hacia comportamientos que puedan herir las sensibilidades de comunidades autónomas con símbolos que merecen el mismo respeto", al tiempo que recordaba que la Constitución reconoce otras culturas y banderas en España". (Respeto para nuestros símbolos nacionales por Miguel Martínez Tomey, Aragondigital.es, 3/6/2008).

- "Empezando por el presidente de gobierno, ¿tiene ambición de país el proyecto político liderado por Zapatero? Evidentemente no. Antes al contrario, sus propuestas políticas conducen de forma objetiva a la desarticulación, el debilitamiento y la merma de la cohesión social de España como proyecto político y ciudadano. Por ejemplo, su aireado concepto de la España "plural" y su "discutido y discutible" concepto de nación no han resultado más que en coartadas para, entre otras cosas, permitir a defensores de los terroristas estar en las instituciones –caso del País Vasco- o para introducir elementos confederales en el estado de las autonomías -caso del Estatuto de Cataluña-.

Todo ello revestido, eso sí, de un envoltorio radicalmente falso en sus pretensiones progresistas destinado a embaucar la buena fe de sus votantes. Más aún, en estos días asistimos al bochornoso cambalache por el cual PSOE y PNV aproximan sus posiciones para aprobarse mutuamente los presupuestos del gobierno central y los de la autonomía vasca. No parece que esto de aceptar una mano del PNV para aprobar los presupuestos generales del estado, a cambio de permitir que Ibarretxe aplique los suyos -¿cuántas subvenciones a organizaciones próximas al ideario etarra, o a programas etnicistas del propio PNV, incluirán estos presupuestos?- sea un buen ejemplo de tener ambición de país. En todo caso, de ambición de poder en este país, caiga quien caiga. Y todo ello al *"calor"* de los exabruptos del famoso referéndum por el *"derecho a decidir"* y de las nuevas bombas de ETA. *"¡Qué buen pegamento es el poder en manos de esta clase de políticos!"* (AMBICIÓN DE PAIS (I) - Juan E. Adrián Serrano, Miembro del Consejo Político de UPyD – 23.09.2008 - Jabuedo.typepad.com).

2009:
- 15.09.2009: Zapatero no espera un "efecto contagio" del referéndum de Arenys de Munt. El presidente precisa que la consulta no tiene "el más mínimo efecto" legal. Lavanguardia.com.

2011:

- 21 de junio de 2011: "La Asociación Nacional por la Libertad Lingüística (ANLL) solicita al Partido Popular y al Partido Aragonés que cumplan sus compromisos y que el acuerdo de gobernabilidad para Aragón incluya la derogación de la actual Ley de Lenguas que abre la puerta a la imposición del catalán en Aragón". (La Asociación Nacional por la Libertad Lingüística pide al PP y al PAR la derogación de la Ley de Lenguas. Aragondigital.es / 21.06.2011).

2013:

- 16.12.2013: "La viuda de Luis Portero, Rosario de la Torre, abrió el acto con un discurso muy duro contra la aplicación de la sentencia del Tribunal Europeo de Derechos Humanos de Estrasburgo acerca de la doctrina Parot, considerando que el Gobierno que preside Mariano Rajoy es "responsable" de "haber seguido la hoja de ruta" del anterior presidente, José Luis Rodríguez Zapatero, en su acercamiento y negociación con ETA, razón por la que cree que el Estado "no ha hecho todo lo que estaba en su mano" para impedir la excarcelación de los 75 beneficiados por dicha sentencia."(…) (Aznar dice que la consulta catalana usa una estrategia 'distinta' a ETA pero igualmente 'frontal e ilegal'. José A. Cano / Elmundo.es / 16.12.2013).

6) Mariano Rajoy Brey, presidente del gobierno de España, desde diciembre de 2011 hasta 2015 y líder del Partido Popular, PP.

Basta comparar dos episodios de la doble moral de Mariano Rajoy que en el pasado juzga y culpa a su adversario, ex presidente Rodríguez Zapatero (PSOE), de no hacer lo que debería de hacer en favor de la patria; pero, ya en el presente, desarrolla un pensamiento político aún peor de la de su adversario. Véase in extracto del discurso de Mariano Rajoy como candidato, pronunciado en el Foro ABC-Vocento del 06 de octubre de 2005 y el Mariano Rajoy como presidente del Gobierno.

A) Mariano Rajoy como candidato:

2005:
"Queridos amigos. En política, como en el periodismo, la actualidad nos impone su ley de hierro. Hemos de hablar, no de lo que nos gustaría, sino de lo que no podemos dejar de hablar sin desdoro. Cuando los acontecimientos reclaman nuestra intervención, no cabe escapatoria. Hasta los silencios resultan elocuentes". (...).

"Les agradezco mucho esta oportunidad porque creo que es muy importante hacer un esfuerzo para tranquilizar a los españoles, pero, a diferencia de lo que hacen otros, diciéndoles la verdad. Los españoles tienen derecho a que no se les oculte la gravedad de la situación que atravesamos. El momento presente es complicado. Negarlo sería absurdo. Sin embargo, admite soluciones y yo voy a hacer todo lo posible para que seamos capaces de encontrarlas". (...).
Precisamente éste es un momento que reclama mucha moderación, abundante sentido común y convicciones vigorosas. Un momento en el que es preciso hablar con firmeza pero, al mismo tiempo, ponderar todas las palabras, huir de todo tremendismo y, sobre todo, evitar que se generen más tensiones de las que ya existen. Nos enfrentamos a un conflicto muy serio, sin duda, y no queremos hacerlo mayor". (...).

Responsables del "desaguisado"

«*Este desaguisado monumental y sin precedentes, tiene responsables conocidos. En primer lugar está una mayoría de la clase política catalana encabezada por el Sr. Maragall.*

Es esa clase política la que ha cultivado durante casi dos años unas expectativas de autogobierno que eran deliberadamente inconstitucionales. Unas expectativas que no han nacido de la sociedad catalana, que no responden a sus necesidades, que no despiertan su atención, que no mejoran su bienestar, pero que tienen la virtud de satisfacer el ego de algunos políticos y las ensoñaciones ideológicas de algunas minorías.

Que se reduzca todo el debate político en Cataluña a la discusión del Estatuto mientras se dejan desatendidos los problemas reales de la sociedad catalana como puso de manifiesto la lamentable gestión del Carmel.

Que se alimente un conflicto identitario entre Cataluña y el resto de España que tan sólo existe en la mente de una minoría fanática. (...).

Todo ello, es consecuencia de los delirios de una clase política -insisto-que ha querido pasar a la historia guiada por el interés personal y la demagogia".
El papel de Zapatero

"Pero junto a ellos hay otro responsable de esta situación. A mis ojos mucho más responsable en razón del cargo que ocupa y del juramento que hizo al tomar posesión de dicho cargo.

Esto es lo grave de la situación, señores. A mí no me sorprende que unos nacionalistas que cultivan ideas trasnochadas completamente ajenas a la modernidad elaboren quimeras autárquicas. Se comprende. Son nacionalistas y están a lo suyo.

Lo grave es que el presidente del Gobierno esté alineado con ellos. Es decir que aquel a quien corresponde velar por los valores constitucionales, los derechos ciudadanos y el imperio de la ley se asocie con quienes se proponen abiertamente echarlos por tierra.

Esto es lo que produce la mayor alarma, señores. Quien está llamado a resolver la situación es quien más la ha fomentado: el presidente del Gobierno español. El mismo que en el 2003, cuando todavía estaba en la oposición, defendía para España la "vía catalana" que encarnaba el tripartito presidido por Maragall.

El mismo que, siendo ya Presidente del Gobierno afirmó que aceptaría en las Cortes cualquier texto de Estatuto que aprobara el Parlamento de Cataluña sin tocarle una coma. El mismo que no considera importante que España sea una nación pero considera muy importante que Cataluña lo sea.

Bien podemos decir que este el Estatuto Zapatero. Lo ha alentado, nutrido, ha retirado de su camino estorbos como nación o soberanía, ha hecho de comadrón cuando se atascaba, ha exigido a la Mesa de las Cortes que lo admita a trámite, nos lo presenta como una gran oportunidad, y está dispuesto a que las Cortes lo tramiten. Bien podemos decir que es su estatuto.

No imagino que las cosas hubieran podido ocurrir con otra persona. Ha sido la carencia de criterio y de liderazgo que caracterizan al señor Zapatero, su ambigüedad y su incapacidad para desplegar convicciones en momentos en los que es necesario hacerlo, lo que ha dado alas a Maragall para llevar las cosas hasta aquí.

Ahora que el señor Zapatero nos ha impuesto un estatuto que revienta la Constitución, quiebra la solidaridad y esteriliza la convivencia, ahora nos dice que no pasa nada, que estas cosas son normales y que, en cualquier caso, las Cortes corregirán todos los excesos del Estatuto para ajustarlo a la Constitución».

"Ni un resquicio de normalidad"
«Queridos amigos. ¿Es normal que la Generalitat se arrogue capacidad de codecisión sobre los asuntos que afectan a todos los españoles mientras que ni el Parlamento ni el Gobierno de España no puedan decir nada sobre lo que suceda en Cataluña?

¿Acaso es normal que se establezca una relación bilateral -de tú a tú- entre el Gobierno de España y la Generalitat?

¿A nadie le inquieta que se borre de un plumazo la capacidad de actuación de la Administración del Estado en el ejercicio de sus competencias exclusivas en Cataluña?

¿Qué decir de un modelo de financiación que segrega a Cataluña tributariamente del resto de España instituyendo un régimen singular que rompe el principio de solidaridad entre todos los territorios que integran la Nación española?

Y finalmente, ¿puede alguien con mentalidad moderna considerar normal un proyecto de Estatuto que, además de maniatar normativamente el mercado, impone a la sociedad catalana un modelo de convivencia en torno a valores y principios intervencionistas y dirigista, que erosionan los cimientos de cualquier sociedad abierta que se precie de serlo?

Creo evidentemente que no. Que no hay ni un resquicio de normalidad en una proposición de ley que entra en contradicción radical con una España que, hoy por hoy, sigue siendo, de acuerdo con nuestra Constitución, una nación unida, plural, diversa y de ciudadanos iguales.

Que el Presidente del Gobierno no quiera reconocer que no hay un ápice de normalidad en una reforma estatutaria como la que nos ha remitido el Parlamento catalán me parece una indolencia inadmisible.

Da la impresión de que el Presidente se está ahorcando con su propia soga y por eso es incapaz de explicarnos cuál es el noble empeño, el empeño grande, el beneficio para España que le lleva a modificar la Constitución. ¿Qué razón podría esgrimir el Presidente para defender este imperio de la desigualdad, este perjuicio que se planea contra millones de ciudadanos?

El acuerdo que los socialistas pactaron en Santillana exigía para toda reforma estatutaria tres condiciones: constitucionalidad, consenso amplio y congruencia con el proyecto político socialista. Es decir: más cohesión social e igualdad de derechos.

¿Cómo casa esto con el estatuto? ¿Cómo se puede defender que a un español se le limite el derecho al trabajo en razón de los idiomas que hable o de las provincias que recorra; el derecho a un juicio imparcial con jueces imparciales; el derecho a decidir sobre cualquier problema que afecte a España; el derecho a hablar castellano en cualquier rincón de España?".

La corrección del Estatuto

«Y ahora, el Sr. Rodríguez Zapatero dice que va a corregir el Estatuto. ¿Cómo? Primero lo hace y ahora nos dice que lo deshace. ¿Se le puede tomar en serio?

No puedo creerlo porque el señor Rodríguez Zapatero nos tiene acostumbrados a verle como un presidente acomplejado, con mala conciencia e ideas confusas. Es imposible que actúe con determinación. Ni ve claro ni se atreve. Todas las medidas que adopte serán alicortas y timoratas como de quien pide perdón.

¿Cómo podríamos creerle si es imposible apearle de las generalidades? Ni siquiera tiene el valor de señalar con claridad con qué puntos concretos del Estatuto no está de acuerdo.

¿Alguien cree que el señor Zapatero es capaz de ofrecernos una redacción alternativa? No. ¿Lo reconocerá? Tampoco. ¿Qué va a decir? Nos dirá que las cosas hay que hablarlas despacio, sin imposiciones y escuchando a todos. En resumen: nada.

El señor Carod tiene, al menos, la ventaja de la desfachatez y no oculta sus pretensiones. El señor Zapatero, sin duda para compensar, cultiva el disimulo, y el ocultamiento.

Que alguien que no ha sabido reconducir los excesos de Maragall y del PSC cuando estaban en el aire y aún no se habían fraguado; que no ha tenido autoridad ni ascendiente sobre sus compañeros catalanes para evitar que se aprobara un texto inconstitucional como el que tendremos que debatir por su culpa, nos quiera ahora convencer que podrá hacer lo que no hizo antes, me parece una puerilidad petulante.
Ni él mismo puede creerse algo así. Ni él mismo, ni, por lo que se ve, algunos de sus compañeros de partido».

"La hora de apelar a la responsabilidad"
«Queridos amigos. Creo que es hora de apelar a la responsabilidad de todos los que quieren que este país sea gobernado desde la sensatez y la moderación responsables.

Es momento de convicciones profundas y sentido común, no de vaguedades y demagogia. (...).

Por eso voy a trabajar para que España siga siendo España. Una España unida, cohesionada, plural y orgullosa de su diversidad. Pero, sobre todo, voy a trabajar para que Cataluña siga sintiéndose parte de ese proyecto. (...).

Me quejo de la ilegalidad. No rechazo este Estatuto por ser catalán sino porque no es justo y no es útil ni para Cataluña ni para España. Aquí no hay anticatalanismo de ninguna clase. Lo que digo hoy lo diría exactamente igual en Sevilla en La Coruña o en Bilbao si llegara el caso. Mi posición no tiene nada que ver ni con el color de las autonomías ni con el de quienes las gobiernan. Tiene que ver con la razón y con la justicia.

Tampoco albergo ningún fanatismo, ninguna rigidez, ninguna inmovilidad. Yo soy muy flexible y estoy dispuesto a modificar mis ideas tan pronto como me ofrezcan otras mejores. Mientras eso no ocurra, y de momento no ocurre, mi obligación es defender mis convicciones con la máxima coherencia.

No se trata de lo que nos gusta o de lo que no nos gusta, de ambiciones de partido o de intereses particulares. No hablo de lo que me conviene ni de lo que sería oportuno para mi partido... Estamos hablando de algo que importa a todos los españoles por igual, incluidos los españoles de Cataluña.

Y lo hacemos desde una base moral que es el requisito indispensable para reclamar la razón y que los españoles nos la reconozcan. Esa base moral consiste en exigir que se cumpla ley y que quienes juraron hacerla cumplir no eludan su deber. Esa base moral consiste en defender el interés general por encima de cualesquiera intereses particulares.

Con eso basta. Con eso nos basta para lograr que la razón y la justicia estén de nuestro lado. Si es así, no necesitamos más. Estoy convencido de que los españoles sabrán reconocerlo".

(Rajoy: "Ahora que Zapatero nos ha impuesto un estatuto que revienta la Constitución, nos dice que no pasa nada".Discurso de Mariano Rajoy en el Foro ABC, Abc.es, 06/10/2005. Discurso de Mariano Rajoy en el Foro ABC-Vocento, 06.10.2005).

B) Mariano Rajoy como presidente del Gobierno:

2013:
"Interpelo al Gobierno de España para pedirle que actúe ante un fraude legal y constitucional que se esconde tras la

falacia del "derecho a decidir" al que apela el nacionalismo catalán para dinamitar el Estado.

Vivimos un tiempo de mentiras; y de cobardía. Se invoca el "derecho a decidir" de los menos para excluirnos a los más de ejercer nuestro derecho a decidir. Se habla de "respetar la democracia" cuando lo que se pretende es vulnerar el orden constitucional, la propia democracia. (...).

Traigo a las Cortes Generales este debate, ante el silencio y la falta de liderazgo del Gobierno de la Nación y del partido que lo sustenta. Traigo a las Cortes Generales este debate también ante la ambigüedad del principal partido de la oposición. (...).

Todos los españoles, también los nacionalistas, merecen que el Gobierno de una respuesta democrática a este pulso al Estado. Y el silencio o esperar a ver si escampa no es la respuesta que necesitamos. Ante tanta mentira, ante tanta inseguridad, ante tanta tensión que divide familias y grupos de amigos, ante tanto sentimentalismo enfermizo, fatuo y acomodaticio, el Gobierno debe actuar. Actuar es más que decir que exigirán que se respete la ley (faltaría más...); actuar es algo más que esperar a ver si escampa; actuar no es negociar bajo manga el precio del chantaje. Actuar es defender el Estado, que es mucho más que defender un mapa; actuar es defender la unidad de la nación española, sí: defender la unidad de la nación como instrumento imprescindible para garantizar la igualdad de todos los ciudadanos". (...) (Rosa Díez pide firmeza contra la consulta y Montoro trata de quitarle importancia. Republica.com / 16.10.2013).

2013:

- Se podría decir que Díez ha retomado la tesis expuesta hace un par de días por el expresidente del Gobierno José María Aznar, cuando acusó al actual Ejecutivo de tener una actitud 'timorata' ante el proceso soberanista catalán. (Rosa

Díez pide firmeza contra la consulta y Montoro trata de quitarle importancia. / República.com, 16.10.2013).

- UPyD registró ayer una batería de preguntas parlamentarias en relación a la consulta sobre la independencia en Cataluña, en la que entre otras cuestiones, pide al Gobierno español que explique si emprenderá acciones penales contra el presidente de la Generalitat, Artur Mas, por incumplir la ley.

La formación liderada por Rosa Díez quería saber la opinión que le merece al Gobierno del PP el delito de convocatoria ilegal de elecciones o de consultas populares por vía de referéndum que se introdujo en el Código Penal durante el mandato de José María Aznar.

En su interpelación, el partido magenta explicaba que el Ejecutivo de José Luis Rodríguez Zapatero derogó esa delito del Código Penal, que penaba con hasta cinco años de cárcel la convocatoria de un referendo ilegal, y preguntaba en este sentido al Ejecutivo del PP si se plantea recuperarlo en el nuevo Código Penal que se encuentra tramitándose en el Congreso.

Centrándose en el "desafío" político al Estado que, a su juicio, suponen las preguntas que el Govern catalán presentó el jueves para la consulta soberanista, UPyD también quería saber las medidas concretas que está estudiando el Gobierno para evitar que dicha consulta "ilegal" se lleve a cabo.

Con esta consulta, según el texto de las preguntas registrado, lo que se pretende es "vulnerar por la vía de los hechos la Constitución dejando con ello a los ciudadanos absolutamente indefensos bajo grandilocuentes palabras como el 'derecho a decidir' o arrogándose la voluntad 'del pueblo".

Rosa Díez iba más allá y planteaba al Ejecutivo popular "si piensa advertir a la Presidencia de la Generalidad de que si formalizan la convocatoria o convierten ésta en acuerdo de Gobierno se aplicará el artículo 155 de la Constitución y cualquier otro que fuera preciso para reponer el respeto y la observancia del orden constitucional". El mencionado artículo advierte de que si una comunidad autónoma incumpliera las leyes o actuase de forma que atente gravemente contra el interés general de España, el Gobierno puede incluso abrir la puerta a la suspensión de la autonomía. (UPyD reclama a Rajoy acciones legales contra Artur Mas, e. p. - Sábado, 14 de Diciembre de 2013, diario digital Deia.com).

2013:
- *"Nunca, desde la recuperación de las libertades, la sociedad catalana había vivido episodios de desgarro, fractura social y riesgo de enfrentamiento como hoy. [...] La opción independentista provoca el desconcierto y consternación del conjunto de la sociedad española, incluida gran parte de la catalana. [...] La independencia entraña un empobrecimiento económico seguro [...] La vocación europeísta de Cataluña se vería truncada [...] No existe emancipación ninguna en considerar, a estas alturas del siglo XXI, como hacen los separatistas, que el hecho de convertir en extranjero al conciudadano es la solución para su bienestar [...] Quienes ponen en riesgo la voluntad de concordia son aquellos que fomentan un proyecto político que no quiere contar con el otro sino prescindir de él, un proyecto que no pretende mantener el bien de la convivencia, sino que persigue la separación, entroncando con los momentos más graves de nuestra historia reciente [...] El Gobierno está convencido de que juntos ganamos todos y separados todos perdemos".*

Las frases anteriores pertenecen a un documento titulado Por la convivencia democrática que el Ministerio de Asuntos Exteriores y Cooperación ha remitido a las 129 embajadas (11 multilaterales) y 92 consulados que España tiene en todo el mundo. Se trata de que los diplomáticos españoles dispongan de una sólida batería argumental para responder, en encuentros informales, entrevistas con los medios de comunicación o seminarios, al reto soberanista lanzado por las instituciones catalanas. ("El separatismo rompe la convivencia" por Miguel González Madrid 29/12/2013, prensa digital El País, politica.elpais.com).

2014:
- UPyD interpelará al Gobierno en el próximo pleno del Congreso para pedirle medidas ante *"el incumplimiento de la legalidad"* que viene haciendo *"sistemáticamente"* la Generalidad de Cataluña con su propuesta soberanista.

Entre los mecanismos legales que propone el partido de Rosa Díez está el de aplicar el artículo 155 de la Constitución, que prevé que si una comunidad autónoma no cumple sus obligaciones el Gobierno podrá forzarla a hacerlo.

En la interpelación, el partido de Rosa Díez señala que el Ejecutivo no debe limitarse a señalar que la consulta soberanista no se va a celebrar y *"no puede permanecer impasible ante el desafío al Estado de derecho"* por parte del gobierno de Artur Mas.

Un desafío que, advierte UPyD, *"no es meramente dialéctico, sino que se está materializando en actos concretos que vulneran la legalidad vigente y el mandato del Tribunal Constitucional"*, en alusión al último paso de los nacionalistas con la petición de las competencias sobre referendos.

"No sabemos a qué está esperando el presidente del Gobierno para actuar, pero lo menos que puede exigírsele es que haga respetar, mediante la Abogacía del Estado y la Fiscalía, nuestro ordenamiento jurídico", señala UPyD.

Apunta en este sentido que dicho ordenamiento cuenta con mecanismos legales como el artículo 155 de la Constitución, para *"remediar el abierto incumplimiento de la legalidad vigente y de las resoluciones judiciales"* por parte de la Generalidad.

Entre las ilegalidades que cita este partido está la fijación de la consulta soberanista para el 9 de noviembre, la determinación de las preguntas concretas del "referéndum ilegal", la elaboración de un censo "al margen de la vigente Ley Orgánica del Régimen Electoral General" o el acuerdo para crear un registro en el que se inscriban los catalanes que viven en el extranjero.

La creación del Consejo Asesor para la Transición Nacional, el informe de dicho organismo que aconseja a Artur Mas *"internacionalizar"* el proceso soberanista con el envío, *"al margen de la ley",* de las cartas a mandatarios extranjeros y la posible creación de una Agencia Nacional de Seguridad de la Generalidad se citan también entre los hechos denunciables.

UPyD recuerda que el Tribunal Constitucional admitió a trámite la impugnación promovida por el Gobierno sobre la resolución del Parlamento catalán en la que se aprobaba la llamada *"declaración de soberanía y del derecho a decidir del pueblo de Cataluña".*

Esa admisión conllevaba la suspensión cautelar de dicha resolución, y sin embargo, advierte el partido de Rosa Díez, la Generalidad ha seguido avanzando en su propuesta soberanista *"soslayando esa clarísima prohibición"* del tribunal, sobre todo cuando aprobó otra resolución para convocar la consulta.

Por todo ello, UPyD insiste en instar al Ejecutivo, y en concreto a Rajoy, a que actúe, y el miércoles con su interpelación pedirá al Gobierno que explique las medidas que piensa adoptar para *"garantizar la protección del interés general"* y el cumplimiento de la legalidad, *"quebrantada por diversos actos ya ejecutados"* por parte del gobierno catalán. (UPyD reclama a Rajoy que suspenda ya la autonomía de Cataluña, ld/agencias / Libertaddigital.com, 17.01.2014).

2.2.5. De la hipocresía, el cinismo y la falsedad

"Vengo a hablarles de un nuevo horizonte nuevo para España"
"Formamos un equipo de hombres con experiencia política y de gobierno capaces de dirigir los intereses de la nación..."
Adolfo Suárez, Ex Presidente del Gobierno de España.

Demostremos a continuación el nivel de hipocresía, de cinismo y la falsedad que con frecuencia se pone en evidencia en nuestra clase política gobernante. Claramente calificables de irremisibles y abyectas.

2.2.5.1. Ocultar la verdad para no ser descubiertos o conocidos como mentirosos e hipócritas

1) Primera evidencia política de la apariencia de presentarse como ingenuos o tontos útiles:

Ejemplo 1:

P. Dice Miquel Roca que él, como padre de la Constitución, siente frustración ante la situación actual. ¿La siente usted como diputado constituyente?

R. Le voy a contestar con toda claridad. Si yo hubiese adivinado en 1978 que algunas élites regionales iban a llegar a la posición en la que están hoy, probablemente habría tenido otra posición ante el Título VIII.

P. ¿Otra posición?

R. *Habría tenido más cautelas. No me habría quedado satisfecho con que los nacionalistas me dijeran: "Hasta aquí llegamos y no queremos más". Pues que se pusiera en el texto.*

P. *¿Quiere decir que se fio demasiado de que eso era verdad?*

R. *Sí, creo que éramos bastante ingenuos en aquel momento. Los hechos vienen a confirmarlo: los que decían que ya tenían suficiente respecto a la descentralización después ha resultado que no.*

Desde luego no están en la actitud que estaban, han modificado su punto de vista. Entonces dieron un punto de vista para calmar, para que nadie pensara que iban a llegar adonde están hoy. En ese sentido sí hay una cierta deslealtad, claro que sí. (...).

(Palabras pronunciadas por Alfonso Guerra González, ex Vicepresidente del gobierno de España, diputado y miembro del Partido Socialista Obrero Español (PSOE), ante una entrevista de V.G. Calvo / J.M. Romero, el 3 de diciembre de 2013. Elpais.com. "Los nacionalistas dijeron en 1978 que tenían suficiente. Fuimos ingenuos").

Ejemplo 2:

Y dice Isabel: "Y el PP, nos olvidamos, que apoyó a Artur Mas, con una sangría de votos para el PP. (...) Porque hablaron tanto que les apoyaron en el gobierno. Y esto se olvida Mas. [Refiriéndose del apoyo de CiU al gobierno de Rajoy].

Y responde Alicia Sánchez Camacho del PP: Isabel, les apoyamos tres años. Y sabes una cosa, dicen que el origen de esta situación y esa desafección es precisamente la sentencia del Estatut. Bueno, pues yo les apoyé y el Partido Popular, después de esa sentencia del Estatut, por tanto no había ese desagravio ni esa desafección, no había esa situación de victimismo. Ya les interesaban que les apoyáramos.

E interrumpe Margarita para decir: Les utilizó, Alicia. Y yo lo he dicho muchas veces. De tontos útiles.

Y responde Alicia: Nos utilizaron y ese fue nuestro error. Nos utilizaron y luego fueron que quisieron ser independentistas. (Tertulia del programa "El Cascabel" de 13TV 30.06.2014).

¿Ingenuidad política? ¿Tontos útiles? ¿Podemos imaginar que dirigentes políticos que se encuentran posesionados en los altos cargos de gobierno o parlamentaria, o dirigentes de partidos de gran experiencia política y de vasto conocimiento en ciencia política, de acciones y prácticas políticas, de lo que es el objetivo de la política práctica, acerca de la libertad política y la distinción apariencia-realidad, o entre el ocultamiento y el engaño, o sobre la razón práctica, lo mecánico y teoría legal, o el rol de la mentira política, o sobre teoría política o práctica política, entre otra diversidad de conocimiento del saber político, histórico, geopolítico, etc., además, contando con el apoyo que reciben de sus asesores políticos y de los Órganos Constitucionales del Estado: Centro Nacional de Inteligencia (CNI), los Delegados del Gobierno en las Comunidades Autónomas o del Consejo de Seguridad Nacional, con todo estos mecanismos de defensa y conocimiento, pueden haber actuado ingenuamente o ser tontos útiles en 1978 o en el siglo XXI? ¿Y no es acaso cierto que todo partido político tenga su instituto de pensamiento político, social y económico como los grandes partidos, participativos o no?

¿No es acaso cierto que por los siglos el nacionalismo y el separatismo vive del aprovechamiento político y del oportunismo? ¿Y que el éxito del nacionalismo y el separatismo se debe a la hoja de ruta que ellos se han trazado desde la época de la Transición? ¿Vais a pediros transparencia y participación al nacionalismo y al separatismo, y que trabajen por el interés de España?

Señores, el ingenuo sólo está presente en la conducta de los novatos de la política, siendo la etapa inicial de la inocencia política. Por lo tanto, por el uso de la razón, del estudio de la realidad, por el sentido común, por el conocimiento de las ciencias políticas y de la historia española y por no ir más allá del conocimiento que debe de tener todo político de estado, parlamentaria o dirigencial, lo sabéis perfectamente que en política todo debe de ir atado y bien atado, por lo tanto de ingenuidad política no es tal sino, sinceramente, una actuación inmoral. Por lo tanto, por esta realidad y del sentido común, no podemos caer ni pensar que se actúa o se actuó con ingenuidad política. Lo cual esta verdad de ingenuidad política no se responde con sinceridad.

Recordamos aquella famosa frase histórica que pronunció Francisco Franco pocos años antes del final de su régimen, "todo queda atado y bien atado"; o de aquellas palabras de Unamuno, "Me preparé por lo menos las bases de la reunión de la nación española y la catalana ya que Cataluña [sic] ha de acabar, y muy pronto, por separarse del todo del Reino de España y constituirse en Estado absolutamente independiente", se lee en veloz caligrafía que Miguel de Unamuno (1864-1936) tiró sobre las cuartillas amarillentas la Nochebuena de 1918, destinadas a su amigo Manuel Azaña (1880-1940). (Unamuno: "Justo es que España pierda Cataluña" por Peio H. Riaño, 12/12/2011, diario digital Publico.es).

2) Segunda evidencia política de cinismo e hipocresía:

Ejemplo 1:

> *"Nunca, desde la recuperación de las libertades, la sociedad catalana había vivido episodios de desgarro, fractura social y riesgo de enfrentamiento como hoy. (...) La opción independentista provoca el desconcierto y consternación del conjunto de la sociedad española, incluida gran parte de la catalana. (...) La independencia*

entraña un empobrecimiento económico seguro (...) La vocación europeísta de Cataluña se vería truncada (...) No existe emancipación ninguna en considerar, a estas alturas del siglo XXI, como hacen los separatistas, que el hecho de convertir en extranjero al conciudadano es la solución para su bienestar (...) Quienes ponen en riesgo la voluntad de concordia son aquellos que fomentan un proyecto político que no quiere contar con el otro sino prescindir de él, un proyecto que no pretende mantener el bien de la convivencia, sino que persigue la separación, entroncando con los momentos más graves de nuestra historia reciente (...) El Gobierno está convencido de que juntos ganamos todos y separados todos perdemos". (Palabras de José Manuel García Margallo, actual ministro de Asuntos Exteriores y de Cooperación de España y miembro del Partido Popular, pronunciadas el 29 de diciembre de 2013, "El separatismo rompe la convivencia". Politica.elpais.com).

Aquí se observa claramente una táctica política de la simulación y del disimulo. En donde por simulación se nos quiere mostrar lo que se desea: el drama social, pero no así que tal realidad es a consecuencia del divorcio de la propia clase política y del gobierno y del Estado con el pueblo y la ciudadanía catalana. Y el disimulo, el ocultar lo que no les interesa que se sepa, como aquello de culpar al separatismo y librarse de culpa, y librarse de su responsabilidad, y ocultar su debilidad como clase política, de los gobiernos de turno y del propio Estado. Y, asimismo, asombrarse de lo que ya existe y pretender descifrarla como algo nuevo o presente, no es ignorar que el nacionalismo dejó paso al separatismo, sino es fingir de lo que ya se sabe, por lo tanto es una clara hipocresía.

Ejemplo 2:

"Es un acto desde luego para su parroquia, no. Y la verdad es que, es un acto que por su forma, podría `rozar´ el enaltecimiento, aunque corresponde a los jueces

vigilarlo y analizar si incurre en delito o no". (Palabras de la portavoz de los socialistas vascos, Idoia Mendia, cuando se habla del enaltecimiento al terrorismo en referencia a ETA, extraída del canal de televisión española 13TV, programa informativo de España. Al Día, 03.01.2014).

Esta es una expresión obligada, contenida y directamente utilizada por los miembros de todo partido político conservador, bien sea del PP y del PSOE, para no ejercer presión ante un rival potencialmente peligroso. No es más que una táctica política del miedo, desde luego de poca ética, que se utiliza para rehuir un ataque frontal.

Este es un ejemplo más, que ante la actuación del nacionalismo y separatismo, que es visible, insistente por los siglos e indiscutiblemente grave, los políticos no tengan aún respuestas claras ni concretas, ni capacidad de reacción con el rechazo rotundo al separatismo. ¿Y por qué? Porque han perdido la sensibilidad, la capacidad de indignación y de la movilidad política. Sin tomar en cuenta en lo fundamental, el haber jurado fidelidad y compromiso con las finalidades de la Constitución, del Estado de Derecho y de la Democracia, y, a su vez, por obligación, ante sus compromisos con sus votantes, y a bien con la ciudadanía y con el *"pueblo español"* (diríamos ciudadanos) que les exigen. Lo cual han perdido la legitimidad y la credibilidad de gobernar.

Señores, los ejemplos abundan, en donde encontramos la más clara evidencia que nuestros gobernantes y la casta política están entregados hacia el comportamiento de la doble moral; en donde se presentan con fórmulas –"no absolutamente firmes ni del control"-, sino de carácter derrotistas, entreguistas e inmovilistas, porque toda tendencia o inclinación que no sirva para neutralizar o eliminar y sólo disuadir al separatismo no se puede más que interpretar de derrotismo, entreguismo e inmovilismo. La disuasión, como único mecanismo de defensa u ofensiva que aplica el Gobierno central frente al separatismo catalán, para frenarlo, conociendo la naturaleza del separatismo, no es más que una postura política absurda y falaz; es en sí el único fin que postula el gobierno conservador, sea ésta una clara manifestación de permisividad, tolerancia y demagogia (el uso político falso o manipulación deliberada). Todo ello, irremisiblemente, es lo que permiten el avance y el ascenso del nacionalismo y el separatismo en España, en especial en Cataluña y en el País Vasco.

Es preciso tener en cuenta y reiterarlo una y otra vez y tener la más absoluta convicción de quien rompe a España no son los separatistas ni los nacionalistas, sino los propios Gobiernos centrales de España y la casta política española. Son éstos, quienes con sus prácticas políticas continuistas irremisibles y abyectas han contribuido directamente a fortalecer los nacionalismos soberanistas y a los separatismos secesionistas en España. Esto es así de claro. Y quien diga lo contrario, miente.

2.2.6. Sobre el inmovilismo de Rajoy

1) *"El Partido Popular nunca va a estar cansado de votar a favor de la unidad de España. ¡Nunca nos vamos a cansar! ¡Nunca nos vamos a cansar!"* (Intervención en el congreso del PP andaluz, Sevilla 01.03.2014, María Dolores de Cospedal, Presidenta de la Junta de Comunidades de Castilla-La Mancha desde 2011, y Secretaria General del Partido Popular de 2008).

Pues como respuesta hay que decirle a esta señora que sus afirmaciones es pura demagogia y falto a la verdad. El Partido Popular como su Gobierno y la casta política han abandonado el poder en Cataluña y han desprotegido a la ciudadanía catalana. Véase con una simple deducción lógica, para que el separatismo haya llegado hoy a detentar el poder ejecutivo autonómico, es indiscutible con esto que ustedes nos han demostrado sino incapacidad política-histórica e institucional. Por lo tanto, es una falacia que ustedes hayan trabajado por la unidad de España y estén con el pueblo catalán.

2) *"El Presidente del Gobierno acertó en la estrategia cuando todo el mundo le pedía que solicitara un rescate de manera inmediata y le criticaban que no tomaba ninguna decisión y su decisión era no pedir ese rescate, y creo que va a acertar de la misma manera en la estrategia que está siguiendo con Cataluña. Una estrategia de absoluta firmeza pero de absoluta serenidad..., estando presente en Cataluña, pero sin hablar en absoluto para nada ninguna concesión sobre lo que es un chantaje y un desafío a la ruptura y a la unidad y la convivencia de España. Y sabe ahora donde está empezando a ver el problema en que al Sr. Artur Mas se le empieza a acabar el tiempo y que el nueve de noviembre no va a poder hacer esa consulta porque el Sr. Mas y Esquerra saben que es ilegal, saben que es inconstitucional y el problema lo tienen ellos. La percepción que aún se pueda tener como se tenía en su momento de que si no pedíamos el rescate era perjudicial para España, esta misma percepción, creo que es una percepción irreal. Cuando llegue el nueve de noviembre y los catalanes vean que el Sr. Mas les ha engañado, que el Sr. Mas sabía perfectamente que sólo iba a firmar la convocatoria de ese referéndum pero que no lo iba hacer y además te digo no lo va hacer con la escenificación de la Asamblea Nacional de Cataluña, de la Asamblea de Municipios, del Sr de Esquerra Republicana qué, van a salir y van a decir que no lo podemos hacer, porque está suspendido por el Tribunal Constitucional, con lo cual vamos a pedir unas elecciones plebiscitarias que ya veremos cuando se hacen, el año que viene o el otro. (...) Las estrategias debe de interpretarse cuando se ve su efecto que es cuando se produzca el nueve de noviembre y en Cataluña no haya ninguna consulta... Al final el tiempo le va dar la razón a Mariano Rajoy."* (30.06.2014). (Intervención en un programa de televisión "El Cascabel" de 13TV española, Alicia Sánchez Camacho, actual presidenta del PP catalán, desde el 6 de julio de 2008).

Del mismo modo, demos respuesta a esta señora. ¿Estrategia acertada y de absoluta firmeza de Mariano Rajoy? ¿Si el señor

Rajoy en el ejercicio del poder no mantuvo ni mantiene ningún programa ni proyecto para neutralizar el avance del separatismo? ¿De qué estrategia nos está hablando, aquella de bloquear el avance del separatismo con la legalidad de la Constitución y del Tribunal Constitucional? Y sepa usted que una negativa de esa índole, del bloqueo con la legalidad, sólo conduce a que el separatismo sea más fuerte, y que para nada va a limitar el grado ni el tiempo de éstos. Por lo que tal estrategia que usted menciona es tan sólo falsa, engañosa y sin sentido.

Por otro lado, cuando nos dice usted que *"el problema lo tienen ellos"*. Aquí debemos de interpretar lo contrario, puesto que ellos ya llevan establecido su hoja de ruta, el Proceso Soberanista y la defenderán y actuarán hasta lograr su objetivo. En cambio, el problema está en el Gobierno central y en su partido, el PP, puesto que desde un principio ustedes otorgaron el poder a los separatistas en Cataluña, y éstos ya están bien organizados en las instituciones y en la sociedad, por lo tanto ¿cómo van ustedes a neutralizarlos y liquidarlos, si son ustedes un partido y un gobierno con los principios ideológicos más conservadores de la historia de España? ¿Con la educación de la doctrina Wert?, ¿si sabemos muy bien que los separatistas del Govern no cumplen las leyes ni las sentencias? Recuerde sólo una evidencia: El Govern asegura que no moverá *"ninguna coma"* del modelo de inmersión. (04.02.2014).

Y por último, ¿Qué el Sr. Mas haya engañado si no se celebra la consulta soberanista? Craso error de interpretación sobre la concepción del separatismo. El separatismo en Cataluña nunca ha practicado el inmovilismo todo lo contrario, y lo sabe usted muy bien. Por lo tanto, aunque la consulta no se materialice en lo absoluto no significa que Artur Mas nos haya engañado, puesto que ha sido impedido para hacerlo. Pero esa limitación no impedirá que éstos lo intente una y otra vez, amparados en la democracia oficial y que ustedes la comparten, puesto que hasta donde hoy han llegado los separatistas en Cataluña al Govern es porque existe una *"democracia"* que se lo permite y que ustedes forman parte de ella como separadores por permitir la total carencia del Estado español en Cataluña.

Y no altere la evidencia al personalizar el separatismo en Artur Mas y ERC, y lo sabe usted muy bien, que el separatismo trasciende al individuo o a la persona, y más aún hoy en día en Cataluña, que está *"legitimada"* por un amplio apoyo de la sociedad catalana, el Parlament y el Gobierno catalán. Y no oculte usted la verdad sobre el separatismo, éste nunca ha sido inmovilista, siendo un ejemplo que ustedes, como gobierno y como partido en el poder, debieran de imitar. No falta más recordarle en qué posición política se encuentra su partido en Cataluña, según las últimas elecciones europeas de mayo 2014, en relación a la primera fuerza política más votada de ERC con 23,6%, seguido de CiU el 21,8%, el PSC el 14.2%, ICV el 10,2%, y su partido, del cual gobierna España con "absoluta firmeza y control" –como dice usted- tan sólo el 9,8%, y sigue cayendo en las encuestas. Y más datos: según un sondeo del Centro de Estudios de Opinión (CEO) de la Generalitat, [31.10.2014] su partido, el PP, descendería, que pasaría de 19 actuales a 11-13 diputados, y le seguiría Podemos, que no tiene representación en el Parlament pero que obtendría 10-11 diputados; mientras que usted, señora presidenta del PP catalán, Alicia Sánchez-Camacho, aparece como la política menos valorada, con una nota de 1,51.

- *"El PP perdió ayer ocho escaños en Cataluña, al pasar de 19 a 11 diputados, el peor resultado desde 1992." "El PP ha cosechado los peores números desde 1992. Ha convencido a 339.000 ciudadanos (150.000 menos que hace tres años), lo que representa el 8,4% de las papeletas. El resultado relega al PP de quinta fuerza en el Parlamento catalán (ahora es la cuarta)." Noticias del diario ELPAIS.COM. 27-28.09.2015. (Ref. sobre las elecciones autonómicas del 27 de septiembre de 2015 en Cataluña).*
- *"Es para que algunos piensen seriamente por qué el partido del Gobierno no ha sido capaz de representar a la mayoría de las fuerzas constitucionales en Cataluña." Y sobre el proceso secesionista: "va a continuar y va a continuar más radicalizado porque los más radicales tienen fuerza." Palabras del ex presidente del Gobierno, José María Aznar, presidente de la Fundación FAES, y también presidente de honor del PP.*

Noticias del diario ELPAIS.COM, 28.09.2015. (Ref. Sobre los resultados de las elecciones catalanas del 27 de septiembre de 2015).

Señores, no podemos caer en la ignorancia que las palabras de la presidenta del PP catalán y del Gobierno sea producto de falto de conocimiento, sino es producto de una conducta mal intencionada fruto de la incuria [del descuido o de la negligencia] al restarle importancia y minimizando el problema, siendo esta una actitud de por sí falto de moral y más aun llegando al extremo de ocultar y falsear la verdad para mentir.

Señores del Gobierno no podéis ocultar las evidencias y lo evidente es que existe un proyecto de ruta separatista (el Proceso Separatista) y que este es desafiante y que se viene trabajando planificadamente, promovido y con el apoyo de vuestro Gobierno y de los Gobiernos anteriores.
- *"Si el 9 de noviembre no se pudiera votar, no se acaba el proceso, no muere el proceso. Lo que se hace es pues posponerlo para más adelante. Si no se vota este 9 de noviembre, habrá otro 9 de noviembre." "La consulta y sobre todo la mayoría del pueblo de Cataluña pesa mucho más que un tribunal. No es un tema legal, estamos ante un tema de futuro colectivo". Joana Ortega, vicepresidenta del Govern (Reproducido de 24h TV Española, 12.08.2014).*

- *"De ninguna manera podemos aceptar que el Tribunal Constitucional condicione una votación democrática. La consulta es el instrumento democrático y transparente que tenemos, y no renunciaremos a ella por una sentencia del tribunal". La Asamblea Nacional Catalana (ANC) y Òmnium Cultural (Comunicado del 12.08.2014).*

- *"Me parece que la racionalidad vuelve a los responsables políticos de Convergencia Democrática de Cataluña, en lo que ha este aspecto se refiere. [Sobre un posible aplazamiento si el Gobierno impugna la convocatoria]. Y me gustaría que pudiesen dominar ese proceso. Y sabe cuál es el problema. El problema para mí es que este proceso ya Convergencia Democrática de*

Cataluña ni el Sr. Mas lo dominan. Quien lo domina es Esquerra Republicana de Cataluña, y en la Asamblea Nacional le han entregado el poder a Esquerra Republicana de Cataluña". Carlos Florián, vicesecretario general del PP. (Reproducido de 24h TV Española, 13.08.2014)

2.2.7. La actitud de Rajoy frente al 9N

9N/2014
TU PARTICIPAS
TU DECIDES
GENERALIDAD DE CATALUÑA

El día 9 de noviembre de 2014, el Gobierno de la Generalidad de Cataluña abre un proceso de participación ciudadana en el que los catalanes y las catalanas y las personas residentes en Cataluña puedan manifestar su opinión sobre el futuro político de Cataluña.

¿Dónde puedo participar?

Bienvenido/da al espacio de consulta de locales para el proceso de participación sobre el futuro de Cataluña.

¿Cómo puedo participar?

Procedimiento de participación del 10 al 25 de noviembre.

Los días laborables entre 10 y 25 de noviembre de 2014, las personas que no han que no han podido participar durante la jornada del 9 de noviembre pueden enviar sus aportaciones en los puntos de participación de Cataluña.

Quiénes pueden participar.

a) Las personas mayores de 16 años el día 9 de noviembre de 2014 que dispongan de un documento nacional de identidad (DNI) donde conste la dirección de residencia en un municipio de Cataluña. Para participar tienen que presentar el DNI vigente (no es válido el resguardo del DNI en trámite, dado que no aparece la fotografía).

(...).

Campaña institucional del 9N.

> *Referencia: Esta campaña oficial difundida en catalán fue retirada por el Gobierno catalán de su página web oficial del 9-N 2014, www.9nconsulta2014.cat/, tras recibir la notificación de la suspensión por parte del Constitucional. Aunque aún se puede ver en una web oficial catalán: On hi puc participar? (http://www.participa2014.cat/on-puc-participar.html), Qui hi pot participar? (http://www.participa2014.cat/com-puc-participar.html).*

9N/2014
TU PARTICIPAS
TU DECIDES

GENERALIDAD DE CATALUÑA

2.305.290 Participantes - 100% de mesas evaluadas

Resultados por pregunta:

1) ¿Quiere que Cataluña sea un Estado? SÍ (92%), NO (5%), EN BLANCO (1%), OTROS (3%).

2) En caso afirmativo, ¿quiere que este Estado sea independiente? SÍ (88%), NO (11%), SÍ - EN BLANCO (5%).

Ref.: Resultats Participa 2014: http://www.participa2014.cat/

El 9 de noviembre de 2014 es una fecha que será recordada por todas las generaciones españolas como la más nefasta para su historia. Es una fecha muy humillante para España. Es una fecha en que se cometió el mayor atentado en España, puesto que quien lo ejecuta es el propio Gobierno central y el propio Estado español. Es una fecha en donde España nunca antes se sintió tan desprotegida. Es una fecha que será escrita y recordada como un hecho más vergonzoso de la historia de España. Y es una fecha en donde España encabezará la lista de la vergüenza en un mundo civilizado, en donde un Gobierno y un Estado abandonan al soberano, se burlan de los principios y fundamentos de la Constitución y hacen caso omiso de cumplimiento por obligación de sus responsabilidades saliendo a favor del separatismo institucionalizado catalán y aun contando con la complacencia hacia ellos. Es un hecho histórico que ha tenido una gran resonancia en el mundo, porque quienes permitieron dicha humillación y vejación fueron sus propios gobernantes: los separatistas (el Gobierno catalán) y los separadores (el Gobierno central).

No hay un acontecimiento en la historia de España en donde no se haya recibido tan grande humillación como el 9N. Y no hay en la historia de España un gobernante que se conozca como el actual tan nefasto, vil, cobarde y mentiroso, que por su conducta indigna actúa hacia la ruptura de España y a su resignación de ser aceptada.

¿Por qué el Gobierno afirma que el referéndum no se ha celebrado? En reiteradas ocasiones el Presidente del Gobierno, Mariano Rajoy, proclamó que la consulta del 9N no se ha celebrado: *"...yo tengo que autorizar un referéndum de autodeterminación y, además, tengo que buscar el procedimiento para que sea legal"* (12.11.2014) *"Quiero dejar claro que la consulta no se ha celebrado"* (12.11.2014). *"Dije que el referéndum no se celebraría y no se ha celebrado. No ha habido consulta"* (13.11.2014). *"... yo dije, el 12 de diciembre del año 2013, que no se iba a celebrar el referéndum en Cataluña porque el referéndum era ilegal, puesto que afectaba a la soberanía nacional, y al mismo tiempo el convocante no tenía capacidad para hacerlo, no tenía competencias. Y así fue: ese referéndum no se celebró, entre otras cosas, porque yo recurrí al Tribunal Constitucional, quien por unanimidad dijo que no se podía celebrar. [Así queda establecido según Providencia sobre la Ley de Consultas y la Providencia sobre la convocatoria de la consulta, ambas del 29.09.2014]. Luego se sustituyó por algo que no era un referéndum, ["el proceso de participación ciudadana"], [La consulta soberanista alternativa, el cual el Tribunal Constitucional la suspende según Resolución del 04.11.2014]. Por tanto, no engañe usted a los españoles. No era un referéndum porque ni fue convocado, ni además tenía las características propias de un referéndum: no había ni miembros de la mesa, ni había control, el recuento lo hacían los propios convocantes, eran todos voluntarios... "...yo tengo que firmar que acepto un referéndum..." (26.11.2014).*

Desde luego que no tenemos ninguna duda que el referéndum no se celebró y que usted, Señor Presidente, no ha engañado a los españoles. Y se deja claro por el mismo hecho que encontramos una diferencia conceptual entre lo que es un referéndum y lo que es una consulta popular no refrendaria o un "remedo de referéndum" o un *"acto de propaganda"* o un *"simulacro electoral"*, (según la Generalidad denominado Proceso Participativo, *"Procès Participatiu"*), ya que son dos figuras distintas de la que no hay asociación de conceptos. Por lo tanto usted presenta con acierto la verdad. Hasta aquí todos de acuerdo.

¿Entonces dónde está el engaño? El engaño no está en sus declaraciones y sentencias que el referéndum no se iba a celebrar. Puesto que ese impedimento ya lo da la propia Constitución. Y ante ese impedimento usted es un simple vocero de lo ya establecido, y acudiendo al propio Tribunal Constitucional para impedirlo, quien da sentencia y el Gobierno catalán las acepta. Por lo tanto, su respuesta se reduce al compromiso forzado con lo ya establecido por la Constitución. Y por lo tanto, no se pone en tela de juicio esa circunstancia de actuación. El engaño está, que por los intereses de España por la unidad nacional, que por respeto a las leyes vigentes, que ante una sentencia del Tribunal Constitucional que la consulta no refrendaria no debería de celebrarse, que ante una responsabilidad suya que debe ser completa y correctamente ante la sociedad española, pues ante todo esto, usted, como gobernante no cumplió con su deber de cumplir y hacer cumplir las leyes y dejó de cumplir con fidelidad su juramento a la patria, ya que permitió que la consulta no refrendaria se celebrase el 9 de noviembre de 2014.

Y lo vergonzosamente perverso es que usted con astucia pretende manipular el tiempo y las actuaciones con sus declaraciones y sentencia que el referéndum no se iba a celebrar y no se celebró, por lo tanto, cumplió su promesa con los españoles. Y deja de lado la segunda actuación en el tiempo de aquellas primeras declaraciones y sentencias suyas cuando el Tribunal Constitucional ve nuevamente vicios de inconstitucionalidad la referida consulta no refrendaria o el "remedo de referéndum" o la consulta alternativa convocada por el Gobierno catalán, suspendida el 04.11.2014, siendo un acto nuevamente de insumisión a la Constitución. ¿Y usted qué hace? Nada. No actúa para impedir que se celebrase. Véase que hasta el mismo enemigo del Estado, Artur Mas y su Gobierno autonómico, le culpan a usted por no haberla impedido.

> *El presidente catalán, Artur Mas, ha recurrido la decisión del Tribunal Superior de Justicia de Cataluña (TSJC) de investigarle por desobediencia en el 9N, alegando que el Gobierno y la Fiscalía "consintieron" la consulta alternativa al no forzar su prohibición "expresa" por parte del Tribunal Constitucional (TC). Mas alega en su recurso al TSJC que el Gobierno y la Fiscalía "consintieron" el 9N – 15.01.2015 – Expansion.com.*

Y ¿cómo actúa ante esa consulta no refrendaria convocada por el Gobierno catalán? Primero, ante el nuevo desafío del Gobierno catalán por convocar una nueva consulta esta vez no refrendaria, siendo esta aún más descarada que la primera, puesto que hacen lo que quieren, puesto que actúa sin vergüenza ni respeto, y en perjuicio y en detrimento y burla y agresión a las leyes, al Estado y a la Nación, pues usted, ante tal extremismo político catalán, estaba obligado a actuar con severidad, aplicando el protocolo de respuesta, en principio con el requerimiento al gobernante catalán Artur Mas y reprender su actuación y obligándosele a cumplir con su deber como representante del Estado y cumplir y hacer cumplir las leyes vigentes. ¿Y qué hizo usted? Acudir nuevamente al Tribunal Constitucional para impedir que dicha consulta no refrendaria se llevara a cabo, dando una clara muestra de debilidad política como gobernante y de su Gobierno.

Y, en segundo lugar, en un acto de la más vil cobardía, usted actúa negociándola para que no se celebre. En una negociación secreta y a espaldas de la ley y del soberano español, usted envía a uno de sus asesores para reunirse con un representante del PSOE y otro del Gobierno autonómico catalán, que en principio dicha negociación fueron negadas unas y otra vez por su Gobierno y, para luego, ser reconocida por usted, señor Presidente [12.11.2014] que sí hubo tal negociación. Usted y su Gobierno tienen el deber de perseguir el delito y no negociarlo, y están obligados a cumplir y hacer cumplir las leyes. Pero usted y su Gobierno no persiguió el delito si no lo negoció y no cumplió con su obligación de cumplir las leyes ni las hizo que estas se cumplan. Por lo tanto, eh aquí la doblez y el engaño de usted, Señor Presidente, y del Gobierno central. Sepa usted que la verdad es íntegra y revolucionaria. Decir la verdad a medias es una mentira y un embuste.

AL JUZGADO DE INSTRUCCIÓN QUE POR TURNO CORRESPONDA DE MADRID

El Colectivo de Funcionarios Públicos Manos Limpias y en su nombre y representación su Secretario General, don Miguel Bernad Remón, con D.N.I. Núm. 12.135.624-L y con domicilio en la C/ Ferraz, Nº 13 de Madrid-28008, que por medio del presente escrito, FORMULA:

DENUNCIA

Contra don Pedro Arriola, asesor del Presidente de Gobierno de España; contra José Enrique Serrano (comisionado del PSOE); y contra Joan Rigol (responsable del Pacte Nacional per Dret a Decidir), por cómplices y colaboradores necesarios en el delito de desobediencia y de fraude de ley en la votación celebrada el 9/N en Cataluña.

HECHOS

PRIMERO: Con fecha 8/11/2014 aparece la notitia criminis en el diario El Periódico de Cataluña con el título "9-N: La negociación secreta: Emisarios de Rajoy, Artur Mas y Sánchez han mantenido contacto durante meses para evitar el choque institucional".

Los voluntarios ejecutarán la consulta bajo el amparo del Govern y sin réplica judicial de la Moncloa. Se adjunta Documento Nº 1.

Ya con anterioridad el diario El País apuntó en este mismo sentido.

SEGUNDO: Como consecuencia de esas negociaciones, se celebra la consulta el 9/N, sobre la base de que la sociedad civil catalana, en base al "derecho a la libertad de expresión", pueda celebrarlo, y el Govern catalán únicamente la vigila o controla.

TERCERO: Finalmente, la consulta se celebra y pone de relieve que el acuerdo se cumple en los términos previamente pactados.

CUARTO: Efectivamente, ni los Mossos D'Escuadra, ni la Policía Nacional, ni la Guardia Civil intervienen con objeto de abortar la votación. Así mismo, tampoco interviene la Fiscalía pese a que Manos Limpias había solicitado del Fiscal General del Estado se diera las órdenes oportunas para que los Mossos retiraran las urnas ubicadas en los Institutos. Se adjunta Documento Nº 2.

QUINTO: Ese acuerdo incide en un ilícito penal, toda vez que:

Se produjeron 2 resoluciones del Tribunal Constitucional con el informe favorable del Consejo de Estado, la primera declarando nula el referéndum, el segundo declarando nulo la consulta participativa.

SEXTO: La consulta del 9/N estaba prohibida en su totalidad, y se adultera mediante el pacto o acuerdo de los denunciados, para que pudiera celebrarse sobre la base de aparente legalidad y sin contravenir las resoluciones del Tribunal Constitucional.

SEPTIMO: Se ha producido una burla a las resoluciones judiciales, un fraude de ley, un delito de desobediencia.

OCTAVO: Ha quedado demostrado, pese al maquillaje de que se trataba de una votación solo de la sociedad civil catalana en base al amparo del derecho de expresión, y que la Generalitat le ha dado un respaldo sin el cual no se hubiera podido realizar la referida consulta.

NOVENO: Recuerda este acuerdo el que hace años suscribió Carod Rovira con Josu Ternera en Perpignan para que ETA no atacara en Cataluña y sí en el Estado de España.

DECIMO: Los denunciados acuerdan ningunear unas resoluciones del Tribunal Constitucional, a fin de que la consulta se celebre con estos "parámetros" aparentemente legales, y sortear la prohibición del Tribunal Constitucional.

UNDECIMO: En definitiva, se trata de un acuerdo que ha quedado perfectamente reflejado y cumplimentado en la celebración de la votación.

Este acuerdo incide al menos en un,
ILICITO PENAL
DESOBEDIENCIA A RESOLUCIONES JUDICIALES Y FRAUDE DE LEY.

Al haberse ninguneado y por caminos tortuosos, tratar de conseguir una votación que estaba prohibida en su totalidad y en todas sus modalidades por parte de 2 resoluciones del Tribunal Constitucional.

(...) en Madrid, a 10 de noviembre de 2014. (Publicado en Manos Limpias denuncia el pacto secreto para la consulta catalana del 9N. Manoslimpias.com).

Señor Presidente, dentro de las facultades de la razón existen dos elementos importantes el intelecto y la voluntad, pues como vemos de su actuación, usted elige interesada y deliberadamente, por conveniencia, la facultad del intelecto para aplicarlo en su razonamiento, que lo que se celebró no fue un referéndum sino un "remedo de referéndum" lo cual se limpia de culpa. ¿Pero, por qué deja de lado dentro de su razonamiento la otra facultad importante de la razón cual es la voluntad, y limitando a su vez en el tiempo su intelecto?

Por otro lado, se suman a la falta de la verdad del presidente Rajoy, cuando nos dice: *"El Gobierno ha defendido la legalidad y ha adoptado una posición sensata y adecuada." "He actuado con proporcionalidad. Creo que he sido sensato a la hora de tomar decisiones. Creo que he hecho lo que tenía que hacer y que he cumplido mi obligación." "El Gobierno de España, en mi opinión, y volvería a hacerlo, creo que ha adoptado una actitud sensata y equilibrada". "Impedir que se celebrase el referéndum, tal y como dijo el TC, era "desproporcionado." "Creo que tomar otra decisión sólo hubiera servido para generar más tensión y crear más dificultades." "Creo que he hecho lo que tenía que hacer. He cumplido mi obligación. Porque la proporcionalidad es muy importante, y la mesura, a la hora de tomar decisiones en la vida; en cualquier faceta de la vida y, desde luego, cuando estamos hablando de temas como esto, con mucha mayor razón." "Por lo tanto el gobierno defendió la legalidad."* (12.11.2014). Pues sus afirmaciones no tienen ningún valor ni encierran principios éticos ni morales, sólo se conciben como sofistas y falaces. De sofista porque pretende convencernos aquello que es falso. Y de falaz porque pretende intencionalmente engañarnos con sus argumentos.

¿Cómo puede usted decir que defendió la legalidad cuando la interviene y la impide actuando con "proporcionalidad y sensatez"? ¿Si la legalidad es la presencia de un sistema de leyes que debe ser cumplido? ¿Y todo debe de realizarse dentro del marco de la ley? Usted a la legalidad la ha excluido y ha hecho abuso de poder interviniéndola e impidiendo que actuase. Usted no permitió que el Estado, a través del Ministerio Público, el Judicial, actuase, restándole legitimidad y credibilidad y, del mismo modo, a la legalidad. Usted ha quebrado la supremacía del Estado de derecho que consiste a que todos estamos sometidos y gobernados por leyes establecidas. Y ha frenado el valor fundamental de la democracia que garantiza que todos somos iguales ante la ley y que garantiza la justicia. Usted ha practicado una filosofía existencialista absurda en donde lo subjetivo adquiere verdad sobre lo objetivo; en donde dos principios diferentes y hasta antagónicos entre lo objetivo y lo subjetivo usted pretender asociarlas y hacer de ellas una dualidad.

¿"He cumplido mi obligación"? Decir que usted, señor Presidente, ha cumplido su obligación con la incongruencia de la dualidad es simplemente mentir. Si su incongruencia de la dualidad fue un engaño; lo mismo fue su sesgado interés en lo intelecto y la obviedad de su voluntad política para evitar que se cumpla el propósito de los separatistas: la realización del 9N. A usted, señor Presidente, no le importó lo más mínimo la verdad. Y se inventó para ello la dualidad, el sofisma, (puesto que nos pretende dar una moneda falsa creyéndola buena, utilizando como instrumento el sofismo), y un juicio de valor que no es moral sino inmoral, puesto que lo correcto es la legalidad. Para usted vale cualquier cosa para defenderse.

Ha pretendido engañar al soberano con su intelecto de las repercusiones que podrían alcanzar si usted impedía el 9N. (*"Hemos defendido la legalidad con proporcionalidad"*). Sin considerar que el valor de la existencia y la consecución del 9N, tuvo que estar sometida a la legalidad y a actuar de acuerdo a las normas que rigen a la sociedad, que es un criterio moral único y que conlleva forzosamente una actitud frontal frente a las circunstancia, una defensa decidida y valiente, y que fuera de ella es sustituir la verdad de la mentira. Y era actuar por la exigencia de la suprema estructura de la moral y el derecho conforme a la idea de justicia. Sabe usted muy bien que la verdad no se contradice a sí misma, pero usted se contradice a sí mismo, cuando nos dice: *"Como Presidente del Gobierno he jurado cumplir y hacer cumplir la Constitución y las leyes"*. Lo cual ante tal juramento, usted estaba en la obligación moral y jurídica de intervenir no de forma mesurada o proporcionada como respuestas, sino prometiendo al pueblo español una respuesta *"amplia, firme y duradera"* al *"peligroso"* problema del separatismo, como medidas excepcionales.

Señor Presidente, usted carece de toda autoridad moral para seguir gobernando. Puesto que, mientras usted pretende dar una respuesta *"amplia", firme y duradera"* al *"peligroso"* problema de la corrupción (27.11.2014), pues no actúa así del mismo modo, comprometida con una actitud firme y duradera contra la insumisión de los propios funcionarios del Estado que agravian al pueblo español, a la soberanía nacional, a la constitución y a la legalidad hacia la ruptura de España. Es inaudito e inadmisible que se piense en medidas excepcionales para el problema de la corrupción, no siendo éste generalizado; en cambio, no se tomen medidas extraordinarias para lo que sí es un problema nacional y de suma gravedad a consecuencia del separatismo institucionalizado, por un lado, y por otro lado, por ustedes los separadores que desde hace más de treinta años pretenden romper a España. Y lo mismo, de inaudito e inadmisible, que, mientras los secretarios de Estado para el Deporte y de Seguridad piden una comparecencia urgente en el Congreso para informar de los sucesos ocurridos este domingo 30 de noviembre de 2014, en los que falleció un aficionado del Deportivo, como medidas excepcionales, no se tome aún con excepcionalidad, una respuesta ante el 9N. Y el presidente del Gobierno, que teniendo la obligación por responsabilidad política de presentarse ante el Congreso y comparecer para informar y dar explicaciones sobre los hechos ocurridos y las repercusiones que ha tenido el 9N ante pueblo español, y por respeto a éste, sólo se halla limitado, de forma indigna y cobarde y descaradamente a dar explicaciones a través de una rueda de prensa, el 12 de noviembre. ¿Dónde está lo político-moral y ético de este Gobierno? Y un hecho también censurable que la oposición parlamentaria no se haya pronunciado para exigir al presidente del Gobierno su comparecencia en el Congreso y, si es posible, optar por la adopción de una moción de censura contra éste. (Reglamento del Congreso de los Diputados. CAPITULO TERCERO. De la moción de censura. Artículo 175 1. El Congreso de los Diputados puede exigir la responsabilidad política del Gobierno mediante la adopción de una moción de censura).

2.2.8. Del sofismo de Rajoy ante el 9N

"Voy a garantizar, a todos los españoles en general y a los catalanes en particular, que siguen estando protegidos frente a cualquier arbitrariedad por las garantías del estado de Derecho, es decir, un Estado en el que la ley lo puede todo y la arbitrariedad no tiene sitio" 25.01.2014. *"La obligación del Gobierno es no permitir que se celebre ese referéndum, porque de lo contrario, estaría violando la ley"* 25.01.2014. (*No hay mentira más perjudicial que la verdad disfrazada.*- Manuel Tamayo y Baus, dramaturgo español, 1829-1898).

Todos sabemos que antes del 24 de mayo de 2015, (tras las elecciones autonómicas y municipales) nunca antes un partido político había obtenido una gran concentración de poder institucional y de gobierno como lo tuvo el Partido Popular. Pues antes de esa fecha este partido tenía la mayoría absoluta parlamentaria, dirigía con mayoría absoluta en casi todas las Comunidades Autónomas menos en Asturias, Cataluña y el País Vasco, y hasta tenía poder en los órganos públicos del Estado.

Pero, a pesar de todo este poder, no fue capaz de impedir la celebración del 9N, y al mismo tiempo la oportunidad justificada por la moral, por el derecho y por la justica de la aplicación del artículo 155 de la Constitución.

¿No es acaso evidente y suficientes circunstancias agravantes, en donde ya desde el año 2012 el Gobierno de Cataluña comete delitos punibles? ¿En dónde, éste, ya se aparta de la legalidad para convertirse en ilegal (lo contrario a la ley o al principio de legalidad)? ¿Y si no fueran agravantes, pues hay suficientes motivos por las evidencias, que existe un intento o conspiración –entendiéndose como principio de daño- para cometer un hecho delictivo contra el Estado, la Constitución y la Soberanía nacional?

Recordemos cómo se perpetra un delito y continúa aún sin castigo de varios municipios y consejos comarcales catalanes que se pronunciaron en favor de la independencia y sus plenos aprobaron declararse *"territorio catalán libre"*. Recordemos de aquel principio de daño cuando Artur Mas propuso la pregunta ¿Usted desea que Cataluña sea un nuevo Estado de la UE?", durante la campaña electoral (octubre de 2012) previa a las elecciones autonómicas, celebradas el 25 de noviembre de 2012. Recordemos cuando El Parlamento de Cataluña aprobó el 27 de septiembre de 2012 una resolución pidiendo celebrar el referéndum de autodeterminación de Cataluña. Recordemos cuando el gobierno de la Generalidad de Cataluña creó un Consejo Asesor para la Transición Nacional, el 11 de abril de 2013. Recordemos cuando en el Parlamento de Cataluña el 26 de junio de 2013 tuvo lugar la reunión constitutiva del Pacto Nacional por el Derecho a Decidir. Recordemos cuando el Parlamento de Cataluña el 19 de septiembre de 2014 se aprueba la ley de consultas de Cataluña. Pues aquí queda mucho más que recordar y se siguen aún cometiendo delitos o principios de daño contra el Estado y la Nación, como este último del 25 de noviembre en donde el presidente catalán, Artur Mas, propone una lista única para alcanzar la independencia en año y medio, y en donde plantea tres consultas en 18 meses para separarse de España.

¿No son acaso estos hechos una evidencia que se está vulnerando la legitimidad institucional establecida en el Estado y el Estado de Derecho? ¿Y aún tremendamente grave y sorprendente es que quien lo está cometiendo forma parte del propio Estado español, es decir el Estado autonómico catalán? ¿Y, en donde quienes los ejecutan son los elementos internos del propio Gobierno, el Gobierno catalán? ¿Y quién lo permite y lo protege es el propio Gobierno central? ¿Y aún el Gobierno central siga considerando y nos hable de *"tender puentes"*, del diálogo, contra el Gobierno catalán, que ya de por sí se encuentra en estado de sedición y de rebeldía a la cabeza de su presidente Artur Mas?

Mientras hechos agravantes e intento o conspiración para cometer un delito contra el propio Estado y la Nación española se estaba llevando a cabo de parte del Gobierno catalán, ¿cuál fue la reacción del Gobierno central? Pues aquél quien dijo que *"Como Presidente del Gobierno he jurado cumplir y hacer cumplir la Constitución y las leyes"* y que sustenta el poder, y posee una posición decisiva en pro del Estado y de la Nación, se desentendió del problema; se convirtió en un sujeto pasivo como poder Ejecutivo, sin ninguna toma de decisión hacia el orden socio-político y sin ninguna posición moral ni política para dejar establecido que todos estamos sujetos al Estado de derecho y hacerla cumplir. Y, por lo tanto, ante los hechos de máxima gravedad éste no fue capaz de ordenar la detención del presidente del gobierno catalán Artur Mas por los delitos de sedición y rebeldía. Entonces, ¿Dónde está la igualdad ante la Ley? ¿Dónde está señor presidente del Gobierno central, Mariano Rajoy, su sentido del deber, del honor y del patriotismo, todo ello en defensa de la legalidad, de la Constitución, de la Soberanía nacional y de la Patria? ¿Y dónde está ese factor determinante que caracteriza al Estado de hacerse de la obediencia para el orden interno del Estado y que todas las fuerzas sociales internas están sometidas a ella? Y ¿mientras el Gobierno catalán sigue con su desafío separatista, agitando a la sociedad catalana y movilizando con todos los recursos por la ruptura, siendo hechos extremadamente graves y preocupantes para la Soberanía y al Estado de Derecho, usted y su Gobierno sigan aun manteniendo la misma postura de restarle o minimizar su importancia, con el simplismo sobre el plan de Artur Mas: *"Un paso más hacia ninguna parte"* 25.11.2014? Y ¿siguiendo con la misma estrategia de siempre ante el delito con la actuación de la proporcionalidad, y la *"sensatez"* de su disposición al diálogo y de "tender puentes"? ¿Y aún más, siendo ustedes el poder Ejecutivo se oculten sobre las faldas del poder Judicial, sin comprender aún sobre el alcance y la importancia del delito que se está cometiendo de sedición, de rebeldía y sublevación contra la Soberanía nacional?

¿Cómo pretende usted ridiculizar el 9N que fue un acto superficial y sin importancia? ¿Y sentenciar que el *"9N es un profundo fracaso del proyecto independentista"*? Y aquí, nuevamente, usted pretende engañar al soberano. Un mero escapismo de ocultar la verdad con la mentira. Puesto que el propósito de sus directores y promotores, es decir, la propia generalidad de Cataluña, era hacer daño contra el soberano y la soberanía nacional con la realización del 9N. Y eh aquí la importancia de la realización del acto. Y lo lograron. Y mientras usted y su Gobierno sí fracasaron puesto que no impidieron la realización de dicho acto. ¿Un acto superficial y sin importancia? Falso. Puesto que es tal la importancia que la fiscalía general del Estado ve delito presentando (21.11.2014) querella contra sus directores y promotores del Gobierno catalán. Y hasta la mismos sindicatos de la Policía Nacional SPP y UFP quienes se querellan contra el presidente de la Generalidad de Cataluña, Artur Mas, por desobedecer al Tribunal Constitucional (28.11.2014). Y nuevamente vemos un precedente más en donde lo real, lo verdadero y lo sincero se convierte en dobles, engaño y traición con la mentira como presidente y de su Gobierno.

A LA SALA DE LO CIVIL Y PENAL

DEL TRIBUNAL SUPERIOR DE JUSTICIA DE CATALUÑA

El Fiscal, en ejercicio de las atribuciones que le confieren los arts. 105 y 271 LECrim, por medio del presente escrito se persona ante la Sala y formula querella criminal por la posible comisión de los delitos de desobediencia, usurpación de atribuciones judiciales (contra la división de poderes), prevaricación y malversación de caudales públicos, de acuerdo con los fundamentos de hecho y de derecho que a continuación expone:

I

QUERELLADOS

La acción penal se dirige contra D. Artur Mas i Gavarró, Presidente del Gobierno de la Generalitat, Dª Joana Ortega i Alemany, Vicepresidenta del Gobierno de la Generalitat, y Dª Irene Rigau i Oliver, Consejera de Educación, en razón de las decisiones y actos adoptados en el ejercicio de su cargo que a continuación se exponen, sin perjuicio de que la imputación pueda extenderse a otras autoridades y cargos públicos en función del resultado que pueda arrojar en el futuro la instrucción judicial.

(...)

III

HECHOS
El día 9 de noviembre de 2014 se celebró en Cataluña, así como en otras ciudades situadas fuera del territorio nacional, una consulta planificada, auspiciada y financiada por el Gobierno de la Generalitat de Cataluña, que convocó a todos los españoles con vecindad administrativa en Cataluña mayores de 16 años de edad, así como a los extranjeros, tanto comunitarios como extracomunitarios, residentes en el territorio de dicha Comunidad Autónoma que cumplieran los requisitos de permanencia previamente establecidos, a pronunciarse mediante voto escrito y secreto sobre si Cataluña debía constituirse en un Estado, y sobre si ese Estado debía ser independiente de España.

La convocatoria se articuló principalmente a través de la página web www.participa2014.cat que ha servido de punto institucional de referencia para fomentar la participación ciudadana en la consulta, recabar la colaboración de quienes desearan tomar parte activa en la organización y desarrollo del evento en calidad de voluntarios, facilitando la inscripción previa en un registro, y para mantener permanentemente informado al público en general sobre los requisitos de la participación en el proceso, puntos de votación, papeleta oficial a utilizar –en formato descargable-, y otras cuestiones relacionadas con el proceso participativo.

Esta convocatoria, denominada proceso de participación, había sido suspendida por el Tribunal Constitucional reunido en Pleno, en virtud de la Providencia de 4 de noviembre de 2014 (BOE núm. 268 de 5 de noviembre de 2014) dictada en el procedimiento constitucional de impugnación nº 6540/2014, actualmente en trámite.

El contenido de la orden de suspensión no dejaba margen alguno a la duda: afectaba con carácter general a toda actuación que contribuyera a impulsar el que se vino en llamar "proceso de participación" señalado para el día 9 de noviembre –y sucesivos- por medio de la citada página web www.participa2014.cat, incluyendo igualmente en el radio de acción de la interdicción judicial las actuaciones que no se hubieran formalizado jurídicamente, precisamente para prevenir actuaciones materiales en fraude de ley o vías de hecho buscadas intencionadamente para impedir su eventual impugnación.

El Gobierno de la Generalitat, personado como parte en dicho proceso y conocedor de sus obligaciones, desplegó sin embargo una conducta incompatible con el contenido de dicha resolución, pues el proceso prosiguió hasta su consumación del día 9 de noviembre de 2014. En los actos de impulso han participado de manera personal y directa los querellados.

Hay razones, además, para estimar que el proceso participativo del 9 de noviembre no fue sino la realización, por otros medios, del designio original de celebrar una consulta de naturaleza materialmente referendaria igualmente suspendida por el TC.

(...)

En Barcelona, a 21 de noviembre de 2014.
EL FISCAL SUPERIOR DE LA COMUNIDAD AUTÓNOMA
DE CATALUÑA
Texto completo en Querella Fiscalía contra Artur Mas.pdf -
Latribunadelpaisvasco.com.

"He actuado con proporcionalidad", (26.11.2014). Son las mismas estrategias *"proporcionadas"* que aplicó sobre Gibraltar el 09.08.2013: *"Tomaremos medidas legales y proporcionadas para defender los intereses de los españoles".* Señores del Gobierno, repitiendo al clásico Jean J. Rousseau *"La soberanía consiste esencialmente en la voluntad general".* Y ¿Cree usted que el soberano, el pueblo español, le delegó a usted mediante su voto un mandato para que pueda establecer la proporcionalidad en sus decisiones en vez de la legalidad frente al 9N? Pues no entender el significado que representa la Fidelidad, el Deber, el Honor, la Justicia, el Derecho y la Patria, actuando con la estrategia de la *"proporcionalidad"* ante quienes mancillan a la Nación, siendo aún peor que quienes lo mancillan son los garantes de la unidad nacional y la vigencia del régimen constitucional en Cataluña, es decir, los mismo gobernantes del Estado español quienes infringen la ley, indudablemente, no se puede calificar de otra forma su actitud y de su Gobierno sino de una clara cobardía, debilidad y un rotundo fracaso y, por el contrario, un triunfo del movimiento separatista, que se siente más aún legitimado y fortalecido.

Recordemos cuando el 6 octubre de 1934, Lluís Companys, presidente de la Generalidad, proclamó el Estado Catalán, produciéndose así la rebelión de la Generalidad de Cataluña contra la República. Pues qué hizo el gobierno republicano de Alejandro Lerroux sino actuar de inmediato, con una defensa decidida y valiente, proclama el estado de guerra aplicando la Ley de Orden Público de 1933. Y en la madrugada del 7 de octubre de 1934, el comandante Fernández Unzúe abre fuego contra la Generalidad y el Ayuntamiento. Y sólo transcurren diez minutos, cuando Companys se rinde y telefonea al general

Domingo Batet Mestres para comunicarle su rendición. Siendo detenidos, los insurrectos Companys y a su gobierno, los diputados Josep Tarradellas, Antoni Xirau, Joan Casanellas, Estanislau Ruiz, el presidente del parlamento Joan Casanovas, el alcalde del Ayuntamiento Carles Pi i Sunyer y a los concejales de ERC fueron trasladados al buque Uruguay. Y no sólo esto, sino que el presidente del gobierno, Lerroux, interpone una querella criminal contra los consejeros catalanes. Y ante un Decreto del Gobierno de la República fue suspendida indefinidamente la autonomía catalana. (Referencias: Proclamación del Estado Catalán en octubre de 1934. Wikipedia.org y "Los sucesos del 6 de octubre de 1934 en Cataluña. Diez horas de rebelión" por Esther González Hernández, profesora de Derecho Constitucional de la Universidad Rey Juan Carlos. Precedentes Aplicación Art. 155 CE – FCJS).

En tal sentido, conviene no olvidar, que la sujeción de este gobierno a la legalidad, constituye un valor esencial y primigenio que no puede ponerse en entredicho. Y usted como representante de la ciudadanía no se inclinó hacia el soberano, rompiendo su fidelidad hacia él y mostró un desprecio absoluto por la legalidad.

- Artículo 155 de la Constitución: "Si una comunidad autónoma no cumpliere las obligaciones que la Constitución u otras leyes le impongan, o actuare de forma que atente gravemente al interés general de España, el Gobierno, previo requerimiento al presidente de la comunidad autónoma y, en el caso de no ser atendido, con la aprobación por mayoría absoluta del Senado, podrá adoptar las medidas necesarias para obligar a aquélla al cumplimiento forzoso de dichas obligaciones o para la protección del mencionado interés general".

- Ley Orgánica 10/1995, de 23 de noviembre, del Código Penal. TÍTULO XXI. Delitos contra la Constitución. CAPÍTULO PRIMERO. Rebelión.

- Ley Orgánica 10/1995, de 23 de noviembre, del Código Penal. TÍTULO XXII. Delitos contra el orden público. CAPÍTULO PRIMERO. Sedición.

- Ley Orgánica 4/1981, de 1 de junio, de los estados de alarma, excepción y sitio. Si el Gobierno considera que la Generalitat altera de forma grave el normal funcionamiento de las instituciones.

- Ley 7/2007, 12 de abril. CAPÍTULO III. DERECHOS RETRIBUTIVOS. TÍTULO VII. RÉGIMEN DISCIPLINARIO. Artículo 95. Faltas disciplinarias. 2. Son faltas muy graves: a) El incumplimiento del deber de respeto a la Constitución y a los respectivos Estatutos de Autonomía de las Comunidades Autónomas y Ciudades de Ceuta y Melilla, en el ejercicio de la función pública. d) La adopción de acuerdos manifiestamente ilegales que causen perjuicio grave a la Administración o a los ciudadanos.

Está claro que el presidente del Gobierno central se ha eximido de su responsabilidad, puesto que ha permitido y ha contribuido al incumplimiento de la legalidad y, por lo tanto, a la quiebra del Estado de Derecho. Eh aquí la gravedad por su alcance e importancia, lo que recae sobre el Presidente de Gobierno y a su Gobierno responsabilidad criminal por ser copartícipes de degradación y destrucción de la Patria.

("1. La responsabilidad criminal del Presidente y los demás miembros del Gobierno será exigible, en su caso, ante la Sala de lo Penal del Tribunal Supremo". Artículo 102. 1 de la Constitución). Por lo que pueden ser acusados de alta traición a la Patria por delito contra la seguridad del Estado en el ejercicio de sus funciones. *("2. Si la acusación fuere por traición o por cualquier delito contra la seguridad del Estado en el ejercicio de sus funciones, sólo podrá ser planteada por iniciativa de la cuarta parte de los miembros del Congreso, y con la aprobación de la mayoría absoluta del mismo".* Artículo 102. 2 de la Constitución).

Definitivamente, es inadmisible, vergonzoso e insostenible que Mariano Rajoy y su gobierno sigan gobernando. Y por ser una amenaza a la Nación, este Gobierno de Mariano Rajoy, ante los agravios contra la Constitución, contra la Soberanía Nacional y contra el legado histórico de España que le da sentido como patria, y, más aún, el haber dejado claro que su posición continuará siendo la misma ante el separatismo institucionalizado: ["He procurado ser prudente para no crear tensiones adicionales y continuaré siéndolo..." (25.01.20114)] debería de dimitir. Y más aún éstos por su inoperancia e incumplimientos de las leyes y de la Constitución deberían de ser juzgados por alta traición a la Patria.

Señor Presidente, usted ha contravenido la legalidad, ha actuado a espaldas de la justicia y del derecho, ha entrado en contubernio y ha traicionado los intereses de España. Usted ha perdido legitimidad y credibilidad para representar a la nación Española. Alguien dijo que la verdad a medias siempre es una mentira completa. Una verdad a medias no es más que una cobarde forma de mentir. Y Una mentira sólo hace daño cuando es descubierta. *"Incurrir en el pecado del silencio cuando se debiera protestar, hace cómplices y cobardes a los hombres"*. Zhou Enlai, máximo dirigente de la revolución comunista y de la China popular.

> *"Rajoy es el responsable de que se haya producido el referéndum secesionista en Cataluña y de causar un gravísimo daño al interés general de España." "Rajoy ha permanecido inmóvil ante la permanente comisión de delitos por parte de Artur Mas"*, Santiago Abascal, Presidente de VOX, 10.11.2014. *"Llevamos muchos meses pidiendo la intervención de la Comunidad Autónoma de Cataluña y el desalojo de un gobierno ilegal al estar actuando en grave perjuicio al interés general de España"*, Javier Ortega, responsable jurídico del partido. *Vox se querella contra Rajoy* - Voxespana.es.

Señores, nos hallamos ante un separatismo institucionalizado y por institucionalizarse y que cada día más avanza y va en ascenso. Y a éstos todo les favorece. Mientras, por otro lado, tenemos a unos gobernantes como el actual, inseparables a una tradición por décadas, inmovilistas e irresponsables. En donde actúan frente al separatismo en base a una política inmoral, utilizando como instrumento el cinismo, la hipocresía, la mentira y el engaño. En donde actúan frente al soberano con la apariencia, o por conveniencia con lo ingenuo y con expresiones calculadas y del juicio corto. Y en donde actúan por sí mismos con la finalidad de alcanzar el poder, a toda costa. Éstos no son conscientes de sus responsabilidades ante el soberano, ante la Constitución, ante la historia y ante la Soberanía nacional; se mantienen en la cobardía, sin valor ni espíritu patriótico. Aquella frase del escritor francés Ernest Renan (1823-1892) que dejó dicho que "una Nación es un alma, un principio espiritual", es un profundo sentimiento que expresa lo esencial de una Nación, el alma, pero que no es entendible ni significa nada para nuestros gobernantes.

Veamos un ejemplo más de cómo huye de la realidad y cómo se manifiesta la cobardía en el presidente Rajoy: Recordemos aquella ocasión cuando el Gobierno de Aznar, del PP, reforma el Código Penal para encarcelar al lehendakari, Juan José Ibarretxe, del País Vasco, si convoca el referéndum, en 2003. Y, luego, ya en el Gobierno de José Luis Rodríguez Zapatero, del PSOE, la deroga en 2005, respondiendo que no se puede impedir que un dirigente político y de gobierno pueda ser condenado por convocar un referéndum sin los requisitos legales. ¿Y qué hace el actual Gobierno de Rajoy del PP respecto a esta reforma, a diferencia de Aznar, hasta el 2005? Pues no se atreve a derogarla, a pesar que su partido en el Congreso posee la mayoría absoluta. Con esto queda en evidencia una vez más el retrato de un presidente del Gobierno, cobarde e inmovilista.

2.2.9. Reacción pública ante el delito del 9N: Inoperancia para impedirlo

Las reacciones y respuestas recibidas horas después de haberse celebrado el proceso participativo del 9 de noviembre no se hicieron esperar y continuaron y continuarán siendo duras de reproches, en especial contra el presidente del Gobierno, Mariano Rajoy.

1) *"Que la consulta no vaya a tener ningún efecto jurídico, que no vaya hacer otra cosa que una farsa, no va a evitar que España sea de nuevo noticia por todo el mundo por permitir que una parte de la administración del Estado se salte las leyes y las sentencias del constitucional ante la pasividad del presidente del Gobierno y con la financiación del presidente del Gobierno proporciona.*

"Desde aquella declaración hace menos de once meses, Rajoy ha continuado financiando a un gobierno autónomo que no ocultaba ni sus planes ni sus pasos para celebrar esa consulta que según Rajoy no se iba a celebrar. Rajoy ha seguido proporcionando dinero nuestro a esos separatistas que al final someten hoy a todos los españoles a una nueva vejación.

Señor Rajoy, permítame decirle que es usted un mentiroso y una mierda. Un mierda que teniendo el poder necesario para evitar a los españoles todas sus humillaciones no les evita ninguna". (Sin Complejos con Luis del Pino – Esradio.es – 09.11.2014: Editorial de Luis del Pino: Rajoy y su verdadero rostro).

2) *"Si alguien en su ceguera todavía tenía alguna duda sobre la mendacidad y la total perversión política y moral de Mariano Rajoy, creo que hoy se le habrá caído la venda de los ojos. Rajoy es la segunda plaga bíblica después de Zapatero que asuela este desgraciado país.*

La forma en que este pusilánime ha dejado pudrirse el tema catalán puesto en marcha por el Estatut de Zapatero ha sido tan manifiestamente desastrosa que ha caído cuando menos en el delito de colaboración tácita, pero inequívoca, de conspiración para la sedición de Cataluña. Es decir, un gravísimo delito contra la estabilidad y seguridad del Estado español. Rajoy ha cerrado los ojos desde el principio al flagrante incumplimiento de la ley constitucional por los separatistas, sin mover un solo dedo para garantizar su cumplimiento como era su obligación como presidente de la nación. Tan acostumbrados estamos a su desidia y a su irresponsabilidad en la defensa de la unidad de España que a nadie extraña hoy que haya mirado hacia otro lado mientras los separatistas iniciaban una escalada verbal y de hechos consumados para la separación." (¿Puede España estar liderada por un cobarde y gobernada por un traidor? Redacción, 09.11.2014 – Alertadigital.com).

3) *"Rajoy sabe que Mas, Junqueras, la Generalidad, el Parlamento de Cataluña, la ANC y demás organismos separatistas han delinquido gravemente. Pero no se ha atrevido a enfrentarse a ellos. No ha querido asumir sus obligaciones de gobernante. No ha considerado conveniente defender los derechos de los ciudadanos españoles, incluidos claro está, los derechos de la mayoría de los catalanes. Todo lo ha ido dejando hasta que ha llegado el día de la gran mamarrachada ilegal, de la peligrosa mamarrachada ilegal que puede dejar de ser una mamarrachada. Confundir prudencia con cobardía es como meter en el mismo espacio a quien pasa hambre por adelgazar que al hambriento. Rajoy no ha gestionado el reto del separatismo catalán con prudencia. Lo ha hecho con cobardía".* Alfonso Ussía (La Razón) llama a Rajoy imprudente y blando.

- *"Gracias a la torpeza del Gobierno español, que 72 horas antes no quiso hacer efectiva la suspensión del TC, la consulta alternativa se ha convertido en un formidable acto propagandístico sobre el que Mas construirá su nueva promesa de llevar a los catalanes hacia la secesión indolora. Si ha logrado llevar a cabo lo que parecía legalmente imposible, quién puede dudar que con algo más de tiempo no alcance el gran sueño del nacionalismo catalán. Sobre todo, porque si alguna cosa se ha demostrado este domingo es que en Cataluña no manda Rajoy".* El historiador Joaquim Coll (El País) dice que Rajoy ya sabe que él no manda en Cataluña.

- *"En el palacio de la Moncloa el presidente Rajoy parece estar satisfecho con lo ocurrido por más que se haya violentado la legalidad ante sus narices y su inmovilismo que, en cierta manera y por omisión, lo hace cómplice de la situación. Pero*

Rajoy pensará que de esa manera se ha evitado el choque de trenes institucional y el enfrentamiento abierto ente nacionalismo español y el catalán, y que ahora se inicia un tiempo nuevo de reflexión para ver si se puede reconducir la situación.

"En conclusión, y a la espera de los resultados y de las acciones legales que de todo esto se deriven y en contra de lo que piensan en los gobiernos de Rajoy y de Mas, todos han perdido en lugar de ganar. Y de manera especial España porque en esta ocasión el Gobierno ha consentido que se viole la ley y la Constitución. Y ese es un precedente que traerá sus consecuencias más tarde o más temprano y que nos conducirá a un futuro incierto para la unidad nacional". Pablo Sebastián (Republica.com) espera acciones legales contra Mas. Ay, Pablo, siéntate a esperar. (Salvador Sostres el único defensor que le queda a Rajoy en la prensa. 10.11.2014– Periodistadigital.com).

4) El presidente de Vox, Santiago Abascal, presenta hoy ante el Tribunal Supremo una querella contra el jefe del Gobierno, Mariano Rajoy, como supuesto autor de un delito de "dejación de funciones" ante el proceso de participación ciudadana en Cataluña.
Abascal, según un comunicado de este partido, acusa a Rajoy de "permanecer inmóvil ante la permanente comisión de delitos" por parte del presidente de la Generalitat, Artur Mas.

Además, Vox acusa a Rajoy de no haber instado ya el inicio de los trámites previstos para la aplicación del artículo 155 de la Constitución cuando se vienen dando condiciones para ello. Vox presenta hoy querella contra Rajoy por dejación de funciones en Cataluña. 11.11.2014 – Eldiario.es

5) Mariano Rajoy: *"Y como ustedes saben no se ha celebrado" "Además he actuado como le acabo de decir con proporcionalidad" "He sido sensato a la hora de tomar decisiones".* Y responde Federico Jiménez Losantos: *"No usted ha sido un cobarde, no ha sido un sensato. Usted ha sido un cobarde que por conveniencia política de partido y por su propia*

conveniencia personal ha sido incapaz de hacer lo único que tenía que hacer, que, ¿qué tenía que hacer? lo que le preguntaron el día de ayer aplicar el artículo 155. Todos los consejeros que han participado en una acción ilegal, dos veces prohibida por el Tribunal Constitucional, a petición suya, suspenderlos de inmediato, y si tiene usted que meter a la Guardia Civil ahí pues va ahí y la mete" "Pues usted ya es colaborador necesario en el golpe de Estado catalán". (Es la mañana de Federico. Federico a las 7: Para Rajoy no se ha celebrado el 9N. 13.11.2014 -Esradio.libertaddigital.com).

6) El líder de Ciutadans, Albert Rivera, ha criticado hoy la pasividad del Gobierno y la Fiscalía al permitir la celebración del proceso participativo del 9 de noviembre, y ha avisado de que "ahora ya van tarde" en su querella contra el presidente de la Generalitat, Artur Mas. Rivera critica la pasividad del Gobierno y la Fiscalía en el 9N y avisa que *"van tarde".* 18.11.2014 - Eldiario.es.

7) Sra. Díez.- Señor Presidente, el refranero se me queda pequeño: *"A dónde vas, manzanas traigo"; "vamos a contar mentiras, tralará"...* No sé por dónde empezar.

Pero, en fin, con estos antecedentes, no sé de qué me sorprendo. Consulta en Cataluña, diciembre de 2013: "esa consulta no se celebrará. Eso está fuera de toda duda". Pues se ha celebrado, está fuera de toda duda que se ha celebrado. Enero de 2014: "la consulta no se celebrará mientras yo sea Presidente". Pues la consulta se ha celebrado y usted --no hay más que verle-- sigue siendo Presidente, y se ha celebrado de la peor de las maneras: sin garantías jurídicas ni garantías democráticas.

Presidente, en palabras de Metternich, *"la mentira no está permitida si alguien nos pregunta lo que tiene derecho a saber".* Los españoles teníamos derecho a saber lo que usted iba a hacer para proteger a los ciudadanos de Cataluña de las agresiones de un Gobierno decidido a declarar extranjeros a la mitad de sus conciudadanos. Y se lo preguntamos, yo misma se lo pregunté, muchas veces, y usted no dijo la verdad. Usted nos engañó.

Ahora que Artur Mas ha decidido que acelerará el proceso independentista buscando impunidad ante la Justicia, usted tampoco nos dice la verdad.

A mí me gustaría preguntarle, pero para qué le voy a preguntar si tampoco me va a decir la verdad; si usted ha demostrado que no tiene capacidad para decir la verdad. Además, estamos ante un problema que es enormemente grave, porque tenemos delante a un personaje, al muy denunciado, en vez de muy honorable, presidente Mas, que sabe lo que quiere, y usted, como me dice un amigo, está en *"stand by"* o, por decirlo de otra manera, no da señales de vida.
Así es cómo estamos, Presidente, y esto es absolutamente lamentable. Usted nos ha engañado, no tiene capacidad para decir la verdad. No sé si es que no sabe, no quiere o no puede, pero lo cierto es que ha engañado a los españoles y sabemos, todos sabemos, yo también, que no podemos fiarnos de usted. (Palabras de la portavoz de UPyD, Rosa Díez, durante la sesión de control en el Congreso de los diputados, 26.11.2014).

2.2.10. De la cobardía frente al separatismo catalán

Y sobre las causas y consecuencias del separatismo en Cataluña, nos interesaría saber, ¿cuáles son las causas que el separatismo haya podido tomar el poder en Cataluña? La razón fundamental se debe a la pérdida del poder político e ideológico de lo que es la noción de Nación-Estado, o patria-España en dicha Comunidad.

Y si quien conduce la política general o el ejercicio del poder del Estado es el Gobierno, pues éste, irremisiblemente, es el gran y principal culpable de que el separatismo haya tomado el poder en Cataluña. El Gobierno ha sido elegido para encargarse de crear y desarrollar las políticas oportunas y necesarias que beneficien al país y para velar la eficiencia del Estado, para obedecer la Constitución, etc., Y este Gobierno y los anteriores en política interna frente al separatismo las han ignorado, se han definido como *"sordos", "ciegos", "mudos" y tullidos".* Propiciando con ello la inseguridad, la arbitrariedad y el desgobierno en Cataluña y la anarquía en el Estado, incurriendo en un grave delito doloso contra el Estado.

¿Cuándo se ha visto en un país, cualquiera que fuere en el mundo, en donde un poder Ejecutivo que representa a una comunidad autónoma esté por encima del poder Ejecutivo de un Estado central o constitucional? Pues este principio de carácter absolutamente contradictorio, inconcebible, e inaudito, sólo es posible en España, en donde a nuestra vista se produce un proceso de secesión, organizado por el Generalidad de Cataluña, del poder Ejecutivo autonómico catalán, que se enfrenta a su propio Estado, al poder Ejecutivo nacional, central o español (sin que podamos precisar con el término adecuado, puesto que la misma Constitución no lo precisa sobre el modelo de estado español, no así la Constitución anterior de 1931 que lo denominó *"Estado integral"*), y que ya de por sí y no hay argumento que sostenga lo contrario, ni por complejidad ni por envergadura, que estamos ante un estado de sedición y aún paso de la rebelión, como lo contempla la propia Ley Orgánica 10/1995, de 23 de noviembre, del Código Penal:

TÍTULO XXI. Delitos contra la Constitución - CAPÍTULO PRIMERO. Rebelión. Artículo 472.- *Son reos del delito de rebelión los que se alzaren violenta y públicamente para cualquiera de los fines siguientes: 5.º Declarar la independencia de una parte del territorio nacional.*

Esta línea roja que se puede rebasar, me recuerda algo así como la Rebelión cantonal durante la Primera República, entre 1873 y 1874, ¿lo recordáis?

2012:
- "El presidente de Convivencia Cívica recuerda a la consejera de Enseñanza que su actitud, sin cumplir las leyes, "es prevaricante" ya que incumple las sentencias del Supremo a sabiendas. Antonio Roig, de la Asociación por la Tolerancia, acusa al Gobierno de no intervenir para no molestar a los partidos nacionalistas". (Ya son"1.000 padres" los que han solicitado una enseñanza bilingüe". Vozbcn.com / 15.09.2012).

- El Gobierno estudia pagar colegios privados en español en Cataluña en vez de hacer cumplir las sentencias a Mas. Vozbcn.com. 03.10.2012.

2013:
- Rajoy habla de "dinero" con Mas para evitar la consulta. Rajoy ya negocia con Mas: "Quieren más dinero y en esas estamos". Libertaddigital.com.10.09.2013.

2014:
- Wert cede ante el País Vasco y modifica la Lomce: el euskera, intocable. Libertaddigital.com. 29.09.2014.

- Vox llama a acabar de una vez por todas con el 'España nos roba' o 'ser catalán es diferente a ser español' que esgrimen desde Cataluña aquellos que apuestan por el proceso soberanista. Para ello, considera que el Gobierno de Mariano Rajoy *"tiene que poner todo el poder del Estado y todo su esfuerzo para ayudar a que los españoles en Cataluña no se sientan solos"* y dejar ya de hacer *"fuego pusilánime, por no decir cobarde"* a aquellos que quieren la independencia, así como de abrir los ojos ante esta situación y no ser *"miopes"*.

"No se puede consentir que esgrimiendo argumentos espurios o absurdos se pretenda saltar la Constitución por la puerta de atrás". Así lo afirma en una entrevista a El Boletin.com, José Luis González Quirós, vicepresidente de Vox y candidato a las elecciones europeas del domingo, ante el pulso que mantiene el Ejecutivo central con la Generalitat.

Para González Quirós el problema no es nuevo, ya que *"en España los gobiernos anteriores han sido demasiado débiles con estas decisiones"* y han concedido *"más concesiones que las recomendables, primero a los violentos"*, lo que ha hecho que se haya *"exacerbado las peticiones de otros"*. De ahí que insista en la necesidad de *"evitar que esa minoría (la que apoya la independencia) se haga con el poder y aplaste los sentimientos del resto de ciudadanos de Cataluña que no son separatistas"*.

(Vox acusa a Rajoy de mantener una actitud *"pusilánime, por no decir cobarde"* con Cataluña. G. García / Elboletin.com / 23.05.2014).

2.2.11. De la cobardía por miedo a una guerra civil

El Gobierno central y la clase política reinante saben muy bien del respaldo de una gran mayoría social en la Comunidades rebeldes como Cataluña hacia el proyecto separatista. El Gobierno central no tiene el valor de enfrentarse a las Comunidades rebeldes, eludiendo la confrontación frontal, ya que teme a que se produzca la desobediencia civil, por un lado de los seguidores del separatismo y, por otro lado, de una encendida sociedad española frente al separatismo. Y la única alternativa como estrategia que utiliza para plantarle cara al separatismo es persuadir y convencer a las Comunidades rebeldes a través de la economía. El creer que a través de la economía se resolverían los problemas sociales y por ende haría posible cambiar la mentalidad de las sociedades separatistas. El creer que más población ocupada, más gente cotizando y menos paro es la vía hacia el cambio de la idea a favor del separatismo en la sociedades rebeldes. El creer que el conflicto –que puede revertir el Proceso Soberanista-, se solucionaría dando más dinero y autonomía a las Comunidades rebeldes. Y es así cómo este Gobierno y Rajoy creen que van a ganar la batalla al separatismo.

No hay respuesta política a un problema político. No hay respuesta social a un problema social. Creyendo que afrontar el problema de las Comunidades rebeldes como Cataluña se resuelve con una respuesta económica, esquivando así -conscientemente-, el problema real a los que se enfrenta España que no está muy lejos de su ruptura.

"Me voy a empeñar en solucionar los problemas de los ciudadanos de Cataluña, pero no cuenten conmigo para hablar de la unidad de España, ni de la soberanía nacional, ni de la igualdad de derechos entre españoles ni de los derechos fundamentales", Mariano Rajoy, 24.02.2015.

El Gobierno central sabe muy bien que no cuenta con una base social y cívica –esencial de una ciudadanía activa-, de apoyo para enfrentarse al enemigo del separatismo. Tómese en cuenta que la no actuación del Gobierno central de Mariano Rajoy para enfrentarse al 9N (la consulta separatista celebrada el 9 de noviembre de 2014 en Cataluña) se debió debido entre otras causas a la no existencia de una base social y popular que sirva de apoyo y que asegure el enfrentamiento frontal a las Comunidades rebeldes. Una vez más, el Gobierno central no tiene ninguna voluntad de intervenir en las Comunidades rebeldes, por temor a provocar el levantamiento civil-urbano, la movilización y la rebelión de tales Comunidades y que resulte, por ende, en beneficio de éstas.

Llama la atención a esta altura del siglo XXI que España, a pesar de que cuenta con el Organismo estatal el Centro Nacional de Inteligencia (CNI), encargado de conocer e informar al Gobierno de aquello que pueda afectar a la seguridad, estabilidad y defensa del Estado ¿exista aún dificultad para actuar? ¿Incapacidad, indiferencia, negación, justificación...?

El Gobierno de España ha desarrollado la "Estrategia Nacional de Seguridad, que dio a la luz el 24 de junio de 2011, con la creación de la Estrategia Española de Seguridad (EES), aprobado por el Consejo de Ministros. Pero, viendo los resultados en el conflicto existente entre las Comunidades rebeldes separatistas y España ["Cataluña es hoy una comunidad autónoma en estado de rebeldía, donde no rigen las sentencias del Tribunal Supremo, se retiran los símbolos constitucionales, se anuncia el incumplimiento de las leyes y se da por sentado que el Jefe del Estado ya no reina en ella",[84]] la presencia de la EES no tienen ningún valor ni efecto positivo.

Estrategia Nacional de Seguridad

"Garantizar la seguridad de España y de sus habitantes y ciudadanos es responsabilidad esencial del Gobierno y del

conjunto de las Administraciones Públicas. También de la sociedad. La seguridad es hoy responsabilidad de todos".

"La política de seguridad estará basada en seis conceptos básicos (Capítulo 1):

- Enfoque integral de las diversas dimensiones de la seguridad.
- Coordinación entre las Administraciones Públicas y con la sociedad.
- Eficiencia en el uso de los recursos.
- Anticipación y prevención de las amenazas y riesgos.
- Resistencia y recuperación de sistemas e instrumentos.
- Interdependencia responsable con nuestros socios y aliados."

(Estrategia Española de Seguridad (EES). Defensa.gob.es).

A lo mejor el Gobierno el Gobierno central se le debería de impartir una clase de estrategia recibida de las enseñanzas del libro de Sun Tzu, el Arte de la Guerra, que *"inspiró a Napoleón, Maquiavelo, Mao Tse Tung y muchas más figuras históricas"*,[85] para responder con eficacia al desafío separatista.

"El que conoce el arte de la aproximación directa y de la indirecta resultará victorioso". Ése es el arte de la maniobra". Sun Tzu, El arte de la guerra.

"Atacar a un enemigo poderoso y unido directamente es una invitación al desastre. La estrategia de sitiar el reino de Wei para salvar el reino de Zhao aboga por una confrontación indirecta. (...).

"La estrategia de sitiar Wei para salvar Zhao actúa apoyándose en la relación yin-yang entre la acción directa y la indirecta, la concentración y la división, lo sólido y lo vacío. Puede significar concentrar las propias fuerzas para golpear el punto más débil del enemigo, aprovechándose de

los fallos del adversario, resolviendo un problema mediante la concentración en un aspecto que parece tangencial pero que en realidad es la clave, o desviando un problema sobre otra circunstancia u otra persona.

"Mao Tse Tung practicó frecuentemente esta estrategia en la Guerra civil china. Cuando el ejército de Chiang Kai-shek avanzaba hacia la zona comunista. Mao enviaba tropas a donde menos se esperaba: justo en medio del territorio controlado por el Kuomitang". (Págs. 26, 28. Las 36 estrategias chinas. Gao Yuan. Editorial EDAF. S.L. 1995).

2.3. Posición teórico-político de la clase intelectual y de los medios de comunicación frente al separatismo

2.3.1. La inacción y el desinterés de la clase intelectual

"La ciencia enseña el amor á la verdad, el respeto al hecho, el culto á lo que es verdadero, por insignificante que parezca; el odio al embuste y á la falsificación; la ciencia es la gran escuela, la escuela acaso insustituible de la sinceridad. Y la labor patriótica de los formados en tal escuela es educar al pueblo en el amor á la verdad y el odio á la mentira. [...].

"Nada corrompe más á un pueblo que la Ciencia falsificada para servir á sus prejuicios, sus pasiones ó sus intereses bastardos. Se ha envenenado la Historia, y se sigue envenenándola y falsificándola, para halagar la vanidad ó la soberbia de las muchedumbres; se falsifica la Antropología para lisonjear á una raza; se sofistica la Economía política para apoyar pretensiones de una clase social, y se hace sedicente ciencia proteccionista ó librecambista; se falsea la Psicología para ponerla al servicio de estas ó aquellas creencias, por respetables que ellas sean". (Miguel de UNAMUNO. Artículos desconocidos de Unamuno en la revista Mercurio. Por Manuel Mª Urrutia León. Localización: Revista de Hispanismo Filosófico, ISSN 1136-8071, Nº. 8, 2003, págs. 61-74).

El eje central para que el pensamiento teórico-político del concepto de España, como Nación, directamente debe de recaer en las manos de los intelectuales y de los medios de comunicación. Basta con mirar cómo el eje central del separatismo recae en las manos de los intelectuales y de los medios de comunicación en Cataluña y en el País Vasco, para encontrar las razones que este es el camino que debe de seguir el nacionalismo español. ¿Acaso no existe una legión de intelectuales en Cataluña y en el País Vasco en donde actúan adoctrinando políticamente a los niños en las escuelas en pro al separatismo, con el amparo de sus gobiernos autonómicos, favorecidos por la indiferencia del Gobierno central?

Una guerra que se vive hoy en día se requiere un compromiso político-social y académico en especial de los intelectuales. Y ese compromiso debe ser continuo y no aventurero ni esporádico, ni el hacer la de Pilatos (el desatender y no asumir las consecuencias), como así se advierte en Julio Camba, Mario Vargas Llosa, Pío Baroja, Miguel de Unamuno, Josep Pla, Salvador de Madariaga, José María Gil Robles, Juan Negrín, Manuel Azaña, Andrés de Blas, Fernando Savater, Jon Juaristi, entre otros de ésta y de otras épocas.

Debemos de reconocer como una realidad que el nacionalismo y el separatismo han penetrado en las raíces de España, y se ha llegado a esto puesto que los personajes públicos de la clase intelectual (antropólogos, politólogos, sociólogos, historiadores de las culturas ...), nunca estuvieron a la altura en sus tiempos para manifestarse y tomar posición sobre la problemática de la integridad nacional, o a favor o en contra del separatismo; son los mismos de siempre de una herencia dogmática, tradicionalista y conservadora, fieles a sus cobardías, anclados en el silencio, encerrados en sus fantasías literarias, en sus compromisos e intereses políticos, sociales, intelectuales y económicos, en sus terribles anhelos de alcanzar los méritos y los títulos, pues nunca sirvieron como eco para despertar la conciencia de la sociedad civil, política, cultural y favorecer así al pueblo español.

Esa relación de la intelectualidad con España, comprometida, implicada, popular, social, política, constitutiva y rebelde que ensanche sus críticas hasta el propio Gobierno, -el principal culpable que permite con su colaboración el avance y el ascenso del separatismo-, no se concibe como una realidad presente o pasada, brilla por su ausencia. La fórmula más fácil del cobarde es siempre atacar al separatismo y no a los separadores.

Por otro lado, una posición de consenso no se logra con hechos concretos en el tiempo e individualizados; sería un acto inútil y absurdo de ser tomado en cuenta frente al avance y el ascenso cultural e intelectual de los nacionalistas y separatistas. ¿Recuerda usted cómo fue posible el avance del nacionalismo y el separatismo en Cataluña sino a través del movimiento cultural de la Renaixença (Resurgimiento) catalana, durante la segunda mitad del siglo XIX, y que fue mucho más que un movimiento literario sino político? Y también, ¿no es acaso cierto que el partido político de Podemos se construye y avanza sorprendentemente en base a la presencia en sus filas directrices de intelectuales universitarios?

Partiendo sobre la base de la tesis en donde todo movimiento cultural pronacionalista su objetivo será extenderse en la vida estatal y nacional, bien sea en el ámbito nacional u autonómico. Pues este pensamiento es muy bien conocido por los gobiernos autonómicos nacionalistas y los separatistas. Éstos ven en la cultura toda una posibilidad para crear sus pensamientos teórico-político (lo ideológico) y ser ubicado a través de los movimientos culturales. Y entienden muy bien, que el desarrollo de los movimientos culturales pronacionalistas autonómicos y separatistas van a afectar a sus Estados autonómicos y a sus Gobiernos autonómicos, produciéndose así, luego, una situación hacia el entendimiento de ambos; ambos reaccionan y ambos se corresponden. Y si este movimiento cultural pronacionalista ya le pertenece como autoría intelectual e ideológica a sus propios gobernantes autonómicos, entonces le sería más fácil convertir la conciencia nacional autonómica para así alcanzar el poder y lograr la separación del Estado nacional.

Reiteramos, en España no existe una fuerza intelectual que sea capaz de enfrentarse a la fuerza intelectual y cultural de los nacionalistas y separatistas. Por este mismo criterio, todo lo demás es vulnerable; es realmente una simple tertulia literaria, una pincelada en el tiempo, que tarde o temprano pasará por desapercibido.

> *"España no tiene cultura política, no tiene sedimento". "En España no hay pensamiento".* Antonio García-Trevijano en Radio Libertad Constituyente. *Ortega y los intelectuales.* Youtube.es. 02.10.2012.

No hay alternativa de combate frente al movimiento intelectual nacionalista-separatista. ¿Y por qué? Sencillamente, porque existe un espíritu opacado y de fondo tímido de los intelectuales y de la clase intelectual contraria a la fuerza dominante nacionalista y separatista. La razón de ello es que éstos han desaparecido de la escena, convirtiéndose en simples intelectuales conservadores y que apunta a esta actitud producto del dominio que ejerce sobre éstos el sistema político español dominante, de carácter conservador.

Sorprende cómo un sistema es capaz de paralizar y no ser capaz de crear una fuerza histórica e ideológica hacia la defensa de España.

Se dice que ante grandes problemas grandes decisiones. ¿Será capaz la clase intelectual española ausente y descompuesta apelar al deber y a la responsabilidad, por la cual juraron lealtad defender a través de la educación?¿Podrá recuperarse y coger el camino hacia la creación de un movimiento intelectual y cultural, que sea capaz de enfrentarse al movimiento cultural e intelectual de los nacionalistas-separatistas, a sabiendas que delante de sí tienen a un gran enemigo en común que es el propio sistema político dominante español, conservador y retrógrado?

¿O es que el enemigo en común no es tanto el sistema político dominante español sino que el problema radica en la propia clase intelectual y académica, que por carecer de valentía, por mantenerse en su estatus social, académico y/o económico, o favorecerse de las prebendas o de favores políticos, no sean capaces de reaccionar? ¿Será éste el motivo fundamental de su inacción? ¿O es que existe un estatus quo; es decir, que existen, diríamos, reglas y leyes ya establecidas que por tradición y condicionamiento en la universidad que no les permiten actuar?

Por otro lado, y cierto, es que cuando se trata de construir la historia de España significativamente se cae en las contradicciones, cuando cada comunidad autónoma, en especial las históricas, tratan de escribir la historia, su propia historia separadas de España. Y el resultado de ello, es que no exista un cuestionamiento que lo afronte, o reconociéndola o negándola, que parta del propio Estado español, a través de su organismo competente y por qué no, hasta de las mismas instituciones universitarias de su clase académica y de intelectuales que, al poseer autonomía y libertad, sólo bastaría lo necesario, para presentar lo que es histórico de lo seudohistórico. ¿Acaso ante una ordenanza municipal contra aquellas actividades gregarias incívicas como lo es los botellones, que se prohíbe, las autoridades institucionales universitarias a la cabeza de su Rector, no son capaces de evitarlas? En cuanto a poder, pueden. Pero éstos ni la condenan, ni las prohíben. Optan por la indiferencia, por el camino fácil de no afrontar el problema, ya que no constituye un peligro para sus intereses.

Pregunto: ¿es contradictorio hacer historia académica y hacer patria? Si es así, entonces, ¿cómo se puede construir la identidad y la unidad de una nación si no es a través de la educación? Y si un ideal importante es la patria, entonces, ¿no es acaso una realidad que su existencia esté vinculado con la unidad de una nación, por lo tanto exigible de ser tratada como disciplina de estudio y articulada con la educación? ¿No es acaso cierto que el Consejo Audiovisual Catalán (CAC) es un órgano estatal de control ideológico que propaga y difunde consignas soberanistas hacia los ciudadanos catalanes? ¡Qué equivocado está el historiador Fernando García-Sanz al pretender desasociar historia con patria! Sepa usted que el patriotismo va ligado a la cultura, a la historia, a los valores, a los afectos nacionales. El historiador que mantenga activa la historia de España la vida nacional se inquieta, se enriquece y renace, si está muerta, el sentimiento de Identidad Nacional.

- *"En los últimos años, se exige a los historiadores algo tan contradictorio como hacer historia académica y hacer patria"*, señala García-Sanz. *"Es algo bastante difícil de conciliar, que ha derivado en una auténtica guerra de la historia que pone de relieve la vigencia de la frase orwelliana de que quien controla el pasado, controla el futuro"*, añade.

Para evidenciar el alcance de la manipulación de ese pasado y su complejidad, los autores describen el amplio abanico de opciones políticas, sociales y de identidad que se han desarrollado bajo el mismo navarrismo: una liberal, dividida en sus relaciones con el nacionalismo vasco (colaboración o enfrentamiento), otro navarrismo conservador, un tercero republicano e incluso un cuarto grupo, el de los éuskaros o napartarras, que también reivindicaron el término. (*Un estudio académico destaca los vínculos del navarrismo contemporáneo con el franquismo* - Academia y patria por Mikel Muez, 18/09/2002, diario digital Elpais.com).

- El Círculo de Estudios Soberanistas es un organismo que trabaja en la confección de un argumentario jurídico que explicite la viabilidad del proceso de independencia de Cataluña. Presidido por el magistrado Alfons López Tena y el escritor y profesor de derecho Héctor López Bofill, no se encuentra ligado -de forma querida- a ningún partido político, a pesar de que el grupo estaría dispuesto a colaborar con los partidos políticos que han defendido lo derecho a la autodeterminación: CiU, Esquerra Republicana de Cataluña y ICV. El grupo se autodefine como un 'brazo intelectual y académico' de un movimiento que pretende implicar toda la sociedad, tanto dirigentes políticos como empresariales y sociales. (*Círculo de Estudios Soberanistas*. Wikipedia, 08.04.2013).

- *"El campo intelectual es por definición la conciencia. Un intelectual que no comprenda lo que pasa en su tiempo y en su país es una contradicción andante."* Rodolfo Walsh. (*Frases de Rodolfo Walsh* del portal Frases y Pensamientos, Frasesypensamientos.com.ar).

- *"Un intelectual, para mí, es esto: alguien fiel a un conjunto político y social, pero que no deja de cuestionarlo"* Jean-Paul Sartre. (*Frases de Jean Paul Sartre* del portal Frases y Pensamientos, Frasesypensamientos.com.ar).

2.3.2. La inacción y el desinterés de los medios de comunicación

Los medios de comunicación deben de contribuir a la formación cultural ciudadana y ayudar a construir identidad nacional.

¿Y qué hay sobre los medios de comunicación en España? Es conocido que los medios de comunicación en España como empresa se encuentren politizados. Y actúan bajo el control de los grandes intereses económicos y políticos.

"¿Cree que existen medios de comunicación libres en este país?"

"Ni uno solo. Los medios de comunicación no tienen más remedio que mentir sobre cuestiones esenciales para sobrevivir porque los medios de comunicación no son más que la expresión del poder político oligárquico de los partidos estatales."

(Antonio García Trevijano en una entrevista en exclusiva para Diario El Aguijón nos muestra su punto de vista acerca de la actualidad de la política española. Por Ignacio Ortiz.

Entrevista a Antonio García Trevijano - "La reforma ha fracasado antes de empezar". Ateneonavalcarnero.blogspot.com.es).

Los medios de comunicación, entendida como empresa, se han institucionalizado políticamente al servicio del poder político y el económico. Viven de la conveniencia. En donde, por una parte están aquellos medios de ámbito nacional que no están implicados a favor del nacionalismo español, bien sea radio, televisión, prensa escrita e internet y, por otro lado, están aquellos medios, los autonómicos, que se encuentran en poder de los gobiernos autonómicos nacionalistas y separatistas, y que actúan como portavoces de estos, y que a su vez son financiados por estos gobiernos.

Hay medios de comunicación, de ámbito nacional, que están comprometidos con el Gobierno central; mientras que hay otros medios, de ámbito nacional, completamente contrarios al Gobierno central y que forman parte o son partidarios del partido político contrario al quien gobierna el país, como es el caso del PSOE. Como vemos, ambos, están supeditados a los intereses partidistas del poder. Y es una constante que se vive década tras década, inexorablemente en una lucha por precederse en el poder. Puestos así a disposición del poder político. Del mismo modo, encontramos en estos medios de comunicación de ámbito nacional, que influenciados por el poder político, totalmente se encuentran cubiertos bajo una línea periodística conservadora.

Es desde luego muy censurable la actitud de los medios de comunicación (como empresa) de ámbito nacional que se han convertido en protectores, guardianes, garantes y voceros del Gobierno de turno. Y que no están por la causa de los intereses nacionales, y que no se identifican ni se comprometen por los intereses de España.

Y es así cómo los medios de comunicación, de ámbito nacional, mantienen una trayectoria constante y de uniformidad, desde la

Transición, un perfil bajo y discreto ante una realidad sumamente grave que afecta a toda España.

Por otro lado están los profesionales que trabajan en los medios de comunicación, los periodistas, que no podemos dejar de precisar que son también corresponsables por el simple hecho de que han contribuido a oscurecer la verdad, que han interpretado según sus necesidades, y que han sido auxiliares inexcusables al servicio de la empresa que controlan la información; quien le confiere el poder pero bajo ciertas condiciones. Resulta relevante que no exista el honor en el periodismo, en donde prima el menoscabo a la dignidad como periodistas y redactores. En donde actúan bajo presiones y decisiones de los medios (como empresa). En donde están entregados a los intereses de los medios por conveniencia, con ello, son partícipes de la desinformación, lo cual es manipulación. Eh aquí una de las razones de por qué no se denuncia la manipulación de los medios, no existiendo una protesta masiva y contundente de los profesionales del periodismo contra estos manipuladores (los medios de comunicación como empresa). Desde luego, esta realidad no beneficia en nada a los intereses de España, por el contrario la menoscaba.

Una de las características particulares en una tertulia política televisiva, en donde tal medio de comunicación dice estar a favor de España, al tratar sobre el tema del separatismo, hay una práctica muy habitual: siempre comparecen los mismos invitados tertulianos, siempre las críticas se vuelven reiterativas año tras año, siempre se repite una y mil veces las mismas respuestas como crítica, siempre llegan a confusiones entre ellos mismos, siempre es el ataque entre unos a otros tertulianos, puesto que comparecen los antagónicos, los simpatizantes o políticos del PP y el PSOE, del mismo pelaje y condiciones, siempre se presenta el problema de no centrarse en el tema, y siempre aparecen las bromas y los chistes y los momentos divertidos y los gritos. Y los aplausos de los concurrentes.

Y nunca aparecen como invitados en tales tertulias televisivas pro-España, académicos, asociaciones e instituciones académicas de historia, de la ciencia política, de la filosofía, o movimientos u organizaciones políticas, o colectivos a favor de España, etc. Y nunca se pretende que el televidente pueda al final de la tertulia extraer una conclusión productiva. Y nunca son capaces de expresar los conceptos con propiedad, frente a un tertuliano separatista, que con sagacidad y trampas destruye al tertuliano proespañol. Y nunca son capaces de mayores esfuerzos ni imaginación, de análisis en profundidad.

Por lo tanto, las tertulias no dejan de ser irrelevantes, mediocres, vergonzosos, ridículos, "un paseo a la bandera".

¿Será posible algún día una tertulia bien dirigida, seria, culta, reflexiva, educada, respetuosa, de sentimiento nacional, como la francesa en las tertulias de radio o televisión pro españolas?

Los medios de comunicación siempre han estado presentes como un poder más en la vida nacional de un país y que por lo tanto no pueden ser ignorados.

Y resulta relevante el papel que debe de cumplir los medios de comunicación, aquellos de ámbito nacional. Que ante un Gobierno que carece de sentido, sin criterio político, e intrínsecamente reducido y desviado de la naturaleza del problema que nos presenta el nacionalismo y el separatismo y, si se entienden del avance y el ascenso de grave magnitud que representa el separatismo en España, a tal punto que es posible su ruptura, pues implica necesariamente romper con el yugo de quien confiere el poder y de aquél que la condiciona y, en consecuencia, actuar con libertad como prensa y libertad como empresa.

El sentido y la práctica de los medios de comunicación, no sólo debe de cumplir una función informativa de los hechos que ocurren, de lo que hace el Estado y el Gobierno y lo que hacen los gobernantes y movimientos separatistas, sino atacar con energía los fundamentos y el ejercicio de poder de estos; sobre quienes dirigen, sobre sus gobiernos y organizaciones, puesto que claramente son los enemigos de España.

No debe de limitarse en el ejercicio de la función meramente informativa. Debe de cumplir con un deber social-político, una función social-política constructora. Por lo tanto, es de su obligación informar, transmitir conocimientos y llegar con ello a la reflexión de la opinión pública que posibilite la reacción y la movilización de la sociedad y del pueblo español frente a la realidad del nacionalismo y separatismo. Y lograr los efectos que posibilite despertar la conciencia de la sociedad española para que salga de su letargo. Y ser un buen referente para alertar del peligro y de la gravedad del separatismo.

Por lo tanto, no puede hacerse a un lado con la crítica o de una simple crítica, cuando hay evidencias suficientes que el Gobierno central no está cumpliendo con responsabilidad sus funciones ante el nacionalismo y el separatismo que avanza y va en ascenso en varias comunidades autonómicas, cayendo en el inmovilismo. Y no pueden ocultar la evidencia, como lo están haciendo, sin condenarla lo suficiente que permita mover los cimientos del poder, como los hechos gravísimos ocurridos el 9 de noviembre de 2014, ante la consulta soberanista catalana, donde se ha cometido un acto de sedición de parte del Gobierno catalán. Y, por último, no pueden caer ante los acontecimientos presentes y pasados del movimiento separatista como una simple información sensacionalista y situarlas como un asunto de periodicidad, y limitarla en el tiempo, que vemos que se comete sin cesar. Y pretender esquivar la atención de la sociedad española priorizando sobre acontecimientos mediáticos, convertidas en noticias de primera línea, como es el caso de la enfermera infectada por ébola, cuando el perro, Excálibur, de la enfermera de ébola fue sacrificado, cuando el apodado "pequeño Nicolás" puso en vilo al poder de España, cuando la tonadillera Isabel Pantoja fue condenada a prisión, cuando se sientan en el banquillo personalidades del ámbito político, social y económico, en los casos `Bárcenas´, `Tarjetas B´, `Brugal´, `Palma Arena´, `Gürtel", `RTVV´, `Fabra´, `Cooperación´, `La Fabriquilla´, etc.

Y partiendo de esta realidad, se crean las condiciones oportunas para que el nacionalismo y el separatismo actúen libremente, a sabiendas que no hay nadie quien responda a los intereses del soberano español.

- Lamentablemente, muchos medios de comunicación social se prestaron a este juego de circularidad viciosas: el poder compra Persuasiones; el dinero busca al Poder. Y en esta dinámica corrupta el ciudadano es el gran ausente: ni la mujer ni el hombre de a pie nos sentimos representados en el Poder, el Mercado o los medios de comunicación: El derecho a la libre expresión e información se convierte, por vía de hechos, en un derecho de los propietarios de los medios quienes monopolizan la información y de otro lado no se sale del círculo político de influencia, de ahí que haya tenido tanto desarrollo el marketing y la comunicación políticas en los últimos tiempos. (Derecho de la información: Una perspectiva comparada de España e Iberoamérica, escrito por Julián Rodríguez Pardo, Librería-Editorial Dykinson, 11/11/2011, página 225).

- En la sociedad actual, los medios de comunicación se han convertido en uno de los actores principales de la esfera política, en la medida en que suponen el punto de encuentro entre los partidos políticos y el ciudadano elector. Tanto es así que algunos autores hablan de "democracia centrada en los medios" (Swanson, 1995), donde éstos ocupan un papel central para el discurrir político. Esta centralidad viene dada por una doble vertiente; por un lado, los partidos (y el Gobierno) necesitan de los medios de comunicación para llegar a los ciudadanos, que son, en última instancia, quienes les confieren el poder; por otro lado, los ciudadanos requieren de la existencia de los medios de comunicación para conocer aquella parte del mundo que les rodea y a la que no pueden acceder directamente. Ante esta situación, la audiencia se ve obligada a confiar en los medios de comunicación para que éstos les construyan la realidad, pero también esperan de ellos que actúen como elemento de control denunciando los abusos de poder y malas prácticas políticas. Por tanto, la manera en que éstos construyan la realidad es uno de los factores que influyen en la formación de la opinión de los ciudadanos y, en último término, en la formación de la Opinión Pública.

(…)

- Escaso desarrollo del mercado periodístico, provocado por el tardío desarrollo industrial del sur de Europa y, en el caso de España, habría que añadir la ausencia de una libertad de prensa por la dictadura. La consecuencia son unos reducidos índices de lectura (78 diarios por cada mil habitantes en 2010 en España) y una prensa dirigida sobre todo a las élites.

· Altos niveles de paralelismo político, entendido éste como la relación que se establece entre los periodistas y la clase política. Aunque en España ya no existe la prensa de partido, unos y otros mantienen una estrecha relación, de manera que los medios se estarían convirtiendo en el "referente ideológico" del partido afín (González, 2008).

· Escasa profesionalización[ii] y autonomía de los periodistas, originadas en el caso español por el tardío comienzo de los estudios de formación, la falta de poder real de las asociaciones profesionales y un conjunto de problemas genuinos de la profesión.

· Intervención del Estado en los medios de comunicación, que en España se produce de manera directa (propietario de radio y televisión pública) e indirecta (encargado del reparto del espectro radiofónico y licencias audiovisuales).

(I. Introducción. Los medios de comunicación en las democracias actuales. La corrupción política en los medios de comunicación españoles: Un estudio del caso Gurtel (2008-2011). Publicaciones - Circunstancia. Año X - N° 29 - Septiembre 2012 - Artículos. Por Palmira Chavero. Fundación José Ortega y Gasset-Gregorio Marañón / Ortegaygasset.edu).

2.4. Posición político-social de la sociedad española frente al separatismo

"La primera vez que me engañes la culpa será tuya, la segunda, será mía"
Proverbio chino.

Marcha histórica y multitudinaria en Madrid por la unidad nacional de España. Al menos cientos de miles de españoles salieron a las calles de la capital de Madrid arropados con banderas españolas para protestar entre gritos ¡Basta ya! ¡Por la unidad de España!, ¡España una!, ¡No pasarán! ¡España en pie por la unidad! ¡Sin cobardías ni inmovilismos! ¡No al secesionismo! etc. Surgiendo así voces de rechazo e indignación contra el separatismo, contra los separatistas y los separadores.

Esta misma concentración multitudinaria se realizó en Madrid y en otras ciudades autonómicas. Y diríamos que fue una jornada histórica, sin precedentes, de movilización en toda España, ya que se convirtió en la mayor movilización jamás registrada en el país para defender a España. Siendo convocada por colectivos, plataformas y asociaciones ciudadanas apartidistas, unidos en un solo frente AVT, DENAES, HAZTEOIR, Constitución y Libertad, Unidad y Diversidad, Círculo Balear, Asociación por la Tolerancia, Libres e Iguales, Todos Somos Cataluña, etc. Y conjuntamente con partidos políticos o asociaciones políticas como el PP, PSOE, Unión, Progreso y Democracia (UPyD), Ciutadans (C's), Vox, la Falange Auténtica, etc.

Era inminente tal movilización social y política provocada por la fuerte presión recibida ante el avance y la envergadura del separatismo hacia límites insospechados y por la cobardía y el inmovilismo del Gobierno central sin precedentes en la historia política de España, que hizo posible la respuesta contundente de la ciudadanía española.

Señores, ¿se puede pensar que esta información sea verdadera y que los hechos ocurrieron en España? Si sabemos que la ciudadanía española, parte de sus objetivos no es identificarse por la unidad de España, como así sabemos por experiencia y por conocimiento, por lo tanto, no se puede afirmar ni aceptar que esta movilización multitudinaria se haya llevado a cabo en España. Pues, ante esta premisa (Idea que se toma de base para un razonamiento), podemos afirmar que tal noticia es falsa, ya que nunca tal manifestación ha ocurrido.

Recordemos que después del anuncio de la muerte de Osama Ben Laden, (02.05.2011) en Estados Unidos salió a relucir el orgullo estadounidense, e invadido por la euforia se llevó a cabo una multitudinaria concentración en diferentes lugares de Estados Unidos. Y recordemos aquella manifestación histórica en toda Francia (11.01.2015) para repudiar el atentado a la revista Charlie Hebdo y los ataques posteriores, en donde se movilizaron más de cuatro millones de personas, una manifestación similar a la de 1944 cuando París fue liberada de la ocupación nazi en la Segunda Guerra Mundial, una muestra más de la unidad, del carácter y de la identidad del orgullo francés por la Francia. "Nada puede dividirnos, nada puede separarnos", "la unión de todos en todas las formas: esa debe ser la respuesta", "Nuestra mejor arma es la unidad", "Francia está en estado de shock por este ataque terrorista. Hemos de mostrar que somos un país unido, y voy a actuar con firmeza en los próximos días y semanas". (07.01.2015). "Les llamo también a la unidad. Ya me expresé así delante de los franceses, es nuestra mejor arma. La unidad significa que tenemos que demostrar nuestra determinación a luchar contra todo aquello que nos pueda dividirnos... No dividirnos significa que no podemos hacer ninguna amalgama, no podemos dar ninguna facilidad... por último tenemos que movilizarnos... ¡Viva la República y viva Francia!" (09.01.2015). (Comparecencia del presidente François Hollande, Palacio del Elíseo, París, tras el asalto a la imprenta y a la tienda judía).

Recordemos una reacción cívica que avergüenza a España

"Más de 3,5 millones de personas, de los que 1,5 millones en París, participaron en la marcha republicana de homenaje a las víctimas de los atentados de la semana pasada". "Le Figaro", "Somos un pueblo", "un impulso magnífico". "Libération", "Ayer el pueblo de Francia se levantó". "Soy Charlie, soy judío, soy policía, soy francés, soy libre". "Le Parisien", "el debate sobre el refuerzo del arsenal antiterrorista se ha relanzado en Francia y en Europa" y añade que está en pie "el desafío de la unidad nacional". "Les Echos". (La prensa francesa destaca la reacción popular a los ataques terroristas. Abc.es. 12.01.2015).

Una reacción así de patriótica de la sociedad francesa es imposible hoy en día en España. Y no hay que ir más lejos del camino espiritual que es Rusia para los rusos, un pueblo único y unido. Rusia es un significado sagrado y muy importante para los rusos.

El ministro del Interior ruso, Vladímir Kolokolzev, ordenó la noche del domingo una movilización general de los órganos de orden público en la capital rusa después de que una enfurecida multitud formada por nacionalistas rusos y simpatizantes de estos asaltaran, quemaran y destrozaran un centro comercial y un almacén mayorista de verduras en un barrio del sur de la ciudad —Biriuliovo Occidental—, donde residen muchos forasteros e inmigrantes. Esta mañana, un total de 1.200 personas han sido detenidas e interrogadas por la policía en una nueva redada masiva en el barrio, según informó la agencia Interfax.

- Los asaltantes, que llevaban banderas rusas, iban en busca de un ciudadano, supuestamente oriundo del Cáucaso, al que consideran sospechoso de haber matado a un ruso de una puñalada el pasado 10 de octubre. (Una turba nacionalista asalta un barrio de Moscú para vengar el asesinato de un ruso. Internacional.elpais.com. 13.10.2013.

Véase a tal extremo de la desgracia que ha caído el pueblo español, que sin valor ni valentía, aún no se pueda presentar ningún marcha histórica ni multitudinarias como recuerdo y homenaje ante los 400 muertos de la guardia civil por ETA, y del total de 2.472 actos terroristas (según informe de la Policía Nacional, enviado al juez Javier Gómez Bermúdez, -noticias 02.02.2015-) en medio siglo que se constituyen por genocidio y delitos de lesa humanidad no haya existido aún una manifestación por ellos en España, por el contrario los Gobiernos españoles negociaron con ETA y maltratan a las víctimas, y sus pueblos se callaron y fueron indiferentes ante la sanguinaria actuación de ETA. Éstos –pueblo español y gobiernos- nunca entenderán el mensaje ni el significado que encierran la actitud del pueblo francés y sus gobernantes; simplemente, esquivan sus responsabilidades y el compromiso cívico por España. Véase cómo Francia impulsa el orgullo francés entre sus ciudadanos: "Nuestro primer objetivo es hacer que se conozcan mejor los valores de la República", "El segundo objetivo, añadió, será "cultivar el orgullo de ser francés" y el respeto a los símbolos de la República, y el tercero, "reforzar la integración de los extranjeros", para lo que se pondrá el acento en los valores de la República o el conocimiento de la lengua francesa." Así lo anunció el primer ministro galo, Francois Fillon. (08.02.2010).

Entonces, ¿cuáles son los asuntos por los que se manifiestan los españoles? Las razones por las que se manifiestan los españoles ahora como antes, es por asuntos económicos y sociales (como el paro, el desempleo, la sanidad, la enseñanza, el orgullo gay que es un asunto que compete a todos, contra las políticas y legislaciones del Gobierno central y las autonómicas, y seguidos de los problemas vecinales y por triunfos deportivos.

- Miles de personas piden en 40 ciudades de toda España 'pan, trabajo y dignidad', 29.11.2014 – Elmundo.es.

- 51.500 personas han asistido esta tarde en Madrid a la manifestación del orgullo gay celebrada en Madrid bajo el lema "Por la igualdad trans". (Lynce contabiliza a 51.500 asistentes a la manifestación del orgullo gay. 04.07.2010. Noticias.lainformacion.com.

- 55.316 personas asistieron el pasado sábado a la manifestación convocada en Madrid por varios colectivos sociales en contra de la reforma de la Ley del Aborto. La manifestación reunió a 55.316 personas, según la empresa Lynce. 19.10.2009. Diariodemallorca.es.

- Javier Limón recoge 37.000 firmas para pedir la dimisión de quien decidió sacrificar a Excálibur. 03.11.2014. Lasexta.com.

- Unas 7.000 madridistas abarrotaron anoche la plaza de la diosa Cibeles, en pleno corazón de Madrid, para celebrar la Copa del Rey del Real Madrid. Miles de personas celebran en Cibeles la Copa del Rey del Real Madrid. 17.04.2014. Lasprovincias.es.

Y para ello existen organizaciones que convocan manifestaciones por la dignidad, pero por la dignidad de ser personas y no de ser español. Por los derechos humanos y en la igualdad, pero no se movilizan ni se manifiestan por la dignidad de España, que está siendo pisoteada y que necesita con urgencia ser restaurada.

Y por primera vez se produjo una manifestación (24.01.2015) para condenar las mentiras y traiciones del Gobierno de Mariano Rajoy ante las víctimas del terrorismo. La misma que fue convocada por la Asociación Víctimas del Terrorismo (AVT), bajo el lema *"No más traiciones"*. Dicha Asociación acusó al Gobierno y al partido de gobierno el PP de *"traidores"*: *"Hemos sido un referente moral y ahora nos han dejado solos"*, *"Pero aquellos que tanto prometieron, hoy que están en el Gobierno no han hecho nada"*, *"Rajoy no ha cumplido las promesas que nos hizo, como promover la ilegalización de Sortu, Bildu y Amaiur"*, *"Con este Gobierno, estamos aún peor que hace tres años"*. *"España necesita a gobernantes con "coraje democrático y claridad moral"*, que no se *"arruguen, traicionen ni se pongan de perfil"* palabras de Ángeles Pedraza, presidenta de la AVT. Debemos de puntualizar que dicha manifestación sólo asistieron cientos de personas y no como aquella marcha de 2011, que reunió a más de 19.000 personas en el centro de Madrid. Y en segundo lugar, la más importante, que dicha manifestación tuvo un objetivo claro: contra la política antiterrorista y hacia las víctimas del terrorismo, pero no por la dignidad y la integridad nacional de España, por la cual no fueron convocados. Y si esta Asociación no se implica a un acto patriótico nacional será porque no forma parte de sus objetivos, tal como lo refiere sus estatutos, que *"Fue constituida en el año 1981, con el objeto de socorrer a todas las víctimas del terrorismo del abandono y marginación del Estado"*. (Historia y fines de la AVT – Avt.org)

En cambio, si una asociación como aquella de la fundación DENAES (Defensa de la Nación Española) cuyo objetivo es promover la participación política del ciudadano español, en especial, por la dignidad de España y por su integridad nacional, convocaren una concentración contra el separatismo tengámoslo por seguro que la participación ciudadana sería la más mínima posible. Y si el acto estuviera proyectado hacia la unidad de España, los convocantes no serían capaces de mostrar su repulsa y clamor contra *"las traiciones"* del Gobierno de Mariano Rajoy, ni mucho menos los convocados responderían contra la cobardía y el inmovilismo de este gobierno. Ay que añadir además que las manifestaciones que convocan las organizaciones o fundaciones por la unidad de España, lo hemos visto, que sólo se celebran en fechas puntuales, bien sea en el Día de la Constitución Española el 6 de diciembre o en el Día de la Fiesta Nacional Española el 12 de octubre.

Y ante un hecho que ha impactado a nivel nacional e internacional, como lo ocurrido en 9 de noviembre de 2014, sobre la consulta prohibida pero llevada a cabo en Cataluña, no ha habido ninguna organización, asociación, movimiento o plataforma civil española que haya participado para clamar contra esta *"traición"* del Gobierno de Mariano Rajoy al permitir la consulta soberanista. ¿Y por qué? Porque verían que la reacción de la sociedad española sería casi nula. Y se llega a esta conclusión no participativa, no valorada, de la sociedad española contra la rebelión de los separatistas y los separadores (El Gobierno central), porque esta sociedad española padece de conciencia política y patriótica, porque está carente de identidad social asociada a soberanía, y es ajena a esta realidad.

Y ¿por qué padece de conciencia política y patriótica? ¿Por qué ha caído en el inmovilismo la sociedad española? Porque esta ha sido educada y enseñada en la cultura del miedo y de la cobardía, acabando en su inmovilismo político.

"Si un pueblo es moderado y sensato, diligentísimo guardián de la utilidad común, es justo establecer una ley que permita a tal pueblo elegir los magistrados por los que se administren

los asuntos públicos. Pero si ese mismo pueblo maleado poco a poco, bastardea el sufragio y entrega el gobierno a criminales y pervertidos, con justicia se le puede quitar a tal pueblo la potestad de dar los cargos, y entregarla al albedrío de unos pocos buenos". (De libero arbitrio, libro I, capítulo 6, Migne Latino 32,1229. Citado por santo Tomás en: S. Th., 1-2, 97, 1c).

Tomemos nota, que un acontecimiento de movilización de naturaleza política en España, como para defender la unidad de España y de la patria española, así de contundente como se presentan los nacionalistas y separatistas periféricos, pues nunca será posible, ni contundente ni masiva; como nunca será posible para el pueblo español poseer inquietudes patrióticas sobre unidad, soberanía, identidad o patria; seguirán con el tiempo condescendientes e indiferentes sobre el agravio que reciban. Seguramente, esta actitud de indiferencia continuará por mucho tiempo, el tiempo suficiente, para que la ruptura se produzca. Y el que diga lo contrario está cometiendo una falacia

- La legalización de Sortu, febrero de 2011 (Bilbao, 40.960 personas), el Estatut, julio de 2010 (Barcelona, 60.000 personas), la Diada, septiembre de 2013 (En Barcelona asistieron entre 1.600.000 personas a 400.000 personas), etc.

Por otro lado, hoy en día la sociedad española, nuevamente cae en el pragmatismo. Porque da su preferencia a una organización política como Podemos. Y, ¿por qué a Podemos? Porque tras el discurso populista de éstos, desenmascaran las traiciones y la tiranía de nuestros gobernantes. Y porque ve que las cosas van a cambiar de manera diferente, y porque ve que esta organización va a luchar y a "morir" por la causa de los más necesitados.

Y es oportunista, ventajista y maquiavélico esta formación porque pretende responder a las necesidades de la población: economía, trabajo, justicia y eficiencia y transparencia del Estado y del Gobierno en base a los principios de los derechos humanos, obviando otro principio que también es relevante cual es la unidad nacional de España, siendo la unidad un principio elemental de fortaleza para así resolver sus problemas.

Con astucia esta formación Podemos y el mismo Pablo Iglesias utilizan las necesidades y las debilidades de la población española –aquél del sentimiento patriótico que yace en el olvido-, para lograr sus objetivos; y es capaz de establecer conexión y apoyar por los derechos humanos que signifique por la libre determinación de los pueblos para elegir su futuro o por esos mismos derechos humanos a favor de los presos terroristas y en contra de su dispersión en España. Ignorando la unidad de España, la integridad nacional y ensalzar las virtudes de patria hacia los españoles.

- *"Ampliación y extensión del uso de las Iniciativas Legislativas Populares en los distintos ámbitos. Ampliación y extensión de la figura del referéndum vinculante, también para todas las decisiones sobre la forma de Estado y las relaciones a mantener entre los distintos pueblos si solicitaran el derecho de autodeterminación."* Propuesta 24. (Las 50 ideas de Podemos para cambiar España. 26.05.2014 - Noticias.lainformacion.com).

- "Dónde están los patriotas a la hora de defender los servicios púbicos". (Pablo Iglesias en Intereconomía – "El Gato al Agua". 26.11.2013).

- La formación Podemos defendió ayer sábado la manifestación que se llevó a cabo en Bilbao a favor de los presos terroristas y en contra de su dispersión en España. En la misma marcha se pidió "amnistía total" para los terroristas. En la red social Twitter, Podemos Navarra escribió: "Hoy no podemos cerrar los ojos frente a la gran movilización por los derechos humanos. #StopDispersionNow". (Podemos apoya la marcha a favor de los presos terroristas. 12.01.2015. Abc.es).

- *"Nosotros hemos dicho que hay que abrir un proceso constituyente. La apertura de ese proceso constituyente implica discutir de todo. Implica discutir también de competencias. Nosotros pensamos que España es un país plurinacional. Y lo que más nos interesa es la eficacia. Nosotros somos patriotas, pero no patriotas de estos, que para decir que son patriotas se ponen una chapa con la bandera de España, cuando después tienen cuentas en Suiza, o se ponen una pulsera cuando tienen cuentas en Suiza. Para nosotros ser patriotas es que funcionen los servicios públicos, que funcione la educación, que funcione la sanidad. Y para eso, hay que discutir con todo el mundo cuáles son los dispositivos administrativos, institucionales y de descentralización más eficaces"*. (24.01.2015. La Sexta Noche).

Preguntamos, ¿hace falta ser patriotas para buscar la eficacia de la educación y la sanidad? No. Pero, ¿hace falta ser patriotas para buscar la unidad de España? Sí. ¿Y esta formación de Podemos y Pablo iglesias persiguen esta finalidad? No.

Estamos ante una formación política y de su líder que en cuanto al problema de la territorialidad responden con ambigüedades, que no está a favor o en contra de la unidad territorial, y en la medida de lo posible las obvian para evitar riesgos que les asegure la victoria. Una organización política que para lograr sus fines es capaz de entrar en acuerdo con las fuerzas políticas separatistas, un referente es el proyecto de unir fuerzas para las elecciones autonómicas previstas para el próximo 27 de septiembre de 2015, entre Podemos e Iniciativa per Catalunya (ICV) de ideología política catalanismo separatista, y otro referente es la reuniones últimas celebradas en Barcelona, junio 2015, de Podemos con Esquerra Unida i Alternativa y de la plataforma Procés Constituent, liderada por la monja Teresa Focardes, que promueve el separatismo catalán.

Cabe la pregunta, ¿y si luego es elegido Pablo Iglesias presidente de España, cómo podría este a lado de su formación política

Podemos fortalecer un marco de consenso y de unidad nacional, si dentro de sus principios políticos e ideológicos está la libre determinación de los pueblos de elegir su destino, o con España o fuera de ella? ¿Se puede gobernar un país con los derechos humanos y con la ausencia y la negación del nacionalismo español y la defensa de la patria?

Véase la respuesta de Pablo Iglesias a la pregunta del periodista Luis Gómez en el diario El País, "Defendemos lo bueno del sistema". Politica.elpais.com. 17.06.2014:

P. En alguna intervención le he oído manifestarse como patriota. ¿Se siente español?

R. Sí, claro que me siento español y entiendo que hay que arrebatar el término patriotismo a los patriotas de pulserita rojigualda que luego venden la soberanía y cierran escuelas y hospitales. Creo que querer a tu país es querer a su gente y respetarla y respetar los servicios sociales y que tengan derecho a decidir sobre cualquier cosa. Creo que ser patriota no es amenazar a nadie porque hable una lengua distinta.

P. Si viviera en Barcelona y tuviera que votar en un referéndum sobre la independencia de Cataluña, ¿qué votaría?

R. Me gustaría que Cataluña se quedara con nosotros, pero no soy catalán y no soy quién para decirle a los catalanes cuál debe ser su futuro.

Algo más de Podemos y Pablo Iglesias de lo que piensan de la unidad de España:

- "Ya me gustaría a mí ver a los jugadores de la selección de básquet con uniforme tricolor y escuchar un himno como La Marsellesa y no la cutre pachanga fachosa, antes de los partidos o cuando se gana algo.", "El caso es que a mí, a pesar de que me revienta el nacionalismo español (mucho más que el vasco o el catalán, que le voy a hacer).", "Para los que somos de izquierdas y tenemos que soportar, día tras

día, el nacionalismo español y su bandera monárquica y postfranquista". (Pablo Iglesias, doctor en Ciencias Políticas - La selección de baloncesto y la lucha de clases. 27.08.2008. Rebelion.org).

¿Señores, cómo se explica, que el señor Pablo Iglesias, con un Doctorado en Ciencias Políticas, máster en Humanidades y máster en Comunicación política, que por su singularidad como hombre de ciencias y bien preparado, pueda decir que se siente español y que a la vez manifieste que el asunto de Cataluña es un problema de los catalanes, convirtiendo por ende en una relación ilógica y brutal, de ser en sí un apátrida? Pues claro que es posible y comprensible salvo y cuando actúe como un hombre de ciencias, pero no como un hombre político y más aún sentirse español.

Sobre Podemos y Pablo Iglesias como abanderados de los derechos humanos y de la tolerancia y del populismos y enemigo mortal del patriotismo español podemos encontrar mayor información en mi blog http://podemos-enemigo-de-espana.blogspot.com.es/

Señores, es penosa la situación por la que atraviesa España. Y es penosa, no producto de una guerra o de su desaparición territorial por una catástrofe, sino porque sus hijos e hijas viven prostrados sobre la miseria de sus almas, que caen en la grave inacción y defección. En una dejación absoluta y en una impertérrita sensibilidad ante lo que impresiona los actos del separatismo y de los separadores de España. ¡Que tan sólo 16% de los españoles estén dispuestos a participar en la defensa del país! (Sondeo del Centro de Investigaciones Sociológicas (CIS). Sept. 2014, pues dice mucho de la calidad cívica y patriótica de la sociedad española. *"Y así como los pueblos sin dignidad son rebaños, los individuos sin ella son esclavos".* José Ingenieros.

Señores políticos y gobernantes, a la hora de hablar de la dignidad e identificar y valorar al pueblo español, estáis cometiendo simples falacias y demagogia. Nos decía Sáenz de Santamaría, vicepresidenta del gobierno español, (27.09.2014),

"El Gobierno ha recordado al president que no hay nada por encima de la soberanía del pueblo español. A todos los españoles les corresponde decidir qué es España y ningún gobierno está por encima de la voluntad soberana del pueblo español". No es más que una declaración falsa, oportunista e intencionalmente engañosa, ya que, ante la realidad, no podemos identificar ni valorar al pueblo español ni mucho menos darle dignidad, puesto que no tiene razón de ser.

Es conveniente precisar que uno de los factores por la cual la sociedad española haya llegado a esta grave inacción y defección, es a raíz de la propia interpretación confusa que se da en la propia Constitución de 1978, como si existiera una ambigüedad. Y se trata cuando se crean las identidades autonómicas en las poblaciones de las respectivas comunidades autonómicas. Criterio establecido por la propia Constitución Española. Pero a la vez, esta misma Constitución no establece el criterio de poseer en la población española una identidad española. Pues así surge como una ambigüedad un criterio global que sí es posible la dualidad en la personalidad de la población en España.

Lo que se interpreta que podemos ser asturianos, aragoneses, catalanes, madrileños, etc., en el ámbito autonómico; pero a su vez podemos ser españoles en el ámbito nacional e internacional. ¿Esto es lógico y racional? Por supuesto que sí, esto no puede desconfigurar la personalidad dentro de un pueblo, sociedad, individuo autonómico.

Entonces, ¿si la dualidad en la personalidad es posible y coherente, por qué la sociedad autonómica no se unen hacia esa unidad nacional de España? Sencilla y únicamente porque éstas viven bajo el sometimiento del pensamiento nacionalista y del separatismo secesionista. Pensamiento que es propiciado y difundido por sus propios gobernantes autonómicos nacionalistas y separatistas. Son los gobiernos autonómicos los creadores, los promotores y quienes controlan el pensamiento de sus comunidades; favoreciendo su propia historia, su propia cultura y su propia identidad, pero más aun contraponiendo y/o negando el lazo que los une con la propia historia, cultura y geopolítica de España. Estos son capaces de romper esa dualidad identitario, destruyéndola; negándola como una realidad cierta y valedera, aprovechándose de los errores o de las mentiras, como cuando se dice por ejemplo: "España nos roba" o cuando el lehendakari, Iñigo Urkullu denuncia *"La falta de respeto"* del Gobierno central a Euskadi y Catalunya, [08.08.2014], entre otras cosas por no permitírseles a estas dos autonomías participar sobre su derecho a decidir hacia su independencia.

Pues ante esta imagen que se muestra distorsionada o falseada de España dentro de las Comunidades Autónomas, nos preguntamos si sería posible que la sociedad española pueda salvaguardar la unidad nacional de España. O si sería posible exigirles deber y responsabilidad ante la patria.

La cuestión es preguntarnos ¿quién debería de responder por esa inacción de la sociedad española ante la historia? Pues diríamos que los principales responsables de la crisis de identidad y del inmovilismo de la sociedad española han sido generados por los sucesivos Gobiernos centrales, diríamos desde el siglo XIX hasta hoy, salvo excepciones, que convirtieron la acción de gobierno marcadas por la falta de ética y de moral. Que fueron y son incapaces de fomentar como primer objetivo el orgullo de ser españoles, del sentimiento de su pertenencia nacional en España, de valorar aquél principio de ser *"nación de naciones",* de dar por cierto la existencia histórica del nacionalismo cultural que beneficie a España. Y que en lugar de buscar la unidad, perjudican y perjudicaron a los pueblos, reforzando las identidades nacionalistas periféricas, aislando así a los pueblos. Y todo ello por la insensibilidad política de signo permisivo, entreguista y ruin de este gobierno y de los anteriores, favoreciendo así a los nacionalismos y al separatismo. Sin lugar a dudas estos han sido y son los peores enemigos en el propósito de reconstruir la identidad nacional española.

Veamos, ¿qué dirían de todo esto si volvieran a la vida los reyes de España, al ver que España se ve acorralada y arrastrada por un destino hacia su destrucción? ¿Y ver que los enemigos no son extranjeros sino nacionales, los propios representantes de la nación española? Entre ellos ver a Isabel y Fernando, los Reyes Católicos, que fueron los protagonistas que empezaron la unidad española, en 1479, (señalados por los nacionalistas y separatistas como el origen de todos los males), o Felipe II (1527-1598), quien derrotó a Francia y venció a los turcos en la Batalla de Lepanto en 1571 y quien consiguiera la unidad ibérica en 1581, o el Conde-duque de Olivares Gaspar de Guzmán y Pimentel Rivera y Velasco de Tovar (1587-1645) el valido del rey Felipe IV en sus intentos de centralizar y unificar el Estado y frente a las sublevaciones separatistas. Sepamos que ninguna época de la historia de España ha sido tan intensa y trascendental como la vivida por estos Reyes, puesto que fueron éstos quienes configuraron la nación que hoy conocemos como España. Desde luego, no podría caer sobre ellos sino una maldición imperdonable.

A manera de ejemplo, vamos a citar dos textos bíblicos que hablan sobre las autoridades políticas ineptas y que traicionan y se despreocupan del pueblo y que queda reflejado en nuestros gobernantes: *"Oíd ahora esto, jefes de la casa de Jacob, y capitanes de la casa de Israel, que abomináis el juicio, y pervertís todo el derecho..."* *"Por tanto, a causa de vosotros Sion será arada como campo, y Jerusalén vendrá a ser montones de ruinas, y el monte de la casa como cumbres de bosques."* Miqueas 3: 9 y 12. La Biblia.

La sociedad española se encuentra en una situación muy grave. Sin horizonte, oscura, irrelevante, alienante, utilitarista, adaptativos al sistema dominante, desatendida... Y que crea aquellas condiciones de que *"Cada nación tiene el gobierno que se merece"*, de Joseph-Marie, conde de Maistre (1753-1821), dicho en su "Ensayo sobre el principio generador de las constituciones políticas (1814). O que el "Pueblo que soporta a un tirano, lo merece" del cubano José Martí (1853-1895).

- *"Desde que terminó Franco, el pueblo más dócil de Europa es España. España no es capaz de movilizarse como Grecia, y tiene motivos para ello, ni es capaz de producir reacciones determinantes en la influencia política como que la ha llevado a la caída de la clase política italiana... y eso en España no ha pasado. Y pasa en Grecia y pasa en Italia. No, España es un pueblo dramático, porque bajo una apariencia de superficialidad y simpatía, sobre todo en Andalucía en el fondo esconde el drama del fracaso como pueblo, no, como individuo no. Como pueblo ha fracasado España".* (Antonio García-Trevijano. Diálogos Somosaguas. La segunda naturaleza del pueblo español. Youtube.com / Por Libertad Constituyente Televisión. 02.10.2012).

- *"El pueblo español no se merece la libertad porque no ha hecho nada por conquistarla. Desde que murió Franco, el pueblo español no ha hecho más que retroceder en dignidad moral, retroceder en dignidad política, retroceder en conciencia..."* Antonio García-Trevijano en Radio Libertad Constituyente – El pueblo español no se merece la libertad porque no ha hecho nada para conquistarla. Youtube.com. 30.08.2013).

- *"Este pueblo le falta conocimiento, le falta cultura. España es un pueblo sencillamente de ignorantes".* María Dolores Rico Oliver (Lolo Rico). 30.05.2015.

Señores, por último, el español debe de saber que para la patria el peor enemigo no es el PP, ni el PSOE, ni Izquierda Unida, sino Podemos y las izquierdas populistas. Y si Podemos alcanzara una mayoría absoluta que le permitiera gobernar en solitario, en las elecciones generales del 20 de diciembre de 2015 o llevadas a cabo antes del 11 de enero de 2016, pues España recibiría la estocada final y moriría en el acto como una nación o *"nación de naciones"*, como se la conoce hoy en día. Que ni la Fuerzas Armadas serían capaces de impedirlo, puesto que "no son garantes de nada" sino que son la *"herramienta que tiene el Gobierno para hacer cumplir la ley y la Constitución"* y que por eso están *"a las órdenes"* de lo que mande el Ejecutivo, lo que les obliga a *"estar preparados para intervenir en la forma en que el Gobierno decida"*, ya sea tanto "en el interior" como "en el exterior". (Palabras del El Jefe del Estado Mayor del Ejército de

Tierra (JEME), general Jaime Domínguez Buj. 18.11.2014). Y no actuaría porque Pablo Iglesias fue elegido como presidente con el apoyo decidido y firme del *"pueblo"* español. ¿Las Fuerzas Armadas mostraron su "orgullo de españoles y de servir a los intereses de la nación" (24.12.2014), señor Rajoy?

2.4.1. Referencias para entender a la sociedad española

Referencias para entender la inacción de la sociedad española que influye en su pasividad y pragmatismo, cuando el Estado y el Gobierno central actúan con el "autismo político", con la ceguera política" y con la "mudez política", frente a la educación y a la cultura.

2000:
"La reforma de la enseñanza de las humanidades en los institutos, la gran asignatura pendiente del PP en la pasada legislatura, se abordará a mediados de mes. La negociación para lograr un cierto consenso en torno a este proyecto, derrotado en el Congreso cuando Esperanza Aguirre era ministra de Educación, la aborda en esta ocasión el Gobierno con la tranquilidad de la mayoría absoluta parlamentaria. Ni CiU, ni Coalición Canaria, ni el PNV consintieron en 1998 modificar un ápice los contenidos de historia que se imparten en sus comunidades autónomas. Ahora la reforma estará avalada por el informe de la Real Academia de la Historia, un informe que se presume demoledor para el sistema vigente".

(…)

"Pero también en otra tal vez más inquietante: "La anulación de todo aquello que nos une; la exaltación y la visión sesgada de lo que nos separa, la ignorancia, en suma, y la falta de memoria histórica resultan peligrosos. Son el caldo de cultivo del racismo y la xenofobia. Y eso es, desgraciadamente, lo que parece que está ocurriendo".

(…)

"Este desconocimiento no resulta tan extraño si se repasan los planes de estudio en la enseñanza secundaria. Alfonso XII no existe, como tampoco se citan las monarquías en los siglos XVI y XVII, ni se explica en Castilla y León que Isabel y Fernando fueron los Reyes Católicos. En el primer caso el Descubrimiento y la Reconquista recaen exclusivamente en la reina castellana; para los niños catalanes, en cambio, el héroe es Ferran II, heredero de la Corona de Aragón.

Esta situación deriva del uso real que hace el Estado de su potestad para fijar el 55% de los contenidos en las comunidades con lengua propia, y el 65% en el resto. Tanto Gonzalo Anes como el ex ministro de Educación Juan Antonio Ortega y Díaz Ambrona, presidente de la Comisión de Expertos que revisó la enseñanza de las Humanidades tras el escándalo político originado por la ex ministra Esperanza Aguirre, coinciden en que el Ministerio de Educación se ha limitado a apuntar generalidades, lo que permite a las comunidades autónomas extremar el localismo hasta *"mirarse el obligo"*, en expresión de Ortega. Hasta el extremo de que los escolares gallegos dan un salto en el vacío desde El reino de los suevos en Galicia hasta la España contemporánea, en tanto los andaluces aprenden El arte neoclásico y la burguesía de Cádiz o los catalanes su papel durante la Segunda Guerra Mundial. Al margen de estos localismos, subyace en la actual enseñanza de la historia una visión de constante enfrentamiento y represión que, a juicio de los expertos, resulta muy poco beneficiosa para la convivencia pacífica entre los españoles.

El racismo de Arana

Los niños vascos, por ejemplo, estudian la Constitución española al mismo nivel que la francesa y sitúan ambas en contraposición con los derechos de Euskal Herria. La ideología más xenófoba de Sabino Arana se enseña sin críticas en las ikastolas: *"Todos los maketos (inmigrantes) grandes y pequeños, burgueses y trabajadores, sabios e ignorantes, buenos y malos, son enemigos de nuestra patria"*. La mezcla con españoles y franceses es para el fundador del PNV lo que *"ha contaminado y afeminado"* la raza vasca *"especial entre especiales"*, y la influencia española, *"podrida y degenerada"*. Los canarios obligaron a los editores de libros de texto a referirse a la "colonización" de que fueron objeto las islas y en Cataluña la visión de la historia es un canto permanente a la resistencia ante el invasor español.

Ya la comisión presidida por Ortega advirtió de *"la manipulación o distorsión de los hechos históricos en función de los intereses presentes o posiciones ideológicas"*, en un texto consensuado donde resultó imposible escribir *"el común cultural"* entre los pueblos de España. Se sustituyó por *"el común cultural con los pueblos de Europa"*. El dictamen del director de la Academia es similar: *"Si la historia se enseñara al margen de desfiguraciones políticas evitaríamos enfrentamientos, incluso guerras. Por eso nuestro informe incidirá en la necesidad de una docencia contrastada y objetiva"*. *"La ignorancia de muchos jóvenes es aterradora"*. ("La ignorancia de muchos jóvenes es aterradora". Entrevista de Joaquina Prades al director de la Real Academia de la Historia, Gonzalo Anes / Elpais.com / 04.06.2000).

2001:
- Un informe, elaborado durante más de un año por la Alta Inspección Educativa, pone de manifiesto que los libros de texto utilizados en el País Vasco contienen conceptos erróneos que deforman la realidad histórica o geográfica. Se promueve de esta manera, una *"imagen irreal"* de Euskal Herria, que fomenta la independencia y "una forzada separación con el resto de la realidad de España". La Inspección Educativa denuncia la manipulación de los libros de texto en el País Vasco. Abc.es. 13.03.2011.

2008:
- *"Todavía existen niños y jóvenes a quienes se les educa en el odio sistemático y se les enseña a odiar ideas, como paso previo a la conversión del adversario en enemigo"* Javier Rojo, presidente del Senado. *"En Euskadi falta libertad"* y *"todavía se educa a niños y jóvenes en el odio"*. Nuevaeconomiaforum.org. 09.10.2008.

2014:

"No tiene sentido que hasta ahora no hubiera una Historia de España común que pudiera estudiarse en todas las comunidades autónomas". Con este ejemplo el ministro de Educación, José Ignacio Wert, defendió este jueves los "elementos de homogeneidad" que introduce la Lomce en el sistema curricular de las asignaturas. Y es que la nueva reforma otorga al Estado fijar el 100% de los contenidos de las materias troncales (Matemáticas, Lengua, Geografía, Biología o Historia).

En cualquier caso, el ministro matizó que esto no es incompatible con que también los alumnos puedan estudiar *"la Historia de Cataluña o de Cantabria".*

Una de las críticas más habituales contra la Lomce tiene que ver con la recentralización. Sin embargo, Wert explicó durante su intervención en el Foro 'El Ágora' del diario El Economista que uno de los objetivos de la reforma educativa que empezará a aplicarse el próximo curso es "evitar que se hable de 17 sistemas educativos".

Además, el ministro rechazó las acusaciones de algunas comunidades autónomas sobre la invasión competencial -que llevará a Cataluña, País Vasco o Andalucía a recurrir la norma al Tribunal Constitucional- y recordó que el Consejo de Estado no advirtió nada en este sentido en su dictamen.

El titular de Educación volvió a defender la Lomce en lo referente al blindaje del castellano como lengua vehicular en las comunidades con lengua cooficial. "Nadie trata de imponer el castellano, sino que el castellano no se excluya", aseguró en referencia al caso de Cataluña. En este sentido recordó que la Generalitat no ha cumplido con las sentencias del Tribunal Constitucional sobre el derecho de los padres a elegir que el castellano sea lengua vehicular en las aulas. (Wert defiende una Historia de España común en todas las comunidades. / Diariodenavarra.es / 17.01.2014).

2014:

El coordinador provincial de VOX en La Coruña, Francisco Fernández, ha destacado esta mañana que "la educación en Galicia está en manos del nacionalismo". Por ello, ha insistido en que "es el momento de actuar para evitar que Galicia se convierta en Catalunya". Por otro lado ha recordado que el Bloque Nacionalista Galego (BNG) "concurre a las elecciones del Parlamento Europeo la mano de los terroristas", en referencia a Bildu. (Santiago Abascal acusa a Rajoy de presidir "un Gobierno de parados voluntarios". / Partido político VOX / 01.05.2014).

SUBCAPÍTULO II - REFLEXIONES Y CONCLUSIONES SOBRE LOS EJES DEFINIDORES FRENTE AL SEPARATISMO

1. Concepto de Patria-España

El vínculo que encierra la palabra patria para España va más allá con la tierra natal en que uno o nuestros padres hayan nacido, y si uno se siente ligado por afecto a la tierra que nos acoge es ya en sí su patria. Todo aquello que nos ligue a España por historia o por cultura o por afecto o por valor, damos pues existencia de patria en relación con España. Está relacionado al sentimiento y/o hacia la tierra de España. De aquí nace la identidad y el patriotismo hacia España.

> *"La patria es anterior y más importante que la democracia. El patriotismo es un sentimiento y la Constitución no es más que una ley"*, (Juan Antonio Chicharro, general de división). (27.02.2013).

De lo importante y trascendente que tiene el término de patria para la unidad de un Estado-Nación, pues hoy en día esa conexión patria-España está menoscabada. Y tratarla hoy en día o es cuestionable o controvertida o ridícula y hasta diríamos amenazante. Pero a pesar de todo ello vendría bien recordar al ciudadano español el significado que encierra el asociar Nación y Patria hacia el rescate de la conciencia nacional de cualquier país, en especial, al nuestro, y lo haremos recordando las palabras de la expositora Susana Rodríguez Varese con su ponencia El Patriotismo en la Educación, presentada en la Asamblea Nacional Patriótica realizada en Montevideo, el día 4 de setiembre de 2008, parte de su amplio contenido nos dice:

(http://patria.com.uy/patria-
historico/Html/otra/5_setiembre/ponencia.htm).

PONENCIA PATRIOTISMO EN LA EDUCACIÓN

SUSANA RODRÍGUEZ VARESE
(Montevideo, Uruguay, 04.09.2008)

1.1. CONCEPTO DE PATRIA.

(...)

"Así se explica el patriotismo de los antiguos: sentimiento enérgico que era la virtud suprema, a la que todas las virtudes se subordinaban. Todo lo que era más importante para el hombre se confundía con la Patria. En ella encontraba su bien, su seguridad, su derecho, su fe, su Dios. Al perderla, lo perdía todo.

Por ello, Platón decía: "La Patria nos cría, nos sustenta, nos educa".

Y Sófocles a su vez afirmaba: "La Patria nos conserva".

1.2. LA IMPORTANCIA DEL TEMA.

(...)

"Lamentablemente podemos afirmar que en el Uruguay hay segmentos de su población, que ha perdido conciencia de la larga forja de su pasado. Nos referimos al hecho muy real y concreto de que un sector cuantitativamente muy importante de los uruguayos tienen hoy una alarmante ignorancia y, peor aún, desinterés por conocer el pasado, desde la propia formación hispánica en adelante.

Y tengan presente que no estamos haciendo referencia al conocimiento profundo de la forja de la Nación, sino al simple saber que hubo algo atrás, que la historia no empieza con uno, ni ahora, que no estamos ahora en un proceso fundacional, sino que éste es de larga data."

II. LA OPORTUNIDAD DE LA CUESTIÓN.

(...)

"Particularmente, después de la Segunda Guerra Mundial y de la segunda post-guerra, al amparo de fuertes corrientes ideológicas que se extendieron en el mundo, se fue produciendo un descaecimiento de los principales valores de la nacionalidad y en particular del patriotismo. Junto con un adormecimiento, de las cosas elevadas y trascendentes a tal punto que hoy en día, en nuestro país, cuesta encontrar a alguien que diga con orgullo yo soy patriota o me siento patriota.

Pero obviamente, no fue casual ese proceso, fue deliberadamente alimentado por quienes tenían una visión internacionalista y que se oponían a la concepción de las patrias y desde ese entonces, procuran diluir la idea de Patria y consiguientemente del sentimiento a la misma, que es el patriotismo.

Dentro de los principales impulsores y gestores de la pérdida de estos valores están parte de las elites intelectuales. En el Uruguay, a nuestro entender, la llamada "Generación del 45" fue en gran parte, responsable de una feroz crítica contra todo lo que había convertido al Uruguay en uno de los países más adelantados de América y del Mundo."

III. LAS VÍAS PARA EL FORTALECIMIENTO DEL PATRIOTISMO EN LA EDUCACIÓN.

(...)

"El fortalecimiento de la idea de Patria y Patriotismo es indudablemente esencial en la educación. Pero además cabe

señalar, que el fortalecimiento debe ser completo e incluir a todos los sectores de la sociedad, sin admitir que queden grupos o segmentos excluidos."

"Reflexionando sobre el tema, entendemos que las posibles vías para fortalecer el patriotismo en la educación podrían ser: a) a través de la enseñanza de la Historia Nacional y el fortalecimiento de una conciencia histórica nacional; b) a través de la formación en Educación Moral y Cívica; c) por medio de la revalorización de la conmemoración de las fechas patrias, entre otras acciones."

3.1. EL FORTALECIMIENTO DEL PATRIOTISMO A TRAVÉS DE LA ENSEÑANZA DE LA HISTORIA.

(...)

"2°) Contemporáneamente, como lo señaláramos hace un rato, se viene produciendo un evidente proceso de omisión sistemática de la formación del Uruguay desde la Colonia hasta promediar el siglo XX. Y en el caso de que esos procesos se den, en la clase de Historia sobre todo en 3er año del Plan viejo, se les dedica muy pocas horas de clase o más grave aún, en lugar de presentar el abanico interpretativo de la Historia, como en todo sistema democrático, se lo hace únicamente, según determinadas interpretaciones ideologizadas."

"Lamentablemente nuestra enseñanza de la historia no cumple casi nunca con proporcionar un panorama evolutivo completo de la Historia Nacional desde sus raíces, sus comienzos, sino que, como decíamos, en la actualidad se han realizado verdaderas amputaciones a la misma, dándola fragmentariamente y en particular con gran énfasis en la segunda mitad del siglo XX."

3.2. CONSIDERACIONES ACERCA DE LOS CONTENIDOS DE EDUCACIÓN CÍVICA Y MORAL EN EL CICLO BÁSICO.

(...)

"Por lo que consideramos que algo tan indispensable para la formación del ser humano y del ciudadano, del patriota, como es la educación cívica, debería ser contenido curricular obligatorio en todo el desarrollo del primer y segundo ciclo de la Enseñanza Media."

3.3. LA REVALORIZACIÓN Y LA IMPORTANCIA DE LA CONMEMORACIÓN DE LAS FECHAS PATRIAS.

(...)

"Es fundamental la conmemoración sistemática de las fechas patrias, para la toma de conciencia de las raíces históricas de los educandos que serán los futuros ciudadanos de un país democrático."

2. Desafección de los Ejes definidores hacia el inmovilismo

Si nos fijamos en la historia de España, hay unos momentos históricos en donde el separatismo cobra presencia y de suma importancia. Pues, es en ese momento, en donde surgen aquellas figuras particulares ciudadanas, intelectuales, políticas, religiosas y militares que expresan su desafección, en muchos casos con suma dureza, no sólo contra el separatismo sino también contra sus gobernantes que están en el poder.

Pero es una realidad también, que tal desafección que surge con vehemencia, bien se apaga y desaparece en el momento que el separatismo retrocede. Por lo tanto no es efectivo en el tiempo.

El separatismo es un problema, pero ante él los desafectos o no quieren o no son capaces de unirse y así surgir en un movimiento, para forzar a las clases sociales, políticas, intelectuales, empresariales, etc., hacia un proyecto único nacional -duradero- que trate el problema a fondo del separatismo y que permita confrontarlo y en definitiva eliminarlo.

Y si así es de pasajero es la actuación de la desafección frente al separatismo, mucho más aún le es indiferente y vacía de actuación frente a los nacionalismos en España.

A continuación presentamos brevemente las expresiones de desafecciones de ciertos personajes públicos de particulares u organizaciones políticas, que a través del tiempo se han pronunciado contra el separatismo y al régimen de turno.

1642 y 1644:
Son los catalanes el ladrón de tres manos, que para robar en las iglesias, hincado de rodillas, juntaba con la izquierda otra de palo, y en tanto que viéndole puestas las dos manos, le juzgaban devoto, robaba con la derecha [...].

Y acordándome de todos los bienes que exageran de su país, en abundancia, riquezas, fuerzas y valentía, respondo con las palabras del santo confesor Magno Félix Ennodio, [...]: "Quibus haec tamen ipsius naturae repugnantis merita non dederunt, fecit eas relatore sublimes [...] Oris est, quicquid in vobis lector stupuit."

[...] Toleró en Barcelona el Conde-Duque el demasiado orgullo de los catalanes. ¿Qué no hizo para disponer su desorden, por digerir su dureza, [...].

[...], aquéllos contra la razón de su señor alegan privilegios y fueros.

[...]. Esta gente, de natural tan contagiosa; esta provincia, apestada con esta gente; este laberinto de privilegios, este caos de fueros, que llaman condado, [...]11"

11 Ibid., p. 44-45; de Francisco de Quevedo, La rebelión de Barcelona ni es por el huevo ni es por el fuero. (La percepción de los catalanes y lo catalán en la Corte de los Austrias, por el

historiador Ib Mark Schumacher, pág 466, Revista Pedralbes, Núm, 23 Año 2003), págs., 461-476).

Se dice que dicha Obra fue redactada entre los años de 1642 y 1644 y que no se imprimió hasta 1851. Quevedo en una carta al Conde-Duque, confesó desde su prisión de San Marcos de León que el escrito era suyo, pese a que se dio a conocer con el nombre supuesto del Doctor Antonio Martínez Montejano. (59 - La rebelión de Barcelona. *"Antropología y ciencias médicas en la obra de Francisco de Quevedo",* Memoria presentada por Mariano Turiel de Castro, para optar el grado de Doctor en Farmacia, págs. 305-306, Departamento de Farmacia y Tecnología Farmacéutica. Facultad de Farmacia. Universidad Complutense de Madrid).

1907:
"El problema catalán no se resuelve, pues, por la libertad, sino con la restricción; no con paliativos y pactos, sino por el hierro y por el fuego". ("La Correspondencia Militar". Madrid. 13 de desembre de 1907).

1924:
"Habiendo llegado a este Gobierno Civil, en forma que no deja lugar a dudas, que determinados elementos han convertido la sardana "La Santa Espina" en himno representativo de odiosas ideas y criminales aspiraciones, escuchando su música con el respeto y reverencia que se tributan a los himnos nacionales, he acordado prohibir que se toque y cante la mencionada sardana en la vía pública, salas de espectáculos y sociedades y en las romerías o reuniones campestres, previniendo a los infractores de esta orden que procederé a su castigo con todo rigor". (Circular del Gobernador Civil de Barcelona, general Losada, La Vanguardia, 5 de septiembre de 1924).

Manuel Azaña dijo: *"Yo nunca he sido españolista ni patriotero. Pero ante estas cosas me indigno. Y si esas gentes van a descuartizar a España prefiero a Franco. Con Franco ya nos entenderíamos nosotros, o nuestros hijos o quien fuere. Pero esos hombres son inaguantables. Acabarían por dar la razón a Franco. Y mientras, venga poderes, dinero y más dinero".* (Manuel Azaña: "Si esas gentes van a descuartizar a España prefiero a Franco – Manuel Villena Lázaro. Diarioya.es).

1932:
"¡Español! ¡Guerra al estatuto catalán! En tanto que el intelectual, el obrero y el profesional castellanos no podrán ejercer cargos en Cataluña, los catalanes podrán hacerlo en toda España. ¡Eso es el estatuto catalán! Mientras las contribuciones e impuestos graven hasta el límite a los demás españoles, los catalanes sonreirán magníficamente ante nuestra muerte económica. ¡Eso es el estatuto catalán! ¡Comerciantes! ¡Pueblo! Hasta que no sepáis a qué ateneros, no compréis productos catalanes. Mientras para Cataluña salieron millones y millones de pesetas y para esa Región se dictaron leyes proteccionistas, Castilla sucumbía por toda falta de protección y auxilio. En este comercio no admitimos visita de viajantes catalanes o que representen casas catalanas, ínterin no sepamos la resolución de la discusión del estatuto." (Nada nuevo bajo el sol, Octavilla impresa de 1932, Referencia: GN23Z - Jueves, 17 de Diciembre de 2009, Elperiodicodevillena.com).

1937:
"Le leí (a Negrín) la carta de Companys y la comenté ampliamente, subrayando lo que puede anunciar. Me dijo Negrín que lo relativo a los militares que asistieron a un mitin comunista se lo ha pasado a Prieto. Y en cuanto a lo del POUM, ha contestado a Companys que el asunto se halla en manos del juez. Y ahora andan en tiquis-miquis sobre el lugar en que puede celebrarse una entrevista pedida por Companys, que no quiere venir a Valencia. (Ahora no le aguarda aquí ninguna ovación). Negrín asegura que no tendría ningún inconveniente en ir a Barcelona como ha ido otras veces, pero si Companys hace cuestión de etiqueta o de amor propio no venir aquí, tampoco irá él, ni aceptará que se partan las distancias, reuniéndose en Benicarló. (Lamentable.) El Presidente está muy irritado por los incidentes a que ha dado ocasión el paso de Aguirre por Barcelona. «Aguirre –dice– no puede resistir que se hable de

España. En Barcelona afectan no pronunciar siquiera su nombre. Yo no he sido nunca –agrega– lo que llaman españolista ni patriotero. Pero ante estas cosas, me indigno. Y si esas gentes van a descuartizar a España, prefiero a Franco. Con Franco ya nos las entenderíamos nosotros, o nuestros hijos, o quien fuere. Pero esos hombres son inaguantables. Acabarían por dar la razón a Franco. Y mientras, venga pedir dinero, y más dinero...» (...)". (Manuel Azaña Díaz fragmento extraído de su libro "Diarios de Guerra" y en el apartado "Cuaderno de la Pobleta (1937)". (Los miedos de Azaña en los sucesos de mayo de 1937 en Barcelona / Eduardo Palomar Baró. 20.05.2014. http://tradiciondigital.es/).

Nota.- No está demás decir que, en relación a este fragmento del presidente del gobierno republicano en 1931-1933 y en 1936 de Manuel Azaña, éste cita al presidente del gobierno 1937-1945, Juan Negrín, ambos pertenecientes a la II República, sobre su indignación contra el separatismo vasco y catalán y sobre los líderes, en especial del lehendakari del gobierno vasco, José Antonio Aguirre y Lecube, (Aprobada por las Cortes el Estatuto de Autonomía del País Vasco de 1936 se formó el primer Gobierno autónomo, siendo elegido presidente éste líder del nacionalismo vasco, 1936-1960).

1942:
"Cataluña logró el fraccionamiento de España protegida por la Francia del Frente Popular, la Inglaterra de Gibraltar, la Rusia de Stalin. Pero frente a esos sueños fulminantes de Francisco Cambó y Francisco Macià surgen las realidades guerreras de otro Francisco: Franco. La verdad unificadora y eterna de España. Y Barcelona, cuna romántica del catalanismo en 1833, le sirve al Catalanismo de tumba el 26 de enero de 1939". Ernesto Giménez Caballero, "Ante la tumba del catalanismo", 1942. (Publicado en la web Oocities.org, Guerra Civil-Dictadura – OoCities. "La guerra civil i el franquisme".

1967:
"¡Hay que decir español y no castellano! El español es la lengua de todos. Se ha transformado ya en la lengua de España (...)

"Haré todo lo posible para evitar que se destruya la unidad nacional (...) Porque Cataluña fue ocupada por Felipe IV, fue ocupada por Felipe V, que la venció, fue bombardeada por el general Espartero, que era un general revolucionario, y la ocupamos en 1939 y estamos dispuestos a ocuparla tantas veces como sea necesario y para ello estoy dispuesto a coger el fusil de nuevo. Por consiguiente, ya saben ustedes a qué atenerse, y aquí tengo el mosquetón para volverlo a utilizar." Manuel Fraga Iribarne. (Españoles, Fraga ha muerto - Fundació d´Estudis Històrics de Catalunya. Histocat.com. Manuel Fraga Iribarne, "Entrevista", 1967 (Cit. "Llibre Negre de Catalunya" de Felip V a l´ABC de Josep M. Ainaud de Lasarte 3a la Campana Editorial, edic. 1996).

1937:

"En 1937, por ejemplo, cuando reanudó esa afición por anotarlo todo, recogió el inmenso cabreo del entonces jefe de Gobierno republicano, el socialista Juan Negrín, con el lendakari vasco, José Antonio Aguirre, y lo que para él representaban los nacionalismos en general: "Aguirre no puede resistir que se hable de España. En Barcelona afectan no pronunciar siquiera su nombre. Yo no he sido nunca lo que llaman españolista ni patriotero. Pero ante estas cosas, me indigno. Y si esas gentes van a descuartizar a España, prefiero a Franco. Con él ya nos entenderíamos nosotros, o nuestros hijos o quien fuere. Pero esos hombres son inaguantables. Acabarían por dar la razón a Franco. Y mientras, venga a pedir dinero, y más dinero". (Azaña: "Los abusos de la Generalitat son de dominio público" por Israel Viana – 20/02/2014. Prensa digital Abc.es).

1955:

Francisco Franco el que el 16 de mayo de 1955, nos decía: *"la quiebra de la unidad de España es empresa acariciada en la mente de nuestros adversarios de todo linaje (que) especulan con una quimérica transición hacia otra cosa. En esto no nos basta que sus empeños se estrellen contra la fortaleza de que hemos venido dando muestra: es necesario cerrar las filas para no dar motivo por pequeños incidentes de la vida diaria, a especulaciones que engañan a la opinión."* (*Combate por España I* de Blas Piñar López, pág. 72, Fuerza Nueva Editorial).

2012:
La Asociación de Militares Españoles (AME) ha avisado este lunes de que quienes colaboren o permitan la *"fractura"* de España deberán *"responder con todo el máximo rigor"* ante los tribunales en el ámbito de la jurisdicción castrense por la *"grave acusación de alta traición".* En un comunicado, esta asociación avisa de que *"la más alta magistratura"* y los *"Gobiernos"* deberían tomar *"inmediatamente las medidas oportunas para suprimir cualquier atisbo de secesión, sin que las Fuerzas Armadas se vean en la irremisible y gravísima tesitura de cumplir escrupulosa y estrictamente con la misión que la Carta Magna les otorga de garantizar la soberanía, independencia e integridad territorial de nuestra Patria".*

"Si así tuvieran lamentablemente que actuar -alertan-, no deberá existir la menor duda de que cuantos han permitido, participado o colaborado en llegar a esta última pero reiterada en el tiempo amenaza de fractura de España, por comisión, omisión o provecho de sus cargos constitucionales, habrán de responder con todo el máximo rigor de tan grave acusación de alta traición ante los tribunales en el ámbito de la jurisdicción castrense". (Militares piden medidas contra la independencia de Cataluña - 25.09.2012 - Teldenoticias.com).

2013:
- *"Esto se ha convertido en una gran subasta y en una chapuza",* clamaba Mariano Rajoy en julio de 2009, cuando era líder de la oposición y el entonces presidente del Gobierno, José Luis Rodríguez Zapatero, negociaba un nuevo sistema de financiación autonómica. Ahora Rajoy está a punto de abrir ese mismo melón ante la presión soberanista de Cataluña y anticipando un año la revisión del modelo pactado en 2009 y con una vigencia de cinco años.

El actual presidente sigue la misma pauta que sus antecesores en el cargo, Felipe González, José María Aznar y Zapatero. Los cuatro jefes del Ejecutivo, dos del PSOE y dos del PP, han pactado diferentes modelos, cada vez más favorables para las comunidades, siempre a iniciativa de Cataluña, casi siempre directamente con CiU y acuciados por problemas de inestabilidad territorial y, en algunos casos, de aritmética parlamentaria.

Los diferentes modelos pactados como moneda de cambio atemperaron en esos momentos las posiciones de los nacionalistas catalanes (…). (Financiación como moneda de cambio por Fernando Garea, Elpais.com - 31/03/2013).

- Sobre el anuncio (12/12/2013) de convocatoria de referéndum para la autodeterminación de Cataluña, dado por el presidente del gobierno catalán Artur Mas, para el 9 de noviembre de 2014, nos dice el catedrático de Derecho Constitucional de la Universidad Complutense de Madrid, Javier García Roca, lo siguiente:

"Y si hubiere un intento de convocar un referéndum por la Generalitat, el Gobierno lo puede impugnar ante el Tribunal Constitucional.

Se equivocan lo que dicen los periódicos, no es un recurso, es un conflicto de competencias. Y se pueden impugnar cualquier acto. Una simple convocatoria en un tablón de anuncios aunque no salga en el BOE. (Boletín Oficial de España).

Impugnado ante el Tribunal Constitucional por la vía del conflicto de competencias, y de la impugnación del 155 (de la Constitución), el Tribunal lo suspenden automáticamente." Informe Semanal Online – RTVE.es del 14/12/2013

- *"¿… por qué la celebráis en Cataluña? Porque es aquí donde se está dando la batalla más dura contra la unidad nacional. Han sido los vascos… separatistas, los Aberzales, que se han llevado todo el ataque… pero sin embargo el separatismo catalán usa armas peores, usa la insidia, la cobardía, la traición, la mentira, el soborno de las clases políticas y eso es más infame que pegarle un tiro en la nuca a alguien (...) Nosotros hacemos un acto de legítima defensa... porque nos vemos desarmados, inermes, frente al ataque, a la agresión separatista constante, cuando las instituciones del Estado están en manos de unos miserables, que desde el Borbón... hasta el último concejal que ocupan los puestos de los partidos democráticos han hecho dejación de sus funciones y nos han dejado solos frente al enemigo. Este es un caso de rebelión cívica, de rebelión patriótica como en 1808 protagonizaron en Madrid y en otros puntos de España los patriotas españoles huérfanos de un Rey que también se entregó al francés y huérfanos de un ejército que también empezó a mirar para otro sitio.*

Nosotros no estamos en el camino del reformismo político. No queremos hacerle reformas a la Constitución, queremos abolirla pura y llanamente, queremos abrir un periodo constituyente para caminar por el camino de la revolución nacional, de la lucha nacional, como ha señalado perfectamente nuestro manifiesto, ese es el sentido de lo que nosotros estamos... Nosotros tenemos algo irrenunciable y es el sentido de la lucha. Nosotros queremos cerrar este episodio, estos 38 años de miseria moral, con una sola forma de actuar que es: el derrocamiento de la Monarquía, el procesamiento del Rey, de la clase política y la restitución de la nación española.

(...) hoy no tenemos a lo mejor ni a los capitanes ni a los tenientes, pero tenemos la voluntad irrenunciable como españoles de defender a la Madre Patria. No, no habrá secesión de Cataluña si no es a base de mucha sangre.

Hemos aguantado cincuenta años de los atentados de ETA, cincuenta años de atentados de ETA, cincuenta años. En esos cincuenta años se han producido más de mil muertos... decía coreano que si sólo se tiene una bala y existe un enemigo y un traidor, la bala es para el traidor, pues en este caso la "bala" debería ser para la clase política española y para la cúpula militar que ha permitido este atropello. Esta vez no pasará así. Si deciden segregar a Cataluña por la fuerza, por la presión o por la violencia responderemos como respondieron los unionistas en Irlanda. No habrá ningún atentado más, ni una muerte más, ni un atentado contra la Nación que quede sin respuesta.

El camino de la revolución nacional que ha emprendido la España en marcha es irrenunciable. Las fuerzas que no están ahora es difícil que puedan entrar, porque ahora se manifiestan muchas de ellas parece mentira algunas titulándose falangistas con esos del PP y con esos de Ciudadans... efectivamente traidores, porque sólo hay una falange que es la que aquí está representada. (...) ¡Fuerza y Unión, Arriba España!" (Extracto de la intervención de Pedro Pablo Peña, Presidente de la Alianza Nacional, 12.10.2013, en Montjuic – Cataluña).

Fragmento del Mensaje de Navidad de Su Majestad el Rey Juan Carlos I

"Pues bien, juntos debemos seguir construyendo nuestro futuro porque nos unen y nos deben seguir uniendo muchísimas cosas:

Nos une el afán de asegurar un porvenir sólido, justo y lleno de oportunidades. Nos unen la intensidad de los afectos y lazos históricos, las culturas que compartimos, la convivencia de nuestras lenguas, la aceptación del diferente. Nos une la extraordinaria riqueza de un país diverso, de culturas y sensibilidades distintas. Nos une la solidaridad que siempre demostramos ante las grandes adversidades, ante las desigualdades sociales y territoriales, ante las necesidades de nuestros vecinos.

Y nos une y nos debe seguir uniendo el sentimiento de comunidad que recientemente expresaba el Príncipe de Asturias: España es una gran Nación que vale la pena vivir y querer, y por la que merece la pena luchar.

La Corona promueve y alienta ese modelo de nación. Cree en un país libre, justo y unido dentro de su diversidad. Cree en esa España abierta en la que cabemos todos. Y cree que esa España es la que entre todos debemos seguir construyendo.

Por ello, invito a las fuerzas políticas a que, sin renunciar a sus ideas, superen sus diferencias para llegar a acuerdos que a todos beneficien y que hagan posibles las reformas necesarias para afrontar un futuro marcado por la prosperidad, la justicia y la igualdad de oportunidades para todos." 24 de diciembre de 2013.

2014:
- *"f) Comenzado ya el nuevo siglo, no pocos de los problemas del pasado siglo XX seguían pendientes de solución para la comunidad internacional, para Europa y para España. Entre ellos, nuestra Conferencia Episcopal abordó el del terrorismo y sus raíces en determinadas ideologías, como los nacionalismos, mencionados ya en la Mirada de fe al siglo XX como una de las causas de las grandes guerras y violencias del pasado siglo. Es verdad que el problema había sido tocado ya en varios documentos anteriores. Pero teníamos pendiente una especie de deuda pastoral que era necesario saldar ante nuestra sociedad, que con razón pedía a los pastores de la Iglesia una mayor clarificación acerca del fenómeno del terrorismo, como ineludible aportación a la paz social y a la justicia para con las víctimas. Con este fin, la Asamblea Plenaria de noviembre de 2002 publicó la Instrucción pastoral titulada Valoración moral del terrorismo en España, de sus causas y de sus consecuencias. El centro de este importante documento se halla en la descripción del objeto moral de la actividad terrorista y su calificación como intrínsecamente perversa y nunca justificable. Pero también fue importante la identificación de un cierto nacionalismo totalitario como matriz ideológica del terrorismo de ETA.*

La Instrucción pastoral Orientaciones morales ante la situación actual de España, de la Asamblea Plenaria de noviembre de

2006, retomó, entre otros muchos, el tema de Los nacionalismos y sus exigencias morales. A ella se remite la Comisión Permanente en su Declaración de octubre de 2012 titulada Ante la crisis, solidaridad. Era necesario volver sobre el tema, dado el agravamiento del problema de la posible ruptura de la unidad de España en los últimos tiempos.

"Reconociendo, en principio, la legitimidad de las posturas nacionalistas verdaderamente respetuosas del bien común", se advertía de nuevo frente a "propuestas políticas encaminadas a la desintegración unilateral de la unidad cultural y política de esa antigua nación que es España". Tales propuestas causan una grave inquietud y, de acuerdo con la doctrina social católica acerca de la "secesión", no son moralmente aceptables." (Discurso Inaugural CIII Asamblea Plenaria de la CEE, Emmo y Rvdmo. Sr. D. Antonio Rouco Varela, Cardenal Arzobispo de Madrid y Presidente de la Conferencia Episcopal Española, Madrid, 11 de marzo de 2014, del portal de la Conferencia Episcopal Española, Conferenciaepiscopal.es).

Manos Limpias presenta querella contra Artur Mas, 19.02.2014

Véase a continuación extracto del mismo.

A LA SALA DE LO CIVIL Y PENAL DEL TRIBUNAL SUPERIOR DE JUSTICIA DE CATALUÑA

DON MARCO ANTONIO BONATERRA SILVANI, Procurador de los Tribunales de Barcelona, actuando en nombre y representación del SINDICATO COLECTIVO DE FUNCIONARIOS PUBLICOS MANOS LIMPIAS (en adelante Manos Limpias), según acredito debidamente mediante la Escritura Pública Notarial de poder general y especial para pleitos que acompaño unida al presente escrito como documento número 1; y asistido del Letrado del Ilustre Colegio de Abogados de Madrid DON PEDRO FRANCISCO MUÑOZ LORITE, letrado apoderado, que en ejercicio de las facultades de sustitución que se contienen en el antedicho poder, nombra como procurador en este procedimiento a quien encabeza este escrito, y como mejor proceda en Derecho,

DIGO:

I.- Que, por medio del presente escrito; al amparo de lo dispuesto en los artículos 270, siguientes y concordantes de la Ley de Enjuiciamiento Criminal y en ejercicio de la acción penal popular, prevista en los artículos 125 de la Constitución Española, 19 de la Ley Orgánica del Poder Judicial y 101 de la Ley de Enjuiciamiento Criminal; estando especialmente facultado para ello en la Escritura Pública Notarial de poder general y especial para pleitos que se adjunta, y siguiendo expresas instrucciones de mi mandante, vengo a interponer QUERELLA, contra las personas que, a lo largo de la instrucción resulten responsables de los hechos que se describen, por la presunta comisión de los delitos de PREVARICACIÓN, tipificado en el artículo 404 del Código Penal, complementariamente, al delito de DESOBEDIENCIA A LA AUTORIDAD JUDICIAL, contenido en el artículo 410 del Código Penal, además del delito de REBELIÓN contenido en el artículo 472 en relación con el 473 del mismo código, y alternativamente a este último, por delito de SEDICIÓN tipificado en el artículo 544 en relación al 545 del Código Penal.

II.- Que, en cumplimiento de lo dispuesto en el artículo 277 de la Ley de Enjuiciamiento Criminal, vengo a formular la citada querella, con sustento en los siguientes extremos: (...).

[Nota.- sobre esta querella de 73 páginas presentado ante el Tribunal Superior de Justicia de Cataluña (TSJC) - lo podréis ver íntegramente en Manos Limpias presenta querella contra Artur Mas – Manoslimpias.es].

- Libres e Iguales: firma en defensa de la unidad frente al rupturismo nacionalista – 18.07.2014 - Outono.net.

- La Asociación de víctimas del terrorismo se manifestará por las "traiciones" del Gobierno. Han asegurado que se les ha utilizado como instrumento electoral para ganar votos. Heraldo.es. 29.12.2014.

3. Quienes buscan la unidad de España, son pocos

Señores, en reiteradas oportunidades hemos puesto en evidencia el grave daño que está causando a los intereses generales de España el inmovilismo del Gobierno central y la dejación de funciones del presidente Rajoy, ante las reiteradas acciones del nacionalismo y el separatismo; éstos quienes al margen de la ley están actuando impunemente, sin que recaiga sobre ellos acciones políticas ni jurídicas. Y es tan claro esta pasividad política y jurídica del Gobierno que inclusive llama la atención entre los propios miembros militantes del partido gobernante, el PP, como merece tomar en cuenta la acusación de la diputada del PP por Madrid, Cayetana Álvarez de Toledo, quien critica el silencio del Gobierno y la dejación del presidente Rajoy, un día después de los acontecimientos del 9 de noviembre de 2014.

> - 10.11.2014: *"El gobierno del presidente Rajoy no ha impedido el atropello a la legalidad en Cataluña. Su dejación ha debilitado gravemente al Estado y ha colocado a los ciudadanos en la indefensión y el desamparo político". "El incumplimiento de la ley y este desistimiento abren una crisis política de una envergadura desconocida desde la aprobación de la Constitución y un foso de profunda desafección ciudadana que descalifica al Gobierno del presidente Rajoy para seguir comprimiendo su mandato constitucional".*
> (Acusación al presidente del Gobierno y de su partido, de Cayetana Álvarez de Toledo, en su cuenta personal de Twitter, 09.11.2014. Una diputada del PP ataca *"el silencio de mi Gobierno"* y la *"dejación"* de Rajoy. Elconfidencial.com).

- 11.11.2014: Mariano Rajoy está recibiendo críticas internas desde el ala más conservadora del PP, que le acusa de dejación de funciones por no impedir a la fuerza la consulta del 9-N. *El Gobierno permanece a la espera, mientras sectores del PP piden dureza contra Mas.* Lamoncloa.gob.es.

Mientras que el Estado y el Gobierno central deberían de responder por obligación a las defensa del interés general y de la legalidad vigente relacionadas a la soberanía nacional. Pues a la vista de las evidencias del avance y el ascenso del nacionalismo y separatismo en España, vemos que no hay una voluntad política para perseguir ni condenar aquellos delitos que afectan la soberanía nacional. Aquí, ni el Gobierno central ni el Estado no investigan, no detectan, no condenan, ni castigan aquellos delitos o actos contrarios a los intereses nacionales. Por el contrario, los ignoran, los ocultan de la realidad; se esconden para no ver la realidad; son impasibles de verla y miran hacia otro lado. Como si existiera un miedo patológico para enfrentarse a la realidad. Y ante esta vil cobardía surgen entonces los hijos de la Nación que sí investigan, que sí detectan los delitos o aquellos actos contrarios a los intereses patrios, quienes sí reaccionan y que sí condenan y salen en defensa de los intereses del soberano español. Y ahí están las pruebas de sus actos a través de acusaciones particulares.

- 13.03.2013: Representantes de seis entidades por la libertad lingüística en Comunidades Autónomas bilingües: Asociación por la Tolerancia (Cataluña), Círculo Cívico Valenciano, (Comunidad Valenciana), Fundación Nacional Círculo Balear (Baleares), Galicia Bilingüe (Galicia), Impulso Ciudadano (Cataluña) y Plataforma por la Libertad de Elección de Lengua (País Vasco), hemos presentado conjuntamente esta mañana en el registro del Ministerio de Educación, Cultura y Deporte, enmiendas al anteproyecto de la LOMCE. *Presentación de enmiendas a la LOMCE.* Impulsociudadano.es.

De acuerdo con nuestro criterio, el anteproyecto de ley es incompatible con la doctrina del TC porque no garantiza los derechos lingüísticos de todos los alumnos al dar preferencia de trato a la educación en las lenguas cooficiales distintas del castellano, y relegar a una situación secundaria a los miembros de las comunidades lingüísticas castellanohablantes en los territorios con cooficialidad lingüística.

- 08.02.2011: Convivencia Cívica Catalana anuncia una querella criminal contra Rigau por incumplir las sentencias del Tribunal Supremo sobre bilingüismo escolar. Vozbcn.com.

- 27.12.2011: Impulso Ciudadano insta al conseller Puig a cumplir las leyes. Impulsociudadano.es.

- 15.04.2013: Convivencia denunciará a Rigau si no cumple los fallos del castellano. Larazon.es.

- 18.06.2013: Ciudadanos exige a Rigau que retire las banderas `esteladas´ de los colegios. Vozbcn.com.

- 01.08.2013: La Plataforma Enraizados y la asociación Enraizados presentarán denuncia ante la Fiscalía General del Estado este viernes 2 a las 13:00 horas por la quema de banderas en la que tomó parte el alcalde de la localidad y parte del consistorio.

En el escrito de solicitud al Ministerio Fiscal esta Plataforma entre otros puntos expone lo siguiente:

EXPONE

PRIMERO.- Que el pasado 29 de julio de 2013, mientras el municipio barcelonés de Mataró celebraba sus fiestas, un grupo de personas prendió fuego a la bandera de España.

SEGUNDO. Que los hechos fueron contemplados desde el balcón del Ayuntamiento de Mataró por el alcalde de la ciudad, Joan Mora, y el primer teniente de alcalde, Joaquín Fernández, ambos pertenecientes al partido político CIU, sin que ninguno de ellos denunciase los hechos.

TERCERO.- Que la bandera independentista fue colocada en el balcón consistorial por el concejal del partido político CUP, Xavier Safont Tria Ramón, mientras el alcalde y el primer teniente de alcalde no sólo no lo impidieron, ni lo denunciaron, sino que además participaron en el hecho secundando los gritos de independencia que coreaban los congregados en la plaza.

CUARTO.- Que de lo anteriormente expuesto se derivan varios delitos:

- Un delito de ultraje a España, preceptuado en el artículo 543 del Código Penal. Se trata de un delito intencional que se encuentra "in situ" en el ánimo de injuriar. En este caso además con el agravante de la publicidad.

- Un delito de omisión de los deberes de impedir delitos o de promover su persecución, preceptuado en el artículo 450 del Código Penal. El bien jurídico protegido estriba en la seguridad jurídica. Los hechos se podían haber evitado y no solo no se evitaron sino que además una vez producidos los hechos delictivos no se les persiguió. Denuncia por la quema de banderas nacionales ante la Fiscalía General del Estado. Enraizados.org.

- 03.10.2013: "Som Catalunya, Somos España" pide a los partidos políticos que acudan a la concentración del 12 de octubre. Impulsociudadano.es.

- 28.08.2014: La Federació d'Associacions de Veïns i Veïnes de Barcelona (FAVB) y la Confederació d'Associacions Veïnals de Catalunya (CAVC) han anunciado este jueves su "disposición" a ejercer como acusación popular en la causa abierta contra el ex presidente de la Generalidad Jordi Pujol por su fraude fiscal cometido durante 34 años.

El objetivo manifiesto de este colectivo de entidades, al que también se han sumado el Observatorio de Derechos Económicos, Sociales y Culturales (DESC), el Consejo de Juventud, y sindicatos como UGT, CCOO y la Intersindical Alternativa de Catalunya (IAC), es reclamar la potestad de la sociedad civil de "exigir responsabilidades" al ex presidente autonómico. Cronicaglobal.com.

- 02.10.2014: Unión Progreso y Democracia (UPyD) se ha querellado hoy en la Audiencia Nacional contra el presidente de la Generalitat catalana, Artur Mas, por su presunta vinculación con cuentas bancarias en el principado de Liechtenstein y contra toda la familia Pujol por *"corrupción organizada"*. UPyD se querella contra Artur Mas por sus cuentas en Liechtenstein. Noticias.lainformacion.com.

- 31.10.2014: La asociación Impulso Ciudadano ha presentado recurso de alzada ante la Consellera Irene Rigau contra la resolución de 21 de junio de 2013 de la Secretaría General del Departamento por la que se aprobaron los documentos que han de regir el curso 2013-2014 por considerar que la resolución deliberadamente ignora la doctrina del Tribunal Constitucional y las sentencias del Tribunal Supremo sobre usos de las lenguas vehiculares en los centros educativos catalanes. Impulso Ciudadano recurre las instrucciones de la Generalitat para el curso 2013-1014. Impulsociudadano.es.

- 02.10.2014: Manos Limpias amplia la querella contra Artur Mas como máximo responsable de la aprobación en el Parlament, el 1 de Octubre de la Junta Electoral para la consulta, incidiendo en un acto más de manifestación de delito de desobediencia.

"La desobediencia e insumisión tanto del Parlamento de Catalunya como del Sr. Mas al Tribunal Constitucional y hacia nuestra Norma Fundamental (CE 1978) está llegando a

unos extremos estratosféricos. ¿Cómo es posible que, si tanto la Ley de Consultas como la convocatoria de referéndum del "hipotético" día 9 de noviembre, estando suspendidas, ambas por el TC, se atrevan a designar una Junta Electoral para un referéndum suspendido y que denota características de completa ilegalidad?" Ampliación querella contra Artur Mas. Manoslimpias.es.

- 13.10.2014: *VOX presenta una querella por sedición contra Mas ante el TSJC.* Libertaddigital.com.

- 20.11.2014: *UPyD se querella contra Mas por desobediencia, prevaricación, malversación, usurpación de funciones y delito electoral.* Elmundo.es.

- 21.11.2014: Durante el proceso participativo del 9 de noviembre en varias poblaciones catalanas se presentan más de una docena de denuncias por particulares, colectivos o formaciones políticas, contra aquellos que propulsaron dicha consulta soberanista. *Denuncias en marcha.* Elperiodico.com.

Existe un número muy reducido de personas, colectivos y formaciones políticas que son capaces de hacerle frente al nacionalismo y al separatismo en España. Pero, aunque persigan los mismos objetivos, éstos, no actúan como un amplio frente político común para combatir al desafío de los nacionalistas y de los separatistas, y, del mismo modo, para luchar contra todas las conductas inmovilistas del Estado y del Gobierno central. Y una de las razones que no los unen son sus diferencias ideológicas. Pero sí constituye un ejemplo a resaltar del periodista Armando Robles que sí está por la labor por activar un frente común en defensa del objetivo principal, y razón de ser, la unidad de España.

- 'La España en Marcha (LEM)', una coalición creada por cinco formaciones políticas: La Falange, (Juventudes de La Falange), Nudo Patriota Español, Alianza Nacional, Movimiento Católico Español-Acción Juvenil Española y

Democracia Nacional; Fuerza Nueva; Raza Española; VOX, etc.

- El Movimiento Cívico de España y Catalanes, la Fundación para la Defensa de la Nación Española (DENAES), la Asociación de Víctimas del Terrorismo, Voces contra el Terrorismo, Foro Ermua, la Fundación Gregorio Ordóñez, Hazte Oír, Convivencia Cívica, Impulso Social, Alternativa Española (AES). Impulso Ciudadano (IC), Manos Limpias, La Asociación por la Tolerancia, La Iniciativa Ciudadana "¡Basta Ya!", Unidad Nacional Española, La Asociación Dignidad y Justicia, Movimiento Social para la Defensa de España, etc.

- "La Ratonera" por Armando Robles, (Alertadigital.com), "Sin Complejos" por Luis del Pino, (Esradio.libertaddigital.com), "Es la Mañana de Federico" por Federico Jiménez Losantos, (Esradio.libertaddigital.com), "El Gato al Agua" por Javier Algarra, (Intereconomia TV), "La Mañana de Cope" por Ángel Expósito (Radio Cope), "El Cascabel" por Antonio Jiménez, (13tv.es), "La marimonera" por Carlos Cuesta, (13tv.es), etc.

- Antonio García-Trevijano, Enrique de Diego, Pío Moa, Roberto Centeno, etc.

SUBCAPÍTULO III - POSICIÓN POLÍTICA Y SOCIAL DE LOS SEPARATISTAS Y NACIONALISTAS PERIFÉRICOS FRENTE A ESPAÑA

1. Acción y estrategia del nacionalismo y separatismo frente a los Ejes definidores de España

Ante un Estado en crisis, ante unos Gobiernos centrales de turnos, reformistas y continuistas en el inmovilismo, ante unos partidos políticos oportunistas del momento, ante unos intelectuales y medios de comunicación recurrentes en el mercantilismo y mediatizados, condicionados por el sistema que los dominan y, ante una sociedad y un "pueblo" –el español- sin la menor idea ni conciencia de lo que es patria, historia, realidad, unidad nacional, valor y dignidad, pues el avance y ascenso de los nacionalismos es una victoria, y la conquista del separatismo rebelde está asegurado.

- El independentismo pierde peso en Cataluña. - Impreso ABC 04.07.2015.

- El apoyo a la independencia sigue a la baja y cae el 42% - LA VANGUARDIA - 04.07.2015.

- La secesión pierde apoyo en Cataluña cerca de las elecciones. - EL PAIS - 04.07.2015.
- "No" a la independencia de Mas. LA RAZON - 04.07.2015

- Rajoy opta por la estrategia legal para responder a un 27-S independentista. Diariodeleon.es 05.07.2015.

- El presidente de la Generalidad, Artur Mar, ha presentado este lunes el acuerdo de unidad con ERC y las entidades soberanistas para presentarse de forma conjunta a las elecciones del 27 de septiembre y ha asegurado que la independencia de Cataluña es posible. "Estamos preparados para hacerlo y para hacerlo bien". *Artur Mas presenta su lista unitaria para las elecciones del 27S* / abc.es / 20.07.2015.

Sin lugar a dudas los Ejes definidores de España fallidos, no serán capaces de interrumpir ni mucho menos derrotar a los nacionalismos y al separatismo. Y a pesar de todo lo que se diga nada puede inmutarlos: Una Cataluña independiente sería *"pasto"* del terrorismo islamista y del crimen organizado, (Jorge Fernández Díaz, Ministro del Interior, 24.05.2014), *"Una Cataluña independiente no sería aceptada en Europa"*, (Jean-Claude Juncker, Presidente de la Comisión Europea, 28.04.2014), *La banca se pronuncia sobre Cataluña y habla de "exclusión financiera" si hay independencia.* (20minutos.es, 18.09.2015). El secretario de Estado para la Seguridad Social, Tomás Burgo, asegura que una secesión provocaría "devastadoras consecuencias" para los pensionistas. (*La Seguridad Social advierte: `La independencia dejaría en el aire el pago de las pensiones'* (Elmundo.es, 22.09.2015), etc.

Los movimientos nacionalistas y el separatismo al frente suyo no encuentran un rival de carácter y de vida. Y tras cuarenta años éstos se han hecho sólidos y fuertes y han sido capaces de destruir una generación por otra dotada de pensamiento nacionalista y separatista. Y más aún, su crecimiento es tal y extraordinario que han podido golpear fuera de sus Comunidades haciendo suya otros territorios autonómicos con sus aspiraciones pannacionalistas. Ahí tenemos el pancatalanismo, la vascongada, e inclusive extraterritoriales –fuera de España- como el ocupar parte de Francia o del mismo Andorra. Y aquí tenemos una acertada definición de lo que es el nacionalismo y el separatismo que convergen con las líneas maestras de CiU, en el escrito de Salvador Sostres y del avance de ERC en Baleares:

- *"Convergéncia i Unió es una maquinaria de poder, un aparato pensado para mandar y administrar los tiempos, los negocios, la vida pública y la moral dominante. CiU es mucho más que un partido: es una instalación fija, compleja, con varios sistemas operativos y no menos plantas, todas comunicadas entre ellas. Se sabe quién manda. Se sabe lo que hay que hacer. Pero lo que sobre todo se sabe, y lo que mejor funciona y de un modo más preciso define a esta trama, el el margen que cada cual sabe que tiene que operar..."* Salvador Sostres, Sea cual sea el resultado. Diario El Mundo, 21.12.2014).

- Tras el proceso soberanista que vive Cataluña, ERC intenta ahora por todos los medios liderar el movimiento a favor de la independencia en Baleares enfrentándose así al PSM, la formación que históricamente viene representando el nacionalismo de izquierdas en las Islas. ERC maniobra en Baleares para liderar el movimiento soberanista. (Elmundo.es. 15.11.2014).

Es indiscutible que el nacionalismo y el separatismo en España llevan a cabo su posición a través de una hoja de ruta trazada, -el llamado Proceso Soberanista-, utilizando la acción y la estrategia y marcados por el dualismo analítico entre tiempo y espacio e interactuando con el movimiento. Saben cómo actuar con su enemigo (palabra correcta y no adversario) el Gobierno central y ante los demás Ejes definidores de España, con la más absoluta relajación mental. Y utilizarán para ello todos los instrumentos necesarios que en su tiempo se les fueron negados en las Dictaduras: la independencia y las concedidas autonomías. Y aprovechando el espacio que le da la Democracia oficial, construyen y ejecutan sus pensamientos en su Comunidad, actuando en libertad y gracias a las estructuras que le da su Autonomía.

Y a través de esos dos instrumentos –de la acción y la estrategia– y de su pasado histórico se forman, se organizan, adquieren movimiento y crecimiento, y en cuestión de tiempo llegan a conducir a la Comunidad autónoma que les pertenece; gobernándola, como es el caso de Cataluña, y en camino de esa conquista se observa ya en el País Vasco, y trabajando en ello ya en Andalucía, Galicia, Valencia.

En el libro Paciencia e independencia (Ariel, 2014) de Francesc de Carreras se observa los procesos, las decisiones y la estrategia que han llevado a cabo los nacionalistas para el auge del separatismo en Cataluña, y que va desde la Transición.

El lema que coreaban los afiliados de CiU en las manifestaciones a finales de los años setenta era el siguiente: "Avui paciència, demà independència" (Hoy paciencia, mañana independencia).

Primera Parte - Acción y estrategia del nacionalismo periférico

La acción política es algo muy fundamental en el pensamiento del nacionalismo periférico. Que a través de un conjunto de actos se vinculan como carácter integrador. Está relacionada con la conquista, siendo el objetivo principal alcanzar sus aspiraciones hacia la soberanía de su Comunidad. Asimismo, el sentido de su actividad es un trabajo político, social, económico, cultural y de educación en base a estrategias para alcanzar sus fines que le conduzcan emprender el camino hacia el separatismo.

- "El certificado de defunción de la Cataluña autonómica y la Cataluña soberana entró en la mentalidad de la gente". Germà Gordó, consejero de Justicia catalán / *El conseller catalán de Justicia apoya dar la nacionalidad catalana a valencianos y baleares* / Elmundo.es).

1. El nacionalismo es políticamente seductor, oportunista y cínicamente español

Primeramente, que se entienda bien, que al decir seductor, oportunista y cínicamente español, no pretendo ironizar, prejuzgar o calificar negativamente, sino únicamente interpretar el significado que guardan estas palabras y la utilización de las mismas como técnicas hacia la comunicación y hacia un propósito determinado.

Cuál es el fin del nacionalismo sino aquel de preparar el terreno para dar paso al separatismo. Y suficientemente entendido está que todo nacionalista periférico lo que más ansía es conquistar su Comunidad Autónoma. Por lo cual el nacionalista periférico, consuma cautela y prudencia, propiciará su pensamiento como aquel de que, construir la autonomía es fundamental para España; que vivir con España es lo más aconsejable. El nacionalista periférico juega un doble papel, se presenta con una doble personalidad. Todo ello, en principio, determinado hacia la conquista autonómica, ausente de todo pensamiento separatista; pero cuando llega a madurar el pensamiento separatista en la sociedad, prácticamente, su estado de ausencia separatista en un momento pasa a convertirse de nacionalismo a separatismo.

Y hay antecedentes históricos de lo que se dice y que han ocurrido en tiempos determinados desde el siglo XIX, diríamos, hasta el presente. Veamos a continuación algunos ejemplos que se concibe este modelo político de actuación del nacionalismo hacia el separatismo como práctica:

Siglo XIX:
- También tiene Pi y Margall actualísimas palabras para referirse a la unidad administrativa que *"ha matado la espontaneidad y debilitado la energía, así de los Municipios como de las provincias"*. Frente a la desoladora situación de las provincias sin autonomía alguna Pi y Margall enfrenta la de las provincias que conservaron por más tiempo su autonomía, provincias Vascongadas y Navarra, considerando

su prosperidad como un fruto de su libertad, de sus fueros vascongados una norma a imitar en el resto del Estado español, pues los federales, dice Pi *"queremos la autonomía de las provincias todas, y a todas con libertad para organizarse como les aconsejen la razón y sus especiales condiciones de vida"*.

En ese planteamiento se da absoluta preferencia a los perfiles autonómicos afirmando Pi que "dentro de sus respectivos intereses he dicho que los pueblos, las provincias y las naciones son completa e igualmente autónomas". Pi y Margall ya había advertido en 1876 que la autonomía no es el camino de la disgregación ni de la disolución de la patria, pues "la nación está vigorosamente afirmada en el pensamiento y en el corazón de los españoles. En este mismo siglo se han presentado, como hemos visto, ocasiones para que la nación se hiciera pedazos. Las provincias, y esto es más, han llegado a declararse independientes. Les ha faltado después tiempo para reorganizar un poder central que personificara la nación y la sostuviera durante la crisis. Han manifestado siempre tanto ardor para mantener la unidad nacional como para recuperar su propia autonomía." (Los grandes conflictos y movimientos del período: federalismo, anarquismo y carlismo. Sexenio Revolucionario, La Restauración Borbónica. Historia de España, Vol. VII, pág. 89, Ediciones Club Internacional del Libro, Madrid).

1980:
- 14/09/1980: El presidente de la. Generalidad y líder de Convergencia Democrática de Cataluña (CDC), Jordi Pujol, anunció ayer en Lérida, de manera formal, que su partido votará a favor del Gobierno en la moción de confianza que se debatirá la semana entrante en el Congreso. También confirmó sus pasados contactos con Adolfo Suárez, pero se negó a hacer referencia a cualquier otro detalle del pacto UCD-CDC. El líder nacionalista catalán hizo estas manifestaciones en la madrugada de ayer, al término de una reunión con militantes de su partido en Lérida. Entre otras cosas, señaló que durante la semana pasada había conversado

con Suárez, mientras Ramón Trías Fargas, presidente de CDC, lo hacía con el vicepresidente económico del Gobierno, Leopoldo Calvo Sotelo, y Miguel Roca, portavoz catalán en el Congreso, con Rodolfo Martín Villa y José Pedro Pérez-Llorca. Todo ello *"para conocer mejor los proyectos del Gobierno Suárez sobre el plan económico a desarrollar"*.

Pujol se mostró satisfecho por el ritmo de los traspasos de competencias del Estado a la Generalidad, y recordó que: a finales de este mes de septiembre se traspasará a la Generalidad un nuevo paquete de competencias, entre ellas los temas de Administración local. Insistió en la preocupación de su partido por la situación económica, por lo que harán todo lo posible para que haya un Gobierno fuerte que afronte la situación.

En otro momento comentó que Suárez había abandonado su partido y ahora empieza a tomar las riendas otra vez, *"única forma de gobernar, evitando las diferencias en el interior, como tendrían que hacer los socialistas para convertirse en la auténtica alternativa de poder"*.

También Miguel Roca ha manifestado que su partido dará el voto afirmativo al Gobierno, «porque su programa es aceptable y porque la situación del país es demasiado grave para poner trabas a un Gobierno estable». Asimismo dijo que «para Cataluña no se pueden separar nuestras libertades de la consolidación de un Estado democrático». (Pujol: "Votaremos a favor del Gobierno". Elpais.com).

2002:
- Artur Mas expresaba opiniones como las siguientes. "El concepto de independencia lo veo anticuado y un poco oxidado" o "La Corona puede ser el vínculo que dé estabilidad a un modelo de convivencia, pero también a una estructura plurinacional del Estado... En el caso de España, se está demostrando que es una fórmula que funciona" o "Cataluña puede aspirar a mantenerse en el entorno del Estado español. Sería irresponsable llevar al país hacia un camino que

significara una frustración colectiva". Y esta hermosa perla, ejemplo de sensatez y realismo: "España no es Yugoslavia. Además, entre Cataluña y España existen lazos e historia compartida como para tener muy presente este bagaje común, que se manifiesta incluso en la composición demográfica de Cataluña" (Artur Mas, esa pluma al viento de Aleix Vidal Quadras. Gaceta.es).

2010:
- 9/06/2010: En declaraciones a TV3, el que fuera presidente de la Generalitat de Cataluña durante 23 años, Jordi Pujol, se ha mostrado a favor de la iniciativa popular que ayer admitió el Parlament de Cataluña sobre la convocatoria de un referéndum separatista. Así, Pujol ha manifestado su apoyo a que Cataluña debata sobre la independencia por considerar que el diálogo con el resto de España "ha entrado en crisis". (Jordi Pujol, a favor de la convocatoria de un referéndum separatista en Cataluña. Lainformacion.com).

- 15/06/2010: El presidente de CiU, Artur Mas, se ha mostrado contrario a convocar *"en los próximos cuatro años"* un referéndum sobre la independencia de Cataluña, porque considera que el país *"no está maduro ni tiene una mayoría social clara"* para garantizar que esta operación terminará de forma exitosa.

En la séptima y última 'DOC Session', un nuevo formato de acto político diseñado como un diálogo con representantes de la sociedad civil, Mas ha defendido la aplicación *"sin límites"* del *"derecho a decidir"* de los catalanes, sin poner techo a sus *"sueños y utopías",* pero ha advertido de los riesgos de ir demasiado rápido.

Para ilustrar estos peligros, Mas ha comparado la historia de Cataluña con un *"gran transatlántico"* cuyo capitán debe vigilar qué maniobras realiza porque, "por querer ir más deprisa de la cuenta", puede hacer "embarrancar" el buque.

Cataluña se encuentra en un periodo de *"transición"*, desde los últimos 30 años de autonomismo hasta la aplicación del derecho a decidir, pero según Mas hay que procurar que "en esta maniobra no embarranquemos o no llevemos el transatlántico contra las rocas", porque *"sacarlo de allí costará mucho"*.

Su reflexión le ha llevado a afirmar que *"en los próximos cuatro años"* no es conveniente plantear un referéndum de autodeterminación, por lo que ha descartado que en la próxima legislatura, si él es el presidente de la Generalitat, vaya a satisfacer las ambiciones de ERC de promover una consulta de estas características.

"Nuestro país no está maduro ni tiene una mayoría social clara para hacer una operación de este volumen", ha argumentado Mas, más partidario de empezar a aplicar el derecho a decidir en temas que conciten "mayorías sólidas", como por ejemplo la adopción de un sistema de concierto económico para Cataluña, similar al modelo vasco o navarro.

"Sin cerrar horizontes, manteniendo los sueños y las utopías, en este momento a Cataluña le conviene plantear operaciones importantes de país con garantías de poder ganar. Derrotas ya hemos acumulado unas cuantas", ha remarcado.

El concierto económico, sí

A diferencia del referéndum sobre la independencia, que a su juicio *"fragmentaría"* a la sociedad catalana y acabaría debilitando el catalanismo, Mas cree que, para defender el concierto económico o la gestión catalana de infraestructuras como los aeropuertos, una gran parte del país sí iría a la una.

Mas ha recalcado que *"Cataluña tiene derecho y necesidad de administrar sus propios recursos"* y, de hecho, desde España no se puede argumentar que el concierto económico *"no cabe"* en la Constitución ya que el País Vasco y Navarra ya lo aplican.

"Tampoco nos pueden decir que ellos tienen más derechos históricos que Cataluña. La Generalitat nació en el siglo XIV como institución que se dedicaba básicamente a recaudar tributos. Su razón de ser inicial estaba muy ligada a las finanzas", ha añadido.

Según Mas, *"un gobierno que no recauda los impuestos en su territorio es un gobierno cojo, limitado".* (Mas rechaza convocar una consulta independentista si logra la presidencia. Elmundo.es).

2011:
- 10/09/2011: El ex presidente de la Generalitat, Jordi Pujol, ha augurado este sábado que una Cataluña independiente del resto de España tiene plena capacidad para *"salir adelante". "No tengáis ninguna duda de que una Cataluña independiente saldrá adelante"* y más teniendo en cuenta logros de naciones sin estado como el Quebec canadiense y las repúblicas bálticas que hace poco más de una década se segregaron de la Unión Soviética, ha asegurado, en una conferencia que ha pronunciado en Igualada (Barcelona) bajo el título '¿Residuales o independientes? Cuando se rompen puentes'. El ex presidente de la Generalitat, Jordi Pujol, ha augurado este sábado que una Cataluña independiente del resto de España tiene plena capacidad para *"salir adelante". "No tengáis ninguna duda de que una Cataluña independiente saldrá adelante"* y más teniendo en cuenta logros de naciones sin estado como el Quebec canadiense y las repúblicas bálticas que hace poco más de una década se segregaron de la Unión Soviética, ha asegurado, en una conferencia que ha pronunciado en Igualada (Barcelona) bajo el título '¿Residuales o independientes? Cuando se rompen puentes'. (Jordi Pujol augura que una Cataluña independiente *"saldrá adelante".* Lainformacion.com).

2012:
- 30.09.2012: Iñigo Urkullu, como presidente y candidato a lehendakari, nos decía sobre sus aspiraciones soberanistas:

Que el *"derecho a decidir de los vascos"* es uno de sus objetivos del futuro, una tarea que corresponde al *"mañana"* y debe esperar frente a un presente que es *"tiempo de emergencia"* por la crisis económica. *"Esta es la urgencia nacional que el PNV va a atender hoy"*, destacó. El dirigente nacionalista insistió en que, una vez queden resueltos los problemas del *"presente"*, Euskadi tiene que ser una nación europea que se mida con el resto "como una más", sin subordinaciones impuestas ni *"más ataduras que la libre decisión de la ciudadanía vasca"*. Por eso, abogó por hacer del pacto *"la fórmula de encaje en un ámbito europeo de soberanías compartidas"*. (Urkullu prioriza la salida de la crisis a los anhelos soberanistas del PNV. Mikel Ormazabal. Ccaa.elpais.com).

2013:
- 31.10.2013: Miquel Roca, ex dirigente de Convergencia Democrática de Cataluña (CDC), abogado de la Infanta Cristina, y uno de los padres de la Constitución, ha mostrado su firme apoyo al referéndum secesionista que promueven CiU y ERC. Roca ha defendido el 'derecho a decidir' de los catalanes en dos ocasiones recientemente, la primera, al dar su opinión de experto sobre la ley de consultas populares que se tramita en el Parlament, para dar cobertura legal a la consulta soberanista. La segunda, la semana pasada en la Comisión de Estudio del Derecho a Decidir, donde aseguró que el modelo territorial que recoge la Constitución está agotado y que los catalanes están legitimados para cambiar la relación que mantienen con España.

Roca, retirado de la primera línea política de desde 1999, se ha dedicado estos últimos años a dirigir su despacho de abogados Roca Junyent Abogados Asociados y a la enseñanza de derecho constitucional en la Universidad Pompeu Fabra de Barcelona. Roca ha vuelto a la primera plana informativa al ser elegido por la Casa Real para defender a la Infanta Cristina en el 'Caso Noos' y por su papel de experto sobre el 'derecho a decidir'.

En calidad de esto último, se ha dedicado a reinterpretar la Carta Magna de 1978, en cuya redacción participó, cuestionando la vigencia de determinadas leyes, en favor de la consulta. *"No me digan que la consulta no puede ser constitucional, es imposible que alguien me diga que es inconstitucional. Es constitucional si hay voluntad política de hacerla constitucional"*, aseguró en la Comisión de Estudio del Derecho a Decidir. *"No hay ningún valor en la Constitución, ni uno, que pueda poner en cuestión un principio fundamental: la libertad descansa en la obligación de escuchar"*, expuso Roca en dicha comisión.

La doctrina jurídica de Roca en materia soberanista se basa en la afirmación de que *"la ley, por definición, es efímera. Hemos cambiado muchas veces de legislación"*, por lo que la celebración de una consulta *"es un problema político que políticamente se debe resolver"*. Roca asegura que el modelo constitucional de encaje de Cataluña en España *"está agotado y debe ser sustituido"* y *"sustituir esa relación por otra que libremente puedan decidir los ciudadanos de Cataluña, eso es lo legítimo"*.

El abogado catalán también sostiene que *"la Constitución hace una especie de cesión de soberanía en relación a los ciudadanos de Cataluña para que aprueben su autogobierno". En lo que respecta al Tribunal Constitucional, Roca afirmó en la Comisión de Estudio del Derecho a Decidir que "el TC no me merece ningún respeto. No me puedo creer a esta institución desde la sentencia del Estatuto"*.

Sin embargo, Roca dice que un escenario de ruptura le *"angustia"* y advierte: *"Cataluña siempre ha gestionado mal los hechos rupturistas. Ninguno ha funcionado"*. También distingue entre romper con un estado totalitario como una dictadura, *"algo muy fácil"*, y otra muy distinta es el enfrentamiento con *"quien tiene una base de legalidad democrática y lo que estamos discutiendo es cómo se interpretan los valores que inspiran el orden convivencial"*. Por ello, según Roca la mejor manera de dar reconocimiento a la mayoría silenciosa es el voto secreto. (Miquel Roca, contra 'su' Constitución: defiende la consulta separatista – LVL. Lavozlibre.com).

- 3/12/2013: Recordemos aquella entrevista a Alfonso Guerra, ex presidente de la Comisión Constitucional, sobre la Constitución de 1978, en particular del Artículo 2 y el 150.2.

P. ¿Pensaron que artículos con cierta ambigüedad como el 2 —que habla de la unidad de España y, a la vez, de la existencia de nacionalidades en su seno— o el 150.2 —que permite la delegación permanente de competencias estatales— podían generar conflicto en el futuro?

R. Esos dos artículos dieron muchísimo que hablar en el debate. Ahora, yo no diría que hay ambigüedad en ninguno de los dos, creo que hay bastante claridad. Otra cosa es que uno esté de acuerdo o no con lo que se dice. Yo combatí para que no se incluyera el 150.2, porque era un caso insólito en una Constitución: abre una vía de reforma constitucional por la puerta de atrás, de manera que las competencias que son del Estado pueden no ser del Estado, sin atender las reglas de reforma de la Constitución. Combatí mucho aquello. El argumento de los que habían acordado esa fórmula, que fueron La Moncloa y el nacionalismo catalán, era que nunca se iba a aplicar. Y yo decía: si nunca se va a aplicar, ¿por qué tenemos que dejar abierto el proceso constituyente? Fui muy contrario a ese apartado. Pero no es ambiguo, es clarísimo. Igualmente, el artículo 2 fue una de las cosas más discutidas. Y la verdad es que los nacionalismos estaban muy de acuerdo. En aquel debate el nacionalismo de CiU y PNV se pronunció contra la autodeterminación. Claro, es tremendo que al cabo del tiempo digan que siempre han defendido eso, ahora que defienden la independencia. No es verdad: sus representantes dijeron que la Constitución era ya su autodeterminación. Y ahora están en otra tesis. No son leales a lo que defendieron en 1978". (Extracto de la entrevista a Alfonso Guerra, ex presidente de la Comisión

Constitucional. "Los nacionalistas dijeron en 1978 que tenían suficiente. Fuimos ingenuos" por V. G. CALVO / J. M. ROMERO. Politica.elpais.com).

2014:
- 01.03.2014: ETA dice que sellará sus armas y advierte que podría condicionarse el proceso. Heraldo.es.

- 20.04.2014: Andoni Ortuzar llama a los vascos a celebrar hoy el Aberri Eguna "más allá de las siglas y de los partidos". (El PNV reclama a la UE mecanismos para reconocer a Euskadi como nación. Noticiasdegipuzkoa.com).

2015:
- 02.04.2015: El PNV ha expresado hoy su *"obstinación democrática"* en que *"Euskadi sea contemplada como una nación más del mapa de naciones europeas"*, por la vía de un *"acuerdo por la convivencia política"* con el Estado. (*El PNV ve en el Aberri Eguna un nuevo ciclo político decisivo para el futuro.* Noticiasdegipuzkoa.com).

- 22.08.2015: *"El autogobierno se consiguió con la suma de voluntades, pero articulada a través de partidos políticos y de mayorías en los parlamentos". "Cataluña no habría sido no de lejos lo que es hoy en día en términos de autogobierno si no hubiera sido por la Lliga, Acció Catalana, Unió Democràtica, Esquerra Republicana o Convergència Democràtica".* (Palabra del consejero de Justicia catalán Germà Gordó / *El conseller catalán de Justicia apoya dar la nacionalidad catalana a valencianos y baleares* / Elmundo.es).

- 22.08.2015: *"Para tener éxito hace falta unidad, pero también paciencia y astucia".* (Palabras del consejero de Justicia catalán Germà Gordó / *El conseller catalán de Justicia apoya dar la nacionalidad catalana a valencianos y baleares* / Elmundo.es).

Nos hemos servido de estas evidencias históricas, existiendo otras más que podríamos utilizar, que nos ocuparía todo un libro, para darnos cuenta de la política de seducción, del oportunismo y del cinismo, de las argucias a lo tipo Pi y Margall, Jordi Pujol, Miquel Roca, Artur Mas, entre otros, como parte de la acción y la estrategia política que utilizan para alcanzar el objetivo final, cual es la conquista de su propio Estado-Nación.

Resulta clarificadora la actuación de los nacionalismos y del separatismo y entender que éstos saben hacer las cosas mejor que nadie.

2. La financiación y mayores competencias: máxima prioridad de las Comunidades nacionalistas

El nacionalismo periférico soberanista sabe muy bien de la importancia que tiene la financiación y la competencia autonómica. Y un ejemplo muy eficaz para conseguirlo a su beneficio es en el debate presupuestario generales. Llegado el momento el gobierno reformista de turno actuará en ofrecimientos; acudirá hacia los nacionalistas periféricos para establecer mutuas concesiones y acuerdos. Los primeros, el Gobierno central, necesita de los nacionalistas para alcanzar una mayoría parlamentaria y así sacar adelante los Presupuestos Generales y salvar la Legislatura; mientras que los segundos, los nacionalistas, actuarán de solidarios con aquél, bajo la condición de una mayor financiación económica para su Comunidad autónoma y si es posible mayores competencias sociales, educativas, territoriales, etc., es decir, un mayor autogobierno. Lo cual incrementará así su poder y el manejo ideológico a su sociedad autonómica. Una estrategia política es casi seguro que ha ocurrido en todas las Legislaturas, desde la entra de la democracia legal. La importancia aquí sólo radica en las concesiones mutuas a través de los pactos de gobierno, que se dan entre el Gobierno central y el autonómico. Aquí el Gobierno central está alejado de su compromiso nacional, los ignora, y actúa de mala fe cuando entra en pactos y compromisos con los nacionalistas y los separatistas, a sabiendas que éstos tienen trazados una hoja de ruta hacia su separación de España.

Véase el escándalo de la Banca Catalana que implicó a Jordi Pujol y al ex Presidente del Gobierno de España Felipe González y secretario general del Partido Socialista Obrero Español (PSOE) desde 1974. Que según las declaraciones del Ex Fiscal Jefe del TSJC, José María Mena, en el programa `Más Claro Agua´ 13tv y en "El Cascabel", 13 TV, 29.07.2014, nos revelan el perjuicio que traen estos pactos contra España.

Cristina Alberdi: "Yo recuerdo en el Consejo del Poder Judicial de hablar de este tema. De cómo se paró. Se paró. Fue una cosa, claramente: acuerdo, pacto de parar el tema. ¿A cambio qué se defendía? Pujol era un defensor autonomista, defiende la autonomía, cada vez que tenía que apoyar a un gobierno se llevaba una buena tajada de competencias, e incluso llegó a llevarse de las exclusivas del Estado el 150 de la Constitución, y ese era el pacto que había de no. [Interrumpe], para luego decir: En ese terreno suyo de ahí de la Generalitat y en el ámbito territorial Catalán no entrar."

Luis Carbonell abogado y presidente CONCAPA: "Yo debo de reconocer lo que todo el mundo sospechaba: de ser un partido bisagra, hacer un chantaje continuo al PSOE y al PP, también tienen su culpa. Para poder gobernar el chantaje consentido…"

2010:
La estabilidad de José Luis Rodríguez Zapatero en el Palacio de La Moncloa tenía un precio y ayer el Gobierno lo pagó al PNV, que salió presuroso del Congreso rumbo a Bilbao en cuanto rubricó el acuerdo presupuestario mientras se frotaba las manos por lo conseguido. A eso de las 15.45, el Grupo parlamentario Vasco anunció un pacto de estabilidad económica, política e institucional con el PSOE «para el desarrollo íntegro del Estatuto de Guernica». El acuerdo incluye el traspaso de 20 competencias,

inversiones millonarias en el País Vasco e incluso el cambio de nomenclatura de las tres provincias de aquella Comunidad Autónoma, que pasarán a denominarse de manera oficial Araba-Álava, Gipuzkoa y Bizkaia.

El gran vencedor político de este acuerdo, además de Zapatero, que se garantiza la permanencia en el poder al menos un año más, es el partido de Íñigo Urkullu, que se ha presentado como el gran valedor y defensor de los intereses del País Vasco, por encima del Gobierno autonómico y de su lendakari, Patxi López, ausente de las negociaciones sobre un asunto tan trascendental en su Comunidad como es el traspaso de competencias y el autogobierno. El portavoz del Grupo Socialista en el Congreso, José Antonio Alonso, explicó ayer que Zapatero había llamado el jueves a López «para ponerle al corriente de las últimas novedades» sobre las conversaciones con el PNV, lo que viene a confirmar su exclusión. Además, Alonso señaló que el PSOE "ha mantenido informados puntualmente a los compañeros de Euskadi". (Zapatero cede al PNV hasta el nombre de las provincias para seguir en La Moncloa. Mariano Calleja /16/10/2010, Abc.es).

2013:
P. ¿Dónde sitúa el origen de la crisis territorial?

R. Hay toda una trayectoria de cuestiones. El café para todos, aunque no lo dijeran, dejó descontentos a los dos nacionalismos que habían tenido Estatutos. Después un momento muy importante es cuando el Parlamento intentó hacer una ley, la LOAPA, para armonizar el proceso autonómico, y el Constitucional declaró muchos artículos inconstitucionales. Luego vino la propuesta de administración única de Fraga; también los traspasos del IRPF: del 15%, del 30%... según llegaba un nuevo presidente iba subiendo el nivel. Otro error fue aquella promesa de Zapatero de decir que se aprobaría en el Congreso lo que aprobase el Parlamento de Cataluña... Y luego todo lo referente al Estatuto de Cataluña, que por cierto fue copiado por todos los Estatutos que se reformaron después.

Es decir, es una cadena de situaciones no bien resueltas". (…) (Extracto de la entrevista a Alfonso Guerra, exPresidente de la Comisión Constitucional. "Los nacionalistas dijeron en 1978 que tenían suficiente. Fuimos ingenuos" por V. G. CALVO / J. M. ROMERO Madrid 3/12/2013, Politica.elpais.com).

2014:

- Una auténtica bomba de racimo estallaba el viernes a última hora accionada por Jordi Pujol i Soley, el hombre que durante 24 años ha sido presidente de la Generalitat catalana y el político que más ha contribuido a la estabilidad política del país, pactando con el PSOE y con el PP, con Felipe González y con José María Aznar, a cambio de más transferencias, dinero, e impuestos para Cataluña. (La bomba con la que se ha inmolado Jordi Pujol. Opinión del periodista José Oneto – 26.07.2014 – Republica.com).

- *"No solo voy a hablar de paz, Cataluña y Escocia. Voy a hablar de Euskadi y su autogobierno".* Y sobre el soberanismo vasco: "No es una cuestión de prisas ni de envidias". Palabras del lehendakari del Gobierno Vasco, Iñigo Urkullu, 28.08.2014. (Urkullu pone Escocia como "modelo" pero no cree prioritaria una consulta. Ccaa.elpais.com).

3. Pedagogía política en las Comunidades nacionalistas

"Ningún hombre tiene que desesperarse pensando que no obtendrá conversos para la causa más extravagante si tiene el arte de suficiente para representarla con colores favorables"
David Hume.

La misión del nacionalismo periférico es propulsar la cultura nacionalista periférica en todo su contexto y en todas las áreas, que exprese claramente el sentir de sus líderes nacionalistas y separatistas hacia la población y a la sociedad en la que pertenezcan.

Y la manera de operar, para transformar a su sociedad y a su pueblo, es estableciéndose como agentes liberadores bien sea en las entidades públicas e institucionales que estén orientadas en las áreas de educación, comunicación, cultura, deporte y religión. A través de estas áreas, el nacionalismo genera, difunde y construye un pensamiento sistemático, de carácter oficial, general y global, dentro de su Comunidad, e inclusive, puede orientar su espacio fuera de ella, como lo es el pensamiento pancatalanismo y la vasconia.

Como un ejemplo, al conversar con un escritor navarro del pueblo de Monteagudo, del sur de Navarra, éste me decía, muy indignado, que pronto se iba a inaugurar en su pueblo una escuela vasca. Lo cual lo consideraba como un agravio y como un intento más de los separatistas y nacionalistas vascos en su camino de formar el País Vasco-Navarro, y en donde el gobierno de Navarra no es capaz de impedirlo. Desde luego, esta información recibida el día 25 de agosto de 2015, de seguro que el Gobierno central a través del Ministerio de Educación y del Ministerio del Interior, no ignora lo que sucede en Monteagudo, y como seguro, que por el momento, está información es inadvertida en los medios de comunicación.

3.1. La ideología nacionalista periférica también en el deporte

Cuántas veces se ha visto que se pita el himno nacional de España en los campos deportivos de ciertas comunidades autónomas, como de Cataluña, País Vasco y de Valencia. Y cuántas veces se ha visto la actitud de ciertos deportistas que visten la camiseta española que se muestran abiertamente nacionalistas o separatistas, pues muchas veces.

Está claro que el nacionalismo periférico utiliza para sus fines el deporte y para ello involucra a los aficionados y deportistas. El nacionalismo periférico rema contra corriente del nacionalismo español. Y esto queda patente por los hechos.

- 30.05.2015: Monumental pitada al himno de España en el Camp Nou. Final Copa del Rey 2015. Deportes.elpais.com.

- 11.05.2009: La Plataforma Proselecciones Deportivas Catalanas repartirá 5.000 pitos con la eslogan Una nación-una selección a los aficionados que acudan a Mestalla a ver la final de la Copa del Rey entre el FC Barcelona y el Athletic Club de Bilbao. (5.000 pitos contra el Rey. Deportes.e-noticies.es).

- Víctor Sada, jugador de la selección española de baloncesto afirmó: *"Se debería poder votar la consulta y jugar con la selección"*.

- Marc Gasol, jugador de la selección española de baloncesto afirmo: *"Yo sí estoy a favor del derecho a decidir"*.

- Gerald Piqué, jugador de la selección española de fútbol afirmó: *"Españolitos, ya os hemos ganado vuestra Liga y ahora os ganaremos la Copa de vuestro Rey"*, *"Catalunya es un país"* o *"Un Barça Madrid es como un España - Catalunya"*.

- Josep Guardiola, conocido como Pep Guardiola, quien defendiera la camiseta de la selección española en 47 ocasiones afirmó: *"Catalunya es mi país"*, *"Las leyes me decían que tenía que jugar con la selección española"*.

- Xavi Hernández, jugador de la selección española de fútbol, afirmó: *"Cuando sales al campo y ves la 'senyera', es muy bonito, un sentimiento de piel de gallina. La gente nos dio una lección de cómo animar a su equipo y de democracia. Está en su derecho de hacer ver lo que siente y lo que quiere. Y nosotros estamos con lo que la gente de Cataluña quiere"*, *"Mi selección es la de España, que es mi país"*, *"Profesionalmente yo quiero ir a la selección española..."*

- Ona Carbonell, capitana del equipo español de natación sincronizada, afirmó: *"Si tuviera que escoger, escogería la catalana. Es más, apoyé a la candidatura de Madrid para los Juegos Olímpicos del 2020, pero si hubiera estado en Barcelona, hubiera ido a participar en la Vía Catalana"*.

- Álex Fábregas, jugador de la selección española de hockey, afirmó: *"Juego con España porque es con quien me toca jugar, no tengo otra opción. Mi sentimiento es catalán, no siento lo mismo escuchando el himno español que 'Els segadors'"*.

- Adel Mechaal, atleta marroquí nacionalizado español, jugador de la selección española de atletismo, afirmó: *"Si gano cogeré la bandera española sólo por respeto"*.

Los gobiernos autonómicos nacionalistas y ciertas instituciones como la Asamblea nacional Catalana o Catalunya Radio, saben muy bien de la cobardía del Gobierno central y del Estado para actuar contra el ultraje a la nación. Y sin ningún tipo de problema lo fomentan a nivel local, nacional e internacional, y aún más lo defienden como un derecho de libre expresión, y aún son capaces de responder con amenazas si en el *"peor de los casos"* el Estado o el Gobierno central interviniesen.

- 06.06.2015: Reparten 20.000 esteladas en Berlín para reivindicar la independencia de Cataluña en la final de la Champions. Ecodiario.eleconomista.es).

- 29.09.2008: Un ejemplo de cómo remar contra corriente del nacionalismo es el de David Cal. Este hércules gallego, que acumula dos medallas de oro y dos de plata en su especialidad de pala canoística, ha tenido que recorrer un tortuoso camino por culpa del nacionalismo gallego sin que el brillo de sus medallas consiguieran ablandar a la Xunta. Ya en mayo de 2007, tuvo que emigrar a Asturias para preparar el mundial porque la Consejería de Deporte gallega, gobernada por el BNG, no le facilitaba los medios necesarios. En enero de 2008 el COE tuvo que mediar. (Las estrellas del deporte plantan al nacionalismo. Belt.es).

4. Véase cómo emprende sus acciones el nacionalismo hacia sus objetivos:

1925:
- El 14 de junio de 1925, Primo de Rivera cerró el campo del Barça (el Camp Nou, anterior campo de Les Corts) por una pitada contra la Marcha Real (el himno nacional español), que provocaron su cierre por tres meses.
1992:
– ¿Cómo ha vivido esa «catalanización» de las aulas?

–*"Ha sido el caballo de Troya del nacionalismo y el independentismo. Empezó en los años ochenta, cuando entró Pujol en el poder. Y ha sido una hoja de ruta perfectamente diseñada. La primera opción fue expulsar de Cataluña a 14.000 maestros, a raíz de la ley de política lingüística, porque les obligaban a dar las clases en catalán en primaria. Unos por comodidad, otros por acoso, otros porque fueron expulsados... Y fueron reemplazados por catalanistas. En 1995, la Asociación por la Tolerancia, grupo que lleva denunciado estas cosas desde el año 1992, hicimos una caravana por la tolerancia lingüística por toda Cataluña para denunciar lo que ocurría, que es exactamente lo que está pasando ahora. En una conferencia, dije que en Cataluña hay un sistema educativo, llamado inmersión, que implica que no se puede estudiar en castellano. Y que los maestros son el ejército de Cataluña que nos están mentalizando en contra de España. No sólo son los libros de texto. No me creyeron. Y hoy es lo que ocurre."* (Antonio Robles: «Los maestros son el ejército del nacionalismo. Entrevista de J. V. Echagüe a Antonio Robles docente universitario que imparte filosofía en instituciones públicas en Barcelona. Larazon.es, 15.11.2012).

2011:
- 29.06.2011: *"La Asociación Nacional por la Libertad Lingüística (ANLL) considera "un despilfarro al servicio de la imposición totalitaria del valenciano" el pago de 40.000€ que el Ayuntamiento de Gandía realizará en los próximos cuatro años a*

Escola Valenciana, entidad dedicada al menoscabo de la libertad de elección de lengua por parte de los ciudadanos ".

"Consideramos preocupante que tanto el PP como el PSOE se dediquen a financiar a este tipo de entidades y los fines que persiguen, así como rechazamos el clientelismo que rodea la imposición del valenciano en la educación pública ". (La ANLL acusa al Ayuntamiento de Gandía de destinar 40.000 euros a la imposición del valenciano. ANLL).

2012:
- 12.09.2012: Empieza el curso 2012 con menos profesores, más alumnos por aula y sin cumplirse las sentencias judiciales. Vozbcn.com.

- 27.09.2012: Una de las últimas medidas que aprobará el Gobierno autonómico de CiU es el Programa Internacional de Comunicación y Relaciones Públicas Eugeni Xammar. Solo tiene un objetivo: internacionalizar la causa nacionalista. Mas pone al frente a Martí Estruch, ex 'embajador' autonómico en Berlín en tiempos de Carod-Rovira. (…). (La Generalidad aprueba un programa para difundir propaganda entre los medios de comunicación extranjeros. Maite Molina. Vozbcn.com).

- 28.09.2012: La tradicional relación entre CiU y el Grupo Godó no ha hecho sino estrecharse desde que la coalición nacionalista llegara al poder. Como informó ELPLURAL.COM, desde que Mas desembarcara en la Generalitat al final de 2010 los medios aglutinados en torno a Javier Godó (La Vanguardia, Mundo Deportivo, Rac1, 8tv, etc.) recibieron casi 9 millones de euros – exactamente 8.715.700 euros- en año y medio.

El grupo más beneficiado con diferencia

En el desglose de esa cifra hay que tener en cuenta en primer lugar las subvenciones del Departamento de Presidencia de la Generalitat a medios de comunicación catalanes (incluidos periódicos impresos, digitales, televisión y radio). Con 1,45 millones de euros recibidos en 2011, el grupo de La Vanguardia, acaparó el 40% de las subvenciones totales de esa partida que ascendió a 3,64 millones.

Subvenciones compatibles con despidos

Además de las esas, en 2011 el Govern de CiU otorgó 5,5 millones de euros a la rotativa Cre-a Impresiones de Catalunya SL, también presidida por Godó, para imprimir la versión catalana de La Vanguardia, y eso que la empresa está inmersa en una reestructuración que ya ha supuesto el despido de 29 trabajadores y pretende la rebaja sustancial del sueldo del resto. Mientras, Publipress Media (también controlada por el mismo grupo) recibió de la Generalitat casi dos millones –exactamente 1.999.828,60 euros- para insertar *"cápsulas y micro espacios divulgativos de interés para la ciudadanía"*, lo que no era sino publicidad de la gestión de CiU. La misma sociedad recibió 500.000 para hacer lo mismo pero en sus emisoras de radio agrupadas bajo el paraguas de Rac1.

"Altavoces mediáticos de la independencia"

El Mundo ha recogido estos datos sobre el Grupo Godó y ha añadido algunos más sobre las ayudas a otros medios para alertar de los *"altavoces mediáticos de la independencia"* que está sufragando Mas con dinero público. El periódico en catalán Ara se ha convertido en otro de los puntales de CiU, aunque había recibido del anterior Ejecutivo casi un millón de euros -990.000 euros- para su puesta en marcha. Ya en 2011 con CiU, Ara recibió 315.000 euros más.

Ara y el mensaje de la Diada

Se da la circunstancia de que la presentadora del acto oficial de la polémica de la Diada fue Mònica Terribas, ex directora de TV3 y actualmente consejera delegada de la empresa que edita Ara. Terribas fue la que proclamó que *"desde hace 500 años, los catalanes hemos sido unos imbéciles"* advirtiendo de que no se trata de dejar de ser catalanes sino de "dejar de ser imbéciles", calentando así el ambiente para la posterior manifestación independentista.

'El Periódico' y El Punt/Avui

El Periódico de Catalunya se llevó el pasado año 268.972 euros por su edición catalana y 38.648 euros por la versión digital, además de haber recibido una partida extra de 294.227 para sinergias del grupo y otros 180.000 euros para desarrollar su quiosco digital. Por último, el diario catalán El Punt/Avui, fruto de la fusión de ambas cabeceras, recibió 303.000 euros conjuntamente y 300.000 entre las dos por separado antes de unirse. (*La Generalitat de Mas financia generosamente una red de medios 'soberanistas' con el Grupo Godó como puntal.* Elplural.com).

- 10.10.2012: CiU y PSC cargan contra el ministro de Educación por plantear "españolizar" a los alumnos españoles. Vozbcn.com.

- 14.10.2012: Una investigación realizada por Manuel Romero en 2007 desveló que los libros de texto en España, en todas las materias, estaban fomentado la diferenciación y el enfrentamiento de unas regiones contra otras. (*Así fomentan el separatismo en España los libros de texto.* Lavozlibre.com).

- 17.10.2012: Siete millones de niños y jóvenes en España estudian en sus libros escolares una Historia, una Geografía y una Literatura diferentes, según la Comunidad donde vivan. A muchos de ellos se les ocultan materias importantes, a otros se les transforman de acuerdo a los idearios nacionalistas o regionalistas. Una investigación realizada por Manuel Romero y publicada por 'El Mundo', en 2007, desveló algunas de las diferencias en los libros de texto. La Voz de Barcelona reproduce a continuación un capítulo de aquella investigación.

Así estudiaron Historia los jóvenes que votan hoy en el País Vasco y Cataluña

"Desde Atapuerca a la Constitución española, desde el descubrimiento de América a la Transición, muchos manuales eliminan o transforman sus contenidos para congraciarse con los gobiernos autonómicos.

De la prehistoria a la Transición, de la extensión de las lenguas a los sentimientos deportivos, nada se resiste a la adaptación localista de los contenidos de los libros escolares con los que siete millones de niños y jóvenes estudian en España. La diferencia se ensalza, lo que une y acerca se reduce o desaparece. Es el escándalo silencioso que, curso tras curso, va minando la unidad educativa de España. Las principales editoriales se prestan a esta manipulación.

Un joven de 16 años de Bilbao puede concluir sus estudios sin que en sus libros hayan mencionado la Constitución española, la figura del Rey, los símbolos del país al que pertenece o las protestas contra el terrorismo de ETA. También es frecuente que se le oculte la existencia de los yacimientos cercanos de Atapuerca y Altamira, el Camino de Santiago y la participación de los vascos en el descubrimiento de América.

A menos de 100 kilómetros, un chico de Santander puede que nunca se entere de la primera vuelta al mundo de Juan Sebastián Elcano, o de que la industrialización de España se produjo a través del puerto de Bilbao.

En Barcelona, un joven puede rebuscar en su libro el Siglo de Oro y no hallarlo. O interesarse por los Juegos Olímpicos del 92, el mayor acontecimiento internacional y deportivo celebrado en su ciudad, y solo encontrar que 'fueron el punto álgido en la reconstrucción nacional [de Cataluña']. De la lluvia de medallas y del oro que España logró en fútbol en el Camp Nou, ni una palabra. Pero sí un extenso ejercicio para la asignatura de Lengua catalana con la simulación, por parte del alumno, de la retransmisión radiofónica de la final de la Copa del Mundo entre Brasil y Cataluña.

En otro extremo de España, una chica de Huelva estudiará la Guerra Civil como si se tratara de una invasión de Andalucía por parte de fuerzas de ocupación y, simultáneamente, un niño de La Coruña leerá en su manual de Lengua que en Cáceres el gallego no goza de protección.

El resultado es una abismal fragmentación educativa, un puzzle de libros de texto que no encajan entre sí: conocimientos diferenciados, sentimientos de agravios entre Comunidades Autónomas, odio hacia lo español, imposibilidad para compartir un mismo sistema escolar y universitario y dificultad para converger dentro de un mismo mercado laboral.

Un trabajo de investigación ha analizado los diferentes manuales de las 17 CCAA. El resultado pone al descubierto graves deficiencias. La Constitución, la estructura del Estado, el sistema democrático, la Transición, el terrorismo de ETA... desaparecen o se modifican en libros escolares de las más importantes editoriales.

Aunque el Ministerio de Educación regula las materias a incluir en los 50 millones de libros anuales de Primaria, Secundaria y Bachillerato, no establece la extensión que ha de dárseles. Así, sucede que a Lady Di se le dedique en un manual de Cataluña cuatro fotografías, mientras que la Constitución se despache en dos breves menciones. O que un mismo libro de Historia reemplace para el País Vasco el navío colombino La Vizcaína, con bandera de Castilla, por la de un acto promocional de Chocolates Valor en San Sebastián.

Aunque las competencias de la enseñanza están transferidas a las Comunidades Autónomas, el Ministerio, por medio de la Dirección General de Cooperación Territorial y Alta

Inspección, tiene como misión comprobar que los contenidos se ajustan a los reales decretos sobre materias mínimas.

La Constitución

El conocimiento de la Carta Magna es obligatorio en 4º de ESO. Así lo establece el Real Decreto 1631/2006, publicado el 5 de enero de 2007. La Transición política y configuración del Estado democrático en España aparece como uno de los capítulos del temario escolar. El apartado sexto de los criterios de evaluación de ese Real Decreto incluye la Constitución de 1978. Pero el contenido de algunos libros de texto difiere de lo establecido por el Ministerio.

La editorial Santillana incluye la Constitución en su libro de Historia de 4º de ESO, para alumnos de 16 años. Dos páginas con ilustraciones del Preámbulo, los siete ponentes de la Carta Magna e, incluso, una viñeta del dibujante Forges. De un tronco común con los colores de la bandera de España nacen frutos con las banderas autonómicas.

Las dos páginas dedicadas a la Constitución desaparecen de la edición destinada a los estudiantes del País Vasco, incluida la proclamación de la soberanía de la Nación española y el dibujo del propio Forges, colaborador habitual del grupo Prisa, a cuyo conglomerado pertenece Santillana.

En Cataluña, una de las editoriales con mayor presencia en los pupitres escolares es La Galera, perteneciente al grupo Enciclopèdia Catalana. Su libro de Historia de 4º de ESO dedica una página completa al estudio de los grafiti, con ejercicios extraescolares incluidos. También se explaya en el género de la entrevista con cuatro fotografías de una llorosa Lady Di ante las cámaras de televisión. Pero a la Constitución española sólo se le dedican dos escasas referencias. Entre las 28 actividades que se le proponen a los alumnos en ese capítulo se incluye descifrar las siglas SEAT, buscar información sobre las marcas catalanas Derbi,

Bultaco y Montesa y sobre el movimiento de la Nova Cançó. De la Constitución, ni palabra.

El Rey

El libro de 4º de ESO de Historia de Santillana ilustra el capítulo España: del franquismo a la democracia con una fotografía del Rey Juan Carlos I, acompañado por la Reina y el Príncipe, firmando la Constitución en el estrado del Congreso de los Diputados. El pie de foto hace referencia al consenso y al espíritu democrático de todas las fuerzas políticas que la hicieron posible.

Sin embargo, esta no es la imagen que ilustra el mismo libro en el País Vasco. El título del capítulo es idéntico, pero la fotografía del Rey ha sido sustituida por la de una eufórica Aitana Sánchez-Gijón en el Festival de Cine de San Sebastián. El pie es todavía más sorprendente: 'La primera edición contó con la presencia, entre otros, de Luis Mariano, Carmen Sevilla y Marujita Díaz'. También se extiende sobre la celebración de 'concursos de tiro y festejos taurinos'. El texto se esfuerza en justificar que el Festival 'refleja, en cierta medida, numerosos episodios de nuestra historia más cercana'.

La sustitución de la figura del Rey y la del Congreso de los Diputados no es excepcional en ese libro de Santillana. Se repite en su manual de Ética de 4º de ESO. El capítulo '¿Quién tiene autoridad?' se ilustra con la intervención del Rey ante las Cortes tras sancionar la Constitución. Un ejercicio pide a los alumnos buscar 'valores de la Constitución'.

En la edición del País Vasco, el Rey es sustituido por el edificio del Palacio de Justicia de Bilbao y la actividad escolar consiste en buscar valores dentro del 'Estatuto de Gernika o, en su defecto, de alguna otra norma legal vigente'.

El libro de Historia de la editorial catalana La Galera para 4° de ESO da más relevancia a la imagen del subcomandante Marcos que a la del Rey Juan Carlos I. Anexo al capítulo de la Guerra de Sucesión, se indica a los alumnos que pregunten a sus padres en qué lengua les enseñaban en la escuela y cuál hablaban en casa. También se les pide que declaren cuál es 'la primera lengua del alumno, la de sus padres y la de sus abuelos'. A renglón seguido, se les marca que comenten el fragmento del discurso del Rey en la entrega del Premio Cervantes a Francisco Umbral: 'Nunca fue la nuestra una lengua de imposición, sino de encuentro; a nadie se le obligó nunca a hablar en castellano'.

La democracia

El Congreso de los Diputados no se escapa a la tijera del editor. Mientras que en el libro de Ética de Santillana aparece la imagen de una sesión extraordinaria en la que los escolares tratan sobre la explotación infantil, en la versión para el País Vasco desaparece. Sin embargo, la imagen de la apertura del Congreso Nacional Chinose mantiene en ambos libros. Paradójicamente, China es uno de los países del mundo con mayor explotación infantil.

Los libros explican abrumadoramente el sistema parlamentario autonómico. La democracia surge a partir del Estatuto de Autonomía y raramente de la Constitución. La Historia de Bachillerato de Vicens Vives para Extremadura abunda tanto en el desarrollo de la política autonómica que califica incluso de 'gran novedad en el panorama de partidos' en los años 80 la creación, por parte de Pedro Cañada, de la formación regionalista Extremadura Unida.

Cañada es conocido por haber regalado un cerdo a cada mujer que daba a luz en su municipio. En los comicios locales de 2003 obtuvo 201 votos y perdió la alcaldía. En las últimas elecciones autonómicas concurrió en coalición con el PP. Logró un diputado en la Asamblea Regional y un concejal en el Ayuntamiento de Cáceres. Los jóvenes extremeños siguen estudiando el fenómeno político de Pedro Cañada en sus libros escolares.

Todos legislan, nadie supervisa

La Ley Orgánica de Educación (LOE) ha sido promulgada bajo el gobierno de José Luis Rodríguez Zapatero, y sustituyó a la LOCE del Gobierno de Aznar. No se modificó el punto sobre los porcentajes de materias básicas comunes en las distintas CCAA: 'Los contenidos básicos de las enseñanzas mínimas requerirán el 55% de los horarios escolares para las Comunidades [...] que tengan lengua cooficial y el 65% para aquéllas que no lo tengan'.

Aparentemente garantiza enseñanzas comunes, pero la especificación de que se refiere a porcentajes horarios, y no de contenidos en los libros, deja a las editoriales vía libre para determinar la extensión de los mismos.

El desarrollo de la LOE se produce por medio de reales decretos en los que se describen las materias comunes. Las CCAA emiten a su vez decretos propios que determinan las materias en su territorio. El Ministerio, por medio de la Dirección General de Cooperación Territorial y Alta Inspección, debe inspeccionar los contenidos. Para ello dispone de delegaciones en las CCAA. (...)."

(Así estudiaron Historia los jóvenes que votan hoy en el País Vasco y Cataluña. Manuel Romero. Vozbcn.com).

- 04.11.2012: En la misiva denuncian la existencia de *"un plan diseñado por los sucesivos gobiernos de la Generalitat, a través de la inmersión lingüística forzosa en catalán y la tergiversación de la Historia, de la Geografía y de la Cultura, que pretende hacer de las escuelas un instrumento para desespañolizar a los alumnos".* (...). (La plataforma del 12–O pide a Wert que incida en la educación catalana. Joan Planes. Larazon.es).

- 20.11.2012: La delegada del Gobierno en Cataluña, María Luisa Llanos de Luna, ha denunciado a la justicia a los ayuntamientos de Girona y de Figueres por emplear dinero público para organizar dos trenes para trasladar vecinos de ambas ciudades a Barcelona el pasado 11 de septiembre, para asistir a la manifestación que llevaba por lema "Cataluña, nuevo estado de Europa". (…). (¿Los trenes de la manifestación del 11-S fueron financiados, en parte, con dinero público? Catalunyapress.cat).

- 14.12.2012: La Generalidad insiste en la inmersión lingüística obligatoria en las guarderías pese a que el Supremo anuló el decreto. Vozbcn.com.

- 17.12.2012: Sigue el goteo de denuncias contra la Generalidad por incumplir la ley y las sentencias sobre bilingüismo escolar. Vozbcn.com.

2013:
- 19.12.2013: El líder parlamentario de ICV-EUiA, Joan Herrera, ha anunciado este jueves que su formación tiene en marcha una campaña para "explicar" el proyecto de referéndum independentista que defiende -junto con CiU, ERC y la CUP- en el resto de España. Herrera cree que fuera de Cataluña hay partidarios del llamado *"derecho a decidir"*, y que estos aumentarán en número haciendo *"pedagogía"*.

Según ha explicado el dirigente ecosocialista en conversación con la prensa en los pasillos del Parlamento autonómico, su formación participará en una serie de actos en *"medios de cobertura estatal, en Sevilla, Asturias, el País Vasco y Madrid"*, para hacer *"pedagogía"* en favor del referéndum secesionista y *"ser proactivos en la defensa del derecho a decidir"*. (…). (ICV-EUiA hará "pedagogía" a favor de la consulta secesionista en el resto de España. Cronicaglobal.com).

- 26.11.2013: La Generalidad de Cataluña ha gastado más de 88,1 millones de euros en "actuaciones de fomento del uso de la lengua catalana" a través de las distintas consejerías autonómicas solo durante 2012. En concreto, 88.164.541,03 euros.

Esta cantidad aparece recogida en el Informe de Política Lingüística de 2012, presentado este lunes por el consejero de Cultura, Ferran Mascarell, pero obviado por él y por la directora general autonómica de Política Lingüística, Ester Franquesa i Bonet, en la presentación del estudio ante la prensa.

Pese a que en Cataluña hay tres lenguas oficiales: dos, en todo el territorio (castellano y catalán) y una más, en el Valle de Arán (Lérida), la Generalidad sigue dedicando millones de euros para fomentar la lengua catalana, que, sin embargo, según los últimos datos oficiales está totalmente normalizada. (La Generalidad se gasta más de 88,1 millones de euros en fomentar el uso de la lengua catalana solo en 2012 - Cronicaglobal.com).

- 10.09.2013: Suma y sigue. La agresividad del nacionalismo/secesionismo catalán no se para en límites geográficos, ni en razones históricas, ni en legitimidades constitucionales, ni atiende a sentimientos entre sus comunidades autónomas vecinas.

Los libros de texto catalanes de Historia se apropian del Aragón Oriental

La tensión institucional que vivió en épocas anteriores con las comunidades de Valencia y Baleares se revive ahora en Aragón. Si el conseller de Cultura, Ferran Mascarell, se ha convertido en una auténtica 'bestia negra' en la comunidad aragonesa por su negativa a devolver los bienes culturales y artísticos del Monasterio de Sigena (arrebatados durante la Guerra Civil), ahora la 'Conselleria' de Educación, cuya titular es Irene Rigau, ha autorizado dos libros de texto (2º y 3º curso de Historia de la ESO), según los cuales los territorios del Aragón Oriental pertenecen a Cataluña.

Naturalmente, las autoridades de Aragón han puesto el grito en el cielo, pero sus colegas catalanes hacen caso omiso de todo requerimiento. No es el único agravio. Según esos mismos libros de texto, los alumnos catalanes creerán, falsamente, que "fueron los reyes catalanes los que conquistaron Sicilia", cuando en realidad fue la Corona de Aragón, y que Cataluña dominó los territorios aragoneses cuando en 1137 el conde de Barcelona aceptó al rey aragonés Ramiro II como "rey, señor y padre", es decir, exactamente todo lo contrario de lo que aprenden los niños catalanes en las actuales escuelas.

Estas tergiversaciones históricas, tan burdas y fácilmente desmontables a la luz de la Historia, cuentan con el aval de la Generalitat, que periódicamente manda sus inspectores a revisar los libros de texto y la enseñanza que se imparte en sus colegios. Estos manuales de la ESO están editados por Barcanova, una de las principales editoriales de libros de texto apoyada por el Gobierno autónomo catalán.

Menorca es nuestra

El expansionismo nacionalista catalán no se centra sólo en Aragón. Recientemente un destacado dirigente de ERC, a propósito de la boda de la hija del president Mas en la isla balear de Menorca, dijo que "para nosotros Baleares pertenece a Cataluña, por lo tanto esa boda se celebra en casa…".

Es lo que los secesionistas catalanes siempre han denominado països catalans sin atender a la legalidad constitucional vigente ni las protestas de los vecinos por esta "invasión" anticonstitucional. TV3, la televisión pública catalana, dedica especial importancia en sus emisiones a Baleares, lo mismo que a la vecina Comunidad Valenciana, hasta el punto de que las autoridades de estas comunidades han tenido que tomar medidas para defender su propia identidad y su statu quo constitucional y autonómico.

Valencia, bajo la presión catalanista

Especialmente significativa es la presión catalanista en la Comunidad Valenciana, empezando por el intento de mimetizar por completo el valenciano al catalán. Y las avanzadillas culturales destinadas a presentar el territorio valenciano como parte inexcusable de los països.

La Generalitat siempre ha hecho caso omiso de las sentencias judiciales que han advertido de que sean respetuosos con la identidad de otras comunidades autónomas limítrofes que mayoritariamente han expresado su voluntad de contar y vivir con su propia idiosincrasia y con un claro sentimiento español.

Precisamente ayer se prohibieron varias 'cadenas humanas' que, con motivo de la Diada del 11 de septiembre, se pretendían realizar en puntos de la Comunidad Valenciana, como Vinaroz (Castellón) o Guardamar del Segura, un pequeño pueblo costero de Alicante. En ambas localidades, las respectivas delegaciones del Gobierno han aducido que la petición de la celebración ha llegado fuera de plazo.

Es lo que los secesionistas catalanes siempre han denominado països catalans sin atender a la legalidad constitucional vigente ni las protestas de los vecinos por esta "invasión" anticonstitucional. TV3, la televisión pública catalana, dedica especial importancia en sus emisiones a Baleares, lo mismo que a la vecina Comunidad Valenciana, hasta el punto de que las autoridades de estas comunidades han tenido que tomar medidas para defender su propia identidad y su statu quo constitucional y autonómico.

Valencia, bajo la presión catalanista

Especialmente significativa es la presión catalanista en la Comunidad Valenciana, empezando por el intento de mimetizar por completo el valenciano al catalán. Y las avanzadillas culturales destinadas a presentar el territorio valenciano como parte inexcusable de los països.

La Generalitat siempre ha hecho caso omiso de las sentencias judiciales que han advertido de que sean respetuosos con la identidad de otras comunidades autónomas limítrofes que mayoritariamente han expresado su voluntad de contar y vivir con su propia idiosincrasia y con un claro sentimiento español.

Precisamente ayer se prohibieron varias 'cadenas humanas' que, con motivo de la Diada del 11 de septiembre, se pretendían realizar en puntos de la Comunidad Valenciana, como Vinaroz (Castellón) o Guardamar del Segura, un pequeño pueblo costero de Alicante. En ambas localidades, las respectivas delegaciones del Gobierno han aducido que la petición de la celebración ha llegado fuera de plazo. (Los libros de texto catalanes de Historia se apropian del Aragón Oriental. Graciano Palomo. Elconfidencial.com).

- 27.07.2013: Rigau ignora las sentencias y ordena seguir aplicando la inmersión lingüística obligatoria y la atención individualizada. Vozbcn.com.

- 04.07.2013: Aumenta la lista de colegios públicos que exhiben símbolos independentistas. Vozbcn.com.

- 21.06.2013: La Generalidad sigue rebajando el nivel de las evaluaciones de español para defender la continuidad de la inmersión. Vozbcn.com.

- 05.03.2013: La Generalidad sigue sin cumplir las sentencias sobre elección lingüística en los impresos de preinscripción escolar. Vozbcn.com.

2014:
- 16.06.2014: La Generalidad y el Ayuntamiento colaboran en la distribución de libros infantiles que hacen apología de la independencia. Cronicaglobal.com

- 16.04.2014: El independentismo catalán quiere convertir el F.C. Barcelona- Real Madrid C.F. de la final de Copa del Rey en una fiesta a favor de la consulta soberanista de Artur Mas. Catalunya

Acció ha instado a la grada blaugrana a recibir con una "monumental pitada" la entrada del rey Juan Carlos I a Mestalla, así como a vilipendiar el himno nacional. Esta plataforma, que también impulsó los anteriores silbidos en las finales de Copa en Valencia (2009) y Madrid (2012), emplaza de esta forma a los culés a ser altavoces de los planes de Artur Mas.

"Debemos aprovechar cualquier evento político, cultural o deportivo para difundir la idea y el objetivo de un Estado catalán independiente", han señalado desde la entidad. (…). (Pitada, esteladas y gritos contra el Rey: Catalunya Acció anima a boicotear el himno nacional en la final de Copa. EcoDiario.es).

- 29.01.2014: Bildu llama a sus militantes a infiltrarse en la administración de Navarra. Pág. 14 Diario impreso La Razón.

2015:
- 01.04.2015: La Generalidad se escuda en el recreo para no cumplir la ley en la enseñanza del castellano. Diario El Mundo edición impresa. Pág. 6.

- 04.01.2015: Bildu obliga a la Administración a dirigirse al ciudadano en euskera. Elmundo.es.

- 02.06.2015: Los nacionalistas de Compromís quieren Cultura y Educación. Abc.es. (Partido político de carácter pancatalanista separatista en Valencia).

5. El nacionalismo genera un estado de animadversión hacia la cultura española

A lo largo del tiempo que pasa de generación en generación, el nacionalismo periférico va construyendo, bajo ciertas normas y políticas, una línea de conducta de desafección sibilina y calculada hacia los sistemas e instituciones del Estado.

El nacionalismo periférico, según su naturaleza, se envuelve en su propio sentimiento nacionalista. Que por transparencia y honestidad nunca reconocerá a España como su Estado-nación. Y bajo esa condición naturaleza-sentimiento, irá construyendo su propia cultura soberanista apartada de España.

1991:

- "Ahora, sólo me atrevo a pediros que, cuando queráis atentar contra España, os situéis, primeramente, en el mapa". (Josep-Lluis Carod-Rovira diputado y portavoz de ERC, en una carta abierta a ETA, donde instaba a la banda a no atentar más en Cataluña, dos días después de la explosión de un coche-bomba en Vic asesinando a diez personas, cinco de ellas menores de edad. 31.05.1991. Vídeo: "La Justica española contra España", 21.08.2014. Patriotas.org).

2005:

- "España nos roba" (Espanya ens roba, en catalán) se ha convertido en un lema muy empleado por los nacionalistas catalanes y, más concretamente, por la Generalidad que preside Artur Mas. (Cataluña maquilla la balanza fiscal para justificar su "España nos roba". 23.05.2013 – Libremercado.com).

- Las consejerías gestionadas por ERC retiran la bandera española de la fachada/ Hemeroteca. 27.05.2005. Abc.es).

2007:

- Unos 400 independentistas queman fotos de la Familia Real en un acto en Gerona. EFE | EUROPA PRESS. 14.09.2007. Elmundo.es).

- Cataluña crea su Agencia Tributaria y rompe con la igualdad fiscal de los españoles. LD (Europa Press). 11-07-2011. Libertaddigital.com).

2009:

- 13.12.2009: La participación en las consultas sobre la independencia en Cataluña ha rozado el 30%, según datos provisionales ofrecidos por la organización, quienes han calificado los resultados de *"heroicidad"* teniendo en cuenta los medios. El sí a la independencia de Cataluña se ha impuesto en las consultas celebradas en 166 municipios catalanes al obtener un 94,71% de los votos, lo que ha llevado a la plataforma organizadora a anunciar que pedirá ahora que el Parlament permita un *"referéndum vinculante"* para el 25 de abril.

Unas 200.000 personas de las 700.000 convocadas acudieron a votar en las consultas sobre la independencia celebradas este domingo. El portavoz de la coordinadora, Uriel Bertran, ha destacado la gran afluencia a las urnas y se ha mostrado convencido de que Cataluña *"será otro país, con renovada ilusión y espíritu"*. Aunque siempre han evitado hablar de un porcentaje concreto de participación, los responsables de las consultas considerarían un éxito alcanzar entre un 35% y un 40% de votantes. (La participación en las consultas sobre la independencia en Cataluña roza el 30% / EL PAÍS / Ivanna Vallespín. Elpais.com).

2010:
- "Nos cargaremos a cualquiera que se interponga en nuestro camino". (Joan Carretero, líder de Reagrupament, durante la inauguración en Gerona de una sede de dicha formación separatista, 27.02.2010. Vídeo: "La Justica española contra España", 21.08.2014. Patriotas.org).

- *"Yo he dicho, y lo repito por enésima vez, que los independentistas somos conscientes de que para llegar al objetivo se habrá de traspasar una línea roja que es la legalidad"*. (Santiago Espot, presidente de la organización separatista Catalunya Acció durante una participación en el programa de Canal Català TV "Catalunya opina", 02.02.2010. Vídeo: "La Justica española contra España", 21.08.2014. Patriotas.org).

- 21.06.2010: Las consultas sobre la independencia de Catalunya celebradas este domingo en 48 municipios, la mayoría del área metropolitana de Barcelona, han registrado una participación media del 14,2%, un 6,5% inferior a las otras oleadas, aunque el sí sigue ganando con claridad, con casi el 90% de los votos (89,3%). Según la Coordinadora Nacional de las consultas, la participación media definitiva se ha situado en el 14,2%, lo que significa una disminución de un 6,5% con respecto a la media registrada en las anteriores tres oleadas de estos referendos extra oficiales. No hay cambios, sin embargo, por lo que respecta a los resultados de las consultas, puesto que el sí a la independencia ha obtenido 54.879 votos (un 89,3%), mientras que el no ha tenido 4.599 votos (un 7,5%), los votos en blanco han sido 1.316 (un 2,1%) y los nulos 639 (un 1%). (Las consultas sobre la independencia de Catalunya logran un 14,2% de participación / EFE. 20minutos.es).

- 06.08.2010: *"Si finalmente se pone muy pesados, llamaremos a Europa y bombardearán Madrid".* (Josep Barba, promotor de Solidaritat Catalana per la Independència – fundado por Joan Laporta, Alfons López Tena y Uriel Bertran, en el acto de presentación de su partido en la localidad barcelonesa de Molins de Rey, 06.08.2010. Vídeo: "La Justica española contra España", 21.08.2014. Patriotas.org).

2011:
- 05.01.2011: Esquerra Independentista de Mallorca (EIM) mostró hoy su apoyo a la quema de una bandera española en la manifestación por la independencia de los Países Catalanes, el pasado día 30 de diciembre en Palma, ya que "expresa un claro rechazo a todo aquello que representa este símbolo y se enmarca en nuestra libertad de expresión". (Esquerra Independentista de Mallorca apoya la quema de la bandera española / EUROPA PRESS. Europapress.es).

- 08.03.2011: *"Todos los inmigrantes que han venido a Cataluña tienen que hablar el catalán, y punto".* (Àngel Colom, secretario de inmigración de CDC, partido integrante de la coalición Convergència i Unió y acusado de haber recibido 75.000 euros de manos de Fèlix Millet en el año 2000, procedentes del desfalco del Palau de la Música. 08.03.2011. Vídeo: "La Justica española contra España", 21.08.2014. Patriotas.org).

- 22.03.2011: La Mesa del Congreso ha calificado este martes, pese al voto en contra del PP, la proposición de ley que el grupo parlamentario de ERC-IU-ICV registró para despenalizar las injurias al Rey tras la sentencia del Tribunal de Derechos Humanos de Estrasburgo contra España por haber condenado al ex líder de Batasuna Arnaldo Otegi por calificar a Juan Carlos I de "jefe de los torturadores". (La Mesa del Congreso tramita, pese al 'no' del PP, la propuesta de ERC-IU-ICV para despenalizar las injurias al Rey. EUROPA PRESS. Europapress.es).

- 31.08.2011: Ciudadanos ha iniciado una campaña para que los ayuntamientos de la provincia de Gerona cumplan la Ley de Banderas y coloquen la bandera de España en la fachada y en el interior de los edificios municipales. Así, la formación liberal-progresista ha presentado instancias a una veintena de ayuntamientos para que cumplan dicha la ley, y, en caso de no hacerlo, han anunciado que trasladarán dicha situación al delegado del Gobierno y a la Fiscalía del Tribunal Superior de Justicia de Cataluña (TSJC) para que emprendan *"acciones penales"* contra los consistorios que *"teniendo conocimiento de su ilegalidad, continúen incumpliendo la ley"*. (Campaña de Ciudadanos para hacer cumplir la Ley de Banderas / Redacción. Vozbcn.com).

2012:
- 20.06.2012: Las banderas de la fachada del ayuntamiento de San Sebastián han traído de cabeza al gobierno municipal de Bildu desde que hace un año lograra la alcaldía de la ciudad. Después de la última polémica surgida a raíz del deficiente estado del emblema de España, el consistorio de la capital gipuzkoana ha decidido suprimir todas las banderas de la fachada del ayuntamiento, salvo la de la ciudad, y colocarlas a pie de calle junto al edificio. Fuentes de la alcaldía aseguran que el formato utilizado es *"el mismo que emplea el Parlamento vasco"* y critican que el Gobierno español *"pierda el tiempo con estos temas en plena crisis"*. (El ayuntamiento de San Sebastián retira las banderas de su fachada / Joaquín Lecumberri Napal. Lavanguardia.com).

- 27.09.2012: El Parlamento catalán ha aprobado hoy, con 84 votos a favor de los 131 emitidos por la cámara, una propuesta de resolución para convocar, prioritariamente durante la próxima legislatura, una consulta para que los catalanes puedan determinar *"libre y democráticamente su futuro colectivo"*.

Los grupos que han votado a favor son CiU, que gobierna la Generalitat; ERC, ICV-EUiA, Solidaritat, y el diputado socialista Ernest Maragall, y en contra, el PP y Ciutadans (21 escaños). Los 25 diputados restantes del PSC se han abstenido.

La resolución aprobada, tras el anuncio de adelantar elecciones en Cataluña para el 25 de noviembre, dice: *"El Parlament de Cataluña constata la necesidad de que el pueblo de Cataluña pueda determinar libre y democráticamente su futuro colectivo e insta al Govern a hacer una consulta prioritariamente dentro de la próxima legislatura"*. (Cataluña aprueba la celebración del referéndum sobre la independencia en la próxima legislatura. Lavozdegalicia.es).

- 22.12.2012: (…) EH Bildu ha convocado una concentración el día 24 ante las instalaciones de EITB en Bilbao en protesta por la emisión del tradicional mensaje, que la televisión pública vasca comenzó a emitir en 2009 tras la llegada de Patxi López al Gobierno Vasco. (…). (Bildu ve el mensaje del Rey «anacrónico» y contrario al sentir de los vascos - diariovasco.com).

- 23.12.2012: (…) El PNV considera que la emisión por la televisión vasca ETB del mensaje de Navidad del rey *"no respeta el valor de la democracia"*, al no atender la posición negativa de la "mayoría social y política" de Euskadi hacia la Monarquía. (…). (El PNV dice que emitir en ETB el mensaje del rey no respeta la democracia - diariovasco.com).

2013:
- 23.01.2013: En el primer pleno de la legislatura, el Parlamento de Cataluña ha aprobado esta tarde una declaración en la que proclama al pueblo catalán como "sujeto político y jurídico

soberano" y reclama la celebración de una consulta para decidir su futuro político. El texto ha sido secundado por 85 diputados de CiU, ERC e Iniciativa y la CUP, mientras que 41 diputados del PSC, PP y Ciutadans han votado en contra. Dos diputados de la CUP se han abstenido para mostrar sus reticencias al texto. Además dos diputados del PP no han acudido a la votación por enfermedad. (El Parlament aprueba por amplia mayoría la declaración soberanista. / Maiol Roger / Pere Ríos. Ccaa.elpais.com).

- 12.02.2013: El Govern ha aprobado hoy la creación del Consejo Asesor para la Transición Nacional, un órgano colegiado que asesorará al ejecutivo catalán en el proceso de la consulta soberanista y en el impulso de las conocidas como estructuras de Estado. (El Govern crea el Consejo Asesor para la Transición Nacional. EFE. Expansion.com).

- 13.02.2013: Primero fue la declaración soberanista que aprobó el pasado 23 de enero el Parlament y ayer, el Consejo Asesor para la Transición Nacional. El pacto parlamentario entre CiU y ERC que invistió Artur Mas a presidente de la Generalitat se está cumpliendo a rajatabla, al menos en lo que se refiere a la hoja de ruta soberanista.

El Gobierno de CiU creó ayer por decreto ese organismo asesor con el objetivo de facilitar la celebración de la consulta sobre el futuro político de Cataluña. Entre sus funciones figura precisamente la de *"analizar e identificar todas las alternativas jurídicas disponibles sobre el proceso de transición nacional"*, pues una de las principales incógnitas que planean sobre la consulta es precisamente su legalidad. (Mas crea el Consejo para la Transición Nacional para preparar la consulta. / Pere Ríos. Ccaa.elpais.com).

- 13.03.2013: *"El problema de Cataluña es España"* (Andreu Mas-Colell, Consejero de Economía de la Generalidad, respondiendo desde la tribuna del Parlamento autonómico a la interpelación de un diputado del PPC. 13.03.2013. Vídeo: *"La Justica española contra España"*. 21.08.2014. Patriotas.org).

- 16.03.2013: *"Los invasores serán expulsados de Cataluña".* (Carles Puigdemont, alcalde de Gerona por CiU, discursando en la segunda convención de la organización separatista Asamblea Nacional Catalana. 16.03.2013. Vídeo: "La Justica española contra España". 21.08.2014. Patriotas.org).

- 02.04.2013: "España ha declarado oficialmente la guerra a Cataluña y a partir de ahora los combates serán directos, feroces y diarios". (Víctor Alexandre, periodista y escritor, a través de un artículo en El singular Digital, donde la definió como una guerra "perversa" porque *se disfraza de paz para acabar definitivamente con la nación catalana, con su cultura y con su lengua".* 02.04.2013. Vídeo: *"La Justica española contra España".* 21.08.2014. Patriotas.org).

- 07.05.2013: *"Una vez que España se queda sin judíos, el antisemitismo se transforma en anticatalanismo".* (Ferran Sáez Mateu, escritor y director del Centro de Estudios de Temas Contemporáneos de la Generalidad, en el alegato a favor de la secesión de Cataluña emitido con formato de documental por TV3 bajo el título: ¡Hola, Europa! 07.05.2013. Vídeo: "La Justica española contra España". 21.08.2014. Patriotas.org).

- 13.05.2013: *"Ahora voy a volar hacia Nueva York a hacer daño a los intereses españoles financieros y económicos".* (Alfons López Tena, ex diputado autonómico y líder de Solidaritat Catalana per la Independencia, en la red social Twitter, 13.05.2013. Vídeo: "La Justica española contra España". 21.08.2014. Patriotas.org).

- 07.06.2013: *"España nos canibaliza y nos arrastra hacia el colapso".* (Albert Macià, responsable del Grupo de Estudios de la organización empresarial Cercle Català de negocis, ante un grupo de pequeños y medianos empresarios, 07.06.2013. Vídeo: "La Justica española contra España". 21.08.2014. Patriotas.org).

- 30.06.2013: *"Allí donde España tenga un enemigo nosotros tenemos un aliado potencial."* (Jordi Vàzquez, editor del portatl separatista en varios idiomas Help Catalonia, durante una

LA RUPTURA DE ESPAÑA ES POSIBLE

entrevista al diario digital Direct!cat. 30.06.2013. Vídeo:"La Justica española contra España". 21.08.2014 Patriotas.org).

- 12.12.2013: El referéndum será el 9 de noviembre de 2014. La pregunta, en caso afirmativo, daría opción a una 'subpregunta' que interrogaría a los ciudadanos sobre si quieren que este Estado sea independiente. Mas emplaza al Estado a *"atender a la mayoría parlamentaria y política"* de Catalunya. (Mas anuncia la pregunta de la consulta: '¿Quiere que Catalunya sea un Estado?' Y si es así, ¿independiente? Lavanguardia.com).

2014:
- 05.01.2014: (...) Un grupo de abertzales intenta boicotear la primera visita oficial de los Reyes al País Vasco. En cuanto Don Juan Carlos empezó a hablar en la Casa de Juntas de Guernica, los diputados de Herri Batasuna, puño en alto, le interrumpieron y empezaron a cantar el Eusko Gudariak, himno de los *"guerreros vascos"*, mientras que los demás diputados respondieron con un aplauso al Rey. El lendakari, Carlos Garaicoechea, ordeñó la expulsión de los abertzales y el Monarca afirmó: *"Frente a quienes practican la intolerancia, desprecian la convivencia y no respetan nuestras instituciones, yo proclamo mi fe en la democracia y mi confianza en el pueblo vasco".* (...). (Los hitos del Reinado. En defensa de la convivencia. (4 de febrero de 1981) – Almudena Martínez-Fornés. ABC.ES).

- 24.01.2014: La Diputación de Gipuzkoa deberá colocar la bandera de España en un lugar *"destacado, visible y de honor"* de la institución y no en el sitio *"recóndito"* en el que se encuentra. El Tribunal Supremo avaló este jueves los autos del Tribunal Superior vasco que habían condenado en otoño de 2012 a la institución gobernada por Bildu, que los había recurrido, a reubicar la enseña española en virtud de la ley de banderas. A su vez, le condena a pagar los 4.000 euros correspondientes a las costas del proceso. (El Supremo obliga a la Diputación de Gipuzkoa a poner la bandera de España en un *"lugar de honor"* / Joaquín Lecumberri Napal. Lavanguardia.com).

- 31.01.2014: Cataluña tergiversa los contenidos sobre Historia de España para criticar la Lomce. Abc.es).

- 26.02.2014: (…) Ni una referencia más al Príncipe, ni en el texto, ni en el antetítulo ni en el título, que destacaba una frase de Mas: *"Bienvenidos a Cataluña, una vieja nación europea con un lugar en la economía global".*

Además, el Príncipe tuvo otro mal trago en el recorrido ferial tras la inauguración del Mobile World Congress: el representante de una empresa catalana se negó a darle la mano, según publicó naciodigital.cat, que difundió también un vídeo de la anécdota: *"No te doy la mano porque no nos reconocéis el derecho a votar. Te la daré cuando nos dejéis hacer la consulta",* le espetó el ejecutivo. Y cuando Don Felipe le insistió ("Amigo, por educación me has de dar la mano"), le respondió: *"No somos amigos e insisto en que te daré la mano cuando nos dejéis hacer la consulta".* (Empresarios catalanes piden al Príncipe que la clase política se desenroque en Cataluña - Marcos Lamelas. Elconfidencial.com).

- 24.06.2014: A efectos lingüísticos, el Gobierno vasco considera que los adolescentes procedentes del resto de España son *"inmigrantes".* Lo ha explicado la consejera de Educación, Política Lingüística y Cultura, Cristina Uriarte. (El Gobierno vasco considera 'inmigrantes' a los adolescentes procedentes del resto de España. Elmundo.es).

2015:
- 31.03.2015: El lehendakari, Iñigo Urkullu, ha insistido hoy en que el "camino" del autogobierno vasco lo marca el Parlamento autonómico y ha señalado que el acuerdo alcanzado entre CDC-Reagrupament y ERC puede ser un "referente", pero no "una fuente de inspiración". Urkullu: 'Cataluña es un referente, no una fuente de inspiración'. Elmundo.es.

Segunda Parte - Acción y estrategia del separatismo

La acción política del separatismo en España va dirigida a las sucesivas acciones de movilización y organización de las fuerzas sociales y políticas ya construidas en el nacionalismo. Y que surgen, avanzan y ascienden gracias al aprovechamiento a que los Ejes definidores de España (Estado, gobierno, pueblo, sociedad...), se lo permiten, y, asimismo, es posible desarrollarla en el conjunto de las instituciones políticas y estatales, tanto como en la sociedad civil, y cultural, gracias a que los Ejes definidores del separatismo provienen ya educados y mentalizados desde su nacionalismo, construidos por el propio nacionalismo periférico.

La ejecución de políticas del separatismo es a base de estrategias bien planificadas que en el transcurso del tiempo le están dando buenos resultados, en especial en aquellas Comunidades autonómicas rebeldes, como lo es Cataluña. A tal extremo que es algo ya natural, visto así, por los propios Ejes definidores de España. Y se afirma de esta manera puesto que aún continúa prevaleciendo y aún más incrementándose su comportamiento no sólo en sus propiciadores (los separatistas) sino también en la propia sociedad política y civil de la Comunidad rebelde.

1. El separatismo parte de una ideología rupturista

El elemento fundamental para que el separatismo se pueda construirse es en base a una ideología rupturista, radical y tajante que no admite términos medios. No importándole en que línea política ideológica se enmarque, puede ser de derecha o de izquierda.

A través de un conjunto de ideas el separatismo se enfrentará contra la realidad y el sistema vigente en España; contra la estructura social, institucional y cultural establecida y, asimismo, atentará contra el sistema democrático paradójicamente que se acoge a él cuando le interesa. No se limita en sus actos, las expone con radicalismo. Quiere ser el actor principal nacional e internacional al margen del Estado español.

1) *"Es una equivocación optar por vías jurídico traumáticas, cuando la solución a este tipo de situaciones tiene que venir necesariamente a través del diálogo, pero el diálogo estrictamente político no. A través de una negociación bilateral donde se planteen los puntos de vista de cada uno y se alcancen puntos de encuentro en consonancia con lo que desea y aspira la mayoría de la población."* (Josu Erkoreka, del PNV y portavoz del Gobierno vasco - Radio Onda Cero, 23.07.2015).

2) *"En una sociedad democrática es positivo y bueno que la sociedad organizada y las personas individuales ejerzan su libertad de expresión, reunión y manifestación para reivindicar derechos y hacer proclamas políticas". "Esto es reflejo de una sociedad sana, que tiene inquietudes, aspiraciones y que se moviliza". "un derecho reclamado por una amplia parte de la sociedad vasca".* (Josu Erkoreka, del PNV y portavoz del Gobierno vasco - El PNV abraza la jornada independentista y ve «clara la voluntad» de los vascos. Abc.es, 21.06.2015).

Señor Josu, usted sabe muy bien que no todo puede ser objeto de diálogo y negociación. Y entre ustedes y España no hay conflictos de intereses para utilizar el diálogo y la discusión. Conocida es vuestra postura política e ideológica de destruir a España. Por lo tanto, dialogar no es la palabra correcta en la cosa justa. Lo que ustedes pretenden es conseguir a través del diálogo reconocimiento de derecho, y estar a la altura de España, como Estado-nación. Lo que ustedes pretenden es que no se aplique el Estado de Derecho, el Imperio de la Ley, el artículo 155 de la Constitución porque puede conllevar a la ruptura del separatismo.

Señor Josu, ¿usted nos habla de Democracia? Pero, ¿no es acaso cierto que ustedes día a día, desde la Transición, y antes de ella, han configurado, han nutrido y han fomentado ideas afines a sus intereses en la sociedad vasca? ¿Y por ende han ideologizado y han sometido a vuestras lógicas separatistas a una parte importante de la sociedad vasca? Y, finalmente, cuando ven ustedes que la participación y los intereses separatistas alcanzan a una amplia sociedad vasca –trabajada por ustedes- pues hoy consideran oportuno e imprescindible reclamar la presencia de la Democracia.

Señor Josu, apoyarse a la Democracia no como una Democracia participativa, amplia, de toda la Comunidad vasca y de toda España sino focalizada hacia una sociedad ideologizada separatista –trabajada por ustedes- que como punto de vista tiene es romper España, es manipular la verdad, es mentir, es tomar todo rasgo inherentes al engaño: deliberada manipulación y deformación de la realidad para conseguir lo que quieren.

El separatismo trabaja para convertirse en el nuevo eje político de su Comunidad Autónoma. Es libertario y secesionista, por lo tanto intransigente contra toda idea regionalista, contra los seguidores del modelo autonómico vigente, contra los impulsores del federalismo e inclusive contra los progresistas.

Se presentan como libres de España e iguales a España. Deslegitiman lo establecido en base a un pensamiento rupturista intelectual y político, en muchos casos con notable acierto de actuación, como así se evidencia cómo la Generalitat de Catalunya fue capaz de presentar a través de su Parlament la proposición de ley que pedía la competencia para la consulta soberanista de Cataluña, en el Congreso de los Diputados (08.04.2014). Ya que no se puede uno imaginar cómo el Congreso de los Diputados -en un grave error- haya podido ser capaz de recibir y escuchar la propuesta catalana, a sabiendas que ésta es política y jurídicamente erróneo y subversivo, lo cual no daría lugar e inclusive de ser recibido en el Registro y en la Mesa del Parlament para su debate. Estaba fuera de lugar. Sólo era un asunto en el campo político mientras que al ser recibido por el

Congreso paso hacer ya un tema jurídico. De aquello de ser un texto de naturaleza política se convierte en valor jurídico. Pero con esta presencia el separatismo se añade un triunfo más: una oportunidad ganada. Logra ser reconocida y obtiene una mayor credibilidad. Credibilidad que por el simple hecho de ser recibida, se le reconozca como algo no negado o viciado de contenido.

- 11.01.2013: Javier Pérez Royo, catedrático de Derecho Constitucional de la Universidad de Sevilla, es taxativo en su análisis. *"El documento choca con todo. Están diciendo: 'Queremos irnos. Queremos la independencia'. Y por eso se definen como sujeto político. Y aquí se acaba el debate"*, reflexiona. Pérez Royo señala que, por ahora, la declaración es solo la expresión de la voluntad de unos partidos y se ciñe a la esfera política. Pero que se convertirá en acto jurídico en cuanto entre en el Registro y en la Mesa del Parlament para ser debatida el día 23. *"El Gobierno ya podría recurrir el documento al Tribunal Constitucional"*, asegura y recuerda que el mismo Partido Popular ya presentó uno ante el Alto Tribunal para impedir que el Plan Ibarretxe fuera debatido en el Congreso. Los populares perdieron la apelación. (Una declaración de naturaleza política y sin valor jurídico – Politica.elpais.com).

- 25.01.2014: *"ERC ayuda a Gibraltar para dañar a España"*, titula Abc. Elperiodico.com.

- 04.01.2015: EH Bildu se ofrece al PNV para llegar a acuerdos sobre 'el derecho a decidir en Euskal Herria'. Elmundo.es.

- 22.08.2015: *"La política es básica, despreciarla es un error".* *"No permitiremos que nos hagan olvidar la importancia caudal de los partidos, de la política y de los líderes, porque ellos son la garantía de resistencia en un contexto pleno de adversarios que sí están articulados políticamente".* (Palabras del consejero de Justicia catalán, Germà Gordó / *El conseller catalán de Justicia apoya dar la nacionalidad catalana a valencianos y baleares* / Elmundo.es).

- 18.09.2015: *Artur Mas usa dinero público para apoyar en Europa a Junts pel Sí.* Elmundo.es

- Llibre blanc de la Transició Nacional de Catalunya. El Llibre blanc recull el conjunt dels informes fets pel Consell Assessor per a la Transició Nacional i una síntesi realitzada per la secretaria del Consell. (El Libro blanco de la Transición Nacional de Cataluña. El Libro blanco recoge el conjunto de los informes elaborados por el Consejo Asesor para la Transición Nacional y una síntesis realizada por la secretaría del Consejo). (Departament de la Presidència – Generalitat de Catalunya. http://presidencia.gencat.cat).

Pero a pesar de su radicalismo, el separatismo también aplica el oportunismo y el pragmatismo como estrategia política. Véase el caso de los separatistas catalanes que gobiernan en la Generalitat, que se sienten capaces de valerse por sí mismo y de gobernarse como país, por lo que no necesitan ser dependientes de España. O como nos decía Artur Mas, a quien llama a Cataluña país, [05.08.2014]: *"La recuperación de la economía española tiene acento catalán", En Catalunya "las cosas se hacen mejor", Quien enmarca la acción del Govern en "acción de país", "aportamos muchos más empleos que otras comunidades con una población similar".* O escuchando las declaraciones del presidente de ERC, Oriol Junqueras [13.11.2013], al advertir con *"parar la economía catalana"* una semana para presionar a España, etc. Pero cuando se han visto en problemas apelan al Estado español por ayuda. Recordemos cuando la Generalitat solicita a Agricultura y a la UE que actúen ante el anunciado boicot de Rusia a la importación de productos agroalimentarios. (07.08.2014). O cuando exigen al Estado español mayor financiación autonómica para sufragar los gastos hacia el proceso soberanista, o cuando un referéndum de autodeterminación ya establecido y que el voto haya sido contrario a estos no lo renunciaran hasta que se gane. Recordemos los acuerdos que mantuvieron a través de pactos de Jordi Pujol con el Gobierno de Felipe González, en 1993, y con el Gobierno de Aznar, en 1996, del llamado Pacto del Majestic, es decir los pactos entre el PSOE y Convergencia i Unió (CiU), seguidos luego el Partido Popular y CiU, en ambos Gobiernos. Y que sirvió para que hubiera una mayor gobernabilidad de los nacionalistas en Cataluña. O cuando Aznar del PP se vio obligado a pactar con los partidos nacionalistas vascos para ser investido presidente del Gobierno, 1996-2004.

2. El separatismo es políticamente rebelde, insurrecto, subversivo e insumiso

Recordemos. "Un 55,3% de los escoceses ha dicho no a la secesión en el referéndum frente a un 44,7% que ha optado por el sí. (19.09.2014). Por lo tanto, Escocia se queda en el Reino Unido.

Pues, a pesar de este veredicto, de este proceso acordado y consensuado, y a pesar de que el ministro principal escocés asegura que no repetirá un segundo referéndum en Escocia, pues no decepciona a los separatistas escoceses. Recordemos el referéndum escocés de 1997 por un parlamento autonómico, o el referéndum escocés de 1979 para la reinstauración de la asamblea legislativa en Escocia. O lo que ha pasado en las últimas elecciones en Reino Unido, en donde los nacionalistas hacen historia y borran a los laboristas de Escocia. En donde las elecciones generales de 2010 el Partido nacionalista Escocés (SNP) obtuvieron tan solo 6 escaños y hoy, 2015, pasan a 56 escaños, convirtiéndose en la tercera fuerza en el Reino Unido.

Pues está claro, el separatismo escocés continuará con su proyecto soberanista. Véase como la líder nacionalista escocesa Nicola Sturgeon ha planteado este martes 8 de abril la posibilidad de celebrar otro referéndum por la independencia después de las elecciones escocesas del año 2016. Pues esto es lo mismo que pasa en las comunidades rebeldes de España. Para el separatismo son momentos oportunos, son compromisos pasajeros, son situaciones que no le impiden detener su apuesta por el proceso soberanista.

Téngase en cuenta que el papel que juega el nacionalismo periférico es la negociación; mientras que el papel que juega el separatismo ya no es negociar ni pactar, sino es la insurrección, la subversión y la insumisión, siendo su finalidad la de implantar a toda costa su tesis soberanista sin el camino del diálogo, ni de los compromisos, ni de los pactos. Y téngase en cuenta, que hoy nos encontramos con la acción de lucha que no es la del nacionalismo sino del separatismo propiciado por el mismo gobierno de Cataluña, -la Generalidad de Cataluña-.

Y comprendiendo la naturaleza del separatismo, no hay ninguna fuerza de argumentación capaz de intimidarlos. Se repite una y otra vez que el separatismo traería consecuencias desbastadoras para Cataluña; presagios, inseguridad y especulaciones pues nada esto los amilanan, como aquello:

- Estaría fuera del mercado único europeo. Fuera de la Organización Mundial del Comercio. Fuera de la Eurozona. Se acaba la libre circulación de trabajadores. Pierden la garantía de los depósitos bancarios. Pierden la garantía de los depósitos bancarios. Pérdida de los fondos y ayudas europeas al desarrollo. Pérdida de la protección consular. Adiós al colchón de los rescates. Sin protección financiera. Sin derecho a voto en las municipales de otros países. Pérdida de derechos del viajero. Se acabaron los programas de formación e investigación. Adiós a las ayudas a la financiación de las pymes. Fin de las facilidades para comprar, extracción de dinero y apertura de cuentas bancarias. Pérdida de las instancias finales de protección. Pérdida de influencia a nivel mundial. (¿Sabe 17 cosas que perderían los catalanes si se independizan de España? 17.09.2013. Periodistadigital.com).

- *"Los 10 problemas empresariales de una Cataluña independiente".* 24.09.2013. Expansion.com.

- Deuda inasumible. Recorte de pensiones. Un 5% menos de PIB. Superávit comercial. Traslado de bancos. Fuga de empresas. Inversión extranjera. (Las 8 plagas que sufriría la economía de Cataluña en caso de independizarse de España. 29.09.2014. Periodistadigital.com).

- "Juan Rosell: *"Que Cataluña salga de Europa y se haga pequeña no tiene sentido"*. 14.12.2013. Periodistadigital.com.

- *"El Gobierno recuerda que la Generalitat no puede financiarse"*. 14.12.2013. Lavanguardia.com.

- *"Diez daños económicos en una Cataluña independiente"*. 14.12.2013. Expansión.com.

- *"La independencia llevaría a Cataluña a la quiebra económica y social"*. 15.12.2013. Intereconomia.com.

- Matías Alonso, el portavoz de C's: 'La hipotética independencia de Cataluña agravaría la crisis económica, financiera y ética de la comunidad'. 23.02.2014. Ciudadanos-cs.org.

- El ministro del Interior afirma que esta comunidad se quedaría sin la protección de las agencias internacionales. Fernández dice que una Cataluña separada sería *"pasto del yihadismo"*. 24.06.2014. Politica.elpais.com.

- Duran i Lleida: *"Cataluña nunca sobrevivirá como Estado independiente sin pactar con España"*. 20.10.2014. Periodistadigital.com.

Ni las advertencias ni las condenas al rechazo para renunciar a su propósito de convertirse en Estado-nación para Cataluña y el País vasco, sirven para detenerlos y dar paso atrás, hoy en día: *"Tenemos que decir que no a los separatistas y a los separadores"* Alfredo Pérez Rubalcaba, secretario general del PSOE. 14.12.2013. O de las reiteradas enfatizaciones del presidente del Gobierno, Mariano Rajoy, al afirmar que la consulta soberanista convocada en Catalunya es *"con toda claridad inconstitucional»* y por ello ha garantizado que «no se va a celebrar" "He jurado cumplir y hacer cumplir la

Constitución y las leyes. Les garantizo que esa consulta no se celebrará. Está fuera de toda discusión y toda negociación" *"El Gobierno que presido no puede ni autorizar ni negociar sobre algo que es propiedad de todos los españoles, y sólo al conjunto de los españoles, el titular único de la soberanía, le corresponde decir qué es España y cómo se organiza, y nadie puede privarles de ese derecho. La soberanía del pueblo español no es negociable",* ha enfatizado (12.12.2013).

El separatismo actual está concienciado y decidido a todo contra sus adversarios y enemigos, que tan sólo ven a éstos como a una clase política y económica alejados de la realidad y suspendidos en el tiempo. Y que nada ni nadie será capaz de hacerles desistir de sus propósitos de acabar con la unidad territorial de España.

Y si la victoria no está asegurada, como fue las propuestas separatistas de Lizarra-Garazi de 1998 y el Plan Ibarretxe que inicio en 2003, (Recordemos que dicho Plan invocaba un referéndum, [referéndum como lo señala el TC y no una consulta] al derecho a decidir la autodeterminación del pueblo vasco para el 25 de octubre de 2008 [coincidiendo con el aniversario del Estatuto de Gernika] que no llegó a realizarse. Éste fue aprobado por el Parlamento Vasco el 30 de diciembre de 2004, siendo rechazado por el Congreso el 1 de febrero de 2005 con los votos en contra PSOE, PP, Izquierda Unida, Coalición Canaria y Chunta Aragonesista /313 votos, y a favor PNV, ERC, Eusko Alkartasuna, Nafarroa Bai y el BNG /29 votos, por lo que fue declarada posteriormente inconstitucional [septiembre de 2008] por el Tribunal Constitucional de España), pues, no es más que reorganizarse y replantear la estrategia y así lograr un avance más al movimiento separatista. Por lo tanto, no es una derrota sino momentos oportunos, una oportunidad de cambios y de avances del separatismo y del nacionalismo.

2015:
- 14.06.2015: *"¿Vosotros sabéis que el 11 de septiembre celebramos la Diada nacional de Cataluña? ¿Y que algunos de vosotros y de vuestras familias van a manifestaciones, que*

son muy divertidas y que van las familias? ¿A que sí? [Uno de los niños responde que no] ¿Alguno no? Pues a ver si este 11 de septiembre vas, ¿vale?".

"Entender que [los profesores] tienen un papel esencial para los niños que hoy sois vosotros pero que de aquí a diez, doce o quince años seréis ciudadanos de Cataluña que podréis participar, que podréis decidir vuestro futuro, y para nosotros es muy importante que este futuro en manos vuestras esté de la mejor manera formado".

"Pues el 11 de septiembre de 1714, hace 300 años, hubo una guerra en Barcelona y en Cataluña, y ganaron no los catalanes, ganaron los otros. Y los otros hicieron una ciudadela, que es el parque de la Ciudadela al que habéis entrado, una ciudadela amurallada. Y pusieron allí edificios militantes, como un polvorín, con armas, bombas... Y lo hicieron para controlar a los catalanes para que no volviesen a hacer una guerra. Los catalanes la hacían para tener libertad. Y durante 150 años todo esto fue una ciudadela militar, y el Palacio del Parlamento era el edificio militar por excelencia, el más importante de todos. Y este salón es en el que había armas".

(Palabras de la presidenta del Parlamento catalán Núria de Gispert, quien pide a un grupo de alumnos de Primaria que apoyen la independencia, quien Introduce a los escolares en el 'derecho a decidir' y quien explica, por último, que la Guerra de Sucesión fue una guerra de independencia. Hechos ocurridos en el Parlamento autonómico de Cataluña. Así adoctrina la presidenta del Parlamento autonómico a los niños en el nacionalismo. Cronicaglobal.com.).

- 06.04.2015: El president inicia esta semana una nueva campaña exterior para convertir las autonómicas del 27-S en un referéndum. Mas remite 53 folios de planes y agravios a las embajadas de la UE. Pág., 9. Diario impreso La Vanguardia.

- 03.04.2015: El coordinador general de CDC, Josep Rull, se ha mostrado partidario de que una *"convención abierta"* a la participación de la ciudadanía, pero también con la presencia de cargos electos, sea la que elabore el texto de una eventual "Constitución catalana", prevista en la hoja de ruta soberanista. Convergència quiere una Constitución catalana con participación ciudadana directa. Abc.es).

- 30.03.2015: Artur Mas y ERC declararían en 18 meses la independencia catalana si tienen mayoría el 27-S. (Diario 20minutos.es).

- 14.01.2015: Andalucía (PSOE), Cataluña (CiU) y el País Vasco (PNV) han anunciado, tras la Conferencia Sectorial de Educación, que van a tomar "medidas paliativas" para "minimizar" el impacto de la Lomce. Pero lo cierto es que llevan haciendo desde hace tiempo una suerte de objeción de conciencia a la ley Wert, algo que muchas voces en el mundo educativo llaman directamente "insumisión". Ninguna de estas tres comunidades autónomas ha aprobado aún sus desarrollos curriculares de Primaria, según han confirmado a EL MUNDO fuentes de los tres gobiernos autonómicos.

El Gobierno, ante todo esto, se encoge de hombros. Fuentes del Ministerio de Educación reconocen que "no es normal" comenzar el curso sin tener la normativa autonómica aprobada, pero dicen que no pueden hacer nada porque las comunidades autónomas no están obligadas por ley a hacerlo. Explican que las comunidades objetoras "pueden utilizar subsidiariamente" el decreto de Primaria que ha elaborado el Gobierno para Ceuta y Melilla mientras aprueban sus desarrollos curriculares propios. (Así se burla la LOMCE en Cataluña, Andalucía y el País Vasco. Elmundo.es).

- 26.09.2015: Los jueces catalanes exigen el respeto al derecho y la libertad. El TSJC denuncia el intento de la Generalitat de crear su propio poder judicial. (EL PAIS, Impreso).

2014:

- 03.02.2014: - La Generalitat de Cataluña lleva gastados alrededor de 500 millones de euros en promocionar la secesión del resto del Estado. El Gobierno catalán ha gastado ya cientos de millones de euros, si se suman las partidas dedicadas directamente al referéndum, a la acción exteríor para dar a conocer el "conflicto catalán" en el mundo, al mantenimiento de las polémicas embajadas, a subvenciones relacionadas con la identidad catalana, al Museo del Born (un macroproyecto estrictamente barcelonés), y a los actos para conmemorar el Tricentenario de 1714, año en que Barcelona fue conquistada por las tropas de Felipe V. "Aventurar una cifra es muy arriesgado, porque hay partidas escondidas dentro de conceptos como publicaciones, imprentas o fomento cultural que pasan desapercibidas. Se podría hablar de unos 500 millones de euros en estos dos últimos años. Pero la realidad podría disparar la cifra hasta más del 10% del presupuesto", dice a Tiempo el diputado del PP José Antonio Coto. "Hemos detectado ayudas de 65 millones de euros a las entidades que apoyan el Pacto por el derecho a decidir", explica Coto [diputado del PP José Antonio Coto] (El coste oculto de la independencia. Tiempodehoy.com).

- 05.05.2014: Mariano Rajoy y Artur Mas no dialogan y el Parlamento catalán y el Congreso apelan a legitimidades diferentes para amparar o rechazar la consulta soberanista. La crisis independentista se refleja desde diferentes prismas y uno de ellos se dirime en los juzgados. La Delegación del Gobierno y los Ayuntamientos catalanes mantienen una batalla judicial inagotable a propósito de las decisiones de Consistorios que respaldan el secesionismo. La institución que dirige Llanos de Luna ha presentado de oficio desde 2011 hasta 270 recursos contenciosos-administrativos contra decisiones de consistorios vinculadas al soberanismo. De estos recursos, 80 son para obligarles a izar la bandera española. La Asociación de Municipios por la Independencia, a la que se han adherido 692 municipios de 947 que hay en Cataluña, además de 38 consejos comarcales (hay 41) y Diputaciones, lamenta que el Estado gaste partidas por no estar conforme con decisiones políticas. La AMI tiene constancia de 230 demandas y subraya que el Estado ha perdido o no ha conseguido que se admitieran a trámite 24 recursos.

Además de los 80 recursos por asuntos de banderas, la Delegación del Gobierno ha presentado un centenar contra otros tantos ayuntamientos que aprobaron lo que denominan "soberanía fiscal": traspasan directamente los tributos IRPF y el IVA a la Agencia Tributaria de Cataluña en lugar de a Hacienda y después es la Generalitat quien paga a la Administración central. Hay otros 60 recursos contra ayuntamientos que se han declarado *"territorio libre y soberano"* y 35 más contra los consistorios que pagan cuotas a la AMI, presidida por Josep María Vila d'Abadal, alcalde de Vic por CiU, formación en la que ya no milita.

Los partidos soberanistas achacan ese frenesí jurídico a la hostilidad de De Luna contra el secesionismo. El Parlament aprobó hace un año pedir la destitución de la delegada por esa actitud y por no respetar a las instituciones catalanas. El PP y Ciutadans votaron en contra y el PSC se abstuvo. El Ayuntamiento de Girona declaró a De Luna poco después *"persona no grata"*.

La delegada del Gobierno nunca ha escondido que su objetivo es garantizar la presencia del Estado en Cataluña y cuenta con el apoyo absoluto del Gobierno y del PP, que tachó de "indignidad" la moción del Consistorio de Girona. De Luna defiende que se limita al escrupuloso cumplimiento de la ley, que descansa en dos textos. La delegada apela a la Ley de Banderas, de 1981, que exige la presencia de la insignia española, en este caso junto a la senyera, tanto fuera como en el interior de los edificios oficiales. En segundo lugar, se ampara en dos sentencias del Tribunal Supremo que instan a las instituciones a no invertir dinero público en asuntos que no son de su competencia y las insta comportarse con objetividad al servicio de la comunidad. La Delegación sostiene que la neutralidad de De Luna se refleja, por ejemplo, en que obligó al Consistorio de Bolvir (Girona) a exhibir también la senyera.

Los abogados del Estado están seguros de que puede ganar en el juzgado los recursos contra las banderas —la Delegación afirma que una veintena de Consistorios han accedido a colocarla antes de conocer la sentencia— y la de las cuotas de la AMI.

No está tan clara, sin embargo, la postura que mantienen los jueces respecto a la soberanía fiscal y a la declaración del territorio libre y soberano porque hay algunos que consideran que esas mociones son de carácter político y carecen de efecto jurídico.

La Delegación admite que en el caso de la soberanía fiscal no se han admitido el 20% de los recursos, en su mayoría en juzgados de Tarragona y Girona, aunque resalta que ya tienen tres fallos a su favor en el caso del territorio libre y soberano.

"De los 24 casos que ha perdido el Estado, 9 están relacionados con la soberanía fiscal", señala un portavoz de la AMI, que cifra en 170 los Ayuntamientos que han dado ese paso. El colectivo esgrime como una victoria la reciente sentencia de la Sala de lo Contencioso-Administrativo del Tribunal Superior de Justicia, que rechazó un recurso del abogado del Estado contra la entidad municipal de Jesús, de las Tierras del Ebro, que hace un año aprobó la soberanía fiscal. En el fallo, los magistrados señalan que solo pueden valorar decisiones que tengan la finalidad inmediata de *"engendrar o destruir una relación de derecho". "Y por tanto",* aducen, "tratándose de manifestaciones políticas o declaraciones de intenciones, sin existencia en el mundo del derecho, sin concreción ni efecto práctico ni jurídico posible, las pretensiones deducidas han de declararse inadmisibles". (…). (El Gobierno demanda a 80 alcaldes catalanes por no izar la bandera española. Àngels Piñol. Ccaa.elpais.com).

- 12.08.2014: *"Si el 9 de noviembre no se pudiera votar, no se acaba el proceso, no muere el proceso. Lo que se hace es pues posponerlo para más adelante. Si no se vota este 9 de noviembre, habrá otro 9 de noviembre." "La consulta y sobre todo la mayoría del pueblo de Cataluña pesa mucho más que un tribunal. No es un tema legal, estamos ante un tema de futuro colectivo.* " (Afirmaciones de la vicepresidenta del Govern, Joana Ortega. Reproducido de 24h TV Española.

- 17.08.2014: Artur Mas reduce 1.586 millones a la Sanidad de Cataluña y da 400 a la consulta independentista. Periodistadigital.com.

- 21.08.2014: PNV dice que Euskadi debe actuar *"como un Estado"*, y acusa a PP y PSE de querer "un estatus por debajo del Estatuto". Europapress.es.

- 08.09.2014: 181 millones para los medios en pleno proceso soberanista. La Generalitat ha gastado 82 millones de euros en subvenciones directas a medios de comunicación desde 2008 - En la misma partida, País Vasco gastó 24 millones y Galicia 14 - Cerca de 600 medios de comunicación catalanes ya se han beneficiado de las ayudas - *"Hay una apuesta por los medios de corte nacionalista"*, dice una investigadora. Elmundo.es.

- 05.10.2014: La Asamblea Nacional Catalana (ANC) pactó con el Gobierno de la Generalitat su apoyo logístico y el control de los medios de comunicación subvencionados para reforzar el movimiento independentista de Cataluña. Ésta es la tesis del dossier que lleva por título Informe Asamblea, elaborado por los servicios de Información de la Policía y al que ha tenido acceso El Confidencial. (El independentismo catalán ha recibido 20.000 M€ públicos desde tiempos de Pujol. Elconfidencial.com).

2013:
- 21.07.2013: El Gobierno actuará contra las «esteladas» en colegios y otros edificios públicos. Paralalibertad.org.

- 26.11.2013: La Generalidad se gasta más de 88,1 millones de euros en fomentar el uso de la lengua catalana solo en 2012. Cronicaglobal.com

- 19.12.2013: ICV-EUiA hará *"pedagogía"* a favor de la consulta secesionista en el resto de España. Cronicaglobal.com

- 14.12.2013: Palabras de Oriol Junqueras presidente de ERC, al decir: *"que las amenazas de veto a la consulta no amedrentan a los partidos del proceso soberanista en Cataluña, sino que se convierten en una fábrica de independentistas". "Cuando nos amenazan nos cohesionan; cuando nos amenazan nos hacen más fuertes".* Y más aún emplean estrategias hacia la unidad con partidos que son moderados (*"Junqueras ha llamado a militantes y simpatizantes de su partido a no percibir a CiU, ICV-EUiA y CUP como rivales, sino como "compañeros".* (Junqueras afirma que las 'amenazas' de Rajoy son una 'fábrica de independentistas'. Elmundo.es).

- 18.12.2013: Rigau: *"No puedo cumplir"* las sentencias del Tribunal Supremo sobre bilingüismo escolar. Cronicaglobal.com.

- 13.12.2013: ERC defiende un recuento sin consensuar que permitiría a los independentistas ganar solo con el 26% de los votos emitidos. CiU convocará elecciones si falla la consulta. Ccaa.elpais.com.

- 28.11.2013: La Generalitat afirma que la partida de 5 millones para la consulta es ampliable. Ccaa.elpais.com.

- 03.09.2013: Mas sufragará los gastos de seguridad y transporte de la 'cadena independentista'. Elconfidencial.com.

2011:
- 29.09.2011: Lo importante, fomentar su lengua y su cultura. Y si para ello tiene que destinar 388 millones de euros a la Televisión de Cataluña y 49 millones a Cataluña Radio, lo hacen, tal y como se indica en los Presupuestos Generales de 2011. Para la Generalitat se trata de invertir *"en el mantenimiento del uso social del catalán, como efecto compensador del alud de oferta en castellano".*

La herencia del tripartito también le dejó a Artur Mas otros frutos como las famosas embajadas catalanas que, al final, ha decidido mantener y alimentar. El Gobierno catalán destina en 2011 un presupuesto de 35 millones de euros a Acción Exterior.

De ellos, 22 se invierten en cooperación al desarrollo y 13, en relaciones exteriores que son gestionadas por las embajadas y las oficinas comerciales en el exterior. La partida descendió de 2010 a 2011 en 17 millones, aproximadamente.

Lo que no se rebajó ni un céntimo fue el presupuesto destinado a celebrar La Diada que costó 300.000 euros. Ya lo dijo en su día el portavoz de la Generalitat, Francesc Homs: *"La dignidad de un país no tiene precio"* y la celebración del 11 de septiembre se ha de hacer *"con todas las de la ley"*.

Pero si algo quiere fomentar el Gobierno catalán es una estructura paralela de instituciones a las de España. El Síndic de Greuges, el Defensor del pueblo catalán ha recibido este año 7,9 millones de euros. (La Generalitat destina casi 875.000 euros a grupos de jóvenes afines. Ddirecta.com.

2.1. Acciones en apoyo a los separatistas vascos:

- Una treintena de curas vascos apoya la marcha por presos de ETA. 09.01.2013 - Elpais.com.

- Apoyo masivo a los presos de ETA. 12.01.2013 - Ccaa.elpais.com.

- Cientos de personas apoyan en San Sebastián a 15 condenados de Segi. 09.03.2013 - Elpais.com.

- Miles de personas apoyan en San Sebastián a los ocho condenados de Segi. 3.04.2013 - Ccaa.elpais.com.

- El fiscal no halla signos de enaltecimiento en los recibimientos a cuatro etarras. 02.12.2013 - Politica.elpais.com.

- El juez Velasco prohíbe el acto de apoyo a los presos de mañana en Bilbao.10.01.2014 - Politica.elpais.com.

- Miles de personas marchan en España en apoyo de los separatistas vascos.11.12.2014 - Actualidad.rt.com.

- La Audiencia permite la marcha por la detención de los abogados de ETA.24.01.2014 - Politica.elpais.com

2.3. Véase la ofensiva separatista catalana

La estructura de Estado que ya está en camino en Cataluña no es constitucional:

a) Crear un ejército catalán

La ofensiva separatista en Cataluña no se señala sólo a sus organizaciones políticas, más aún se señala desde el propio gobierno Catalán. Y utiliza cualquier frente que le favorezca e inclusive hasta su propia policía autonómica para conseguir sus objetivos soberanistas. Y como es deducible habrá un cierto sector de la misma policía (los Mossos) que no estén de acuerdo con esa interferencia política.

Y hoy leemos las noticias, que el Ministerio del Interior, al detectar un profundo malestar en un sector de los Mossos d´Escuadra (policía autonómica catalana) está desarrollando un proyecto para poder incorporar a las Fuerzas de Seguridad del Estado a los *"descontentos"*. (Véase la noticia que publica el diario EL Mundo del martes 13 de diciembre de 2013).

¿El adoptar esta iniciativa del Gobierno central es la medida más acertada, para solucionar el problema? Desde luego que no. El Ministerio del Interior en vez de evitar la fractura de la policía autonómica la alienta y, más aún, no la condena; sólo responde con el inmovilismo, del escapismo y la política de la *"avestruz"*. Lo cierto es que sí se está produciendo un componente ideológico político dentro de la policía autonómica, y que existe una constante interferencia política de deriva soberanista del actual Ejecutivo catalán, pues, claro está que se debe de obligar el cumplimiento de la norma *("la neutralidad")* y de la ley *("sanciones a agentes que actúen bajo criterios políticos"; "velar por la seguridad del Estado");* y además, de ir más lejos, de no descartar el relevo de sus mandos superiores, policías y funcionarios, hasta del propio conceller del Interior. "El artículo

8.32 de la Ley de Régimen Disciplinario de las Fuerzas Armadas, considera falta grave el *"emitir o tolerar manifiesta y públicamente expresiones contrarias, realizar actos irrespetuosos o adoptar actitud de menosprecio hacia la Constitución, la Corona y demás órganos, instituciones o poderes o las personas y autoridades que las encarnan"*.

Recordemos que dentro de la hoja de ruta del gobierno nacionalista catalán de Artur Mas hacia la independencia es convertir a la policía autonómica en el ejército de Cataluña si se produjera una situación de independencia.

- 18.10.2012: "Solo os he de decir una cosa, puede haber momentos, en el futuro, en el que haya un debate, que estoy convencido que será un debate político, democrático y pacífico, en el que haya gente que quiera contraponer una legalidad jurídica a una legalidad democrática, en el que se ponga en tensión la legalidad stricto sensu desde el punto de vista de una ley a la legitimidad de las decisiones de un pueblo o de unas instituciones. En esta tesitura es donde estoy convencido de que el cuerpo [policial] que ahora representáis estará como siempre al servicio del país [por Cataluña] y de sus instituciones. Por todo esto, quiero deciros que es evidente que estos cambios nos afectan en el interior de la propia seguridad como también, evidentemente, afectan a la seguridad en perspectiva y a los cambios que tiene el país [por Cataluña]", palabras del ex consejero de la Consejería de Interior de Cataluña Felip Puig, 18 de octubre de 2012. (Felip Puig arenga a altos cargos de los Mossos a apoyar la secesión ilegal. Vozbcn.com).

- 22.10.2014: La ANC ya prepara un Ejército para una hipotética Cataluña independiente. Mundonoticiashoy.com.

b) Crear el servicio de inteligencia catalán

El Govern de la Generalitat de Catalunya a sabiendas que no tiene competencias para crear un servicio de inteligencias catalanes, puesto que es competencia del Estado, a pesar de ello, decide actuar y lleva acciones para crearlo; un reto más y desafío al Estado.

> - "El líder de Ciutadans ha exhibido en el Parlament el documento desvelado por El Confidencial que demuestra que la Generalitat elaboró un informe para montar la Agencia Nacional de Seguridad de Cataluña." Rivera fustiga a Mas con el documento del CNI catalán desvelado por 'El Confidencial' 04.12.2013 - Elconfidencial.com

c) Crear la Hacienda propia de Cataluña

El Govern de la Generalitat de Catalunya a sabiendas que no tiene competencias para crear una Administración Tributaria, puesto que es competencia del Estado, a pesar de ello, decide actuar y lleva acciones para crearlo; un reto más y desafío al Estado.

> - Artur Mas pretende desarrollar y fortalecer los mecanismos de la Hacienda propia de Cataluña. En su objetivo de crear un modelo de Administración Tributaria de Cataluña, la Generalitat destina más de 430.000 euros a los sueldos de la Hacienda catalana. Según ha podido saber EL MUNDO, de los cinco empleados públicos dedicados a la agencia tributaria catalana (cuatro de Economia y uno de Presidència), tres ingresan más dinero que el presidente del Gobierno (78.105 euros anuales). (El Govern destina 430.000 euros a sueldos en la Hacienda catalana. 09.12.2013. Elmundo.es).

> - Mas reivindica la Hacienda propia y estructuras de Estado "sólidas" para Cataluña. 10.10.2014. Eleconomista.es.

d) Proceso de un inicio independentista

Partidos y entidades soberanistas han acordado este viernes que, después de las elecciones del 27-S, y si hay una mayoría soberanista el Parlament, la cámara aprobará una "declaración solemne" que marque el inicio del proceso independentista.

Tras este paso, se iniciará un proceso constituyente, se desarrollarán nuevas estructuras de Estado y finalmente habrá una "culminación democrática del proceso por parte del pueblo de Cataluña", según se ha informado en un comunicado conjunto.

El documento, que se firmará a finales del mes de marzo, quiere ser lo suficientemente "abierto" para que se puedan incorporar más adelante otras fuerzas políticas y sociales.

En la negociación, que se ha hecho en algún punto del distrito barcelonés del Eixample, han participado representantes de CDC, Reagrupament, ERC, EUiA, MES, la AMI, la ANC y Òmnium Cultural. (Partidos y entidades acuerdan una hoja de ruta soberanista de mínimos. 13.03.2015. Elmundo.es).

e) Crear un sistema sanitario

Los informes, en los que el Consejo Asesor para la Sostenibilidad y el Progreso del Sistema Sanitario trabaja desde hace dos años, estarán listos en mayo de 2015. Cataluña prepara un nuevo sistema sanitario con estructura de Estado. 04.12.2014. Lasprovincias.es.

f) Crear la Constitución catalana

El gobierno catalán sigue adelante con el Consejo de Transición Nacional pese a la suspensión de la declaración de soberanía. Consejo de Transición Nacional ya trabaja en la redacción de una *"Constitución provisional"* para la primera fase de existencia de una hipotética Cataluña independiente. (La Generalitat encarga la redacción de una «Constitución provisional» catalana. 17.05.2013. Abc.es).

RESUMEN Y CONCLUSIONES

Para tratar la problemática territorial interna de España, resulta indispensable y sumamente útil, primeramente, presentar cierta información del país que tratamos, España, y su situación actual.

Saber de España y su situación actual nos permitirá adecuadamente ubicarnos y poder relacionarlo sobre qué contexto socio-político y cultural se produce la grave problemática territorial interna que sufre España.

Nos hemos ubicado en principio por desarrollar en la Sección Primera el pensamiento del separatismo. Y dar a saber cómo se origina y evoluciona a través del tiempo, diríamos desde el siglo XIX, aunque podríamos retraernos a un par de siglos atrás. Ya en la Sección Segunda, cuidadosamente informados, presenciamos una realidad histórica y presente que da lugar a que existen factores determinantes, en principio lo ideológico, y, en segundo lugar, la presencia del conjunto de los Ejes definidores de España que han cimentado y propiciado los nacionalismos. Aquí entendemos que es el eje principal, como conductor, la base fundamental, para la correcta comprensión que posibilita la existencia del separatismo.

Aquí se tiene en cuenta que el proceso soberanista se construye bajo un contexto, siendo el primer acto la construcción y el desarrollo del nacionalismo periférico, que será determinante para la consecución del segundo acto, su sustitución por el separatismo.

Claramente, podemos concluir que la democracia actual española es un fracaso. Que se presenta como una democracia simplemente legal pero no real. Se concluye con esta afirmación porque existen ciertos factores y posiciones que se han mantenido desde la Transición, en donde han existido distintos gobiernos de centroderecha y de la socialdemocracia que actuaron en base a una ideología conservadora y asistencialista, y que permitieron a que el resto de los Ejes definidores (el Estado, el pueblo, la sociedad, como autores principales), pudieran ceder y caer en la indiferencia y al inmovilismo.

Fueron estos Gobiernos de turno que alejaron a los pueblos la oportunidad de participar en la política nacional. Que no permitieron que los pueblos se implicaran en la tarea para crear conciencia nacional, que pueda así fortalecer su identidad nacional hacia España. Que no se implicaron en la necesidad de crear un movimiento nacional que exprese una praxis nacional.

¿Y qué hicieron? Pues tan sólo estuvieron avocados en arreglar los problemas económicos con triunfalismo. Y lo hicieron, a sabiendas que España requiere de un Plan nacional integral y sustentable, y que se articula obligatoriamente con la presencia de todos los Ejes productivos en lo político, social, económico, educacional y cultural, ignorándolo por cobardía.

En especial este Gobierno está implicado en la tarea de buscar la estabilidad económica con triunfalismo, pretendiendo así callar la voz del "pueblo", y ganar su confianza, y de comprar la conciencia de los nacionalistas y separatistas. Craso error. El drama social y económico aún sigue presente en España, y ni la conciencia de los nacionalistas y separatistas se ha menoscabado. Y aún más la economía presentaría una fuerte inestabilidad, tras las últimas elecciones autonómicas y municipales del 24 de mayo de 2015, en donde al no conseguirse una mayoría absoluta, ha surgido un nuevo escenario político que queda supeditado a los pactos y acuerdos de las fuerzas política para gobernar. Recuérdese que el partido del Gobierno del PP se desploma y no obtiene la mayoría absoluta sino simple, por la mínima, a diferencia del poder autonómico que tenía desde 2011, que podía gobernar sin ningún impedimento. Y al mismo tiempo al surgir nuevas fuerzas políticas el bipartidismo PP-PSOE se acaba. Esta incertidumbre nos lo hace saber los expertos económicos. Véase los titulares de la prensa económica española:

704

- 26.05.2015, portadas: El dinero se inquieta, (diario Cinco Días), Inquietud empresarial, (diario Expansión) y El resultado electoral frenará las inversiones y el crecimiento, (diario El Economista.es).

- 31.04.2015, portada del ABC: "El avance del populismo frena la inversión extranjera" Las grandes del IBEX 35 alertan de la paralización de proyectos clave de capital foráneo en Barcelona y Madrid.

Y así, sin valores ni principios nacionales, sin conciencia ni responsabilidades, los Ejes definidores de España dejaron de lado los mecanismos de defensa de la democracia, que, desde luego, sería aprovechada oportunamente por el nacionalismo que llega a cimentarse, que facilita su crecimiento y que posibilita ser transformada para dar paso al separatismo, como es el caso de Cataluña, el País Vasco, y en camino están otras comunidades autónomas periféricas.

Como vemos, existe una realidad altamente peligrosa para España, lo que parece inminente su ruptura. Consideramos que bajo estas observaciones expuestas en este libro, definido el problema y sus dificultades, creemos imposible que surja otra explicación, un paradigma que impida detener al proceso soberanista del separatismo. Pero a pesar de ello nos permitimos expresar una remota posibilidad en las Conclusiones que posibilite cambiar el rumbo de España, y con esto no se pretenda creer que nos estamos parcializando, en donde pretendemos despertar la conciencia del soberano, hacerle responsable de una decisión histórica y que tome en cuenta que forma parte de una realidad de tanta trascendencia en la historia de España. Y en donde debe de surgir su decisiva presencia activa y presentar batalla con realismo a los usurpadores y aprovechadores como son los separadores y los separatistas. Consideramos que la situación actual es un atentado a España y que urge a los españoles crear conciencia nacional que inspire de forma tal que derive en un movimiento nacional generalizado de lucha contra los separadores, principales culpables y enemigos de España, y también contra los separatistas que promueven la desunión y la ruptura de España.

Aquí, en las Conclusiones, no tomamos ninguna observación que permita elevar la identidad y las acciones del separatismo, puesto que vemos que el plan que ellos se han trazado se dirige y se presenta muy favorablemente. El éxito del separatismo está garantizado puesto que existe una realidad jurídica constitucional, política y social que hace posible su victoria. Y está en la propia existencia de unos Ejes definidores de España, que por lógica debería de haber una oposición es lo contrario ya que aparece una relación y acción entre ellos, sobre las cuales se crean las condiciones favorables y las garantías necesarias que el separatismo salga fortalecido y que le den continuidad.

1. Tiempos extraordinarios requieren medidas extraordinarias

Se afirma que tiempos extraordinarios requieren medidas extraordinarias. O ante situaciones extraordinarias requiere medidas extraordinarias. Dadas las condiciones de la inminente muerte de España como una nación o "nación de naciones" como así la conocemos, el soberano español no puede esperar tal desenlace y no puede esperar la providencia de Dios para salvarla. Debe de actuar. Y debe de prepararse para la guerra. Si vis pacem, para bellum (Si quieres la paz, prepara la guerra).

Y no puede escuchar ni pensar que España es un país de *"constituciones fuertes",* en la que pueda respaldarse y que suponga salir de la crisis en que se encuentra, en el especial en lo relativo a su unidad e integridad. Ni mucho menos debería de escuchar y aceptar las advertencias de los políticos, que nos aseguran que España es un país de constituciones fuertes, y que no habrá ningún proceso de independencia como en la Comunidad catalana.

06.08.2014: España es un país de *"constituciones fuertes, mucho más serio de lo que algunos han pensado".* Un país con *"instituciones fuertes y resortes más que de sobra para garantizar la legalidad."* Palabras del portavoz del PP en el Congreso, Alfonso Alonso.

17.07.2015: *"Que no va a haber independencia de Catalunya".* Palabras del presidente del Gobierno, Mariano Rajoy.

19.07.2015: *"Tenemos que decir alto y claro que Cataluña nunca ha sido independiente y Cataluña nunca va a ser independiente. Para eso está el Partido Popular, para velar por ello". "Abandona [refiriéndose a Mas] toda esperanza, no va haber un proceso de secesión ni ahora ni nunca".* Palabras del vicesecretario general de Comunicación del Partido Popular, Pablo Casado.

¿Afirmar a España que posee instituciones fuertes, y más que de sobra que éstas garantizan la legalidad? Nos parece una afirmación falaz y falta de rigor científico. Simplemente es pura demagogia y de la barata.

¿Instituciones fuertes? Cuando resulta que una parte del Estado español se rebela contra el propio Estado. Que el Gobierno central nos hable de instituciones fuertes no es un fallo argumental sino es mentir, es pretender engañar al soberano.

¿Cataluña nunca será independiente? Cuando resulta que, el Gobierno central, ante la magnitud del problema catalán y de su gravedad, pretende impedirlo sólo a través de impugnaciones, otras veces con gestos de buena voluntad, todos ellos inútiles, y aún peor, cuando los Gobiernos centrales, desde la Transición, han llegado en acuerdos con los soberanistas?

Nadie puede dudar que esta clase de actuaciones políticas en torno a las actuaciones del Gobierno central frente al nacionalismo y al separatismo haya sido una conducta llevado a cabo desde la Transición. Y por igual en el tiempo, continúan diciendo que llevan los conceptos "muy claros y muy tajantes" ante el separatismo, y a cuyo fin se someten al dogma reiterado de: impugnar, impugnar, impugnar... gestos, gestos, gestos... acuerdos, acuerdos, acuerdos, y que, por conocimiento y ante los hechos ocurridos, prácticamente no han generado ni eficacia ni fortaleza; que no han sido beneficiosas sino destructivas.

- El Gobierno advierte a Mas de que impugnará cualquier medida contraria a la legalidad. (El Mundo, 17.07.2015). "Rajoy hará gestos a Cataluña ante el 27-S para desactivar el victimismo de Mas", diario La Razón, 19.07.2015), "Apoyaré la reforma del Estatuto que apruebe el Parlamento de Cataluña." (José Luis Rodríguez Zapatero, 13 de Noviembre de 2003). "Zapatero fue el responsable de la explosión del Estado con el error del Estatuto catalán" Roberto Blanco Valdés, 29.04.2015, autor del libro "El Laberinto territorial español". (Periodistadigital.com).

Señores, situémonos en el tiempo de la historia. Recordemos cuando era impensable el derrocamiento del imperio alemán, llegando a su fin promulgándose la República de Weimar, tras la revolución de noviembre de 1918. Recordemos cuando era absolutamente impensable que los bolcheviques se hicieran del poder el 17 de octubre, derrocando al régimen zarista, tras la revolución Rusa de 1917. O recordemos, últimamente, ya en el siglo XXI, con la liberación de Crimea de Ucrania.

Señores, acontecimientos similares y de trascendencia se han dado en la historia de la humanidad y no se puede discutir que un hecho similar de trascendencia hacia su transformación no se pueda dar también en España, a sabiendas que el escenario es propicio para ello.

Políticos y gobiernos de turno, no podéis ocultar ni mentir que la posibilidad de que el separatismo pueda romper España sea posible. Y no podéis ocultar la verdad que mientras el separatismo y el nacionalismo periférico busca la estructura y la conexión de todos los entes sociales y políticos en beneficio de sus fines, y todo ello a través de un largo proceso que dura muchos años, son esenciales para la marcha del proceso secesionista, obteniendo con todo ello una posición ventajosa, pues, ustedes, ni se aproximan hacia la búsqueda de la conexión colectiva del Estado – gobierno - sociedad – pueblo y soberano y, aún peor, carecen de presencia importante, particularmente en las Comunidades rebeldes.

Difícilmente podemos ignorar o evitar desconocimiento que el derecho positivo nunca puede ser una verdad absoluta y que este sea invencible. Y lo mismo, pensar que el derecho positivo en el ámbito de lo jurídico y constitucional sean fuentes irreductibles, que difícilmente podamos desplazarla o erradicarla. Pero es así cómo nos hacen creer los gobernantes y políticos de turno en un sinfín de declaraciones positivistas.

Muchas veces el sentido común no es lo que se impone sino se impone la lógica. Si un movimiento separatista va superándose, va expandiéndose, va creciendo y logra convencer a una gran parte de la población, siendo reconocido y aceptado, siendo todo ello de carácter totalmente contrario al sentido común o a la verdad, entonces, se impondría la pertenencia de la lógica, y surgiría un derecho natural, aunque esta sea una idea de orientación interpretado equívocamente. ¿Cómo fue capaz Adolfo Hitler unir a los alemanes por su causa, y tener éxito?

Desde luego, cuando las circunstancias son propicias, surgiría tarde o temprano un derecho natural, un deseo compartido, que ni el sentido común podría resistir con sus argumentos razonados para defender al derecho positivo en lo ámbito jurídico y constitucional. ¿No es acaso lógico pensar que siempre se impondrá el pueblo más fuerte al más débil?

¿De qué constituciones fuertes nos hablan los separadores, si es irreconocible, si rotundamente no recibe el respaldo del Estado y del Gobierno, si la democracia no existe, si la separación de Poderes es simplemente literal, y el poder estatal está en manos de Gobiernos inmovilistas que alientan al separatismo?

Señores: "A constituciones fuertes remedios fuertes, a constituciones débiles, remedios débiles." (p. 150, La política en la caverna. Emmanuel Terra. Ediciones Del Sol, 2009).

Y no creer cuando se dice: "El Gobierno ha recordado al president [Artur Mas] que no hay nada por encima de la soberanía del pueblo español. A todos los españoles les corresponde decidir qué es España y ningún gobierno está por encima de la voluntad soberana del pueblo español", palabras de la vicepresidenta Sáenz de Santamaría, 27.09.2014. Otra falacia más, otra demagogia más.

Señores separadores, aquello que llamamos pueblo español, descubrimos que empieza a dejar de serlo a comienzos de la Transición. Luego, deja de serlo, y pierde sentido, y literalmente muere, cuando ustedes, los separadores, sembraron las semillas de la desunión en el pueblo español, con la creación de las Autonomías que no supieron conducir.

Hay que decirlo con honestidad que hoy en día sí podemos cuestionar la existencia del pueblo español, y rotundamente poder afirmar y entender que la palabra pueblo hoy en día en España es simplemente una utopía. Y lo que hoy se llama pueblo español, señora Sáenz de Santamaría, es propio del uso político demagógico de la casta política, que como usted carecen de toda práctica política de lo que es Doctrina nacional.

Esta palabra, pueblo, no tiene ningún valor productivo, puesto que carece de contenido patriótico, no posee práctica política ni popular, y sin anhelos por la unidad nacional, puesto que no están dispuestos a luchar para defender la Patria de sus antecesores, que sí dejaron sus vidas por ella. Por lo tanto, hoy en día, la palabra pueblo, es sólo nombre; es un cuerpo sin alma; simplemente utópico.

LA FE NACIONAL Y OTROS ESCRITOS SOBRE ESPAÑA

Benito Pérez Galdós (1843-1920)

"Los dos partidos que se han concordado para turnarse pacíficamente en el Poder son dos manadas de hombres que no aspiran más que a pastar en el presupuesto. Carecen de ideales, ningún fin elevado los mueve; no mejorarán en lo más mínimo las condiciones de vida de esta infeliz raza, pobrísima y analfabeta.

Pasarán unos tras otros dejando todo como hoy se halla, y llevarán a España a un estado de consunción que, de fijo, ha de acabar en muerte. No acometerán ni el problema religioso, ni el económico, ni el educativo; no harán más que burocracia pura, caciquismo, estéril trabajo de recomendaciones, favores a los amigotes, legislar sin ninguna eficacia práctica, y adelante con los farolitos... Si nada se puede esperar de las turbas monárquicas, tampoco debemos tener fe en la grey revolucionaria (...) No creo ni en los revolucionarios de nuevo cuño ni en los antediluvianos (...).

La España que aspira a un cambio radical y violento de la política se está quedando, a mi entender, tan anémica como la otra. Han de pasar años, tal vez lustros, antes de que este Régimen, atacado de tuberculosis ética, sea sustituido por otro que traiga nueva sangre y nuevos focos de lumbre mental". (Y esto lo escribió hace más de in siglo don Benito Pérez Galdós. Es un fragmento del libro "La fe nacional y otros escritos sobre España", publicado en 1912).

("Quien olvida su historia está condenado a repetirla". Manolo-eleremita.blogspot.com.es).

Soberano, hoy España vive un tiempo extraordinario que requieren medidas extraordinarias. Se trata de la historia y la política de España y el fin del sistema político tal como lo conocemos, que es viable. De ahí su trascendencia.

Hemos llegado en un tiempo en donde España vive en la obscuridad. En donde el Artículo 1.2. La soberanía nacional reside en el pueblo español, del que emanan los poderes del Estado. Constitución española de 1978, es una palabra muerta. En donde se ha permitido a los nacionalistas y los separatistas secesionistas "cavar sus trincheras", formar estructuras en el propio Estado español, en el gobierno de su Comunidad, y hacer de ellas copartícipes a su ciudadanía. En donde son capaces de frenar cualquier intento del Gobierno central para impedir su avance. Y en donde ya han conquistado destruyendo parte de la sociedad española y convertirlas en antiespañolas –catalanes antiespañoles, vascos antiespañoles-. Y así, fuertemente fortificados, son capaces de desafiar al Estado y al Gobierno central por la ruptura.

Y todo esto es y fue posible, gracias a los gobernantes del Gobierno central, que desde la Transición y por los hechos históricos sabidos por éstos, permiten y permitieron que los principios ideológicos del nacionalismo y separatismo se asentaran en los sectores militares, políticos e institucionales, y se aplicaran en las comunidades autónomas rebeldes. Y debe de saber la sociedad española que la clase política que la gobierna vive prisionera de sus propios miedos. De cobardes y traidores por los siglos; que no hicieron sino pactar con el enemigo, cometiendo así alta traición a la Patria.

¡Hasta donde hemos llegado, en donde los nacionalistas y más aún los separatistas son más fuertes que los españoles! ¡Que no son capaces ni siquiera de dar gritos de auxilio, contra quienes –los separatistas- viven su trascendencia!

2. Si vis pacem, para bellum ("Si quieres la paz, prepara la guerra")

España requiere ante este hecho trascendental, acciones extraordinarias, a base de sacrificios y lucha, y con ideas revolucionarias: una revolución nacional española, como único camino para cambiar la historia y hacer posible esa unidad de España, como Estado-Nación.

España, necesita remplazar, eliminar a esta clase política –la casta política gobernante, y hacer frente a la casta política que surge como PODEMOS-, que viven del pasado, del contubernio, prisionera de sus miedos y cobardías. Éste es el primer obstáculo que tiene que afrontar, porque el enemigo principal no es el nacionalismo ni el separatismo, sino la propia clase política gobernante, de los reformistas y de los anarquistas como PODEMOS que pretenden destruir España. Y lo tendrá que hacer con una nueva clase política de verdaderos españoles, dirigiendo la nación.

El compromiso de Pablo Iglesias a favor del secesionismo

"Nos comprometemos a respetar la voluntad democrática, expresada democráticamente por los catalanes y las catalanas. Sin ninguna duda. La manera en la que eso se pueda concretar jurídicamente seguramente como sabe todo el mundo presentará dificultades. Nosotros nos comprometemos a aplicar las vías más operativas, más efectivas para que todas esas dificultades se puedan remover". Palabras de Pablo Iglesias, 20.07.2015). [Es el compromiso de Pablo Iglesias de facilitar el camino del secesionismo catalán, frente a las pretendidas elecciones plebiscitarias del 27 de septiembre de 2015].

España requiere con suma urgencia una nueva generación, que tenga la capacidad de hacer frente y derrotar a su principal enemigo la casta política reinante, a los nacionalistas y al separatismo secesionista y a los emergentes republicanos-humanistas, como PODEMOS.

Discurso pronunciado por Abraham Lincoln, durante la ceremonia de consagración del Cementerio de Gettysburg.

Hace ochenta y siete años nuestros padres crearon en este continente una nueva nación, concebida bajo el signo de la libertad y consagrada a la premisa de que todos los hombres nacen iguales.

Hoy nos hallamos embarcados en una vasta guerra civil que pone a prueba la capacidad de esta nación, o de cualquier otra así concebida y así dedicada, para subsistir por largo tiempo. Nos hemos reunido en el escenario donde se libró una de las grandes batallas de esta guerra. Vinimos a consagrar parte de este campo de batalla al reposo final de quienes han entregado su vida por la nación. Es plenamente adecuado y justo que así lo hagamos.

Sin embargo, en un sentido más amplio, no podemos dedicar, no podemos consagrar, no podemos glorificar este suelo. Los valientes hombres que aquí combatieron, vivos y muertos, lo han consagrado muy por encima de nuestro escaso poder de sumar o restar méritos. El mundo apenas advertirá, y no recordará por mucho tiempo lo que aquí se diga, más no olvidará jamás lo que ellos han hecho. Nos corresponden a los que estamos vivos, en cambio, completar la obra inconclusa que tan noblemente han adelantado aquellos que aquí combatieron. Nos corresponde ocuparnos de la gran tarea que nos aguarda: inspirarnos en estos venerados muertos para aumentar nuestra devoción por la causa a la cual ellos ofrendaron todo su fervor; declarar aquí solemnemente que quienes han perecido no lo han hecho en vano; que esta nación, bajo la guía de Dios, vea renacer la libertad, y que el gobierno del pueblo, por el pueblo y para el pueblo no desaparezca de la faz de la tierra.

Abraham Lincoln
19 de noviembre de 1863.
[El Pronunciamiento de Gettysburg - Amhistory.si.edu].

3. Sí, España se puede romper

¿Y por qué llegamos a esta conclusión? sino porque existen dos elementos fundamentales participativos que favorece a esta posible ruptura. Por un lado está la acción política y, por otro lado, está la acción social.

Por el lado de la acción política, está la participación muy significativa de los nacionalistas y los separatistas. A tal extremo que operan inclusive desde dentro de los propios gobiernos autonómicos, como es el caso de Cataluña y el País Vasco y, del mismo modo, está a través de los separadores, el propio Gobierno central, que desde la Transición se ha convertido en un eficaz colaborador con los nacionalistas y separatistas autonómicos, a través de sus políticas dialogantes, negociadoras y pactistas y, todo esto, por el simple interés particular de que el partido consiga el poder del gobierno; empleando todas las artimañas para hacerse del poder.

Y, por el lado de la acción social, la inacción y la indiferencia de la sociedad española. En donde ésta ha perdido totalmente su identidad cultural en relación a los valores y principios que deben de estar presentes en todo español, y que es todo aquello relacionado con el pensar, el sentir, el actuar con civismo, con dignidad, con patriotismo, sirviendo a su patria, que se une en una sola voz y que encare el desafío constitutivo de los nacionalistas y de los separatistas, y de los separadores, y que se encare contra aquellos que pretenden "arrancarles el pecho", que los "sacuden", que los "agreden" y que "aplastan".

Debemos de admitir que existe un grave problema en la sociedad española por su absoluta y vergonzosa dejación, abandono e insensibilidad, para hacer frente, por obligación moral, en un momento más grave de su historia, ante los actos de destrucción que persiguen los separatistas y los separadores sobre España. Y ante esta pérdida de sentido de pertenencia de la identidad nacional, que padece la sociedad española, les traería consecuencias muy funestas para sí misma.

¿Y por qué esa dejación y neutralidad moral de la sociedad española frente a los separatistas y separadores? Simplemente y lo volvemos a repetir una vez más que todo esto es producto que por décadas se ha establecido una política y acciones de gobierno sin fines integracionistas, sin impulso hacia la unidad y soberanía nacional, y que ha sido incapaz de interpretar la semántica del significado de nacionalidades que parte de la propia Constitución española de 1978, Título preliminar, Artículo 3. Por lo tanto, la raíz de que la actual sociedad española esté rota y desequilibrada, parte de la política y acciones irresponsables y corrompidas de los Gobiernos de turno y que proviene desde la apertura de la "Democracia" con la Transición. He aquí el origen del problema.

Esa pérdida de sentido de identidad nacional se da por ejemplo, cuando analizamos concretamente su actuación favoreciendo a la agrupación política de Podemos. Una organización política que, mientras presenta con múltiples argumentos su posición en cuestiones económicas, laborables, sanidad, educación, igualdad de género, corrupción, vivienda, medio ambiente, Memoria Histórica, etc., siendo éstas bien promovidas y estratégicamente tomadas en cuenta, ha conseguido lograr la aceptación de una amplia mayoría de la ciudadanía española. A tal punto que haya alcanzado ser la primera fuerza política en intención de votos y ganaría las elecciones generales si se celebrase hoy mismo, según sondeos elaborado por DYM Market Research, (13.12.2014).

Éstos han conseguido ser considerados los defensores de los derechos de los ciudadanos. Pero, preguntamos, ¿Podemos utiliza ese mismo ímpetu y se presenta con múltiples argumentos su posición, cuando se trata de defender la unidad de España? O ¿Cuándo se trata de enfrentar el problema que afecta la soberanía nacional, su territorialidad? Pues ante estas cuestiones concretas y de trascendencia, esta organización política no se pronuncia con tal ímpetu ni con vehemencia, sino que obra al esquive o con la ambigüedad o de forma concreta pero sin insistencia, que nos lleva a la duda de lo que quiere para España. Hoy, a Podemos no le importa tratar el tema de la territorialidad fundamentalmente porque no sería provechoso para alcanzar sus fines, sus objetivos, es decir, el gobierno, el poder. Es tan cierto este juicio que a Podemos tratar el tema del modelo territorial de España trae dividido a sus bases del partido, unos a favor por la unidad y otros por la libre determinación de los pueblos de decidir su futuro. Siendo ésta última posición la compartida por Pablo iglesias, y en algún programa se establece como posición política. Véase parte del Documento desarrollado a través de un método abierto y ciudadano con la participación de miles de personas de esta agrupación política de Podemos:

A PODEMOS no le importa la unidad territorial

"2. Conquistar la libertad, construir la democracia

2.2 - Ampliación y extensión del uso de las Iniciativas Legislativas Populares en los distintos ámbitos. Ampliación y extensión de la figura del referéndum vinculante, también para todas las decisiones sobre la forma de Estado y las relaciones a mantener entre los distintos pueblos si solicitaran el derecho de autodeterminación.

5. Conquistar la soberanía, construir la democracia

(...)
5.7 - Reconocimiento del derecho a decidir

Reconocimiento del derecho de los distintos pueblos de Europa a constituirse como tales y decidir democráticamente su futuro."

[PODEMOS. DOCUMENTO FINAL DEL PROGRAMA COLABORATIVO. Mayo 2014. Programa – Podemos.

*http://podemos.info/wordpress/wp-
content/uploads/2014/05/Programa-Podemos.pdf].*

Se puede pensar que la venganza y la indignación del "pueblo" español y la no presencia de una fuerza política como alternativa y contraria a Podemos es lo que mueve a los "indignados" –el "pueblo" español-, para elegir a Podemos. Pero el "pueblo" español debe de ser consciente –imposible, desde luego-, y no debe de ignorar, que tratar el tema de la territorialidad le pertenece a él; es su propio ser que está en juego, por lo que debe de actuar, y debe de reprochar la actitud de Podemos, y debe de ser vigilante y pensar que Podemos puede ser como un "lobo con piel de oveja", que se aprovecha de la crisis económica y social y de la desgracia del "pueblo" –los indignados-.

Pero, el "pueblo" español no es capaz de evitar el peligroso camino a que se enfrenta si elige a Podemos en las elecciones Generales. Un partido que no tiene idea de Estado español; que es un enemigo más y el más peligroso para España. Pero, lamentablemente, aquí existe esa misma retórica de un "pueblo" que elige a aquél que le quite de encima el hambre y sus miserias, que es lo más importante que la unidad nacional. Aquí nuevamente vemos que el interés particular va por encima del interés nacional; el interés del ciudadano común va por encima del interés del ciudadano soberano.

Y nada más desagradable del "pueblo" español si este elige al PP o al PSOE, o por la coalición de ambos. Ya que conociendo las inquietudes particulares del "pueblo" español, no sería descabellado pensar que si el PP, en esta última legislatura 2015, le inyecta al "pueblo" español nuevas esperanzas y, éste, ve relativos cambios positivos económicos y laborales, o se aferra a la esperanza de las palabras del gobernante Rajoy: *"En la medida en que las cosas vayan a ir a mejor, yo en la próxima legislatura volveré a plantear una nueva rebaja de impuestos, porque creo en eso, y el dinero está mejor en manos de las personas, se recauda más, se crea más empleo y los servicios públicos funcionan mejor"*, (04.11.2014), pues es posible que el "pueblo" español elija no ya en mayoría absoluta sino simple y de su voto al PP. Y lo mismo puede pasar si existe una coalición entre el PP y PSOE –para evitar el descalabro de estos partidos históricos- para gobernar y evitar así que la coalición de las izquierdas y/o que Podemos puedan gobernar en mayoría.

Pero lo cierto es que ya tenemos respuesta de una parte del "pueblo" tras producirse las elecciones autonómicas y municipales el 24 de mayo de 2015. En donde el PP, a pesar de haber sido la fuerza política más votada en nueve de las trece comunidades para renovar a sus parlamentos (Aragón, Baleares, Cantabria, Castilla-La Mancha, Castilla y León, Comunidad Valenciana, Madrid, Murcia y La Rioja), este partido no logra la mayoría absoluta. Esto significa que parte del "pueblo" ha dado su respuesta con la indignación y el rechazo a este partido.

Del mismo modo, ante dichas elecciones la gran mayoría del "pueblo" sigue dando respuesta negativa al PSOE, que a pesar de haber ganado en votos y ser la segunda fuerza política, ha perdido más de 670.000, lo que supone la pérdida de 943 concejales respecto a 2011. Y si de lo escrutado obtiene un 25,05 por ciento de los votos en las elecciones municipales, este hecho marcaría un nuevo mínimo para este partido, puesto que cae por debajo del 27,79 por ciento de mayo de 2011. Y véase otro dato más que pierden un millón de votos, y pasan de 6.275.314 votos y 21.766 concejales en 2011 a 5.526.049 votos y 20.749 concejales.

La reacción de parte del "pueblo" es dar respuesta al engaño y los temores contra este Gobierno de Rajoy. Y más aún esta parte del "pueblo" no sólo le resta votos a estos grandes partidos sino también apuesta por otros emergentes como lo es el Podemos que se funda en enero de 2014 y que surge de un movimiento social y político de la izquierda el 15 de mayo de 2011. Y que irrumpe como la tercera fuerza política en las elecciones autonómicas. Mientras que en Euskadi, Podemos se convierte en la tercera fuerza política por delante del PSE y del PP. Y esa misma reacción hacia el cambio lo da parte de este "pueblo" a Ciudadanos que la ubica como la cuarta fuerza política en las autonómicas, mientras que a nivel municipal se sitúa en tercer lugar, por detrás del PP y del PSOE. Ciudadanos (C´s) es una organización que tiene su origen en 2005 en la plataforma Ciudadanos de Catalunya. Fue ya a finales de 2013 con la creación de Movimiento Ciudadano cuando este partido comenzó la verdadera expansión nacional.

Pues con esta realidad aún España continúa en la inestabilidad. Por sentido común se sabía que este cambio político se debía de producir. Pero la dirección de este escenario político en donde se tendrá que pactar para gobernar en nada favorece a la unidad de España. El haber emergido las nuevas fuerzas políticas como Podemos y Ciudadanos esto lo que hace es simplemente cerrar el capítulo de la I Transición del bipartidismo para dar paso a una II Transición, y diríamos que si sigue creciendo Podemos y los nuevos movimientos sociales y ciudadanos críticos del sistema actual, responderíamos ante la posibilidad de dar nacimiento a una III República. Pero en nada beneficiaría hacia una revolución popular que tanto reclama España por la unidad.

PROPUESTAS DEL PARTIDO PODEMOS

Fin de la reforma laboral; Reducción de la jornada laboral a 35 horas semanales y de la edad de jubilación a 60 años; Derecho a una renta básica para todos los ciudadanos; Limitar el encadenamiento de contratos temporales y apostar por los contratos indefinidos; Prohibición de los despidos en empresas con beneficios; Eliminación de las Empresas de Trabajo Temporal; Derecho a disfrutar de una pensión pública no contributiva; Nacionalización de los bancos; Prohibir los paraísos fiscales en los que se mueven buena parte de las empresas del Ibex 35; Impuestos a las grandes fortunas y fiscalidad progresiva sobre la renta; Aplicación de un IVA súper reducido para bienes y productos básicos; Abolición de todos los privilegios de los parlamentarios; Eliminación del aforamiento de los diputados de todas las cámaras y senadores; Prohibición de acumular cargos públicos (alcalde, senador, diputado, eurodiputado, etc.); Limitación de las subvenciones públicas a los partidos políticos; Devolución al sector público de todos los centros y hospitales privatizados; Prohibición explícita del copago sanitario y farmacéutico; Derecho a la interrupción voluntaria del embarazo de forma segura, libre y gratuita, dentro de la red pública; Educación pública, gratuita, laica y universal; Eliminación de cualquier subvención y ayuda a la enseñanza privada y concertada. Educación gratuita durante la etapa obligatoria; Puesta en marcha medidas orientadas a garantizar la gratuidad del material escolar; Reformar la Constitución para garantizar la separación iglesia-Estado; entre otras propuestas.

(Las 50 ideas de Podemos para cambiar España. Noticias.lainformacion.com).

4. Y, ¿cómo evitar la ruptura de España?

"Si conoces a los demás y te conoces a ti mismo, ni en cien batalla correrás peligro; si no conoces a los demás, pero te conoces a ti mismo, perderás una batalla y ganarás otra; si no conoces a los demás ni te conoces a ti mismo, correrás peligro en cada batalla"
(Capítulo 3: Sobre las proposiciones de la victoria y la derrota, del libro El arte de la guerra de Sun Tzu. (Entre el 400 a.C. y el 320 a.C.).

Primero, el ciudadano español debe de concienciarse como soberano español. Segundo debe de reconstruir al pueblo español. Tercero debe de ser muy crítico sobre la clase política reinante. Y cuarto, debe de tener clara sus ideas de los programas y propuestas políticas que nos presentan los partidos políticos.

4.1. Debe de concienciarse como ciudadano soberano

Concienciarse como soberano español significa que debe ser consciente de la realidad y de su realidad. Que ante una realidad personal también existe una realidad nacional; que ante un interés particular también existe un interés nacional por la que ambos deben de ser tomados en cuenta. El primer planteamiento serio por el cual debe de tomar en cuenta es ser consciente de su participación en la vida política española. Debe ser consciente que la crisis nacional es a causa de las malas prácticas políticas que han identificado a la clase política reinante en España desde la Transición. Y son ellos los causantes que se haya perdido en la sociedad española su identidad nacional. Debe ser consciente que su ligazón es de por vida a su estado-nación y por lo tanto no puede desvincularse de ese sentimiento de pertenencia al mismo, a pesar de que existan agrupaciones políticas como Podemos que aprovechándose de las circunstancias de desesperación de la sociedad española pretendan conquistarlos, cayendo así en el derrotismo total y en la desgracia total.

Debe ser consciente que existe una clase política que pretende romper a España. Debe ser consciente que la casta política se une en compromisos con los nacionalismos soberanistas y el separatismo. Y debe ser consciente que es el mismo Gobierno central que, con sus posturas políticas, por acción u omisión, se ha convertido en los protectores de los nacionalistas y los separatistas autonómicos. Siendo aún más culpables que los separatistas y los nacionalistas. Por lo tanto, el ciudadano español debe ser consciente de todo ello y reaccionar contra ellos y presentar batalla contra ellos, para así éste acabe por convertirse en soberano español. El español debe de demostrar que es más que un ciudadano y ser consciente la titularidad que le da la propia Constitución que es un soberano y como tal debe de actuar.

- "La Generalidad —escribió desde tierras levantinas— asalta servicios y secuestra funciones del Estado, encaminándose a una separación de hecho. Legisla en lo que no le compete, administra lo que no le pertenece... Se apoderan de las aduanas, de la policía de fronteras, de la dirección de la guerra en Cataluña......Hablan de que interviene Cataluña no como una provincia sino como nación." Palabras de Manuel Azaña Díaz (1880-1949) en Barcelona, fragmento de su obra La Velada de

Benicarló. Año 1937, publicado en 1939. Es una novela dialogada de la guerra de España. (Cataluña víctima de sus demonios internos. José Antonio Navarro Gisbert. 28.09.2012. Elmanifiesto.com).

- "Un instinto de rapacidad egoísta se ha sublevado, agarrando lo que tenía a mano. (...) En el fondo, provincianismo fatuo, ignorancia, frivolidad de la mente española, sin excluir en ciertos casos doblez, codicia, deslealtad, cobarde altanería delante del Estado inerme, inconsciencia, traición. (...) Mientras dicen privadamente que las cuestiones catalanistas han pasado a segundo término, que ahora nadie piensa en exaltar el catalanismo (…)." (Fragmento de La Velada en Benicarló (1937), de Azaña –Azaña y Cataluña. Historia de un desencuentro de Josep Contreras. Elcultural.es).

- *"Nuestro odio contra la vil España es gigantesco, loco, grande y sublime. Hasta odiamos el nombre, el grito y la memoria, sus tradiciones y su sucia historia."* Palabras declaradas en tiempos de la Segunda República, del dirigente de Esquerra Republicana, Bonaventura Gassol i Rovira, conocido como Ventura Gassol y consejero de Cultura con Macià y Companys, quien participó en la creación del partido Separatista Revolucionario Catalán y en la redacción de la Constitución Provisional de la República Catalana.(Del libro España contra Cataluña: Historia de un fraude. De Jesús Laínz, pág., 165, Ediciones Encuentros, S.A. Madrid, 2014. Y referencias de Ventura Gassol en Bonaventura Gassol i Rovira (1893·1980). En Ideari d'Art i Cultura CIVTAT. Civtat.cat).

- *"Hay motivos abundantes y sobrados -ha dicho- para haber aplicado hace meses el artículo 155 de la Constitución e intervenir Catalunya. Al no hacerlo, Rajoy da ánimos a la otra parte hasta que llegará el día en que no tendrá más remedio que imponerse por la fuerza y las consecuencias serán peores."* Alejo Vidal-Quadras. (Vidal-Quadras: "El Gobierno debería haber intervenido Catalunya hace meses". 21.03.2014. Lavanguardia.com).

- *"El Gobierno prometió firmeza ante el separatismo catalán, y lo que vemos es una cobardía y una debilidad realmente decepcionantes."* Alejo Vidal-Quadras. ('Hay que poner a Mas en su sitio'. 10.05.2014. Gaceta.es).

El grito de fe ¡Santiago y cierra, España! cuántas veces fue pronunciada en la Reconquista, del siglo VIII al XV, como autoafirmación patriótica frente al enemigo. Y hoy, en el siglo XXI, puede renacer, no ya para enfrentarse al invasor sino contra el enemigo que por décadas está asentado en los propios gobiernos centrales y autonómicos y en el propio Estado español, que pretenden destruir la unidad jurídica y política de España.

Y si el futuro de España está en peligro hacia su eminente destrucción, definitivamente no hay límites para salvarla, y si es necesario, el soberano podría apostar hacia una segunda Restauración que suponga la vuelta de los militares en el poder. Y que impongan el verdadero sentido de la democracia y que destruyan a los enemigos de la patria que controlan el poder ya desde la Transición. El soberano debe ser consciente y no puede apostar nuevamente por la continuidad de quienes son los principales enemigos de la patria, los separadores, ni ser partícipe ni apostar por aquellos movimientos izquierdistas como Podemos o de Izquierda Unida, etc., donde se reconocen abiertamente como rupturistas al ser defensores del derecho a decidir. Y si no tiene alternativa puede optar como última salida que se restaure un gobierno militar que permita forjar la verdadera democracia no oficial sino la real.

Debe de saber que hoy en día hay una alta preocupación e indignación de muchos mandos militares ante el desafío separatista y contra la casta política gobernante que están al margen de los ciudadanos y del soberano y que su principal objetivo es destruir la patria. Téngase en cuenta que el Honor, la Historia de España y de aquél juramento que han realizado en mantener a España siempre unida sigue en pie en muchos militares. Y más aún si recordamos el juramento que hace un militar, según ley 17/1999, de 18 de mayo, de Régimen del personal de las Fuerzas Armadas, que estable la siguiente fórmula: *"¡Soldados! ¿Juráis por Dios o prometéis por vuestra conciencia y honor cumplir fielmente vuestras obligaciones militares, guardar y hacer guardar la Constitución como norma fundamental del Estado, obedecer y respetar al Rey y a vuestros jefes, no abandonarlos nunca y, si preciso fuera, entregar vuestra vida en defensa de España?".* Y los soldados contestan: *"¡Sí, lo hacemos!".*

Discurso del teniente general José Mena Aguado

- *"Quiero agradecer a cuantos han colaborado con entusiasmo, entrega y abnegación en la gran empresa de hacer una España unida, grande y libre." (...) "No olvidéis que los enemigos de España y de la civilización cristiana están alerta.*

Velad también vosotros, y para ello deponed frente a los supremos intereses de la Patria y del pueblo español, toda mira personal. No cejéis en alcanzar la justicia social y la cultura para todos los hombres de España y haced de ello vuestro primordial objetivo. Mantened la unidad de las tierras de España, exaltando la rica multiplicidad de sus regiones como fuente de la fortaleza de la unidad de la Patria." Testamento de Francisco Franco Bahamonde. Madrid, 20 de noviembre de 1975. Fundación Nacional Francisco Franco – FNFF – Fnff.es.

- *"Por razón del cargo que ocupo no debo, en actos como éste, expresar mis opiniones personales. Pero sí tengo la obligación de conocer los sentimientos, inquietudes y preocupaciones de mis subordinados y transmitirlos, como es habitual, a la máxima autoridad de mi Ejército, y hacerlos públicos, por expreso deseo de aquéllos.*

En mis visitas a las Unidades durante los últimos meses, he podido constatar que las dos grandes preocupaciones de los Cuadros de Mando y Militares Profesionales de Tropa son el terrorismo y el futuro de la unidad de España.

(...)

La preocupación por la unidad de España se ha desatado con la presentación del proyecto del "Estatuto de Cataluña".

La historia se repite. Basta leer los discursos de los Diputados Companys, Ortega y Gasset y Azaña cuando en mayo de 1932 las Cortes españolas debatieron el Estatuto de Cataluña. Curiosamente, el entonces Diputado Azaña, que fue un firme defensor del Estatuto de Cataluña cambió radicalmente su visión del Estado y su actitud cuando alcanzó la Presidencia de la República, propugnando un Estado Regional, antecedente del actual Estado de las Autonomías.

En todas mis visitas a las Unidades he aprovechado los encuentros con Cuadros de Mando y Tropa, para transmitirles un mensaje de tranquilidad, no exenta de inquietante preocupación.

Siempre he recalcado que los militares no debemos entrar en disquisiciones políticas que, lógicamente corresponden a los políticos. Ahora bien, es nuestra obligación alertar de las graves consecuencias que podría conllevar la aprobación del Estatuto de Cataluña, en los términos en que está planteado, tanto para las Fuerzas Armadas, (como institución), como para las personas que las integran, en tres aspectos verdaderamente preocupantes para nosotros.

El primero es el concepto de nación, en el que no voy a entrar porque el artículo 2 de la Constitución Española lo expresa clara y rotundamente: "La Constitución se fundamenta en la indisoluble unidad de la Nación española, patria común e indivisible de todos los españoles, y reconoce y garantiza el derecho a la autonomía de las nacionalidades y regiones que la integran y la solidaridad entre todas ellas".

El segundo es el de la lengua. El hecho de que en una Autonomía sea exigible el conocimiento de su lengua particular es una aspiración desmesurada que obligaría en las Fuerzas Armadas a regular los destinos a esa Autonomía de la misma forma que actualmente se regulan los destinos en el extranjero. Es decir, que los destinos a Cataluña, País Vasco y Galicia estarían supeditados a la voluntariedad de los militares que quisiesen acreditar el conocimiento de la lengua que fuese exigible en cada Comunidad.

El tercero está relacionado con la justicia. Las Fuerzas Armadas están desplegadas en todo el territorio nacional. La actual independencia de los Tribunales de Justicia de las Autonomías crea graves problemas en las Fuerzas Armadas al producir sentencias dispares para hechos similares que, (sin estar incursos en el ámbito estrictamente castrense, cuyo tratamiento corresponde a la jurisdicción militar, según el artículo 117, apartado 5 de nuestra Constitución), afectan al régimen interior de las Bases, Acuartelamientos o Establecimientos militares y a las expectativas profesionales de cada uno de los componentes de las Fuerzas Armadas. Este problema se agravaría mucho más con la aparición de poderes judiciales autonómicos, independientes del Estado.

Afortunadamente, la Constitución marca una serie de límites infranqueables para cualquier Estatuto de Autonomía. De ahí mi mensaje de tranquilidad. Pero, si esos límites fuesen sobrepasados, lo cual en estos momentos afortunadamente parece impensable, sería de aplicación el articulo 8º de la Constitución: "Las Fuerzas Armadas, constituidas por el Ejército de Tierra, la Armada y el Ejército de Aire, tienen como misión garantizar la soberanía e independencia de España, defender su integridad y el ordenamiento constitucional".

No olvidemos que hemos jurado, (o prometido), guardar y hacer guardar la Constitución. Y para nosotros, los militares, todo juramento o promesa constituyen una cuestión de honor.

(...)

Se espera de nosotros que sigamos respondiendo con la profesionalidad, la dedicación, el sacrificio, la disciplina, y el amor a España que siempre hemos demostrado.
Ruego que en posición de firmes cerremos este acto con los tradicionales "viva".

¡VIVA ESPAÑA! ¡VIVA EL REY! ¡VIVAN LAS FUERZAS ARMADAS!
(Discurso del teniente general José Mena Aguado en la Pascua Militar del 06.01.2006, celebrado en Sevilla. El texto íntegro lo podéis ver en Elmundo.es - Discurso del teniente general José Mena Aguado en la Pascua Militar).

Y, hoy más que nunca, las figuras de Franco y de Primo de Rivera renacen. El ejemplo de estos caudillos ya se oye y resuena en España. Y el ejemplo está referido cuando éstos lucharon y aplastaron a los nacionalistas soberanista y a los separatistas autonómicos. Y, hoy más que nunca, ante este legado de ejemplo los militares no van a renunciar por la unidad de España ni habrá fuerza alguna que se lo impida.

- *"Sin aventuras ni rupturas, España con su Rey"* (...) *"Venimos de la mano firme del general Franco, vamos a donde nos lleve nuestro Rey don Juan Carlos I". Ésta era la opinión de los tres Ejércitos (...)".* (Extraído del libro La lucha por el poder: así cayó Arias Navarro, pág. 16, 17, de Ricardo de la Cierva, ARC Editores, 1996).

- Francisco Alamán, coronel del Ejército español: *"¿La independencia de Cataluña? Por encima de mi cadáver".* 31.08.2012. Alertadigital.com.

- *"La patria es anterior y más importante que la democracia. El patriotismo es un sentimiento y la Constitución no es más que una ley",* (Juan Antonio Chicharro, general de división). (27.02.2013).

- El jefe del Ejército atribuye a la debilidad del poder central el auge separatista. Lavozdegalicia.es – 19.11.2014.

- Pedro Morenés: 'El soberanismo irrita igual a un militar que a cualquier español'. 06.01.2015. Elmundo.es. (Pedro Morenés empresario y político del Partido Popular español, ministro de Defensa del Gobierno de España).

El retorno de una autoridad militar es posible. Y sería el punto de partida y la clave para el nacimiento de una nueva fuerza política y de los que ya existen, que, unidos, como una fuerza rigurosamente españolista y regeneradora se muestre rupturistas y de claro enfrentamiento a la "cultura de la vergüenza" que reina hoy en España. Evidentemente para los republicano enjuiciarían esta posición con energía y condenándola. ¿Pero qué se puede esperar de los republicanos que están a favor por el `derecho a decidir" de los pueblos?

ENTREVISTA AL CORONEL DEL EJÉRCITO ESPAÑOL FRANCISCO ALAMÁN CASTRO

-Coronel, ¿cómo está viendo los últimos acontecimientos que protagonizan los soberanistas catalanes?

Con preocupación no exenta de indignación y rabia. El estado comatoso de nuestra patria les mete en el papel de buitres carroñeros a la espera de nuestra defunción. Desde aquí les digo que acabar con 1500 años de historia no les va a resultar tarea nada fácil. España no es Yugoslavia ni Bélgica. La nuestra no es una nación cualquiera y sí una de los más importantes que ha dado la historia de la humanidad. Sin España, el mundo que conocemos no sería el que es. Esta nación ha sido la cuna de algunas de las personalidades más importantes de todos los tiempos. La historia de España está llena de gestos de una heroicidad suprema, casi siempre temeraria. Un general alemán dijo que el mejor ejército del mundo sería la suma de la disciplina de los alemanes y el valor de los españoles. No, no lo tendrán fácil. Aunque el león parezca dormido, que no provoquen demasiado al león, porque ya ha dado pruebas sobradas de su ferocidad a lo largo de los siglos. Esa gavilla es muy poca cosa si se le planta cara.

-¿Contempla usted la independencia de Cataluña en el horizonte de esta vieja nación?

¿La independencia de Cataluña? Por encima de mi cadáver y el de muchos. Los militares hicimos un juramento sagrado: cumplir el ordenamiento constitucional que consagra la unidad de España como principio irrenunciable. También juramos defender su integridad territorial hasta con nuestras propias vidas. Tenemos algo que esa gente nunca tendrá: sentido del honor y sentido del deber.

-¿Por qué hemos llegado a esta situación?

Los redactores del texto constitucional apostaron por un modelo autonómico sin establecer los límites que no deberían haber sido rebasados sin que el Estado renunciara a su propia esencia. Hay pueblos y comarcas de Cataluña y las Vascongadas donde no existe representante alguno del Estado, ni siquiera un modesto funcionario. La barbaridad se puede visualizar cuando uno recorre en coche los 650 kilómetros que separan a Galicia de Navarra. Durante ese recorrido, el automovilista tendrá que pasar nada menos que por cinco comunidades controladas por cinco gobiernos autonómicos. ¿En qué país del mundo ocurre esto? El territorio de Texas es dos veces el tamaño de España y existe una sóla cámara legislativa para todo el estado. Al coste económico que las autonomías están suponiendo hay que unirle su conversión en un factor de tensiones políticas y desequilibrios territoriales.

-Los nacionalistas dicen que no se puede ir contra la voluntad de los pueblos...

Decir que los catalanes o los vascos han sido siempre nacionalistas es una soberana mentira que, a base de ser repetida, algunos se la han terminado creyendo. Desde los colegios, los medios informativos y la propia presión social se han inducido a muchos catalanes a que sean nacionalistas y antiespañoles. La base apriorística del nacionalismo catalán no es otra que el odio a España. Me rebelo ante la afirmación de que los catalanes han sido siempre nacionalistas. Mire usted, en la Academia General de Zaragoza, cuando nos preparábamos para salir de tenientes, el porcentaje mayor de alumnos de mi promoción eran baleares y catalanes.

Los catalanes voluntarios que hicieron la guerra en el bando nacional fueron muy superiores en número a los que defendieron la república. La división azul tuvo a casi 500 voluntarios de aquella región.

En vida de José Antonio, la Falange llegó a reclutar a más militantes en Barcelona que en Madrid. Hasta 17 ministros catalanes estuvieron a las órdenes de Franco, además de un sinnúmero de altos cargos, desde gobernadores civiles a procuradores en Cortes.

Las visitas de Franco a Cataluña eran las más clamorosa y multitudinarias de cuantas llevaba a cabo por todo el territorio nacional. Un dato: Franco visitó oficialmente Cataluña en 24 ocasiones, mientras que Andalucía, con el doble de su tamaño, la visitó 18 veces. Por tanto, sostener que Cataluña ha sido siempre nacionalista o separatista es una burda manipulación de la verdad. La burguesía catalana que hoy abraza la causa nacionalista fue el sector más fervorosamente franquista que hubo en España. Incluso el sector del clero más comprometido con la Cruzada era de origen catalán.

-¿Es comparable la situación actual de España con la del 36?

La situación actual es muy parecida a la del 36, pero sin sangre. Por desgracia, los datos nos indican que la situación no hará sino empeorar en los próximos meses y años.

-¿Cuál debería ser el papel del Ejército ante un estallido social provocado por la crisis?

El ejército es y forma parte del pueblo. Estoy de acuerdo con la afirmación realizada recientemente por un coronel, creo que en Alerta Digital, donde decía que las fuerzas armadas debían estar al servicio de la patria y no ser lacaya de la casta que pretende destruirla. El Ejército español, en los momentos fatídicos de nuestra historia, siempre estuvo con el pueblo. Por supuesto, a mí me preocupa mucho más la situación económica de una sola familia española que el futuro político de todo el Gobierno y de toda la oposición.

-¿Es llamativo que se esté acusando de involucionistas a quienes defienden la puesta en alza del artículo constitucional que habla de la unidad de España?

Suele ocurrir que los que más apelan en favor de algo suelen ser luego los más incumplidores. Pese a ser un texto difuso y ambiguo, la Constitución deja muy claro cuál deberá ser el papel del Ejército ante una situación como la que pretenden los separatistas catalanes. Y recuerdo que las fuerzas armadas no está al servicio de los políticos, sino de la patria, que no es otra cosa que la suma de todos los españoles en un propósito histórico común.

-El Ayuntamiento barcelonés de San Pere Torelló va todavía más lejos y aprobará una declaración unilateral de independencia la próxima semana. ¿Cómo debería actuarse?

Se trataría de un acto de traición tipificado claramente en el código penal español. Por lo tanto, si el Ayuntamiento de esa localidad aprueba esa barbaridad, se debería proceder a la inmediata detención tanto del alcalde como de los concejales que voten a favor de la propuesta. Como alguien apuntó, *primero es la Ley, luego la jurisprudencia y después los principios generales del derecho, que es a lo que algunos togados se aferran para dictar lo que a veces nadie comprende. Por ese orden. La ley está parta cumplirla y ellos para hacerla cumplir.*

-¿Qué opina de la línea editorial de AD en este asunto?

De AD nunca podré decir nada malo. Armando Robles es la principal referencia informativa mía y de muchos de mis compañeros. AD representa un revulsivo de la conciencia nacional y debería ser patrimonio común de todos los patriotas españoles. Sin AD, el panorama de nuestra patria sería aún más sombrío de lo que ya es.

-¿Hay margen para el optimismo?

Hay margen para tener fe en el orgullo, el honor y el compromiso patriótico de millones de españoles que tal vez estén hoy somnolientos, pero que ante la exigencia de defender España, no dudarían en ofrecer sus preciosas vidas. Los militares los primeros. Al menos todos los que yo conozco. (Francisco Alamán, coronel del Ejército español: "¿La independencia de Cataluña? Por encima de mi cadáver". Entrevista por Richard Solé al coronel Francisco Alamán Castro. 31.08.2012 - AD - Alertadigital.com).

Inobjetablemente, la realidad actual de España vive uno de los momentos más dramáticos de su historia, en donde hay un proceso hacia su ruptura territorial. Y en contra de los intereses de España están los separatistas y los separadores la casta política, PP, PSOE, IU, Podemos, etc. Todo ello nos hace pensar que España necesita un cambio profundo para sobrevivir, que nos hace pensar nuevamente en las Fuerzas Armadas como único camino viable para llegar hacer la España *"una, grande y libre"*. Y nos hace pensar en la figura de Franco y el franquismo, en cuanto que en base a una política de mano dura evitaron la desmembración de España y persiguieron la unidad de España:

"una, grande y libre". Y es que no existe una acción política que nos sirva de referencia o alternativa para ser tomado en cuanto a perseguir de aquél principio de la España "una, grande y libre", que no nos queda sino referirnos nuevamente del caudillo Franco y del franquismo como base, modelo o guía de ejemplo, en estos casos que le urge a España su territorialidad.

Y recordemos que fue éste a lado de los generales Mola, Sanjurjo, Yagüe, Orgaz o Varela quienes llevaron a cabo la sublevación, la rebelión, el alzamiento o el golpe militar del 18 de julio de 1936 y todo por España y no para restaurar la monarquía como se piensa equivocadamente. Véase en este libro El Manifiesto de Franco en las Palmas.

Aquí no podemos negar ni desconocer que el Movimiento Nacional nacido en 1938 durante el franquismo, pretendía esa España *"una y grande"* con la comunión de los españoles a través de su participación en la vida pública, y más aún para estos fines, enfrentándose ante toda ideología rupturista. Que por cierto, con el devenir del tiempo, dicho Movimiento Nacional fue neutralizada y eliminada por los liberales, la burguesía nacional y por la oligarquía nacional. *("Divide y reinarás")*.

El soberano español debe de resituarse para reconstruir a su pueblo. Y no puede tomar aquella actitud típica del avestruz que esconde la cabeza bajo el ala y espera a ver qué pasa, o quien sólo mira para ver lo que pasa. Como escribió Arturo Barea (1897-1957), autor de La forja de un rebelde (1941): "El hombre de la calle se quedó mirando atónito lo que pasaba, como la gallina hipnotizada se queda mirando el trozo de tiza; y cuando trató de recobrar su equilibrio, los acontecimientos le habían sobrepasado: el Gobierno había dimitido, algunos de sus miembros habían huido al extranjero, el rey había dado su aprobación al hecho consumado y España tenía un nuevo Gobierno llamado El Directorio." (Unamuno: *"Justo es que España pierda Cataluña"*. 12.12.2011. Publico.es).

- *"...justo es, pues, que España pierda ahora Cataluña. Y la perderá, no me cabe la menor duda que la perderá."* Miguel de Unamuno (1864 – 1936). (Unamuno: "Justo es que España pierda Cataluña".12.12.2011. Publico.es).

- *"El problema catalán no se puede resolver, sólo se puede conllevar; es un problema perpetuo y lo seguirá siendo mientras España subsista."* José Ortega y Gasset (1883 – 1955). (El «problema perpetuo» del Estatuto catalán. 24.10.2013. Abc.es).

- *"Si alguien hubiera gritado muera Cataluña, no sólo hubiera cometido una tremenda incorrección, sino que hubiera cometido un crimen contra España, y no sería digno de sentarse nunca entre españoles. Todos los que sienten a España, dicen viva Cataluña y vivan todas las tierras hermanas en esta admirable misión, indestructible y gloriosa, que nos legaron varios siglos de esfuerzo con el nombre de España."* Palabras de José Antonio Primo de Rivera, enero de 1934, en una intervención parlamentaria. (Cataluña víctima de sus demonios internos. José Antonio Navarro Gisbert. 28.09.2012. Elmanifiesto.com).

- *"Debemos procurar que todo ciudadano español sea buen español, y después, que sea universal. Hay que defender a los mismos catalanes contra su error, aclarándoles la conciencia, aunque sea violentándoles. Hay que salvar el alma de cada uno y de todos los que gritan "nosaltres sols" porque el día que se queden solos ya no serán nadie."* Palabras de Unamuno en 1932. (Cataluña víctima de sus demonios internos. José Antonio Navarro Gisbert. 28.09.2012. Elmanifiesto.com).

De tal manera que al soberano se le exige una revisión histórica. De tal modo que debe de recurrir a su pasado para construir sabiamente su presente y su futuro. Pero no puede ni debe caer en el continuismo del PP, en donde la economía es todo para ellos. El PP y el actual Gobierno lo saben muy bien, que secuestran la mente del pueblo español y les brinda sólo pan y circo. Y conocen muy bien las palabras del filósofo Mounier:

"La masa de los hombres prefiere la servidumbre en la seguridad al riesgo en la independencia, la vida material y vegetativa a la aventura humana". (Emmanuel Mounier, 1905-1950. "El Personalismo", en Obras Completas, III, Sígueme, Salamanca 1990, p. 498). Y no puede caer en el reformismo vacío del PSOE, ni en el fatalismo del prestigioso Unamuno, ni en el escepticismo de Ortega y Gasset, ni de aquella falsa idea maquiavélica de la libre determinación de los pueblos a decidir su futuro, que es el postulado de los izquierdistas como Izquierda Unida o Podemos, ambos, reaccionarios, contrarios a la posición del leninismo y de Lenin (1870-1924) un crítico duro sobre "autonomía nacional", y enemigos de España.

Lenin sobre el nacionalismo

"Así es todo nacionalismo liberal burgués, tanto da que se trate del ruso (el peor de todos por la violencia con que se impone y por parentesco con los señores Purishkévich) como del polaco, el hebreo, el ucraniano, el georgiano o cualquier otro. Lo que en realidad hace la burguesía de todas las naciones en Austria como en Rusia, bajo la consigna de "cultural nacional", es decir a los obreros, debilitar la democracia y negociar con los señores feudales la venta de los derechos y la libertad del pueblo". Obras, Tomo V (1013-1016). V. I. Lenin. Edición Progreso, Moscú, 1973, pág. 16.

"El proletariado no puede apoyar ningún afianzamiento del nacionalismo; por el contrario, apoya todo lo que contribuye a borrar las diferencias nacionales y a derribar las barreras nacionales, todo lo que sirve para estrechar más y más los vínculos entre las nacionalidades, todo lo que conduce a la fusión de las naciones. Obrar de otro modo equivaldría a pasarse al lado del reaccionario filisteísmo nacionalista". Obras, Tomo V (1013-1016). V. I. Lenin. Edición Progreso, Moscú, 1973, pág. 22.

4.2. Debe de reconstruir al pueblo español

Cuando se haga constar la existencia del soberano español se podrá exhibir el sentimiento identitario español y la comunión de los españoles a través del surgimiento político del movimiento Nacional, para así reconstruir al pueblo español. Reconstruir al pueblo español significaría recuperar la soberanía nacional verdaderamente, que por seguro se vería respaldada por el Ejército. Aquella expresión que "La soberanía nacional reside en el pueblo español, del que emanan los poderes del Estado" CE, 1978, Art. 1°, 2, es una simple definición literal, sin contenido real, no auténtica ni solemne, puesto que no existe la soberanía popular, no existe tal pueblo español, porque no existe aquellas virtudes de heroicidad, ni voluntad política popular, ni sentimientos ni emociones patrióticas. Es una expresión vacía de significado, utilizada demagógicamente por los políticos, para conseguir el poder político.

Para salvar a España el soberano español tiene que, primeramente, crear políticamente el movimiento Nacional, para sí reconstruir al pueblo español, ya que no existe. Debe de crear ya con el movimiento Nacional una cruzada de liberación nacional.

Y si la soberanía nacional reside en el pueblo español como se dice, pues no podemos reconocer tal afirmación porque el pueblo español ha dejado de existir. Hay que reconstruir al pueblo español para así recuperar la soberanía nacional, verdaderamente. Y recuperar la soberanía nacional a través del pueblo español por seguro se vería respaldada por el Ejército.

El autor principal es el soberano español, quien debe de comprender que es parte de la historia de España, y el papel trascendente que debe de cumplir es revertir la situación actual del pueblo español sin trascendencia, vacío de poder, y, que al mismo tiempo, tendrá que ser capaz de vivir con aquella dualidad identitaria simultaneo de las autonomías de las nacionalidades, con aquella España *"una, grande y libre"*.

4.3. Debe de ser muy crítico sobre la clase política reinante

Claramente debemos de poner el dedo sobre la llaga. Frente a los nacionalismo periféricos y a los separatismos no cabe otra y única solución sino el de sustituir el régimen actual continuista-inmovilista y entreguista por los siglos por otro que practique con el ejemplo y la valentía.

> *"En cambio, la reforma que tiene en mente Mariano Rajoy no es de eliminación o supresión, sino más bien de refuerzo. Según publica este domingo el diario El País, Rajoy habría accedido en su negociación con otros partidos a reformar la Constitución para darle más poder a las comunidades autónomas"*. El PP estudia reformar la Constitución para dar más poder al Senado. Libertaddigital.com, 02.08.2015).

Sobre lo dicho en este libro, en especial lo señalado en los Temas I y II, sin discusión se advierte que los responsables de la ruina de España y del desequilibrio moral de la nación española recae sobre la clase y la casta política que está posesionada en los grandes partidos políticos como lo es el Partido Popular (PP), el Partido Socialista Obrero Español (PSOE), la Izquierda Unida (IU) y similares a ellos de otros partidos políticos de esa tendencia de centro-derecha y socialdemócratas, o los llamados de izquierdas como la de Podemos.

El soberano debe de ser consciente de esta realidad y asumir su responsabilidad y enfrentarse ante ella. Debe ser consciente de su pasado que existió un pueblo, el español; que existió una nación, española, forjada con las luchas y el sacrificio; que debe de entender que la clase política reinante desde la Transición, en común, no fueron capaces de gobernar para el pueblo sino que se asociaron con posturas negociadoras y pactistas con los enemigos de la nación, enquistados en el propio Estado español, este hecho significó la destrucción del pueblo español y la pérdida de la autoestima del soberano y de la sociedad española presentando sólo resignación obligados por esta abyecta clase política reinante. Y debe ser consciente que desde el fin del pueblo español el significado y la existencia de patria dejaron de existir, lo cual España se encamina hacia su ruptura.

¿Qué es una nación?

III

Una nación es un alma, un principio espiritual. Dos cosas que no forman sino una, a decir verdad, constituyen esta alma, este principio espiritual. Una está en el pasado, la otra en el presente. Una es la posesión en común de un rico legado de recuerdos; la otra es el consentimiento actual, el deseo de vivir juntos, la voluntad de continuar haciendo valer la herencia que se ha recibido indivisa. El hombre, señores, no se improvisa. La nación, como el individuo, es el resultado de un largo pasado de esfuerzos, de sacrificios y de desvelos. El culto a los antepasados es, entre todos, el más legítimo; los antepasados nos han hecho lo que somos. Un pasado heroico, grandes hombres, la gloria (se entiende, la verdadera), he ahí el capital social sobre el cual se asienta una idea nacional. Tener glorias comunes en el pasado, una voluntad común en el presente; haber hecho grandes cosas juntos, querer seguir haciéndolas aún, he ahí las condiciones esenciales para ser un pueblo. Se ama en proporción a los sacrificios que se han consentido, a los males que se han sufrido. Se ama la casa que se ha construido y que se transmite. El canto espartano: "Somos lo que ustedes fueron, seremos lo que son", es en su simplicidad el himno abreviado de toda patria. (pp.10, 11. Ernest Renan ¿QUÉ ES UNA NACIÓN? [Conferencia dictada en la Sorbona, París, el 11 de marzo de 1882]. [¿Qué es una nación? Enp4.unam.mx - Universidad Autónoma de México].

4.4. Debe tener una idea clara de los programas y las propuestas políticas

A) Sobre la propuesta de una II Transición Española

Si la Transición Española se dio para dar paso a la *"democracia"*, ¿de qué II Transición entonces estaríamos hablando? Y si se pretende interpretar que una II Transición está dada del paso de una Monarquía parlamentaria a lo federal o republicana, pues, del mismo modo interpretaríamos como simplemente de interpretación política pero no la adecuada, ya que lo que prima aquí es la democracia y no el modelo de estado que se quiera aplicar. Por lo que una II Transición no es más que un invento de los federalistas y republicanos. Es eludir el verdadero problema, cual es el cambio de mentalidad, un cambio de política y no un cambio de modelo político.

Una propuesta para resolver el desafío separatista en Cataluña o en el País Vasco es la reforma de la Constitución, dirigido hacia el federalismo. Esta es la nueva norma de convivencia y la única solución para los socialdemócratas, para los reformistas intelectuales, políticos y empresariales.

- Los empresarios catalanes presionan a Rajoy para que abra una vía federal. 17.07.2014. Ccaa.elpais.com

- *"Por tanto, yo le pediría al presidente del Gobierno y al señor Mas que hablen de aquello que nos va a permitir solucionar el problema, y la única solución posible es reformar la Constitución".* Palabras del secretario general del PSOE, Alfredo Pérez Rubalcaba. (Rubalcaba: *"Dialogar por dialogar es inútil".* 18.07.2014 – Politica.elpais.com).

- España "necesita" un *"nuevo marco de convivencia territorial, social y económico".* "El Gobierno sabe cuál es la postura del PSOE: la reforma constitucional y el refrendo de todos los españoles. No le voy a dar ningún tipo de sorpresas". "El tiempo del inmovilismo ha acabado". "Sólo la reforma de la Constitución es la vía para la concordia, el diálogo y el acuerdo".* Palabras del secretario general del PSOE, Pedro Sánchez, 23.07.2014.Pedro Sánchez avisa a Rajoy: "El tiempo del inmovilismo ha acabado". Republica.com.

Es evidente que hay una cuantiosa información, desde siglos, de cómo se va generando el nacionalismo y el separatismo en España, y cómo éste marca estratégicamente su hoja de ruta – el proceso soberanista- para dar paso al separatismo. De tal manera que toda propuesta venida de la socialdemocracia, hacia la llamada tercera vía, y única, por el federalismo o la república, para tratar de impedir el avance del nacionalismo y eliminar al separatismo es absurda y completamente inútil. Desde luego, no es más que presentar una dirección contraria a las afirmaciones del gobierno central y de los partidarios del centro-derecha; pero no sirve para ser presentada como una solución integradora y que permita destrozar el proyecto soberanista de los separatistas y nacionalistas periféricos.

Reiteramos, establecer la propuesta de los reformistas de la modificación del modelo de Estado hacia el federalismo, no es más que seguir el *"café para todos";* es una respuesta hacia el continuismo de los pactos de gobierno para estabilizar la gobernabilidad del país por un periodo de tiempo más prolongado. Concebido de este modo, en absoluto va a afectar el avance de los nacionalistas-separatistas; de los partidarios soberanistas periféricos. Tendríamos una "nueva España" que no es más que una nueva fórmula de escape de índole coyuntural que alcanzaría sino el favorecer a los nacionalistas, de modo tal que sus Comunidades se las reconocerían como nación, tendrían plena competencia en lengua y cultura, mayores privilegios financieros y competencias, etc.

Preguntamos, ¿sería exigible una reforma constitucional de esta índole que modifique definitivamente la posesión soberanista de los separatistas? En los españoles esta pregunta traería diversas opiniones y posicionamientos. Algunos defenderían una posición más conservadora, inclinados hacia el reformismo. Mientras otros, que no comparten las ideas de las identidades nacionales alternativas, que son conscientes de lo que es y persigue el nacionalismo y el separatismo (este último enemigo irreconciliable de España), y de lo que representa el continuismo e inmovilismo actual de los regímenes de turno, no verían en la reforma constitucional como una salida y única para resolver el problema discutible.

No todo vale. Y no podemos negar que las pretensiones reformistas son tan frágiles y arriesgadas que no conduce a nada bueno. No con ellas España sería "una, grande y libre", a pesar de las buenas intenciones que se tenga.

B) Sobre la responsabilidad política y compromiso social hacia la unidad nacional

Tener una idea clara si se elaboran y si se toman las decisiones políticas, las que necesiten, orientadas a contener a las organizaciones políticas separatistas y de aquellos gobiernos autonómicos responsables y comprometidos hacia la ruptura de España. Y ser capaz de exigir al gobierno de turno o ante una propuesta electoral que se identifique el problema separatista y que se esclaresca sobre qué es lo que facilita que el separatismo siga en avance y desarrollo y se extienda en la propia y fuera de una comunidad autónoma, y, a tal extremo, que haya sido capaz de institucionalizarse en los propios gobiernos autonómicos y municipales. Y cómo se pueden cimentar las ideas claras y coherentes que permitan detener el avance del separatismo hasta lograr su derrota final.

4.5. Debe de lanzar una ofensiva nacionalista frente al nacionalismo periférico y al separatismo

Aclarar, primeramente, al hablar de la unidad de España es completamente incorrecto pensar que ha de ser considerado de franquista o tildarse a favor de la dictadura o ser de derechas o de ultraderecha o ser liberal o neoliberal. Y si aquí hemos hablado del franquismo o del Movimiento Nacional es porque hemos considerado que fueron éstos que sí plantaron cara al separatismo, independientemente de lo que no debieron de hacer, por lo cual éstos forman parte de una historia que rescatamos como constructiva y que finaliza con la llegada de la Democracia legal. Y si hablamos por la unidad de España no es que seamos de derecha o de la ultraderecha, porque sería entonces contradictorio pensar así si sabemos que Lenin y el leninismo (de pensamiento comunista) estaban en contra de los nacionalismos periféricos y a favor por la unidad nacional.

Hablar de la unidad de España no es sinónimo de ideología, de sistema, de régimen político, hablar de la unidad de España es hablar de sentimiento, de principios, de ideales, de sentido común, por coherencia. Por lo tanto, hablar de la unidad de España no tiene ideología política ni es una posición política determinada ni pertenece a un régimen político ni a una dictadura ni a una democracia.

Frente al desafío separatista debe de surgir el desafío unificador del nacionalismo. La nueva generación a través de un movimiento Nacional deberá de responder aplicando las mismas tesis y la antítesis de los nacionalistas y de los separatistas como parte de su lucha.

Si los nacionalistas y los separatistas son activos y eficaces comprometiendo a la sociedad, a los intelectuales, a los empresarios, a los medios de comunicación, a la iglesia, a las fuerzas militares y policiales, a los deportistas, etc., para sus fines, pues ante toda esta acción y estrategia política, el movimiento nacional las debe de tomar en cuenta para usarlas, para construir con ellas su práctica revolucionaria como respuesta.

Si ETA asegura que reforzará la estructura, para las tareas políticas, así como las que tienen como objetivo propiciar *"conversaciones entre diferentes partes"*, (20.07.2014); cuando ETA anuncia que *"ha desmantelado, las estructuras derivadas de la lucha armada"*, con el objeto de realizar *"el trámite del ciclo de la confrontación armada a la confrontación democrática"* (20.07.2014), no es más que pretender que el soberano y el pueblo español caigan en la emboscada de la argucia política, convirtiendo a los hechos histórico de su acción armada a la política como algo bueno, positivo y moralmente aceptable –sorprendente cinismo-; es de aquellas males artes de esconder una parte de la terrible historia de España y, hoy, pretender practicar con el ejemplo. Pues, por vinculante a ese pasado histórico del terror que aplicaron y sin ningún valor moral para romper con ese pasado, el soberano y el pueblo español debe de dar una respuesta contundente: ni acuerdos ni conversaciones.

Mientras el Ministro del Interior Jorge Fernández Díaz responde sobre el comunicado de ETA que sólo espera de ésta "su disolución incondicional" y "el desmantelamiento de todas sus estructuras criminales." (20.07.2014), pues a tales tesis sea tomada en cuenta algo más: la definitiva desapareciendo de ETA, y que ninguno de sus miembros pueda participar en la vida política salvo y cuando sea por interés hacia la unidad de España, lo cual es una utopía.

4.6. Debe dar la batalla frente a los reaccionarios y colaboracionistas de gobiernos y partidos políticos antiespañoles

Mientras la clase política contrarias al PP ya se está gestionando y direccionando la estrategia del cambio del modelo de Estado hacia el federalismo que, por cierto, nunca antes esta nueva concepción como modelo institucional, figuró en el ideario político como trinchera del PSOE y ninguna evidencia hacia la identidad nacional (véase el Programa Electoral y Resoluciones Políticas. PSOE, visto últimamente el 22.07.2014. Psoe.es), pero que hoy en día sí se manifiestan ante esta nueva concepción. O de Izquierda Unida, donde tácitamente sí se marca por un "Estado social y democrático de derecho, federal y republicano" pero sin la evidencia hacia la identidad nacional, (véase en su ideario La Organización. IU, visto últimamente el 22.07.2014. Izquierda-unida.es), pues claramente el oportunismo y el sentido que se persigue de éstos y de aquellos, los convierten sin interpretación alguna en reaccionarios de España, ya que condenan el modelo del Estado actual y a su vez reconociendo como válidas las soberanías periféricas. Pues a lo expuesto el asumir por éstos una tesis divisoria –sin contenido del cambio real- y a favor del separatismo, -porque están a favor de que los pueblos decidan su futuro- sean pues estos partidos políticos, vistos por sus antecedentes, que no prestan ninguna credibilidad para ser reconocidos y ser tomados en cuenta como líderes hacia un proyecto de país, que busca España.

Y en cuanto al Partido Popular que gobierna España, en torno a lo que éste sabe de lo que se va creando con los nacionalismos soberanistas y del separatismo secesionista, -por más de treinta y siete años, desde la celebración de las primeras elecciones democráticas, 1977- por poner una fecha, sin tomar aquí en cuenta de lo que sabemos del separatismo en España desde siglos pasados-, pues la actitud del gobierno de Mariano Rajoy frente a la Generalitat de Catalunya suscita la más absoluta condena. Por ser un gobierno absolutamente nada: inoperante, temerosos al enfrentamiento, ineficaz e incapaz de bloquear al avance y el ascenso, sin respuesta política, del silencioso y de la inacción, sin juicio del pasado, sin ley moral ni ético por ser entreguista y pactista, de las mutuas concesiones, de alcanzar el poder al precio que sea, sin otra alternativa que echar la culpa a los nacionalistas y a los separatistas que *"han secuestrado [CiU y ERC] la política catalana y la han puesto al servicio de la política ficción y del proceso independentistas"*, y como única pretendida defensa es ampararse sobre las leyes constitucionales de forma contradictoria, para enfrentarse como respuesta en un no al separatismo catalán, como aquello de que *"podéis confiar en las palabras del gobierno de Mariano Rajoy; podéis tener la completa garantía que no habrá un referéndum secesionista en Cataluña"*.

Señores, ¿quién debe de proteger el Estado de Derecho y ser capaz de actuar contra aquellos gobiernos autonómicos –que siendo parte del Estado español- atentan gravemente a los intereses generales de España? Indiscutiblemente, esa responsabilidad y obligación recae sobre el Gobierno. Es éste, que a través de su función de gobierno: función de dirección e impulso político, función arbitral, función normativa y función ejecutiva, tiene la mayor posibilidad de movilizar a toda una nación y a las instituciones públicas del Estado para hacer frente al nacionalismo y al separatismo.

Señores, es incapacidad e impotencia o miserable hipocresía y cinismo condenar al nacionalismo y al separatismo como el mal, cuando el origen del mal es el propio Estado y el Gobierno central que lo crearon. ¿Quién permitió que la política catalana sea secuestrada por los nacionalistas y los separatistas?

Aquella posición fraccionaria, parcial que se hace mención en el párrafo anterior, se explica puesto que el Gobierno no quiere ejercer el derecho íntegramente. Sino que éste lo acondiciona a sus intereses. Véase a continuación como las leyes constitucionales son vinculantes, en especial contra el separatismo, pero que existe intencionalidad política de no aplicarla en su momento. He ahí el juego sucio y miserable de la política inmovilista del Gobierno.

La Constitución española de 1978 - Título IV

Del Gobierno y de la Administración. Artículo 97.- El Gobierno dirige la política interior y exterior, la Administración civil y militar y la defensa del Estado. Ejerce la función ejecutiva y la potestad reglamentaria de acuerdo con la Constitución y las leyes.

La Constitución española de 1978 - Título VIII

De la Organización Territorial del Estado. Capítulo tercero. De las Comunidades Autónomas. Artículo 155.- Si una Comunidad Autónoma no cumpliere las obligaciones que la Constitución u otras leyes le impongan, o actuare de forma que atente gravemente al interés general de España, el Gobierno, previo requerimiento al Presidente de la Comunidad Autónoma y, en el caso de no ser atendido, con la aprobación por mayoría absoluta del Senado, podrá adoptar las medidas necesarias para obligar a aquélla al cumplimiento forzoso de dichas obligaciones o para la protección del mencionado interés general.

La Constitución española de 1978 - Título VIII

De la Organización Territorial del Estado. Capítulo tercero. De las Comunidades Autónomas. Artículo 154.- Un Delegado nombrado por el Gobierno dirigirá la Administración del Estado en el territorio de la Comunidad Autónoma y la coordinará, cuando proceda, con la administración propia de la Comunidad.

Sabemos que poco o nada se ha avanzado para impedir el avance de los nacionalistas y de los separatistas rebeldes. Y ahí están de inoperantes la fiscalía, la abogacía del estado, el Defensor del Pueblo, etc. Y hoy el soberano se enfrenta a la insurreccionada Generalidad de Cataluña. Y ante esa actitud subversiva el soberano debe de intervenir. Y presentar acusación popular para que se disuelva el Parlamento catalán, para nombrar gobernador en dicha Comunidad y revisar el régimen autonómico de Cataluña. Una acusación popular es posible y capaz de imputar al Gobierno y al propio Estado.

En base al ejemplo, encontramos cómo la asociación Clara Campoamor que se ha personado como acusación popular en la causa por la muerte violenta de la niña adoptiva de origen chino, Asunta, septiembre 2013. Pues del mismo modo, un frente común puede salir de las organizaciones políticas, de los movimientos sociales y culturales ya existentes, y responder con una acusación popular. Dejando de lado sus diferencias y compartir en un sólo proyecto común y reafirmar su unidad entre todos los españoles. Y ahí están: Fuerza Nueva, Vox, UPyD, Fundación para la Defensa de la Nación Española (DENAES), Movimiento Cívico de España y Catalanes, Impulso Ciudadano, Asociación por la Tolerancia, Foro España, Convivencia Cívica, Cataluña Tal Cual, Ciutadans, La Fundación Progreso y Democracia, Nuevas Generaciones (NNGG), La plataforma ciudadana Som Catalunya, Somos España, etc.

De hecho, la Universidad no puede ser indiferente y ajena a lo que ocurre fuera de ella. La Universidad debe de actuar, debe de salir del "armario", debe de romper con la clase intelectual y académica y de los grupos seudo intelectuales -egoístas y antisociales- vinculadas al poder y debe de responder a las motivaciones nacionales y de lo que hoy trasciende como lo es la crisis territorial y la defensa cerrada sobre la unidad nacional de España, por lo tanto, debe de comprometerse e implicarse, debe de romper su situación actual de status quo y crear un nuevo status quo, lo cual signifique congregar a personas vinculadas a la problemática nacional a través de una Comunidad de intelectuales y académicos que se integre al tejido estructural de las sociedades nacional, y que apuesta por acciones críticas y hacia la búsqueda de soluciones.

La universidad debería creer en sí misma y pasar a la acción

"Debería ser creativa y rebelde y hacerlo desde el conocimiento porque este libera. Permite analizar lo que ocurre y generar soluciones, permite construir una sociedad mejor, más eficiente, más digna, más justa... Por estos motivos, la universidad debería creer en sí misma y pasar a la acción.

"Obedece. Hay algunos políticos iluminados que hacen una ley y la universidad obedece, literalmente. No hay una postura de decir "qué soberbia, tontería o qué cosa más absurda se os ha ocurrido, nuestro conocimiento nos permite analizar lo que decís y falta esto y lo que mejor se podría hacer es esto otro". Palabras de Vicente Manzano, profesor de la Universidad de Sevilla. ("La universidad debería creer en sí misma y pasar a la acción". Diario impreso 20 Minutos, Año XV, Núm. 3293, 01.07.2014, Sección Formación y Empleo).

Señores, ha comenzado el apocalipsis en España. Y el pueblo español debe de volver a la vida. Y el soberano español debe de despertar.

Señores, hay culturas que nos dicen mucho de lo que es la dignidad, la honorabilidad y de sus hechos memorables y que España debería de tomar como ejemplo para salir del hoyo en que se encuentra. Y un ejemplo a tomar en cuenta es la del pueblo quechua del Perú. Una nación que fue ocupada, conquistada, colonizada y casi exterminada (se produjo un verdadero genocidio indígena) en parte por vuestros antepasados españoles, entre los siglos XVI-XVIII, pero, ante estos hechos execrables, este pueblo quechua tuvo la valentía y el coraje de enfrentarse y resistir a sus conquistadores europeos, y se hizo vivo el Canto coral a Túpac Amaru del poeta peruano Alejandro Romualdo Valle Palomino (1926-2008): *"Lo harán volar con dinamita. En masa, lo cargarán, lo arrastrarán. A golpes le llenarán de pólvora la boca. Lo volarán: ¡y no podrán matarlo!"*.

Esta manifestación viva y honorable del pueblo quechua, de su terrible pasado de sufrimiento y de mártires por sus tierras peruanas, nos da un ejemplo, en especial al "pueblo" español para que despierte, y le dice en quechua: ¡Rijchari kutimuy kawsayta! (¡Despierta, vuelve a la vida!).

Y, por último, un ejemplo más de lo que representa un territorio de sagrado y el significado de dignidad nos la da la propia Constitución China en su Preámbulo, Artículo 4º, Artículo 5º y el Artículo 24º.

Constitución China

Preámbulo

China es uno de los países de más larga historia del mundo. Las diversas nacionalidades del pueblo chino han creado, conjuntamente una brillante cultura y poseen una gloriosa tradición revolucionaria.

(...)

Taiwán es parte del sagrado territorio de la República Popular China. El cumplimiento de la grandiosa obra de la reunificación de la patria es un deber sagrado de todo el pueblo chino, incluidos nuestros compatriotas de Taiwán.

(...)

La República Popular China es un Estado multinacional unitario, fundado conjuntamente por las diversas nacionalidades del pueblo de todo el país. Ya están establecidas y seguirán consolidándose las relaciones socialistas de igualdad, unidad y ayuda mutua entre las nacionalidades. En la lucha en defensa de la unidad nacional, hay que combatir el chovinismo de gran nacionalidad, principalmente el chovinismo de gran han, y también el chovinismo de nacionalidad local. El Estado hará todos los esfuerzos por promover la prosperidad conjunta de todas las nacionalidades del país.

Artículo 4º.- (...). Queda prohibida toda discriminación u opresión contra cualquier nacionalidad, así como todo acto que quebrante la unidad entre las nacionalidades o provoque la escisión entre ellas.

Artículo 5º.- El Estado salvaguarda la unidad y la autoridad de la legalidad socialista.

Ninguna ley, disposición administrativa o reglamento de carácter local debe contradecir la Constitución.

Todos los organismos del Estado y las fuerzas armadas, los partidos políticos y organizaciones sociales, las empresas e instituciones deben observar la Constitución y las leyes. Se exigirá responsabilidad por todo acto que viole la Constitución y las leyes.

No se permitirá que ningún organismo o individuo disfrute de privilegios por encima de la Constitución y las leyes.

Artículo 24°. (...). El Estado fomenta la moral pública que consiste en amar a la patria, al pueblo, al trabajo, a la ciencia y al socialismo; realiza entre el pueblo una educación en el espíritu del patriotismo...

[Párrafos extraídos de la Constitución China (versión actual adoptada el 4 de diciembre de 1982). Extraído de la web Constitución de la República Popular de China - Politica-china.org.

NOTA: A efecto de sustentar más aún y crear juicio de valor sobre el libro LA RUPTURA DE ESPAÑA ES POSIBLE, creo propicio darles a conocer las páginas webs siguientes de mi autoría:

https://twitter.com/RupturaDeEspana
http://larupturadeespanaesposible.blogspot.com.es/

"Llora como mujer lo que no supiste defender como un hombre..."

Palabras de la madre Aixa (Ayesha) que le dice a su hijo el Boabdil (Mohamed Abu Abdalahyah), el último rey de Al-Ándalus, 711-1492), después de entregar las llaves de Granada en 1492, sin luchar, a los Reyes Católicos, del reino de Castilla. Así cuenta la leyenda del suspiro y del llanto del monarca musulmán.

BIBLIOGRAFÍA

Ref.1 Federico Jiménez Losantos. `Es la mañana de Federico´, 01.09.2014, esRadio, http://esradio.libertaddigital.com, ¿SABÍAS QUE… | Un colegio del Opus Dei en Gerona adoctrina a sus párvulos a favor de la independencia- 25.02.2014 - http://www.minutodigital.com / Un canalla purpurado: El obispo de Solsona, miembro del Opus 'Jews' Dei, insta a sus fieles a que opten por el independentismo– 03.09.2014 - http://www.alertadigital.com / Y la Conferencia Episcopal, sin decir ni pío: El obispo de Gerona defiende celebrar la consulta en la hoja parroquial – 08.09.2014 - http://www.alertadigital.com / Los curas y frailes 'batasunos', siempre al servicio de la causa – 31.08.2012 - http://www.alertadigital.com/ PSOE: "Rajoy gobierna para el Opus Dei" – 26.08.2012 - http://www.20minutos.tv/video.

Ref.2 "Este periodo que se inicia puede considerarse como el de la consolidación de la transición democrática." Historia de España Vol. X. De Franco a la Democracia, pág. 259 S.A Promociones y Ediciones – Club Internacional del Libro.

Ref.3 http://www.juntaelectoralcentral.es/jelect/2011/GENERALES_201 1_Resultados.pdf

Ref.4 España. Vol. 13, pág. 4473, Gran Larousse Universal. Plaza & Janes, 1998.

Ref.5 http://www.ine.es/prensa/np854.pdf

Ref.6 http://www.um.es/tonosdigital/znum8/portada/monotonos/03-GORTIN.pdf
El dialecto murciano y sus variedades - Universidad de Murcia.

Ref.7 "Catalán", El Diccionario de la lengua española (DRAE), edición 2014.

Ref.8 La lengua balear http://noltros.com/historia/la-lengua-balear

Ref.9 Catalán, dialecto del castellano, Mikèl Garàu Rossellóes vicepresidente de la Academia de la Lengua Balear.
http://www.almendron.com/politica/pdf/2005/spain/spain_1820.pdf

Ref.10 El dialecto catalán es una mezcla de provenzal arcaico y lengua valenciana clásica por César Vidal. Youtube.com.

Ref.11 2º E.S.O. Lengua Castellana y Literatura – Ministerio de Educación, Págs. 2, 5, Cidead 30/06/2011.
http://www.biblioises.com.ar/Contenido/400/460/Contenidos.pdf

Ref.12 2° E.S.O. Lengua Castellana y Literatura – Ministerio de Educación, Pág. 5, Cidead 30/06/2011 http://www.biblioises.com.ar/Contenido/400/460/Contenidos.pdf

Ref.13 Los dialectos catalanes y su prosodia. – Universitat de Barcelona, pág. 2, por Eugenio Martínez Celdrán http://stel.ub.edu/labfon/sites/default/files/2007-10.pdf

Ref.14 El Supremo equipara el catalán y el valenciano. Abc.es – 30.07.2012.

Ref.15 La RACV acusa a la AVL de llevar el valenciano a un dialecto del catalán. Levante-emv.com - 21.12.2010.

Ref.16 "Valenciano". El Diccionario de la lengua española (DRAE), edición 2014.

Ref.17 Dialectos del valenciano. Idiomavalenciano.com.

Ref.18 La lengua balear. http://noltros.com/historia/la-lengua-balear

Ref.19-20 [19]Plataforma cívica en defensa de sa llengo balear y por la igualdad de derechos lingüísticos en baleares. Ctv.es. [20] Nagore, Francho; Gimeno, Chesús (1989). IberCaja/Publicazions d'o Consello d'a Fabla Aragonesa. ed. El aragonés hoy. Informe sobre la situación actual de la lengua aragonesa. Huesca.

Ref.21-22 [21]Nagore, Francho (1989). Gramática de la Lengua Aragonesa. Zaragoza: Mira Editores. [22] Navarroaragonés - Es.wikipedia.org. Vista el 01.02.2015.

Ref.23 Navarroaragonesés - Es.wikipedia.org. - Visto el 03.09.2015

Ref.24 El nacionalismo - Es.wikipedia.org - Visto el 30.01.2015.

Ref.25 Izquierda abertzale. De la heterogeneidad al monolitismo. Por Rafael Leonisio Calvo. Localización: Coetánea: III Congreso Internacional de Historia de Nuestro Tiempo / coord. Por Carlos Navajas Zubeldía, Diego Iturriaga Barco, 2012, ISBN 978-84-695-5155-4, págs. 377-388. Dialnet – Universidad de la Rioja. Dialnet-IzquierdaAbertzale-4052262.pdf

Ref.26 http://www.datosmacro.com/ccaa/cataluna

Ref.27 http://www.datosmacro.com/ccaa/pais-vasco

Ref.28 http://es.wikipedia.org/wiki/Nacionalismo_vasco

Ref.29 http://www.pueblosdelpaisvasco.es/

Ref.30 http://es.wikipedia.org/wiki/Wikipedia_discusi%C3%B3n:Mediaci%C3%B3n_Informal/Casos/2007-09-18_Regionalismo_y_nacionalismo_en_Espa%C3%B1a

Ref.31 http://www.datosmacro.com/ccaa/galicia

Ref.32 Galego. Lengua e Historia – http://www1.euskadi.net/euskara_lingua/PDF/Galicia/Gaztela/ga_cs_hi.pdf

Ref.33 La Coruña en los siglos XVI y XVII - Asociación de la Prensa de La Coruña - Apcoruna.com

Ref.34 El proyecto de la Constitución Federal de la República española de 1873 - Derecho-canonico.com

Ref.35 Nacimento e desarrolo del nacionalismo en la prensa española y gallega - Ana María Rodríguez Rivas - Eciencia.urjc.es

Ref.36 El primer Congrés Internacional de la Llengua Catalana i el País - Editorialafers.cat

Ref.37 http://hemeroteca.abc.es/nav/Navigate.exe/hemeroteca/madrid/abc /1967/10/24/125.html

Ref.38 Nacionalismo valenciano - Es.wikipedia.org

Ref.39 http://www.datosmacro.com/demografia/poblacion/espana-comunidades-autonomas/andalucia

Ref.40 Etnicidad, Conciencia de Etnicidad y Movimientos Nacionalistas: Aproximación al caso andaluz – Isidoro Moreno Navarro - Revista de Estudios Andaluces, N° 5, (1985), pp, 13 – 88. Institucional.us.es

Ref.41 Andalucismo islamizante - Es.wikipedia.org

Ref.42 http://www.datosmacro.com/demografia/poblacion/espana-comunidades-autonomas/canarias

Ref.43 Aproximación a los estudios sobre cultura canaria - Gobiernodecanarias.org

Ref.44 Adicional en Secundino Delgado y la problemática de ser periodista y nacionalista por Luis Fernando Iturrate Cárdenes y Leticia González González publicado en Fundación Dialnet. Universidad de La Rioja – dialnet.unirioja.es/descarga/articulo/2227071.pdf

Ref.45 Las huellas del pasado en el presente de las Islas – Autores: Carmen Rosa Delgado Acosta, Pedro Garrido Caballero, Manuel Coello Martín, Carmen Gloria Calero Martín – pág., 33 – Gobierno de Canarias. http://www.gobiernodecanarias.org/educacion/5/DGOIE/PublicaCE/do csup/Libro_HUELLAS_PASADO.pdf

Ref.46 http://www.datosmacro.com/demografia/poblacion/espana-comunidades-autonomas/aragon

Ref.47 http://www.datosmacro.com/demografia/poblacion/espana-comunidades-autonomas/asturias

Ref.48 Artículo: Cultura, lenguaje y nacionalismo astur en la obra de Novo Mier - Andrés Villagrá. Localización: Lletres asturianes: Boletín Oficial de l'Academia de la Llingua Asturiana, ISSN 0212-0534, N°. 66, 1998, págs. 45-54. (Academiadelallingua.com).

Ref.49-50 49Véase, Academia de la Lengua Asturiana - Es.wikipedia.org 50 Las literaturas hispánicas: España – Evelyn Picon

Garfield, Iván A. Schulman - pág. 162 – Volumen 2 – España - Wayne State University Press, 1991.

Ref.51 Insurrecciones republicanas en Asturias - Julio Antonio Vaquero Iglesias - lne.es

Ref.52 Consejo Soberano de Asturias y León: cumpleaños glorioso - Francisco Alamán Castro – Asturiasliberal.org

Ref.53 http://www.datosmacro.com/demografia/poblacion/espana-comunidades-autonomas/islas-baleares

Ref.54 31 de octubre de 1887: La Almudaina, un diario literario y liberal – Carlos Garrido Palma – 01.06.2008 - Diariodemallorca.es

Ref.55 Joan Pons i Marquès y el proyecto de estatuto balear de la II República - Joan Matas - Upf.edu

Ref.56 El dialecto ibicenco / Es dialecte eivissenc, sa llengua des eivissencs - Ibizaisla.es

Ref.57 http://www.datosmacro.com/demografia/poblacion/espana-comunidades-autonomas/cantabria

Ref.58 La Biblioteca de José María de Pereda por Benito Madariaga de la Campa - Cronista Oficial de Santander - Correspondiente de la Real Academia de Doctores de Madrid, http://www.bibliotecamiralles.org/documentos/articulos5.pdf

Ref.59 Según lo menciona el diariomontanes.es con el título El sentimiento regionalista de Pereda - Benito Madariaga, presidente de la Sociedad Menéndez Pelayo. Eldiariomontanes.es

Ref.60 Cronista oficial de Cantabria - Grupos.unican.es. (2) Creación y evolución del CEM - Grupos.unican.es. LXXV Aniversario del Centro de Estudios Montañeses. Centro de Estudios Montañeses. Santander 2009 - Federacionacanto.org.

Ref.61 El territorio y sus gentes – Navarra.es

Ref.62 Véase, Navarra, comunidad foral. Historia y actualidad del Fuero Navarro. Pág., 4, Gobierno de Navarra - Departamento de Educación y Cultura. http://dpto6.educacion.navarra.es/publicaciones/pdf/fuero_dg.pdf.

Ref.63 Las Escalas del Pasado. IV Congreso de historia local de Aragón, de Carlos Focardell y Alberto Sabio (Coordinadores). Tema: Inventar la Región, inventar la Nación: Acerca de los neorregionalismos autonómicos en la España del último tercio del siglo XX. Xosé M. Núñez Seixas | Universidad de Santiago de Compostela (Barbastro, 3-5 de julio de 2003.

Ref.64 Del Prólogo: "Elementos fundantes de la identidad colectiva navarra. De la diversidad social a la unidad política (1841-1936)" por Alfonso Pérez Agote - Universidad del País Vasco. Del libro de Ana Aliende Urtasun - Elementos fundantes de la identidad colectiva navarra. De la diversidad social a la unidad política (1841-1936). ISBN: 84-95075-24-5142 págs.; 17 x 24 cms.; Pamplona, 1999. Colección Ciencias Sociales, 3. Publicaciones de la Universidad Pública de Navarra. Unavarra.es.

Ref.65 Sobre el Estatuto de Estella lo podéis ver en Proyecto de Estatuto General del Estado Vasco-Navarro. Euskal Herriko Unibertsitatea. Ehu.es.

Ref.66 Lo entrecomillado, véase el artículo Españolismo, vasquismo y navarrismo foral: cambios y persistencias en la interpretación de la identidad navarra hasta 1936. Autores Fernando Mikelarena Peña, Angel García-Sanz Marcotegui. Publicado por el Centro de Estudios Políticos y Constitucionales. Historia y Política - número 02, Julio/Diciembre 1999, pág. 21. Cepc.gob.es.

Ref.67 John H. Elliott: "Algunos todavía piensan en lo del carácter nacional de España" – Publico.es, 18.10.2012.

Ref.68 Extraído de Citas latinas - Elmarserena.wikispaces.com.

Ref.69 72: L'anticatalanisme de Quevedo. Por Ramón Freixes. Fundaciò d´Estudis Històrics de Catalunya. Histocat.cat. Referencias: Artículo, Armas de papel. Quevedo y sus contemporáneos ante la guerra de Cataluña. Por María Soledad Arredondo. Universidad Complutense. Artículo publicado en revista de investigación quevediana "La Perinola", núm. 2 (1998). Descargas.cervantesvirtual.com. "Els orígens històrics de l'anticatalanisme" - Eurozine.com Por Antoni Simon; a "L'Espill", núm. 24, 2006. Eurozine.com.

Ref.70 Vea la versión completa del discurso de Vladímir Putin sobre Crimea: http://actualidad.rt.com/actualidad/view/122709-version-completa-putin-discurso-crimea).

Ref.71 Vea la versión completa del discurso anual de Vladímir Putin ambas cámaras de la Asamblea Federal (el Parlamento ruso), la Duma Estatal y Consejo de la Federación: http://actualidad.rt.com/actualidad/view/149464-rusia-putin-discurso-asamblea-federal

Ref.72 "La política de Olivares, a quien Felipe IV mantuvo en el poder hasta 1643, renovaba la tradición del imperialismo de Felipe II y reaccionaba contra el pacifismo, considerado claudicante y lesivo, de la etapa anterior". (Felipe IV –biografiasyvidas.com).

Ref.73 Tema 7: El Antiguo Régimen: Monarquía absoluta. Reforma y contrarreforma. El arte barroco en España. http://www.juntadeandalucia.es/averroes/ceautrera/07_absolutismo.pdf

Ref.74 (Fuente: ABC, 14 de septiembre de 1923). Desde la Capitanía General de Barcelona, 13 de septiembre de 1923, Extraído del libro

Historia de España, Vol. VI, La dictadura de Primo de Rivera, pág., 50,51, Ediciones Orbis S.A.

Ref.75 Nota: Somatén, según el Diccionario de la lengua española © 2005 Espasa-Calpe, significa: "1.m. Cuerpo de gente armada no perteneciente al ejército que se reúne para perseguir a los criminales o defenderse del enemigo. 2. Miembro de este grupo." Sus inicios se remontan desde la Edad Media. Y sobre el Gran Somatén Español conocida también como los Somatenes Armados de España fue promulgado según Real decreto de la Presidencia del Directorio militar, el Somatén Nacional de 17 de septiembre, se refiere a la creación de una institución armada, civil y popular, no militar, para su defensa personal, la de los conciudadanos y la de la tierra en caso de conflicto bélico, implantado por Primo de Rivera en todo el territorio nacional. Fue disuelta en 1931 por la II República Española; restablecida en 1936 tras la Guerra Civil, en 1939 se disuelve, y en 1945 el gobierno de Franco lo restablece, bajo el nombre de "Somatén Armado". Fue disuelto por el Senado en 1978. Más información del Somatén y documentada se puede apreciar en la publicación del diario ABC, miércoles 19 de septiembre de 1923, Pág., 7, Núm. 6461, Año XIX: "Creación del Somatén en toda España. Nuevo Régimen de funcionarios públicos. Contra el Separatismo". Decretos creando el Somatén, estableciendo el régimen de los funcionarios públicos y castigando el separatismo. Para su interés visitar Hemeroteca.abc.es, para su interés.

Ref.76 Extraído el Preámbulo del portal digital de LE GRIMH GROUPE DE RÉFLEXION SUR L'IMAGE DANS LE MONDE HISPANIQUE. (http://recherche.univ-lyon2.fr/grimh/ressources/ejercito/1923-1930/1923separatismo.htm).

Extraído los Artículos de la prensa digital ABC.ES –Hemeroteca- El Decreto que quiso erradicar de un plumazo el independentismo en España – (http://www.abc.es/archivo/20130920/abci-cataluna-decreto-sobre-separatismo-201309191354.html).

Ref.77 Extraído del libro: Pág., 366-367-368, Capítulo IV. La Guerra Civil, Historia de España, Vol. XII, Club Internacional del Libro.

Ref.78 Nota: Estas declaraciones del ex militar Miláns del Bosch fue publicada en la revista Interviú y la entrevista es obra del escritor Fernando Vizcaíno Casas. Referencia: El Periódico de Catalunya – Ed. General. Edición, martes 19.02.1985. AÑO Vlll / 1985. Núm. 2, Págs. 001, 009, 059.
(http://archivo.elperiodico.com/ed/19850219/pag_009.html).
(http://archivo.elperiodico.com/ed/19970727/pag_059.html).

Ref.79 "El primer gobierno del Rey, bajo la presidencia forzada de Carlos Arias, que el Rey no deseaba..." de La lucha por el poder: así cayó Arias Navarro de Ricardo de la Cierva, pág. 7, editores ARC, 1996.

Ref.80 Desconocido, puesto que "la elección sorprende a políticos, medios y, prácticamente, a la totalidad de la sociedad española", información así visible de la época y como lo puntualiza la prensa digital de Lavanguardia.com, 03/07/2011.

Ref.81 Del libro La lucha por el poder: así cayó Arias Navarro – Ricardo de la Cierva, pág. 18, Ediciones ARC. En aquel entonces, Fraga era Vicepresidente segundo del Gobierno y Ministro de la Gobernación de España, 12 de diciembre de 1975-5 de julio de 1976, en el gobierno de Carlos Arias Navarro, fundador del partido reformista Reforma Democrática (RD, 1976), cofundador del partido reformista Alianza Popular (AP, 1976) y cofundador del partido reformista Partido Popular (PP, 1989).

Ref.82 Palabras de Blas Piñar como diputado de Unión Nacional, en la Sesión Plenaria de Investidura de Adolfo Suárez, celebrada el viernes, 30 de marzo de 1979, en el Congreso de los Diputados. [http://www.congreso.es/public_oficiales/L1/CONG/DS/PL/PL_003.PDF].

Ref.83 Palabras de Blas Piñar como diputado de Unión Nacional, en la Sesión de Investidura del Presidente del Gobierno Leopoldo Calvo-Sotelo (continuación), en el Congreso de los Diputados, celebrada el jueves, 19 de febrero de 1981, tras la dimisión de don Adolfo Suárez González. [http://www.congreso.es/public_oficiales/L1/CONG/DS/PL/PL_144.PDF].

Ref.84 Pedro J. Ramírez. (Qué pasa de verdad en Cataluña, "el primer gran conflicto del siglo XXI". Elconfidencial.com. 03.03.2014).

Ref.85 Sun Tzu - Albalearning Audiolibros. (http://albalearning.com/audiolibros/suntzu).

www.ingramcontent.com/pod-product-compliance
Lightning Source LLC
Chambersburg PA
CBHW071351280326
41927CB00041B/2824